中國近代期刊彙刊·第二輯

譯書公會報

上（一——九册）

中華書局

圖書在版編目(CIP)數據

譯書公會報/譯書公會報報館編.—北京:中華書局,
2007.11

(中國近代期刊彙刊)

ISBN 978-7-101-05725-6

Ⅰ.譯…　Ⅱ.譯…　Ⅲ.期刊-彙編-中國-清後期
Ⅳ.Z62

中國版本圖書館 CIP 數據核字(2007)第 085571 號

責任編輯:歐陽紅

中國近代期刊彙刊·第二輯

譯書公會報

(全二册)

譯書公會報報館 編

*

中 華 書 局 出 版 發 行

(北京市豐臺區太平橋西里 38 號　100073)

http://www.zhbc.com.cn

E-mail:zhbc@zhbc.com.cn

北京市白帆印務有限公司印刷

*

850×1168 毫米 1/32·43½印張·610 千字

2007 年 11 月第 1 版　2007 年 11 月北京第 1 次印刷

印數:1-800 册　　定價:420.00 元

ISBN 978-7-101-05725-6

影印説明

光緒二十三年(一八九七)秋,曾隨薛福成出使英法兩國的趙元益計劃籌資翻譯出版一本法文版的輿地史學,適有董康提議創辦譯書公會及《譯書公會報》,雙方遂合作興辦,並邀集惲積勛、惲毓麟、陶湘等人共同發起。光緒二十三年十月初一日(一八九七年十月二十六日),《譯書公會報》創刊號在上海發行,每周一期(册),至翌年四月五日(五月二十四日)出版至第二十册時停刊。

在譯書公會成立之前,西文及日文書的翻譯在中國已有一段時間。據不完全統計,經過幾十年的翻譯介紹,總數約有四百種,但門類不全,帶有相當的隨意性,同文館偏重於法律類,上海江南製造局、天津水師學堂則多爲兵家言。各在華教會也翻譯了不少西文著作,但多偏重於宗教。而於西方國家政教之本,與一切農工商藝却極少翻譯。這顯然無法包容西方近代知識的全部,更無法滿足正在興起的維新運動的需要。上海譯書公會的成立,就是要彌補翻譯東西文圖書之不足。

據屠寄《譯書公會序》,創辦譯書公會的宗旨就是爲了翻譯介紹近代西方與日本的新知識,「使中國識字俊民人人得窺泰西東國之由與致用之實」,「以採譯泰西東切用書籍爲宗旨」。

譯書公會成立後，延聘翻譯人才，並與倫敦、巴黎、東京等地各大書店聯繫，及時將東西方各國出版的有關政治、學校、法律、天文、輿地、礦務、農學、軍事，以及光、化、電、汽等諸種新學譯介國中。章太炎在《譯書公會叙》中指出，現在西方各國科學技術獲得了突飛猛進的發展，各種新學理層出不窮，社會變化日新月異。中國如果不能及時獲得西方國家的這些新知識，繼續以中國文化爲世界先進，甘做井底之蛙，畫地爲牢，故步自封，那麽中國欲擺脱半個多世紀以來的落後局面，只能是一厢情願，肯定無法成爲現實。

與當時所有維新團體一樣，譯書公會也有着崇高的理想和目標，據公佈的《譯書公會啓事》宣稱，該會「志在開民智，廣見聞，故以廣譯東西切用書籍、報章爲主，輔以同人論説」。

在組織結構上，譯書公會延聘總理一人，總管譯書公會各種事務，聘請惲積勛擔任；協理三人，協助總理工作，由陶湘、董康、趙元益擔任；主筆二人，大約對譯書公會出版的所有文字負總責並進行潤色，聘請章太炎、楊模擔任；總理翻譯一人，由董存嘉擔任；英文翻譯六人，法文翻譯三人，德、俄、日文翻譯各一人，主要翻譯人員有沈晋熙、胡濬謨、陳佩常、周傳謀、胡惟志、張書紳、吴宗謙、張國珍、潘彦、施仁耀等。西文總校一人，中文總校一人，另有一般工作人員若干。

按照譯書公會的最初規劃，原本是要將西方和日本近代以來有用的自然科學和社會科學方面的新知識全面介紹到中國來，以啓發國人的近代意識。但從其第一批選譯的書目看，仍然側重於社會科學，尤其是各國歷史文化及典章制度，如《增訂五洲通志》、《東游隨筆》、《歐洲今世史》、《國政制度字典》、《拿破侖兵敗失國記》、《俄帝王本紀》、《英政府議院制》、《歐洲通制》、《交涉紀事本末》、《中日搆兵記》、《西事紀原》、《維多利亞載紀》、《英民史略》、《各國和約》、《歐洲人物志》、《古今人物傳》等。這些書籍的來源多爲各國報刊上的連載作品，於是翻譯成中文後，也如法炮製，先在譯書公會的《譯書公會報》上發表，然後再視情況決定是否單獨成册出版。

《譯書公會報》選譯的東西方報刊雜誌主要有英國的《泰晤士禮拜報》、《倫敦中國報》，法國的《勒當報》、《法國權報》，德國的《德文新報》，美國的《國政報》以及日本的《大阪朝日報》等數十種，分設的欄目主要有西報彙譯、東報彙譯、各國報譯、外報選譯、交涉紀事本末、文編等。從這些欄目的設置看，《譯書公會報》實際上是一份外國報紙的中文選編，具有明顯的文摘功能，對於開拓當時中國人的視野顯然具有直接的幫助。

《譯書公會報》除刊發英、法、德、俄、日等文種的譯文外，也有少量自撰文稿，而這些自撰文稿的影響力似乎要大於譯稿，比較有影響力的自撰文稿有五湖長的《興亞説》、《昌教説》、《論纂述之關係》，章炳麟的《讀日本國志》、《論民數驟增》，以及《亞東時報》主編、日本人山根之助撰寫的《倡難論》等。

由於《譯書公會報》是譯書公會的刊物，因此該報在選譯外國報刊雜誌文章的同時，也注意翻譯和介紹東西方比較有系統、有體系的著作，曾經連載過的翻譯著作有《交涉紀事本末》、《拿破侖兵敗失國記》、《威靈吞大事記》、《維多利亞載記》、《英民史略》、《五洲通志》、《東游隨筆》、《中日搆兵記》、《萬國中古史略》、《各國金銀銅三品貨幣表》、《延壽新法》等。

譯書公會成立後勢頭很猛，特别是《譯書公會報》出版發行後，傳播日廣，影響很大，原計劃全年出版四十六册，稍後則計劃改週刊爲日報，「以期迅捷」，日報的報名也已定爲《中外捷報》。但是《譯書公會報》出版了僅半年左右，就遇到經費支絀的尷尬局面，至第二十册，即於光緒二十三年四月五日（一八九八年五月二十四日）終刊。

此次影印的《譯書公會報》最後一册雖有著録，但在各大圖書館遍尋不得，爲方便讀者，推動學術計，先將前十九册影印刊行，待獲得最後一册，再行增補，以廣傳佈。每頁下的阿拉伯數字頁碼，係此次影印所加；另編製了全書總目附於書前，以便翻閲。

中華書局編輯部

二〇〇七年十月

總　目

第一册　光緒二十二年九月（一八九七年十月）

第二册 光緒二十三年十月初七日（一八九七年十一月一日）

第三册　光緒二十三年十月十四日（一八九七年十一月八日）

六

第四册 光緒二十三年十月二十一日（一八九七年十一月十五日）

第五册　光緒二十三年十月二十八日（一八九七年十一月二十二日）

第六册 光緒二十三年十一月初六日(一八九七年十一月二十九日)

第七册 光緒二十三年十一月十三日(一八九七年十二月六日)

第八册 光緒二十三年十一月二十日(一八九七年十二月十三日)

法報選譯

本公會告白

第九册 光緒二十三年十一月二十七日（一八九七年十二月二十日）

英報選譯

論各國之權勢

冀俄免税

各國添設水師

論勞心勞力飲食之不同

俄人治高

法報選譯

美秘近事

德報選譯

論中國商務利弊

東報選譯

暹羅内閣情形

三麽利那共和國

列國東洋艦隊

俄謀煽動印度

第十册　光緒二十三年十二月初四日(一八九七年十二月二十七日)

第十一册　光緒二十四年二月初一日（一八九八年二月二十一日）

第十三册 光緒二十四年二月十五日(一八九八年三月七日)

第十四册 光緒二十四年二月二十二日(一八九八年三月十四日)

第十五册　戊戌二月二十九日（一八九八年三月二十一日）

本公會告白
本公會各省售報處
英報選譯
　俄報譏英
　亞非利加近信
　英論華事
　擬探北極
　東方交涉彙志
　俄日將有戰事
　臺灣茶務
　海島重見
　法在中國之商務會
　中國形勢
法報選譯
　法人論擴充版圖
　法人慮德

第十六册　戊戌三月初七日（一八九八年三月二十八日）

第十七册　戊戌三月十四日（一八九八年四月四日）

第十八册 戊戌三月二十一日(一八九八年四月十一日)

第十九册 戊戌三月二十八日(一八九八年四月十八日)

第一册

譯書公會報

每册價銀一角五分

館設上海中泥城橋西首新馬路昌壽里

譯書公會報第一册目錄

譯書公會序

羣天下之本在人心、心戰爲上、商戰次之、兵戰爲下、聖人之道、治萬世之人心者也、整倫物、扶政紀、徹上下、通幽明、服其道則昌、失其道則弱且亡、非獨神州赤縣冠帶之族、極之騶衍大九州、南朔冰海、東西窮日出没、凡有血氣、莫不由之、吾觀今之天下、何其囂囂多故也、東釁方戢、西言又起、　主憂於上、臣辱於下、四民凋敝、百產閉耗、無具、阽躓日益甚、然當世士大夫、下逮齊民、上視君父之隱憂、漠然若不關其慮、前歲東北震驚、割壤輸幣、忍詢立約、含生之倫、不聞扶義爲士卒前行者、此爲人生非常之變、造禍之烈、殆甚陸沈、夫心死之患、慘於隕生、聾昧之疾、極於沈痼、然則雷音虎視、欲振起垂絕之人心、非吾黨之責歟、毘陵人士、彊毅而尚志、沈冥而善思、茲者合羣均力、創譯書公會於上海、而就予索鍼肓起廢之言、夫過數可知者時也、亘古不變者道也、若排脫蹊軫、不主故常、東西列邦、智學政藝、惟善之從、諸君其知之矣、遵而上之、益固民志、尊君權、伸國威、窮究中外之變、

以斷合乎古昔聖王大中至正之道、予雖衰病、歸臥林樊、猶樂爲振筆以紀之、

光緒丁酉仲冬之月瑞安黄體芳序

論日人經理台灣

倫敦中國報西八月二十七號

慈谿胡濬謨 吳縣沈晉熙 同譯

日人事事以英爲法、而强半猶踵倣法人、凡工藝武備公家酬應、並夙所企慕泰西諸事、法多於英、惟商務甚微、於絲業一端見之、其經理台灣、頭緒紛亂、一切步武法人、英則僅見蕃整理新地、不得不爾、勿訾其器小也、然整理實非易事、且伊等從未經練、創辦爲難、規畫一切、固最要事、然試觀其治理台灣、果能如治理東京否、鄙意測之、其治理兩處、均不能如紅帶也、（即指法人）惟待生番尚屬寬厚、並非祇准其在林箐中棲息、蓋明于生物之理、故特殊中國治法耳、中國限制民權、惟胥役則聽其恣肆、迥殊法日兩國、其官制太阿予奪任意、民畏官如虎、凡隸其權中者、每易逮赴公庭、民視公庭猶虎柙也、故平日拘謹畏法、凡遇詞訟輒多方脫避、至危險事、官吏亦視同兒戲、緝賊至官、飭僕隸縛其兩拇指、榜掠然後釋放、如鈍魯之人被獲、其受刑苦不堪言喻矣、日本治法則不然、胥役人等均有標識、近聞一台灣日本捕、以毆華人故爲日官拘獲、出示招該華人對質、反匿避不見、蓋其意謂日役與中役無殊、何敢與若輩相抗、以此觀之、設日人不能用己之治法以治若輩、將背役亦有自主之權、華民必激爲亂黨矣、又該處盜賊嘯聚、叛逆皆由此起、此輩挾自主之權、不受鈐制、雖値水旱災祲、亦無顧忌、第以刦掠爲務、惟較印度盤敵提黨稍易馴擾耳、是黨起數百年前、曾隨同羅馬出征破敵、遺孽蔓延、似茲亂黨、台省甚多、今日人新得華地、其治法實勝中國、不可誤信謠諑、謂如何苛殘凌暴也、惟於該盜黨則防緝綦嚴、此等盜黨皆游勇潰卒糾合生番專意刦掠殷實之家、數月前在吐喊吐鐵亞地方曾有一案、人所共知、豈能姑息處之乎、日人於本國政事素喜則效法人、今覩此情形、甚憾中國官吏之貪黷、痛詈昔日台撫、不能弭亂、即邇來日本臺灣總督諸乾亦不利衆口、自得台灣後、至諸乾已更易三次矣、（按齊齊報諸乾因事不合已經日本政府撤任議處須待治理臺灣各條通行始准升遷繼之者子爵奥溪也）頗思得一才略權變之人總督台地、與法國派往越南東京宰相相似、（法國屬地督撫亦稱宰相）事事倣法、殊覺拙鈍、若果與臺人親睦、盜賊自銷弭無形、何待重權彈壓、然日人必不能也、華民仇忩日人、詎肯循其矩度、觀日人在韓事、可知其待人之心矣、昔極拿公爵某於一千八百八十年赴高游歷、目擊日人通商於韓者、凌侮韓人、不堪言狀、後竟釀成巨禍、致有藐視韓王、焚殺王后之事、

俄人蹤迹、獨阻臺灣、因彼此相忌、故日人於此獨深閉固拒也、余以爲整理新地、至盡善盡美、其功候尚遠、既費籌度、又糜國帑、此事談何容易、如仿傚法人、殊濡滯也、當今要務、首在得人、有能如我英老萊舍斯及江思忒恒斯者、斯臺地各事可日臻完善、但日人決無此異材、亦決不能行此大事、噫、明治天皇何不幸之甚也、按新聞紙云、日人已遣多兵渡臺彈壓、夫昔日我英整理馬來巫祗一人耳、遂令卑濕窪下之地、變爲膏壤、今爾許將吏、竟無善策、以如此闒茸之徒、鎮撫臺地、非惟臺人怨之、即我爲臺民、亦終朝呼籲矣、惟約束巡捕一事、尚與鄙見相合、然邇來新充臺地巡捕、迴異從前、時有酷待商人情事、而於學校首要之務、亦未舉

行、不知將來如何結束也、

中俄商辦吉林旅順鐵路事　倫敦中國報 八月二十七號

北京訪事人來書云、頃道路譁傳、謂俄公使與中國政府商議、求一新法可以速成吉林旅順鐵路者、俄使以中國經費不足、願相佽助、其說曰、此路若成、既有益於中國稅務、亦有益於俄國行旅、誠兩便、非徒爲一國計、右雖道路傳言、然訪之仕途中人、知非妄語、按李相抵俄時、與其士夫相接、誠意悃欵、遂推心置腹、自頃中國大政、必與俄人參酌、職是之故、但華民素與俄人易生嫌隙、即曩時俄國公使以下駐紮中國者、京朝官亦多以異類視之、夫未結同盟、則猜忌如彼、既結同盟、則推誠如此、猶是俄人也、豈遽以一盟變其體質耶、中國老謀深算、誠不可捉摸哉、

羅王游歷德京記　倫敦東方報 九月三號

八月二十七號晚、德皇於拋此門公會接待羅王、時侍坐者爲羅王羣從、即在此學習武

備者及拋此門營員須臾樂人吹洋筒復於露臺作暹羅樂衛卒排隊翼兩君入皇宮饗人陳食如英國法飲次德皇舉樽謂暹王曰王辱臨敝邑余忻喜甚從此貴國政教日新民人康樂皆王此行開之我德意志與貴國相聯如指臂彼此通商各受利益敬嚌一樽以志欣悅暹王起道謝如英禮且曰敝國興造鐵路設立電桿皆承貴國英俊相爲輔助受益無旣敬舉樽自酢以謝德皇德后之賜

八月二十八號午前暹王與提督開斯而謁德前皇勿來特而克陵以紅寶石嵌碑復雕龍鳳等形樹于陵前又游某禮拜堂頃之至德皇離宮觀武士操練時秋季演武其技藝爲全地球冠德皇躬與其事戴丹黃色幘繡以白象纓黑鵰其項爲領隊第一人暹王亦被白色戎衣袂間繡金縏組繡以黑鷹戴白色幘幘上曳雞羽時德皇德后皆單騎后先偕暹王還宮暹王命義子某往謁德儲勿耳特來克于克林尼克德京員郭地遂入宮小餐畢出取德國新式鎗演放如德馬隊操式行至水榭旁復演放空鎗數響至六點鐘時德人張宴于砲臺客廳時德皇暹王及

德國將士皆在其宴暹王也、德后爲主、暹儲及羣從侍坐、八點鐘時、德皇命演文舞、勿作角抵狀、以樂暹王、宴畢、暹王歸、拋此門、德皇以黑鷹組帶爲贈、暹王報以土宜數事、

八月二十九號、暹王離德京、赴斯氣威林、德皇德后皆殷勤道別、后又送至鐵路公司、既抵斯氣威林、王挈儲子往謁公爵强阿爾白雷見脫、該處諸尊貴者、皆詣暹王問安、王乘上等火車、赴漢姆白、至三十一號兩點鐘、抵漢、有漢佛司門及暹羅駐德領事劈根派克來迓、於月臺問安、五點鐘、暹王往觀植物會、

九月二號、暹王至弗來特而吃斯而謁前相王爵俾士麻克、途遇伯爵拉之就拉與王同詣俾王第中、俾王親迎於門、既入室、奉果餌如禮、暹王衣朝服、甚敬謹、三點三十分鐘、暹王辭去、德人送者數萬、皆掀臂歡呼、聲徹霄漢、俾王送至車棧、握手言別、

本日暹王至安申謁鮒阿克羅斯、自此將謁荷蘭王后、約計九號可到、至十一號

可抵法京、

日本商務學校

倫敦中國報 十月三號

日本於此二十五年之中、一切維新諸政、令人不可思議、凡製造國政民權、變革之速、相距未及一世、遽臻斯境、誠奇秘不可測也、自一千八百六十七年以逮今日、將本性潛移默化、國人信服、其有關商務者、籲請政府擇善舉行、而國家於軍政暨時務諸要端、亦勤加研究、蓋有鑒於他國、黎庶勃焉興盛、均大有益於國、遠出已國之上、雖不能立時跂及、而應行諸事、徐行效法、於是遴選英彥、游歷遠方、肄習己國所不能者、其蓄志殆欲抗衡泰西、突過吾等也、以余觀之、實有所不能、日人欲速見小、意中甚欲於他國經營租界、但力有未逮、僅能於自主權內、盡力仿效泰西、於關稅一項、時加整飭耳、其平昔爲外人凌侮者、亦甚可憫、由他人觀之、諸事渙散、然其籌國事者、凡遇政策、行之以嚴肅、持之以堅忍、實欲施於事端而收其效也、惜商務一事、除隣島外、未生一聲望之人、出入各貨、其權悉操自外人、蓋他國於其地立有租界、不受其國權鈐束耳、日人因是益加攷察、知交涉事非容易、己之仿效亦未能純合、欲奪回利權、非以力角逐不可也、於是設立商務學校、殆欲使國家推信兆庶增榮、外人畏懼景慕也、

日人商務學校甚繁、惟東京爲最大、專以教習商務握要之事、章程次序共分四等、一先由最低之一等肆習兩年、然後升至三等二、在三等學校中復肆習兩年、務期明澈商務諸理、三二一等學校須由三等學校攷取者補入、仍須肆習未竟之功、四頭等學校專習教習商務學校之事、亦以兩年爲期、茲將各等學校所讀書籍課程開列於後、

四等　行善之理　讀法　書法　作策論　算學之類　地理　史鑑　繪圖化學格致　研究本性之理　英語　武備操練

三等　本國商務書信　商務算法　記帳程式　商務地理志　商務史鑑國家節儉之理　律列　英語　市情　武備操練

二等　記帳深理　貿易之理及商務條規　節儉學　律例　英語　揀選各

國語法德西班牙朝鮮中國等　武備操練

一等　行善之理　讀寫譔　商務算法　記帳程式　貿易之理及商務條規　英

語　懇求人之書信　武備操練

右各等學校、至新至益之法咸備、凡由學校畢業者、其智慮正直謹慤、實足令人稱頌、日人設立本意、欲顯呈一切商務事宜、使人聞而聳動、學校中權衡專使人習各種商務之理、暨本國外國至要之事、並普地球最新之法、其分別等差、以次遞升、欲人均奮志勗勵、也復有備取學生、亦教以數事、戒華服、行止端正、寫信之法、寫公牘之法、打包量大小權輕重、凡關貨物出入者、以上各等學業、於郵政代人經理、大小經記拍賣銀行水師鐵路保險關稅製造局等事、均宜尤須熟語英語、師生講授、假設交易問答、儼如置身英國也、

凡學生備習以上各事、在外人見之莫不頌為博通商務矣、然其教法尚不止此、

復於室中三面假設各國最要海口、列兩櫃、於末一面設日本海口、列教習之案、即於其中嫺習闤闠應行事宜、陳設假銀幣貨物輪船火車之類、兼備各種書籍、如寫公牘寫信示諭告報合同收付轉交賣買及市情一切、由教習設難辨論以期純熟、

其條規如斯嚴肅、洵足俾國人咸臻進境、凡入學校者、無半途而廢、無遺失單件、無不錄之帳册、無不復之函件、抄錄公牘以備攷核、習練電碼以備應用、卒業後、教習復諄諄誡勉、令毋自滿、

其肄習之時、令諸生等或習經理司帳書記、或習銀行保險各公司務、令輪流更換、惟教習之命是聽、教習更須誥誡諸生、彼此誠篤、毋啓猜疑、更須知銀行匯劃、市情、識見關稅等情、

英文爲商務要指四等學校中均有之、足徵該學校之美備、我英昔日尚不如之、

日人所欲顯者二事、一欲於本國見其靈敏、一欲於五洲顯其商務爲第一等國、

盖彼見我英商務甲於地球、不甘居後、故發憤爲此也、在彼以爲事已全備、然不無小疵云、

中德交誼　倫敦中國報九月三號

英省會報云、中德如斯親厚、凡水陸各軍悉用德員辦理、由外觀之、似可信任、而德人某君宣言曰、前遣赴中國之人、大率無眞實學藝、縱極親厚、於彼無益也、又英新聞紙云、德人實用機詐以愚人耳、

西伯利亞金礦　倫敦中國報西九月三號

今春俄遣兵赴西伯利亞之也尼塞斯科亞古德斯科地方、偵我英人動作、領隊及佛生曾在該處游歷、著爲筆記、觀其書知其人鹵莽矣、西伯利亞商務、礦產最饒、但有一事宜詳知者、該國立禁綦嚴、英人雖往不能過問、凡五金礦之至佳者、俄人概用紅布封閉、外人如欲開採、僅纖微之利、徒費資財勞往返耳、即有礦苗、菁華反不敵他處、一墩僅煉一益司、西名兩如係俄人開採、工價食用至廉、英人採

之則不敷領礦暨公司中工作諸人之縻費也、西伯利亞鐵路如成、該處礦利之溥、可與馬腦礦相抗、但仍須用俄工、歸俄掌管、無任何人欲於該國得大利、務須備竭智慮籌一至善章程、余所疑者、該處不論何地均可開採、外人涎之固切、本國亦無此巨欵、余籌度此事顛末已逾數月、竊料俄人欲辦此事、斷難與外人比肩、西伯利亞部人現缺股本、如有附股、當不勝忻喜也、

論中國國債

京津時報 西十月二號

中國借債一事、其究竟可不著蔡知、夫前此所借、已烟銷火滅矣、頃尚有一事可望者、則英人忽而强生願爲中國經手借債也、聞彼此議定、尚未畫押、前次報章記國債事、所以不欲指實者、蓋以鄙見參之、此事必不能成耳、其一線轉機、則在外人輔助、尚肯竭力、倘果有成議、報中卽據實直書矣、特近日主持此事者、自不量力、以爲十六兆金頃刻可致、而究其歸宿、必成空談、是何也、邇者各項要欵、抵押將盡、將來豈能復向他人告貸、且從前中國借債、皆仗英人扶助、自滙豐出票

轉借今日此欵未淸、爲能再謀其次又海關抵押、亦非自今日始、蓋其權久歸外人矣、中國自主之權、惟內地關稅鹽稅釐捐耳、然使以釐金抵債、則關係甚大、蓋急於淸償、則釐局必橫征暴斂、終使商務衰歇、民不聊生、其禍有不可勝言者、管窺之見惟令釐金照海關章程如今日粤省辦法、則尙可支持耳、頃聞中外已立合同、決以釐金爲質忽之利益、較從前經手爲更優、然僕與中國仕途中人交涉殊少、此事亦不能知其確實也、若果可信、則尤堪笑悼、緣從前所定釐金鹽稅章程、皆鹵莽滅裂、不可持久、今欲向人乞貸、乃舉以相抵、噫嘻中朝大官、其竟視此事若兒戲耶、

今所借名爲十六兆、未知鐵路用欵、竟得十成耶、抑僅得半與三分之一耶、抑以興造甯滬鐵路耶、然甯滬情形、亦與盧漢一轍、未必有起色也、且舉辦此事、亦無需十六兆之多、其情形又覺不符、或曰日本賠欵、尾數未盡、欲借此相助、是說也、殆千慮一得歟、

以上諸論、皆屬懸擬、及得諸傳聞者、故不敢信爲確實、他日知其底蘊、當明白言之、

日本考驗約希邁戰艦　　日本日報 西九月二十二號

日本定製約希邁戰艦、除炮位尚未竣工外、其餘機器業經試驗、其第一次、係西曆七月二十三號、遣員試驗於塔陰港口、該船吃水壓力、僅一寸半、維時驗至四點鐘之久、其速率共行十九諾脫二七、旋轉四匝復測量之、可行十九諾脫四九、此四點鐘時、火力生足、計抵一萬四千零七十五匹馬力、第二次復驗本性之吃水暨火候、約六點鐘時、火力已足、速率得十七諾脫二六、復旋轉四匝而測量之、得十七諾脫七三、計九千五百七十匹馬力、方試驗時、適機器損傷、船廠係亨富來司坦能脫、該廠素著聲譽、現因名手辭去、故製造不佳、工匠人等並未經造有名船艦、然在日員意中、甚屬欣慰、蓋各種速率、已逾原訂合同一諾脫矣、船身旋轉靈速、無需周行圓圈、船匠名滑此者、曾經歷各式戰艦、考求新法、故於約希邁

一顯其藝也、船尾鈍木、剗截無存、其舵尤穩、無絫黍差、旋轉一周、圓徑不及本船一倍半、任旋向何處、其速時約一分鐘、舵輪推至十度、所行圓徑長於本船三倍、其平時旋轉、只須一分鐘二十六秒、

記朝鮮貿易黨

日本日報 西十月六號

朝鮮貿易黨、初祗裨販耳、然入會者已三萬人、中有素無職業者、日以攻剽刼掠爲事、其會長捕治無虚日、一千八百九十三年、於湯戛謀亂、其中多已入仕途者、後經查明革職、會長遁至外洋、以游歷爲名、久乃返國、復設是會、朝廷亦不禁也、初國人皆知會黨爲浮躁少年、而終謂其有功於國家、帑藏亦實受其益、至是政府思前功、故不加禁斷、由是會黨益横、所至把持吏事、恣睢無忌、以至於亡、會中設會長一人、其下京畿各道、卽以疆臣爲總管、下及州縣、亦設頭目、鄉鎮復設副頭目、凡商務皆由會長下敎、小者總管頭目自主之、若因商務受人凌侮、及有貿易要事、則以告於會長、故會長任保護諸商之責、其權遠過租界領事、然非

眞能振興商務也、宗旨在越卡漏稅以便不逞之徒而已、乃封疆大吏亦與歃血同盟、吾誠不解其何心也、

日本日報西十月九號

北極紀游

九月三號、英船渾胡阿特載矍克生等由北極回、伊等在地之盡處、夫勞來之福蘭士喬失夫已逾三冬、是日行抵日本、矍暨同舟人均無恙、此次探訪福蘭士喬失夫途經怪異之處實多、該船未開駛之時、同人麕聚於愛而姆胡特甚歡、矍之探訪、較他人尤精審、並將攜貲於倍而島建一會館、矍述所經各事、惟最後一冬風浪較平、與同行之阿而勃脫均熟稔海途、於三月十六啓行、備小馬並犬車往偵福蘭士喬失夫以西之地、是月杪、適値一危險之天時、犬馬憊甚、同行諸人亦疲、蓋糧已罄矣、道路崟崎、有時伏行鉅冰之上、有時經行冰雪中、霧氣凝鬱、阻人進步、益形艱滯、僅遇一熊、鎗斃之、羣啖其肉、於五月中復回愛而姆胡特、途遇同舟之人躡尋蹤跡者、昔人譔地誌、謂是地尚有出產、謬也、其地大與洲等、率係羣

小島攢聚而成、嵐嶂矗立、其上嵯岈巃峭、如嶽之峙、如鍔之厲、皆冰塊沍結所成、極北之處尚有一海、於世界爲最北之區、此外當無地矣、其地產石與磁石相類、能推測星躔緯度、及攷驗地質植物生物諸學、携回英國、亦於學問有裨益也、如在是地過冬、則生命殊屬可虞、是年秋、致斃荏弱顛民一千四百人、以充肉食、其冬復捕獲十九人、克鐵滑克二十二隻、均標以JH字母、即瞿名縱之使逸、其嚴寒之候、視寒暑表降至四十度以下、億料福蘭士喬失夫以北必無大地、因是不再向慳奥司克進發、復有一地、名彼得門、其地甚小、亦未蹈其境也、圖誌時有更變、人疑尚有餘地可尋、不知已造盡處、况行抵八十二度、於心已知止矣、前次探訪者爲安特而里、途中並未薜菪、聞安於七月十一號行抵瑞賴姆海島、擬由此改乘氣球穿越北極、以窮其竟、矍復曰、此行係已意、如他人欲往、伊亦願與俱也、

字林西報 西十月十八號

熱河亂耗

前接天津來函云、熱河有抗法亂民、持械拒捕、幸該處營汎、辦事認眞、而滿兵已

敗衂數次、平泉已爲亂黨竊據、守土官棄城逃逸、計亂黨共有八千餘人、聶軍門自蘆臺往剿、共領馬隊三千、洋鎗兵數隊、距城十六里駐紮、須後隊齊集、再行開仗、已築砲臺兩座、約與熱河都統某公聯兵合圍、議某都統屯紮朝陽東西犄角、云云、按某都統部下有兵千五百名、而驕惰怯弱、無一可用、兼之辦事孟浪、全未籌思、以致敗於亂黨、今茲再舉、恐亦未必能勝、查該亂黨起於一千八百九十三年之冬、立天地會名目、號召徒衆、造言惑人、時東禍方亟、思欲乘機煽亂、事覺不獲逞、今會中已有四萬餘人、閧潰卒游勇居十分之七、以故軍器充足、不待外求、其間慗不畏死者、亦有數千、此雖道路傳言、然大半可信、該黨蓄志甚大、野戰勝後、即欲突入長城、以奪蘆漢鐵路、此事甚爲可慮、若聶軍復挫、則畿輔左近、殆不可問矣、禮拜四又接天津來文云、臬司袁公已率練軍屯扎小站、地距天津十五英里、目下又奉王夔帥札飭急赴天津、以謀防守、計袁軍共有八千人、皆訓練盡善云、

俄日在高情形

字林西報 西十月十八號

近日流寓高麗者、衆口一辭、皆懼高之併吞於俄、然據俄腦負沸來姆報則正相反、該報九月四號云、近日日本在高之權日大、我俄人在高之權日小、窺其語意、蓋日本於高麗口岸附近民地、盡數收買、冀以起造兵房馬廐武備學堂、此其志不在小、該處寓居日人、形如工匠、而實皆戎士、使人不覺其可怖、其設計亦狡矣、至在濟物浦商埠、一切皆用日本律法處治、他國船艦、幾不得任意入口、則此海口宛成日本之屬地也、平壤土著甚忿日本、常與尋仇、日政府已遣小隊砲船駛往保護、然日人之待高人、甚有恩禮、蓋彼謂三韓全境、我已撫而有之、當如父母之愛其子矣、夫其恩誼籠絡、謀略詭秘、皆能獨絕、宜俄人忌之也、俄人在高者、亦練習戎備、寒暑無間、然實無所用也、觀俄人所著日記、若謂亞細亞諸國、惟我俄人爲聰强材武、而諸國見之、又處處退避、坐是其志益張、欲盡亞洲諸國而吞噬之、若日本欲侵其利權、則必以哀的美敦書相詰責、他日孰勝孰敗、終未可預決

耳、

推算諾脫簡法

紐約格致報 八月七號

屢見各報章所載某國近日新製鐵甲兵輪一艘、每點鐘能行若干諾脫、此不過依音而譯、問其每一諾脫究屬幾多、則茫然不知也、今將美人勃而來克福達所說簡法錄左、

其法將所知諾脫數中十分之一、和百分之五、加本數上、即得英里約數、假如諾脫是二十加二和一、即得二十三英里、此乃約數、若欲得實數、每一英里須加八英尺、如以二十諾脫計之、即合二十三英里零一百八十四英尺、

按諾脫求英里法、將諾脫乘一零萬分之一千五百十六英里、每一英里即中國三里也、

東報彙譯

俄國新報論日本海軍

本日安藤虎雄譯

西九月十二號、烏拉西保斯德新報中、有論日本海軍一則、曰、當中日和約初成、三國倡議、以限制日本之要求、時日本戰疲師老、不能峻拒、遂删除條款、以從三國意、是猶舉大鐵鎚突加諸日本頂上也、然日本受此屈辱、益自知兵力未充、邇來擴充武備、衆議勃興、政府夙夜經營、作建造兵艦案、以咨議院、議院可之、取中國償金、以充經費、其成効刻期可待、我俄與日本僅隔一衣帶水、可無備耶、論者或曰、此不足慮、何則、日本國帑匱乏、終不能出此鉅欵也、又曰、日本不自量力、而徒恢張外貌、猶封股自啖、祇速其滅亡耳、是二說者、皆不審時務之論、殊不知日造兵艦、皆用中國償金、未聞息借外欵也、

日本增置兵艦、非專爲防敵計、平日商舶遠行萬里航海、亦不可無兵艦爲之保護、今既上下一心、欲與商務於海外、則增置兵艦、亦爲是故、

日本兵艦、自西曆一千八百九十六年一月一號以前、鐵甲船六艘、一二等巡洋船十艘、三等巡洋船五艘、哥路別得形七艘、炮船八艘、報信船三艘、練習船及運貨船十艘、一二等水雷船四十五艘、合成艦隊、邇來改定制度、擬增一等鐵甲船、一萬一千五百噸至一萬四千八百噸六艘、巡洋船三千二百噸至七千八百噸九艘、水雷巡洋船一千二百噸三艘捕獲水雷船十一艘、貯藏水雷船一艘、一二等水雷船八十九艘、編置新隊、期以十年竣工、頃已訂購二三艘矣、然則屆一千九百六年一月一號、新艦隊編成、日本卽一躍而爲東方英國、是豈非我俄之勁敵乎、

日本改定海軍章程

日本政府以西九月十七號頒敕令五件、改定海軍章程、今舉其要者二件、開列於左、

勅令第三百十號、武官階級、本令所定規、在海軍武官階級中、新設中佐及相當官並中尉及相當官之件、其階級如左、

大將　中將　少將　機關總監　軍醫總監　主計總監　造船總監　造兵總監

大佐　機關大監　軍醫大監　主計大監　造船大監　造兵大監

中佐　機關中監　軍醫中監　藥劑監　主計中監　造船中監　造兵中監　水路監

少佐　機關少監　軍醫少監　藥劑正　主計少監　造船少監　造兵少監　水路正

大尉　大機關士　大軍醫　大藥劑士　大主計　造船大技士　造兵大技士　水路大技士

中尉　中機關士　中軍醫　中藥劑士　中主計　造船中技士　造兵中技士　水路中技士

少尉　兵曹長　軍樂長　船匠長　小機關士　機關兵曹長　少軍醫

少藥劑士　看護長　少主計　筆記長　造船少技士　造兵少技士　水路少技士

上等兵曹　上等信號兵曹　軍樂師　船匠師　上等機關兵曹　看護師

上等筆記

一等兵曹　一等信號兵曹　一等軍樂手　一等船匠手　一等機關兵曹

一等鍛冶手　一等看護手　一等筆記　一等廚宰

二等兵曹　二等信號兵曹　二等軍樂手　二等船匠手　二等機關兵曹

二等鍛冶手　二等看護手　二等筆記　二等廚宰

三等兵曹　三等信號兵曹　三等軍樂手　三等船匠手　三等機關兵曹

三等鍛冶手　三等看護手　三等筆記　三等廚宰

勅令第三百十三號、升級凡例、本令所定規、在海軍武官服務年限之件、其大要如左、由少尉相當官亦同進升其上級、須服務過一年、由中尉相當官亦同進升其上級、須服務過二年、由大尉相當官亦同進升其上級、須服務過五年、由少佐相當官亦同進升其上級、須服務過二年、由中佐相當官亦同進升其上級、須服務過二年、由大佐相當官亦同進升其上級、須服務過二年、由少將進升其上級、須服務過三年、

譯者曰、日本海軍武員故有大佐少佐二級、而無中佐、故兵艦之中、大佐爲長官、少佐副之、如是者十八九、邇者武備日新、新艦以時告竣、自二三小艦外、以少佐徵員爲之副貳、蓋不能勝也、於是仿英國海軍章程新設中佐一級、蓋擬以充兵艦副長官云、

又海軍故有大尉少尉、而無中尉、凡入海軍學堂者、歷五年乃得遷少尉、比於陸軍學生、五年而遷中尉者、難易頗殊焉、是以樞府建議、新置中尉一級、以疏沉滯、使人人知努力、亦策勵之一端也、

日本紅十字會

人莫慘於死、死莫慘於國殤、當夫日暮戰熄、萬馬絕聲、四顧無人影、惟聞餓犬爭肉、於斯時也、被創之人、宛轉山谷藪澤、求一死而不可得者、其哀惻爲何如也、紅十字會者、爲羅此不幸者設也、距今三十五年前、創於瑞士日那瓦府、同國國旗用白十字、故本其徽章、以紅十字爲會名、以表斯會自同國始也、世人或疑與基督教徒所謂十字架同義、坐未悉其原委耳、邇來與敦槃之會者、綜計四十有二國、日本其一也、蓋日本之設立此會、肇於二十年前薩賊之亂、時戰爭閱月、死傷頗衆、該會員奔走鎗林彈雨間、苟見被傷者、無論其爲我爲敵、悉舁歸病院、厚加療治、越明治二十有七年、中日釁啓、會中復備藥籠竹輿、從軍雞林遼東之野、間關跋涉、備歷艱辛、救助兩軍被傷兵士、不分畛域、仁聲大播、內外咸頌會務之整飭云、近神戶日報、有同會總辦佐野伯上外務大臣書曰、明治三十五年、距紅十字會創設已二十五稔、將踵瑞士紅十字會二十五周年慶典例、屆期施行、募歐美列國會員、咸預盛舉、今我會員之赴奥京維也納紅十字會者、令預通意列國、最爲利便、惟事係内外交涉、且需欵甚鉅、故特具情以聞、其同盟國名附錄如左、

英吉利　法蘭西　德意志　俄羅斯　奥地利亞　意大利　比利時　丹麥　西班牙　荷蘭　瑞士　突厥　希臘　挪威　瑞典　葡萄牙　匈牙利　波斯　智利　秘魯　塞爾維亞　巴威里　羅馬尼亞　巴爾加利亞　撒遜　羅馬法王領土　瓦敦堡　旁堡　墨林堡　里森堡　三薩瓦　巴丁　黑西　波里位亞　公果　暹羅　美利堅　亞然丁　耳天堡　門的捏估路　微捏絲蠟

布哇國近事

美國總統苦利無蘭士氏期滿、馬今列氏代之、廢棄舊章、更革政策、不可枚舉、如美布兩國合一案件、即其最著者也、當案件初出時、地球列國、一時聳聽、苟口談時務者、罔不論議及此、蓋布哇於西歷一千八百九十三年一月十七號、廢國王

而代以議院、名曰自主、實爲美附庸、政務樞機、壹受美國牽制、駸尋至今、防制日嚴、兩國合一之機日迫、布國總統安兒氏竟于容月初八號令開議美布合一條約案于上議院、四方傳聞、物議騷然、其布人之憤疾美國者、慷慨激昂、議論如沸、忽飛檄糾合志士巴黎斯花園、講美布分立策、實同月六號也、是日赴者會者無慮七百餘人、遂草陳情書二通、一呈列國公使領事、以表明國民之意、一上本國總統及內務大臣、以訴兩國合一之違民志、越八號、上議院開議、未有定論、至九號復繼前議、人人以合一爲是、遂草定條欵云、

開議之始、布總統下敎書、（在帝王謂詔勅、在總統謂敎書、日本文例）於議院、陳說兩國合一之本旨曰、今移居布國者、種族不同、有白人有黃人、皆自植黨、彼我不輯睦、施政甚難、且吾戶口稀少、而外來之民日益多、如此無底止、則布國危矣、一也、列國所備太平洋艦隊、歲歲增數、交涉日煩、蕞爾布國、介立此間、欲免于阽危、其可得乎、二也、爲布國謀富庶、以美布相結爲上策、三也、美布合一條約成、布國人民終身無禍患、是

美國之所擔保、四也、不識列國無間於此議否、

論寓布哇華人

布哇上議院允行美布合一條約、載在列報、美既得此奥援、則商酌合一之要務、始有頭緒矣、然此約果成、則布國之雇用華民者頗多、美將何以處之、夫美已布排擯華民之令、以拒絕入口者、頃復示諭、責此禁廢弛、有司追究、名捕、毫髮無所假借、本國既然、其於屬國、宜不得獨異、然一旦悉驅之境外、如本國法、則布國習用華民、不利莫甚、美人此舉、豈易易哉、一美人獻策曰、此舉當假以歲月、期三年乃行、先令華民月納金一弗於政府、政府爲儲藏之、三年後、歸之華民、以爲歸國資、則可行也、記此以供他日參驗云、

論俄國駐韓公使

日本時事報載在韓訪事人函云、俄國新任公使斯伯兒氏、頗懷大志、其辦理交涉事件、若不經意、而能不失要指、諸事悉循政策、期成功永遠、施設有序、均占勝

地，惟韓人素無節操，晨不計夕，昨熱今冷，倏忽顛倒，無一足信任者。於是公使擬聘用本國僧侶，於各地建立寺院，弘布希臘教，以總攬民心云。宗教之蠱民心，甚於鴉片，實繫國家興亡，列國史鑑，確有明證。此策果行，其雄心可知矣。然他國在韓崇基督教者，心滋不悅，欲行阻撓，蓋基督教之於希臘教，猶氷炭也。

俄韓銀行

俄國新報云：俄政府欲創設銀行於韓京，規畫略具，度支大臣將飭海關總稅務司阿列固鞋夫氏往驗察該國商務情形，以資叅考。意稅司出遊，必近在旦夕，頃俄韓兩國雖貿易未旺，一見銀行創設，氣已振動。西伯利亞鐵路落成時，則俄未與中日英諸國均爭商利於韓，可期而俟也。

匪魁飛檄

美國桑港新報云：麻尼拉島之亂，尚未平定，頃者賊復猖獗，西班牙軍隊屢次失利，賊將益美料阿古路撒土意氣軒昂，以爲機不可失，傳檄四方，指陳西政府之秕政且論其國勢疲弊不振、其文曰、告同島諸君、今嘎武衛州內城市雖爲西軍佔踞、此固我所委棄者、則彼之取此、於我何有、吾今知割據一隅、坐待敵攻、此最下策也、自今以後、一變軍略、四面轟擊、正奇互用、將使彼防守之地、疲於奔命、如是則彼軍貧缺乏、自難持久、情見勢屈、則屈膝軍門也必矣、西國某新報云、西兵一人、每日所費不下洋銀一弗、兼之被服等項、所費甚鉅、其全額實難偏給、西國素無威信、擬向外國商貸、亦不可得、國中丁壯不願隸兵籍、多遷居法國及他國者、本國情形既如此、在外則波了無野呀將軍以政府不允益兵二萬之故、立志去職、軍氣沮喪、上下無戰意、加疫癘流行、將士死者無數、內憂外患、一時蝟集、其將來可知已、而我易駱個斯搬俄士南卡卡楊諸州、奮然蹶起、士飽馬騰、靡不冀脫從前鈐制、而登熙皞之域、今以勇氣百倍之兵、當瘀傷消沮之敵、勝敗之數、豈待蓍龜哉、時至矣、機發矣、有大有爲者起、驅貪婪無饜之僭侶、復已被吞并之疆土、握代議員之權、解議政印行之禁、布信教隨從之令、更改刑律、節省度支、均於此舉决之矣、若同島諸君、唯唯諾諾、惟政府之命是從、竟無挺刃起者、是永爲西政府之頑愚島民、恐將來西人虐待、更有甚者、是豈可隱忍哉、

記望遠鏡

美國市卡俄府大學堂、新裝置一大望遠鏡、蓋美人雅古氏所創造寄贈者、據教習波扔哈木氏云、此鏡實全地球無可比擬之珍寶、所裝透鏡製法、極精巧、用此觀測天文、則天體無藏蘊、一帶銀河、星宿可數、一抹雲霞、水粒可辨、古來幾千百年間、遼遠深阻、難於測知者、自今以後、一目瞭然、如指諸掌、其裨益於格致也大矣、學堂以十月二十一號、招雅古夫婦及朝野學士、張盛宴於堂中、感謝厚賜云、

歐美工業優劣比例

據美某公司所編歐美各國工業優劣比例云、各國每一周年、由工業所得財力、美爲最、計七十萬萬弗、其次英、計四十萬萬弗、德計二十九萬一千五百萬弗、法

二十二萬萬四千五百萬弗、俄十八萬萬一千五百萬弗、奥十六萬萬二千五百萬弗、意六萬萬零五百萬弗、比五萬萬一千萬弗、西班牙四萬萬二千五百萬弗、瑞士一萬萬六千萬弗、計工匠每人所產之財力、美亦居第一、蓋一歲所獲、至一千八百八十八弗、可謂盛矣、英七百九十弗、雖稱富强甲天下、而財力竟不及美也、德法比三國各五百五十弗左右、瑞士四百三十三弗、至俄僅三百八十一弗、意不過二百六十五弗、各國工資數亦不均、今計每人每年所得工資、登錄於左、

美三四八弗　英二〇四弗　法一七五弗　比一六五弗

德一五五弗　瑞一五〇弗　奥一五〇弗　西一二〇弗

俄一二〇弗

美非特工人之力、超軼各國而已、較其機器力亦冠他邦、錄如左、

美一千八百萬馬力　英一千二百萬馬力　德九百萬馬力

法五百萬馬力　奥二百五十萬馬力　俄二百五十萬馬力

比一百萬馬力

右所開列不過略舉大數、誠令彼此較比、參諸各國地理物產人情風俗、究其根原、則於估算以外、其可知者更多也、

交涉紀事本末序

丁酉八月、同志有譯書公會之議、時晤法敎士向君、談次及中外條約、苦編輯無善本、向君曰、美人威廉司嘗著書論撰中國事、自三皇至近世、皆撮其要畧、以備國聞、尤詳於中外交涉、能道其由來、推其究極、與夫綴輯吏牘之書相萬也、屬求之書庫、果得其書、以訊於舌人、次第譯成數卷、循誦數帀、蓋與官人有司所守者、其識誠相去懸遠矣、獨其首章述中國古史、牴牾踳駮、無可觀者、以外人道震旦事、終不若震旦自道之爲翔實、其勢固然、無足文飾、昔嘗讀萬國史記、述西士言、謂中國防閑過嚴、有私姦者、斷其勢爲閹官、蓋以二千年前蠶室薰胥之法、而猶謂之行於今日也、其覘髣闊畧、亦可覩矣、且夫以柱下之藏史蔚若林囿、而簡練成一卷書、在彼以爲瓌瑋者、自吾觀之、則猶以爲陳陳相因也、故斷其首章不譯、譯自第二章始、若夫論議之作、時有孅點、猶瑜

於昔之稱偕晉詆島夷者、其所指斥、亦足以警吾醒酗、必自諱廢疾、而以鳥喙長葛爲不可近、則過矣丁酉九月章炳麟序、

丙申冬、同人有譯書之志、越明年、始成、設館於滬濵、第西籍灝無涯涘、文字殊制、雒誦巽宜、欲紬其秘逸、猶聾者聆韶護、盲者游五都肆也、教士向君、法蘭西名彦也、來中土甫二載、貫經史百家書、兼能舉其闕遺、糾其悝謬、爰偕同志詣訪、適君以臘丁文譯、四庫簡明書目暨一切經音義、烏虖、邇來士夫譚政策、咸擯斥漢儒緒論、衡於慮、誦於口、譒於簡墨、靡不以新學爲職志、而向以異國之人、反欲窺中秘之藏儲、研訓詁之精蘊、此固文士博愛之常、亦於以見我朝文化之盛、將橫被五洲也、國政寖微、豈漢學遺之孽哉、向君爲余道治西書之法、瞭於心目、且曰、中朝史學大端、區爲三、曰正史編年紀事本末、泰西亦然、中朝多佳史、然類皆成於傳聞之世、以當世人記及身

事實、大率懾於忌諱、錯牾於記聞、而復眩奪於諛媚、於子長外求直筆蓋尠矣、爰出牛皮書一册、曰是中外交涉史、西儒某君撰、某君泰西之董狐也、記載翔實、體例秩然、曷譯諸、余謹誌之、急詣西書肆、適其書罄、主人出是編曰、精審等前書、而纂訂之時尤近、遂購以歸、屬張君佩之筆其要恉、他日獲前書、當續譯之、考訂異同焉、光緒丁酉陽湖惲彥博敘

英民史畧原序

英國極盎而里雀猘林著

慈溪胡濬謨文甫譯

觀是書命名之意、即知非述英國帝皇及戰勝史紀、乃英民史紀、世之著史紀者、每飾詞使人動目、吾則於爭戰交涉、及親見之帝皇暨諸大臣、與夫朝廷華胄、寵臣計謀、皆畧而勿陳、所誌者惟國中律法、生民知識、與世情進益之道、俾世之讀此書者、亦可瞭然於一國之事、故吾以爲多記超色、（英所推爲詩伯者）愈於記克而來賽、（法國戰地）多記開克司登、（英始造印書機器者）愈於記耀開克司忒及蘭開司忒里恩兩族爭戰之事、多記愛立賓勃夫、（英之女主）未盡善之律法、愈於記堪敵士（西班牙地名）戰勝之事、多記埋掃敵斯忒（耶穌教監督會之稱）之復興、愈於記小僞皇（英皇邳爾第三）之遁走

此書無論優劣高下、吾亦不記聲勢烜赫之事、著史之病、大率常以史紀爲記戰事者、夫戰事在歐洲各國信史中、乃關係極細者、在英國較

他國、尤屬其細已甚、戰事之深激吾英國家人民者、惟與法國之百年戰、而此戰終屬無益有損、吾記克而來賽、亦略道榮遇、而多述艱危、然仍詳於太平歡喜之事、吾於英人所作大事中、特列英之賢女主愛恩及始尋格致之理、並列雪克司披耶英之詩王於愛立賓勃夫時英傑之中、又列皇家大會、究察格致、於新法勝昔時、如以篇中所記戰事國政過簡、因吾記傳教作詩印書商家格致家之事爲多也、此皆他史所不甚措意也、

世道之進益、能使律法日臻於美善、推英國爲最、而此史略於各事進境、不免語焉勿詳、然於切要之事、如鄉民叛逆、及新國振興、亦必一一申明、蓋國史關係、在世情之變遷、故此書最加意者、教會之情形、民智之增益、工藝之精能、而吾所見之往史、咸未道及也、

吾今著此一書補之、以備吾英民鑑觀、吾意最好從英之國史及他國

已譯英文史紀所載者、引證吾之小疵、在常引法國史家其蛇或密獮奈脫所著史紀、夫此二家、卽尋常學童所耳熟能詳者也、所憾者司弍白司所著最爲有用律法史紀、其首卷行世太晚、吾不能引其書中所記古事、使此書早經問世、其有以助吾著述者、豈淺鮮哉、

吾甚知此書未免無疎忽之處、因吾著此書、强半在體氣羸弱之時、而小疵不揜大醇、則良友相助之功爲多、法里曼之助吾著此書也、命意則啓吾心思、屬稿則爲吾評改、不憚煩勞也如此、若司弍白司及勃而拉司亦相與有成者也、若勃而羅克其學問之宏博、文法之精良、凡所以資吾之取材者尤不少、又如湯姆生以所著皇家世系表假我、法里曼以古英地圖假我展閱揣摩、皆於吾大有益者也、敢誌勿諼、以彰高誼、

此書前列大事表、誠望於讀者有益、因吾書中所謂之事、不甚依歷年

譯書公會排印

次序、若以此當學塾讀本、則師生講讀、不可無大事表以輔之也、

東遊隨筆卷一

法藩譯岱理松著　　袖海客譯

第一章　起程

一千八百九十五年、余在福勞冷司城時、意大利汲汲欲自主、法蘭西聞風興起、願以兵助比奄蒙（意之北省）戮力協攻奧地利、其時意如狂、法如痴、一種力赴前敵之意態、躍躍見諸事外、蓋以余幼時所能記憶者、事雖逾二十餘載、而意民願一統之心灼然如焚、恍惚猶在余目前、男女老幼紛湧出城、凡年壯力强之士、一呼即應、俱赴比奄蒙之召、老成宿將、爭離里閈、奔取翠羽以飾兜鍪、整頓行裝、商人棄擲貨物、競索槍械、其赳赳之氣、殊令人望而却走、而政府反覺力不能抑制其豪氣、任其所爲、於是意國人民無不欲出而一戰、歡聲偏野、皆曰茄利罷耳提（意提督著名維新者）萬歲自主之權萬歲、然法民奮勇、亦未肯退遜、人嘗謂法人之舊血、常念昔時用武之地、蓋昔者此地嘗酣飲血潮耳、於時法民羣啜如醉、追隨拿破侖第三同往攫取戰勝之標幟、昔其伯父之戰功、即拿破侖第一載在史册人人驚服、今拿破侖亦思竭力步武焉、時余年十八、感奮思變、殊自怨艾、常念人皆勇往奮揚我獨觳觫無能、深以爲恥時二三知己、均各就道、有平素最親厚者勵余曰、今非嬉戲時矣、亟宜爲國捐軀、立功異域、此丈夫事、余深韙之、因思戴胄飾羽、實稱余體、然此尚卑鄙不足道、蓋其時余尚未抽籤投効軍營也、爰決計往投馬隊、以期附屬意軍、計既定、棄福勞冷司兼程至土爾斯、既至、即見錄爲二等騎兵、充第六隊、

使余自述往事、祇言伏處軍營、坐守馬廄、爲余有無數之惑誘、則余爲誑言不實矣、以上數言係照原文譯出大致述其志在出戰不甘伏處也然余所志者大、軍中勞苦亦置不恤、惟盡心洗治我馬、以兩手控馭、如最珍物、自度用力不虛、必將輔

成大功、蓋自利涖里遠一人之後、盡筋力以毀奥室者、余功實最高、躍馬馬無纖塵、習武技藝純熟、不數日、凡水師學堂等事、亦均諳練、但株守軍中、坐以待事、殊岑寂無生氣、故一聞拔隊之命、即狂喜不自持、蓋前途新兵第六隊挑選精壯五十、越日即應就道、以附成營、該營即攻奥第六支兵之一、應選者如鳥出樊籠、欣喜過望、然吾輩獨樂、而留營兵未免掃興矣、起程日、天甫明、整鞍加枚、方欲前進、忽藍紙一片遞到游擊處、止其拔隊、無奈復卸裝解鞍、意殊怏怏、蓋法軍奏凱殊捷、已退兵議和矣、

余居新兵隊、倏忽已七閱月、翌日即應陞隊長、忽差官齎到函札一件、交余承領、余不解所從來、驚慌無措、書云、璺西園如中國閣下稱謂頃議定派汝隨營至中國帮辦文案、兼充繙譯、札到即至汝首領處乞假八日、首領見書必准給假、即日可往巴黎、至大奴伯行棧、見本大臣、汝之前程、到

此卽定札到查收、提督蒙都防、

予適大驚、今變爲大喜、以予首領仍留守意境、依阿貝能山營前駐紮、相距稍遠、不得已逕投新兵隊游擊府、呈遞軍門所與手札、游府閱竟、疾聲謂曰、徃哉甚善、將有人給汝路票一、持而徃營中、不再拔汝作隊長、別有人代任差事、汝可盡心赴華、

異哉予竟未充隊長、然是亦何必耿耿、蓋天命使予也、設此書遲至一日、不則予得書時、或稍鹵莽、竟秘不示人、欲佽衣袖飾呢邊兩道（隊長衣飾也）以爲榮、則終身陷爲老兵矣、此其故人無不知、蓋爾時余必能勝騎兵營官之職、據鞍顧盼、非不自喜、然較之繙譯之清華、何啻天壤乎、

未幾至巴黍、逕趨大奴伯行機、以一騎兵謁見提督軍門、蒙軍門待以優禮、謂余曰、大將軍貝利西庵提督福鸞利兩公、競相薦引、謂爾才地相當、余亦思欲委任、今其爲余幫辦文案、凡軍務來徃之信札、卽登册

存稿以備稽查、又英軍總統領提督既不通法語、余則不諳英語、戲下員弁又無一能知該國語者、汝即在此充當舌人、以通兩國情誼、瀕行、止余語曰、一切需用之件、如皮囊馬鞍銜枚等物隨身帶徃、每次余乘馬出巡、汝宜偕行、計正月初旬、必能由法起程、自茲以徃、每早來此稟命、余有如許事委汝辦理、

始冀遠遊異地、繼聞命下、簡料行裝、以適中華、自念名隸伍籍七閱月矣、今忽得以墨西園受軍門爾許寵光、嘻、夢耶眞耶、弱歲竟獲是耶、余行矣、以慶我際遇之昌、以慶我軍門、以慶我終身、

第二章 自馬賽埠至阿屯

一千八百六十年正月十二號、軍門率僕從由馬賽埠登舟、舟名磅戴爾、軍門全銜、係統帶遊歷中國水陸各軍大統領、秉交涉全權、執有國家印信、凡水師大小舉措、於法國有益者、皆得專斷、同時開駛者、有英

公使與英水師一隊、軍門於交涉事件、兩軍舉止、奉有與英公使英統領和衷商搉之命、兩軍統領所屬健卒、其數相埒、所以兩軍共發至中國者、因欲彼此協力、與中國辦理交涉、如有齟齬、即臨以兵威、務必就地立約、使英法兩國俱得相等之利、通商往來中國、

至余在船在軍之官階、亦殊不倫、曩在軍充一百零一名槍兵、猶言額外兵使直言曰、余槍兵也、聞者必大駭怪、以余故爲戲謔、若講述諸利亞（法人小說名家）稗史而已、然余爾時直一與衆不同之步兵、既爲步兵矣、而皮靴復帶策馬之鐵刺、衣綠色戰袍、（騎兵之飾）以一賤卒乃與兵官偕坐同食、既每日受國家一蘇、（蓋法不給軍糈、惟日給一蘇約中國十文錢、以備零用）又須自私橐繳出三千佛郎、作船上搭客之費、殊令人無從索解、軍中將弁院船出洋者、一爲游擊台希殷、一爲都司步延、即後此沒於提督任者、一爲都司、亦名蒙都防、係大統領之子、亦已轉升提督、更有副將銜砲隊統領朋士孟幇

同閎操官台迂皮迂即後被華人以極刑處治慘死者、衆將蝎米次監庫利蓬英軍提督亞爾米斯脫隆暨衆將一員、印度將弁數員、法駐華公使婆爾婆隆、亦附船赴華回任、偕夫人同行、約二刻後、衆皆懽聚、譚笑浹洽、宛如同室、噫、至今日而前列銜名者、僅存二人而已、一提督蝎米次一提督蒙都防之子也、撫今追昔、殊增愴惻、

即於正月、駛抵地中海、至波尼法爵海腰、向瑪爾脫島進發、駛進海腰時、風浪大作、船身搖蕩、蓋波濤衝激之區、即極大艦舶當之、亦振盪如果核、舉船均震怖無人色、

無何瑪爾脫島已隱約在目、忽聞錚錚錨鍊聲、知已下椗、皆相慰藉、蜷伏者舒、病者愈、岸邊然砲如禮迎迓、此間共係兩埠、旁築極大砲臺、巨砲交錯、如野豕遍體鬣刺、臺上白烟猶縷縷也、軍門偕將弁等戎服登

岸、徃謁島主、余等亦起岸散步、領略風景、遊目騁懷、最易動心者、莫如緣埠停泊之兵艦、聲勢連絡、氣象雄壯、令人望而生畏、凝眸遠眺、矗立空際、雄麗無比者、聖若望大殿也、鑿堊斑斕者、瑪爾脫城也、街道皆鋪以石板、平坦如砥、潔淨無塵、幾與王宮抗衡、廬舍白色、門皆彎作弧形、出入者踵相接、屋後罩以黑布一大幅、（未知何故）婦女目光閃爍、腰際縛束偎捷、過街衢、見人羣擁擠、蜿蜒若長蛇、衣服異常、如迎神賽會、詢之知爲教中人士祈雨、蓋亢旱不得涓滴者三載於茲矣、田疇龜坼、人民望澤、急於星火云、

此處舊有製造廠局、英人意圖吞并、縱火燬之、令土人悉售毘爾孟茄與夢洫斯對兩廠（英國著名紡織大廠、其燬該處之廠、欲居民所需紗布盡取給於英也）之布匹小刀、英人亦明知不能强令信從英人所信之教也、

磅對耳船在此購載煤斤之後、余輩復登舟駛赴亞烈山特利、舟行五

拿破崙失國記敘

五湖長撰

考法皇拿破崙第一、文治武略、橫壓歐洲、英人所深忌、此編成於英人手、不免抑揚失當、然其臚陳實蹟、彰彰可考、亦千古得失之林哉、嗟乎、當其令行禁止、勝兵如山、普奧各國君王、執櫜鞬、掃竟出師、俛首聽命、東西掃盪、如火沃雪、揆諸西楚霸王、非特頡頏、且過之矣、不幸負其氣矜、志存混一、窮兵北徼、大俄勁敵、逡巡蝟縮、收毀積聚、遂焚舊都、法軍萬里行師、士不宿飽、樵採斷、糧糗絕、器械破散、吏士土崩、天降奇災、大雪彌山、遂喪精兵六十萬於大俄之野、法皇單騎走免、天震地岌、一蹶不振、固人謀之不臧耶、抑天道惡盈、鑒其狠愎鷙戾以授之罰也、觀其末路、野服四山、畫象中隆準虎顏、鉅目甚口、憔悴之態、猶氣吞全歐、可不謂古今第一偉人哉、亟付舌人精譯、遍饗海內同志、惜無龍門史筆、續本紀一篇、然皇手定律法權量制度、迄今歐洲各大邦猶嚴奉之、巴

譯書公會排印

黎人尤喜述戰事、津津不去口也、

原敘

抛而貌而書林報主筆海密而登司脫雷鐵爲之序曰、我等初議、將本報中所紀各要事、搜輯成書、而賣司敦先生先輯成法皇拿破侖第一兵敗失國記一書、惠賜吾儕、拜領之下、若獲奇珍、且決爲他年藝苑無上上品、使大衆廣增識力、勝閱各種報章、陸路統領子爵華耳司雷將拿破侖自戰敗以至失國各事、詳考分列、以成此抛而貌而報館之藏書第一種、竊料世人智識略似吾儕者、可必其暢利銷行於英美二國以及全洲也、初時法京巴黎、已有印本流傳、與駱盤鐵將軍所著威林吞大事記並重、俱爲增長學識之書、按大事記一書、散行軍中甚廣、若蒙武員惠賜一册、與是書聯爲合璧、足爲兵家至寶、以供武弁學生輩練習也、

此書創始於子爵華耳司雷後經駱盤鐵公續行纂輯、今由抛而貌而

報主採依扶蘭胡特協鎭所誌滑鐵盧敗績之事、訂成足本、更祝各營智能之士、力助此書之行銷、使遠近均受此讀史之益於無窮、倘日後翻印是書者、與吾等同此盛心、則自有吾等抛而貌而藏書報之靈捷妙法、以廣爲播揚、如他日權在我輩、更當竭力以助此書之行銷、使異時文明之盛、遠過今日也、

一千八百九十五年英三月抛而貌而報舘主筆 勿雷圖立克海密而登 道乎軏拉司司脱雷鐵 同序

拿破侖失國記

英陸路統領子爵華耳司雷著　奉化陳佩常譯

第一章記一千八百十二年野戰

此章之意、欲顯明拿破侖何以蹉失其一身之權力、出奔之後、更有數端、最耐尋思、末年其身恍有病魔纏擾、所有諸多裨益民生之事、似已顯呈、惜其麾下人士、拙於記載、徒託奇僞驚世、而實事反掩、使後之人茫然究不知其所坐何事、試評論之、約有數端、究其生平於此四年中所坐誤者、實無能出此數事之外、故吾樂爲濡筆以記之、

尋常作事、務竭心力、每遇大艱鉅、稍露端倪、即奮不顧身、此實天性使然、或則疑其抑鬱病狂、身有疾苦也、如猝臨大敵、其膽識之明決、尤屬可駭、故能在八面重圍中、脫身獨騎、以免斯禍也、

平時務刻苦自持、以致身心交瘁、其敗壞之速、亦非尋常所及料、即觀

其、隨身劍箙所用不過十二年、已全體迸裂、後人觀其狀貌之雄奇、摩挲故劍之鋒、已可決其爲天地間第一等人物、

少年入仕、頗崇節儉、至一千八百十二年、綜持東方政權、漸事奢侈、年四十四、精神以多費、日漸耗散、議者謂其腦部生有異禀、以攝服部衆、凡同輩中無有能及其剛斷任重、以成極大之事業、惟其至靈至捷之腦部、朝夕運用、過其常度、以致晚節不終、體幹豐碩、亦漸凋𢤱、是大可惜已、

尤可疑者、民主補拿破脫於一千七百九十六年、由鴨配唔甯司山、麾兵下馳、略撇邯與老姆罷田二地之役、威聲由此大振、遂爲羅馬教皇百日、兼統意大利之軍、與後敗績於滑鐵盧之拿破侖皇、如出兩人、幾使學士輩不願闡科西嘉統領之事、（按法皇姓拿破侖名補拿破脫生於科西嘉海島故又號科西嘉統領）至一千八百十五年、里伏里之戰、法軍過山姆盤時、我阿爾蘭公爵（即英元帥）

（威林吞）當其勛業垂成之後、不肯稍歛神威、必擠之於滑鐵盧之蹉跌、以成千秋之恨、其在破河明消河愛地治河之山谷間、磊磊軒天之戰功、果何往乎、如鉏流與完姆酸（二法提督名）及其國人、或誌其德於不衰、終不能符開姆破福密和條約所紀、惠遍法國也、今歲月既遙、其智慮行事、經史家紀載詳明、吾輩益加搜討、故欲竭盡心力、以張大其無垠之偉業、

或謂其心術甚謬、不講仁義信實、其出奔亦有數事大誤、宜其一敗不振、放流幽囚、悲鬱殞命、然其人品仍居第一、能於古來最謹嚴史部中、占書頁最多、非他帝王豪傑之比、故無論武員文學博士及政治家、皆潛心師法、謂有大益也、同時論世之士、橫加謗議、訾其戰績、等諸天魔刀劍、雖奇實幻、觀其幽囚巖石間、一旦脫走、全洲震駴、自弱歲筮仕、以至攝政多年、文治昭明、歐洲各邦、玉帛來同、已臻全盛、獨惜其窮兵黷

武、於一千八百十二年、侵俄敗歸、失其全軍、還巴黎者僅單騎耳、一千八百十三年、招集殘軍、避之邊界礮臺之後、明年各國逼令退位、處之愛來巴島、一千八百十五年、逸出逃歸巴黎、豈意天心不佑、卒有滑鐵盧之敗、各國放諸極遠之聖希里納島、以終其餘年、

何故能明其致敗之由、豈其立法不善、故自蹈危亡之禍歟、抑其征俄不精謀畫、無權統屬戰士、及不能多蓄軍糧歟、抑不如前征奧國時、自罷倫奎維也納都城、及奧特利司能出奇制勝耶、皆非也、嘗考一千八百十一年至十二年、往來公牘、當其過來因河後、籌畫嚴密、應敵如響、用兵出奇、爲衆所懼、然當此嚴寒遠道、自法境入俄疆、艱險萬狀、致敗之故、實係於此、時俄人胷中、早蓄一可勝之機、藉以無恐、考法皇與俄皇爲舊姻、何爲發此大難、緣其志欲混一歐洲、盡剗英國通商之海權、除其苛政、爲英人命脈所係、故於一千八百零九年、奧大利亞之戰、脫

威林呑大事記序

余昔與友人議取威林呑行軍治兵之要、與其軼聞瑣事、輯成一編、著之抛而毛而報中、書未成而賫司敦先次其傳狀、既藏事矣、以贈余、余受讀之、幸天下有同志、爲抃手起舞者數日、既而往復循誦、觀其析理體、辨形勢、足以益人學識、令成有用材、常葆藏如拱璧、然自是學者亦爭相傳觀矣、初子爵華耳司雷著拿破侖失國記、嘗及威事、即抛而毛而報所印行也、其記事翔實有條理、足以餉饋學者、用能流播英美、畢及全洲、而巴黎遂譯印成書、意者亦不忘國耻之義邪、今提督駱盤鐵復舉其要畧、次爲一書、命曰威林呑大事記、其所以裨益武備、使將帥知約束士卒明技藝者、語不少哉、余既紬繹竟、因薈萃成一册、以爲武臣生徒肄業、未鏤版也、是書權輿於華、續纂於駱、而抛報復敘入依扶蘭胡特所志滑鐵盧騎戰事、又互見錯出、足以相備、世有同志、能表章

譯書公會排印

是書、付之剞劂、徧佈五大洲、使戎士知方、爲國家効用、而遐陬僻壤研求文史者、亦藉是知當代掌故、則跂足以望之矣、

一千八百九十五年三月

勿來圖立克海密而登
道乎軋拉司司脫雷鐵同序

威林吞大事記

英提督駱盤鐵著　吳縣沈晉熙譯

第一章

威林吞戰績凡分三次、一征印度、一配尼休西班牙賴事、一自統所部勁卒、自尼特倫荷蘭地至滑鐵盧事、是書分三章、卽敘此三事、其一生偉績大畧、具此第一次、卽威震東方、其後行及歐洲西南、蓋以天賦偉材、加以竭力規畫、故能殲滅聲望烜赫普衆景仰之法皇也、

奧沙威立斯來威林吞名一等伯爵冒甯敦第四子也生於一千七百六十九年、初讀書乞而西家塾、後移曷吞、漸調至安軋司武備學堂、司學堂者卽管音琴之員匹軋納勞而侯爵也威立斯來惰於學、其母以其不諳世事、名之曰飯囊、因發憤勵志、竭畢生精力於軍隊、年十七、錄爲第四十一步隊執旗之職、家人亦敬愛之閱九月餘、擢百總逾三年、遷都

司、未兩年、晉游擊、又五月、升叅將、三年後、已官副將軍、年始二十七、也未幾隸馬隊、兼理步隊、旋由第四十一步隊調第十二馬隊、復調第七十六步隊、繼調第十八馬隊、最後調第三十三步隊、即握兵柄矣、時一千七百九十三年也、

其居鄉時、充阿爾蘭議院公正人、兼襄理阿爾蘭軍務、

於一千七百九十四年、統兵至愛痕鉄浮潑、與英約克公爵所統兵、聯合聲勢、勃力大暴克司推爾（暴克司推爾係小鎮濱潑莫爾江）之役皆從事焉、時膽識已邁衆、統領鈍特司器之、即令統英漢拿物統領華爾摩登所部之軍、其軍歷經患難、即約克公爵舊部也、接統時適逢是年、暨次年冬令、行軍輒瀕險、至一千七百九十五年春、行抵勃立門、登舟返英

威林吞經此摩練、方畧益精、凡折衝行陣者、當知軍士操習盡善、尚不能操縱自如、於徵調尤宜詳慮、臨陣時務堅定、竭畢生力、如此兵方足

原序

維多利亞載記十二章、記英后軼事、時后在位六十年、國人扶老携幼以賀、而是書適成、掌故家皆服其翔實、謂比於前世作者、其采輯尤爲宏富、常奔走相告語曰、微是書無以見吾哲后之行事也、后少孤露、自弱歲至笄珈、皆賴母氏提攜撫養、得以成立、首章詳言之、次載踐祚事、次嬪於德皇子康霜脫及英政事得失、康霜脫常爲調護云、次二章記其閨門之樂、與國政更張諸要語、又次記康霜脫卒、后既子處、國人亦悲傷哽咽、最後數章、則記其國事多艱、老成凋謝、如押而倍尼公爵弗力特力克王克來倫剌公爵鳴望代而公爵彭登盤力太子海力等相繼喪亡、蓋哀死治生、尙未得以耄期倦勤也、烏呼、人君之德、固不僅施於門內、而頌隱行者必稱焉、后行事歲見於報章、按此指英國皇后報猶未彰著、他人覘國者見吾物力强富、常會功於股肱之美、以爲后適當其盛耳、及

讀是書、然後知其生爲淑女、嫁爲賢婦、推其内行、御於家邦、誠有過人遠者、史官著録、蓋可忽乎哉、

維多利亞載記目錄

譯書公會排印

張各事及弗力特力克王克來倫刺公爵皆卒

第十二章

彭登盤力王海力卒后巡幸力望那

維多利亞載記

英拔納脫司密剌著

第一章 幼年事實

烏程張令宜睍甫譯

以女子膺薩撥脫、(譯言王權形似杖上鏤王冕飾以珍寶西例凡爲帝王者始得此其尊貴猶中國玉璽也)英有二人焉、其功烈皆震耀一時、非他奇女子比、初歐洲諸國、兵威稱羅馬、財力言突厥、技藝道希臘、亦自謂甲於天下、及英女主伊力薩白出、皆低首下心、願從其後、蓋可以矜人者、有過於兵威財力技藝者也、邊塞既固、人才日出、如勞而夫弗落別吸特來克等、其才識殊絕、與古時盤勒培根斯板率顯克四比爽相上下、故歷世雖久、至今猶人人能道其軼事、若親見者、以是知伊力薩白之善於用人矣、今后立一與伊力薩白世等、時國中文物、已冠地球、游士知名者、至不可探籌數、格致之精、技藝之巧、人民之富庶、他國莫與倫比、其振興若是、蓋吾先民始願所不及也、后猶不自滿假、勵精無怠、凡變法自强、可以佐百姓者、靡不盡力、烏虖、可謂仁明之主也已、方今踐位六十年、國人綜其前事、用相比較、計他日之政、非直慎終如始云爾、原註以下二章皆舉生平事迹及未踐阼時所行他書亦有述及者與此大同小異云

是書記維多利亞及納事、亦不能具諸瑣細、必事係國家、乃登於簡、且后在位時、其悲愉憂樂、一切皆爲英民所樂道、自早歲踐阼迄今六十年、舉行慶典、民心鼓舞、其愛戴乃至是、然則后事之在民心者、亦不待竹帛而傳也、

一千八百八十七年五月二十四號、維多利亞在位適五十年、以是年計、前此英君主壽或過后、否亦相若、有六人焉、伊力薩白年六十九、者母司第二年六十八、喬其第二年七十七、喬其第三年八十二、喬其第四年六十八、維廉第四年七十二是也、在位過此數者亦有二人、顯理第三在位五十六年、喬其第三在位六十年是也、在位五十年、者亦一

人、哀特完特第三是也、
維多利亞者母司第一之八世孫也、於哀特完特第四爲十四世孫、去顯理第一二十八世、去哀而弗來第一則三十五世、去昌彌脫三十七世、此其本系也、當世賢傑、亦多與婚媾、今不悉數云、
一千八百十九年五月二十四號、后生於懇心敦王宮、后父哀特完特官懇脫公爵、母維多利亞美連羅若納者、殺考白力公爵女也、弟色而非特卽太子利亞怕特也、當一千八百十八年、其父母始成婚、卽偕至阿馬拔之立納琴居、頃之知有娠、后母不欲使英人生他國、且冀其子顯名於英、因自阿馬拔拔馳歸、比至懇心敦王宮、已一千八百十九年、四月矣、時距免乳不遠、先致醫生郤落脫雪罷特令時時爲診視、至五月二十四號黎明四點鐘、后生、卽報議院、令議員會議、是時會議者殺雪克司公爵、威林吞公爵、來司堂公爵、懇脫盤力掌教、倫敦主教、及喬其

克甯等也、

六月二十四號、后生彌月、即於懇心敦王宮、擇寛廣處、恭受洗禮、行禮者、懇脱盤力敎長美納司少呑爲主、倫敦主敎好力爲副、乃命名曰阿而克長特連維多利亞、是時諸王貴戚如太子利勤脱及約克公爵代俄王亞立山德公主亞獮師泰代黃聽盤獮太后、獮勞司脱公爵之母代考盤獮公爵之母、皆來致賀禮也、

是時公爵懇脱謂后宜襲伊力薩白名、使臣民聞之、皆崇仰如先后、太子利勤脱不可、謂僅得以阿而克長特連名、懇脱因曰、既爾、宜以其母名隱寓之、並述某公主言、謂命名縱不能上擬先后、甯不能擬其母、會議久、乃得阿而克長特連維多利亞之名、初英王喬其弟四欲以其亞獮納名、卒未果、

有醫生及拿新得種牛痘術、自謂精良甚、會后種痘、召入宮、使之播種、

興亞說

五湖長撰

大地何以成世界、成於熱力、無則冰釋、人類何以成邦國、成於愛力、無則瓦裂、原夫水泡浮空、堅爲地殼、萬彙環生、人種肇興、始有宮室車馬書契弧矢之作、帝出震位、闢世最先、稽夫五帝三王之舊都、孔孟之故宮、秦漢以降、哲王賢臣魁儒之所締造、總之不離太行山左右、運會寖昌、載籍益博、壤地歲拓、戶口日繁、迄於今茲、中華丁數繁衍甲地球、號稱四萬萬、嘗約計之、婦女纏足坐弱、不學坐愚、則去其半、兵農工商無學、又去其大半、士者溺於制舉詞章訓詁、不通當世之務、二三奇傑、網羅國故、列諸篇章、而東西文字、判若天淵、一人之心思材力有窮、年齒有涯、求一兼通中西治術性學之士、曠世無人、是用興嘆、夫强弱之辨、原於昭聾、南北晝夜、東西晦明、循環無端、其理可究、東方震位天地温厚之氣所成、其人主仁、西方兌位、天地嚴肅之氣所成、其人主義、東方者、天地所以成始而成終也、埃及希臘、文明於古、蒙昧於今、歐墨二洲、文明於今、蒙昧於古、獨我亞細亞洲、爲人類之淵藪、文物之權輿、三千年來、聖明嬗作、典章文物、日星昭垂、積久文敝、士抱空理、徊眉睫而忘顛踵、執秋毫而遺泰山、近歲歷遘兵禍、四民凋瘵、百產閉耗、猘熊噬我之肉、狐魅吸吾之血、彼族得志、且呼我爲蠔、目我爲遠東、斥我爲病夫、稍逞蠶食之妄謀、紛陳瓜剖之甕語、然而盈虛消息、勢不旋踵、吾嘗仰徵天道、俛察地理、中審人情、而知亞洲勃興之機、中國大有爲之日、可坐而待、曩者壬寅庚申壬午甲午之役、中國恒出不得已之應兵、拱手挫縮、薄海所慟、日中則昃、今實其時、後起者勝、我乘其敝、此可恃者一、泰西寶藏、日夜攻鑿、搜括將罄、遍及海洋各島、識者謂其百年後將有礦竭之患、吾華藏富於地、近乃稍稍剔治、來源正旺、永無盡期、霸王之資、先在於是、此可恃者二、華人材智、突過泰西、樸儉耐苦、能徹數晝夜不勸、非如西人豪富、飲食服御、日費百金、雖握張弛之機、實肇侈盈之患、我但開其智慮、率彼本來、强富之端已立、此可恃者三、崑崙地頂、支脈東行、山川旁薄、鬱積靈秀、超發、實較他洲爲尤厚、中邦聖哲代生、文書充炳、儒者類能道之、他如佛教之祖釋迦、回教之祖穆罕默德、天主教之祖耶穌、雖流派紛歧、本顛而末益離、其人苟非聰明奇偉之士、安得鼓動數萬里人民、從風嚮化乎、而究其託根之地、皆在亞洲境內、按唐書所載拂菻國、天主教人謂之如德亞、耶穌生焉、拂菻即今之猶太、非大秦也、故亞洲一隅、斷爲神靈鍾毓之區無疑、孔子曰、齊一變、至於魯、魯一變、至於道、夫齊之地廣國富兵强、十倍於魯不啻也、孔子獨許魯爲善變、豈不以先聖之澤長、士習書禮絃歌、化導之方、最易施歟、伏願亞洲人士、億兆同心、興學振藝、樹人保種、劃削中西畛域、壹意務實、戒虛、以方寸之熱力、回待槁之人心、以一身之愛力、收萬不齊之族類、大同之世匪遠乎、請執是說以爲數十百年後

振興亞洲之券、

譯書公會告白

一本公會之設以採譯東西洋切用書籍爲宗旨考各國書籍浩如烟海中國從前所譯各書僅等九牛一毛茲已向倫敦巴黎各大書肆多購近時切要之書精延繙譯高手凡有關政治學校律例天文輿地光化電汽諸學礦務商務農學軍制者次第譯成以饜海內同志先睹爲快之意至日本爲同文之國所譯西籍最多以和文化中文取徑較易本會尤於此兢兢焉

一本會集股二十份每股規元銀五百兩官利暫提按月五釐三年後將所獲贏餘按股均分

一會中延請總理一人協理二人英文繙譯七人法文繙譯四人德俄日本文繙譯各一人西文總校一人（邃於英法文字者）中文總校一人覆校二人初校三人寫字四人

一譯書之法凡繙譯能中西並通者則親自涉筆否則一人口授一人筆述後仍互相勘校務與原書語氣不差纍黍事蹟不少增損方爲定本原書具在海內通人仍可覆核而知本公會煞費經營之苦心

一所譯各書畧仿拋而毛而藏書報之例每一星期將譯成之書彙訂成册以三十頁爲率用

三號鉛字精印仍各自爲卷以便拆訂

一泰西新政史策等書大都薈輯時報而成茲擇西報之最要者如英泰晤士報泰晤士律例報東方報法非軋羅報勒當報國政報德東方報比國自立報紐約國政報鐵路報日本政策報駁日本政策報及東報之最著名者數種繙其菁英汰其鄙委譯附書籍之後以備留心時務者流覽俟歲星一周即將以上各報攷核同異訂爲西歷繫年錄另行發售

一中國已譯各書如兵法軍械格致製造算數化學礦質醫理等類已粗具崖畧若各國刑律僅見法國律例一書未臻詳備他如各國條約及職官表度量權衡攷尤所罕見本會業求得善本容一一詳譯刊行

一江浙商務出口之貨以絲繭爲大宗近年華商折耗苦累已極日本蠶務蒸蒸日上由其加意考核廣譯西書也今本會廣譯東方蠶桑各書并刊簡明善本繪圖列說遍餉村農或亦中國收回利權之助云爾

一本會意在挽回風氣富國保民而願大力棉時虞綆短如荷當代鉅公鑒此微忱慨輸廉俸用相引掖俾底於成本會當將惠寄之項作爲股欵照第二條辦理

一本報各書中人名地名統俟成書後分列中西合璧表於末簡

一本公會所譯之書統計三十餘種篇帙少者約三閱月多者約年餘均可成書惟限於篇幅未克盡載茲將目錄開列於後　閱者函購可也

一本報全年四十六本所費較各報爲浩大則售價自應酌增茲擬零購每册一角五分全年者五元遠埠酌加郵費各處經售本報之信局商店酌提二成以作酬勞

一試辦之初庶務草創章程體裁容未妥洽敬懇海内閲報諸君隨時指教本公會虛懷若谷不泥偏見第使衆議僉同靡不立時酌改大雅宏達幸加匡正

一本公會三號鉛字係由日本東京定鑄今始來滬先將首二兩期補印以後統歸本公會自加校勘印行務求精當以慰遠近渴望

附錄現譯各書

法文

五洲通志史鑑名人輿地圖說各教源流　東游隨筆　歐洲今世史　國政制度字典

拿破侖得國記　俄帝王本記　武備新法　英政府議院制

輿地史大事記　高隆傳　歐洲通制

英文

交涉紀事本末　中日搆兵記　拿破侖失國記　威林吞大事記　英歲政比較

西事紀原　維多利亞載記　英民史畧　各國和約　歐洲人物志

威廉姆律例　列國宅京記　古今名人傳　軍制公法　萬國中古史畧

曰耳曼　法蘭西　英吉利　疆域攷　泰西志林薈集泰西奇聞佚事及稗史之足增識見者

東文

日新叢書共七種　歐洲新政史　日本女子高等師範學校章程

光緒二十三年十月初七日

譯書公會報

第二册

每册價銀一角五分

館設上海中泥城橋西首新馬路昌壽里

譯書公會報第二册目録

西報彙譯

東報彙譯　日本安藤虎雄譯

交涉紀事本末　錢塘張書紳譯

英民史畧　慈溪胡濬謨譯

東游隨筆續第一本　袖海客譯

增訂五洲通志　壽讓室主人譯

吳縣沈晉熙譯

地球產銀總數 以下英報

倫敦中國報 西十月十七號

人但知地球出銀之率年增一年、皆有比例、然明明礦師所測定者、有時開掘竟不可得、測定以爲無苗者、有時或竟得之、則亦不可預策矣、計一千八百九十七年、地球所得銀數、一百七十二兆五十萬兩、其在九十五年、止得一百六十九兆十八萬兩、在九十年、止一百二十六兆零九萬五千兩、在八十五年、止九十一兆六十一萬兩、在八十年、止七十四兆七十九萬五千三百兩、惟九十一年得一百三十五兆五十萬兩、計値金磅二十七兆一百萬、與九十年相較、是爲增銀最多、其鑄錢最多則在九十六年、至全球銀礦、以美利堅墨西哥爲最、去年美所得銀、計五十六兆二十二萬二千兩、較九十四年所得四十九兆五十萬兩爲更多、試逆數之彼九十三年得六十三兆五十萬兩、九十年得五十兆兩、八十年得三十兆零三十二萬兩、七十年得十二兆三十七萬五千兩、六十年得十一萬六千零十五兩、其民富國强宜矣、墨西哥亦多獲寶藏、然非百年以前所無也、彼三十年前、亦稱第一、其時有一年得二十八兆兩者、以三年扯算、總得四十五兆五十萬兩、故各處所產下等礦苗、即不屑措意矣、擺列維亞國、銀產於地球產銀國中爲第三、在九十三年最盛時、亦不過二十二兆五萬兩、在平時不過十四兆兩、有一名礦名波土錫、當四十五年時、所得至一兆兩、然不常有、啞勒落地方亦能出此數、波土錫之南好恰加能產兩倍之多、雖有水潦淹灌、亦不停工、澳大利亞洲於次爲第四、其在此四年中、每年產數有十六兆二十萬兩、除此四處外、即德國亦僅有六兆十萬兩、又乞立力有五兆三十萬兩、西班牙有三兆六十萬兩、秘魯有三兆三十萬兩、坎拿大三兆十四萬兩、奧大利亨獨來二兆三十萬兩、日本二兆二十五萬兩、擴倫皮亞產數、一兆七十五萬兩、其餘未能詳悉也、

倫敦中國報 西十月十七號

日本伊藤相聘英記

伊藤相在英、自慶賀英皇六十年大會、及諸行事、倫敦新聞紙屢載之、言伊在歐

洲海道中亦留駐數處孟楷司脫致倫敦函言伊藤至英慶賀須偕太子愛列臭茄滑同往此最難索解者蓋伊已去官令充賀使似嫌草率故特令太子偕行且僕從亦衆以示致敬盡禮或曰日本遣首輔來英爲太子作介紹耶抑別有精意耶答曰太子係代替密鉛度之任伊藤係代替國家者且太子意中固欲得老成練達之大臣與之偕往也近則太子已返而伊相尚留日本報章譁傳伊相在英已與王爵賽列司堡來商酌國家要政蓋日本與英欲商互有利益之事即太平洋北方貿易是故其謀甚秘云六月二十六號伊相云余有極長手札欲與各國大臣商議更謝英國爲我調停遼東盟約又自解擊沈高陞輪船之咎日本欲顧恤之蓋日人亦欲偵刺英國現在及以後待中國高麗之情形且欲論及美國接連檀香島情形伊相自鳴得意者無如檀香島一事因英人意與日合也尋檀香島在五十年前英法比美立有定約許其自主故今日不容改變爾

此等遣使無過商酌各國利益與太平洋諸島以示兩國敦睦之意耳英與日本

氣常流通、然非此事、則商辦未能劃一也、

論英女學堂會議給憑事

字林西報

英堪白里治大書院、設立有年、惟女子向不給予文憑、（英凡由學堂卒業者第其等差給予文憑以示獎勵猶中國考試獲優等也）今值英后六十年慶典、院中博學女士起而辨之曰、人生於世、安能逆億將來、今失一極大機會、將女子學問一事、置之不理、豈女子中竟無成材耶、六月二十一號之事、（即英后六十年慶典）在大書院史紀中、亦爲最要綱目、此等女學堂中、亦應第其等差、酌予文憑、以榮其身、此學堂本有自主權衡、强半喜自主之式、於是女士等由火車邀各處搢紳會議此事、綜計二千二百七十五人、內一千七百十三人以爲不然、殊背此書院創設之義矣、所以創設書院者、欲使人增益學識、嘉惠寒畯、緊昔詔令內、並未言女子之學、蓋古時以此事本非要務也、至十五世時、女子有能知寫讀者、即以爲奇才、阿特華特第四時、有美婦强囂阿係富金匠之妻、工書史、羣推爲才媛、由是命婦等亦喜譚文藝、然祗能於餘暇時嫻習之也、堪白里治大書院中區爲二一爲聖約翰書院、一爲基督書院、係女子邁犽來脫創設、卽立去門及特被省伯爵之妻亨利第七之母亨利第三姨母、今英后維多利亞之十一世祖也、此女素播聲華、幼時攻讀無異男兒、因思學問之道、何判男女、故雖文法淹貫、仍不知止、兼通法蘭西臘丁文字、延博雅士開脫司登爲之傅、復延開之徒温棍地華特相助印伊所著之書、雖建如此偉業、而於居恒操作、仍不弛廢、尤工繡事、咸稱針聖地氈一、其子孫猶珍襲之、精醫理、貧乏求診者、座恒滿、此女既稱婦職、兼備母儀、誠可作閨閫師範也、今聖約翰書院廳事中、猶存其像、由是觀之、與議此事者、安得云女子不應得文憑也、該女士等所議、奚得謂之疎忽、自邁迄今、程式迭經更換、不第讀其書、景企其人、卽其在天之靈、猶敬仰之、能裨學者無限進益、閨中如此偉才、誠所罕遘者、能使腦熱幼童洞悉其理、毫無疑阻、如在自來火光耀中也、奚得諉謂有男女之判哉、況學問一途、究與平常孩提戲弄爲有限制、縱與議之人力持其議、亦無益也、余深冀書院中年長暨成業者、須明該書院之不允給憑、於理實未均平、倫敦公論報云、此事結束、並未絕望、緣成學諸女、未獲文憑、其覬望之心甚切也、蓋矢志堅忍、行止深覬早決、即接來書、所云亦然、余深信伊等力持此意、一如親履堪白來治目擊其事、聞該處途人評議此事、如鼎之沸、羣以爲即有定斷、不致改期矣、其中允許此事共五百六十二人、屆下期開議時、咸協志辨論、務期於成、何也、因該處女學生等學業淵湛、實挾有拔萃才藻、且有勝於男子之處、如不允許、將阻生徒嚮學之心、現聞女學生等、咸存去志、有赴果敦鈕享姆地方學習他事、較讀書猶勤奮、甚至有兄弟挈同姊妹、另圖有聲望之事、鄙書爲不足讀也、

此事余甚憂之、在諸女不過憤未邀獎勵耳、試予一至小之文憑、在伊等如被至沃之恩澤、於男子何害、阿爾蘭省大書院中、各種文憑、女子均可邀獲、亦未聞阿之男與阿之女有違戾憲章、以是觀之、倫敦事同一轍、胡書院中茫未審慮、湮沒人文、可謂規模狹隘矣、

高王稱帝

字林西報 西十月十九號

觀高麗近政、較之中國又遜一籌矣、朝野上下、時有爭競、政令棼亂、一彼一此、宛如歧光鏡然、而高王以守府之君、尙龐然自大、羣臣進言者、皆獻諛貢媚、尊吾君爲聖人、於國計民情、則無一注意、致高王心益泰侈、十月三號、下詔將正大位、令羣臣集議、議者皆爭勸進、惟日人力諫、謂徒竊虛名、於事何益、高王不聽、至十月十二號、卽皇帝位於韓京、改朝鮮曰大韓、或曰大華、此二名竟用何者、尙未議定、王旣稱尊、羣臣亦相率效尤、欲得尊官厚祿以自娛、然徒支廉俸、帑藏已憂不足、於是顧而之他、以受賕骫法爲自肥善策、羣僚爭利、互相忌嫉、若藏匕首於胷中、思欲待時而發、朝廷則以府藏空虛、亟思聚斂、增關稅至値百抽二十、亦自謂致富可期、有某國頭等公使覲見高王、頌王文明濬哲、謂全地球萬國帝王無能比擬、噫、此殆以諛詞誚之也、

高麗所變、非獨都城也、當徧及全國、噫、高麗因將爲俄屬矣、其僅一變而已耶、

俄之謀高也、皆陰布間諜、有俄人二、一曰哀姆地司市阿煙、一曰位勃、其見識明敏、言不能既、哀至高不盈一月、而彼中風土人情、皆已洞悉、會則取其册籍、朝夕諷誦、且高麗軍士、皆係俄人訓練、夫俄人果肯以全技授之歟、先是高麗阿山耨而地方、故有俄員經理稅務、昔爲勃郎、近以哀拉舍夫充其職、勃郎爲高麗理稅、僅二十月、已淸償國債至墨西哥銀三兆、及其去位、聞者惜之、然此雖有功於高、亦可見高麗國帑、皆掌於俄人矣、故他國人在高者、皆絕意覬覦、祇冀於韓京開闢利源、而日人於釜山地頸之南、測量海水深淺、不久又將至濟物浦、且勾結高員竭力籠絡、蓋此念未寢息也、

論中國銀圜局及鐵路

字林西報　西十月二十一號

中國理財、全無頭緒、以各省銀圜局觀之可知、蓋不專任鑄銀於工部、使之分布各省、而乃於各省分鑄、致彼此各懷爭競、此最爲弊政、查銀圜局推廣東最大、天津亦已創辦、江甯安慶皆次第建廠、武昌製造已久、而今又重設於漢口、四川則

傳言將次開爐、齊晉兩省有志未逮、如以上所舉將來市面所行銀圓不下十種、輕重成色、彼此不同、則價目必不能劃一、淆雜至此、爭競必生、不久必歸於亂也、粵鄂所鑄、通用有年、今鄂督復竭力籌畫、使分注滇黔吳楚各省、特欲併七省銀爐之利、皆歸於鄂省耳、故市間使用、並不衡量重輕、惟以鄂粵爲標的、此眞驗法也、夫墨西哥銀圓之所以通用者、以其成色有定、望而可知耳、今此果望而可知平、紋銀所以難用者、以天平砝碼各有不同、故不便貿易也、今銀圓之平、亦非一律、則何以異於彼耶、所冀中國政府能嚴飭各省、使鑄造銀圓不得意爲輕重、則自可利用無滯、惜乎權已下移、雖大聲疾呼弗應也、

俄國西伯利亞鐵路、兩年中可以蕆事、聞中國甯滬鐵路、借欵已成、路亦劃定、卽可興辦、尸事者蓋見京津鐵路之獲厚利、思欲急步後塵也、盧漢則黃河以北、別有大員辦理、與專司汴鄂者、又彼此爭先、由此觀之、當不致半途而廢矣、河朔用人、大半京員、汴鄂則皆諳練事情者、然其黽勉從事則同、此固不能評其優劣、惟

以才氣論、則辦理汴鄂者、爲長使及早興築、今日必有可觀、惜奉　命以後、商榷利病、已閱十八月、迄未到工也、夫甯滬果通、不久卽可聯至漢口、自漢至盧、不四五年、卽可造竣、其時西伯利亞鐵路已成、可由滿洲直達、則歐洲亦可遵陸至滬、寄信運貨、皆較航海爲便捷、但鐵路各節、必預定劃一車資、方使行旅不致却走、至此則輪船利益、幾於攘奪無遺、或舊有之進口各貨、仍用水道裝運、而新出者、則必由火車矣、將來歐人貿易、其利益必有進境也、

日本金幣　日本日日報　西十月七號

日本人薩克諾尼抅問報館曰、國家鑄金錢、每一則當銀圓五、鑄已久矣、何藏之府庫不使流布也、報館答曰、所値固不止五銀員、恐一經流布、則民間將居爲奇貨、不能收還、國家必大受損折、故藏之耳、聞已設法將銀價擡高、金價跌落、以金兌銀、拗薩克諸錢肆、一日兌得銀員五萬、自此市間少銀多金、金價漸平、然國家亦損折不少、要必使民間習慣、然後金銀兩項、無所軒輊也、

火致人斃

慈谿　胡濬謨譯

紐約格致報　西九月四號

某醫院寫字人致書於本報云、人之傷命火中者、並不覺全身痛苦、因大火中所發煤氣、與克羅方及悶藥之力相彷、所以此等人傷命於災難中、大半不知痛苦、蓋火未透發、空氣尚不足以張火之焰、而此時發出煤氣炭氣、能使人酣睡不省人事、故至火焰熾張、人已昏無所知矣、然此等人在火焰中、亦有亂撞欲出情形、所以火後尋出焦爛屍身、察其形狀、往往如牽扭之式、知必因奮力奔撞使然、若因恐懼驚嚇而死、早已骨軟筋酥、其情形必不爾也、亦有不盡關乎炭氣之毒者、蓋火焚之室、其悶氣往往使人不能呼吸、以致肺中一無養氣供給、其所就死、固與溺者沒頭水氣悶不得呼吸而死相同也、至在火中奔撞不覺痛苦、則如戰場之奮戰、豪興勃發、砲火轟天、槍彈如雨、皆無所懼、即受重傷、事後覺痛不可忍者、在當時亦不知所苦、故人在火中、盡力逃生、亦不甚覺苦、且或一無所苦、迨火焚身死、亦遂不自知其所以死矣、若將人生致於火、則必漸漸燒至心不動而始死、與自死者迥異、因曾有人爲傳道、故燒死於校場中、顯此形狀示人、其死也、以風吹烟、從旁過去、所以其頭其腦其左足、毫勿動、迨至不勝苦楚、乃不躍動而死、故吾輩必無人能在火中不失其知覺、若於火中吸入鮮氣、雖不卽悶死、然亦不能用力、使不覺痛、迨漸漸痛不能支、驚氣入心、終亦心定而死矣、

脚踏車入軍之始

法人用脚踏車在軍寄信、在一千八百七十一年圍困勃而福式城時、其輪亦平常之高輪、此用脚踏車於軍中之第一次也、

各國方言盛行

歐西雜誌

查在十九世（泰西百年時爲一世）習英語者、祇有二千二百萬人、現有一百兆人、同時習俄語者、祇有三千萬人、現有六千八百萬人、在一千八百年時、習德語者、祇有三千五百萬人、現有七千萬人之多、同時習日斯巴尼亞語者、祇有三千萬人、現有四

千四百萬人、同時習意大利語者、祇有一千八百萬人、現有三千二百萬人同時習葡萄牙語者、祇有八百萬人、現有一千三百萬人、習法語者、曩時祇有三千四百萬人、現已增至四千六百萬人、

嘉定　周傳謀譯

中法新彙報 西十月十三號

西江商路 以下法報

九月十八號某報言、法國欲於北圻地方、興一利益極大之商務、必於龍州南甯之交、由斐乎里而公司迅速造一鐵路、海豐捷報駁之曰、吾已察其原委、願諸君勿深信、試觀近日情形、北圻法國商務、實同兒戲、總理衙門承法駐京公使之請、准其接造鐵路、自龍州至南甯、再接而至建水、再由廣甯府而至雲南、此皆斐乎里而公司之意也、如由西江水路、則必先於他路之接連北圻者、方今華商可直至南甯卸貨、所費亦薄、祇十五日可達香港、若至北海、祇七日耳、每一啓羅、僅運費二十文、價誠廉也、朝廷宜阻其通路南甯、以達內地、今反其道何也、且其章程

尚未協於北圻、自英人開闢梧州埠、凡船隻可逕趨西江、以達梧州、裝卸貨物、而不經香港廣州、今此口辦法、與海口同、海關設立梧州釐金局、遠在南甯、故凡運貨之人無庸經過釐卡、迨至西江輪船盛行、則必較紅江更爲繁盛、吾知英人設立梧州埠、並無碍於鐵路、且較之開闢西江於北圻之法國、商務利益更多、合諸兵法、宜鑿一池一濠於南甯及高處、以阻英人之運貨至南甯、而奪吾利權者、法政府當思有以鼓勵之、造一枝路直抵北方、使運貨者得跨北圻而至海豐、方爲上策、今法公司信駐京公使之說、奉命惟謹、造一鐵路於北圻、以便運貨至南甯、再運至龍州、以達越南、且約中載明中國鐵路軌轍、不得與法路一式、是商貨邊界換車、更多窒碍、中國近雖議於南廣造路至龍州、一面將富浪通至涼山之路、改造與中國同軌、然亦祗與南廣相合耳、但中國鐵路之軌、須一邁當零四百五十米里、如由北圻、不若由越南接至中國、若不能、則越南與北圻祗成一稻田耳、將來緬甸暹羅之英路、必接造至思茅、此處英人有設立領事之權、於北圻四面

處處關隔、則商務豈不大形掣肘乎、吾嘗思一善法、至中國南省通商焉、

東方商務記

中法新彙報 西十月十二號

昔商務大臣派盎意福華麥君、往中國日本察閱口岸、查法國商務情形、福君詳報該大臣之稟、刊印於商務官報、今擇其要旨錄之、計自輪船公司外、東方之法國三色旗、祗見於我兵輪之後桅、此非無所取贏、則自不努力也、於一千八百九十四年、中國通商各海口進出之數、值十五兆噸、日本又多二兆五十萬噸、協伐島之商務、及斐利比納島約二兆噸、越南商務約一兆噸、計各海口每年上卸之貨約二十兆噸、商務之盛如此、而我法未占豪末、殊爲悒悒、又曰查中國與日本海中、英輪一千號、德輪四百號、輪船公司之郵船、每月往來兩次、往查南方情形、亦不相上下、於一千八百九十四年、澳洲各海口輪船、約有六千號、法船祗有四十六號、係輪船公司用遞郵信者、法商船隻裝運之貨、亦不減少、惟機器一項爲少耳、福君於彼處未駐足、遂往太平洋沿海、自伐而伯暗沙美洲海口至伯那麥美洲海灣

兩處、皆有德國輪船公司、一名葛司麻利尼、一名黃皮伯西斐利尼、自伯那麥至霜方西過亦其兩公司旗號、俄法不得與焉、然此一帶地方、法商雖少、幸甚奮發、安南出口之米、約五十萬噸、其海關稅則輕重、與我法國不同、法國運到之食物、則免其稅、奧洲羊毛爲法商販運之大宗、無論年歲豐歉、出口之數、總在五十萬包、法國用以織造者、約三十萬包、美洲出口咖啡、約七十萬法斤三分之二、爲德船運至盎浦（德國海口）及埃服安口、此照市上之貨物而言、法商販運物料、製成貨物、又轉運而出、一轉手間、遂爲德英荷諾等國船隻載運至倫敦項司丹安當（荷蘭口岸）項萬安（比國城各）項浦（德國海口）等處、而法人不得分潤焉、我法國旗號在海洋內甚少、而瑞國之旗亦未見、及蓋同病相憐矣、

東報彙譯

日本安藤虎雄譯

寓華西士合傳

國民新報

德接温英人、年少即充福音堂醫院員、至中國居京師、曾惠敏公延入幕、公薨、德

充同文館教習、近任教務兼業醫由是德大夫京師俗語之名大著、兒童走卒咸知之、貲產殷振、廣結納、出入公卿間、進談抗辭、有戰國策士風、尤善屬文歐美新報、以獲登其語爲寵、其與人接談笑詼啁、氣象可親、然機智深阻、不可一二忖度、駐京各國人戲稱曰無任所公使、亦不誣也、

基督教師李提摩太亦英人也、故有聲、見重士大夫間、行止端正、爲人師表、著書數百卷、皆足以輔政法、初傳教濟南、因學中國語言、居數年盡通、乃辮髮華服、徧交中國知名士、亦與郡縣守令往來、所獻替不可勝數、如改革獄制議、其最著也、某知縣大重之、爲變革獄制、令囚計時操作、嗣刊雜誌、論政治理財宗教等事、又創設學會、獎進後生、教以泰西學術、或草時務策行世、或陳當路、如是者甚夥、於是四方士夫交口稱李提摩太矣、王公大臣皆偉其才識、呼爲異域奇材、待以國士禮、中日既媾、奉　命督强學會規畫皆有條理、尋改學會爲官書局、局總辦以厚幣聘之、會因事歸英、遂不果、

美教師最知名者爲李佳白氏、初居濟南十餘年、歸美洲、中日既媾後、遊中國入北京、寓匯文書院、辮髮華服、操燕齊語、起臥飲食、一如中國人、常周旋搢紳間、交游漸廣、其初通刺也、輒被拒、李不少屈、數四叩其門、不一見不已、人感其竺摯、竟延與坐、李善持論、辨難如雲涌、聽者皆拊手、恨相見晚、一日訪合肥相國、談論方劇、俄一達官至、卽趨避問之相國、知尚書翁公也、先是李訪公者八、不得通、常鬱鬱、及是遇之樽俎間、殊不億、乃求相國介見公、公聞之有慚色、李謂相國曰、是公無情、屢苦外客門外、願相國爲吾語、後勿復爾、相國笑而告之翁公、公自是初訂交、他日公亦訪李書院、亂帙盈閣、塵埃積几案、不異寒士、其眞率如此、嘗欲創大學堂於京師、游說四方、求應和者、事尋　上聞、當事諸公爲贊成之、方盡力經畫云、所著書曰改政條議、民教相安議、理財篇、上政府書、東三省邊防論、皆行於世、自三子而外、同文館有英德俄法各國教習、陸軍有德國武員、雖不身任職、然皆爲己國助、故公使常優遇之、英公使麻估都兒那土氏妻某、嘗投刺於佳白氏曰、

足下之戚友、皆吾良人戚友也、請藉君爲良人招佳客、烏虖、於是見歐美人之用意深矣、

俄英法德東侵政策

太陽雜誌

大岡某君論俄英法德四强國東侵政策、詞旨簡明、切於時事、今錄其要語於左、

一俄國、夙奉大彼得遺訓、以恢擴疆土爲第一要務、常注目東方、思展翼亞細亞洲、於中國朝鮮求得片壤、以占地步、其希望誠過大、而其政策亦極陰鷙、中日啓釁後、益用力於東方、其政策最著者有四焉、結德親奧通意以破三國合從之中堅、使英國孤立、一也、與法國連衡、扼制突厥、占君士坦丁堡之形勝、欲以掌握歐洲霸權、二也、陽示厚誼於中國、以博其信用、經營滿洲鐵路、設立中俄銀行、牽制中國之理財、三也、示兵威以庇護朝鮮、欲得一海口以通西伯利亞鐵路、四也、

一英國、握海上霸權、彈壓印度、窺伺東亞、十年如一日、兼併之策、今與昔不異、

其欲占地步於中國也、近愈切矣、試舉其政策之顯著者有四焉、統一殖民地、以鞏固國本、一也、維持歐洲列國之權衡、擔保歐亞二州之和局、以保護己國之商務、二也、與中國訂約、得入雲南邊隘、欲擅中國南部及緬甸商權、三也、力戒與俄國啓釁、冀就縱斷非洲之雄圖、四也、

一法國、要媚俄國、博其歡心、欲抑制歐洲中原之形勢、是法國近時所希望也、然其有意於東亞、亦復與他國不異、其近日政策有三焉、大用力於海外殖民地、一也、與俄國相聯結、據阿比西尼亞之形勝、由尼羅河上流、抑制英國之經營埃及暨亞非利加者、二也、根據東京、藉俄法連衡之力、以侵入中國南部、使國威遠暢、更進而干涉暹羅國政、令受己國保護、三也、

一德國、威望高一世、權力震四鄰者、德國也、其所規畫、如擬排斥英之稱雄東亞者、政策有二焉、阿附俄國、以慰藉法人、互相結納、以當英國、一也、親交中國、得其歡心、冀割取片壤、以立基址、二也、

中國人性質

大坂朝日報

英國名士温武來都氏有言曰、英國人者、西洋之中國人、而中國人者、東亞之英國人也、温以明目達識之人、乃舉中國與其國相齒比、必有所見矣、我邦人輒曰、日本東亞之英國也、蓋自其地位形勢言之、兩者不無相似、然自國人性質觀之、則殊於英而實於法、若中國人、則眞有與英人酷肖者、何也、曰中國人之固執不移、能守其本領、似英人、尊重古來禮儀、而不肯輕易風俗、似英人、農工商賈、互相聯合、以各謀其利、似英人、氣力强健、能耐勞苦、似英人、優游不迫、臨機應變、未嘗動心、能兼北宮黝與孟施舍之勇、似英人、凡之數者、日本人所視以爲不易企及、至其守誓約、重信義、則世人之所敬服不措也、一碧眼西人、久執中國商權、熟諳人情風俗、嘗語人曰、世人動輒指中國人以爲狡猾黠詐、善於欺誑、以予所見、則重信義如中國人者、實地球列國所罕見也、父所負債、其子償之、子所負債、其孫償之、自孫而曾孫、而元孫、必清償夙債而後已、豈非最重信義之國耶、是說雖或

過實、其見信世人可知也、

顧我輩所見中國人、非官吏則市流耳、因是以推中國數萬萬人、不誤其正鵠者幾希矣、區區小賈姑置不道、即以官吏而論、愚黔首以貪賄賂、抑下僚以擅威福、外飾名譽、而內爲盜賊之行、口談孔孟道德、而手持申韓刑名、蹟中國者、必此官吏也、然惟官吏爲然、士君子則異是、欲以一斑推全國、是猶見江河混濁、而不知涇渭之分也、故苟知英人之可近可親、則中國素與我爲同文之國、且有唇齒輔車之助、應先舍彼取此也、

墨國貧富情狀　　時事新報

游墨西哥國者、皆言國民之貧富不得其平、蓋非一朝一夕之故、其根原遠在三百年前、西班牙征服墨國時、邇來西國人之在墨者、抑制土人、兼併田產、威福自擅、汲汲爲子孫立基業、因襲相承、世世如此、物變星移、至於今日、依然擬富通侯、窮極奢侈、悉出於此種族、惟其沿習已久、故雖擁貲巨萬、徒知求衣服之麗都、貪

飲食之精美、從無慨出巨資、謀爲國家興起事業者、游手徒食、日又一日、滔滔皆是也、至於貧民、既無田園可耕、又無家貲可傳、終歲兀兀、僅餬其口、氣餒體疲、無一有復希富貴之念、以一日所得之工資、沽一盂美酒、是彼等之常態也、然細察墨國情形、農商工業日旺、百物一新、風氣大開、此其故何也、蓋開墨國者、不在墨國人、而在歐美人也、歐美人之來此國、僅僅二三十載、於鐵路、於採礦、於商務、經營百端、收功效於指顧、其初也、徒步而來、今也家貲充牣、榮父母、光妻子、優游自適、以競華靡者、不知凡幾、試觀墨府中第一等街、大厦巨室、宏壯輪奐、無一非歐美人所棲居也、歐美人之成業如是、然近見三百年來所傳素封家、其子弟多不知貨殖爲何事、坐食游惰、歲費不貲、遂棄祖父之遺業、而委之他人者、亦多矣、然則人世之盛衰榮悴、東西二域有異形也耶、噫、

各報論俄法同盟　　知新聞報

法國總統浮兒氏、及外部大臣阿挪安氏、先後游歷俄國、浮兒氏還國後、阿挪安

氏仍留俄國，筦兩國交涉事。歐洲列國新報，一時注目，評論蜂起。倫敦泰晤士新報載巴黎訪事人函曰，俄法同盟條約，蓋印於法兵艦波西由㗊號內，確實不容疑也。德國各新報故作從容揚言曰，兩國同盟，與我無涉。奧國新報，亦與德國筆意相似。意國羅馬新報曰，此事傳諸列國，形勢不能無動搖。然列國改變政策與否，則非明見條約，未可得而知也。法國巴黎各新報，皆記俄皇訪總統於己國兵艦，面談同盟事，咸欣欣有喜色。拉别得新報先曰，法國欲一朝與德戰，恢復亞撒羅勒內二州，則俄能爲我援助。高羅易斯新報曰，業已云俄法同盟，必不止一辭令而已。搜拉益士新報曰，俄法條約之公於世也，法人又咸欲藉俄一快心於德國。我古利體新報曰，俄皇既云利權與自由平等，則曷快乎法國之不忘恢復亞撒羅勒內哉。最後英國財政新報曰，法國政府募集公債約六千萬磅，其用途凡二，一償債，一擴張海軍武備是也。烏乎，歐洲各新報所論如此，意者俄法同盟條約果公於世，則列國交涉之事，吾知其必起一波也。

彈壓虛無黨議　國民新報

歐洲有虛無黨者、以波破貴賤貧富之區別、均分財產、更建新政府爲揭櫫、植黨羣固、持志堅强、視死如歸、而舉止秘密、其動機幾不可端倪也、諸國常苦之、頃者、德西二國、會同協議、欲共講彈壓該黨策、已照會英美瑞三國、將刻日集議於比國北律悉府云、

西伯利亞鐵路　太陽雜誌

俄國西伯利亞鐵路分支、未詳其通何處、揣摩臆測、傳說紛歧、或曰應經滿洲而出大連灣、此路線又分二條、一以哈八羅夫斯科以西捏兒金斯科若惡拉由威士金斯科爲起點、經滿洲吉林府、達大連灣者、計七百五十英里、預算工費約三千七百五十萬羅布留、一以海參崴爲起點、由豆滿江上流、經大長白山麓、沿鴨緑江而西、出大連灣者、計四百七十英里、工費約二千一百萬羅布留、然俄意所注、則不在大連灣、而在永興港、按輿地圖、永興港在高麗國咸鏡道海岸、北距元

山津十四英里、由俄殷尼哥利斯科經維克多而里牙過豆滿江附近、南折入咸鏡道、僅二百四十英里、工費約二千九百萬羅布留、除架橋豆滿江外、工事亦不甚難、費六七月力、即可竣工、其地勢最占形便、可以扼日本海咽喉云、

法國擴張水師　同上

法國預算一千八百九十八年國用、有建造容量九千八百墩戰艦一艘、速率二十三海里巡洋艦三艘、小巡洋艦一艘、貯藏水雷艦一艘、及水雷艇六艘之款、水師提督北蘇那都氏、尚以爲不足、另如增若干欵、更擬建造戰艦四艘、容七千四百噸、行二十三海里、一等巡洋艦二艘、狙擊水雷艦四艘、大水雷艇九艘、若議院果允行此策、則法國水師之勢力、庶幾全地球無比類矣、

交涉紀事本末

美威廉司籑

錢塘張書紳佩之譯

第二章中外交涉考

考中國與泰西通往來、其政務商務之最要者、至一千八百三十四年止、已詳載臺維司先生所著書之首三章、其交涉通使兩語、常用之於亞細亞洲東、方各國、而不知其義、在泰西各國、常有公使往來、而中國及日本高麗安南等國、前者不知此禮、並不明其利益、迄今始行此舉、以通鄰好、歐羅巴洲各國、多有駐中國及日本使臣、而中日兩國、每以此自尊、以爲他國理應派使前來、殊不明遣使交聘之本意、且通商通使、或由於强逼而行、或出於善求辦理、總屬勉强、每遇辦理不善、常有阻碍之情、故通使一節、雖各有利益、尚未能如泰西諸國平心往來、和衷辦理也、東方各國、官商人等、於耶穌教各國之保護宗教、與其權勢

譯書公會排印

法度、既不能盡知、又不願居怯弱名、因此不肯使各國傳教之民、安居樂業、西方游歷士、如丙都安特朧特及惠特而等、於一千六百年、及一千七百年時、初至中國日本口岸、見此兩國情形、甚喜通商、嗣後該兩國見其鄰國如呂宋瓜哇印度等、盡爲歐洲諸國所滅、並虐待土人、視如奴隸、恐通商之後、步其後塵、故輒閉關自守、多方阻止、以爲可以保全獨得之利、並保其自主之權、誠至善盡美矣、夫曩者、以爲不奉耶穌教人、將來必盡屬羅馬教皇、由彼時專尚勢力也、近來則須憑理而行、如中國及日本國家、早准葡萄牙西班牙法蘭西英吉利等國之人至該兩國邊疆立界居住、滋生蕃息、則該兩國之地、早爲各國分裂占踞矣、

中國實在情形、經臺維司先生於一千八百三十八年時、彙訂成書、嗣於一千八百六十六年時、經愈爾游戎繪成圖畫、推廣其意、著文行冠

交涉紀事本末原序

近今五十年前、嘗有中國史書之作、然下逮今日、欲求中國全史善本、迄不可得、推求其故、因非所歷之時世茫無可考、亦不能歸咎於一二文士、稱爲熟悉中國史事者、實由一時有一時之變計利益也、且如歐洲、學者不留意於東方之事、則古昔所爲、僅得口傳而已、中國書籍繁賾特甚、欲求三古以來、歷年事實所必讀者、歐洲之士、尚不能悉爲考訂、其著於此書、僅取前書所缺略、以備猶知風俗民情耳、邇來亞細亞洲時事、稍有起色、故歐美人士、冀重纂新史以觀近政、並將前史之後十二年內、中國要務、悉行增入、次第排印、未及精審、蓋因舊板所印、藉省工貲、惟望於限內重行修校印行也、西國史家、於近今五十年內、議及中國國政民情、或偏於私見、或稱頌己國、或志在行教、不論何國之人、大率拘於成見、囿於偏私、欲求信史、必不可得、設欲講求東方亞細亞洲國政確實情形、須泯藐視該處種類、及行事之心平靜志、親切體察、始可得也、故此事所記載、並不將中國所行之事、忽畧而輕侮之、惟竭力以求事理之當而已、至本書末章、所記近事、讀之頗尠意義、誠以爲時甚近、盡人所知、然亦必須列入、邇來中國時事孔亟、朝令暮更、然將來恐更有難於今日者、按中國與泰西各國、通商交聘、已閱三朝、而今日之秉國政者、遇事依違、不足以任鉅艱、與道咸時相等、卽有數人、仍無可冀、雖屢經受儆於强國、仍不以疢疾之故操心慮患、悠遊玩忽、罔知振興、自受大辱於日本、其晏惰之心猶昔也、遂致徒受脅迫、無可報怨、旁觀者於以知其積弱難起矣、夫戰敗可危之事、見於亞細亞洲諸國者、西國之士、已覺數見不鮮、東方之國、每遇戰敗、恒思叛亂、第不知他日代治者、爲中國爲外國也、近今百年以內、中國之戰敗瀕危者、已非一次、其執政之人、惟能忍辱俯首於强主之前、冀苟延殘喘、漸復其管轄之權、以遂其魚肉斯民之願、於此見中國政府、與中國人民、暌隔不相屬、政府於危險之時、深謝歐羅巴洲相助之惠、以爲脱離於難矣、而中國人民、並無脱離於難之心、惟覺仍受牢籠、以爲本朝時值衰微、驟難改革、以故該國於承平之日、未能治其民、戰陣之秋、未能治其兵、頽墮積弱、既可切實指陳、而又狃於東方猥靡之習、並不深思善後、致仍受人牽制、而不能特立獨行也、近其國亦自知懾於四鄰之日强、變亂之日起、各私會潛相要約、且有明非國事者、誠不以舊法爲自足矣、亟願振作精神、力求新法、以冀稍得近時之利益、此固維新之中國、而非舊日之中國也、新中國建造鐵路、設立電線、廣行新聞報紙、並漸用泰西各學以取士、而舊中國每令無知愚民、仇痛西人、事事相背、以引用西法爲國家大詬、此等新舊兩中國、孰能得其權力、今未可知、自俄人干預華事後、將來更難覆逆、彼强大之俄、與新張之日本、常多事於東方、其他姑置不論、卽就滿洲鐵路言之、由俄人出貲建造、派兵保護、於以見中日之戰、惟俄人獨得漁人之利也、英人於中國辦事、均以中國設與他國爭戰、其歸宿必至如是、故每力阻戰事、此次中日之戰、未能阻止、然未嘗偏助一國、亦不以違亂約章壓制日本、議者以爲中國兵甲衆多、雖值傾敗、而英國於亞細亞洲行敎最爲文明之國、尙可與中國聯盟以拒俄人、英雖嘗與中國搆難、近固欲力助中國、外禦敵人也、是書所有華文人名地名等拚法、雖經續輯、悉依惠特之法、非但以其拚法勝於他人、兼以通行之書、皆以其法爲便、故全書均屬從同、惟末章用俗語常用之音、如福州鷄籠等類是也、高麗之名、拚合甚難親切、故合中國日本高麗三國之音、擇其最爲通用者譯之、如平陽之稱平壤、從中國也、高麗則謂之品陽、日本則謂之海學、其分離乖隔、難歸一致、讀者亦無滯於一隅可矣、是爲序、

大事表

英國 四百四十九年至一千零十六年

四百四十九年、英人在比利敦上岸、

四百五十七年、根的被英人戰敗、

四百七十七年、南賽克生人上岸、

四百九十一年、兵園恩特爾里大、

四百九十五年、西賽克生人上岸、

五百十九年、曳敵克與新雷克王於西賽克生斯、

五百二十年、比力帖盧戰勝於裴滕山、

五百四十七年、挨大創立伯宜削國、

五百五十二年、西賽克生人取啞爾達色爾拉姆地方、

五百六十年、以忒伯王於根的、卒於六百十六年

五百六十八年、以忒伯爲西賽克生人逐回、

五百七十一年、西賽克生人進據中比利敦、

五百七十七年、西賽克生人戰勝於丟雷姆、

五百八十四年、西賽克生人戰敗於法敵雷、

五百八十八年、以忒力克創力諾東北蘭、

五百九十三年、以忒非力王於諾東北蘭、卒於六百十七年

五百九十七年、奥格士丁改變根的、

六百零三年、臺犿塞司坦之戰、

六百十三年、支斯德之戰、

六百十七年、以德温王於諾東北蘭、卒於六百三十三年

六百二十六年、以德温統治北利敦、本大爲壘而削人之君、卒於六百

五十五年

六百二十七年、以德温入基督教、

六百三十三年、以德温被弑於海式非爾德、

六百三十五年、遏斯外王於伯宜削、卒於六百四十二年 遏斯外戰敗威爾士人於海文非爾德、愛但居入聖島、味塞之變遷

六百四十二年、遏斯外被弑於美塞非爾德、

六百五十一年、遏斯丸王於諾東北蘭、卒於六百七十年

六百五十五年、遏斯丸戰勝於温威德、

六百五十八年、西賽克生人戰勝、直至派雷式

六百五十九年、吳而弗王於壘爾削、

六百六十一年、吳而弗逐西賽克生人過泰姆士江、

六百六十四年、會忒排之公議會、堪德門在會忒排、

六百六十八年、梯遏陶爲堪忒盤雷總主教、

六百七十年、以格非王於諾東北蘭、卒於六百八十五年

六百七十五年、以忒力王於墨爾削、卒於七百零四年

六百八十一年、威爾弗雷德改變南賽克生斯、

六百八十二年、味塞之散忒横戰勝中索美塞、

六百八十五年、以格非戰歿於納克坦斯米挨、

六百八十八年、益恩王於西賽克生斯、卒於七百二十六年

七百十五年、益恩戰敗墨爾削之臬雷德於萬棐羅、

七百十六年、以忒保王於墨爾削、卒於七百五十七年

七百三十三年、墨爾削人戰勝味塞、

七百三十五年、比的之卒、

日、途次瞑眩不已、既抵亞烈山特利口岸、循例聲砲致敬提督、提督以身被戎衣、未克答禮、既下椗、憩息少許、俄而砲聲又起、余輩心皆分馳、蓋德國某小親王之船、同時抵埠、岸兵亦聲砲迓之、以致殷勤、當事者、復遣卒二十、監以兵官一員、各被舊衣、蓋以小親王而慢之也迎親王水次、並令軍士至前時、俱以所持軍械作呈視狀、以明敬意、維時登岸之人既夥、稠人廣衆、殊難辨識誰爲親王、諸軍士窘蹙無似、以爲與其失之交臂、獲疏慢罪、寧謙敬爲愈、於是遇登岸者概舉槍械、以爲親王必在是矣、余等反不能恣意散步、衆皆銜尾相隨、以次前進、如長蛇陣云、

是時蘇彝士尚爲地腰、未經開濬、由亞烈山特利以達甘爾徃來者須經鐵路、乃得朝發夕至、凡在營辦事之大員、與暫不統兵之偏裨、皆可乘坐火車、以免繞道稽時、若兵衆仍須乘船紆途好望角不能如火車之便捷也、

余經歷亞烈山特利與甘爾兩處、記憶頗少、了無載錄、蓋起程過促、歷覽未周、遂有掛漏、然猶憶在甘爾城出某回教堂時、同行者皆肅穆無譁、恐犯彼等教誡、行未數武、空氣透光中微露三峰、其色黝然可人意趣、軍門啓齒曰、比辣米特（埃及古墓拿破侖在近地曾敗馬墨路克人）即在此、汝等亦曾見之乎、時軍門嚮慕之心、不能自已、必欲駕往墳塔詳覽、至則如稔知其事者、以蒲鞭歷歷指點、備述戰勝顛末、聽之忘倦、蓋此次之勝、總計吾軍僅失二百五十人、又指一荒地而言曰、補拿破脫（法皇拿破侖第一名）曾至此、吾軍於此設立方陣、馬墨路克人力攻吾軍之處、戰時一切情形、皆可歷數、如誦兒時舊書、

自甘爾至蘇彝士惟鐵路一、故行旅至蘇彝士者、必以此爲要道、沿途沙磧荒野、殊可概歎、惟平沙起築、費或不緐、蓋就沙土安置橫木、以架鐵軌、火車即可在上開行、其簡便有如此者、

途次眺望、見駱駝數隊、負皮囊前行、囊中滿儲清水、至蘇彝士轉販緣該處沙漠、覓水不易、而新開大河、水鹹不適於飲、自古汲水惟駝載爲最便、後人苦遠道汲取、於蘇彝士大河旁、更鑿一小河、河水甘洌、居人利賴、迄今駝運清水者、已寥寥矣、此地係上古愛勃來民人自埃及移歸猶太所經之道、昔愛勃來人得鵪鶉膾、（愛勃來人在曠野無肉食禱於上帝忽鵪鶉一羣飛集捕而食之遂得肉食）千古傳爲奇事、吾輩固不敢妄冀、而事竟再見於今時、時泊茄歡沙亞午餐、席間突有飛鳥脯、爊炙甚佳、蓋將軍貝利西所愛庖人嘗於此設食肆、以供行旅、我軍將至、先期諭知、令具大軍一餐、既下椗、則餐牢已具、皆仿法國食譜、所食惟何、雖逾廿載、余尚能記憶及之、蓋饜飫之餘、沁入心脾、令人每飯不忘也、

無何所謂蘇彝士者、業已身親其境、於是衆人聯袂下車、時天氣酷暑、熱可炙手、遊興爲之頓殺、余謂酷暑、竟似一劑妙藥、能醫游覽視聽之

隱疾、且時已向晚、如欲入城閒步、越穿街衢、爲時必久、船人當屢屢聲鐘催召、則余等奔赴不遑矣、況初覩該城、雖覺華麗、而細審之、亦無足觀、則亦何事多此一番留戀耶、經此城外時、惟見街道紛歧、街心支搭布篷、布色錯雜、令人目眩、縱觀至此、業已身在埠頭、旋卽登舟、

舟名南貊西司、大於磅對爾四倍、內艙客坐客六百人、此舟亦歸東方輪船公司管轄、陳設華靡如闤闠、令人艷羡、其整潔如新鑄銅錢、光滑可把玩、船中人數甚夥、除磅對爾前載坐客外、更有自各火車來者、有寄寓埃及待印度公司船開行、卽欲趁往者、皆坌聚於此、同舟共濟、先須至錫蘭島分數道行、有轉往印度者、有往中國者、有往日本者、有往澳洲者、

南貊西司船中、有婦女約百五十人、一若特來點綴此行者、大抵皆印度武員眷屬也、先是相挈還鄉、至是復歸、重獲唱隨之樂、更有幼孩數

人、色腴神活、或謳歌、或跳舞、或奔走嘻笑、頗不寂寞、時有爐上煨煤者、體黝如漆、流汗若湧泉、其猙獰可怖之狀、驟見者必驚爲鬼魅、而該黑人、則毫無顧忌、自船面窗穴時露其首、乍隱乍現、致幼孩輩驚駭欲絕、相率奔避、復有處女數人、風致嫣然、大半依其姊至印擇配、餘則孑身遠行、當在倫敦起程時、其父母屬之船主、令爲料量一切、至亞烈山特利後、船主轉託之火車總領、總領又復委託於南貊西司船主、數四諄囑、意殊鄭重、渠等本無待此、且亦不願受人約束、致身不能自主、蓋習於操縱、張弛得宜、雖處漫無畔埒之境、仍循守禮儀、此惟英國女子所能、亦惟英國女子能人所難能也、其所以踽踽獨行者、亦祇爲擇婿計耳、同舟者更有蘇門答剌島主夫人與女公子二、皆在焉、余雖初與接語、業成至交、其和易近人可知矣、屢承過訪、促膝談古今事、議論生風、言笑自若、實使余傾倒無似、如欲以在船之日島主、爲余講述之往事、

譯書公會排印

詳爲紀錄、則篇章觝複、東游之事反擱置矣

第三章渡印度洋

船既起碇、開行以機器量其遲速、速率得每點鐘行二十八中里蓋量船器測得該船每點鐘行二十八里基路邁當又五百二十邁當而中國每里約得六百六十邁當合計之恰得二十八里時風靜波恬、如行平地、海水慘綠、如碧玉平鋪、天純淸作深藍色、水與天皆如、欣喜微笑、而人在兩大明鏡中、亦藉此自娛、以故同舟商旅、靡不愉愉然、是時天氣、則蒸熱非常、晝間如在釜煎炙、夜亦不能成寐、客座中寒暑表升至四十五度、疑爲百度寒暑表非來奥未汪爾及發來那依脫也左右大艙、熱度更過之、英人習於遠行作客、故當此連日炎蒸、能設法消遣、以解煩懣、其消遣之妙、殊出人意想外、而烈日鬱蒸時天氣之所以變化更調者、惟有迅雷暴風雨而已、反不如人心之靈慧也、則天亦不如人矣、諧謔語也際此盛夏、英人一日五餐、所食又非淡泊、如巴黎人之鷄子一枚、肋肉一片、馬茄地所產茄灰一杯、略沾唇舌、卽奔赴工作也率皆豐腴醲厚足以鼓腹、蓋人之致力工程、適足自養、飽啖既畢、卽勞形力作、則積食易消、復能多受、如是循環不已、此英人以形物消遣之一術也、船之上層、自首至尾、以白布支蓋、備露宿者、至晚人携茵蓐、競至艙面、首倚艦側、仰臥布篷下、冀遇微風、可得安睡、然亦終不能成寐也、

侵晨婦女輩妝竟出、服飾艷冶、踞胡牀快適盡致、餘人亦皆携一移動側椅、以便坐臥、艙中椅排列成行、幾無隙地、時當盛夏、長晝無事、相與談笑破悶、婦女輩有衣織罽者、男子則競鬭葉子戲、或弄牙牌、或對弈以角勝負、惟工匠苦身操作、雖劇熱不輟、合觀之有如一共和之國、自一切利益外、更能使人人安堵、而問其誰爲伯理璽天德、則無可指斥者、向晚攜比亞諾（風琴之類以管引氣近則用銅鉄絲別以銅鉄具叩擊鏗然作聲音疾而驟清徹可聽非若風琴之和緩也）至艙面、凡閨媛之精樂律者、皆撥弦奏彈、和以人聲、節以跳舞、以爲娛樂、英

人平日雅不肯苟且、遇素不相識者、必倩人作介、乃與交談、今則大反其所爲、更成和易、凡無因至前者、皆與之喁喁笑語焉、

英國處女、多因私悅一人、在船成婚者、其幼年大半許字在印兵官、至是自英起程往印完婚、而中途悅人、則遂棄彼適此、蓋我歐西之俗、男女自訂、乃成嘉偶、其尊長所許字者、從未謀面、卽偶一晤談、而時逾數載、業已疏遠、孰若新知之可樂、故舍舊謀新者、踵相接也、於是附英郵船、競造墨西園佛凹阿處、（蓋當時著名媒妁）敦請議婚云、

船中盛熱、思得微風以解鬱、逮得風則酷熱更甚、蓋風苟遂我所欲、將紅海沿灘砂磧掃盪無存、則可耳、今風之所至、沙塵亦與偕來、其色純紫、因受日光晒曝、已焦灼欲焚、飛集於流汗之人身、猶以一撮胡椒、抹於瘡痕之上、其辛痛可勝言耶、時余輩圍案啜茗、副將某君壺中冲出大蟲一尾、其狀醜惡、全身長三商的邁當、（商的邁當者乃邁當之百分也）業煮熟、回憶所

增訂五洲通志第三十次印本

譯書公會排印

詩蘐室主人譯

弁語

蒲以賢五洲通志、自第一次印行以後、垂半世矣、一世百年爲其作法已詳於作者之自序、見後五十年來、頗爲世所珍重、一千八百四十二年後、變故迭興、天下事紛紛改易、一如人智之愈用愈巧愈巧愈精、書中所載、因之亦須增訂、一千八百六十四年、作者曾親自督率爲之、書成加叙曰、自此書第一次印行、至今宇宙間已局面一新、地球上有數處地方、向視爲不能越雷池一步者、今則可以入其境、勘其地、荒漠之區、因有五金各礦、爲人覓得、隨致各地居民、潮湧而至、一轉瞬而成邑成都、卽有繁華景象、無論何地生齒日見其繁、間有增至倍蓰者、或因交戰、或因立約、其地往往挹彼而注茲、故有多國其幅員已迥非昔比、自創鐵路而引重致遠之方、遂亦一變、故各處道里、雖原質依然、而彼此距度、則當另行核算、此世之前五十年、事變特殷、凡曾在此中立非常之業、卓然爲非常之人者、幾乎盡棄人寰、當國之君、有因內亂而失位者、舊朝陵替、新朝踵興、讀史考古、心得良多、儘有斷碣殘碑、因含啞謎、而數百年無人悟澈者、至此遂豁然貫通、知其秘奧、名人手迹、自中古以來、即行深藏秘府者、今亦出而饋世、乃始令人悟載籍之訛漏尚多、儘有私家雜著、湮沒不彰者、一旦印行、而作者名姓遂得大顯於世、更有多種書籍、人以爲評隲已盡、義蘊畢宣、而推陳出新、別開生面、忽又悟出意外之意、言外之言等語、

作者增訂後、既加敘如此、然二十年後、又不能不再行照辦、誠以一千八百六十四年、至一千八百八十四年間、曾出無數大事也、歐洲德義土三國版圖、則曾紊亂如絲、商務製造鐵路電線、則因大爲開拓、而地利亦爲之轉移、其在非洲、則有游客接踵而往、踏勘其地、遂得益知箇

中寶藏、其在美洲、亞洲、澳洲、洋名澳廝阿尼連南洋各島則因治理有條、而富足遂出人意表、至史學、古學、文學、以及註釋之學、著述之學、亦可謂美備精純於斯爲盛、

我法國之各學昌明、尤當歸功於博士賽商君、君本爲學部稽查官、專心致志於是書也久矣、天資學力、兩擅其長、而筆又足以達之、故是書獨爲翔實可信、且與作者蒲以賢爲至戚、增删釐正、其必十分詳慎也、可知假使此等書籍、不爲時勢所牽制、則實可一勞永逸、此後卽無事重修矣、

本屆所印之本、仍遵蒲以賢體裁、而於時賢各書內、採摭加詳、故東方卽土耳其一帶之國希臘羅馬中古各史、增輯頗多、著作家博學士才技人等名下、其出身必加詳敘、又水陸名將、歷代名臣等名下、如有必須添補之處、亦一律添入每章之末、愈留意各種書目、蓋欲使閱者於一應古今書

籍、可在是書內按圖索驥也、總之徵引不嫌繁博、而務必歸於確當耳、其輿地一門、按近時最新之書爲之改正者、如進出貨值、水道形勢、土產物件、鐵路基址、各國界線等是也、

本局印書之屬草也、係參考法德英三國之大博物志各學堂之新學報、及種種書籍、并承通人寓書匡示各節、亦一體採列、所編地志、則照幾彼爾拂利門等之書籍、賽麥丹司拉覃合著之地圖、又賽麥丹何式雷合箸之地理字典、重加纂輯、更得本局地圖房中各友、不吝敎言、贊助一切、

此書之所以重修者、祇緣五十年來史記地理兩門、變易太多之故、自此數十年後、仍須再修、自無疑義、即此書格式、將來或至與時俱變、但蒲以賢作書之宗旨、當必謹守勿渝、緣其書中於人之奉敎、弗加褒貶、於國之行政必公論斷、於一切事務、必求實際故也、此蓋作書之準繩、

闡幽之綱領也、所有協纂諸君之名姓、開列如下、

蒲爾西哀 文學科進士法國扒爾陀府城文學大學堂掌教

大留 法國巴黎共陀爾奢學堂理學掌教

奪拉維爾奪米爾蒙 文學科進士法國扒爾陀府城文學大學堂宣講師

然拉爾台 法國丟爾哥蒙時爾學堂掌教

哥雷業 法國尙生學堂師範學堂掌教學部參議官

地亞姆 法國煞瀲帶爾英文掌教

愛魯特 法國奢爾式學堂及深造學堂學生

石恩及其協纂諸人 各國名勝處遊紀總裁

郎格羅阿 文學科進士法國沙爾蓬恩大學堂宣講師

雷凡格 法國翰林院編修

麥司潑魯 法國翰林院編修

巴結該 文學科進士法國賽路依學堂師範學堂史學掌教

司拉卑及其協纂諸人 本局地圖房總裁

扇菴 文學科進士法國奢爾式學堂史學掌教

幾格槐式 法國共毗爾奢學堂心師範學堂德文掌教

復爾哥 俄國皇家地理會友

依抵哀 法國蒙時學堂查課客

一千八百九十三年　法國哈耆德書局啓

蒲以賢五洲通志第一次印本自序摘要

凡欲知名人事跡、或神佛來由、或地方部位、或事變本末、或國家法制、或正教源流、或旁門異學、皆可求之本志、而得其梗概、蓋此等事、每散見於繁博貴重之大部書籍、而本志則盡行採摭、彙總歸一、遂使人人可以購致、不然、能悉其詳者、殆不過寥寥數人已耳、故史記佛家、言名人錄、及古今地理字典等、無不博採窮搜、而一書遂得數書之用、誠以書籍太多、亦一件累墜事也、

書料極富、儘足供我搜羅、不必盡行指出、惟所有依據各書、自堪約畧言之、此等書、久負時望、原屬無待揄揚、

史學及史事之考證時日、係照讀史考時一書、此書核算時日無訛、素爲學校所尚用、并照史學正軌一書、此書爲法國大書院所核准、至近事各編之尚未收入史中者、則用捋須爾之史歷、華必樂（即京都同文館法文教習之父）

之近事字典、又西教史記、則用童喀眉之史記地理字典、理學史記、則用德國敦芒著法國古珊譯之理學彙考、并古珊之理學課徒本、

名人事實、採諸米沙之天下名人事實記、按照事記、另立附編、列於通志之末、并求之英德各書、以補未備、再各項書目、亦爲講求文學者所必不可少、則用孛留南之書目表、敢拉之法國文成、

釋氏之學、則用拿哀爾之喻言字典、及巴理沙之佛家紀錄、按記錄內所載、大率取之克雷然及琪吟所譯之東方書籍、

地理一門、則用皮沙夫馬雷合著之古今地志及槐克那之哥爾即法人之古稱地志、此書最稱精實、頗得據以剔疵正譌、至於近今地志、則用地理會所著之天下地理字典、而更按最新之書、如阿特利哀排爾皮之地理輯要、及孛留哀拉畢滿奢米失羅等之地圖等籍、以補苴罅漏、更正舛譌、又地理沿革、則照排爾孛雷買該之古地理志正義、及克留司昆

仲合著拵排盎奢爾同譯之歐洲各國沿革圖、另有所採之書、其式與本志不甚懸殊者、亦復甚衆、最著者、卽馬累黎之史學字典（共十套一千七百五十九年）是也、此書由教士顧然特魯菴、按照裴爾沙拂比哀潑魯司彼馬爾桑等之考據、大爲增改、其中蒐羅宏富、本志取擷頁多、又孛留純奪拉買爾低尼哀爾之地理史記字典（共十套一千七百二十六年印於荷蘭）此書於近今地理、頗極詳盡、又近百年之各種博物志、亦一體採入、而新博物志內、最爲有用者、卽當克徐恭之博物問答、此書在德國早經風行、又英國巴訂登之英國地理史記、及忒累耽爾完爾時書局所印之儒林博物志、此書編輯精詳、採訪眞確、

既有如許之書以供採取、而仍必嚴加考核事跡也日期也地勢也道里也、無不悉心校核、設有疑竇、則還詢之原著書人、

雖從事本志、已歷多年、而工程浩大、獨力難支、幸得協纂諸君相助爲理、方克告成、茲將其名姓布告大衆、以志感激、巴理沙史學掌教也、曾歷助米沙箸天下名人事實記、及他項史學地理等書、本志中古今地理志、及一切沿革記、皆出其手、捋固懷扒那巴試學堂掌教也、數年來懃懃懇懇、每章每節、逐一考求、其耐勞耐苦、尤爲不能忘情云、

一千八百四十二年　蒲以賢識

光緒二十三年十月十四日

譯書公會報

第三册

每册價銀壹角五分

館設上海中泥城橋西首新馬路昌壽里

譯書公會報第三册目錄

西報彙譯

秀水張國珍
歸安胡惟志　同譯

俄日兩國謀高麗情形 以下英報

倫敦中國報 西九月二十四號

泰晤士駐東京訪事人致其本館書曰七月十九號日本下議院外部次官宣言俄之謀韓有損英之利益是說也在日人前數月聞之不免驚惶失色今春俄在韓執牛耳日人猶爲之束手今已稍形坦然所患不如昔之甚矣蓋無論俄之權勢奚若日人詎能拱手竊日人之隱韓之於日關係匪淺權度利害甯從事於疆埸欲掉頭而去不能也蓋日之于韓數千年前聲勢已張遇交涉事宜韓無不聽命由來舊矣詎至今反能退居人後哉自千六百年前日人始有記載及今馬關立約此千餘年中其一切舉動不難稽考也當日主泰吉敗于中國報復之心未嘗或已無如國亂頻仍不遑遠畧惟有忍恥受辱任韓自外蓋亦迫于勢耳嗣內患既平即藉端開釁而以干戈相見韓之邊陲蹂躪殆盡及中國元世祖忽必烈崛起始恢復韓疆而日人退避三舍至一千五百年時日主泰苛立發憤爲雄勞

師襲遠謀及于韓又蹈泰吉故轍屢戰屢北遂乃潛師不出自固壃圉頻年新膽欲逞一朝至于今日人居然列于萬國之中矣中國雖向爲聲明文物之邦然孱弱已甚國之不存韓將安附倘中國肯去妄自尊大之心與日聯絡唇齒衛韓最爲得計奈中國計不出此日在雲霧之中而日本教化兵政商務事事上人久已藐視中國矣試問日本一千六百年中殫精竭慮辛苦備嘗及今兩國可以對壘雖有他國出而阻之詎肯不決雌雄遂降首而聽他國之命哉雖然日人開釁以來國用空虛黨亂將作俄倘乘日人之疲卽扼韓地未始非絶好機緣此機不乘未免失之東隅矣然俄不卽蠢然思動者詎無意歟

希土近耗

字林西報 西十一月一號

希臘與土耳其議和草約已在土京畫押我雖未嘗目擊當日如何罷戰情形然竭力行成實英沙侯之力也彼貸德國銀甚鉅自有和議德人咸欣欣然有喜色以能保全國中款項得遂其利己之心英人亦不之責也現脫司立地仍斷歸希

有並遏土人拓地之心亦惟沙侯之力是賴目下六大國掌其國帑未嘗不存公道之名難免不遂其自私之願希之開釁于土也不為無罪今償款至四兆之多如此疲國其何以堪欲再割地他日有事更不國已各報皆言內權不宜外掌無寧棄地此亦妄言耳希已遵英之命而英竭力全其國體希焉得不服從此一蹶或可復振今國帑不能自主抑亦希之福也

西人訕笑　字林西報 西十一月二號

中國科舉之法由來舊矣西報言之屢矣綜計十八省應試人數難以枚舉大約十五萬至二十萬不等皆頻年攻苦層累選技者也以若千人數倘置一城中所謂干城之選者非歟西人甚不解在上者之立法何以嚴酷若是必欲驅數十萬文人納之矮屋之中勞其筋骨餓其體腹以極衆之數以極促之時而撼動其腦氣令作極精奥之文差之累黍全功去矣且以文論以千人取中五人亦從無把握矣西人聞之能不為之寒心哉除中國未見如此虐政也非中國未見能受此

虐政也又不解在下者之趨令何以奮勇若是竟不惜荒數十日之功耗數十金之貲而以有用之精神博無憑之科第大率號屋十二萬至十五萬之數不足以栅繼之恐眞有學問者不能也况能學者乎又不解中朝煌煌諭旨崇尚西學亦絶不少懷才負異者出其所學冀奪錦標無如掌文衡者泥古如故也卽講數十年西學亦仍歸於無用也雖然泛言西學亦詎能得其要領哉吾願上先知所以教則下知所以學矣

慈谿胡濬謨譯

食米消廣

歐西雜誌

世界每日所消食物惟推米爲大宗人民以此資生多至兆計故消售漸廣統地球人數計之以米爲食物中最要者約居三分之一惟大半在東方邦中卽中國東洋印度是也次則非亞之馬達蓋斯加島等面緬甸暹羅消路尤廣查馬來巫工匠每人每月約需米五十六磅緬甸或暹羅工匠每人每月約需四十六磅且

中國東洋暹羅皆以米釀酒東洋所蒸色盞（東洋酒名譯即米酒）每歲約出一億五千萬軋倫（英國量數）之多雖食物中米爲最廣然養身之力不及麥等米質中小粉與水約有十分之九所以腹中消化時所成脂油多於肌肉也（按每英軋倫約有十磅每美軋倫約有八磅）

論巴黎倫敦風俗迥別

歐西雜誌

巴黎負販者皆行道右倫敦馬夫常在道左巴黎同居巨室宛如兵房倫敦人各居一室巴黎設茶坊酒肆倫敦立會巴黎人晚間睡在壁中卧房倫敦人睡在卧房中間倫敦人每日約食三四餐巴黎人祗有一餐巴黎麵包係長形倫敦麵包係方形巴黎人飲菓酒倫敦人嗜麥酒巴黎人飲咖啡倫敦人啜茗巴黎人膳時彼此笑語倫敦人膳時不喜多言獨自尋歡倫敦工人衣常服吸煙用泥管同事皆以朋友稱之巴黎工人衣大服吸雪茄烟同事皆以先生稱之且互相脫帽甚形謙讓兩國風俗之殊於此可見矣

海浪高低

歐西雜誌

英國善於航海者業已細心查悉在日斯巴尼亞國北境沿海一帶波浪颶風時最高計有四十二英尺若在兩浪之間計算自低處至頂約高八十四英尺有奇

吳縣沈晋熙譯

俄人經畫高麗

倫敦中國報西九月十七號

讀俄報云俄視高麗爲英日所攫持故亦有虎視眈眈之意今欲於匹你痕莫克坡木浦兩海口通商已蒙高人允準夫高麗政柄如稅務各項半爲精幹英員所竊據日人在高把持事權均有護兵以保護商民爲名彼二國者一則以高爲商埠一則直以高爲勝國其植根之固幾不可動搖我俄迫不及待故巡海測量亦更數於前日必欲抑服英員并使日兵撤回

俄報所言既如此要之兩國在高之權日實勝於俄（此據俄京淡徐而電音）故俄人極意詰責日本欲令恪守馬關成約不得侵越高麗自主之權其倂張形態業已盡露亦修備愈嚴日人遂於濟物浦及濱海各市鎮間設立捕房管理該處進口船隻復

分兵一隊至平壤登岸其兵房則已蓋造無算矣

接墨斯科電音云俄報館衆口一聲皆以日本在高之權突過俄人爲忿忿此亦過慮高麗軍務不久可入俄人掌握有俄員三及游歷人十已應聘至高京掌教華俄銀行亦將於高麗設一分肆是俄所得利益亦不下日人也

同上 西九月二十四號

高麗新開商埠

高麗外部大臣約但前在中國駐英公使衙門作參贊官今致書本報論高麗國政云高王已允俄人開商埠於木浦及鎮南浦自十月始鎮南浦在大同江北距海口約二十英里處平壤之西隅歐人精商務者嘗至此測量水道擇最要地爲市場蓋從前各國皆欲開埠大同早經與高麗政府籌商頃我英人既聞允許之說亦爭欲在此駐足爲翹頭並駕之先聲憶去年春間有上海怡和洋行商人游歷高麗至此亦稱爲絕好商埠又有英商林加洋行近分設於濟物浦據其人云若開埠大同等處亦極爲有益且高麗國家方整頓商務較前似宜格外加意新

開口岸不久即當變爲極繁極盛之區但能如以上之悉力振作則轉機當自不遠按濟物浦距平壤計四十英里該處從省城數起列第三人民約四萬有奇後經兵燹燬壞亦多今則次第漸復舊觀蓋高麗所恃以理財生聚者曰農務曰開礦故該處藉此得沾利益然礦務一道現在流寓西商亦經採訪明白謂從前鎮南一帶全無意味今既開埠則不數年可與濟物浦相抵拒計當通商第十三年時進口貨英國最盛時中國烟台口岸未開故皆聚於此

木浦海口近全羅道治有極大船塢能容三四十艘裝滿貨物之船按全羅道爲高麗魚米之鄉產殖繁富甲於一國木浦爲榮山江口計一百英里迤邐過全羅道治計出口貨運往日本者爲最多進口貨亦可冀其暢銷然必預爲位置使高人皆適於用庶幾利源不竭商賈輻輳也

美國亞西亞商務局

倫敦中國報西九月二十四號

美國公使白雷脫至暹羅及班殼克上書政府請設立亞西亞商務局於舊金山

仿非拉鐵非博物院之式以籌議亞洲及美國來往交涉極大商情且可使精於製造及運貨至亞洲者得就便詣院偵探消息呼應最爲靈捷亞洲各國公使領事亦戮力同心贊成此舉冀使亞洲濱海市情瞭如指掌云云其擬定章程大旨言此局固專爲亞洲商務而設但欲指爲何院須公同酌議使營商日本高麗東部西伯利亞滿洲中臺灣及緬甸暹羅馬來巫柔佛巴尼亞卜呂宋島者均沾利益按舊金山形勢於商務局爲最宜因運貨亞洲以此扼要地美國瀕海各城或有宜於設局者若西脫爾若脫可馬若斯抛開若抛脫蘭若克來曼拖若喬斯若踆克呑并拗克來若勞生恩極來斯若聖大一掰亦可與舊金山伯仲以其皆居衝要也

暹羅學制

倫敦東方報

暹羅舊制教授掌於僧侶且無竹帛書惟口授而已頃暹羅置書五種如算學地志及各種學堂肄業書無不購備僧侶不取脩脯歲以重幣贈之者再學堂每年

由地方官命題考試評定優劣其頭等學堂乃今王所創建學生皆公族及膏粱之胄其地居王宮中名收滑痕克臘潑（即內宮花園名也）教習美文者即醫生韈克否蘭也王於一千八百六十七年嘗設大學堂王宮外命曰申難痕台梟涯頃更爲女學堂教習半英處女半暹羅人亦皆嘗學語言文字於英者也又有而來橋乃學堂亦係奉旨設立以教頭等知名學生方創設時學校規制未盡完善歐人冒蘭痕脫實贊成其議故暹人至今嚴事之其欲興起人文之意可謂盛矣惜乎學舍駿材今猝早天殊可悼也是人名劉滙司隸英籍爲頭等學生性豁達大度辦事能兼人可謂國士無雙矣

火車然電　日本日日報（西十月二十三號）

凡行路用燈昔時概然火油頃日本政府命設電鐵車中以便搭客上下爾後當無願用油燈者先是密水火車已設有電燈器具十副頃各處鐵路局均欲仿造已聘請司通電燈公司中人擇火車中妥當處豎立玻球此非同地上電燈設一

總機相引而然乃每車中各用電箱一具行時將機開動自然發光雖車行極速此燈毫不受損如將電氣然足可歷四五點鐘計火車開行至停止此燈尚可不滅停後更用油燈將此機另裝電氣以備再用裝足亦須半點鐘時日政府已向吸姆辦吸廠定造火車其中約有電燈器具可謂盡善盡美矣

嘉定周傳謀譯

印度棉花歷年比較 以下法報

中法新彙報 西十月二十一號

印度某報載一千八百九十六年七月一號起至一千八百九十七年六月三十號止一年中棉花貿易並講求棉花出產之清冊此事實大有益於東方業棉之人而有損於歐洲織造廠茲將歷年收成比較之數列表如左

自一千八百六十三年至六十八年每年各收二百六萬四千包 每包二百磅合九十啓羅八百米里

自一千八百六十八年至七十三年每年各收二百十七萬六千包

自一千八百七十三年至七十八年每年各收一百九十四萬四千包

自一千八百七十八年至八十三年每年各收二百零九萬六千包

自一千八百八十三年至八十八年每年各收二百五十二萬三千包

自一千八百八十八年至九十三年每年各收二百九十七萬九千包

自一千八百九十三年至九十四年收二百九十九萬五千包

自一千八百九十四年至九十五年收二百六十五萬六千包

自一千八百九十五年至九十六年收三百二十九萬六千包

自一千八百九十六年至九十七年收二百九十九萬九千包

其收成如是而本地現用棉花一百二十五萬五千包較上年減少二十萬包其減少之故皆由孟買疫氣流行致土人皆不至紗廠工作之故也附近種棉一帶常消四十一萬三千包印度棉花分運出口之六大口岸曰孟買曰居亞軒曰押而居大曰麥奪亞曰曷葛那大曰居底葛恩其運至歐洲之數列表如左

自一千八百九十四年至九十五年運至克項白安帶元八萬六千包　歐西

葛登六十八萬二千包共合七十六萬八千包

自一千八百九十五年至九十六年　白安帶元十三萬三千包　葛登九十七萬一千包共合一百十萬零四千包

自一千八百九十六年至九十七年　白安帶元七萬八千包　葛登八十二萬包共合八十九萬八千包

今將以上總數分運至各口列表如左

一千八百九十四年至九十五年

黃浦（德國海口）	十七萬包	項萬（比國城名）	十二萬八千包
脫意也司脫（奧國海口）	十八萬七千包	亦納（意大利城）	六萬四千包
復尼司（意大利城）	五萬八千包	李熕安巴而（英國城名）	五萬五千包
鄧墅克（法國海口）	二萬四千包	埃復安（山納海口）	二萬一千包
倫敦（英京）	二萬七千包	白爰納（浮先海口）	一萬四千包

馬賽法國海口　八千包　那不而意大利城　一萬六千包

項比國城名　五千包　王山納城名　五千包

一千八百九十五年至九十六年

黃浦同上　二十三萬四千包　項萬同上　十七萬九千包

脫意也司脫同上　十七萬七千包　亦納同上　十萬零一千包

復尼司同上　七萬三千包　李煩安巴而同上　十萬零二千包

鄧豎克同上　四萬五千包　埃復安同上　五萬七千包

倫敦同上　二萬六千包　白愛納同上　三萬四千包

馬賽同上　一萬六千包　那不而同上　一萬五千包

項同上　一萬二千包

一千八百九十六年至九十七年

黃浦同上　二十萬零二千包　項萬同上　十五萬六千包

脫意也司脫上同	十三萬五千包	亦　納上同	九萬六千包
復尼司上同	七萬一千包	李煩安巴而上同	五萬七千包
鄧豎克上同	五萬六千包	埃復安上同	三萬一千包
倫　敦上同	一萬包	白愛納上同	一萬六千包
馬　賽上同	一萬五千包	那不而上仝	一萬四千包
項上仝	一萬包		

表中所列鄧豎克係法國緊要口岸雖清單列於第七行然進口之貨則有增無減印度棉花運至我法國口岸之總數列表如左

自一千八百九十四至九十五年六萬八千包　九十五至九十六年十一萬八千包　九十六至九十七年十萬零三千包

自一千八百九十六至九十七年之數目較上年約少一萬五千包較之九十四至九十五年約增三萬四千包若印度運至東方之數列表如左

一千八百九十三年至九十四年

日本出口　十二萬三千三百八十五包　中國出口　二千三百九十六包

西貢出口　一千七百零七包　奧司大利出口八百九十三包

他處出口　四百包

總計十二萬八千七百八十一包

一千八百九十四年至九十五年

日本出口　十二萬二千四百十三包　中國出口　七千二百六十七包

西貢出口　二千零九十三包　奧司大利出口　八百四十七包

他處出口　八百包

總計十三萬二千六百二十六包

一千八百九十五年至九十六年

日本出口　三十一萬七千二百七十九　中國出口　二萬四千六百九十包

西狠出口　一千二百六十二包　奧司大利出口　九百八十九包

他處出口　二百十六包

總計三十四萬四千四百三十六包

一千八百九十六年至九十七年

日本出口三十七萬三千二百五十七包　中國出口　五萬三千八百八十七包

西狠出口　二千三百八十二包　奧司大利出口　二千七百五十二包

他處出口　三百十六包

總計四十三萬二千五百九十四包

印度某報云自一千八百九十七年至九十八年日本所用棉花約八十五萬包惟印度於此總數內得百分之六十中國得百分之十八美國得百分之十四其餘皆係日本自產該報又云所取給於印度之五十一萬包較自一千八百九十六至九十七年約多十三萬七千包查其出口增多之故因孟買紡紗廠停工故

餘棉花至二百萬包之多若印度現在增設紡紗廠勢必取給於中國日本則歐西人難於措辦矣如英人製造織布之盛名滿天下我等東方一帶亦不宜爲無利之事故我國不能不興製織若不預爲籌及吾印度國不久即盡爲日本之織布廠耳

東報彙譯

日本安藤虎雄譯

論中國時局變遷

大阪朝日報

中國開闢以來數千年於此聖賢接踵文教四達國民性質亦大足有爲比於列國必不見絀也然觀中國古來情形雖非無盛衰消長要之因循姑息一進一退徘徊故處未嘗一移步於圈外歐美後進國駸駸興文教而中國依然守株事事退居人後此其故何也儒家尚古卑今之習馴致之乎曰自尊抑人之氣使之然也夫中國春秋戰國以來英雄崛起割據四方以謀霸業如羅馬之統一四海建大帝國者不知凡幾雖代興代替大邦聲望依然如故山川沃腴民物豐富鮮足與頡頏者上下數千年間挾地球上第一封土眞天下之壯觀也而中人自此驕盈稱己國曰中華貶外國呼夷狄動輙傲然謂人曰幅幀之廣大人民之衆多物產之豐阜度支之充裕中國爲天下第一矣慢心一生目無列國優游偷惰惟飽食煖衣之是計曾紀澤所謂貪長夜眠者數萬人皆是也其國權萎靡不振長受

歐美輕侮不亦宜乎雖然今也地球之大勢滔滔東漸若決江河中國欲超然世外必不可得也自中日搆釁以來中人亦已稍知其故先識日本之國力兼詳悉俄法德諸國之於亞洲勢力如何邇來更進一步欲遍知歐美列國情形孜孜汲汲惟日不足或創設報館盛論當世急務或繙譯外國書籍以講究海外形勢風氣日開面目日新是豈非中國勃興之始基耶中國一旦悟昨非翻然脫其舊態而博求智識於歐美采長補短上下協力億兆一心則天下無不可爲之事也日本同處亞洲雖向有開仗之事實屬一時齟齬不過所謂兄弟鬩墻者其對歐美列國則不可不與中國相扶持以外禦其侮也

高麗王稱皇帝　大阪朝日報

西歷十月十二號高麗王即皇帝位先是金宏集在朝時嘗有此議當時憚外國阻撓議竟不決邇來廷臣擬奉上尊號日多王亦心有冀望由是衆喙一聲頻上疏勸進苟欲得王歡心藉以攀龍鱗附鳳翼者莫不阿附雷同贊成此議農商工

部協辦權右衡外部協辦俞箕煥等首先上疏忠淸道幼學沈魯文等亦爲儒生代上疏章至本月第一號文武官五品以上齊集中樞院前法部大臣趙秉式大學士金永壽等爲疏首議政府贊政尹容善草疏捧呈慶運宮王批答辭以國步艱難不遑他顧之意翌日議政沈舜澤率百官伏闕下更上疏章其文及批答如左

議政臣沈舜澤特進官臣趙秉世等率百官廷請謹奏伏以記曰德侔天地者稱皇帝蓋三皇五帝之功德上合皇天故尊以稱之也德尊無上而位號爲尊功大莫尙而禮敬爲大以致大莫敬之禮闡無上極尊之號實聖帝明王之所同由也天理人事之所不咈也所以臣等於前席積誠罄陳聖心不概靳旨乃降誠不勝徊徨賁鬱之至猗我邦開國五百年聖神相繼重熙累洽禮樂典章衣冠制度損益於漢唐宋帝一以明代爲準則郁文醇禮之直接一統惟我邦是耳我聖上聰叡勇智卓冠百王天姿合於兩儀玄德通於神明述三皇之道傳五帝之心臨御

三紀功化則郅隆之所由尙也治法則典謨之所記載也曩值艱會多難以固邦國殷憂以啓聖明乾斷廓奮百度惟貞宗社賴安轉綴旒而措磐泰方隅平砥銷氛祲而凝絪縕重恢弘業治化興隆建獨立之基行自主之權是天眷宥密景命迓續之會也按萬國公法有云各國自主者可隨意自立尊號令己民推戴但無權令他國認之也下文有某國稱王稱皇之時某國先認之某國後認之之語夫尊號在我故曰自立認之在人故曰無權未聞以無權於人之故而廢我自立之權也是以稱王稱皇之國不待他國之承認而自立尊號所以有某國先認之他國後認之之例其所謂先認者不在乎立號之先而先於他國之謂則安有不自立尊號而先求他國之認者哉今陛下巍蕩之德與天同大通達之道與天同諦以大而言皇也以諦而言帝也以羲農堯舜之聖接漢唐宋明之統唯今日尊大皇帝位號準古合今考其時則可矣據於禮亦當然在應天順人之義眷顧維新之命不容不仰答也舉國大同之議不可不勉循也乃造化之跡斂而若無冲牧

之衷聖不自居雖固欽仰而古昔帝王脟璽之治挹遜之規未曾有嘯而不受讓

而不居之文用敢齋沐相率齊聲仰籲伏願亟賜命音獲舉貢章千萬祝喁惶恐

敢奏

批答云　光武元年十月一日奉旨知道昨筵已悉朕意茲又相率廷籲實未可

曉也此是必不可勉從之事而一直煩請未知其穩當矣

同日廷請再奏批答云　奉旨知道雖强而强之不可也可已而不已亦不可也

卿等其亟止之

同日廷請三奏批答云　奉旨知道相須共勉恐不在此矣

同日沈議政趙特進又復率文武百官奉皇帝尊號廷請五次王乃批答曰知道

如是相持何所底止乎

嗣議政伏闕下廷請者又數次王竟嘉納即位云嗚呼內政無統叛亂屢起京城

現有諸國駐兵以衛商旅自主獨立之權安在哉不勉舉其實而徒美其名無列

國障礙之則僥倖矣

中部美利加共和國　　中央新報

處中部美利加者有瓦的麻拉尼卡拉哈薩呂拔弗句斯大理憂諸國頃者會同商議建立一大共和國駐墨西哥國日本領事室田義文氏以西八月十七號具狀報本國外務衙門今譯出其大意於左以明合同之顛末曰　中部美洲合同之事非始於今日也西歷一千八百二十一年墨西哥初稱帝國時諸國聯盟均爲墨國附庸越一千八百二十四年廢皇帝爲民主乃脱其鈐轄別設聯邦政體未及三年又復分立嗣後自一千八百二十九年迄四十七年一離一合形勢罔定自四十七年而至九十四年間各自建一小國及一千八百九十五年六月温脱拉士薩呂拔弗尼卡拉哈三國倡議分立之不利各簡員於温脱拉士國阿麻巴拉港更商定條約新稱中部美利加共和國其條約要領如左

一温脱拉士薩呂拔弗尼卡拉哈聯合一致創建一共和國稱中部美利加大共

和國漸次增入瓦的麻拉句斯大理戛二國後改稱中部美利加合衆國

一三國已蓋印條約爲一共和國然亦各自治其地宜仍舊隨便辦理政務期不背戾人情風俗也

一共和國內設聯合議會議員由各州選充

一三共和國現與他列國交涉案件及將來各國所釀交涉案件以後於聯合議會商定

一用舍公使領事一屬議會權內

一聯合議會於三共和國輪流開議

一本條約以一千八百九十六年十月十五日於薩呂拔弗國薩呂拔弗市互換即日創設聯合議會且選定議員

三共和國合同顛末如此而至本年六月十五日瓦的麻拉句斯大理戛兩國亦與三國議訂條約茲聯合五國改稱中部美利加合衆國應期本年九月十五日

東報彙譯　四

批准互換直下施行今開列合同各國形勢如左

疆土面積		
瓦的麻拉	四六	七七四英方里
薩呂拔弗	七	二二八英方里
溫脫拉士	四二	六五八英方里
尼卡拉哈	五一	六六〇英方里
句斯大理憂	二三	二〇〇英方里

人口		每一英方里人口
瓦的麻拉	一五一〇〇〇〇人	三一人
薩呂拔弗	六五一一三〇人	九〇人
溫脫拉士	四三一九一七人	一〇人
尼卡拉哈	三五〇〇〇〇人	七人

句斯大理憂　二四三二〇五人　一〇人

每一年國用出欵暨入欵

國名	年分	入	出
瓦的麻拉	一千八百八十七年八十八年	六三九八七二七弗〇〇	四一三五二九四弗〇〇
薩呂拔弗	一千八百九十六年	一〇七六九五八五弗七三	一〇五四四一二〇弗四七
溫脫拉士	一千八百八十七年	九四四七八〇弗〇〇	九九六一六〇弗〇〇
尼卡拉哈	一千八百八十六年	一五九四〇〇〇弗〇〇	一九九九〇〇〇弗〇〇
句斯大理憂	一千八百八十六年	二四三五一九〇弗〇〇	三一八八一四二弗〇〇

東京朝日報

武臣賣國

俄都聖彼得堡參謀部秘藏陸軍出師預備法案文件計二十五種皆本部寶典也頃有竊取諸文庫泄情於奥國政府者俄政府百方探究知爲陸軍大佐中佐暨內務參贊官三人聞大佐初與中佐密議潛入本部文庫攘文件若干種轉付參贊官參贊官付之其婦令彼夾帶往奥國奥政府賞以金三千羅布更懸賞金

二萬五千羅布欲得殘餘若干種而事遂發覺俄國政府立捕三人且搜索其居宅得與陸軍大臣及外務大臣與參贊官手扎數件乃羈管三人於聖彼爾兵營訊問數日罪案未决參贊官婦亦在獄中應見放西伯利亞云大佐名索綠曼本爲土耳其陸軍武官中佐名多盧沙尼挪夫現任聖彼爾鎮臺司令官副官參贊官名曰霸羅挪夫現任內務參贊官

羅魃那夫公遺書　時事社

俄故外部大臣羅魃那夫公之在世也常以擴張封土爲先務規畫經營不遺餘力當時稱爲有髀肉之嘆者聞公臨終遺一書示平生持見兼論俄國百年之長計中云俄國須先興築鉄路於亞洲要處亞洲鉄路告竣即當衝突印度印度一旦土崩瓦解則英國之支離滅裂可期而待已

論教士爲中調　國民報

公使署者公使所駐紮兩國交涉之政務咸自此出歐美之用意於外交也更設

立耶穌教堂學堂病院等與公使署相表裏內外應和期功永遠其規畫可謂精詳緻密矣試就列國之在北京者一一評論之

北京城有天主教堂四屬法國人創設高閎大厦結構莊嚴觀者驚其規模之宏麗中有二堂乃中國皇帝詔勅所建立故稱勅建教堂實占最高位置威權傾中外教堂中更設學堂別男女二門教授泰西學課學生計百名多成材復設一病院使良醫主之藥材靈效機器完備加以治療勤懇聲譽大揚中外人就治者項背相望病瘉爲信徒者不少亦可以見彼教之善攬人心也總理此四教堂者爲老僧法必亞氏氏前此數十年內渡中國初傳教天津後移居北京城黽勉力行始終如一日勅建教堂之設亦多氏功熟諳中國情形衣華服效華人爲中外人所欽仰若信徒之敬氏則不啻如鬼神厥角羅拜靡敢仰視即公使亦伺其鼻息結其歡心非是則致罷黜曩魯迷亞氏之爲公使也政績不舉加以其妻有醜聞聲望日衰法氏聞而戒之魯不省於是氏更列舉其失政數條登之新報册誌魯

仍不爲動氏大怒著書攻擊俾無容身地法政府遂召還魯氏事得已其權力如此若法公使得氏歡心則賴其輔助可以知中國政府機密可以悉列國交涉關繫故現任公使日拉盧都氏常卑辭求匡不逮云

俄設教會堂一所其規模雄壯遠不逮法然虎踞京城東北隅倬然特立亦不失爲偉觀教堂中有圖書館暨學堂一仿俄國風祈禱誦經咸用俄語其信徒無多而信仰尤篤僧侶持戒亦頗堅固破戒者立逐歸國其出入方內干涉世務雖不如法國老僧然俄人既建教會堂於隣封其所希望略可知也已

美國亦設立二三教堂且興學堂教西學計男女生徒數百名又有病院爲中外人療治傳教士亦非僅說新約而已或屬文投新報册誌論天下時務或立學會治中國歷史不皆遁世人也

英國有二種教堂皆鋭意傳教城內病院攢聚亦屬于教會傳教士多慷慨憂世人常嘆中國萎靡不振忘其身在法界而口談政治理財風俗等事或交相將大

臣或接翰林侍從亦有與言官往來者抵掌論說鴻纖畢舉是雖以宣教爲名實與外交官何異然則中國於此誠不可僧侶視之矣

暹羅王游歷法國　國民新報

暹羅王游歷至英訪求國政民俗及一切製造事載在前三月內外諸新報嗣後遍歷歐洲各國抵法京巴黎府西歷客月十三日法宰相眉令氏拜謁王旅館誓言兩國交情永久不渝翌十四日總統饗王於耶利些殿宴畢與俱觀調兵於聖故烟津訓練塲云

印度兵亂餘聞　時事報

英屬印度土人作亂未曼土人擊平之事見倫敦電報先是印人之舉兵也士精器銳軍氣大振英軍不能支阿富汗斯坦國尤猖獗比之後來内訌不啻兵勢十倍是大可怪也或曰得非俄國指嗾阿富汗斯坦王使彼爲叛徒後援乎嘗聞俄與阿王信扎爲英人所得秘計悉露今見其藉手阿王以潛煽印度前說或不妄

傳昔英國印度政府屢誓阿王不容逾屬地一步且又曰王若食言輔助叛徒則英國毫不假借英國陸師衙門亦咨駐阿通商務官嚴禁由阿國屬地轉運兵器於戰處英之於阿用意如此然阿王外示服從而陰整戎備一若機有可乘者嘻其用心不可曉矣

瓦的麻拉國排斥日人　同上

中部美利加瓦的麻拉國前三月於議院議定排斥日人案頃已施行適日本殖民公司理事草門氏欲購求咖啡草種子由墨西哥赴該國將入境瓦人峻拒登岸嗚呼美洲各國已嚴禁華人入境今又排斥日人何其蔑視黃人之甚人也

美國貿易表　經濟雜誌

自一千八百九十六年七月一號起至一千八百九十七年六月三十號止一年中美國出入口貨總額如左

國名	入口	出口

英吉利	一六七九四七八二〇弗	四七八四四八五九二弗
德意志	一一〇二一〇六一四	一二三七八四四五三
法蘭西	六七六三〇二三一	五六二八七六三一
荷　蘭	一二八二四一二六	五〇三二六一一六
比利時	一四〇八二四一四	三二六〇〇〇二四
意大利	一九〇六七三五三	二一三七七七六一
西班牙	三六三一九七三	一〇八八九六一一
澳斯馬加	八一五八三二八	三七五九七〇〇
丹　麥	三五六三五五	一〇一八九四五三
坎拿大	四〇三〇九三八七	五八四六五〇四三
墨西哥	一八五一一五七二	二二七二六五九六
日　本	二四〇〇九七五六	一三二三二九七〇

中國　二〇四〇三八六二　一一九一六八八八

其種痘新法及拿雖考驗日久至是始一試其技蓋藉以自顯也

后之踐位有非始念所逆料者其父懇脫爲喬其弟三之四子於次不當立時喬其弟四之女郤落克素爲約克公爵所器欲輔立之會郤落克卒無繼統者始喬其弟三之三子克來能刺與公主阿地來特之女皆可嗣位亦早夭議宗支最近者無如維多利亞遂以一弱女繼承大統蓋天啟之矣

一千八百九十年冬公爵懇脫率妻女居雪特毛司地逢河東岸明年春有少年負槍獵鳥過雪特毛司飛彈誤中后保母室貫窗入一彈掠后頂過一彈幾中保母之臂執訊知其無心揮之去

懇脫公爵既居雪特毛司頃之行雪中稍久革履皆漬及抵家以愛女故抱置懷中忘脫履寒氣上攻越日疾大作遂卒嗚虖后於繈褓中竟遭大故亦慘矣懇脫爲人直諒待人厚其自處儉平居樂善不倦凡遇

貧孤撫卹無不至早歲從軍創立新法訓練士卒人人奮勇咸樂効死敢於任事受人所屬未嘗失信雖遘艱鉅不辭或侮其長厚以難事屬皆應命即有笑其愚者不顧也英國有行善會六十二以濟貧困者而懇脫於六十二會咸與執事民皆悅服時人稱之曰民悅公爵以此見德澤之感人深矣及后入纘大統黔黎愛戴未始非懇脫之嘉蔭也

懇脫卒二日其妻與從子利亞怕特女維多利亞自雪特毛司馳歸途次伊鬱莫釋所幸膝下弱女質顯異常兒差足自慰當其自雪特毛司起行也人民皆鞠躬侍道旁致敬時維多利亞在車中舉掌拊輪悲喜交至蓋雖當極憂之境猶不忘以婉容承其母足以知其愷悌可親矣

一千八百二十年正月二十九號后母與子女至倫敦懇心敦王宮是日太子利勤脫適踐王位

后既居懇心敦王宮宮人或指堯克公爵畫像紿之曰是而父也須臾

堯克公爵來唁道安慰語后見之展兩肘亦求保抱意如是者數四堯克公爵心動相對嘆息卽舉以入懷垂淚道之曰兒視吾如父吾當視兒如子也拭涕慰后母曰無憂也如是者又數四時后母仰首慟哭后嗁於堯克公爵懷中啼已復笑宮人皆相視惻怛云

后一歲餘能安坐搖籃中腰間束闊帶以帶繫籃時后母已爲陳說故事俾開智慧

后有從姊非亞獨齒稍長常喜挈后入己籃中相與嬉戲后亦樂從

后年未二歲知學語人有與言者無長幼皆答以吉語且以手按鼻作歡喜狀以故人無不憐而愛之者

后鉅目碧瞳髮黃細相者知其當貴

一日后隨母乘小馬車游宮垣外花園命童子駕車方馳騁一犬臘馬腹過馬驚躍童子不能控車遂覆后母乘覆車時躍下得無恙后則仆

埃中幾爲馬蹂踐后母惶急欲趨救突有一人扶后起從容授后母詢之則走卒麥落納也令隨入宮賜金錢奬其功后由是更名特立脫寓更生意至今英人猶嘖嘖稱麥落納云按此節爲史書所未載曾於新聞紙中見之故錄入

有惠連惠而盤福司者后之故舊也道后孩提時佚事甚詳謂后少節儉嘗於一千八百二十年六月二十一號致書海納馬押詳論其事云某日清晨后母以事召余入王宮既至忻然起迓坐談甚歡見后侍側姁姁可愛陳弄物爲嬉戲時目余若以余亦可把玩者是可異矣惠連又云后母以篤愛其女故誓躬自教育且曰兒襁褓遭大故我亦盛年喪偶煢煢孤苦悲痛無可道所志者兒讀書成學冀他日樹盛業耳嗚虖斯誠可以母吾后矣

后母之教坐卧飲食皆有定時其衛生如此性好淡泊雖居王宮奉養與家人不異八點鐘早餐餐牛乳麪包氷果之屬后倚几近其母既食

偕公主非亞獨詒伯爵妻呂愼所習讀書逾刻晷即出游息自十點鐘至十二點鐘歸聆母箴訓後即至陳設玩具所游覽乳母白落克人呼爲白篇者爲之料量二點鐘共母午餐四點鐘仍讀讀竟任意游息或騎行或散步無定也每値良宵月皎隨母坐草地娛樂晚餐後始寢

后四浹歲英皇喬其第四致賀遺以己畫像一具邊飾鑽石琦麗無儔並讌后母於宮其恩寵渥矣

后五歲議院出傳單定后讀書經費由國家每歲發給金錢六千磅交后母賚領后母遂求良師於各大教堂延牧師喬其代維司及主教彼得薄羅會同訓教且謂曰聖經當日諷誦他文學事惟牧師主之后固敏慧復專志向學學遂日進無何聞傳統之議后母欲更求牧師知名者教之未敢語喬其代維司代維司微聞之曰苟得良師異時當成學爲明主豈可因余故遲疑耶后母乃延某爵爲正教呂愼爲助教代維

譯書公會排印

司旋遷郤司托會長去后既得師從學六年遂博通羣籍自英國文法外涉及英法文字稍稍誦習意大利臘丁語言遂能讀浮及耳花來司等書復習希臘文字而算學格致樂器繪圖皆嫺習之矣

后自讀書後好樂律尤喜與同齒者居以畫戲樂后母乃雇童子立拉與游立拉者能效優人舞解彈琴年與后若故致之一日立拉方操琴酣音均高逸后母自窗隙窺后見其坐立拉側默不語靜氣以聽若意往神移者不欲敗后興因趨去俄復視后則曲已終見與立拉坐廚上其前陳玩物相娛樂隱立拉貧家子至此幸矣

后於學問不沾沾言語文字間苟有所聞見皆別有悟嘗隨其叔利亞帕特至克拉綱脫花會因講論種植之理凡卉木若何灌溉若何剪裁若何播種若何培養若何致繁盛若何致萎落罔不精究其叔因以植物書授讀后凝思無間久之遂窮格致學蓋自門廡窺堂奧云其遂書

耳發耳之戰以至出師征俄專欲在歐洲禁阻英人各貨入口以奪其威權離散其兵艘與之絕交豈知英貨仍由中歐洲而入俄境銷售以爲不勝俄無以服英遂不顧同洲之誼決意向俄開戰矣

然大俄地廣人多自揣竭法國之民力尚難取勝於是求助於奥普及交好各國逼勒抑配强使從軍經過前歲出師之路昔之民人拜伏郊迎壺漿恐後者今則遭此虐待人人切齒籲天以祝太平而法民亦竊竊私議禍自此起矣

英國籌防法之費共借國債三百密令司脱令（即英金三百兆）法則不借一佛郎以嚴法召募擴充軍勢分五萬人爲一大隊以大艘運赴海島禁其逃散俟操練純熟用以遠征法之將帥富貴已極懷安思歸不願再履行陣聞皇之謀各深憂懼

自尼門至物司丟賴一路緊要砲臺雖有法兵駐守然難節節設防從

行諸名將如軋羅串地賽克司生鉄酸藩台姆耨兕華司鉄凹聚魯謀來鉄雖知新軍兵精糧足然千里蕭條無所憑依非如內地村邑聯續可購軍食并資運送也驚懼益甚僉謂此年幼無知之科西嘉統領將因窮途乏食坐致困斃回溯從前安富尊榮之法皇其后美而立羅衣司旁侍當大衆中分散鉅財譬如大畫二幀並懸於特來司登城以之相比今昔勢異有若天淵至七月間皇獨乘民車夜呼梯胡鑾利司城門而入則枯寂如鬼矣

當鴨克鉄姆未戰之先有十四國之王共覲法皇於安·他呢斯行宮戰兢若奉天帝其在特來司登時自派以利你司至卡配梯恩斯一路中之各親王皆奉戴維勤而奥王普王薩克生耐王意大利總督及歐洲名公侯將帥均列麾下敬聽驅策協助征俄歷稽公牘知法皇心思靈敏力勝繁劇以遠攻強敵能得各國協助之益而覬制其君與民之離

心然先見之士睹其趾高氣揚而知大禍之在其後矣

計征俄之兵過尼門河删汰老弱得數過半密令之多（即五十萬）分爲十一大軍另馬軍四大隊另有奧兵三萬二千共得壯士六十萬內法人僅得三分之一携大砲一千二百尊俄王徵兵二十一萬五千作三軍以禦敵復由突厥邊地莫而達維恩增募四萬人爲第四軍

法皇於六月十二號由考夫拿抵尼門河並無俄兵防守兩國猶未交鋒設俄皇此時尤法封禁英貨入口即可息戰議和奈俄意不從戰事遂决法皇恃其軍勢浩大猛將如雲氣吞全俄行抵黎修安尼牙之抛里司省各國之師來會然俄人夙昔奉教咸懷忠義又以自衛鄉里衆志愈固惜俄王算有遺策提督等素無威聲不習行陣徵調遲緩起事之始已失機宜又互相猜忌軍政益紊法皇乃出秘計聲言攻伏而希尼阿兼通斯摹稜斯科之路俄軍分兵應之法皇遂以全軍擣其中權

俄兵勢渙徵調不及計無所出未見法軍旌旗俄提督已退駐斯摹稜斯科俄人或反詞以誚之曰是殆將誘法人入俄廣漠之地聚而殲旃耶法皇廣布至捷之方略衝截俄軍勢如破竹俄既潰國人復名其帥詈之曰敗克雷特他雷俄帥名抑係奉威林吞之兵法全師謹慎退回耶法皇於六月二十八號進駐惠而那至七月十六號其何時移兵及交戰日期皆不可考定策布置杜威那河上游或在威脫隗斯科鴉乂數處之路初與俄兵接戰大勝之幸未乘勝再由尼潘進發否則更蹈奇險

其駐惠而那時均見種種極險之象意欲議和倘不參游移昏昧之見而盡力攻俄可顯其非常之明智惟因毫無定見決此日之和戰以此躊躇銳氣墮矣

前年各國同盟之王曾在波蘭攻奪瓜分其土地財物今法皇概斥爲

恃使法能備知此法英德統兵員弁必自知才絀望風披靡英祚從此斬矣由後觀之威林吞亦自驕詫何他人遇敵退縮也（此譏他人不敢敵拿破侖也）威林吞既由勃立門旋英屯軍華雷（倫敦西）即乞假歸阿爾蘭蓋或譏其辦事未周受小國覊縻故憤懣還兵柄於是致書阿爾蘭提督堪姆騰顧任麾下文職其詞曰余欲更易文職知公亦駭怪其實非也聞麾下武職已盈公亦無從位置耳書上提督許之未行是年秋又率所部征西印度羣島法人通商地即自華雷船行至司疋海特（英吉利海口）以第三十三隊廢弛遂留駐浦耳（司疋海特鄰近）閱數月復令率所部赴印度一千七百九十七年二月抵下爾克脫（印京城泰西新史攬要作卡爾咳脫）旋受知於印度總統强沙阿委充統領至未尼拉（奥洲地）征叛黨軍械備具乘艦駛抵潘酒（小島在暹羅旁）突接印函令歸蓋印人畏縮恐生事波及其國也威林吞却回下爾克脫一千七百九十八年春謁馬特拉司（印海岸）王爵總督翟拔脫閱兩日其長兄冒

甯敦招總統强沙阿赴梅沙（印省攬要作梅瑣）會議要事蓋是處哈哀特哀立之子惕帕沙而敦（攬要作踢破）藉父凶燄謀欲叛英已潛結法人助攻印度南省故急召總統謀戢此亂也規畫既定以解散叛黨爲第一義招撫土人捏才姆並於各署整飭英國治權誘法人知名者入己隊中所籌兩策均收成效捏才姆亦與治印諸員矢誓是年盡逐法員歸國計辦理此事英員協力者凡六千人方是時威林吞已率所部由卞爾克脫至馬特拉司矣既至即與王爵克拉愛夫提督哈來司會議欲以巨砲攻沙靈軋潘泰姆（印地）時總統以辦理惕帕沙而敦事論功擢赴赤道下蓋由威廉姆砲台調至聖喬治砲臺云

嘉迺惕克（印省攬要作家拿梯）之駐守英兵亦調赴物而拉時一千七百九十九年春也二月十一號行抵沙靈軋潘泰姆一禮拜後與哈特來白脫（印省攬要作臨當喇叭）兵會合此軍故助英員者其勇往與捏才姆馬兵等時威林

七百五十三年　暴納非斯之卒

七百五十四年　味塞於盤福德之戰復自主之權

七百五十六年　諾東北蘭之以德盤忒取愛爾克羅德地方

七百五十八年　奧法王於墨爾削（卒於七百九十六年）

七百七十五年　奧法征服根的人於過忒福德地方

七百七十九年　奧法戰敗西賽克生人於辦新呑地方

七百八十六年　奧法立比過忒立克爲味塞王

七百八十七年　奧法立總主教管轄之地於立去非而德　丹人在英吉利初次上岸

七百九十六年　散華爾夫王於墨而削（卒於八百二十一年）

八百零二年　以格伯爲味塞之王（卒於八百三十九年）

八百零三年　散華爾夫壓服力去非爾德總主教所轄之地

八百零八年　大查爾斯復歐華爾夫位於諾東北蘭

八百十五年　以格伯征服西威爾士人於太麥地方

八百二十一年　墨爾削自相爭戰

八百二十五年　以格伯戰敗墨爾削人於愛蘭滕地方　以格伯管轄泰姆士江南之英倫　東恩華里亞叛墨爾削

八百二十七年　墨爾削爲東恩華里亞人戰敗

八百二十八年　墨爾削與諾東北蘭降於以格伯　以格伯統治全英　以格伯侵伐威爾士

八百三十七年　以格伯戰敗丹人於顯其斯推斯滕

八百三十九年　以惕無王於味塞卒於八百五十八年

八百四十九年　亞弗勒生

八百五十一年　丹人戰敗於愛克里亞

八百五十三年　亞弗勒使於羅馬

八百五十五年　以惕無至羅馬

八百五十七年　以忒保王於味塞（卒於八百六十年）

八百六十年　以忒伯王於味塞（卒於八百六十六年）

八百六十六年　以忒力王於味塞（卒於八百七十一年）

八百六十七年　丹人戰勝諾東北蘭

八百六十八年　與丹人立諾頂哈姆之和約

八百七十年　丹人戰勝東恩革里而居之

八百七十一年　丹人侵伐味塞　亞弗勒王於味塞（卒於九百零一年）

八百七十四年　丹人戰勝墨爾削

八百七十六年　丹人居於諾東北蘭

八百七十七年　亞弗勒戰敗丹人於以斯德

譯書公會排印

八百七十八年　丹人全攻味塞　亞弗勒戰勝於以坦敦　威德麥
亞之約和

八百八十三年　亞弗勒遣使臣於羅馬及印度

八百八十六年　亞弗勒取倫敦城復整固之

八百九十三年　丹人復見於泰姆士江及根的地方

八百九十四年　亞弗勒於味塞逐哈斯頂

八百九十五年　哈斯頂侵伐墨爾削

八百九十六年　亞弗勒於厄塞逐丹人

八百九十七年　哈斯頂去英國　亞弗勒設兵船

九百零一年　義德瓦第一卒於九百二十五年

九百十二年　比人居於諾曼的

九百十八三年　以忒弗戰勝丹人之墨爾削

九百二十一年　義德瓦征服東恩華里亞及阨塞

九百二十四年　諾東北蘭蘇格蘭斯忒雷忒克拉德共認義德華爲君

九百二十五年　亞梯斯丹卒於九百四十年

九百二十六年　亞梯斯丹自以斯德逐威爾士人

九百三十四年　亞梯斯丹率師侵蘇格蘭

九百三十七年　勃羅南盤戰勝之事

九百四十年　以德門第一卒於九百四十六年

九百四十三年　敦斯丹爲格蘭斯敦盤雷教院之長

九百四十五年　許以更北蘭與蘇格蘭君墨爾根

九百四十六年　以德勒卒於九百五十五年

九百五十四年　以德勒改諾東北蘭爲侯爵轄地

九百五十五年　以德維卒於九百五十九年

九百五十六年　敦斯丹以罪被遣

九百五十七年　墨爾削人從以特加叛

九百五十八年　以特加卒於九百七十五年

九百五十九年　敦斯丹爲干德不力總主教

九百七十五年　義德瓦第二卒於九百七十八年

九百七十八年　以慯勒第二卒於一千零十六年

九百八十七年 一千零四十年　福爾克地勃來克爲安如伯爵

九百九十四年　瑞尼來侵

一千零零二年　丹人被戮

一千零零三年　瑞尼掠味塞

一千零十二年　總主教以弗曰被殺

一千零十三年　全英降於瑞尼　以惕勒奔諾曼的

一千零十六年　以德門第二立七月而死

英爲他國之君轄治（一千零十六年至一千二百零四年）

一千零十六年　加紐的立卒於一千零三十五年

一千零二十年　高的温爲味塞侯爵

一千零二十七年　加紐的至羅馬　諾曼的維廉生

一千零三十五年　哈羅德與哈的加紐分英國

一千零三十七年　哈羅德立卒於一千零四十年

一千零四十年　哈的加紐立卒於一千零四十二年

一千零四十年一千零六十年　若弗力麥推爾爲安如伯爵

一千零四十二年　義德瓦第三卒於一千零六十六年

一千零四十五年　藍弗朗在培克

譯書公會排印

一千零四十七年　維廉戰勝於維來斯滕斯

一千零五十一年　高的溫以罪被遣　諾曼的維廉親覘英國

一千零五十二年　高的溫還國

一千零五十三年　高的溫卒　哈羅德爲西賽克生司侯爵

一千零五十四年　維廉戰勝於邈忒墨

一千零五十五年　哈羅德初用師於威爾士

一千零五十四年至一千零六十年　諾曼戰勝南以大利

一千零五十八年　維廉戰勝於大維

一千零六十年　諾曼率師侵西西里

一千零六十三年　哈羅德戰勝威爾士

一千零六十六年　哈羅德立　哈羅德戰勝於斯坦密福德橋　哈羅德戰敗於哈斯頂斯　諾曼維廉立卒於一千

於嘉才唵槐齊才埃 CATHE.NAND WAY THLTHEAR（嘉才譯言中國槐惕齊埃所通之道路也）書之首而臘愛朵芬亦著一書名釆那 CHINA 仍取臺維司先生之意以擴充其說其書之後半部專講發明中學不嫌詳晰此二書內中意義深長倘概行講解未免過於煩瑣故此書僅將一切最關緊要有益之事記載備覽泰西各國其初知有此中國者在西歷一百五十年時彼時有地師托勒密者講究地輿之學精於馬利納司所著之書因此書有提及中國之事其時西人稱中國謂之聽此時之先波斯國即知有孔子之地并知該地出有極好之蠶絲此皆從波斯國古史中查出蓋從前該國與中國戰爭暨遣使之事波斯國史中甚詳並極稱中國國政人民之權勢以及土產之富饒即據現在以觀尚未至全臻衰弱並考知經傳內伊塞阿稱華夏之地爲西甯西人稱中國爲釆納又古稱爲刹衰那或稱塔衰那或稱儍衰那其音韻拼法雖變易不同其實均指中國

譯書公會排印

之地而言也稱謂之别今時仍復常有查古史云塔哀那城在極東約與西安遠近相仿然亦殊難憑信此一大城前在亞細亞洲中境貿易之西人較之以後著書之人早經知悉彼時又稱中國爲西爾利司此稱較前所稱之儍哀那之前凡臘丁國記載之士均專稱中國爲西爾利司因中國與臘丁其時已有絲貨往來交易也查西爾利司及儍哀那之稱無非均指中國而言惟西爾利司則專指中國北地米拉以爲其國間於印度及西鐵安之中托勒密稱中國曰西利司稱其都城曰西爾臘又通稱之曰西尼猶中國考據地理之士不知不列顛英吉利同爲英國也托勒密云自波斯至拔克脱利阿以抵西爾臘道阻且長須歷高山峻嶺危險之途計其程幾及一年托勒密之外更有潑立尼講者求西爾利司之事直至極司明尼安治世之時始止此兩人專一講求西爾利司之事以爲後學津梁俞爾游戎所記中國之事均在羅

於嘉才唵槐齊才埃書之首而臘愛枲芬亦著一書名采那仍取臺維司之意以擴充其說其書後半專明中學不嫌詳晰此二書意義深長倘概行講解未免過於煩瑣故此書僅將要事記載備覽泰西各國其初知有中國者在西歷一百五十年時彼時有地師托勒密精於馬利納司所著之書因此書言及中國其時西人稱中國曰聽此時之先波斯國卽知有孔子之地并知該地出有極好蠶絲此皆從波斯國古史中查出蓋從前該國與中國戰爭暨遣使之事波斯國史甚詳並極稱中國國政人民之權勢以及土產之富饒卽據現在以觀尚未至全臻衰弱並考知經傳內伊塞阿稱華夏之地爲西寗西人稱中國爲采納又古稱爲剎衰那或稱塔衰那或稱傻衰那其音韻拼法雖變易不同其實均指中國之地而言也稱謂之別今時仍復常有查古史云塔衰那城在極東約與西安相近然亦殊難憑信此一大城前在亞細亞洲

貿易之西人較以後著書之人先知其詳彼時又稱中國爲西爾利司此稱更前於僾哀那凡臘丁國記載之士均專稱中國爲西爾利司因中國與臘丁其時已以絲相貿易也查西爾利司及僾哀那之稱雖均指中國惟西爾利司則專指中國北部米拉以爲其國介印度及西鐵安間托勒密稱中國曰西利司稱其都城曰西爾臘又通稱之曰西尼猶中國考據地理之士不知不列顛英吉利同爲英國也托勒密云自波斯至拔克脫利阿以抵西爾臘道阻且長須歷高山峻嶺危險之途計程幾及一年托勒密外更有潑立尼者講求西爾利司事直至極司明尼安治世之時始止此兩人專考華事以爲後學津梁俞爾游戎所記均在羅馬國書中云西爾利司係廣大蕃庶之國東至於大洋以地球不能居人爲限西至於伊毛司及拔克脫利阿國人均知教化故其性情温厚公正而節儉與其隣居絶少爭競恥與人交易然亦售賣土

爾以生絲爲大宗又有絹裘精鐵云云托勒密又云羅馬國康司丹丁拿潑而之著書人不能將東方各國地名互相推究至確切不移嘗與中國地學之士蕭季漁於一千八百四十七年在福州著書不能將羅特司及合衆國之羅特島分别解明此可見辨别地名實非易事也希臘及羅馬波斯等國著書者所記中國人地之名能大致相同者無幾考托勒密所云石塔其名與塔虛根義同其鎭市仍爲貿易之區有埠曰鉛牴甘蘭該埠在梅南或稱湄江或稱珠江商人在該埠與土人以器物相易此地地與陝西之華人兩不相涉因陝西即托勒密所稱西爾利司是也查鉛牴甘蘭約近廣東因查史載漢桓帝朝一百四十七年至一百六十八年時天竺即印度大秦即羅馬埃及或亞喇伯以及各國由南海入貢廣東與外國通商自此始當東漢時外國由鉛都盧荒支及南方各國來者甚夥最近祗須十日至遠則須五月至邊疆事中

譯書公會排印

國漢史稱漢代武帝時卽西歷耶穌降生前一百四十年至八十六年時與月支國通使月支亦名祁氏是時在拔克脫利阿城驅逐希臘國君臣而遷居哇克剎司江北以拒哼司西歷耶穌降生前一百三十五年漢武帝遣張騫至月支在途爲哼司（按哼司即匈奴之轉音漢書張騫傳騫以郎應募使月氏與堂邑氏奴甘父俱出隴西徑匈奴匈奴得之傳詣單于單于曰月氏在吾北漢何以得往使吾欲使越漢肯聽我乎留騫十餘歲予妻有子然持漢節騫不失居匈奴西騫因與屬亡鄉月氏西走數十日至大宛）所執羈禁十載嗣與其從人逃至大宛亦名否甘那自此得抵月支之南而奉使之事未能遂意於是潛從西藏還國又爲哼司所獲歷十有三年始得歸抵長安以告於朝此爲葡萄樹入中國之始疑卽張騫所攜歸也特奇納司記廣東通商事云馬克司哇來利司皇於西歷一百六十六年時遣使由東京或廣東之南入中國哇來利司皇中國謂之爲安東臘丁脫臘祥皇朝約在安東遣使前五十年有著書之士弗老勒司誇稱羅馬國皇哇甘司得司奇功偉績權力蓋天

譯書公會報刊誤

第二册

西報彙譯　第二頁十五行英女學堂註內懸卒二字應互易　又第三頁第五行助印誤卽

東報彙譯　第四頁十三行榮悴誤焠

交涉紀事本末原序　第一頁第五行賾誤頤　第二頁第七行各字下遺立字

東遊隨筆第五頁　第七行謙誤兼　又第七頁十三行緐誤毓　又第八頁十九行敦請誤淸

本公會各省售報處

上海棋盤街醉六堂書坊
上海拋球場愼記書莊
上海棋盤街文瑞樓書坊
蘇州文瑞樓書坊
蘇州西門富郎中巷祝君聽桐
常州娑羅巷袁公館本公會分局
杭州羊壩頭黃君海珊
杭州太平門東街求是書院
甯波奎元堂書坊鮑君明存
安慶省城撫署顧君麟卿
蕪湖關道署顧君石仲 季欽
湖北省城三佛閣武備學堂楊君佑之
福建馬尾船政局華君秉輝 張君漢騫
湖南省城青石橋天成豐錢號
廣東省城督署杜君子撝
天津杏花村武備學堂孫君筱垞
天津電報官局張君小松
京都電報總局
京都琉璃廠中西學堂
江西南昌電報局
九江招商局史君錫之
山西省城水巷惲公館

光緒二十三年十月二十一日
西歷一千八百九十七年十一月十五號

譯書公會報

第四册

每册價銀
壹角五分

館設上海中泥城橋
西首新馬路昌壽里

譯書公會報第四册目録

秀水張國珍
歸安胡惟志　同譯

日人太傲 以下英報

香港報 西九月廿九號

日人與中國開戰以來趾高氣揚其報館虛張聲勢日益驕妄彼亦自知誇耀於人者實逾其分量也和字新聞報曾著一論極言其國勢驟張外强中乾眞藥石之言也其言曰今日本名望天下知之矣然究其實征服高麗之權已爲他人掣肘則戰勝之功效幾已失盡與中國所立條約凡一切利益他國一體均沾其在歐洲法國訂約恐難踐言奥國多方爲難美國額外徵稅檀香島掉頭而去日人又失利益蕞爾小島且岸然不顧遑論其他卽如台灣並未顯出實在征服情形卽台人何嘗傾心向化至於國家錢法莫衷一是各廠製造無力中止此實情也皆其本報言之也由此觀之日本首宜審度自己權力然後猛圖上進若甫能成步遽爾狂奔吾恐其蹶也西人願與之往來若日本謙抑下人而人方信之重之且加敬焉而日人驕形於色遂令外人離心卽如日本絲貨出口有回稅可收一

事其意取媚商人實是壟斷宜其不滿意於法人也奧本欲與日本立約現兩國觀望是日本之不能取信於人也夫信之一字有如草然毀之易培之難今日本叵測若是而美國與島國又焉得不疑爾乎且日人之散布於島國也其數較多於他國坐是美國辦理檀香島事不如昔日倘日人按步就班不懷疑貳則美之待檀香島不必若是之大費周章也日人戰勝後誠宜多方自衛欲鍊水師以圖自强亦固其所欲他人知其進步之速亦不失爲公道但可以傲中國而不可以傲他國欲步他國莫如力學國家錢幣亟宜整頓其他要政不勝枚舉至台灣若何布置姑舍弗論若欲開釁他國更不待言已日人果聞諍言惟有勸其安分聊固疆圉而已

俄日違言

華洋通商報 西十月二十九號

傳聞俄日近有違言昔日之謀高麗也俄戒日不得稍犯高麗自主之權所以恪遵馬關所定之約也現日在芝蘇浦及別海口設立巡捕房將爭管轄船隻之權

且造許多兵房兵在平陽登岸墨斯哥訪事人云今俄報大聲疾呼謂日在高麗如此擅權誓不下之由此觀之俄人並非張大其詞高麗兵現請俄人訓鍊俄人至高麗教戰者已有十三人其三人是俄實官其十人是俄散員下月俄又將在高麗開辦銀行推廣利源總之俄沾高麗利益不在日本之後他日功效且觀其成

俄人叵測　同上

又聞俄人名安勒克暨夫今已在高麗掌理銀錢事務即接英人梅克維勃郎之職此確音也英美各國人紛紛告退者悉俄人承其乏益見俄之圖高麗既漸且速必欲其託宇下而後已諳東方全局者觀之若非英國與日本聯絡以遏俄人侵犯之意高事將不可問已若英日聯為唇齒美國必肯助一臂之力並聞俄人力撓各國報館之在高麗者恐洩其秘也

日本辦理台灣章程　日本日日報 西十月二十六號

日本辦理臺灣章程昨已出示曉諭所有各款開列於左

一設一總督管理台灣澎湖一切事宜

二該總督官銜譯曰錫林或揀自水師提督或將軍或下一級者任其職

三該總督統帶水陸各營兼掌各政務而爲日本首相節制

四凡遇保護海疆及調兵事宜該總督仍聽命於水陸師總統訓鍊兵卒仍聽命於鍊兵大臣

五該總督有出示曉諭之權至於懲罰監禁不得過一年罰款不得過二百元

六該總督所管地方須竭力保守

七凡遇不得已用兵保護地方該總督可以發令但必須立即知照首相及水陸師總統與水師陸師統帶

八該總督有事請旨須遵一千八百九十六年三月所定第六十三章第二第三節例由首相代爲奏明倘遇意外事便宜行事不在此例

九該總督有權派駐防兵統帶及不論何等兵官辦理該兵所駐之地事宜

十倘該地方官及各局總辦所發告示有害衆人利益及逾分内之權該總督可將所發告示暫且停止或竟註銷

十一臺灣所有官員均歸該總督節制惟遇文官有沙甯職銜者之事須候首相代爲奏明方可准行

十二該總督可以保舉有沙甯職銜之文官但須首相奏明方可准行

十三該總督於一切官員均有責懲之權惟有恪可林職銜及沙甯職銜者不在此例須候首相請旨施行

十四該總督隨員四人武員副將參將各一人文員有沙甯職銜者二人

十五管理台灣事務分爲兩處一政務所一銀錢所其餘水陸各軍另給章程辦理

十六政務所專辦庶務及刑律事

十七銀錢所專辦銀錢事務

十八政務所銀錢所事宜由該總督準情辦理准其便宜行事

十九台灣需用人員政務所總辦銀錢所總辦工務局員機器司譯員工頭通事

二十政務所總辦銀錢所總辦須有恪可林職銜者各司其職而由該總督節制

二十一文案處至多用十八人或有恪可林或有沙甯職銜者幫辦政務所銀錢所及不論何事皆由該總督及兩總辦分派

二十二工務局員二人或有恪可林或有沙甯職銜者管理庶務或不論何局須由政務所總辦分派

二十三機器司有沙甯職銜者辦理一切機器事宜不得過二十人

二十四譯員二人一須有沙甯職銜者專理繙譯傳話事須恪守上司之命

二十五機匠及通事有沙甯職銜者辦理機器及傳話等事不得過三百人

二十六此項章程由一千八百九十七年十月一號施行

二十七此項章程施行之後凡一千八百八十九年第八十八次及第九十次

上諭所有管理台灣政務戰務工務之旨一概收回成命

美國在東方商務

倫敦中國報 西九月二十四號

美國製造師某在東方有年熟諳美國商務之在中國與日本者言中國在一千八百九十六年銷美貨值洋六兆九十二萬一千九百三十三元一年間驟增至十一兆九十二萬四千四百三十三元同時日本銷美貨計其值自七兆六十八萬九千六百八十五元增至十三兆二十五萬五千三百四十元以中國計之一年中增至一百分中之七十三分以日本計之一年中增至一百分中之七十二分美之經營東方商務也盡心焉耳矣各國無有出其右者矣但美出口貨至西班牙一帶竟有減無增也上海英總領事造報册言自一千八百九十五年後各

國商務大率增至一百分中之六十八分英不能與之同步然總計上海進口貨英居百分中之七十九分其餘二十一分英與別國均攤而已英之把持商務亦云至矣而美日與之力爭現中日兩國風氣大開製造日出以上海而論宛然成一極大製造城市煙囱突兀高出雲霄車聲雷鳴晝夜不絕土貨日增洋貨日滯此必然之勢也必須別開生面令彼國不能出我之上則商務方有起色雖然就使中日商務蒸蒸日上而美國進步迅速後望正未有艾若非洞究中日商務實情不能言之鑿鑿也

慈谿　胡濬謀譯

食烟消數

萬物新理報

歐洲報載統計歐羅巴食烟消數每歲每人約需烟二磅又四分之一在荷蘭國每人牽計七磅奧國三磅又十分之八丹國三磅又十分之七瑞士國三磅又十分之三比利時國三磅又十分之二德國三磅哪威國二磅又十分之三法國二

磅又十分之一瑞典國約二磅西班牙國一磅又十分之七英蘇阿三國一磅又百分之三十四意大利國一磅又百分之二十五俄國一磅又十分之二在美國之牽數惟減於荷蘭較歐洲餘國則更大每人約計四磅半

製樟腦法　同上

某報云日本所製樟腦其法將樟樹斫下劈成小片置鉛桶或大鐵甑內貯水至半以緩火蒸之其汽漸由桶底空處上升木片受熱而生油與樟腦桶上有緊蓋此蓋上并有竹管接連他桶其結尾一桶分開上下二格中有小隙使水與油可流至下格上格鋪以禾稈能使樟腦於受冷凝結時不致下漏後將樟腦與禾稈分開裝成木桶卽可出售至於樟油土人用以爲燃火等用云

氣中微蟲　同上

十九世報云房室空氣中常有微生蟲此蟲不可目視必照以極精顯微鏡乃可見其多少視室中居人之多少人愈多則氣中微生蟲亦愈多蟲至極多可擾使

空氣不清此事曾在王家大會中考驗有據因當會中人初集時其法倫海寒暑表升至六十七度取兩格倫一格倫約十磅空氣細加考驗其中已有微生蟲三百二十六迨人之來者愈多寒暑表升至七十二度此時微生蟲增至四百三十二之多明早人散室空再考室中空氣祇存一百三十然平時考驗空氣中微生蟲祇有四十至六十今有一百三十其爲隔夕人氣所餘可知此蟲性毒往往使人致病故居室者宜常洞開牖戶通清氣而去濁氣

救急便醫　　史梯爾所著身理學

人身猝被火焚宜急速卧地翻滚隨取氈毯衣服等物卷於身上不使空氣中養氣助火之焰一面取水澆身澆至衣上火息熱退即止弗澆將人移至和暖室中安於大餐桌上如無大餐桌用方桌拼長急速用快刀或快剪除去火焚水濕衣服火傷處宜用柔軟之布拭香油或温水用食鹽湯和者洗過乃用加布力克酸膏紮傅傷處外再用乾布包裹妥貼然後將病人移置牀上蓋暖所紮處勿遽除去待傷處發

硬起紅乃層層除去仍速用前法傅紮傷小處但澆冷水止痛乃用香油膏傅貼刀破血脈管速延醫生倘血流不多速用冷水止血立將水迹揩乾將傷處皮膚收合用象皮膏貼上外用布紮妥待數日後方可除去更宜常用冷水傅浸勿使發熱倘有膿則用溫水并橄欖油及鈉所做之肥皂洗淨紐約吳醫生言人受刀傷一時不得傷醫最要將傷處收合用布緊紮倘流而不止如非出自血脈管中第一用平常熱度溫水洗淨每升(英量)水中宜加汞綠二五釐或加布力克酸一茶匙半倘用此酸宜加各里司里尼(即藥房所賣洋密)兩調羮以阻其發熱起紅如家中無此等藥則在水中加四調羮硼養三(即硼砂)洗傷處將傷處收合用摺合方棉布或竹布速即用力壓緊紮好此布亦須在硼養三水中浸透倘流血太多用海絨浸於百滾水中襯乾布絞乾乘熱速加傷處如此法不驗則用冷水或在冷水中絞出之布安於傷處倘大廻血管或血脈管受傷血湧立即壓住此可用象皮管紮緊於臂肘之上膝蓋之上脈動處(四肢最易受刀傷故就臂膝言)使身中血不再流至傷處乃用

生蘋菓或石塊置巾帕中摺如闊扁帶式以石塊隱凸處安於迴血管跳動處將巾帕圍轉鬆鬆扣住更用棒貫入巾中捩緊待血止而已

鼻衄無甚害且略有益或欲阻止之人但仰坐用大指食指按住鼻管或用大指將嘴唇掀至鼻管按住用冰或雪球或冷水浸布置頰骨後

吳縣　沈晉熙譯

俄人滿洲

倫敦中國報西十月八號

前月三十號接俄京路透信云俄人刻有往滿洲者極欲助成滿洲鐵路以收東方利益又因是處華人仇視俄人時出刦掠故俄政府派壯兵一隊計六百人滿載槍砲駐守於俄滿交界之拋而推開峽以資保護

本月六號又接俄京路透信云俄政府於滿洲鐵路擬北自呼蘭城起點經混同江南至伯都訥城止或謂以伯都訥爲中紐至辦理斯路之人則須由俄臘狄華司討克調往云

日本推廣海軍

倫敦中國報 西十月八號

日人振興海軍添購戰艦不遺餘力在英愛爾司彙克名廠定製五艘一爲頭等鐵甲其載力能過一萬五千墩次等者三艘其二艘已下水其一艘亦將告成此三艦係鐵甲中之小者載力不過九千墩其第五號亦係次等鐵甲名曰坦開殺閣下水已久惟機器未完因是處機匠擾事故致遲誤又於泰晤士名廠及克拉特之湯姆昇船廠各定頭號鐵甲一艘計一時亦未能告竣除此鐵甲外復於討耐克落夫脫及涯羅兩廠中各定水雷船四艘於德國定上等鐵甲一艘略似愛爾司彙克廠之次等艦能容九千墩者又頭二號水雷船若干於法國亦定鐵甲一艘能容九千墩及水雷船若干惟法國合同尚未訂定也美國定有二號鐵甲二艘其式如坦開殺閣聞彼海軍示諭祗製頭號戰船一艘及頭號鐵甲一艘今夥頤至此未敢深信且意日人亦無此財力也果使是說不虛則日本海軍未可量矣

日本新製富士戰艦

日本日日報 西十一月一號

富士艦於一千八百九十三年九月一號在英泰晤士江名廠定製至一千八百九十六年三月一號告成在勃臘克華爾下水工程浩大計貲約十兆銀圓載力一萬五百墩去年三月在英泰晤士江初次試驗第一日駛六點鐘之久每點鐘能行十諾脫開足機門至快時能行十六諾脫又九百三十七可抵馬力一萬二百匹第二日又試其最快時能行十八諾脫又六百五十五載重時可抵馬力一萬四千一百匹運轉極利其舵最靈旋轉不過十五秒鐘可謂神捷無比矣六月十九號工巳略竣由鐵爾堡船塢中駛出行至司匹海特慶賀英王六十年大會其處兵艦約共有一百八十艘富士下椗於拋志毛何夫海口計半月之久富士船員名塔開罕希者因賽跑得勝受賞英金三磅半於七月一號開往拋脫蘭痕配齊小礮及水雷管等物八月十八號開回本國途中經過各處觀者如堵足壯日本威稜其路程計七十五天途中尙屬平安過別司開海灣時雖遭風雨不致

有虞其載重亦輕因欲渡蘇彝士運河前段壓有水數缸後段署有升起以便淺處易於轉舵其時并拖帶運糧船三艘不過二十下鐘已過運河至乙司梅列亞停泊計每點鐘亦有四五諾脫之速至香港時日人居斯土者欵待甚殷於十月二十四號由香港開回本國過臺灣海頸向耀考塞卡進發此船統帶曰密臘帮帶曰山藤駕駛員曰殺記慕藤醫生曰記末臘管機器曰滔密兒等昨晨七點鐘行抵日本耀考塞卡海口下椗距岸約一英里船中日員照料甚勤當進口時放汽一聲水師人員畢集或乘舢板或乘小輪皆向富士前來又有船員戚友皆由東京及横濱等處來迎故是日横濱火車到埠搭客不下千人艦既停泊任人縱觀滿城懸彩旗以誌盛船員導客勘視各處及機器行動城民公備食物多品賞給各水手午前有遊艇六艘均懸五色綵旗不下百數十人前來欣賞

嘉定　周傳謀譯

中法新彙報　西十月二十三號

琉球島記 以下法報

日本報載琉球事語頗詳悉余嘗往該島游歷八年今撮其要畧叅以蠡見論列如左　島民服式皆從古裝結髮於頂揷以長銅簪偶至東京日人無不屬目視之者島民所欲在通臺灣鐵路於琉球然其民數不逾四十萬貿易亦甚少矣不思商務之不振其關鍵在那伐城之畦鷄那伐耳往游此城氣象榛狉竟與部落無殊且地氣酷熱懍八月某夕道經是處亦不甚凉爽而該島之博物院竟以小天堂視之中有琦器及蚌蛤等稍稍可觀余由該處起程途次頗安逸及入腹地則路徑崎嶇艱於行步游士皆裹足且該島本有數山一旦爆裂蟄火之猛至於如是非樂土也加挂希麥者裒蘇麥王故城也有輪船數號乃啞裒加公司物島民雖間習我國文字而不知繙譯之用因其祗知用日本與裒蘇麥俚語耳日本以琉球之民本其兄弟當戰國時遷居該島故治法皆從古制而島民亦未嘗外視日本也竊思是說相沿既久故人無異議耳果使日琉同種何以二國之民形狀不一耶今亦不必察其膚色辨其世系日本既以琉球歸入版圖他可勿論矣

琉球商務最要者莫如出口麻布其布潔白堅緻當烈暑時日本男女皆喜衣蘇麥布云

中法新彙報 西十月二十六號

奇軒戰艦記

十月二十六號英國奇軒戰艦下水於星那閘安港口初該艦未成有一船名沙篤安諾而者已試用多時其輪翼之力甚大而機器亦鞏固異常冠於英國水師載重至一萬四千噸後又造一項奪華墨大式之船實載重一萬零五百噸則奇軒所取法也是船載重八千三百噸長一百三十三邁當闊十六邁當七吃水壓力七邁當五十船中配用十六生的邁當快砲兩尊一在桅端一在船首砲臺又配定方向之快砲四尊及能轉移方向之快砲三尊另有四十七邁當之快砲十尊在船傍砲臺護以鐵甲並將十六與十四邁當之快砲置其間以扞衛之船中配設機器三座較具比以陸姆船式大三倍而其頭等戰艦有三號其輪翼旋轉一周可行四邁當五十其力之最足者可抵二萬四千匹馬力今奇軒船首右邊

鐵甲及船尾之件與後度搭勃而船式相似但有大烟囱四門小桅杆兩枝云

中法新彙報 西十月二十六號

西江商務

中國粤西各海關册報載本年夏季清册較香港商人尤爲得利但西江口岸新開梧州與三水亦初次登册惟視六月内所列清單已足見梧州之經營商務不遺餘力而洋商之運貨進口者亦日增月盛查六月内往來梧州之洋商三十九人華商二千一百十二人載運之貨分爲洋運土運即民船與海船之别且其價亦廉駛行迅速以故載運貨物較前更盛今有内河小輪船兩艘一艘造自香港一艘造自廣東行駛電白江内以運貨物而華人之運貨與出外遊歷者仍用海船載運但於水路不通之處必用馬負曳然較之他處通商巨埠則亦藐焉無足道矣惟吾輩於口岸初開第一月内已激勸各商務須謹慎貿易若倏然捆載駢集恐被地方官留難反致折閲斯言實爲保利起見今將進口各物經海關税務司亞虛松君開列者逐錄於後各色汗衫布帶皁司布東洋布印度棉紗羊毛布

西班牙布羊毛皮洋麥麪及火油等物查是月進口火油非特不增反較上月減少一萬二千加隆（每一加隆合法國四斤半）蓋未開口岸之前洋商早將火油由廣東運至梧州爲數不少而印度之棉紗及白汗衫爲進口各貨之大宗自印度出口運至中國之貨於六月內運到十一批內計棉紗五百十擔又棉花與羊毛數擔其未開口岸時先有華商運進無數卧具比設關後又運出卧具三百六十三副但運貨出口之商人亦無甚起色今將其出口各物擔數分列於下麻二百七十一擔黑油三十三擔桐油十二擔茶油二十五擔火油三百四十九擔絲繭四十八擔乃所收出口之稅非惟不增反較上年少收香港銀一百七十六萬九千四百零八兩三水出口各貨惟茶葉一項完納關稅約香港銀十九兩而在此貿易之客商則不必論矣如欲明西江商人運貨進口之情形須視華英所訂條約乃得知其大概又馬斯君論北圻通商運道云自博羅及西江則廣西與雲南之洋商皆得相通但華人最喜水運以爲省費而現在西江一路反有窒礙因行船至廣西邊

界有無數釐卡而商務又全在梧州江內除此河運外惟有振興鐵路則轉運便捷而不必取道於北圻且滇商亦可時往香港購置物件將來若能接至香港與梧州則西商之往來於此者其省費多矣又自六月以來諦察梧州商務幸其辦事得力亦由香港英商爲之鼓勵俾人人各得其利然英人亦必不肯以商務全讓中國而身爲居間之牙儈也

日本安藤虎雄譯

日本海軍大學堂章程

國民新報

第一條 海軍大學堂爲教授高等學術於海軍武員而設

第二條 大學堂置各職員 總理 副總理 教頭 教習 主計長

第三條 總理隸屬海軍大臣綜核堂內事務

第四條 副總理承命總理掌理庶務

第五條 教頭承命總理監督教務

第六條 教習承命教頭教授各學課

第七條 主計長承命總理管理一切度支事

第八條 本學堂除第二條所列舉各員外另置判任文官若干員承命上官辦理庶務

第九條 入堂武員一律稱海軍大學堂學生

第十條區別學生爲四等將校科甲種學生　將校科乙種學生　機關科學生

選科學生

第十一條教授將校科甲種學生以高等兵學暨他藝術爲將來充樞要武員及

任高級司令官之用

第十二條教授將校科乙種學生以砲術水雷術航海術諸課

第十三條教授機關學生以關機器一切學術

第十四條選科學生各任意選擇功課而修習之

第十五條將校科甲種學生拔擢才學德行出羣者如下二式　經本學堂學生

銓衡員鑒定海軍大臣命入堂　一官秩至大尉而海上服務過二年

者　一及第招考者

第十六條將校科乙種學生如下三式　海軍大臣命入堂　一官秩至大尉而

海上服務過一年者　一素給廩食使研究砲術水雷術航海術者

一及第招考者

第十七條機關學生如下二式海軍大臣命入堂　一官秩至大機關士而海上服務過一年者若少機關士而兼備才學者　一及第招考者

第十八條選科學生選舉自佐官機關監若大尉而服務三年以上者或大機關士海軍大臣命入堂

第十九條本學堂學生銓衡員將校會議本學堂總理暨海軍大臣協同商議選舉自佐官以上武員特命之員中置員長一名先進將校充之

第二十條入堂招考程式海軍大臣定之

第二十一條學堂畢業者給以證書

第二十二條將校科甲種學生畢業者自證書外更給徽章以表明其及第

第二十三條將校科乙種學生畢業後從其技術所長或入海軍砲術訓練所或入水雷術訓練所更研究奧義

第二十四條學生有不勝其任者總理禀請海軍大臣海軍大臣即行斥退甲種學生之不勝任者先經銓衡員鑒定而後總理禀請海軍大臣

第二十五條學生在學中有進升官秩者仍可留學以俟畢業

第二十六條本學堂定員於別表定之

日增兵艦　大坂朝日報

近來日本所造兵艦計有六艘其訂購英國者鐵甲戰艦一艘命曰朝日載重一萬五千噸馬力一萬四千五百匹一等巡洋艦二艘一曰淺間一曰常磐二艦程度相均載重九千八百五十五噸馬力一萬八千匹其訂購法國者二等巡洋艦一艘命曰吾妻訂購德國者一等巡洋艦一艘命曰八雲載重馬力未詳於本國橫須賀建造者水雷砲艦一艘命曰千窟載重一千二百噸馬力五千匹以上六艦告成日本水師必更有可觀云

俄國新報論日布交涉　大坂朝日報

俄之於日本動挾猜疑揣摩臆測以至疆易違言錯愕不少頃者俄國某新報論日布交涉事曰日本以興亞自任以統一黃色種族爲先務非獨欲蠶食布哇又眈眈於四隣島嶼然則美之先併布哇爲策之最得者美不合布則曰必取之又曰日本窺覦列國殖民地之在亞洲者欲南征比列賓列島北略西伯利亞海岸久矣一旦有可乘之機彼必唾手而起噫俄國新報之不諳亞洲形勢者不亦甚乎

廣布哇人口數

神戶又新報

日本駐布總領事島村氏禀報本國外務衙門云布哇政府以西歷一千八百九十六年九月二十七號勘查闔境人口當時共計十萬九千二十人區別其國籍男女如左

國籍		男	女	合計
布哇	土人	一六三九九	一四六二〇	三一〇一九
	雜種	四二四九	四二三六	八四八五

日本國	一九二一二	五一九五	二四四〇七
中國	一九一六七	二四四九	二一六一六
葡國	八二〇二	六九八九	一五一九一
美國	一九七五	一一一一	三〇八六
英國	一四〇六	八四四	二二五〇
德國	八六六	五六六	一四三二
法國	五六	四五	一〇一
挪威國	二一六	一六二	三七八
南洋羣島	三二一	一三四	四五五
其餘各國	四四八	一五二	六〇〇
總計	七二五一七	三六五〇三	一〇九〇二〇

據前表除布哇土人外占籍最多者惟日本人其次中國人歐美人僅二萬二千

四百三十八人其三分之二係葡萄牙人日與中男數無甚參差女則日本加倍按布國戶口逐年繁殖試以前表比之一千八百九十年二月表實增一萬九千三十人而其中一萬三千九百十人悉是外人流寓云

韓國重用俄人　鎮西日報

俄公使照會朝鮮外務大臣閔種默曰貴國大君主陛下向者爲祝敝國皇帝陛下登極大儀特簡派大使莫斯哥府到俄別勅大使與敝國政府籌商聘用度支顧問一員以監督財政暨海關稅務敝國皇帝陛下即允所請派遣閣員阿歷使夫於前數日駛赴貴國頃已抵漢城賴貴大臣調護爲之介紹且詳示執務程式幸甚　右文意簡明無復疑竇然則朝鮮一切財政竟舉而委之阿歷使夫之手乎雖以顧問名實則以樞軸授之也噫廟堂無人失政接踵維持國祚抑亦難哉

日本預算國用　神戶又新報

日本帝國政府各衙門既勘定明治三十一年預算國用額需度支部衙門之出

欵其尋常出款計一百三十七兆六十五萬六千五百四十四弗異常出款計一百二十一兆十七萬九千五百三十一弗合計二百五十兆八十三萬六千零七十六弗比之本年經費有增無減度支部衙門逐次查定裁減二十八兆六十一萬餘弗合計二百三十兆二十二萬五千六百七十六弗今開列各衙門擬額暨度支部定額如左

尋常出欵	擬額	定額
皇室費	三〇〇〇〇〇〇	三〇〇〇〇〇〇
外務部	二三一三一九六	一八〇二〇四二
內務部	八八三二九四四	七五三七九四七
度支部	四六六五二九五六	四五八九七一四二
陸軍部	三三八五一九三九	三二七五一九六九
海軍部	一二九四八一二七	一一六一七四五六

司法部	四三七六一七七	三九〇〇〇四三
文部	五一五三〇五七	二三四一一四二
農商務部	二三二二二八四	一七二八二六〇
遞信部	一五三二八三九九	一四四二〇八六二
拓殖務部	二八七七三六五	二四九〇一七八
計	一三七六五六五四四	一二七三八七〇四一
異常出欵	擬額	定額
外務部	一九〇〇三五	九一〇三五
內務部	六一〇五三五九	四七八三一三九
度支部	七八六六九七八	七〇四九〇二七
陸軍部	二三八七〇六一一	一九七八八九三二
海軍部	五一八九三八七八	五一四五二〇八八

司法部	三一六三〇七	二三〇〇五八
文部	一六七〇二六七	七七七九一四
農商務部	二三八九四八八	一七六一三一〇
遞信部	一九九四二七一七	一六八六九八八
拓殖務部	七〇三三八九一	五二一八一四四
計	一二一一七九五三一	一〇二八三八六三五
總計出款	二五八八三六〇七六	二三〇二二五六七六

譯者曰是表經議院酌核而後確定議院開議每在歲杪故未可預知其增減何如也且表中拓殖務一部前月業已停止易以北海道局暨臺灣事務局其需款亦自有異同覽者諒焉

論中國鐵路

大坂朝日報

中國疆域廣袤人民蕃庶物產豐富不必喋喋也惜其通邑大都間行旅閒阻氣

鬱不通雖號稱一大帝國而實二十二行省一千五百州縣散在四千三百萬方里如秦人之視越人有識者夙知其所以然矣於是乎有建築鐵路議鐵路之足以洞達一國之菀氣誠最捷也一旦開闢則中國氣運勃興可尅日俟耳中國鐵路既成者二一自錦州經山海關而抵天津一自天津達北京將興工者一所謂蘆漢鐵路是也茲路起京師蘆溝橋經保定順德二府過開封迂回南陽襄陽東折抵揚子江止於漢口迤邐數千里貫形便地商旅雲集貨物山積其利便莫大頃勘議略定興在旦夕計斯工告竣則中國形勢自是一變又華人任某投貲四百萬兩將興築鐵路於上海蘇州間既得政府允許而蘇杭間亦有規畫者此等路線其成當不出數年別有一軌北自天津起貫齊入吳經淮安揚州達鎮江直接上海鐵路者劉銘傳嘗經度之邇來尙有斯議蓋不用運河而足以連絡南北惟是爲便且道途平坦工費兼省繼蘆漢鐵路而興者其必在是歟若夫俄法英諸國之所規畫經營是尤當屬目者俄染指者二其一自西伯利亞入恰克圖經

吉林奉天金州而達大連灣其二擬自奉天分枝連接錦州鐵路者是也法國窺覗南方即擬延長東京鐵路入龍州經桂州忠南長沙而達漢口者是也英國亦夙抱雄圖擬延長緬甸鐵路經滇省大理府入蜀者貫叙州重慶宜昌沙市而達漢口者久矣此二線工程遼遠繞亂峰疊嶂間雖非一朝一夕之所能爲而亦不可視以爲夢想也又有一路線擬自蘆漢鐵路南陽府分枝經長安肅州越嘉峪關過哈密而出天山南路由喀什噶爾橫貫中亞細亞連接俄國裏海鐵路者是也　右所列鐵路區別三種一則華人經營者二則外人嫁名于華人者三則名實均歸外人者華人關心桑梓分所宜然固勿論已第二事亦未足以爲深憂至名與實一委之外人則其利害得失有不可不深究者雖然中國藉此等鐵路可以啟智慧可以興貨殖向之南省北省言語迥異東部西部休戚坐視者自此音問相通緩急相應綱舉目張百廢俱起其可刮目而視者豈惟一二已哉

九州日日新報

記决鬬事

日本名士佐克堂遊歷歐洲寓書本國友人中載在德觀大學堂生決鬬一則事頗痛快乃譯出如左一日駐德日本公使署雇德員杳那斯氏暨日人三名同赴某街決鬬場觀大學堂學生決鬬是日聚黨八部壯士七十人而贏有魁梧偉岸者綺麗可人者皆自佩其徽幟以紅白紫青黃區别冠色氣象票急有髮上衝冠之意其耦俱相對也步距三尺措左手於背右手揮劍劍長二尺七八寸奮迅衝突擊題斫權颷馳電掃叱嗟踊躍其猛如獅其矯如虎須臾血肉飛迸腥氣撲鼻醫官數人駢列左右爲指示創痍創重者命停止輕者復相搏須二三十分時乃決勝敗其壯觀不可名狀鬬已甲乙握臂欣然呼快而别於是醫官縫合創痕裹以白布創少者五六多至二十餘有一少年面被二十餘創顔色蒼白絶無沮喪意手持大盃溶傾苦酒談笑自若受醫官調治觀者感嘆凡決鬬有兩種選技勇相當者與角劍術一也使胸中銜憤者泄其不平二也雖奮力相搏而平生交誼親昵無間且日夕裹創上學堂云德國之士氣振興冠於五洲可謂有素養矣觀

竟三人各購一劍歸時西歷五月二十七日也

美國恫猲西班牙

北美洲西印度列島中有一大島名曰玖馬幅員六千九百四十四方里丁口一百六十三萬一千六百九十六土性膏腴多産烟草隸西班牙版圖曩土人謀叛稱兵據地勢日猖獗西軍數不利西歷九月初旬叛徒遂戴總統宣言自主總統名哈跛的精通律學前知麽丹州譽望高一世土人悅服西軍益窮頃美國駐馬德里公使訪西國外務大臣曰玖馬島比年弄兵農賈不安堵美國爲此失通商貿易之利歲益增多是以我國外務大臣使僕致意足下曰以貴國之力似不能鎮撫叛徒矣若夫犄角相持互爭勝負數歲無已時徒勞師糜餉毋爲也若本年十月以後全島未謐則美國當率先天下承認玖馬島爲自主國用是先致儆國政府之意惟足下諒焉外務大臣驚且怒辨難萬端卒不得决乃告以後日照覆事聞於通國上下震動風聞西國政府欲籌之歐洲列國他日詳之

非理歸罪各國而其至深微之計欲强俄王讓還波蘭割地令奥普二國協力攻俄事成則均分波地酬勞

最憐法皇挾衆雖多勢同孤立益逞其自用之心而忘少年故步妄思憑權藉勢逐鹿中原獨據盛名故不顧偏攝波蘭民主之國政若曰吾其以唐居平帝老平（按唐西八尊稱居平帝乃秦西著名之大富人）觀其勝兵疾捲已收括歐洲一極大之皇居（喻得俄之廣地）譬諸新獲傾城數美婦（亦西文妙喻）貌雖容悦心實切齒飲恨時隨軍之各國王及各親王等皆知之而不敢言法皇於各王大會中亦自忘其起自編氓侈然自大嗚呼起家魄而魄而中（西語如蔚青色識其非貴胄出身）至此已由天幸乃復欲挫俄以復波蘭自主之權亦可謂覬覦非望矣

其行師主謀欲逕擣墨斯科都城遂不暇顧慮而恃其從前極大之權勢衆又競進諛詞自信益堅以爲法旗所指之處無不如志迅速議和

以此例俄不料當斯摹稜斯科大勝之後俄王拒守如故不願言和法皇於七月十六十七號拔營離惠而那揚言攻聖彼得堡實欲取滑以脫不斯科而擒敗克雷特他雷於近地故正向特立沙俄營而進行五十六買耳（每買耳合華三里）十七號夜忽向右趨十八號晨抵軋羅爬科駐軍四日以後小有交戰至二十八號抵滑以脫不斯科而敗克雷特他雷先以詭計日漸引退未爲法俘

爾時法皇謀乘敗克雷未到斯摹稜斯科之前一戰以决勝負常温諭其部曲曰吾今行兵荒漠甚勞苦後不重煩汝曹遠征汝曹勉之前有一大城財賦充溢田不被野汝曹可以息肩而麾下諸軍目擊四野火起遠近街衢均付焚如則大恐法軍行綫氣縮而俄軍化散爲聚化拙爲巧其勢日張法謀臣諸將競言和議難成請無再進兵宜於杜威那及尼潘後路重整立一大軍期明年夏時再舉法皇意謂深入大險地

方畧已遍布軍中理無反汗又竊自信星已明朗不致挫敗（此西人誕語謂豪傑上應列星也）冀得兩月晴和可以制勝佳兵不祥太剛則折常勝之軍遂淪茲厄尙能自諉天亡哉

八月二十五號法皇由斯摹稜斯科拔營率馬步各隊及後衛兵進逼俄壘謀來鐵軍中乏馬自斯摹稜斯科抵墨斯科都城計程約二百五十買耳中途均係沃壤因被俄軍退避收括變成荒土考威林呑與法將麥賽納戰時亦用此策穩退至叨利斯尾特臘斯兵學家多稱之敗克雷統軍緊躡法兵之後所過村落空虛百物燒毀其計足制法皇死命俄之智士無言而鄉民身受其害既皆痛恨則羣哭譟於俄將戎馬之前俄皇遂調黜敗克雷而擢可拖索夫爲帥可君嘗與突厥人血戰威聲大振官民無不愛重既至謀得一大戰以保墨斯科遂駐師暴羅地那在都城西七十五買耳深溝高壘以自固九月七號法皇進攻俄

軍自惠而那至暴羅地那約五百二十買耳法兵至此能戰者僅十三萬人餘軍散亡不可究詰俄將聚不練之軍力亦相等然法之步卒最精統以良將眞勁敵也當兩軍開戰時各國從征之師族類既殊言語不齊俄則萬衆一心各捐軀命以力衛其古都俄帥欲維系將失之民心故首決暴羅地那之戰爲近年第一偉績

法軍之在暴羅地那者兵威既銳欲猛攻俄軍之左勝則盡逐墨斯科之守軍并驅暴羅地那之中路軍擠之於河將戰法皇方馳羽檄建旗鼓指麾各軍忽發秘疾憊不能支遂敗僵屍蔽野死者八萬人俄軍傷亡亦多既退不遺一旗一鎗爲法軍執以獻功識者謂是役也俄軍雖退其利尚勝法軍云

九月十四號法皇統大軍入墨斯科城繁盛之區肆行焚掠此事載各國史乘即稗史像贊雖欲贊美而無辭法皇身當厄運深入其中若坐

檻穽是則在惠而那軋羅爬科至滑以脫不斯科中途遷延之役實肇此禍也

法之行師盡失天時地利跋涉長途如行各大錯中法皇以蓋世之雄而審敵不效知人不明將士離心動違節度又誤任愛將埋耳暴路皇猶自詡成策謂俄皇可入我彀中可拖索夫多謀不足畏也法軍零星分散俄軍日增從容收復暴羅地那在墨斯科西南四十買耳遂阻法軍後路俄芬蘭之師同時進逼切參軋夫之師亦自南路進援又值嚴寒日迫爲法人極大之仇讎法皇日騰戰書俄皇以主客異勢坐老其師恒置不覆其技遂窮

論者謂法皇於一千八百十二年至斯摹稜斯科兵威既震尚不知止最爲失計使得墨斯科時留軍屯戍身自歸法宜不至禍敗若此不然於九月二十一號遽引兵歸亦尚易易因他縣多未被兵苟出間道尚

譯書公會排印

可因糧於敵也且既至法京則可選耐寒之卒儲備糧餉以圖後舉失此不圖顧戀戀於破壞之俄京與數遭蹂躪之近畿城邑使將卒驕惰心無鬬志及歸則餉絕道窮陷爲溝瘠烏虖慘已

法皇於十月十九號尚未離墨斯科時寒氣逼人冰雪交至墨斯科居積已罄法軍所餘丁壯九萬人食盡而返不能勝六十萬人之輜重時若取刦掠所得一炬焚之則輕車易轉可以速達雖芻糧匱乏猶可使數千人免爲餓莩也遷延不決喪敗至是自古覆軍殺將蓋無有慘於是役者矣

退至斯摹稜斯科時十一月九號也前此大軍潰者已半馬亦多道斃無駕車者棄大砲無算夫以法皇之慮事周密獨不思爲馬具草鞋數萬令得馳走冰雪間是亦天奪其魄矣

至比利西拿軍心日散前隊皆潰後衛兵及左右翼亦大半散去時兵

零八十七年

一千零六十八年 一千零七十一年 英倫爲諾曼所敗

一千零七十年 重整教會 藍弗朗爲干德不力總主教

一千零七十五年 羅其非子奥司盤作叛

一千零八十一年 維廉率師侵威爾士

一千零八十五年 丹人侵英不果

一千零八十六年 側量輿地書成

一千零八十七年 維廉第二卒於一千一百年

一千零九十三年 安塞密爲總主教

一千零九十四年 威爾士人拒諾曼之師

一千零九十五年 羅伯地慕北來之叛

一千零九十六年 諾曼的質於維廉

一千零九十七年　維廉率師侵威爾士　安塞密離英

一千零九十八年　與法蘭西搆兵

一千零一百年　顯理第一卒於一千一百三十五年　顯理下詔

租赦罪之詔

一千一百零一年　諾曼羅伯侵英倫

一千一百零六年　定給地之權　英人戰勝諾曼的

一千一百零九年 一千一百廿九年　耶路撒冷之福克爲安如伯爵

一千一百十年　與法蘭西戰

一千一百十一年　與安如戰

一千一百十三年　立其埽斯之約

一千一百十四年　貌德與顯理第五婚事

一千一百二十年　槐忒船觸礁

一千一百二十一年　顯理率師征威爾士

一千一百二十三年　諾曼諸男爵之叛

一千一百二十四年　法蘭西與安如助維廉克力土

一千一百二十八年　貎往嫁與安如若弗力　克力土卒於弗蘭達斯

一千一百三十四年　威爾士之叛

一千一百三十五年　勃羅愛士提反卒於一千一百五十四年

一千一百三十八年　諾曼的擊走恩極維恩司　侯爵羅伯叛　斯坦大德之戰

一千一百三十九年　衆主教被執　貎德至英

一千一百四十一年　林岡之戰

一千一百四十七年　威爾士其牢爾德生

一千一百四十八年　貌德退居諾曼的　總主教梯奥暴而德之被逐

一千一百四十九年　安如顯理至英倫

一千一百五十一年　顯理爲諾曼的公爵

一千一百五十二年　顯理娶貴安之以利亞諾

一千一百五十三年　顯理在英倫　華林福得之約

一千一百五十四年　顯理第二卒於一千一百八十九年

一千一百五十九年　征士路士　大斯克推其執盾之職

一千一百六十二年　多瑪北革爲干德不力總主教

一千一百六十四年　格拉林等之定律　諾忒姆潑吞之議會　總主教多瑪之出奔

一千一百六十六年　格拉林等之大會

一千一百七十年　斯忒朗暴侵阿爾蘭　審問定律主和官　總主教多瑪卒

一千一百七十二年　顯理戰勝阿爾蘭

一千一百七十三年一千一百七十四年　顯理諸子作亂

一千一百七十六年　諾忒姆潑呑之會

一千一百七十八年　重整古里亞利極斯

一千一百八十一年　軍械大會

一千一百八十九年　力查之叛　力查第一卒於一千一百九十九年

一千一百九十年一千一百九十四年　力查十字軍聖地之戰

一千一百九十四年一千一百九十六年　與腓立奥古士都戰

一千一百九十四年一千二百四十六年　留威林愛潑喬九夫在北威爾士

一千一百九十七年　力查桀該拉砲臺

一千一百九十九年　約翰卒於一千二百十六年

一千二百年　約翰復安如與買云　來牙門著勃羅忒書

一千二百零三年　亞忒爾被殺

一千二百零四年　法人戰勝安如與諾曼的

格雷忒查達賜民得自主約（一千二百零四年至一千二百九十五年）

一千二百零五年　諸男爵辭助克復諾曼的

一千二百零六年　士提反朗登爲千德不力總主教

一千二百零八年　以諾森第三使英國從新定律例

一千二百零十年　約翰分英所勝阿爾蘭地爲省

一千二百十一年　約翰征服留威林愛潑喬丸夫

一千二百十三年　約翰受轄於教王

下遣使來朝者無遠弗屆西爾利司及印度亦共獻馴象玉石珠寶等物此等誇大之詞與中國史所載之安東遣使貢獻同一失實中國人所稱大秦國者意指猶太羅馬波斯等國至於確指何國今不可考俞爾之意以爲定係專指羅馬否則稱之爲西洋國所以如此稱謂者以中國人見此等種族大致相同羅馬遣使中國之人報稱陶希界疑即波斯外係屬大海由海直向西行可至日落之國後又遣安托尼納司至中國依舊無功嗣後遣使亦均如是以至此兩大國交聘通商之事均無所益查安使至洛陽時中國遣官迎接以優禮待此事會紀中國史記羅馬國王亦盛仰中國天子之尊榮史册所載實信而有徵當時中國與羅馬國商務往來未見起色實緣巴西恩國商人居間漁利且以己國綵繒售於羅馬得利甚厚深恐東方與泰西各國交通失此利益也印度及中國天生人造之物太古時即有商賈販售以致感動歐人不

遠千里往與貿易惟彼時歐洲各國除寶貴金類之外其交易者並無他物可知此時雖在太古之世歐洲即與東方各國通商也

中國及印度所出異物甚多並有織成布疋古時西人命其名曰色利楷佛司鐵司以棉或絲織成均不得知因其價值在羅馬異常昂貴故商販往購者雖長途跋涉亦所不辭此蓋未尋獲好望角（在亞非利加洲極南之海邊）以前久遠之情形也彼時因早已通商故即有納司妥廉恩教士（按西歷五百年時有康司坦汀奴潑而教頭名納司妥廉后司者與其衆門徒創立一教即以其名名其教曰納司妥廉恩教現在波斯及印度等國仍有信奉其教者）深入東方各處極窵遠之境以傳其教并能與本國之人書牘往來以通聲息近世商務通行之地雖程途更遠然由海程可以直達較之從前耶穌門徒在耶路撒冷（地名）至開狄士（地名）傳教時可少遇險阻并可免一切沿途阻滯

有希臘國僧侶名谷司馬司者舊業商於五百三十年至五百五十年

中會著一書名基督聖教通行廣記有云該國別纔痕汀皇按西歷三百六十四年或三百九十五年起至一千四百五十三年康司坦汀奴潑而城被土耳其侵占其時歷代希皇均稱別纔痕汀皇又名希臘國爲東羅馬國云時已與中國由海道通商又云中國在亞細亞洲極東之地名曰秦業司他此名約從波斯國或古時印度人所傳述與現在西安城石碑之秦業司山數字相仿又有一希臘國人名條非辣克脫者後谷司馬司百年亦曾講及中亞細亞洲內地通商之事並言該處有一種土耳其人甚爲驍健其名爲叨伽司殊不知即中國人也其所以名爲叨伽司者大約從希音譯唐字之誤蓋維時正唐室開國之初也希臘與中國通商雖不能直達而水陸商務直至英司勒姆即回回教人也在希國自主時常覺蒸蒸日上此古時西人紀中國之實在情形亦猶中國載籍所記西方各國之事並無偏袒也中國土產運往西國者本以絲爲大宗嗣因西歷五百五十年時有人陸續將蠶種携往希臘自是絲市大減絲之外又有

棉布藥材香料等物運往西國惟與中國通商抑與印度通商則不能辨別更有一種葉在潑力潑勒司地方名爲蘇瀨排脫倫姆實非中國所產也惟他買瀨派脫瀨之葉則產於中國爲一種肉桂樹名其葉在羅馬每磅需售三百地柰力挨害（地柰力挨害者羅馬古時所用小銀圓約值墨西哥銀一角五分）現在該葉之名則俱改稱爲買瀨排葉大約與印度所出之那特（即甘松香）及樟腦等互相殽亂致難分晰又有一種潑力潑勒司人稱爲溫賽梯者蓋即壓山姆（地名在印度其地產茶甚多）及雪金（地名在印度朋告而省）等處土人也該兩處出有土肉桂及茶樹甚多惟古所稱之蘇瀨排脫倫姆者（註見上）則並非實指茶葉及檳榔葉也

近數年間西人譯出從前中國至印度禮佛人所著游記甚多所載中亞細亞各處民情較諸希臘臘丁人所紀益爲詳晰即如三百九十九年至四百十四年之法顯五百十八年之慧生（隋書經籍志後魏熙平中遣沙門慧生使西域采諸經律）

飲深恐受毒也

是夜余達旦不寐仰卧船面倚蘇門答剌友人側相對吸紙烟計一夕間盡雪茄一匣

將至亞丁風浪大作舟顛簸欲傾覆至亞丁適夜半聞鐘鳴一下時有印度郵船駛至升砲以報余輩仍處艙面此固非欲諦視地形蓋時尚昏黑不見一物也適來一駁船滿裝煤斤船上燈光如豆隱約欲滅而船身左右搖蕩燈光亦隨之宛轉余不覺以目逆送之俄而煤船已駛至傍我船而泊將接濟我船煤火也

詰朝鐘將鳴八下軍門蒙都防更禮衣偕水陸各軍諸大員離船起岸岸上升砲恭迎蓋英國政府已飭各公使以最優禮待我法赴華水陸軍統領爲此英人在亞丁者待軍門致敬盡禮卽以後在華辦理交涉事件自始至終英人亦從未失信於我也英國家外示與我親愛之形

誠無微不至矣更爲我軍覓得一接濟火藥之法使軍火源源不絕而其所以取償於我者亦頗不貲蓋其所以與我者惟在外貌而所以自取則爲實在之利益閱是書即知其端委余自華返國乃始恍然謂凡有合衆公會協同辦事而工藝與貿易涇渭各分者則工作操勞之人（指法人）遠不如市儈貿易之人（指英人）之狡獪以是常受其恫愒欺凌也

是處埠頭甚延長直至亞丁城爲止中間英人以碎石建築馬路頗寬闊與奥郎之墨爾才爾敢比耳相等路緣海岸者悉以磚石砌成花樣如堵牆沿邊刻飾然計築成此路工費甚鉅而亞丁之城反藐小惟防堵極形周密鞏固逾恒防守之兵除歐西健兒二百名外尚有土兵一營以資守禦蓋是處盜風甚熾道中輒有鄰境野蠻列隊斷路肆其刦掠傷殘人命以故居人咸有戒心二月前曾聞征調各路精兵征討少馬利人迫令降心互市出售其地土産

亞丁船澳頗不相宜凡較大之艦載重過此如遇潮小水淺罔不阻擱者道既險惡如是行旅艱難如是然皆不能阻止英人英人之愛護此土如人之愛護目珠珍貴異常以其爲紅海之鍵鑰故甚矣英人之愛海峽也然英人至今尚利賴也

亞丁酋長（華人於香港等埠大員或稱之曰總督或稱之曰巡撫皆以意會耳）適公出不晤因先數日赴貝林察看砲臺工程故不得迎送如禮於是其副某君出而迎勞軍門并見防營諸兵官笑語款洽自不待言喻某君宴軍門於大官廳廳四方四周曲廊繞之陳設頗雅有園林之趣余在側爲英人轉述言語

亞丁大路之外有精藝大工焉經其地者不可不一往遊觀也余所見積水池亦甚奇偉蓋彼處多山崢嶸突兀觸處皆是而劇少泉水即支流小河亦渺焉不可得兼之草木不生地極磽瘠故積水之法爲第一要義居民所在鑿池其工尤瓌異焉

此地既多崇山峻嶺土人擇山谷之斜向海面者豎以木柵築以石堤以連絡兩旁山峰之對峙者而谷之上半截即成爲積水之池見之者必疑爲羅馬人作也此道山谷選設水池實爲舉國聚水之總滙數十萬民生皆賴此存活其地數月一雨必倒瀉傾盆足備一時之用居民亦必盡量收藏無使涓滴遺凡雨皆由高處瀉至水池或自另設之水路傾注於池以故雲甫散雨甫收水池亦必成大湖望之一片汪洋山地竟成澤國矣人咸知城中需水孔亟以故亦愛惜非常每旱有人至木柵近處開放水池總口任水潺潺下注以備民用至足用而止無濫與焉此股池水自木柵高處下滴平坡再自此坡下滴彼坡層層相因有如階梯然與循設而降路意哥在位時所造之自來噴水管彷彿相似（其時萬爾撒伊宮中園內曾費鉅資建注自來噴水）其所以必欲此水層層下注經歷如許平坡者蓋欲其阻滯緩流得以瀝清渣滓解除毒癘耳又水若瀦停不流常受

日曝味必苦澀故使轉輾沖激漸得地氣乃臻甘冽也凡取水者必計所用多寡如數汲取不敢稍溢觀其取水之謹慎用水之撙節然後知巴黎居人用水之適便矣居彼者任意傾耗無所顧惜水管龍頭常開不閉輒流注廚間石隙挈彼較此眞不啻天壤之分矣噫

余輩挈伴偕游穿越城郭所至皆見有鷹一種峙立道左約高半邁當拳一足性頗馴良睡時人撫摩之亦不驚覺同行一少年兵官謂余曰此治路鳥也常散至通衢爲人守扈阡陌巴黎稱此鳥云何余曰殆所謂掃穢者耶曰是也凡居室及庖湢中敗物棄之戶外者斯鳥即競食之纖悉無遺道爲之淨噫斯鳥也旣不著號衣亦不索工費終日治路無醒醉時斯眞能稱職者也此舉可以風矣

防營副統領率兵官恭送軍門時我軍南貊西司船乘搭客起岸時即添置煤斤駁裝下艙所購不知若干噸惟見船腹便便而已余等甫回

船飯鐘即鳴，側耳聽之，知已五點半鐘。於是三百遠行人皆坐集頭等飯廳午餐，食品俱仿頭等，豐腴異常，衆以奔走故，飢極思啖。是日餚饌皆可口，惟辛味過重耳。入席後，清風颯颯，殊快人意。近前視之，乃風扇一具也。風扇者，如布帆一葉，虛懸梁下，先以木片四條配搭成四方形，上覆以布幅，四周再緣以布，使之飄蕩生風。所用印度奚童自巴爾西（波斯與印度中間之地）來者，敬火爲神，以布纏額，一望知其爲巴人，以繩掣動此扇，操縱甚匀，可按刻記數。

風扇業已通行印度，凡房屋皆置之。有趨入者，必按繩抽鈴，而風扇亦爲掣動，僕從聞鈴聲即知有人，復爲代掣。蓋外設機括，繩通屋裏，而人在廊廡間罄控縱御，風扇即動，邊生凉，賓主皆不煩舉手投足，自爾寒生四座，法至良也。惟服役者厭爲之，稍久即寐，故其主人翁常坐以薄板小凳，凳僅一跗，合人足乃得爲四，甫睡，凳即傾倒，卧者驚覺矣。

至以蒸氣機推動風扇余尙未前聞若用水力或觸撥一小機關風扇卽能搖動或卽止息余曾見之

每飯船主必踞頭等廳首座食且盡船主必起坐奉樽再舉而上之時嘩笑忽止列座肅然船主乃呼曰君主萬歲余思天下事動人心感人志者莫過常思國家不忘故土矣蓋英君主宵旰憂勞故其民無論遠適何處常戀慕無已也向聞某員弁舉爵進祝語髣髴若有所覩如空際一異常之線聯絡人心於故國且是線極長可達該員遠行所至雖遇險危亦不中斷也凡船中遇法貴官同飮此處皆指英人南貊西司船乃英國公司船前已言之船主祝英君主後必續呼曰皇帝萬歲時法國尙稱皇帝國共和民主國尙未興起故有是言皇后萬歲我法人聞是亦歡躍起舞云

余時心甚怫鬱以旣至波衡脫奪茄捋城名在錫蘭南海角之上現屬英又當離南貊西司船聽其獨行前往至加爾苦打印度京城名商務甚暢旺更乘岡日船船湫隘庫

小造作不工窳如朽榔未幾駛出海洋風濤大作幾遭傾覆舟中人未葬魚腹亦已幸矣

我軍得駐波衡脫奪茄挎者僅二十四點鐘以故歷覽不周未能暢適幸余返國時得居此數禮拜留斯蹤跡亦可以自慰終身矣

軍門初至時不聞砲聲事頗可怪迎送常專耳豈亦遺忘耶抑未奉上官敎令遂茫如耶是皆非余所知也所知者時酷熱漸消天氣稍清余與軍門偕乘馬車相向踞坐至田間見青葱徧野風景可人自謂有地堂之樂矣（上古首人亞當初居之園名爲地堂）乃舍車步行其道坦直如平施木板者在大林囿中惟見卉木參差晚風搖葉叢葩泄馨芳被原陸花間有羣鳥且行且鳴羽毛豐澤足與花擬於時斜陽欲下曦光漸微木葉漏影纖悉可數仰視晚霞嘘氣五彩禽雀飛集如魚躍淵見之者將謂紅黃藍紫各色寶石之球錯雜跳出於盤中矣青苔在地似綠氍毹青蟲緣之上

例言

一原書以二十六字母詮次所列皆史鑑名人與地志說及各教源流洋洋數萬條共得二千零七十九頁

一詮次既按字母故人名地名致前後錯出閱者須窺全卷始知其於掌故有裨

一地土有大小之别事實有多寡之異即纂述亦有詳略之分譯者不能以意增減

一志中敘引之人名地名除照音切譯外仍註洋字於下以資考證并間用華文添註出處部位至每條正文洋字則用稍大字模頂格豎列用清眉目

一原書本爲史記地志字典其體裁如中國之史姓韻編地理韻編而詳略不同如閱者欲檢某人某地即可按頂格豎列之洋字次序而

得

一華人百里不同音今就洋字切音斷無盡人能合之華字若狃於所譯之音則或與他處譯本不符是一是二轉多淆惑故閱者宜以洋字爲準

一書中編年悉仍西歷如欲知其爲中國之何代何年宜查近人所著之中外年表

一原書由法國通儒用法文著成故道里尺寸純照法國定制今譯稱內概稱法里法尺以歸簡便按法國每里名啟羅邁當 Kilométre 即一千邁當 Métre 之意合中國一里又二百八十六步四尺二寸一分二釐尺名邁當 Métre 合中國工部營造尺三尺二寸三分四釐二毫一絲二忽八微（見嘉興許竹篔星使師船表第十一卷第十七八頁）閱者以此類推可也

一原書篇帙繁多蒐羅宏富譯述頗費工夫加以心力有限從事於公

書旁午之間深恐亥豕魯魚在所不免海內大雅尙其匡諸

光緒二十三年十月　嘉定吳宗濂挹淸甫識

讀日本國志一

餘杭章炳麟撰

烏虖盛衰興替之故雖曰人謀儻亦有天幸歟當日本變革之際朝野上下忿如敵讎內治外交詔令錯出惑亂無所統其幸而不亡者亦幾矣及明治踐祚天造草昧開之以雲雷終能奠王室恬海波以小弱爲彊大輕若舉鴻毛是何也明治以後則人謀之淑慶應以前則遭時之淑今夫君相內訌諸侯力政處士間之重以奪攘矯虔斯蕭墻之患旣足以召外侮又乃況於外侮方起而翕應於蕭墻者乎自三古以來有是則無不焚天智棧社稷矣日本幕府擅政越六七百祀關白之權東移於江戶諸藩厥角自處臣虜共主守府曾不委裘若雖更易數姓迭相芟薙要之制其命者皆豪族悍將使以六師臨之則野井之辱且在旦夕及德川氏衰文恬武嬉駑不穿縞而大政猶出其門俄英法美要盟城下以開港請當是時神州之氣大通郁鏶一隅勢不得天遏家定

之許亦未爲過也特其久持政柄尾大不掉卿輔士族莫不痛心腐骨於幕府又其與諸國約互市也不待朝命以便宜從事忠憤者因是以攻瑕蹈隙欲致屆幕府而先倡攘夷之議夫固知太平太蒙之域非可以一瑕鐺緬絕之矣彼特以爲事勢之相倚若影倚形非言攘夷則無說以討幕府非討幕府則無術以靖天室然自德川秉政以來閉關絕市固二百年矣攘夷之議起則人人以爲憲章前哲佩刀贏糧將其類醜千里而赴之及夫草宿路遇相聚緜蕝歃血明神前高義者誠接踵而桀狠不靖之族亦自是沓至當是時家茂以稚子繼立政在陪臣天子既以依違不奉敕罪將軍井伊直弼遂肆其凶暴割剝志士鉗脅卿尹然士氣已渙屬藩崩潰其餘威之足以懾人者僅若假氣游魂使議者知攘夷之爲名而翦除幕府之爲實則當翼戴天子與長門薩摩諸藩形弓素羽東向而征其舉之亦易矣顧以狃於成事視其實晻輕而

視其名乃畸重朝野相顧惟戎狄豺狼之欲去俠客亡命至剚刃西人之腹以爲快及明詔既降并與其素所親昵之荷蘭而攘之遂令七國合從相率進攻詔令所至則王室主攘夷幕府主和議戎士騁貽退遂失所一敗塗地斯固衆寡强弱之不相敵抑亦政出二門之有以致是也烏虖內訌憯遬則如此外患迫亟則如彼使七國蓄分地之志操券而宰割之則劍璽傳器必白組繫頸以獻倫敦之植植於山城也久矣然而得延一夕之命以待由栫者天幸也歟其亦遭其時歟距今三十年以往歐羅巴之志未欲闢地遠東俄則方事鹹海日不暇給亦相與褱回其間莫肯先動是故外患之不至於亡者遭時之幸一也攘夷黨人大半多浮浪使處今日有國會之議則家家自以爲得大橫人人自以爲當壓紐神武二千五百年之祚其可保乎是時則非直不欲竊大位亦無敢假相部署以犯名號者其故由於泰西未通聞見未廣莫敢

以拒違王命爲常事是故內訌之不至於亡者遭時之幸二也烏虖天特使日本盛衰興替之際前於今三四十祀其亦哀夫黃種之不足以自立而故留彈丸黑子以存其類也及夫傾否之泰哲王生焉太阿旣返長子主器順天革政蔚爲望國盛乎哉大武三會而偃武與力大文三會而貴義與德

譯書公會報第三册刊誤

西報彙譯　第五頁第五行中字下遺國字　第六行此字下遺爲字　第十五行堂字下遺於字　第六頁第四行約應作均　第十六行至十九行遺每年各三字　第七頁十一行埃復安二萬應作三萬　第十四行項五千應作三千

東報彙譯　第五頁第十四行扎應作札　第二十三行詷應作詗　第七頁第十二行扎應作札　第二十行甚字下衍人字

維多利亞載記　第四頁首行亦應作示

交涉紀事本末　第三頁第十七行註鶩字應列持字上

譯書公會告白

本報所譯西書種類不一地名人名因舌人切音各異每致兩歧下期應以瀛環志畧海國圖志大英國史四裔年表萬國輿圖等書酌定改正一書成後并登合璧表於末以資印證惟五洲通志拼音極準不在此例

本報以前三册尚有錯誤一俟本公會鉛字到日即將以前數期之報精校排印定閱諸

君隨後補送

本公會各省售報處

上海棋盤街醉六堂書坊　上海抛球場愼記書莊

上海棋盤街文瑞樓書坊　蘇州文瑞樓書坊

蘇州西門富郎中巷祝君聽桐　常州娑羅巷袁公館本公會分局

杭州羊壩頭黃君海珊　杭州太平門東街求是書院

甯波奎元堂書坊鮑君明存　安慶省城撫署顧君麟卿

蕪湖關道署顧君石仲季欽　湖北省城三佛閣武備學堂楊君佑之

福建馬尾船政局華君秉輝張君漢騫　湖南省城青石橋天成豐錢號

廣東省城督署杜君子撝　天津杏花村武備學堂孫君筱垞

天津電報官局張君小松　京都電報總局

京都琉璃廠中西學堂　江西南昌電報局

九江招商局史君錫之　山西省城水巷惲公館

光緒二十三年十月二十八日　西歷一千八百九十七年十一月二十二號

譯書公會報

第五册

每册價銀壹角五分

館設上海中泥城橋西首新馬路昌壽里

譯書公會報第五册目錄

論華人之勤惰

秀水張國珍
歸安胡惟志 同譯

京津時報 西十月二十二號

各國論中國情形大略相同亦微有不同者惟論中國之勤惰則大不同矣大約初到中國與久居中國者皆謂天下之勤者莫中國若靜言思之初到中國者但觀外貌不知底細僉曰勤矣非他國所能及者矣久居中國者習見不察忘其自來僉曰勤矣非他國所能及者矣從未有顯斥中國爲惰民者也我不必言天下極惰之民莫中國若因其鄰有高麗其惰尤甚於中國中國辦事亦有非歐人所能及者即如耐勞一事甚於歐人詎可抹倒嘗有人致書字林報其言曰貴報常論中國之勤究有說乎我來中國三十年矣未敢信其爲勤也汝不見農夫乎芸鋤耕種以迄收成一歲之中三月作苦而已然此三月中烟酒相間且酣午睡不得謂之勤也汝不見店夥乎袖手閒眺虛與委蛇不得謂之勤也汝不見小工乎沿途嬉笑曠日持久不得謂之勤也至於輿夫挑夫可謂勤矣然日作者一般人

夜作者一般人也至日夜工作不失爲勤問之曰是包工也我曾僱用中國人察之久故言之詳也倘細思我言必不以爲河漢也此書極明中國之勤惰甚合我意我得而斷之曰中國不勤夫勤不在外觀而在實力大凡人不識勤之一字以爲得幾分錢作幾分工當作之工宜如所得之錢然細考之勤之出於勉然與勤之出於自然者大不同也我常見生成懶者與習慣懶者亦有時認眞辦事然非飢來驅人即儻來逼我不得已而爲之既爲之而即思息之既息之而旋即置之雖其人何嘗不勞心勞力然終不得謂之勤也他日當實詮勤之一字而辨勤之出於勉然與出於自然者之理也

茶務問答

字林彙報 西十月二十二號

英人近出一書極言中國茶務日壞非賴其整頓不可有諳時事之華人對英人而言曰是書華人不甚以爲然我亦不必直斥其非但我意微有不合容我辨乎請問中國茶務是否實在敗壞英國與中國貿易歷有年所從前茶價視今昂貴

特彼未之知耳近英國需最上之貨而僅付相宜之價不綦難歟惟是英國以每人每年需茶六磅計算實絕大貿易我國那肯故昂其値然以克已之故反封故步欲有後望恐無日矣中國倘以此等之貨而渾上等之貨彼有目者自能辨之也我國以上等之貨而得上等之價理固然也方之他國商家何獨不然夫物之盛衰亦天地循環之理我國產茶他國用之茶質固佳製亦不惡數十年如一日也我國茶務實未敗壞美之交易如故也俄之交易且加盛焉惟英與新金山稍形減色耳有謂歐茶將追及華茶實以我國茶稅太重之故每擔出口徵稅二兩五錢加以釐捐二兩二錢五分又益小費稅誠不輕然與印度希臘相較尚是華茶得利子貿茶有年矣無論每磅售四卡士半或五卡士尚有利可沾別種細茶更獲厚利即祁門一種而論印度茶商得利尤溥至中國茶稅歲入三十兆有增無減我國値此國帑奇絀能多徵一金即於債款減去一金以子觀之今欲減稅能乎我國稅日重庶債日輕債主時欲以重物爲質且不足以饜其心我出此言

原非關乎茶務但必表明增茶稅之由中國並非不欲仍其舊也至印茶是否天然好種不得而知只以用昔洛哥機器製茶機器名製成全賴用壯之物試思華茶質地嬌嫩如何能受機器壓力恐昔洛哥機器不宜於中國也且印度錫蘭之茶皆是機器所製子亦知中國寧州祁門安化各處所產之茶之香味天下有能及之者乎我恐華茶一用機器香味頓減夫用機器誠屬美觀究與香味有礙否且機器製茶總帶麥味是待考求也而且昔洛哥為極貴之機器我國未嘗目覩其用那肯輕於一擲今年温茶用舊式機器製之我今春見其成色甚好其味甚濃色鮮明而葉不碎香氣未嘗或減其製法可謂善矣人常言飲茶不在外觀在辨眞味昔洛哥機器一時難於購辦子曷先運此機器以試之以驗其究與温州舊式機器相去若何杭州茶大可用機器以二十四點鐘工夫製成自採至焙不致敗壞也茶商總要目覩其用如果可用卽固執之人鮮有不傾囊出之以購此機器也子以余言為何如西人答之曰以子之言籌畫周詳不為無見鮮有人能道之

者卽見商數層甚是甚是今請發明我意印茶之善係人力製成非天生之質也錫蘭之茶是否澤肥吾不敢揣我以爲用機器製之有美無惡中國從前最著名出茶之地今地力已竭樹質已老幹多而葉少葉少而汁少精美遂不如昔近福州新製之茶大有進境各國以爲種茶而得此心滿意足計種茶可比印度錫蘭極美之質至昔洛哥機器人所共知要在茶商自籌妥法耳且勿論機器功效潮天免得敗壞卽祁安寗州安化之香味卽以機器製之定不減損也現英人所需但求便宜價值如湖南湖北之貨自九兩起至念兩止如以機器製之定可格外起色英人所需止此而已機器製成誠有麥味但英人愛有此味計全副機器自採而焙而裝各式俱全實爲中國必需之物我欲中國用此機器者因有無窮利益也然以子之言亦是實情實理因中國人疑團莫釋也不過揣大槪論之中國極是用機器製茶之時機器早用一日則利權早復一日倘不亟辦一瞬又是一年或竟永遠不辨是則大爲可惜耳

慈谿胡濬謨譯

救急便醫（續第四冊）

史梯爾所著身理學

人頭受重擊致驚其腦或自高墜下全身震動因及於腦昏瞀眩絶宜速安置靜處弛其衣服凡人蹉跌必心驚血滯宜用手或布輕摩其全體皮膚使血脈運動再用冷水安於頭上倘病人身冷皮黏則用熱玻璃瓶置於足上乃取淡輕三漸向其鼻使嗅此外宜延醫診治勿擅用藥石腦中受驚亦有輕重其輕重恒視頭上受傷之輕重略受微傷卽覺眩暈治之者宜審視其受傷時與受傷以後情形頭中受傷必後重於初有時病似輕減實則其病正重故腦中受驚以後必靜養數星期也

牙痛宜用棉花拭鴉片烟酒或樟腦酒或克羅方塞蠹空處如齒本露出則用棉花拭苦里亞蘇脫（勿咽下）或加布力克酸塞之有時用熱巾或布裹燒磚按於頰上與痛處相當亦能止痛

治耳痛用布拭沸湯按耳上使熱氣貫入耳中

人肩忽受重擊能使胸中挾緊此時肺氣沖出其中穢物隨之而出如能咽下其穢物亦小而可吞則與以山薯或餺飥含水潤咽或用調羹支舌上如可見喉中欲吐之物則用大指食指或鈍鉗夾出否則以吃嗶唲糖漿或熱水沖芥末飲之使吐

北地冬〻行鼻爲冰齧齒受病甚驟初遇時往往不覺故坎拿大人中遂邂逅輒彼此相告曰先生愼之鼻已白矣毋乃爲冰齧乎此病因血凝行綫血管塞而欲潰所致切勿遽入圍爐暖室宜速取雪用力擦鼻兩三小時（愈久愈妙）期鼻復原色乃止

如人身麻木宜安置冷室去其濕衣將體拭乾蓋以絨毯乃取熱茶或牛乳等相配者飲之迨麻木漸退乃漸移至圍爐暖室

人患寒熱未發以前每先有胃滞頭痛身顫骨痠舉止乏興等情宜用海絨浸溫水擦其全身使發熱而止乃令安臥於牀更置熱磚其足勿食他物但飲薄粥湯

或牛肉茶略飲熱鉀養二果酸水次晨不見病減乃延醫治之醫不速至則與飲蓖麻油一劑或鎂養硫養三一劑

人受烈日暑氛或火爐猛熱驟然暈倒試按其胸如皮冷而濕則非痧氣如皮乾而其熱若炙此爲痧證無疑此時不可緩豪髮速移近抽水筒或自來火管滂激冷水於胸首以待蘇 欲避痧氣宜戴有孔之帽帽中宜置濕巾宜多飲水發汗勿貪涼飲

人若溺水或觸煤氣及聞穢氣驟然悶絶如死者皆用絨毯乾衣覆之一面延醫如値晴霽卽於受病處治之一寬其頸胸之衣二轉病人面向醫者開其喙曳其舌出浣其鼻孔以通空氣三負病人於背緊握兩肘漸曳至負者之首當初負時病者胸前壓緊升至頭上則胸中一鬆可吸空氣入肺再將臂斜移向邊使胸中空氣壓出如此者每分鐘十五次再用數人更迭以手壓其胸前更用鵝毛管或風箱助力吹風入口更取鼻烟使聞或淡輕三觸之如有生機照法行之勿止嘗

有死五小時而得活者四如病人已漸透氣則裹以輕暖之衣更宜探入絨毯及衣中力擦四肢擦宜向心乃用熱法蘭絨熱水瓶等置擦過四肢上更用芥末膏最上芥末膏用紙攤各藥房都有浸水可用取其便也貼胸前

吳縣沈晉熙譯

土希近事

倫敦中國報 西十月八號

希臘全權大臣太子慢路考達吐至土定約一事土廷已告各國公使且云所示各條均可照准又一書云我國政府欲與希流通錢幣照前訂和約第二條辦理時希即令水雷船駛回潑里昜司諸鐵艦及各水軍刻期遄返新募之兵悉數裁撤各國議和使臣覆土全權大臣裁密司書云流通錢幣一事希政府亦甚韙之本月五號土上議院集議新簡使臣裁密司曰彼此所佔之界均當交還即行飭知海陸各軍可也時台來顏紗司泥之良久不决

奧日修約

日本日日報 西十月四號

近聞奥日欲重修盟約兩議相洽數日前已議定各條不日即由兩國使臣簽字矣

印擬設鑄銀廠　同　上 西十一月一號

印戶部尚書吸克别區游英宣言於勃司脱爾云印舊有銀廠今廢不舉甚爲可惜政府其無意耶

西藏酷刑　倫敦中國報 西十一月八號

孟買來信云英人蘭屯由西藏布達拉達賴喇嘛駐所歸印大有愠色具述在彼遇險事初發時偕行三十人數日入西藏境散者二十八人惟遺兩僕耳乃步行五六十里資糧罄藏人以形跡可疑盡收入獄繫以鐵索將置諸死地於從者鞭撻甚猛蘭屯則曳至東市鍛鐵炙其膚或曰當斬之則一人捽其髮一人執刀近其頸左右掉舞俄一喇嘛大聲呼曰止止當以木架刑之乃置諸木架并脊骨臂骰束縛其上備極楚毒刑已乃復監禁八日而釋之其二僕皆琅璫桎梏監禁十八日

然後得釋頃蘭屯已歸印度身有傷痕二十二處聞其痊後卽欲返意大利弗老蘭痕城云

法越近事

同上

法國越南總督段默雷致駐越公使勒蓬言越王擬重設大議院院中董事計委六人惟法使臣爲總董專議國家律例等事段默已議有定章自此法人在越所得田產可無受越人鉗制又保護費亦須酌加此數條皆已增入合同矣勒蓬得電甚悅

膠州灣德兵登岸情形

字林西報 西十一月十八號

前禮拜六日本龍門商船開往長崎適德國兵艦之泊吳淞者同時開行係爲保護山東教士昨龍門船抵滬述悉近日膠州情形德兵船進泊膠州灣已於露透電中述及我等夙知德之水師窺伺中國各海口已非一日進退自如現乘此教士被殺好機會欲取償於中國政府德公使屢次商量近奉德廷諭令竭力籌辦

此事前接倫敦電音及閱泰晤士報均言德情叵測日內德兵已進踞膠州海灣中青島之一砲臺該島爲膠州灣最要門戶所有中國守臺弁兵均被德軍驅散德人雖以護教爲辭若中國畧與償卹尙不足滿其進窺海境之欲壑前德與英人在開雪納地方所立之約僅一年餘雖經泰晤士報訕笑謂不足爲據今則儼然執守茲將約內之第九條列後據云俄人以亞洲境內無一常年不冰之好海口如遇有戰事運兵極艱計膠州灣不久將爲俄有建立一切兵房行棧機廠船塢料不出十五年中國將轉向俄人借用目下如無交戰尙不致立時發難此等議論出自妒口不料今之德人竟欲自取無窮之利俄人反可自白無覬覦膠州之心恐俄與德不免有違言吾料俄人欲通滿洲之路又窺取高麗不久將隷於俄已得有極好海口或已心存知足肯拱手坐視德人之攘膠州耶德公使定策以極猛之兵力取償於中國使各國人羣尊其勇略而持論却甚正各國亦無從駁斥其陰謀也

鎮海黃賓榮譯

勒當報（西八月十六號）

印度軍務（以下法報）

倫敦官場及商家紛紛謠傳阿富汗國有暗助印度東北方亂黨之說已有數日及得阿富汗國君將其派往印度人員盡行召回之信衆愈驚疑故駐紮印度英國官員立即派兵往阿富汗界上以備不虞或有致函各新聞紙館者謂英國印度事務衙門並不知阿富汗國君有同時召回派往印度加爾克搭防陪新拉及果拉希等處人員且此項人員係專爲商務起見故此事無關緊要惟在印度官員見此情形深以爲重也　新拉來電云威司德麥各德及延德孟皮格爾提督已奉命統兵二營駐紮拉華爾丙弟地方計此二營約有軍兵萬人

意屬土產　同上

雷納爾洛特君奉派往意國屬地亞皮細尼亞回時其復呈內謂該處出口之貨以黃金象牙加非及白蠟等爲大宗除加非運往莫加（土國地名）外（該處將加非重行製配復運入口即

爲莫加土產加非矣餘皆載往印度及埃及等處其大宗進口貨係棉花布疋細布及呢絨等物大都由英國印度及美國運來法國運往之貨有鏡子剃刀及各種利器

探極遄行　同上

比國才爾拉許管帶官及其從人往探南極之行因事須遲延二十四點鐘現已議定准於西八月十六日上午十點鐘啓行比國及別國船隻均擬慶賀之以壯其行停泊奥司德履滙爾地方聖勿郎西司穀兵船管帶官囑其屬下照外邦水師提督座船經過之例致禮以榮之在白剌地方有荷國鐵甲兵輪名閣德麥特來迎迓待其入荷蘭海面時擬鳴砲敬禮之此事已由駐比荷公使照會比國外部並致其國家欣賀之忱而讚頌比人之勇於任事友邦及本國船隻之相送者擬直送至忽萊新克荷國地名始止其探地之船名培而徐加計共二十四人司令者爲管帶官才爾拉許副管帶勒公德中佐亞蒙生副佐美拉哀剌守備唐穀專管地面格致等事拉穀費若係植物學專家亞董斯基精於地學云

嘉定　周傳謀譯

中法新彙報 西十月三十號

勃安尼暗出使記

法廷派往中國查察各口商務使臣盎意勃安尼暗於本月三號自埋而婆安納城返馬賽口該使雖在道二年幸其體質過人不覺風塵鞅掌其所報中國各省及南方一帶情形甚爲詳悉故馬賽口興圖局因其蕆事西旋特爲布筵慶賀如欲知該使所查細情盡在駐華時稟稿中渠至中國南省查得法國商務最利之處惟有興築北圻鐵路緣雲貴二省地氣温和土脈沃衍其民之工手藝者亦較多於越南該處地大物博且又富有礦產將來能由粵西一帶接至北圻則廣東載貨出口豈不較爲便易儻由紅江湄江或由皮安麥尼越過英土則英人蔦而寡恩君云此路若從意亞河亞提江直造至雲南須越高山七八座比鐵路告成行駛紅江之船必不至艱於前進將來商務必臻臻日上也惟海關章程務宜嚴密乃能得邊疆運貨之利若英國與皮安麥尼條約議定後則所開之西江口岸

及廣東沿海商務非英人獨據亦各國所共利也梧州一口法人居多去年六月勃安尼暗乘坐西江商船自宣威省至此知現所劃界其商務皆應日有起色至雲南與鄰省土人其性皆和平溫厚因迭遭烽火故民數式微然各處亂民雖多終未及土人之半且黔桂邊界亦無與勃安尼暗君爲難者此不足慮惟人地生疏將來辦事恐多耗費耳而北圻地方卽可乘機獲利是亦長算在京商部急宜加意經營緣法商遇事每不思捷足爭先如英領事婆安納君與德領事克那伯君各於扼要地方委員稽核運貨出口之數此當事所宜留意者也他日不幸有與我尋釁者則寧請和息戰以保商務無輕於一試矣頃觀英德商輪於中國海面日增月盛而我法國旗號惟見於輪船公司與國家公司其衰微如此可勿急起直追耶

一千八百九十七年十月二十九號英郵船帶迷斯所裝各洋行出口絲數

同上 西十月三十號

	一千八百九十七至九十八年	一千八百九十六至九十七年之總數
瑞記	三百六十二包	二千九百九十九包
拔維晏	四十七包	二千八百六十五包
播威	十包	一千八百五十七包
禮和	五包	二百四十三包
公昌	無	三百五十五包
惇信	四十七包	七百九十一包
公和	八十四包	一千二百七十九包
公平	無	四千四百二十七包
怡和	一百三十八包	三千二百二十一包
延昌	七十包	一千五百十三包
信孚	無	二百零一包

新時昌	無	三千九百十四包
永興	無	七百五十七包
筆剌	六十包	二千一百九十五包
立興	無	二百九十五包
和泰	三十包	三千五百十六包
時昌	一百零四包	四千三百五十包
中和	一百五十五包	七百六十三包
巴爾斯	八十七包	一千三百六十三包
松特黎	五包	二百五十六包
總計	一千二百零四包	三萬七千一百六十包

	西十一月五號各行運絲出口至坎拿大總數	自西六月一號至此次運出總數
瑞記	一百八十七包	三千一百八十六包

拔維晏	十包	二千八百七十五包
播威	二十五包	一千八百八十二包
義源	十五包	二百七十一包
禮和	一百十五包	三百五十八包
公昌	無	三百五十五包
惇信	無	七百九十一包
公和	三十九包	一千三百十八包
公平	十包	四千四百三十七包
怡和	二十六包	三千二百四十七包
延昌	無	一千五百十三包
信孚	十包	二百十一包
新時昌	一百八十五包	四千零九十九包

永興	無	七百五十七包
筆剌	三十四包	二千二百二十九包
立興	十包	三百零五包
和泰	十七包	三千五百三十三包
時昌	一百六十五包	四千五百十五包
中和	無	七百六十三包
巴爾斯	二十八包	一千三百九十一包
共計	八百七十六包	三萬八千零三十六包

日本安藤虎雄譯

論鐵製局急務

時事報

富國之基礎在振作商務振作商務莫先於興起工業工業不起則商務不振商務不振則富國不可得而望也我國近年風氣日開國力充實物產豐阜雖非復昔日比其所爲物產者多係農家所作鮮藉機器工藝之力而成試就每一年課稅額驗之田租常居第一等亦可以知商務工業未暢盛也

抑興起工業莫先於製造機器欲製造機器則當先設鐵製局若夫機器一切仰之外國而欲鼓勵己國工業則糜財多而收功少其不便莫大焉人亦有言曰奈技術未逮泰西何是望未詳悉近日情形耳試思自造兵船業已不少比之訂購外國者未嘗見有優劣也且近日長崎造船所製造六千噸大船竣工在邇雖未可以一事概萬端而日人之熟諳藝術亦可以見一斑也不惟造船術用鐵材製造機器者通邑大都往往而有惜規模不甚宏敞至其藝術則固足方駕西人矣

或又云技術精巧固已得毋經費更鉅於彼乎此論亦知其一未知其二近也俄國取材泰西以製造諸種機器而價值反廉於彼者不爲少以工貲薄也工貲既薄加以己國材料則欲價值不廉而可得乎雖然鐵製事業規模欲大貲本欲多其所期不在目前小利而在永遠大功非區區爭錙銖者之所能爲也故有富財力者同志協力一興起斯事業則世人視以爲不易企及欲無之頡頏者幾希然則其成功似至難而實不難可知矣今也歐美雜居不出二年彼輩之敏於見利必有投大貲策大業者我國若依然株守惟農爲大宗則已苟知工業爲立國之本則應進用力於根本也何爲根本謂鐵製局也

預言歐洲變亂

鎮西日報

法京巴黎有僧某自稱預知將來百不失一四方傳聞問吉凶者盈門一日非樓新報館人因暇訪僧質以歐洲大勢何如僧即教童子書數句紙上曰妖雲暗澹自亂之兆不出一年而法國動搖當此時有宮斯坦者崛起猷畝間覆政府代之

而新政府不久而又顛共和制破爲王國此王今茲二十六歲爲顯理四世正統又曰法國之變亂不止於法國歐洲列國咸傳氣漲英國先土崩瓦解某國有王帝當死社稷凡之數者命既定竟不可免也要之齊東野人語君子不取暫書以示歐洲形勢見妖言之所由起耳

論印度方來情形　　國光雜誌

英國名士史雷君論印度方來興替引證該博議論明晰一讀足以悉印度事狀乃譯出如左方曰一千八百三十年來印度爲英俄爭衡地其關繫於亞洲形勢洵大矣故疆土雖在海外萬里英國常重視之猶對歐洲列國蓋印度土地丁口與合歐洲列國而除俄一國者相匹敵建國既久開化最舊言語宗教道德文學數千年間傳至今日皆其己國固有者是最可觀也

印度爲國如此而世人之知之未如知歐洲何也蓋歐洲者人知其包含大陸矣至於印度則惟知其爲印度一國而不知其他漠然以爲蠻烟瘴霧之區地理人

情風俗物產等付之不問者比比皆是也予請區別印度全國而列舉其土地丁口更與歐洲列國比較之

阿日美兒州暨麻哈伊拉州	四十六萬人
別拉兒州	二百九十餘萬人
安大那曼列島	一萬四千人
馬土拉斯州	三千零八十餘萬人
孟買州	一千六百四十餘萬人
孟加拉州	六千六百六十餘萬人
北西部州暨歐度州	四千四百十餘萬人
分日阿無州	一千八百八十餘萬人
東部暨中部	一千八百餘萬人
外十一部落	六千二百餘萬人

共約計　二萬六千萬零零七萬四千人

試取以上各州比之歐洲列國孟加拉州土地狹於法國而丁口數之北西部幅員與我英國無愛蘭相等而丁口數之馬土拉斯州與英國大小略同而丁口稍少分日阿無州丁口在西班牙國上孟買州較西國丁口稍少要之印度各州與歐洲列國形勢相似區別其宗教與信徒如左

一印度教徒　九千六百餘萬人

二回回教徒　二千五百七十餘萬人

三土人教　三百二十餘萬人

四佛教徒　一百七十餘萬人

五基督教徒　九十六萬人

六土枯教徒　一百餘萬人

七日亞因教徒　六十餘萬人

八猶太教徒　五千人

九拔兒時教徒　四萬三千人

十未詳者　四十餘萬人

共約計　一萬萬二千九百九十餘萬人

右所列皆丈夫也然讀書解文字者僅二千五百餘萬人云

幅員之廣大丁口之衆多宗教之錯雜其可見者如是故雖名爲一印度國實與歐洲列國等而英政府自八千海里以外鈐轄此大邦息土其統治之難不亦宜乎蓋古來建立大國者東亞有中國西歐有羅馬至近世又得一美國中國羅馬姑措焉就美國觀之雖版圖闊廣其爲國千里一域電線鐵路縮地有術轉輸交通商岸日開且夫人種一族語言一律至風俗宗教事亦相均故政府之臨此猶治一鄉一家不覺其難也英國之於印度夐異其撰其國土則隔越萬里其人種則白黑殊色語言不齊宗教不一人情風俗亦大異其施政之難可同日語耶英

國政府布以爲善政者印度人民未必謳歌也英國政府視以爲良法者印度人民未必悅服也彼之利則我之害我之得則彼之失方鑿圓枘各執其見一是一非互競曲直治異域亦難哉而英國至今能統斯屬地是地球上幾無比例也

泰晤士報評德國擴張水師　　時事報

德國已霸陸地邇來復有雄視大瀛之志海軍大臣某奉皇帝命編製擴張水師議案先訪於前相俾斯麥翁翁曰非議之失其機則未也某復命帝勿從決意開議倫敦泰晤士報評之曰英國島居版圖散在地球有事則調集兵艦決雌雄海上無事則駛往各國以衛商旅張國威是自然之勢不得已也至德國形勢與英相詭何苦而糜財增艦如此其急乎其曰保護境外商權一或有之然兵艦與商舶其墩數既權衡是亦幾不可信也雖然國各有國故德國以增築兵艦爲先務則吾亦何咎英惟漸增艦隊以張己國水師期無損國威失商權而已

川上中將論西伯利亞事　　
國光雜誌

客訪川上中將道及西伯利亞旅行事中將曰予以西歷八月八日進海參崴口自是深入內地至九月三日復還其所閱日二十有七往三千三百俄里所至受俄人饋給長途遠覊儲偫無乏予是以服俄政府客冬游安南暹羅今又經西伯利亞腹地具察其情形彼此參考有大感於西人之經營東方焉茲土距俄京數千百里其於跋涉艱矣然創建吏舍增築兵營規畫鐵路興起工業振作商務開墾不毛百事勃然日有起色使旅客往往刮目夫人烟稀疏交通不便如此然而治績斐然足動觀聽者如彼何也俄政府之措置一得其宜也蓋其經營茲土一切以軍法部署之其統御地方之職自總督州縣皆用武員而文吏反隸屬焉其所事事直弄刀筆校簿籍耳監視華韓流賓之服勞役者亦皆以軍隊故西伯利亞八十萬方里山川草木飛鳥走獸無物不隸於兵權亦可謂希世壯觀也

俄大彼得之遺命承之者百年不諭勇往奮起初志逾堅此歷代史家所大書而列國論議之士所腐心也近如黑龍軍管地（總稱黑龍後貝加爾州及樺大島）每歲經費至一千

萬羅布留而所入未足以償其半額政府所損必不鮮也然猶專精一志無所顧慮期他日得成其業宜哉其治績之日舉也

俄國新報論高麗形勢　時事報

俄國烏列密亞新報有論高麗形勢一則曰日本政府嫁名一私人購地各口建築兵營創立廨舍時設騎馬學校陽稱傭工而陰屯戎士仁川埠已建捕房置捕吏一與己國不異曩商旅在平壤考爲土人所襲繫立調兵艦登陸列隊其無顧忌如此英人恒言泰西人之對亞洲在斷一字矣優柔姑息惟招輕侮而已旨哉言也俄國而甘以覇權付日本則已苟欲與彼頡頏盍速示決志所在若苟且偷墮以失事機吾不取也烏虖俄於亞洲東北用意最深其高麗威傾內外而尙爲此所謂不知其苗之碩者非邪

英國海軍大臣演說　大坂朝日報

英國海軍大臣某臨議院演說其要旨曰本年應新造戰艦四艘其一與下那嫣

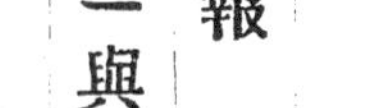

號艦大小略等載重一萬二千五十墩速率十八海里外三艦與頭等戰艦麻些的號同式載重一萬四千五百墩吃水二十六英尺有奇速率十八海里所裝兵器亦無大差惟以增置新式口徑十二英寸暨口徑五英寸礮若干尊爲殊別造新艦八艘駛行中國江河並阿弗利加洲尼羅河以保護商權長約一百英尺左右速率自九海里至十三海里吃水僅二英尺蓋此種兵艦載重速率不必過鉅所要在吃水最淺故特命新造又建造砲艦四艘長各一百八十英尺闊五十英尺吃水十八英尺載重四千六百墩速率二十海里以備速駛頻增巡艦英荷袖手他日懼爲列國排擠故不得已而出此斯其情亦苦矣

地球人類區別　　地理雜誌

區別地球人種爲五類一曰黃人二曰白人三曰黑人四曰馬來人五曰銅色人黃人一名蒙古人種支那人滿洲人韃靼人日本人朝鮮人土耳其人匈牙利人芬蘭人耶士期遜人皆此種族人口約五億五千萬

白人一名高加索人種英國人美國人德國人法國人意大利人俄國人希臘人埃及人亞拉比亞人皆此種族人口大億四千萬

黑人一名耶西嘔必亞人種亞非利加中部土民暨所謂黑奴者皆此種族人口一億九千萬

馬來人一名鳶毛色人種麻大加斯島人馬拉加人東印度羣島人太平洋羣島人皆此種族人口五千萬

銅色人一名亞美利加印度人種南北亞美利加印度人皆此種族人口一千五百萬

泰晤士報論日英商權消長　　地球雜誌

英俄久雄視亞洲權力匹敵爭霸海陸邇來日本崛起其間雲蒸龍躍國威日張世論亞洲情形者必聯稱日英俄三國然而日本商務有最宜注目者焉蓋日本之整頓商務也先革舊制一仿泰西風今也其制度之美遙在英國右至商業學

校教法整飭專志實用我駐東瀛訪事人所賞歎不措也商務既然彼水師亦足以保衛商權乎日本未嘗與歐美交兵則其兵力大小强弱若不可得而知焉而以往推來其勢力有駸駸不可禦者異日使英國艦隊不得逞威東海者必日本水師也然則日英交誼今雖輯睦而爲英國者其可無備預不虞之思乎且日本商工勃然興起振翮萬里外輒欲凌駕歐美列國而試雄飛其關繫於我國權消長益大矣且夫彼大坂之爲地與我比明翰暨曼識特相似而子弟習商務者學識才志皆無倫比能以所得於歐美之學術反加之歐美人綽綽然有餘裕夫既占地利又得人材如此其異日所爲果何如也英國商賈久與德國角逐今又得一勁敵於東方豈可以雲烟過眼視之乎威尼斯嘗在歐洲東部掌握商權貿易之盛一時冠列國不圖葡萄牙人回駛喜望峰印度土耳其人又據君士但丁形勢一轉利權墜地日本之於英國無亦有爲葡人爲土人之時乎哉

英勢增重　國民報

自俄法聯盟事傳播歐洲列國權力頓失平衡一離一合形勢漸動德國最憂孤立於是乎有通欵英國之説矣近刋桑港報錄倫敦訪事人函曰俄法同盟後歐洲列國之視英日月加重抵掌操觚而談時務者其論議亦自一變惟一失英國歡心是懼近如俾斯麥翁警戒德人令勿誹議英國蓋國歐洲者一旦與他邦交兵則得援英國者勝不得者敗是實今日之定形也英人亦自知其國力足以操縱歐美全局益浩然高視一世意者將來執牛耳於歐洲者非俄非法而在英哉

論英俄在波斯國勢力

東京朝日報

中亞細亞久爲英俄角逐地頃英人日温胡士打夫列撒君載筆遊波斯嘗權衡兩國絜長比短登諸某新報以警英人其畧曰英之國威商權日衰而俄之威權日振曩者波斯政府興起事業必先咨訪於英而後斷行之今也不訪英而訪之俄若惟以俄國憂喜爲己國休戚者是豈非勢力之一大變遷乎蓋自貿易言之英之於波欵額極少誠未足以爲痛癢自其政策言之則波斯實中亞樞要地英

其能輕棄之耶矧貿易之萎靡不振者亦本乎俄權之盛哉自俄扼波斯北境苛征關稅英之商務倏忽一蹶一千八百八十九年所進綿布至二百萬磅而一千八百九十五年減爲六十五萬磅至客歲更減爲四十七萬磅邇來英貨之入口者僅一港耳而此港亦將爲俄人所扼俄旣扼此則波斯北部一帶必無餘地容英人染指也夫俄外則抑英阻其通道奪其商權而內則擴張己國商務免除關稅鼓勵出貨綿紗入口歲增一歲則英貨之上市愈益寂寥矣不寧惟是近歲銀價日落波斯財力日匱是亦商務不振之本也然則英國竟無他術以挽斯頹勢乎曰非無術也波斯雖小猶可使財力增至四倍財力四倍則商務自振是豈足爲深憂哉所憂者以波斯將歸他國版圖耳而侵畧波斯者必俄英居其一矣爲英謀者先詳其形勢參驗利害必劃伊斯巴哈尼以南若得蘭以南地屬之印度政廳然後可以牽制俄人也

俄國三大權

國民報

俄之在韓其政策有三擁護宮門一也調練將卒二也監理財務三也既往姑舍焉韓王還宮以來雖俄人之出入宮門者不如昔日而金鴻陸洪鐘宇金明奎金道一等久爲俄人腹心今仍侍韓王左右俄國武員亦宿直宮中擁護如故雖其名曰還宮其實則與在俄使署無異也以兵權論亦幾歸俄國頃韓兵駐紮京城者有侍衛隊二千名親衛隊一千二百名地方隊一千名而其半爲俄員所訓練苟習日本兵法者雖材略可用貶黜不旋踵亦可以卜日俄權力之消長也監理財務一事屬最近政策而其所胚胎遠在閔泳煥出使俄國時然則其規畫純熟久矣聞俄所簡派人員皆承命政府爲韓治財然則比之傭聘充用者其威權之大小强弱不待智者而後知也抑韓國財政日非未知俄員將何以處置之吾懼與英政府之監理埃及財政一轍耳

女士雄圖

東京朝日報

美國市哥古府有日本流寓女士名曰鷹橋方弱歲風儀溫雅善操英語談論如

流泉常屬文登新報册誌名聲藉甚頃投女子採礦公司期以明年春季與公司董事夫羅連士金女士同赴北地亞拉斯加擇視金礦其言曰女子耐苦寒勝於男子吾請爲日本人嚮導噫眇乎巾幗以蒲柳弱質猶能懷此雄圖鬚髯丈夫寧不抱愧無地哉

花草繪每一册畢呂愼爲儲藏每一月則呈其叔所見月有進其後綜貫天人於斯卜之矣

后好眉目甚都麗性復柔淑時有阿而皮買利及李亨脫皆爲贊辭

士人讀書稽古每錄其所見聞以成雜史英某士嘗著書述后幼時事頗詳今采其說曰余嘗過懇心敦宮壎花園遥望數婦携一嬰女後從僕人二掣一驢驢雄偉其駕被以文縟四隅垂藍組殊麗近視乃駭曰是必王宮人也惜未諳其名耳一婦舉止端重似曾識面者審視乃知爲懇脫公爵婦抱持嬰女時顧盼之女廣揚好目其顋靚嫺淑時見於面短頰骨類其父且與歷世君英者相似見余趨至側笑呼曰好早晨英俗凡相見在早晨則曰好早晨如在晚上則曰好晚上蓋相見時互道寒暄語也迫視知其遇人皆如是觀某士所紀后幼時樂易可知也

一千八百二十七年卻利納以脫其新聞紙言嘗游懇心敦宮垣外見

瑟脫公爵婦携九歲女晨餐於草地女氣英朗無耎縮意且常讙笑知其成人時必能建盛業乃趨祝之曰上帝生是兒誠佑我民報章所載如是蓋不誣也

后之令人敬愛有可徵實者嘗乘車游倫敦列肆至鬻黃白金所一好女先在購黃金鍊見其選擇久乃檢得一具似甚愛者嗣問其値以太貴欲易一價廉者后屬之目知其力不逮非欲得寙物也俟其出卽問肆中人知其姓名居里乃購鍊去封以紙令持公主維多利亞名刺往致之恐其不受復令使者道殷勤意觀其推解無吝足以知其有人君之度矣

后純孝出於天性父母之訓不敢或背雖閱時甚久不忘親言

后父瑟脫公爵存時有兵希而門從公爵治及白老而脫礟臺軍事者也初軍中有謀叛者發有日矣公爵不之覺賴希而門告變得爲備未

至決裂公爵感甚擇懇心登王宮近處住房以報之嘗語家人曰希而門公忠人也我死當存卹之至是后母及后時過其家希而門有男女各一男以疾死醫藥棺槨皆后爲簡料女亦得沈滯疾疾作二日后適踐位爲延醫治一日醫來見女忽容光煥發無憔悴色問其故於枕下出聖詩篇示之言此新后所賸也使者來時謂后雖離懇心敦心極不忘耳是篇書籤后親署也書中箋識后親錄也上繡一孔雀察之知爲后幼時所讀書語次涕泗橫下謂醫曰后之待我誠恩禮盡矣君子觀於此而歎后之愛希女也其不忘希而門也其不忘希而門也其思親也嗚呼可以風矣

后善歌聲若裂帛優人弗如也又善舞能跳戲好游名山嘗走馬彎弓以獵禽獸有一驢其叔堯克公爵所贈愛之終日不離左右云

后善讀書所見必有悟如堯克某氏女所述后幼年事可以概矣女曰

譯書公會排印

后嘗隨母至混脫完視伯爵弗至惠連乘間游小樹林地沮洳后行甚速過仄徑道濘不平守園者不知爲后也大呼曰小姐勿司臘迫（彼王方言猶言滑跌也）后曰何謂司臘迫語未竟而蹈守者前拯之謂后曰小姐此即司臘迫是時弗至惠連在側曰司臘迫之義上當知之矣后曰此字可以終身不忘其警悟如此初英君主位惟堯克公爵及克來倫次公爵之妻后姊非亞特公主當之后弗與也及后八歲堯克公爵忽歿非亞特則已適人后始當位

一千八百二十八年后十歲初具知識於人之跬步舉止尤屬意焉一日詣王宮至喬其弟四所御殿見一少年而帝后儀者與語若舊相識詢知爲度拿美連伐爾落連即葡萄呀后也後英王以地主誼召葡后會飲并召后酒半酣葡后作跳戲翥花拂霰盡所長技后凝視知其意由是亦能跳戲後有某史家論二后技藝優劣以爲智過其師云是日

官之數反多於兵惟數小隊未去終賴其力以脫俄難云

十二月五號退至司毛而猝立法皇敗書既聞民心動搖懼有內亂思竊日夜力歸法京以靖蕭墻之變且欲整束士馬徐圖再舉因念士氣消沮已甚當何以振起之惟大書轅門歷數壘斯科獲勝狀使見者忘其勞苦然後可用既定計卽以兵付謀來鐵期三日抵惠而那比至靠無挪軍士不盈六千及來因河軍中棄械幾斷流惟後衛領隊官耨最忠勇所部僅三十人俄軍扼來因河橋耨引槍與三十人力衝得過既渡河復殿後以護餘軍俄人追之幾不得脫會有才地剝哈耨斯率生力軍自意大利至遂護諸殘卒至安耳鼻卒免於難耨當諸軍破敗之餘以數十人爲全軍後拒獨能沫血飲泣力禦俄人使瘡痍之士得免虎口其功烈誠震耀一時哉

法皇之伐俄終於覆敗或歸之天命殆非也觀其壯歲因民弗忍致屆

法京統兵未久遂成霸業其謀畧抑亦偉矣及中年以後窮兵黷武衆怒所歸向所建業已傾圮大半至是則遂魚爛雖悔過自艾欲如曩時爲全洲所震怖不可得已有大功盛名而不能保其終實自貽之咎也時法皇亦自知氣盡每夕仰視天星顰眉竊歎而歐洲氓庶自是始有生機矣

第二章　一千八百十三年野戰

初法皇於司毛而掰立委棄大軍即脫歸法京人皆知皇歸必思報復生民被禍正無窮期矣方出師時六十萬人皆以仁愛懇惻視法皇謂必能護我歸國由法皇善於籠絡故人人効死力及是知大命將殞雖爲之赴湯蹈火終不得報人心始渙每得詔令皆封還法京衆亦知不久其位皆不爲用雖法京舊部亦蔑視法皇矣時國人皆躍躍欲自主無從教令者

法皇敗後軍制亦亂有提督某素昏亂每下令常使小校監領其將諸將皆忿忿致號令無所施時旌旄車騎赫然盈前而步伐錯越紊如亂絲人以其軍容比洛勃鐵惠勒生英國大將曾破荷蘭阿爾蘭者之行殯云

法皇自司毛而獬立歸與統兵大員道別許以明年孟夏率新軍三十萬與諸將會初奥普兩國兵爲大軍犄角未深入俄境屯阿耳鼻間約二十餘萬人法皇擬於維思拖拉召集士卒計新軍倭團及奥布軍可得五十萬人期再舉伐俄決勝然俄人已下令修備蓋俄法故婚姻國故偵探爲易布提督約克濳與俄結奥帥坐畫陳盤亦卻歸獬利西亞無拒俄意

裕陳盤哈內司繼謀來鐵爲統領知必敗業已受命不敢辭即馳歸阿耳鼻先撥兵護拗特及維思拖拉兩臺

是時歐亞二洲皆知墨斯科破敗後聞其地漸復民困已蘇哀朔方者

譯書公會排印

始息中歐洲間尤廣爲傳播云

法之助皇爲虐者遂皆詛其速死於皇無論矣拉以姆一帶近畿之地已有立私會者或與英俄相交結冀以善其已敗之局然他國亦素畏法皇未敢訟言也故普王以擅命結俄責約克而奧亦稱法皇退守爲非計以此誑惑皇意是時中歐各國亦私會蜂起皆怨法皇之造作法律脅制全洲其國王復與私會深相結至是法之亡徵决矣

威林吞云法皇於一千八百十二年始統治歐洲之半其他半洲亦陰受節制各國事權既失故一時不能報也

方其致毒於俄凡貌託姻親之各國揣皇之爲必將殲我之衆而後已

維時法皇欲重出師日（謂日耳曼）普之野俄皇奮然遺書正告法皇曰爾之外舅奧王（即法后羅衣司之父）雖守局外之例殆欲乘機興傾國之師矣

法皇既還巴黎日夜謀召練新軍以復其榮名洗前挫之辱一千八百

十三年四月念五號練成新軍十四萬人戰具粗備此軍在安否士會馬個他山阿耳反耳特可盤軋等處招集惟馬隊乏馬搜括不足充數時裕陳盤哈耨麾下之餘軍其數大增約四萬人係在曼克地盤所招集者特浮司脫麾下軍稍弱在討高特燒地方所募其餘自集之新軍則皆在本國募合時閱四月迅捷無比至四月各路之師皆會

法皇自統新軍陣於西班牙復縱舊軍入伍教練水師全隊艦械亦充遂合水陸爲一然成軍期促新舊雜配步伐未齊雖費鉅餉權其戰力尚不敵奥軍及齊那（按齊那係日耳曼城名在稅鴨而河邊）人其將弁能勝統帥者尤鮮所用軍械均係常式在失其馬阿所造且多損壞修治之機器亦未全備勇丁未習瞄準彈力僅及一百碼或五十碼其飛彈拋物線及接續快發諸事均未精審若能免此數失法軍早已奏凱矣

此次出師將存儲軍械搜括一空其講礟法如學照相之難精將弁不

譯書公會排印

明方略但知驅兵造敵壘前已爲盡其本分吾不知其兵學能突過英人否也是時各敵軍之怯膽漸張且慮英軍獨占利益羣奮直前考吾英邦於一千八百六十一年至六十五年中屢執歐洲牛耳以能迅速成軍而摧仇讎之國雖有紀律之師無以當之若驅市人貿然攻敵則聚吾輩書生千百人致之戰場其能立不敗之地耶更如跨一未練之生馬欲馳一周賽奇角勝與法之練軍何異

初法皇敗歸各國之謀謂法軍勢難再振重入敵境至是警報迭聞不勝駭異豈知甫入咽喉即有大軍一營塞路

俄帥可拖索夫忽病遍體狂熱如宗廟燔炙之牲牢（西文涉筆成趣此類最多）威岑司吞代之法兵旁抄而入所過搜掠罄盡是時俄與各國之將皆欲迅速集師捍敵阻其蹂躪以媚於國無如兵勢渙散各顧邊境不能厚集其力遂無以制駐普國砲臺之法軍斯時法軍氣鋭隨地有勝俄之機

五月一號法皇統全軍進攻來潑集軋既至與俄師遻小戰各國皆惴惴俄帥威岑司吞大言曰法之新軍童子耳何能爲携七萬人叩勒岑而壘則已深入法軍羅網中遂戰勝負未殊威始知非法敵速退出險而法軍馬足弱不能窮追俄軍得至安耳鼻是爲法軍本年第一次戰事

五月八號俄軍退入暴鐵岑屯據險隘法皇乘勝入德勒斯達即其姻親薩克撒之王居也懾於奥威遂與法離然視日耳曼持兩端法皇既入討高特浮司鐵入海姆盤軋（日耳曼城名）以通安耳鼻之路

法軍旣屢勝何以終至毀敗史家推論其故如去年斯摹稜斯科之役若能殲滅敗克雷之全軍以震俄則可立約議和罔利無窮今茲暴鐵岑之戰各國精兵十五萬控扼險要左軍屯鈀布面愛呧山相犄角環以砲臺惟後路甚狹最爲奇險法皇神機獨運不威迷亞命耨牵七萬

人攻右路以抄其後身統八萬人擣其前俄軍飛走路窮而謗書紛騰遍布牆壁謂如一杯豐盈之酒手舉及吻鏘然墮地碎也時普軍列俄軍右白羅催統之率步砲數營迎耨軍既交綏白羅催身陷重圍伺間出走耨軍陣動遂不能堅守節度斷俄之後法皇方麾軍攻其前敗克雷奮軍苦戰一日潛師夜遁耨爲白羅催所掣不及分兵截其歸路是爲第二次大錯

是役也俄普兩軍既入網中少縱即逝法之霸權自此永絕固由客軍單弱俄普自戰其地呼吸靈通亦見用兵如博勝負不能預期蓋亦有天幸也

奧軍中立相機而動定計若法皇移師向奧則恃法軍中多奧人未必倒戈相向耳

嗣後大戰於勒鐵岑殺傷相當各國之師益退法軍乘勝直前有傾壓

一千二百十四年　波維安之戰　羅其培根生

一千二百十五年　格雷忒查達之約

一千二百十六年　諸男爵乞助於法蘭西路易　顯理第三卒於一千二百七十二年　查達之約批準

一千二百十七年　路易回法　查達之約第二次批準

一千二百十九年　休伯地盤判審官

一千二百二十一年　游僧入英境

一千二百二十三年　查達之約第三次批準於倫敦

一千二百二十四年　福克地勃羅推之叛

一千二百二十五年　查達之約第四次批準

一千二百二十八年　士提反郎登卒

一千二百二十九年　教主之勒索

一千二百三十年　顯理率師征波以都不果

一千二百三十一年　英人結黨拒意大利教士

一千二百三十二年　休伯地盤之衰

一千二百三十七年　查達之約第五次批準

一千二百三十八年　利斯德伯爵西門娶顯理之妹

一千二百四十二年　顯理敗於太利玻　諸男爵不肯納賦

一千二百四十六年
一千二百八十三年　北威爾士太子留威林愛潑格路非德

一千二百四十八年　阿爾蘭人不肯納賦　侯爵西門在加斯哥尼

一千二百五十三年　侯爵西門回英倫

一千二百五十八年　阿斯福之約

一千二百六十四年　愛米安之示諭　路易斯之戰

一千二百六十五年　民選議員入議院　以維散之戰

一千二百六十七年　羅其培根著遏普斯買格斯書　共認留威
林愛潑格路非德爲威爾士太子

一千二百七十年　義德瓦赴十字軍

一千二百七十二年　義德瓦第一卒於一千三百零七年

一千二百七十七年　義德瓦征服留威林愛潑格路非德

一千二百七十九年　定産勿遺與人之例

一千二百八十二年　戰勝威爾士事

一千二百八十三年　定商人之例

一千二百八十五年　定溫折斯德之例

一千二百九十年　定魁愛密士挨之例　逐猶太人　比利海
姆婚事約

一千二百九十一年　諾雷姆議院議蘇格蘭立君事

一千二百九十二年　蘇格蘭控告義德瓦所定君位　羅其培根卒

一千二百九十四年　貴安爲法王腓立所擒

一千二百九十五年　法兵船攻度弗　英議院末次整頓

英與蘇格蘭及法蘭西戰事（一千二百九十六年至一千四百八十五年）

一千二百九十六年　義德瓦戰勝蘇格蘭

一千二百九十七年　瓦拉斯戰勝於斯德林　以教士爲法外人
諸男爵不肯從事於貴安

一千二百九十八年　義德瓦戰勝蘇格蘭人於福爾苦克　與法蘭
西停戰

一千三百零一年　諸男爵於政府索議院有舉欽差之權　諸男
爵要挾重定查達約批準

一千三百零四年　蘇格蘭降

一千三百零五年　波武議院

一千三百零六年　羅伯普魯斯作叛

一千三百零七年　加來爾議院　義德瓦第二卒於一千三百二十七年

一千三百零八年　克弗斯敦被逐

一千三百十年　參議官整頓維新條例

一千三百十二年　克弗斯敦卒

一千三百十四年　板納之戰

一千三百十六年　雅典里之戰

一千三百十八年　義德瓦受議院定例

一千三百二十二年　蘭加斯德侯爵卒　廢議員所定例

一千三百二十三年　與蘇格蘭人停戰

一千三百二十四年　法人攻亞機坦

一千三百二十五年　義德瓦太后太子在法蘭西

一千三百二十六年　太后至英

一千三百二十七年　義德瓦第二廢立　義德瓦第三卒於一千三百七十七年

一千三百二十八年　立諾忒姆瀫吞約認蘇格蘭爲自主之國

一千三百二十九年　羅伯普魯斯卒

一千三百三十年　羅其邈的麥卒

一千三百三十二年　義德瓦巴略率師侵蘇格蘭

一千三百三十三年　哈里敦山之戰　巴略來朝

一千三百三十四年 一千三百三十五年　義德瓦率師侵蘇格蘭

一千三百三十六年　與法蘭西失和

得一百七十部史一部地理家有慧生行傳一卷六百二十八年至六百四十五年之元奘所著書皆精詳閎廓西人更徧搜中國西藏各寺所藏典籍業已譯出者不知凡幾皆有裨見聞非徒勞精力者其尤要者則有漢晋唐等朝國史自耶穌降生前二百年至耶穌降生後九百年中所有各事悉皆詳述較釋藏更爲可寶但所譯出者寥寥無幾因所紀瑣事不一而足如盡以英文譯出非但耗費時日且印工亦覺不貲即如一千七百八十五年時有梅喇者曾譯印通鑑綱目共十三卷所費甚多爲益甚少此可證矣三朝國史所紀叙利亞波斯希臘怕狄亞等國事較彼國人紀中國事尤覺精審即如中國史記所載福靈或康司坦汀奴潑而即現在土耳其京城事較西人所紀中國長安情形更爲詳盡惟據俞爾所云中外著述家有彼此同病者蓋據邊界所見以爲闔境皆然猶之誦吾西人自撰之書紀其見聞於廣東者以爲中國十八行省其風俗皆無二致也又據拋

鐵耶所著中國書云大秦與福靈通使往來雖昉於一千九十一年然彼此遣使亦寥寥數人而已惟據前俄羅斯駐劄北京公使衙門之白勒虛那含豆所箸之書云阿拉伯人在趙宋時即一千八十六年至中國者已實繁有徒且源源而往前此唐時往者尤衆若魏晉兩朝間錫蘭島（地積二萬四千七百零二方英里）亦時遣使至華此皆爲佛經故中國釋教即自此盛矣但據吞能脫錫蘭史記所言則商務之盛亦未始非賴是也

西歷一千二百六十六年錫蘭王曾錄用中國兵丁而中國亦遣使臣前往該島購供佛盂鉢一千四百五年明成祖以惠家耶排呼第四（疑即錫蘭王名）慢其使者特遣三寶太監鄭和率水師船六十二艘及陸兵若干前往鉛布底耶（在亞細亞洲極南海濱近暹羅地積三萬二千二百五十方英里）暹羅等國及沿海各處游弋宣示威德責令入貢因忽必律（元世祖名呼必賚）之疆土今爲明氏之疆土也（其所以爲此語者蓋元始祖威名徧及南方各國雖西人亦畏之可知彼時中國之強盛也）明年鄭和耀兵錫蘭島時錫王謀

擒鄭和和遁去反設計獲錫王及其官屬獻俘至北京至一千四百十一年始蒙恩釋而該島已立新主在位五十年每歲納貢維謹至一千四百五十九年始止此猶嗎（葡萄牙國海軍統領生於一千四百五十年歿於一千五百二十四年）未至招立克脫（印度嗎特喇司省沿海地名）以前三十八年事也以上爲中國末次航海懾伏各國情形

又據納司妥廉恩（見前註）教士書云中西相通自諸士顛尼恩（即羅馬國別緩痕汀皇生於四百八十三年歿於五百六十五年）時始至阿拉伯人懷瞎勃及阿蒲才特游歷東方時止此二人於八百五十年及八百七十七年中所著游歷記言經過海道及所至口岸風土民情并一切通商門徑靡不詳悉按此二人所記中國事其明確處在西方誠首屈一指他人所著亦或與二人彷彿然其虛實未能臆斷惟二人所紀則均屬有益是以一千八百四十五年時法人而累努將此書譯出註解評語一無遺漏有云阿蒲才特所紀

譯書公會排印

甘撫城商人自相殘殺事彼時此城爲阿拉伯商人屯集之區因城中有墨亨麥騰即回回教瞿乎司即猶太教克立司强司即耶穌基督教襪基恩司即古時波斯國襪基所興之教其教專行幻術巴西司即古波斯拜火教教民立市貿易互相嫉忌遂致突肇禍亂死者十二萬人可知彼時商務暢盛故咸奮不顧身也按甘撫即澉浦距杭州二十五賣含兒英里每賣含兒約華三里三近乍浦地方與舟山各島海面均係江浙門戸阿蒲才特盛稱甘撫富庶繁華蓋實指杭州言也因錢塘江潮汐甚急商船不易停泊故下椗澉浦迨八百七十七年亂後其地因此蕭條商販均往廣東時廣東地極僻陋民情强悍較生番特畧勝一籌惟至嗎苦怕樂意大利國游歷人生於一千二百三十六年歿於一千三百二十四年時則澉浦猶常有商船進口其貨物均由印度運至

嗎苦怕樂未至太平洋以前蒙古勢力極盛時青吉斯汗及其後嗣常率所部在地中海與揞司披恩海此海在歐亞二洲中間長七百六十英里闊二百七十英里間一帶地

齧蝕芽蘗又若於氍毹之上散布千滴黃金也旁有一澗可資灌溉妍麗之色芳烈之氣皆斯澗成之快哉此行乎里中居民櫛比鱗次皆倚樹支棚亦頗不俗間有葡萄牙人居此蓋彼族嘗爲是土故主也然大半土著爲多其間教堂佛寺衡宇相望雖各教雜沓忿如仇讎以地氣温和風景留麗凶悍者亦化爲馴優不欲逞其暴戾爲佳山水羞故教案無聞焉英人於此置防營一凡兩哨一槍兵一輕兵監以大員一該大員又兼領波衡脫奪茄捋酋長之職錫蘭島總酋長駐札高隆巴城距此四十三里苑（按每里苑合基路邁當四約當中國四里）

軍門意沉沉別有所念常嚼鬚蹙眉惟至園林時有樂意居恒一如常人以敵行太遽未通謁諸有司不數日傳至波衡脫奪茄捋及高隆巴某大員來咨詰責語殊峻厲

軍門又得一悲痛事因是日香港新聞紙紛傳法軍工程官副將台路

賴奪爲人擊斃於高興希納（即越南國）得此噩耗傷悼萬狀蓋軍門與台雅故也台前在南貊西司船此船乃法國兵輪之一與余等所乘公司船同名台於其中侍奉水師提督巴日且爲帮辦軍務身當前鋒居大檣與船首小檣間忽一大礮彈飛中其軀腰脊分截而死

所謂岡日船者固湫隘囂塵矣然更有朋茄爾海灣風波險惡播名已久是時海水瀰湃波濤大作致余輩所居小艦本爲停澳避風者至是全船震盪不能自持反若桃核之堅殼在多依拵利（范爾撒以園中之湖）湖中向者南貊西司在波浪間尚安隱如懸衡今安在哉前日之良友麗妹同舟共濟者今亦何往哉今昔頓殊爲之愴絶

所謂麗妹者舟中僅存一人病憊已甚是女故英產自馬賽驛起程至此容顏大非昔比每日有水手四人以胡牀舁置船面使挹領空際清氣而見之者愈知其必死莫不哀憐之遇病勢有變皆竚待其旁欲親

見屬纊時同舟一少年亦英產面頰頎長如暗奧捋神主暴風雨者身材碩大如暗爾矩捋仙人（皆古神仙）見此女病劇心憐甚折途送之并爲悉心調理殷勤服役噫是人以一念慈仁跋涉遠道異矣及吾船既抵香港回溯自錫蘭開駛以來未二閱月而向之骨立如柴者其肥澤已勝於前感少年恩遂與誓爲夫婦云

令舟中不貯穢物雖顛簸猶可忍受何者吾輩老於戰場筋骨尙健也乃穢物既積如邱陵且又滿裝鴉片自船底至窗口頓積無算是物流毒甚深所以與人者曰癡醉罪孽死亡三事而已第其價値踊貴英人業此者又莫肯棄斯美利彼素以愛人自命其愛人乃如此

是時有無味淡氣自船底騰上隨過澳削大洋其毒燄頗盛致人醉瞀如常在夢中乃至食不解味坐卧不甯身如痿痹胸中煩懣無可排遣雖寢後扃戶亦能透入終夜喘氣如被魘神其蠱毒深矣

譯書公會排印

無何松特海峽已在目前逕向檳榔嶼進發將駛進海峽時忽報船主之副因病捐館蓋初患傷寒數日又爲鴉片變敗清氣遂致喘死

凡水手屋船而陸海終身所務者築其葬身之墓而已蓋生長於斯死卽歸壑也該副歿後同人爲之治喪先以布帆裹屍密縫之當足置鉛丸一枚使其增重得直竪海底乃停輪陳屍薄板上掩以英國旗號四水手舁至右舷以一端置船口一端倚於懸杉板船之鐵條時榜人過客皆來會葬以船主代教士朗誦福音爲死者祈禱水手和之誦畢船主又道送别語乃聲礮四水手各偏握掩屍旗章又二人掀薄板一端墮屍海中同人倚欄俯視目送良久時水色清徹見屍果竪沉乃放槍數響以示永訣

其時監視行船首領在船面玻璃房高瞻遠矚并用傳聲器發令機器房於是暗輪轉動三四帀復停止一小時少頃又動乃轉行如故同時

管舵人展動舵輪令船稍離平行線轉折前行宛如弧形一角蓋治喪時船稍偏左至是欲其復行故道也

越日有童墜水喪禰爲船主批頰

余等至檳榔嶼人皆甯謐船旣泊岸添購煤斤以備他日之用人則登岸閒遊數時畦間青苗與波衡脫奪茄將相頡頏風景亦頗不惡惟稍粗野耳歸舟時適經某處其地甚險過之者咸有戒心蓋松特海峽之得名者以行人至此必手持松特（量海器以鉛爲之連以線垂之水中測其淺深）乃得安行故是處左有麻六甲右有蘇門答剌水道皆艱險甚土民有食人之名雖舳艫相接皆不敢引入腹地而歐西人民聞其性情暴戾谿壑難滿亦莫敢攖鋒者惟相率趨避以免吞噬凡行船至此衆志惕如管駕時取量海器測水道深淺閱數點鐘輒聞巡防水手呼量海線幾何及海底平坦否或曰是處乃礁石有頃又聞曰是處乃沙灘若多蚌蛤吾船所過

譯書公會排印

地多珊瑚螺甸如行頸圈耳環中云

又至一所海底多蒲藻類及一切植物之緒餘以故舟行水面如行青草場船過處水爲之分一若分劃草地也者雖畫圖不能顯也而此青葱叢茸中時有虺蛇遊曳有長至三邁當者及至新加坡時已晚其時又有一郵船自歐西開行至此循例放礟余等方睡爲之驚覺

此地酋長不似前此之輕慢使軍門退有怨言方抵舟親迎敦請趆岸軍門尤留三日衆皆登陸甫至埠即覺履道夷坦一解煩懣

將抵行轅軍門猛憶要件數事未及携至立飭余至舟中搜索時余亦忘携信件無算乘是檢得藏諸小篋返至馬頭即僦一肩輿因思輿人被屣即可驅使服役會二輿人皆華產踴躍從命俄有一人至似與輿人相識者向余索取所攜小篋余即取付之乃進發

距埠未數武約五分鐘程見有支路三道行人雜沓呼聲如鼎沸輿人

賽商重編

法國蒲以賢原著

古雷業增訂　　　　嘉定吳宗濂挹清甫譯

Aa Ach Au　一曰挨挨亦稱挨克、又作烏、究其原意、猶言活水也、現有數河、以此命名、其最鉅者、係在法國、發源於阿爾督沃Artois（在法北境）大山、流入叭特界雷Pas de calais、拿爾Nord兩府、滙為天然界限、過散督梅Saint Omer（即叭特界雷之會城）後、船隻即能行駛、浩浩者約長八十法里至搿拉佛離呱Gravelines（即拿爾府之縣城）以入北海Mer du Nord（在法之北英之東瑞典之西南）另有同名者、六在瑞士Suisse三在荷蘭Pays Bas二在排尾哀Bavière（瀛寰志略稱拜焉）五在浮司忒發利Westphalie（今為普國之省）一在丹馬Danemark一在俄羅斯Russie為瑞士國六江之冠者、發源於安退槐爾Unterwald縣（在瑞士中樞）滙爲小湖二、曰倫傳恩Lungern曰奢爾能Sarnen、迨近阿爾潑那克Alpnach遂入喀忒爾港冬Quatre Canton大湖、在俄羅斯者、長二百四十五法里、Kilométre近波羅的Mer Baltique海、經華爾買Wolmar文騰Wenden至利茄灣Riga入海、餘河未詳、

Aachen 挨挨生、係德國字、法文作哀拉失彼爾Aielachapelle詳見後文、

Aagesen 挨挨傳生、丹國史學家之姓也、名史文特、Svend著有史記一部、盡於一千一百八十七年、

Aalborg挨挨爾耙爾格、即丹國挨挨爾耙爾格省之會城、跨倫費嗄爾特Limfiord河、在未耙搿Viborg東北、相距約七十一法里、Kilométre處北緯線五十七度零二分四十六秒、巴黎經線迤東七度

三十五分十六秒，地爲水路嘉埠，惟進口甚艱，有天主教士駐扎，并有航海學堂、藏書庫各一，及大書塾數處，水族多大魚，生意以雜糧種籽爲本，一千六百四十三至五十八年間，兩次爲瑞典人所據，至一千六百六十年復還丹馬，教士所轄地界，係兼就忒郎Jutland之北境及來沙Laesö一島，奉教居民，約十七萬五千。

Aalen 挨挨倫，在德境，共有多城同名，其最大者在會頓培Wurtemberg國，跨谷扇Kocher河，居民六萬八千，向爲國王駐蹕之所，至一千八百零二年，始移他城，内有紡紗廠、硝皮廠、鑄鐵廠等，另一城在普國浮司忒發利Westphalie省，亦稱衝要，近門司德Munster（即浮司忒發利省之會城）

Aar 挨挨爾，瑞士國官河，自三哥打St Gothard山起，由南向北至蘭因（瀛寰志略作來因）Rhin江止，縱橫統計幾佔瑞士全國之半，流長三百法里，兩旁多支河、左曰路西恩Lütschine山芒Simmen耍里恩Laline（亦作耍恩Saane）低哀爾Thiele右曰盎芒Tmmen浪善登Langeten須爾Suhr婁司Reuss倫馬Limmat凡瑞士國景邑最佳之湖、多由此出、如喀忒爾港冬Quatre Cantons就里克Zurich發倫司打忒Wallenstadt就格Zug爽叭克Semqach納紩耽爾Neuchâtel馬拉Morat皮哀恩Bienne孛里盎Brienz堆恩Thun等是、此河發源於分司堆爾亞爾恩Finster Aar Horn山（山高二千零三十七邁當）山脚間、即上文所言之末、二湖、再下、成哼覃克Handeck瀑布、（高八十五邁當）飛泉倒瀉、極爲美觀、固瑞士最著之名勝也、山巔積冰、整塊流下、散至各處者甚多、入西境後、繞梅令成Meyringen安忒西音Unterseen因對獵更Interlaken堆恩Thun培安恩Berne挨挨爾培爾Aarberg蒲倫Büren及低哀爾Thiele河三叉口附近、宛如極大旋圈、於是經由賒婁爾Soleure

昌教說

五湖長撰

虛穴來風古霤穿岱蟄火焚槐積蟻潰河陰陽消長之理元黃交戰之機憧憧億禩莫可究詰二千年來種與種讎教與教讎蒼生之禍未知其極五湖長曰今日之中國小人有會君子無會異端有教正學無教何言之盱夫厚地膊膊衆生澐澐圓顱萬族橫目一治苟非上哲與夫下愚度其知能大體平等然衡以九等觀人之法十科取士之方其間相去或十焉或百焉或千且萬焉是何也吾觀夫闤闠之流阡陌之羣列肆之長編伍之士前無師法後無師承百人之中亦有四五略窺六甲粗習一經然而攘攘以行墨墨以止碌碌以生泯泯以死則不教之過也又觀夫鄉曲小生墨守繩趨稗販六經割裂四子秦漢後書搖手戒讀 皇朝文獻東閣薶塵貌虎賁爲中郎淪秀才於學究前不知古後不知今橫督六合從曹八星前聖後聖宏綱鉅典保民興學之規通

譯書公會排印

商惠工之術徒襲積夫煙墨滌蕩爲埃塵則不善教之過也不見夫西方薙髮皙面之民箸書盈家歲益萬種製器運機出神入天心窮八荒足偏五洲物產之所殖輪航之所輸礮火之所震兵力之所壓日長炎炎犀利無前國能之士胸羅經緯折衝於壇坫以執歐洲牛耳是善教之明效也不見夫炎方裸壤昏荒之國鹿豕蠢蠢販爲人奴若羁馬牛終古不聞智士種類將微是不教之明效也不見夫東瀛三島幕府世權浮浪騰踔太阿倒持大君守府西國乘虛斬鑰要盟明治革制倡自君后舊俗丕變改約定稅列於公法蔚成望國工商競巧瓌貨廉值通行歐墨近更榜然大矣是蘄於善教之明效也嗟乎人生墮地耳目開闢百骸奮張市人可聖殆非虛語及其繼也九譯不能通巧歷不可稽吾觀於是而歎非造物生材之難而陶鑄之琢磨之俾盡性而踐形斯實難已中國周孔以前聖學大昌孟子距詖行楊墨申韓輩如爝火之

遇朝陽漢道中衰金人入夢佛始萌芽耶氏之徒亦造端西土魏晉以降釋老代興隋唐之間天方教祖雄戰立國其徒蔓衍千載徧播各行省世雖不解伏戎屢起中邦學士漢最務實六朝之際文采組縟輔以元譚唐治詩賦宋尊性理有明以後束縛心靈耽嗜臭腐以為神奇孔教之衰蓋六七百年於茲矣方今佛氏舊國併於白人象教東漸日益凋耗耶教之王權亦寖替然其徒設堂行教於我中土徧地多有奸民迭鬭國受其儆電書朝騰軍艦夕臻不逞之衆倚為藪窟然而二三士大夫粗讀聖賢書則瞋目語難不可得而動也是時俄邦亦建孔子廟堂我之十三經歐洲各大書院俱有譯本典章之盛倫紀之懿亦漸入乎歐墨之士之心豈非千聖之道晦明絕續千百年後將徧地球而大一統之耶昌黎有言不塞不流不止不行蒙則曰不流不塞不行不止蓋彼教之來即我教之往異教之東實孔教之西先聖若生斯言不易

譯書公會排印

日兵由貔子窩一帶上岸記　德國參贊司當波格撰

日本兵二萬五千人計運兵船五千艘每船載重約一千五百噸以內於西歷十月二十六日即光緒二十年九月二十八日至貔子窩地方兵丁礮械及應用物件陸續搬運上岸此次日兵各事皆順天氣晴明海岸易登中國無兵阻擋計每日兵登岸者約八九百人馬二百餘匹通計不到半月兵馬糧械等件畢登岸上其運兵上岸之舢板皆係尋常式樣由運船裝載而來大者長三十五尺小者長十五尺大舢板可載兵四十人馬十四小者載兵十五人至二十人馬一二匹或以兩小舢板鎖連可載兵二十人馬三四匹然大舢板較穩其兵丁之外尚有長夫多人其長夫皆謹遵規矩舉動與兵丁無異衣服皆係公家所給各按隊伍每隊頭目一人其運糧械等物用二輪小車其車轅用木軸用鋼其輪與東洋車之輪大小相同其車上運船時則去其輪將輪轅

相疊置在架上每架計放十二車並不多占地方其車堅固而輕便每車載六百斤用一人前挽二人後推其式如圖其兵二萬五千其長夫約三千名每名除身穿衣服外又帶長棉襖一件以禦寒其長夫背負麻袋一具外裏睡卧之席内裝衣服零物袋口安椰篋一具内裝一日之糧如熱飯乾魚乾肉之類外用網絡以便背負另有草鞋十雙縛於袋外其長夫胸前用方式白布開明某隊某車之夫及其號數名姓我親自上其運船查看其運兵運馬之法其馬在小木籠内馬腹用寬麻布兜住兩端繫於籠頂以防船有偏側其馬之銜勒繫於籠之木柱將馬頭吊高此一運船内裝馬三十五匹在船十六日其馬筋力神氣甚好並無疾病輪船行遠甜水不能多帶日船將海水化汽收存以備飲食然此汽水馬不肯飲故另用木桶盛水列於船面以飲馬其睡卧之艙用木架三層每層鋪板以席爲褥以長棉襖爲被每長夫以麻繩爲

網絡將飯鍋及喂馬料袋等物皆裝於內又見日本續到之兵由大連灣上岸立刻前往旅順與大兵會齊每兵皆持四十四倍口徑學裝村田洋槍每兵另帶彈子一百二十五個半在腰間皮袋內半在背負麻袋內其足上皮靴與德國兵所用者之式樣相同靴底有鐵釘腿以厚布裹緊每兵另帶靴二雙縛於麻袋兩邊亦有用日本式樣之靴者恐係足有疾痛然亦不多見我見日兵兩隊正在吃飯其飯用米及乾肉皆用竹筋每兵一餐之飯菜皆裝鐵盒繫於腰間每兵另帶一瓶瓶用鐵包內盛清水其兵惟飲水及茶絕不飲酒看日兵身材並不短小其中亦有分外高大者將日兵槍械糧食及零碎物件安置之法與泰西各國頭等精兵比較不過如此其營規極好我見日兵踞地吃飯其營官皆往聽大帥號令並無管束而寂靜無譁觀其顏色甚悅並非因辛苦而不言語實因遵守規矩也日兵佔踞大連灣砲臺人數不甚多臺

上砲彈亦未移動日兵闖入大連灣之後其運船立刻駛至大連灣停泊西歷十一月十六日即光緒二十年十月十九日大連灣已有運船十七艘半泊灣西半泊灣東另有舊式兵船九艘

光緒二十年十月初九晚間日兵二萬五千由貔子窩往攻大連灣砲臺中國守臺之兵全行脫逃並未抗拒故兩軍皆無受傷之人每砲臺上有八寸口徑新式砲二尊六寸口徑新式礮二尊藥彈甚多皆未損壞初七日日海軍提督伊東領大兵船十六艘至大連灣其提督原意本不欲攻大連灣及旅順礮臺因其船無鐵甲畏砲台砲大恐其船不能當也及至大連灣見一夜之間日兵已全踞砲臺乃大驚異其提督停船數日乃統海軍全師出海知中國海軍在威海乃至威海搦戰我聞日水師兵官言在大東溝與中國海軍交鋒之始提督出令各船之砲皆聚向中國定遠鎮遠兩鐵甲船轟擊務以擊沉爲止乃攻擊三時

之久不能損傷甚爲詫異以後日提督出令專尋中國兩鐵甲攻之可見日兵甚畏此鐵甲船中國若無此兩鐵甲船則日兵更不知如何縱橫矣此次日提督至威海衞滿望中國海軍出戰乃中國海軍竟不肯出頗爲失望日兵船共十六艘內有十二艘卽在大東溝交戰之船現在俱已修理整齊伊東不肯將船駛近中國砲臺以受砲彈蓋遵其海部之命也

譯書公會告白

本報所譯西書種類不一地名人名因舌人切音各異每致兩歧茲以瀛環志畧海國圖志大英國史四裔年表萬國輿圖等書酌定改正一書成後幷登合璧表於末以資印證惟五洲通志拼音極準不在此例

本公會各省售報處

上海棋盤街醉六堂書坊 文瑞樓書坊

蘇州西門富郎中巷祝君聽桐 文瑞樓書坊

無錫學前楊公館

常州娑羅巷袁公館本公會分局

松江鴻文堂書坊

甯波奎元堂書坊鮑君明存

揚州點石齋書坊 同文書局

蕪湖關道署顧君石仲 季欽

上海抛球場愼記書莊

蘇州胥門西城橋堍周君玆明 婁門混堂巷馮公館

常熟醉尉街內閣張

湖州醉六堂書坊

杭州羊壩頭黃君海珊 太平門東街求是書院

鎮江文成堂書坊

南京詞源閣書坊

蕪湖鴻寶齋書坊

安慶省城撫署顧君麟卿　江西南昌電報局 鴻寶齋書坊

九江招商局史君錫之　漢口鴻寶齋書坊

湖南省城青石橋天成豐錢號 慎記書局　湖北省城三佛閣武備學堂楊君佑之 鴻寶齋書局

湖北宜昌府川鹽局總收稅所惲君毅齋　天津杏花村武備學堂孫君筱垞 電報官局張君小松

京都琉璃廠中西學堂 電報總局　福建馬尾船政局華君秉輝 張君漢騫

福建省城點石齋書坊　烟台謙益豐銀號

廣東省城督署杜君子撝　香港宏文閣書坊

廣東省城慎記書局 曹素功墨莊　山西省城水巷惲公館

四川省城蜚英書局

光緒二十三年十一月初六日　西歷一千八百九十七年十二月二十九號

譯書公會報

第六册

每册價銀壹角五分

館設上海中泥城橋西首新馬路昌壽里

譯書公會報第六册目錄

西報彙譯

東報彙譯

文編

欽命二品頂戴江南分巡蘇松太兵備道蔡　爲

出示諭禁事據譯書公會稟稱倣公會集股開設上海新馬路昌壽里七日出報以廣流傳而期迅捷並精選舌人繙譯泰西東各種裨益學術政治之新書出售惟公會譯印東西各書各報種類較多工貲尤鉅固非意存射利實須自顧成本近來書賈多將他人新刻之書抄竊翻印改換頭面種種弊混實足貽誤士林稟請援案給示禁止翻印並分行縣委查禁等情到道查上海所設廣學會益智會暨時務報實學報所譯各種新書均因被書賈翻刻漁利歷經前道暨本道示禁在案據稟前情除批示並分行縣委查禁外合行出示曉諭爲此示仰書賈坊鋪人等知悉嗣後譯書公會中刊印各書爾等不得私行翻印出售漁利致干究罰其各遵照毋違切切特示

光緒二十三年十一月初五日示　發譯書公會實貼

西報彙譯　　　　　　秀水張國珍 歸安胡惟志 同譯

各國軍情以下英報　　　　紐約日日捷報西十月三號

美國麥元爾司五月起程游歷歐洲察看各大國陸軍情形自大隊起至清氣球自行車隊止靡不細察十月二號返國業經具報三次各等砲臺營蓬營造砲廠皆所目覩所報以陸軍情形爲最詳返國後再當備述細情條陳各款俾美國陸軍藉整頓云麥元爾司莅各國皆覲見其君如英后俄王德王土王法總統皆見之退而言曰余於歐洲接見之君其最有禮貌威儀才智者莫如法總統福諳者也由華盛頓起程本非赴土耳其觀戰時土希尚未交戰疑歐洲一二大國必與聞其政乃希人無備貿然用兵土人於四十五日內集兵六十萬孰能億之比至土京雖兩國聲勢洶洶業經罷戰是役也交戰三十五日而和議三月始成余離國之日總統及總理大臣面諭曰任爾所之探得軍情務宜詳盡是以有土京之行旋赴歐洲一路觀各大國陸軍如最大營房砲廠及各處製造軍械所小至槍

彈大至鐵甲除西班牙外一一親見之若西班牙有事於我我復得作壁上觀矣所見各國之兵足有三百萬名其可得而舉之者守營駐防操演兵約四十萬人製造軍械者約十萬人余所蒞各國會彼國有事故察看軍情較易精練陸師幸得寓目即如英后登極六十年之期集陸師六萬人水師三萬八千人爲賀亦適逢其會耳茲將各國大概情形述之俄本好戰人民繁庶又地勢遼闊絕外人往來君權雖重百分中只有八分讀書此君權之弊也民智漸開陸師精壯兵官皆有學有謀俄未可量也德之地勢如布棋東距奧會忩其蹂躪南鄰法懷攘地之嫌俄踞其北復遑其虎視介乎數大國之間其不能一日不備者其勢然也陸師步伐整齊槍砲尤準最爲壯觀至於戰力方之英俄法未爲勝也法軍操練亦猶人耳軍服緣飾不如德之壯觀但其兵忠勇善戰爲不可及領兵官皆有智畧練有精兵七萬人是日法總統大閱備極嚴肅僅一二下鐘時七萬人齊集操場馬隊萬人精捷無比當萬馬奔騰距演武臺咫尺之前同時勒馬此操練之功在於平日也或問之曰美

國陸軍能與各國抗衡乎答曰論及我美五人中必有一人能戰以此計之可得陸師一千二百萬人以民之强壯才識智力勝人且人人有自主之權皆與各國同休戚是以不必驅之爲兵而無不歡欣舞抃願列戎行且身經百戰之舊將今尙有數千人在歐洲各國有能及之者乎但昔之陸軍與今之海軍迥然不同海軍大砲有經數年始成者卽小軍械亦非數禮拜所能齊備由此言之我國何可自滿哉

西伯利亞鐵路及紗廠情形

倫敦東方報 西十一月號

英國駐俄國領事具報一千八百九十六年農桑情形及西伯利亞鐵路其言曰西伯利亞地方伊堪大林勃到支里安平斯科一段已告成但開行之後查得火車不敷用生意甚旺出人意外西伯利亞總路一段從瓜皮滗到克安司腦斯科一路加造湯梅斯科支路一條亦將告竣自克安司腦斯科到安克斯科已設四分之一至北由蘇立一路已設三分之二自剖墨至廓剔蘭司及白楷立一帶今

甫設立鐵軌其南由蘇立於一千八百九十五年告成極爲堅固近因淫雨爲災將新築之路概行冲損非大加修葺不可西伯利亞上年功程旣設鐵軌二千二百五英里據戶部大臣所報該鐵路所需經費由該部所撥至一千八百九十七年正月一號爲止計二百三十七兆盧布合二十五兆六十七萬五千磅而一千八百九十七年預算簿中又備六十五兆盧布合四萬一千六百六十六磅作爲鐵路經費所儲之錢尚未開支淨盡但西伯利亞總路工程以及歐洲一帶在內所費從省核算總不止三百五十兆盧布合三十七兆九十一萬六千六百六十六磅

八月念六號香港泰晤士報訪事人稱怡和洋行見上海他家紡紗廠獲利因卽於香港開設一廠名爲紡織染公司股本一兆二十萬元分作一萬二千股每股一百元議定隨時加增目下擬發出九千股其六千股歸創業之人分購其三千股另招時顧附股者已逾三倍因此創業之人已將該廠初定錠數五萬加至十

萬錠不免侵上海紗廠之利上海五六紗廠總核錠數不過三十一萬七千所紡之紗甚好華人極喜購之所以售價轉較印度最上之紗每百分中多購三分加以目前金價飛漲英人紡織利益恐爲東方所擅雖東方工價之廉未必竟如西人懸揣之數但價總比我國爲廉紗廠必有利可圖該公司竭力趕辦一俟廠屋落成機器可從英國運到此種機器爲最合東方之用觀金銀價漲落印度棉紗恐不復能在中國南邊銷售即日本紗廠之利亦不復能爭勝如香港紗廠辦理合法將來各種生業必如其法行之果爾則英國及印度布疋運至中國者殆將減色矣

緬甸述聞　倫敦東方報西十月一號

英領事拍克致書泰晤士報曰中英在緬甸新訂之約實利英人紅江一帶二百年前分爲十二省統名曰雪霜拍那中有數省在梅貢江之右又數省在是江之左一千七百二十五年至一千七百二十七年中國在茶山及紅江一帶設防及

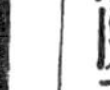

一千七百二十九年改普洱同知缺爲知府管轄而設同知於思茅爲蒙烏一縣早屬于法法所以欲得之者因是地坐落烏江是江爲梅貢江支流法人取其能通本境水道中國與之亦無大損何也自遭兵燹蹂躪已極中國何所吝惜至于紅江既屬中國亦屬緬甸但緬人在岸中國從未施控制之權卽蒙烏一帶權力早已不及法使臣所以向索是地也蓋蒙烏自一千二百七十九年實已屬法中國詎不知之但未明言耳今法人得之本意中事又蒙勒一帶在一千七百三十年間雲南總督報稱該處願歲入貢銀六百兩中朝以向未入貢著令減去三百兩以示體卹其中情節甚多今但論中緬通商至是地爲止所以可克尼一地實爲英國所應得中國目爲己有實屬不解是地中國又稱之曰河干或者中國自一千七百六十六年至一千七百六十八年間曾有事於此遂欲據爲己有乎可克尼之於英實爲要害之地非法據蒙烏可比今與中國定約我得利益良非淺鮮有言不利於英者恐亦無由申其說也但物議終在所不免耳

日本議增關稅

無錫許來稿

橫濱日日報 西十一月十三號

日本政府頃查核關稅一項如與各國重訂約章主張一切實可照現在定章所收數目約增三倍茲將換約後新章收稅數目與稅關現收之數列表比較如左

	現收	換約後收
軍裝料	現收五十五萬二千九圓	換約後收一百六十六萬一千四百十九圓
食物	五萬二千九百五十五圓	十六萬七千三百三十六圓
書籍	五萬一千三百八十圓	十二萬六千五百九十一圓
衣飾	一萬零九百五十八圓	十一萬九千四百十二圓
染料	十一萬一千六十六圓	三十萬零八千六百二十六圓
玻璃	一萬七千九百圓	五萬七千八百二十圓
穀類	二萬八千八百二十四圓	十七萬六千二百十三圓
牙角	五萬七千零七十二圓	二十八萬七千零八十六圓

金銀類	三十九萬八千四百八十圓	一百九萬三千六百三十六圓
金類器用	八萬六千七百三十六圓	十九萬四千三百四十三圓
油	二十五萬零二百六十五圓	七十萬零八千一百九十圓
糖	四十五萬一千九百三十九圓	一百二十七萬九千五百九十九圓
棉紗織成各件	一百零七萬八千七百五十七圓	一百三十九萬三千零八十四圓
羊毛織成各件	四十五萬六千六百九十圓	一百十八萬九千六百八十一圓
絲織各件	四萬七千三百八十六圓	十七萬五千八百三十三圓
麻織各件	八萬零九百二十圓	三十四萬五千五百五十六圓
雜物料	三萬三千四百六十八圓	十三萬六千六百十三圓
烟葉	二萬一千九百九十五圓	二十二萬二千二百五十圓
酒	四萬一千零五十八圓	二十九萬七千一百零一圓
雜用各貨	二萬六千二百六十一圓	十八萬零七百七十一圓

雜用器具　十五萬五千二百十七圓　五十二萬八千六百八十三圓

總共四百二十三萬八千八百四十二元　一千一百三十一萬八千四百十二圓

以上表內所載現收之數係去歲年終稅關所報數目關稅所入可稱至少各國如允重訂條約則將來新章施行後核計每年所收之數實可增添七百零七萬九千五百七十圓云　按日本所擬改稅章其詳雖不可得而悉然觀以上譯出之表各種貨物均約加稅三四倍不等有僅酌加二三成者祇棉製之貨一項如酒加增七倍衣飾煙葉則竟加至十倍餘雖異日各國能否應允尙未可知而其加稅輕重之處斟酌殊費苦心我中國議增關稅已久日後倘稍彷行當較日本所增之數不止一倍耳

俾斯麥策德國

橫濱新聞報　西十一月十號

西歷十月十八號德報載俾斯麥王近與客言我德意志列邦合衆之理爲各國所尊重至其權勢視歐美兩洲之國殊與美國爲近倘俄法兩國同盟之舉欲維持歐洲大局俾無搖動并願有一國勢力獨偏重於歐洲則與德之意相符英與俄如欲擅執他國之權卽使於時局無甚變遷我德亦不當與之同意又云美國

富甲天下金銀之多無異恒河沙數推原其致富之由則因其國立法之初絕不願與聞他國之事專意整頓本國耳按德政府方謀東略近更窺踞膠州豈有不與英俄同意之理西報每詳論本國每以甘言藏其險意而於他邦則攻發不遺餘力是在閱者之神而明之矣

慈溪　胡濬謨譯

法創新艦

橫濱貿易報云法國新造兵艦一艘命名色潑而拉斯能容重九百至一千墩現在駛往東方其艦係哈浮城諾曼廠法國著名船廠曾造水雷艇一艘每點鐘能行三十諾脫所造艦中裝有二生的邁當約英四寸快砲兩尊又六十五密里邁當約英二寸半快砲四尊其速率每點鐘能行十四諾脫海里

日本日日報 西十一月十六號

德涎中國

香港上海傳據駐京德國公使力與中國商議欲在中國南邊設一屯煤處所其地須便於關立新界并將該處爲通商要區日後貨物可運往內地事之虛實未

日本日日報 西十一月十七號

易臆度但德國報館力勸德廷向中國索取沿海屯煤處所以酬德與法俄相助取回遼東之勞

二年前曾有德艦在厦門相近處測量水道地勢近更有德人在香港相近等處大加測量并傳有戰艦六艘在沿海（離福州約三十英里地方）細探

或謂德員在中國沿海細探非注意中國土地乃修葺其輿圖也以近情觀之殊屬不然究其隱衷實爲該國報館慫慂欲於中國立一駐足之處耳

吳縣沈晉熙譯

日本火柴銷廣

倫敦中國報（西十月十五號）

法報云日本幼童事業增廣可信不虛如爭造輪船既奪歐人之利又有製造火柴一事據美報言亦甚興旺除本國自用外已暢銷於印度中國香港普國等處多至數兆此業之利竟有若是也去年有美商往大阪運出有一百兆打臣（十二個爲一打臣）箱日本操是業者計男四千名女九千七百名小孩不計其數火柴之木係

以機器劈成其硫磺及燐質等均由手工爲之裝匣及粘匣面牌號皆出於靈敏女工其工價每日不過洋銀一分至五分由是究之火柴價極廉矣且扯計男女工資每名每日亦不過洋銀七八分其製造誠易易也不久必與歐洲抗衡矣

鎮海貰賓榮譯

俄國異教 自願活理及焚死教民以下法報

勒當報 西八月十六號

俄國抵拉司卜爾地方自願活埋教民之得以不死者惟一人而已此人爲國家所獲並不審訊惟將其監禁在沙洛佛司德修院內余等深以不獲躬逢議審公會爲憾否則或可稍明其何以不願受國家之編冊而甘於自埋以死也此種異教爲人所深知而細經考究者也余在巴黎曾與一俄人交友此人幼時亦幾罹此難幸得友人勸阻獲免及其得歐洲之風俗教化始覺通都大邑之培植頤養實勝於深林密處曠野幽居悽然凍餒以死者遠甚矣余之友人狀貌魁梧勝闊身高觀其顏色和藹可親皆謂其不致幾罹此殘忍教禍且與之談此種教事彼

必津津樂道蓋知之詳且稔也　余有一說頗爲新異諒爲欲考論拉司觳爾（教黨名）者所樂聞按此種教黨於近今三十年內方可謂專於行教如蘇抵亞佛門徒等所傳之教爲篤爾司篤人所信從至大拉司觳爾教黨內亦分數種曰司帶洛佛意黨爲最古曰培司巴巴齊黨與平常教士爲仇曰司觳撥齊黨必自宮曰培果尼必避世其自埋黨卽此遺類此種教黨並無行教之意如常人所測度者拉司觳爾黨起於墨斯科城逐漸興旺有權之時其時設官通商將鄉人役爲奴隸以供耕作（彼時例法賣買田地連農人一併在內）惟名大俄羅斯人不在此例此種人性喜遊牧隨處皆能居住專以探尋新地爲事俾得膏腴之地以度日　拉司觳爾並非教黨實則干預政事如古時忽愛達爾鄉紳黨也富庶商人中不以耕奴爲是者另成一黨名培司巴巴希那教蓋於通行教中別樹一幟而規避俄皇所從之教也至鄉人欲免爲奴祇有逃避一法强壯者恃其有力逃往荒野與觳若克人（游牧爲者）伍孱弱者流蕩深林間昏沈愁鬱激致自埋或積聚樹柴以自焚　友人謂余曰

俄國之亂大都起於拉司穀爾黨人如穀若克拉齊恒者幾覆洛麥諾朝司德萊齊人之逆大彼德頒行之政及布加希愛支之危加對理恒第二皆拉司穀爾黨人也欲弭此禍者往往於節儉求之則謬矣蓋此黨並非爲教務而起故鮮有因教事而爲難者惟俄國能革除博利司穀陀諾夫所立爲奴之例則此黨自可消滅蓋有行爲奴之事者彼必與之爲仇也即如培果尼黨中人宣言曰俄人第一應爲之事係廢棄護照及別項詳明人之來歷之文憑第二應爲之事係拋棄父母眷屬尋覓荒野未經之處居之尤須心存恐懼免爲人所追獲而受刑罰因世上所有權柄盡屬背耶穌教黨（謂俄皇教也）如信從之則受制於彼黨矣余等閱尼基帶塞美諾夫所著之書知培果尼黨教法與無主黨絕相類惟所仇之俄黨係背耶穌教黨而非尋常氓庶也其誠信從者之言曰爾等不應認從國例不應慶賀俄皇節期不應代俄皇祈禱不應准爾之子孫隸入軍籍並與通婚嫁　拉司穀爾黨之文券爲俄國家所得惟發印無多余幸獲一卷閱其培果尼黨人奥西賽

美諾夫之言曰欲知世上眞趣須避却國家政令而居於荒野孤寂之處背耶穌教黨人已撫有天下其爲首者係俄皇即大彼德後嗣此人須將民人照數註册並勒入軍籍余不認其所定之例蓋伊非耶穌教黨人而無眞教也無論將余若何處置余皆願受蓋上帝之棄余也余應爲之肩負十字架如欲余信從俄皇之教則是背上帝也有無數黨人深信此説故日事游蕩往來伏洛克達及肥亞德加等地方以爲背耶穌教黨人在位時如有眷屬家室安居燕處者其罪甚大或有更爲激烈者覺務須將此殘生獻於上帝俾其矜恤未死之人而使之得脫背耶穌教黨之權也　奧西賽美諾夫之設教也並無焚化活人以救其餘之説惟此皆係信從者自願爲之也　此稿未完

印度軍務

印度各處備兵（西名萊爾佛兵）才悉聚邊界故各處火車皆載兵往北方至阿富汗國君暗助亂黨事聞有亞達地方麥拉狂僧實倡斯議攻擊貝希亞佛附近等處皆其

所爲此僧定與阿富汗官私通且阿富汗官有私行分給各屬土酋教戰（謂因教務而戰）也示諭　攻希亞加代砲臺時此僧所屬有無數阿富汗臣民且有改裝阿富汗兵在其營中　阿富汗國君必不擔認土酋所爲之事惟印度政府見阿富汗如此舉動決不任其片言推辭因傳言阿富汗國君分給各酋諭單宣佈教戰並暗發軍裝與邊界土酋也　英國家必應調集大兵屯紮邊界以備不虞　印度孟買來函謂貝希亞佛地方頗爲震動希愛拉地方昨晚聞槍聲起於希亞加代故該處婦孺均避山中　泰晤士報謂印度來函並無惶恐情狀　又云我國將來若願言和或代助錢欵應使亂酋及其鄰邦知我國非力有不逮而膽怯也故有叛逆抵禦者務須盡力兜剿至助欵言和之事此時不必亟亟也

嘉定　周傳謀譯

中法新彙報　西十一月十六號

梧州商埠

梧州新開口岸業由廣西巡撫咨行總署准與法商專利初法商船至西江每歎

道遠今則各項船隻自海道進口以達梧州極爲簡捷其最有益於法商者則海關准其前往梧州內地貿易也茲撮錄咨文要略曰嗣後法人有護照者准前往梧州府之第一關如往南寗須換給稅單其未簽字之稅單則先由廣東海關發給五十張此係各海關相同梧州海關已於一千八百九十七年六月四號開關辦事所有章程及一切徵稅條例皆照各海關稅司經行成法其海關設於梧州府章程與長江各口相同凡洋商船隻至梧州者可不必繞道廣東新會惟進口貨物經過梧州海關廣東海關皆不得查驗與上海及長江各口章程不同其所設關卡則彼此相同辦理亦同總期不得漏稅耳細查辦理情形凡洋商運載洋貨至此者經過廣東海關應報明進口全稅并須指明貨物係運至廣西內地銷售則至梧州海關祗須完納半稅即給與收照如在廣東海關未經完納全稅則全稅由梧州海關完納并須完納半稅然後放行如商人在廣西內地販貨須於運貨單上註明廣西字樣不得與廣東相混且必須經由梧州海關如商人欲前

往廣西內地販運貨物運貨單亦歸梧州海關給發至第一關驗後放行如至廣東海關則作爲廢紙至第一關即應換給稅單以此爲準而將以前之稅單當時銷毀然商人如有梧州海關稅單至各關亦聽其換給云云

中法新彙報 西十一月十九號

工師將至

海豐捷報載法國有三工師現奉法政府令爲中國及北圻地方鐵路總教計不日即可涖止思茅領事官翻君已覓得某君爲繙譯此項鐵路經費須十萬佛郎方能集事但法廷經費支絀且政府亦不欲與議院商酌此事須俟與越南政府商定後再行舉辦惟此事越廷萬難准允邇者法廷所派使臣與外部大臣已由馬賽口起程不日即可到越大約即議此鐵路事宜云

中法新彙報 西十一月十七號

鐵路今昔情形

國之有鐵路猶人身之經絡有則萬利俱興無則諸務廢弛有事轉輸饟糈無事流通貨殖誠亙古無上之利益治國之急務也邇來鐵路之用日多其製愈廣愈

精愈速非特機器可行即電氣亦可使之轉動法儒某著一千六百五十年一千七百八十二年一千八百三十四年一千八百五十四年一千八百九十七年鐵路遲速表與各國鐵路情形可見遠勝昔日矣試述如下

自巴黎起	一千六百五十年	一千七百八十二年	一千八百三十四年	一千八百五十四年	一千八百九十七年
至加連法城名	一百二十三點鐘約五日餘	六十六點鐘	二十八點鐘	六點鐘四十分	三點鐘十二分
至司脫亞司浦法城	二百十八點鐘	一百零八點鐘		十點鐘四十分	七點鐘二十分
至馬賽法海口	三百五十九點鐘約十五日		八十點鐘		十二點鐘三十二分
至排意要納法城	前二百年中行三百八十八點鐘				十一點鐘十一分
至勃暗司法海口	二百七十七點鐘				十三點鐘三十七分
至阿復安法海口	至速九十七點鐘	五十二點鐘	十七點鐘		三點鐘十五分

法之鐵路邇來逐漸推廣以已造成之鐵路計之共有四萬七千五百啓羅邁當按一啓羅邁當合一千邁當合中國一里又二百八十六步四尺二寸一分二厘

北方最速者每點鐘行八十或一百啓羅邁當猶未爲迅速也

巴黎里翁地中海鐵路每點鐘行七十八啓羅邁當奥安連項（法城名）東方南方鐵路每點鐘行七十二啓羅邁當而西方鐵路每點鐘行六十六啓羅邁當若以電氣運動每二百二十八啓羅邁當無須二點鐘之久火車用電以美國爲最早其行動之力亦較大惟英法則次之

俄國從前鐵路惟聖彼得堡達墨斯科一路現已造成之鐵路共有四萬九千五百三十七啓羅邁當其一萬一千啓羅邁當由國家建造餘則創自商人刻下西伯利亞鐵路已造成七千啓羅邁當內有三千啓羅邁當則於一千八百九十六年十月內建築俄國官民於鐵路情形最熟稔者爲副將阿而福含特望獨意次云

現在美洲鐵路有三十六萬九千啓羅邁當歐洲二十四萬九千啓羅邁當亞洲四萬三千啓羅邁當奥洲二萬四千啓羅邁當非洲一萬三千啓羅邁當綜地球

計之共六十九萬八千啟羅邁當

郵政總數

辦安納城（瑞士國城）萬國郵政會通計天下郵政電報等局進出款項今逐錄如左

德國郵政局進款四百八十六兆七十三萬二千三百零一佛郎出款四百六十九兆五十萬五千二百四十三佛郎

美國進款三百九十八兆八十七萬六千三百十二佛郎出款四百四十九兆六十九萬零零十四佛郎

英國進款二百三十六兆六十三萬四千二百五十佛郎出款二百零二兆二萬一千八百二十五佛郎

法國進款二百二十四兆八十八萬二千零七十七佛郎出款一百七十四兆六萬三千八百七十二佛郎

俄國進款一百六十兆二十九萬零六百二十佛郎出款一百十六兆五十六萬

五千六百二十八佛郎

奥國進款七百十三兆七十一萬一千八百七十七佛郎出款一百零五兆十九萬六千零二十佛郎

意大利國進款五十兆翁克意進款四十九兆日本進款二十九兆瑞士進款二十五兆西班牙進款二十三兆比利時進款十九兆瑞典進款十二兆出款未能全悉初英德二國民數相埒郵政電報皆甚暢旺至美國郵政本旺於法而法國來往之公文信札亦較旺於俄法民多未悉從前郵政電報之數枚於此多異詞云

今查各國進出之數惟美國進不敷出合計共短佛郎五十一兆德國非特不短且於所收之四百八十六兆內除去費用尚餘十七兆白安帶元較他國獲利更鉅故人人豔羡每年可餘佛郎八十二兆法國郵政電報除去費用可餘佛郎五十兆俄國除去費用可餘佛郎四十四兆比國於十九兆內可餘九兆瑞士國收

入二十五兆初經費至二十四兆因該處轉運不便且價値又甚昂貴也然則揣度國家之强弱即以郵政電報觀之可矣

俄國勘查商船

日本安藤虎雄譯

東京朝日報

據俄國度支衙門商工局本年一月勘查云商船共計二千六百五十七艘內航船計二千一百三十五艘載重計三十四萬三千九百七十一墩其在黑海亞速海間者七百五十四艘墩數如前率在裏海者十八萬四千二十二墩在波爾的海者八萬一百九十二墩以上船舶大半係己國建造其訂購外國者僅一百三十五艘建造經費計一千五百一萬羅布留有奇每一艘費額自一千羅布留至三千羅布留船員計一萬九百九十三人區別船籍爲二種屬公司者計七百七十四艘屬一人者一千三百六十一艘云輪船計五百二十二艘在己國建造者僅一百三十三艘其餘悉係訂購外國者價額共計六千五百六十一萬八千九百四十羅布留載重十萬一千五百五十八墩船數最多爲黑海暨亞速海裏海次之白海波羅的海又次之蓋地勢使然也

希土和約未成

經濟雜誌

希土既媾英與德介立其間各執異見干預條約停戰以後已數閱月而爭議未決歐洲列國咸想望光景不置蓋擬援希抑土者英之政策也故宰相撒兒斯別理侯欲當希未償金時使土交還鐵撒理之地而德百端阻撓告土以棄地之非策之兩者意相背馳皆固執不相下此條約所以未能交換也或曰如是則似希土兩國之修好遂不可期况希國雅典府民多欲背城借一乎不知希國雖有再戰之意而無再戰之力且列國環視其旁者亦不欲任其修怨雖法意兩國之親希俄國之無意於抑希者亦以弭兵爲念希人雖積憤徹骨其奈之何哉且夫希之國帑匱乏償金事已不得不求援列國以募集外債也若夫不出於此首鼠兩端遷延猶豫徒費歲月則恐列國憤其疲惰而與希絶是豈獨希之不幸也哉

日本水師

時事報

美人顧蘭布論日本水師曰今地球列國中建築兵艦製造軍器練習技術擴張

艦隊冀握霸權於海上者不遑指屈而日本以少壯英銳之新國子峙其間勢力日隆將凌駕先進斯亦偉矣抑日本之購兵艦發端於美國嗣一千八百六十四年訂購一艦於英國達迷斯鐵工所爾來歲增其數至四十有八艘十一萬一千墩富士八島兩艦亦在其中據該國政府所規畫至一千九百年則應得兵艦六十七艘捕獲水雷艦十二艘水雷船七十五艘載重計二十萬墩云蓋自新造艦數言之自英國外無與抗衡者自其兵力精銳言之則雖英國或不及焉日本之駕法凌英而據海上利權必不遠矣且夫一國之討軍實整兵備必有不得已者存焉日本豈獨無矩臬乎然察其所爲與吾美國相關者幾希如美布合一事雖世人視以爲日美交涉案件而日本所圖祗在不失其利權故美若以一言保證之則日本非好與美國開釁者也英國新報論美布案件縱言至日美交涉輒言兩國構怨之不可已要是離間策耳豈有他哉雖然日本自古建國太平洋則與美俄爭權於此實出於不得已無足怪也且彼自受强國干預益知擴張水師之

爲先務其君臣勞力從事造艦皆爲是耳然則美俄兩國將何如曰稽之三國地勢而詳核其情狀比權量力則兩國水師未如日本也蓋美國不用力於兵艦其新艦之不出亦固其所俄國造艦亦惟於己國船廠不敢購諸他人比之英法德意之所爲抑亦迂矣而日本不專恃己國船政於英法德美皆訂購新艦採他人之長以供我用其艦之精鋭無比亦宜意者氣運日移日本之雄視太平洋將不出三裘葛何則該國不獨以船械見稱其武員技術亦不讓泰西人一步也

論中國飼蠶事　國民新報

日本農商務衙門技師松永君曩游中國觀各處蠶業情形語人曰中國蠶業以江浙爲最兩湖次之山東亦自古爲著名地今以蠶業爲生者十人而三設繅絲工塲二百四十餘所一歲所產不下十二萬個（一個值日本一百六十斤）可謂盛矣然至蠶種之良好絲質之精美則推江浙爲第一是不可易之論也蓋江浙兩省氣候和暖地脈膏腴最宜植桑農家用意頗密壅灌之功每年兩度綠葉繁茂濃陰十重可

充一年數用惟以飼蠶未盡得法收成稍薄且絲有精粗而出口者多粗品未能稱善於歐美各國也雖然假以歲月漸次整飭機器研究繅絲法度則蠶種業已冠於地球其效可刮目而視也況中國工價頗廉得以少數之費用雇多數之工人乎

美國整戰備　大坂朝日報

曩美政府召集各地水師民兵司令官於華盛頓府（民兵一日義兵平時各有生計戰時則服兵役）告以與西班牙國交涉事且諮以民兵中可充兵艦暨補助艦隊武員者幾人可從事戰役者幾人更下令各處使預檢點壯丁員數以爲緩急相應之計嗣後又調集兵艦操練水雷船隱然示有戰意客月初七紐約報載華盛頓來函曰頃水師衙門傳令使闔境輪船公司就各船舶勘查其式樣載重速率亦擬以補巡洋艦之不足也近商船可充戰役者約計四十二艘内三十二艘在大西洋岸六艘在太平洋上其餘散處各所一旦有急軍令一發可刻期來集云

印度泰晤士報論日本商務　時事新報

倫敦泰晤士報論日本商務曰亞洲商權將離我而歸彼雖其意蓋在儆戒英國而詞旨迂誕非確有根據之言印度泰晤士報駁之曰言日本商務振作似矣以爲足凌駕英國吾未能解其說之所由來也夫日本長於用武能採泰西兵器倣泰西兵式整水陸軍備天下所共知至商務一事徵諸既往推諸將來吾未嘗見有可畏者也蓋其貿易欵額僅十年間自八千六百萬弗增至二億八千九百萬弗固地球所罕見世人視以爲異數亦宜然試注眼亞洲商埠詳察近時情形英國果有爲彼絀其商權之實乎以吾所見不惟不見絀自古以來英國之占商權於亞洲如今日暢旺者幾希有此隆隆日上之勢英國優於爲亞洲盟主矣其何畏之有日本反是既出巨款擴張水師又發國帑保護商船鼓舞通商貿易事戰後瘡痍未痊加以此需欵之多彼已無餘力矣故本年預算之國用實缺二千五百萬圓政府將有增稅之舉此舉一行則出洋凡百土貨不得不自增其值也以

價值暴漲之貨運售之海外商埠其商務之振不振豈難測哉且夫日本十六年前人口有三千五百萬今已至四千二百萬而新闢土地不過僅數十萬野卡於是乎米價漸昂比之前八年殆加倍牛羊鷄豚魚鼈之屬靡一不倍蓰其價不甯惟是昔時質樸美風蕩然掃地上下皆窮極奢侈昨之爲珍器寶玩者今視以爲日用常具衣必都雅食必鮮腴居必清潔是今日之情狀也工價又蒸蒸日上製造工藝之費將與歐美列國相等是其關於商務消長者必不少矣故以日本商務爲可畏者未詳悉亞洲形勢之論也

法報論英　　時事新報

法國部吉巴利日譜報曰百年以來英國專用力闢土地大小版圖星羅五洲廣袤約計二千一百萬啓羅邁當人口二萬萬國力富强宇內無匹惟其疆域極大故統治亦難至輓近歐美列國勃然興起各伸張國權雄踞四方交涉案件日以加煩於是英之屬地亦漸多事顧當彼皇即位六十年令節也無論東西洋文野各

國寰中藩服均舉盛典以伸慶賀之悃恍其光景之宏壯雄碩如目中無列國者雖然今日英之國權實未必隆盛如是也何則商務工業英之所以立國而德國比肩不相下擬征服阿富汗以爲印度屏蔽而俄國阻之印度情形危隉日甚埃及今猶爲英附庸而歐洲列國欲奪取之久矣然則亞非利加之地竟歸他人近在眉睫欲占亞洲商權其奈俄德爭衡何前銳意闢土地今則招此煩累尾大不掉反勞奔命亦誰咎乎且吾見英兵之駐紮殖民地者皆所謂義兵耳平時散伍民間一朝有事執槍而起便則便矣比之列國陸師操練純熟者其優劣不必待戰而後知也然則爲英國者亦不可不改革兵制矣嗚呼英之屬地不亦愈多事哉

智利共和國情形　國民雜誌

智利共和國在南美利加洲南端地形南北長東西狹西方一帶瀕太平洋東隔安達斯山脈接兒茬吉那國北起南緯二十二度南至五十六度東起西經七十

度起西至七十七度半幅幀四萬八千九百九十五方里人口約三百萬國中山岳起伏綿亙平地綦跐故都會之地皆在海岸通商貿易頗盛焉首府名三的牙哥距海岸凡七十英里街衢井然屋宇壯麗宮闕殿堂窮極華美蓋爲政策起見卜地此部而建設京城云氣候隨處不同北部稍炎中部溫和而爽塏南部極寒洌首府暨瓦巴勒索埠皆在中部當全國樞紐爲運輸交通要鍵商賈薈萃互市最殷賑外人移居者呼以樂土我邦人以南美諸國爲瘴癘蠱毒不適棲居地坐未詳其情形也此地四季涼燠無大差池以西歷二月爲大暑以八月爲大寒赤道以南皆然雖至大寒氣候除安達斯山頂外不見霰雪大暑以日午八十五度夜間七十度爲常夏不知熱冬不知寒信地球樂土也自四月至八月南部雨多北部終歲雨甚稀然降露厭浥潤澤入地草木繁茂農家未嘗患旱魃云

人種以西班牙民族爲大宗當軸秉鈞者多屬此種文字語言衣服居宅風俗宗教靡不與西國同趣然人民性質比之西國人機敏而剽悍臨事有氣一千八百

九十一年革命黨之凱旋而樹立新政府於三的牙哥府也美國擬援舊政府黨以挽囘頽勢革命黨大憤捕美國水師登岸者八人立殺戮之美政府聞此嚴詰責其不法勢頗亟革命黨不少屈將決死與美痛戰大議開仗事適德國維兒伯爾木皇帝斡旋兩國間事始得寢其不畏彊禦往往如此

商務之暢盛亦居南美洲第一國民皆家貲充裕秘露墨其斯哥等國莫出其右者自稱南美俄國亦非誇言也日本人某嘗游歷美國抵秘露智利間見中國人永安昌者擁巨萬貲本所在立市鬻亞洲貨物蓋著名豪商也語某曰亞洲土貨入南美者過半銷售智利一國其額實倍秘露亦可以見其富饒矣

瓜哇島情形　報知新聞

瓜哇島在亞洲東南洋屬荷蘭版圖雖其地處熱帶土質肥沃物產豐饒製造工業頗盛日本工學士近藤君曩航此地淹留五旬能探討全島情形歸東後西十月二十五日臨工學會演說之其梗槩如左

瓜哇島幅幀不及蘇門答臘婆羅兩島然地脈之膏腴物產之豐阜遠在其右面積八萬四千五百方里分二十二縣人口二千五百七十萬土著十之九白人次之中國人廑此者二十五萬七千以全島分配之每一方里容二千九百四十人據十年間統計表每年蕃殖不下六萬人云其故有二焉土人早婚一也外人之移居者歲歲增多二也氣候熇熱四時見雨自四月至十月多東南風自十月至四月多西北風東南風暵燥西北風含濕氣燥濕交替則疫病流行常在此際物產以砂糖珈琲米煙草高粱煤爲大宗出口最多爲砂糖珈琲烟草次之牧畜又頗蕃息今有水牛二百六十萬山羊牛共二百五十萬馬五十二萬

都府有五曰巴達維曰蘇拉利亞曰蘇祿曰薩碼蘭曰日幾亞巴達維爲首府在東經一百六度四十八分南緯六度政府所在街衢華麗互市繁盛

此地昔隸葡萄牙一千六百年時爲荷蘭領土爾後二百年間設立東印度會社掌理全島政務至輓近改立制度置總督一人委員四人任以便宜行事偶有事

體重大者則仰候裁決於本國政府屬總督府有七部衙門曰內務曰度支曰陸師曰水師曰司法曰工務曰文部文部處分學政兼管宗教又區別行政方法二種各縣置知事各郡置郡長各村置村長是爲第一種領歐人者也擢島民中有聲望者爲長官是爲第二種領土人者是也裁判所亦區別人種治罪異法土人有罪於地方裁判所訊究之歐人有罪初訊於地方裁判所次於高等法院最後於大審院一如泰西風今有高等法院三大審院一

每歲國用入款一萬萬圓以酒稅地稅爲最鹽與珈琲屬政府專賣出口貨額約計四千九百萬圓入口貨額約計七千三百萬圓有海關徵收稅金鐵類機器入口免稅

學堂亦區別歐人土人爲歐人建設者有公立學堂一百二十所私立學堂十八所學生計一萬二千六百九十人爲土人建設者有公立學堂五百二十二所私立學堂五百七十八所私立學堂者皆基督教士所創也學生計一萬一千七百

八十人又有陸師大學堂有高等學堂有師範學堂有病院有瘋癲病院著於地球列國

陸師有武員一千四百二名下士以下兵士計三萬六千六百名所謂蘭領印度兵者也水師有兵艦二十五艘武員二百六十名兵士計三千六百五十二名內歐人二千五百三十一名土人一千一百二十一名又於移民水師者雖有小兵船二十六艘無一堪戰鬬者有事之日供轉運而已

島民皆信回回教歐人東渡以後兼信基督近有教會堂三十九所回回教徒尤重行脚乞食遠遊者頗衆足跡及海外者最爲土人所重云

政府留意工務故土木營造最極整頓預算國用歲有增減惟工務重大者期以五年必出一定款以竣功不得裁減其工費也鐵路有二線一自蘇拉利亞經日幾亞而抵巴達維一自薩碼蘭抵日幾亞里程約計一千五百二十啟羅邁當電報局有九所各局相去五百六十英里電線所通其里程計六千九百二十七啟

羅邁當又巴達維附近者一商埠曰別利奥築造工事宏壯豐偉此歐美人所嘆賞而日本大坂港所倣行者也

美國中日茶務　東京朝日報

駐美國答哥麻日本領事齊藤君客月初七稟報外務衙門曰頃中日茶葉以品質不良之故見拒入口者不少其在必右日多海峽諸口者無慮一千五百餘箱在桑港海關所轄者亦若干箱云聞日商在桑港者二百餘人將連名上書美政府請開禁令其大旨謂檢查茶務官之鑒別茶色當遵一定標準然以今日所見甄別之法不甚劃一取舍任意甚無謂也本領事按西歷九月十四號北太平洋公司輪船載中日茶葉入答哥麻埠見禁上岸者總計一千七百三十四箱內自中國上海至者一千四十二箱自日本橫濱者五大箱自神戶者六百四十二箱雖其數不甚多而關繫於互布消長必不少也至其茶質之優劣雖未詳知據答哥麻海關所收提單觀之或有精粗混淆者或有下劣多渣滓者要其品質粗惡

不合政府所定標準而鑒別者亦無愛憎之見一依定制以爲取舍如是而已若夫桑港日商所議本領事末由測度竊意今日之先務不在爭區區末節而在精擇品質以雪汙名以增入口貨額苟至品質精良擅日本茶葉之聲於市上則欲商務之不振其可得乎若計不出此徒爲些微貨物口角流沫爭利錙銖不惟自隳聲價恐併已有之商利委之他人不可不深察也

論賄賂弊害　報知新聞

日本名士某君生平憂亞洲時局頃者語人曰亞洲諸國之百事不振其所由來久矣而女謁苞苴之流行未嘗不爲一病根也吾聞之友人自中國歸者曰中國之製造工業所以未爾勃興者非爲無人材也非爲無貲本也苟擬開創一事則無論其爲鐵路爲輪船爲礦山爲紗廠必先入苞苴於當路而得其歡心上自大府下至抱關準格賄遺其所費不少有時於工業貲本居十之一二故比之西人日人之所計畫工費往往十加一二此今日製造工藝所以未有起色也泰西諸

國亦非無此弊惟上下惡之特甚偶有受者則攻擊不遺餘力使彼無措身地試觀勒布氏之開鑿蘇彜士河也名重一世然於巴那馬工事偶一納賄聲望墮地至無復口其名者亞洲諸國則無此美俗故亦無此快事曩有游歷波斯者見其布設電線工費號稱一百萬圓而詳勘其實則僅費二十五萬圓內七十五萬圓悉行用之賄賂云然國人恬然不省而興工者反得盛名豈不謬哉波斯以東諸國往往皆然是其所以萎靡不振常爲白人所侵畧也日本屹立東海表得維持數千年來面目要以此陋習未盛行耳若此陋習一蔓延則綱紀弛廢風俗掃地雖有百善政其國不衰者幾希矣當軸者可不猛省乎哉

布哇近狀　　時事新報

日本金城生者僑寄布哇寓書時事新報曰美人以布哇爲大平洋極樂國土輒乘散學消暑時爲觀光游邇來擬興農工商務者又陸續入境美國戶口頓爾增加我日本人之於是國亦當如美人然豈一任之農夫匠人暨小賈商賈而已乎

然欲游此國者則不可不稍知其人情風俗也予一日晚間無聊戲援筆得數則雖稍近滑稽而區別日人宜來者與不宜來者逐次解說皆有根據無復牽强附會之辭也讀者舍吾言之蕪雜而專取其意未必無涓流之益矣

何謂宜來者

憂地震者宜來畏迅雷風烈者宜來　布國氣候調和終歲無有天變地異也

畏蝮蛇之害者宜來　以布國不見此等毒蟲也

美操英語而未得志局促窮途者宜來

意氣發揚喜駕馬車馳騁康莊者宜來　布國馬車夥頤地球寡二國人用此恰如日人之用洋車駕者不皆膏粱華冑也且欲新購一輛僅需洋銀三百圓左右可謂廉矣

學泰西醫術被舉醫學士科者及學泰西法律爲狀師者宜來　求陶朱猗頓之富以此兩者爲最

九

何謂不宜來者

患癲疾者不宜來　以氣候温暖恐滿身浮腫也

脾胃虚弱飲食停滯者不宜來

愛冬日畏夏日者不宜來　以布國夏季長而冬季短也

美婦與美丈夫不宜來　恐爲炎熱暴炙冰肌玉骨損其光艷化爲茶褐色也

欲不費己國所齎者不宜來　此地物價極昂購日報一紙且需一角其餘可推知已

不好用蚊帳者不宜來　布國四時不撤之

不解舞蹈者不宜來　紳士淑女相交必有此遊不可不知

嗜賭博者不宜來　誤身破產多原於此

面色黧黑者不宜來　白人視此必誤謂印度民族取憎實甚若不畏此者來亦可也

吞統帶之兵有一萬六千人梅遜來司兵不計外尚有司刖槐脫將軍所帶孟買兵隊在勘乃度合之地登岸列隊而進錫特塞與惕帕相遇大戰惕帕敗績退至沙靈軋潘泰姆未幾向東走二十英里遇漢立司將軍所帶之兵於來維烈又戰又比復退至故處築泥城以自衛漢將軍謀令威林吞及副將蕭夜擊之二將奉命分道前往時在黑夜又經過深林接應不時蕭勝而威林吞敗被俘十二人惕帕處以極刑俱釘頭顱而死詰朝威林吞復攻遂據惕帕城旋漢立司司刖槐脫至圍沙靈軋潘泰姆時掃疆培阿特總兵率兵爲後援威林吞力攻之彼師大敗刖帕死於城中所得財帛計一兆二十萬磅以金七千磅帛一千磅犒威林吞此一千七百五十九年五月七號事也

越二日威林吞奉派巡撫沙靈軋潘泰姆接掃疆培阿特之任得此寵詔固酬其功亦以其兄係總督也而舊巡撫不能不怨矣嗣各大臣奉

譯書公會排印

命會議善後事宜威林吞亦與焉商畧既定威林吞受節制馬乙塞全省文武之權其權與總督埒治法盡善咸服其才

一千八百年五月間總督派威林吞爲將率師赴白達維咼令荷蘭國割劇麥島於英威林吞商之漫逐林巡撫不願往其時有海盜徒地亞皇夫爲患甚烈會被惕帕擒禁但沙靈軋潘泰姆被陷之後復其自主之權其羽黨四萬人日出沒於局槐與迷沙埃之間威林吞欲力殲海盜永除此患遂出兵三隊尋其巢穴歷盡艱險始遇於培拿里之東五十英里小砲台先出馬隊交戰寇敗績追一百五十英里至脫步逐老疆又大戰遂潰殲其首徒地亞皇夫盜黨遂散

初威林吞奉派征白達維咼辭不往及斬徒地亞皇夫圖迷沙埃後復奉命赴曲林考梅里欲割劇麥地飭兵駐紮於此而政府之意又注在埃及以法人據埃及必害英之東邊屬地然割併之志尤甚時印度將

私約各國之權力時私會競作欲破來因河之盟以傾法兩國互相怨嫉普人歸罪於俄帥威岑司吞俄人曰我之戰敗乃保護普之土地也斯時兩軍之退若北走則俄向波蘭普返其國東走由細勒西亞入奥疆法將長驅入奥於是謀久不決維也納政府大開議院謂法皇馳軍迅捷既逐俄普兩軍入不威迷亞難測其陣線所向至此奥之徘徊觀望不覺情見勢屈矣

若奥皇能堅守局外之例則可禁限俄軍竄入伊界惟以事勢所迫姻親難恃俄普軍遂由暴鐵岑一路引退法皇疑奥與俄普有私則大驚時法軍屯駐不再進戰冀在潑雷軋議和於是俄皇從容遠徵駐生鐵批脫司盤軋墨斯科不威迷亞諸路義兵普則任頁將司卡呸好司鐵你西鬧司退呸精練新軍暫時與法覊縻和卒不成

初各私會深恃法力至是各國紛出扶助以破法謀法軍單餉絀至欲

譯書公會排印

告貸於英於是各國灼知法亡之不久矣

法皇既欲議和而要索之欵甚怪謬惟奥所陳條議公平合理

法皇初因軍興加重賦稅盡驅丁壯爲前行國勢大困至是軍威稍振且知和議不能久延各統領亦慮再進糧匱羣相諫阻然皇氣高謂各國若不全遵索欵則和局終難成也

法皇具大智慧更張國是審機未形惟不自度德以成今日戰事但欲保護手定之律法强各國君王咸就範圍連横以破從各國苦之羣募新兵相持蓋各王銜怨圖報傾滅法國之心勝於其自相吞并耳

爲法計宜在暴鐵岑速定和約而各國徒以甘言相詐法皇之明知其無實宜乘各生軍未到之先用大力强迫以伐其謀況奥王曾言願以維也納爲議和會盟之地和議久不決俄皇尤訾法欵之不公各國皆從俄令時英人緣海以逼法遂有西班牙之戰是時陸路海洋皆有戰

事法皇平日揮金如糞土至此餉竭大困遂遭英兵水陸逼壓一千八百零八年西班牙曾稍藉法之兵力受其牢籠至是各國行文至日耳曼嚴詞詰法皇

法之陸路統帥既敗於比里牛斯傷亡最多致各路不敷調遣而法軍在西班牙者夙號強大法皇恃以爲固惟二師分統不能遙爲聲援威林吞乃定計以全力先破其一軍法師遂潰

六月二十一號法軍復敗於扶多利亞（城名在地中海雪雪力海島）此時非獨大受英創即大呂宋所駐之法軍亦危威林吞檄葡萄牙兵侵入法南境俄普奧各軍入法東境威林吞兵機極速即乘法奧議和之際發策如迅霆

八月十一號各國精兵駐日耳曼者約五十萬携大礮一千八百門分作三軍第一軍駐鈀希米阿約三十二萬人錯華岑盤統之第二軍駐

細勒西亞約九萬五千人白羅催統之第三軍駐盤林約九萬人另分小隊共四萬人以防但絕軋海姆盤軋之法軍外有後備兵約二十五萬人而威林呑所統排浮利阿之奧兵及意大利等三國之兵尚不在內

法皇探知敵勢大張即在愛耳鼻一路竭力防禦效命之師約四十萬人大礮一千二百門各國通議遣將調兵以圖進取乃命盤納道鐵由海姆盤軋以逐特浮司鐵而復盤林又命白盤催阻法軍之前命錯華岑盤率大隊斷法後路糧道按後路連山高險最得地利實爲不威迷亞之屏障

時俄奧普王皆駐錯華岑盤軍壘倚山爲蔽以保愛耳鼻南規德勒斯達亦可於西面進兵

盤納道鐵軍數漸增操練亦精內多北徼蘇以騰人又有俄英普各國

人成軍九萬深嫉法人恐日久老師皆欲速戰遂由愛耳鼻進攻右軍行道最險白羅催駐軍細勒西亞亦欲急戰而道較遠其軍半是姚克提督之舊部曾隨法皇入俄首先逃散

各國之王怯於前敗不敢身當法皇決戰於是合謀進取之路法皇憤甚欲得一快戰各國軍將偶遇輒驚奔法諸將未奉法皇指揮不敢縱兵昔之秘計寖成空言矣

時各國有逼法皇讓位之意而莫敢先發法皇亦審知之故欲決勝於愛耳鼻及倭團之間若不能勝尚可退護來因河一帶邊地驚聞威林吞大軍侵入南境法皇乃謀保比里牛斯據守險要進窺日耳曼而扼愛耳鼻勒鐵岑之後形勢甚固軍分爲三亞地諾鐵率一軍向羅林鑾克堂那耳特率一軍禦白羅催親統大軍居中節制軍勢復張首尾俱應而藩臺姆生鐵酸怕你阿土司機各率一軍以守愛耳鼻而顧不威

迷亞

法皇之勢危矣然其膽氣之壯將其所注意之一統全國作孤注一擲而忘前年之敗也蓋其狂謀欲重握歐洲之霸權而使各君王俛首聽令猶以爲易如反掌故議者謂法皇平生始終一敢字誤之也

白羅傕軍進逼法壘法皇遂進兵助鑾克堂那耳特欲攻普軍時普王率兵截其前各國大軍由不威迷亞窺德勒斯達法皇遂回軍駐德勒斯達而徵不威迷亞之軍完守入保

德勒斯達守具不備法皇欲令生鐵酸居守殊難爲計復欲令過愛耳鼻近不威迷亞邊界襲各軍之前復截其後路一舉覆滅之生鐵酸騰檄云別圖要策不能受保護德勒斯達之任法皇乃命藩臺姆率三萬人扼安迷盤治之隘阻敵退路親率餘軍離德勒斯達時八月二十六號日未中也前鋒行四日計一百二十買耳人馬飢困大雨道濘然急

於進攻滿望中途遇敵得一快戰觀其苦心擘畫實足爲武備中之師法

瀋台姆既據要害布奇謀調運靈捷各國之王及文武大臣多謀寡斷又怯於臨敵曠誤兵機至二十六號下午探知法皇不在軍中始敢進擊德勒斯達至是始知當時出令阻戰之誤

八月二十七號法之精兵長驅壓敵軍而陣法皇周密德勒斯達地勢乃扼愛耳鼻河左之高岡下瞰敵壘左有深谷而渭酸里此河行其外法皇定計先攻其左而遍布巨砲轟盪中路連營敵之左軍逸出屯近法將謀棘壘謀棘立麾馬隊衝殺敵之左軍遂覆其後衛兵歸路亦斷耨率軍攻敵右翼敵之中軍遇砲轟斃無算

是役也大似暗呃次喊姆地方透雷爾之戰戰後又值甚雨敵更無路逃奔

法皇既分軍攻敵兩翼親率大砲隊擊敵中權意在阻各國之退而逼其中軍走安述盤治入藩臺姆之伏中未幾法軍忽旋蓋緣糧食軍火道阻轉運愆期不得不退各國之師始脫於險

法皇身在行間以全力壓敵黙計藩台姆之軍扼守隘口我迫敵入險可覆其全師組繫俄奧普三王之頸一洗墨斯科退敗之辱重振威權此千載一時之功也則大喜跂足以俟功成而來因河近邊一路反疎防範此爲歐洲全局所關法皇雄材大略計不出此舉絶大戰機而失之於數時之內嗚呼百世而下覩此驚人戰事猶爲心悸

善哉透雷偏之言曰主兵者設計周密軍勢聯絡無隙可以百戰百勝惜開戰後諸將不能守定方略遂致反覆而成變幻不測之結局

觀法皇手揮大軍驅敵入穽功在漏刻倏焉改圖收隊回德勒斯達吾

不爲止馳而前爲余携篋者由衢路亡去余大呼停輿皆不應遂失竊者余俯身復令停止輿人見余狂喊誤爲有疾自相答語其行加捷余力撼之人輿俱顛游人麕集觀看一如巴黎馬車撞踣咸作壁上觀也

輿人扶余起適英捕來稽察余膽始壯向捕縷述所遇

捕聆余言令余偕赴審理民事判官署詳報署僅數武適判官在署爲詳述以上被竊及顛踣情形至今思之覺肘間隱隱痛楚也

維時判官竦其肩背含笑斂威謂余曰汝何愚至是華人豈可以重物托之耶既處輿中身已不能自主烏可以物屬人是處人稠道歧何從弋獲猶積薪之間求針耳嗣後如遇華人尙其愼之今所失無幾已不幸中之幸矣

判官諄諄相誡稍露威容余致禮而別心中驚怖無措珮所教而返途中將軍門函牘懷置胸中幸未一併付人不然余獲戾不堪設想矣余

生平畏訟未涉公庭赴英公堂僅此一次耳

至是余始悉華人伎倆余以人地生疎至受其詐遂爲千古談柄新加坡係華人薈萃之區凡自歐西來者至此始多見華人檳榔嶼華人雖多不如也

敬告泰西人士凡行船至此初遇華人慎勿率與狎近更勿恣意游覽檳榔嶼新加坡之華人率係粵人流寓之子孫雖係華籍已非華產與土人交結漸失中國禮儀如意大利彈風琴顯怪獸皆江湖雜流不類意國世族如欲以此等秕類概中華全國之民不幾如曾食本地之花房阿吶吶果即欲評論赤道兩旁最熱處所產之阿吶吶果豈不謬哉蓋寒暖迥殊物產自難一律視之檳榔嶼新加坡以及粵東一帶所有一二華人皆不足道正如海中白沫與海中洪流巨浪不得相提並論也是三城者皆爲通商要區五方間處品類淆溷歐洲之人無國蔑有

他如亞剌伯印度亞爾墨尼亞洲諸島及瑪蘭島美洲島諸國人錯午其間與華人相習效其舉止遂自成一種濡染既深詢其祖父遺槼故國流風均茫然矣

是處華人操粵東土語然亦龐雜不倫如有士夫操官音相問答反扞格不通矧其爲異省之音也於是彼此達意乃易爲不中不西之語反易領悟如呼Business易其音使聞之者如Piggiu蓋Business婆西南施係英語譯言事業公事華人誦之者偏曰Piggin批秦是則爲英華雜音矣如東方人謂Lingna Franca林瓜佛耶加與亞爾日利人之謂Sabir撒皮爾俱爲法與亞剌伯之雜音也

尤可嗤者香港華人已忘其土音即或不忘亦純更變以致彼此通問不能自相領悟必雇英人之鄙賤者令充通事互相傳譯即言語一端已如斯變幻矣

余等在新加坡約四十八點鐘之久英法人彼此暢叙甚懽蓋英人寓此獲見親舊亦忻幸也即余等出自岡日亦以得離雅片惡氣爲幸時余放假游覽散步草場置身青翠間草場適傍會長公廨環以茅屋精雅絶倫人謂此等茅屋購自倫敦近畿用木箱裝載護持運來者草場修治頗工所種青草並非英國茄戎是處地氣異常雖受日光生意毫無斫之僅盈一握兼含芒刺阻人行步園丁僅加芟薙所餘無幾青葱儼似氈毹覆地士女聯袂偕來復有幼童一隊超踊爲樂

距此稍遠見兵士一隊在草地操練此地蓋本地槍隊暨投効新軍演習之塲軍容壯偉可觀一督操者臂下繫短木棍一頗重上書UR二大字即君主名維多利亞省文字上以王冕冠之

入夜天氣凉爽居人如身在倫敦鬱鬱觸鄉思凡英人流寓他國與故鄉人相晤即起思鄉之念望鄉遥祝身雖在外心仍繫念王室殊堪嘉

望城Wangen挨挨爾蒲辯Aarbourg亞爾敦Olten挨挨羅Aarau新自諾克Schinznach孛留辯Brugg丟爾齊Turgi等地而入蘭因江其處適對德國發爾特須式Waldshut城

Aarau 挨挨羅瑞士國城名距羅馬古Romain炮台遺跡不遠炮台名文篤迷沙Windonissa在文提司克Windisch村內至今猶足供人憑弔文篤迷沙爲擺騰Baden孛留辯Brugg新自諾克Schinznach挨挨羅Aarrau四邑公共產業挨挨羅在擺爾Bale（跨蘭因江）府東南約四十法里頗形美麗戶口五千九百四十四爲阿爾哥維Argovie縣之首邑跨埃挨爾Aar河上建一橋橋面建棚城有藏書庫一秘錄甚富製造中工藝不一其類而儀器尤著昔有專著稗史之人姓查克Zschokke名盎里Henri者終老於此 一千七百十二年耶穌新舊兩教息戰弭兵在此畫押 鄰近有三百六十邁當高之山嶺上有古屋一所作炮台

式名挨孛司蒲Habsbourg即今奥國Autriche君主始祖發祥之地

Aarbourg挨挨爾蒲瑞士城名（在阿爾哥維境）在挨挨羅Aarau之西南臨挨挨爾Aar維然Vigger兩河合流處戸口一千九百三十二山洞有古屋一作炮臺式爲培安恩Bernois人所造并有懸橋一貿易以葡萄釀爲正宗

Aargau　挨挨爾哥詳見阿爾哥維Argovie篇

Aarhuus　挨挨羅司即丹馬國挨挨羅司Aarhuus省之會城亦即口岸處北緯線五十六度零九分二十七秒巴黎Paris經線迤東七度五十二分二十二秒即在就忒郎Jutland之東偏臨居特Gude河口處維耙瑲Viborg東南相距五十八法里戸口三萬三千三百零八周圍樹林葱鬱田畝肥饒其處爲天主教士轄治自德皇亞東第一Otton御時始有一千三百年間之大教堂一其巍煥氣象高出丹國他處

教堂之上有藏書庫、古董院各一、出產有麥燒酒皮手套古名人亞羅華姆Olaüs Worms及著哥蒲亞里然Jacobus Oliger俱生於此、教士所轄者、即就忒郎Jutland東半之地及益拿忒Anholt克拿彭Knoben拿爾特浮司忒雷佛Nordvest Rev伊哀爾姆Hielm益持拉佛Endelav諸島是、教民有二十五萬、

Aaron　挨挨隆爲猶太教長麻伊司Moïse之長兄在紀元前一千五百七十四年、生於挨及Egypte亦教中之大教士也、助其弟傳教能以詞令服人、在發拉紅Pharaon埃及王之尊稱前以木棍變爲一蛇、一日適其弟麻伊司有事於西納Sinai阿喇伯境山名近蘇彝士河離家遠出猶太Juif之暗孛裏Hébreue人聚衆起鬨向索金牛一條、蓋彼等與埃及風俗相似埃及固最敬挨必司Apis牛謂有天神附在牛身者也、挨挨隆誤徇其請、竟爲之造一金牛按照天戒、此罪應在不赦之列、但因其馴順謹慎、卒能邀赦、所演

教理亦能傳諸後世，惟曾違背上天訓辭，故罰其不成地仙，年一百二十三歲死於亞爾Hor山上。

Aaron　又挨挨隆與上同名係阿雷克上特里Alexandrie埃及埠名濱地中海之名醫，生於紀元後七百年，用西里Syrie即今亞洲土耳基內地文著醫書一部，其中始見天花治法，今已殘闕。

Aarsens　挨挨爾聲生於一千五百七十二年，死於一千六百四十一年，荷蘭國Pays Bas使臣也，爲法國首相里司里安Rhichelieu所欽佩，目爲當時俊傑，一千六百零九年，曾與法國訂立和約。

Aasi　挨挨西亦作那累拉西Nahr El Assi亞洲土耳基Turquie d'Asie之江也，介乎里旁Liban及盎低里旁Anti Liban兩山之間，涓涓不息，成亞姆Homs湖，并經挨馬Hama扇柴Chezar盎帶幾Antakien等地，長四百法里，近蘇愛提Souédie入地中海Méditerrannée兩邊地土膏

中日搆兵紀原序

俄來迪懋著　慈谿胡濬謨譯

余著此書意在敘事淸晰讀之有味然而此詣甚難夫紀戰之書欲其無誤無漏惟專門名家乃克勝任此書紀載有甚遠之地甚難述之人名地名讀者意興索然故於人名地名實未敢詳晰言之然於不可不詳者必求其相合無閒也著此書時所集紀錄用之無多所用者皆有來歷可攷大率取諸日人華人所論及他國人在兵船及陸地觀戰者所報而於日人所著戰報等書所採較多否則余亦不能著明搆兵之紀於今日矣此一役也頗屬驚奇日人能著文筆茂美之戰事書而又實能用大力於海面陸地自零星雜著外有按期報二册專論戰事印行於戰勝之時罷戰前曾出報多本其中所講消息多有出於尋常者竟無一忽略務使其事爲日人所洞悉吾之喜從日人採取者不在所

講之公平與否因日人視敵人同一公平且較之敵人轉更公平凡戰勝之國比戰敗之國所言易於探討實情戰勝者自恃有力觀事更明故能以公平示人也

中日搆兵紀目錄

上卷

西輶記略

無錫徐建寅來稿

泰西各都會省會多建城堡如法都巴黎斯俄都彼得堡等皆是惟英都倫敦無城德都栢林承平時亦無城其意蓋恐有城則他國知其形勢預籌破之之法且於邊境要隘各有堅固大城敵勢雖强亦可支持一二月於承平時預於京都備存造城之物料並密定造城形之圖故於此際可以趕築京都之城也又在京中有定章改造新屋必築樓高至六七八層可以多聚人民少占地段將來築城小則易成亦易守

德國現在兵額約四十五萬人其制凡國中百姓并男女老幼共計之每百人抽一人當兵年至二十者必當兵三年限滿退歸本業易以年及二十者仍掛其名於兵籍故其數又數倍國有兵事先以現在營教練之四十餘萬人出戰次調年三十以內壯丁守國備戰必年滿四十方得免役

泰西讀書人生計最廣非若中國之老死牖下自甘貧苦也男女無不學之人生四五歲時母教之玩耍凡玩耍之物皆有字跡可以學認童而習之入塾之先識字已多七歲入塾就傅每日以三時許讀書中刻後遊玩必令其天機暢適不以爲苦年日長學日進至二十歲無不成者卽在學堂考試文理明通者無不錄取取後再入太學專習一二事分爲四科一爲格致二爲政事三爲文教四爲醫學亦在學中考試錄取後尙不得授官必自備資斧隨同有職之官習練三四年方得補小官循資升不得超擢且終身官一部不得他調故能專心致力克盡厥職其有文理未能明通者卽令其舍難從易棄大就小不得拔入太學

中國士冠四民之首爲士者每鄙農工商爲不足爲道爲農工商者亦自視爲不足齒之傖故士多困窮而商多卑鄙泰西則農工商中各有士在故種植製造貿遷等事皆能益求精進此讀書人所以各有藝業

不致坐荒歲月垂老無成也其學格致科者考取後即爲農工商之士與政事之士其貴相埒

西人官俸甚薄其居官者大都富家子弟或妻擁厚貲不待俯畜然後可爲官西國不僅六部有多至十數部者如兵部則分水陸驛政爲三部工部分工程工商礦務三部禮部則分教務文教兩部每部以一尚書總之各部又總其成於宰相

法京巴黎斯被德兵攻破後集貲一千萬佛郎辦善後事宜百不敷一無從下手議院議以八百萬佛郎先修一戲園餘概從緩不及三年人民麕聚百貨雲集所收稅項一年數千萬百廢俱舉富盛較昔爲甚

法京街下溝道上下俱砌作環形高十餘尺寬數尺每年由官親進溝內坐船而行查驗兩次每日有人查驗一次溝內甚潔淨而汙水流行甚急水中可行小船

街道之寬闊整潔以德國爲最大路寬十數丈中栽樹木設椅櫈爲行人游憩之道其兩旁則馬行之道再兩旁則車行之道再兩旁則又人行之道車馬之往來各有一道無有阻滯

英文簡潔故貿易者便之法文精當故公牘用之德文詳細尤出兩國之上記載學問之事宜之英文每一字多至十餘變德文一字多至百餘變

西國婦女各有執業無坐食以終身者各鋪戶所用店夥男女俱備男人往市物則男夥出應女人往則女夥出應亦有男女不分者貴族婦女至則伺應尤謹

西人每出門婦必迎送若自遠道歸婦必迎至火車鐵路之旁接吻爲禮西國機器不盡用鐵其造船砲各大廠鐵質機器爲多若民家耕織仍多木器價廉工巧中國所當一一效法

人之皮質各有不同故有黃白黑之分而各有功用如阿非利加人極黑其地極熱因其皮內含黑質至多故熱氣不能內攻此造物自然之理也

西國處處種樹既可備用又可蔽蔭地面免爲烈日所曬地面常潤而漸肥地面滋潤則受日熱而水化成氣即能容熱而不致暴暑其氣上升則能釀雨以資灌溉凡山上有凹窪則築隄蓄水作閘宣洩用水流下之力以運機器又處處停蓄必不令其一瀉無注宿處熱氣蒸水水氣上升遇空中冷氣凝而爲雨故常得小雨而不憂旱

西人有以喂雞致富者法都巴黎地方繁盛拉車之馬日有倒斃即掩理不准人食其肉是人獨收死馬用磨碎其肉和麪作成團如棗核以喂雞雞易肥大又因其地價極貴每地一畝價銀數萬又以喂養費工故畜雞者設法置雞籠如塔形每層高尺餘格成數十間高可數十層

每一塔可著雞數十隻以一人司之喂法用機器能運動環塔而行又能上下從下而上每雞喂一粟核形周而復始故省人工

西法凡作一事皆有專書不獨開礦製造等事爲然即小而一物之微亦必詳明其理而後已

泰西語言文字雖皆本於二十餘字母各國亦稍有增減非必定是二十六字也其拼法用法大有不同語言即因之歧異如法之於日耳曼列邦普之於法蘭西俄之於土耳其雖破其國易其君而卒不能撫有其地非不欲也勢不能也蓋因文字語言之不同如發一令而民莫之解何以治其國故英於印度封其君不令治事另簡大臣爲之總理國政又擇本國世家子弟遣往印度習其方言學成官之又選印度子弟之聰穎者教以英國語言文字成後用爲書吏英之法令漸行肆其鯨吞蠶食其用意至遠也

印度文字最艱深非讀書數十年不能通其義故民人鮮識字者不識字何能明理何能治事故國日益弱中國宜另造簡易文法一種以便於婦孺及貿易中下之人爲尤捷

土耳其國君民崇信回教自視極高以爲我國之地爲天下最尊之地我國之人爲上天特生之人非地球他國所可同年而語各國屢欲與之通商堅執不允兵連禍結國破君亡不得已而立約名曰暫行緩兵之約其意蓋俟元氣稍復終必閉關絕使不屑與他國往來也

中國秦漢以前男女之別必不如今日之嚴而風俗較厚自回教之入中國中國漸效之男女之別始日嚴

古者男子三十而娶女子二十而嫁極有深意西人至今行之今中俗夫婦多齊年是婦人已老而男未衰所以多置側室也

中國皇帝之尊自秦始皇以後始官府之尊自回教入中國始回國之

君可以無罪而殺大臣其官可以無故而殺百姓以爲分別所當然也

譯書公會告白

本報所譯西書種類不一地名人名因舌人切音各異每致兩歧茲以瀛環志畧海國圖志大英國史四裔年表萬國輿圖等書酌定改正一書成後幷登合璧表於末以資印證惟五洲通志拼音極準不在此例

本公會各省售報處

上海棋盤街醉六堂書坊 文瑞樓書坊　　上海抛球場慎記書莊

蘇州胥門西城橋堍閻君茲明 婁門混堂巷馮公館　　無錫學前楊公館

常熟醉尉街內閣張　　常州娑羅巷袁公館本公會分局

湖州醉六堂書坊　　松江鴻文堂書坊

杭州羊壩頭黃君海珊　　甯波奎元堂書坊鮑君明存

揚州點石齋書坊 同文書局　　南京詞源閣書坊

蕪湖鴻寶齋書坊　　江西南昌電報局 鴻寶齋書坊

九江招商局史君錫之　　漢口鴻寶齋書坊

湖南省城靑石橋天成豐錢號　愼記書局

湖北省城三佛閣武備學堂楊君佑之　鴻寶齋書局

湖北宜昌府川鹽局總收稅所惲君毅齋

天津杏花村武備學堂孫君筱塙　電報官局張君小松

京都琉璃廠中西學堂　電報總局

福建馬尾船政局華君秉輝　張君漢騫

福建省城點石齋書坊

烟台謙益豐銀號

香港宏文閣書坊

廣東省城愼記書局　曹素功墨莊

山西省城水巷惲公館

四川省城蜚英書局

西報補遺

無錫楊其昌譯

德國上海領事論膠州灣事 德文 德國新報

頃得電報知我德國現已據中國之膠州灣此事曾見於西十一月二十日倫敦官報云有德國水師一枝已於近時據膠州灣專候中國如何回答但此處地方甚冷必須迅速建造兵房方能度冬然倫敦此報亦祇言大概而已近又得一本國電報云有兵船三艘一名克雷才爾一名開賽爾林奥固斯塔一名狄弗膚現已出蘇彝士河前赴中國云近又得最確之信得知膠州一事實在情形蓋我德國有一公司船每禮拜由上海赴膠州一次以運造房各料現自膠州來據云德國現有兵船名挪威者已至香港膠州已得此船到港電報並謂有德皇之次弟名塞諾惟西者率兵輪若干艘陸續赴華凡此各兵輪之赴華也意固不專屬於膠州灣須俟中國如何回覆再作區處但必須厚集兵力方能成功

先是我德國兵船名克雷才蓋斯瓦特者並小兵船數艘游弋膠州海面於西本

月十四日（是日禮拜）早八點鐘時我兵輪上兵丁登岸卽據此灣是時立卽出令搜奪中國駐兵所有子藥諸物立卽奪來運至我兵船上我乃復以小兵輪名夥爾磨然者運我軍裝登陸及九點鐘時我巳全行齊備乃自我船主（官總）干　照會中國駐灣總兵官限其儘三點鐘時全營拔去違卽以礮擊是時我有兵船二艘在口外舉礮向中國礮臺預備開礮乃見中國營兵仍未拔去乃向其礮臺先開一空礮中國總兵乃照我照會將營拔去我乃復入其營仍將其所餘藥彈全數搜索運至我兵船於是我兵丁皆入中國礮臺我之軍裝亦卽運入下午兩點鐘時卽於東邊礮臺將我德旗高懸其上我口外兵輪放礮二十一門以賀是時中國附近百姓並不驚慌蓋以我逐去中兵之速未曾擾及百姓也中兵於是移至山後駐營約距此礮臺有七八啟羅密達之遠我乃於礮臺四近設保守衛兵盤查行人並保衛中國百姓

膠州灣乃山東全省第一要地經我據得則我可以四通八達如以我國章程整

治可握山東全省利權我所以能取之之易者以山東各口無一得力礮臺故我能如此得手我今守之之法須於城內城外設官加意整頓並設關卡收稅以爲養兵之本則可不煩我國餉力日後再將城內各事整理齊一則我於中國可大有爲中國海港以膠州灣爲第一我須畫一詳細圖我能從此以立根本非但得山東利權並可得中國內地利權且可得朝鮮利權並可奪他國在中國之利權而我之利權乃隆隆日上矣惟我須放輕關稅一慰中國百姓之心則附近膠州一切之地可以漸爲我有

言膠州形勢一段删去未譯

言膠州口內有河道通萊州府及山東省城並通黄河可行船興商務一段未全譯

言膠州城池高大天氣民情均好可常居且水陸通達一段未譯

言膠州灣修治整齊可奪烟臺生意可將烟台各國生意移至此處一段未譯

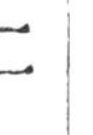

言行膠州灣水道差難於烟台一段未譯

言膠州烟台形勢互相比較以衡商權一段甚長未譯

以上言膠州利益猶未能詳其萬一惟我如僅據膠州而烟台爲他人所據日後倘有戰事則我勢甚孤必受其弊蓋此地僅可駐水師萬一中國北鐵路旣成之後中兵能陸由道來則我僅據此海濱何能駐足設中國能練一枝勁旅駐紮我後路新橋地方則我往北陸路之道已斷我必不能前進我今思得一法山東山地煤礦極多我宜亟整頓此處以爲根本乃從此灣迤北一帶先開煤礦竟其利權且以所出之煤爲我灣中輪船之用是宜速與中國訂立條約由烟台造一鐵路直達濟南此爲最要之事必須迅速修成方利於我惟此鐵路過山越嶺路極崎嶇然不可畏難遂止此鐵路旣成之後再由膠灣築鐵路至濰城再由濰城引長至幹路則膠州迤北煤礦並機廠各件可聯絡一氣矣

我能將此鐵路造成則我無窮之利益皆在此鐵路上蓋此路旣成可由中國內

地直達膠州海口則中國內地物產可由輪船運至德國即如英國之於印度辦法此時即以烟臺至濟南之路爲幹路既成之後亟宜引而長之而引長之路以引向直隸河南之間爲第一要義蓋我鐵路所至之處即我佔地所及之處惟我現在大可不必自築此路可聽中國自築惟必責中國用我之煤並用我之物料我且可袖手旁觀以監中國之利益則苦工仍中國自作爲我僕隸而我可坐得其權利矣此舉也我於三十年前即早存此心直至今日乃始如我願自此山東全省之利並中國內地之利皆可任我於膠州灣一孔吸之矣

鐵道既成則烟台商利必移至膠州此爲德國最大利益若遊移不決坐失機會致已入我掌握之權得而復失則一錯之後不能復救爲我今計極宜與中國分定疆界且宜以我兵力權勢挾制中國驅策中國責其迅速成此鐵路鐵路既成之後即我之鐵路是中國直我之外府也直如中國爲我之工頭也是中國即我之印度也我先從此下手即日後各國議分中國而我已占先著各國亦無如我

何也

德示膠民

字林西報

德國水師統領出示膠州華民譯錄於後

德國東方水師統領濶達孩奪而里豈斯示曰吾奉德皇之諭命我登岸佔據膠州海灣及相近之海島我已盡力爲之今曉諭爾等知吾所得地方之界限開錄於下　一從膠州海灘登岸直向東至山下有水爲止此處距膠州尚有十八里二向北至膠河沽河匯合之處大浦灘厘捐局爲止　三從海邊向東至勞州海灣之中爲止　四北面從勞山海灣起一直向南至公帝廟島及桊蘭島等爲限　五向南從桊蘭島極南鐵落山島爲止　六北面至姑口爲止

此等地方現派德兵駐守俟被害教士之案調停然後可退吾勸住居此地之人仍各安分守已切勿聽信謠言疑惑滋擾中國與德國實情以前極形輯睦中日搆兵之事吾德國十分出力調度排解以顯吾德國與中國交誼之厚現與中國並非爲讎爾等不要疑惑妬忌吾德人服官本分自應遵國家所定律例以保護百姓太平若有不逞之徒不喜吾等而滋擾者要照中國刑律斬首若吾德人犯爾等應照吾國軍營律例用鎗擊斃所以吾亟欲勸解爾等百姓從此以後切勿阻撓吾德人之權爾等試思以上之言並自計有力能阻撓吾否非惟無益乃自速禍耳　以後吾兵駐守此地爾等官員仍照常辦事須遵吾所行之事如上司有札飭變更之舉須與吾德國巡撫朱提督蔡會議以後中國人將地土或買或賣須知照吾德國巡撫此要示仰各色人等遵照特示德一千八百九十七年十一月十四日華光緒二十三年十一月初一日　按此條今日譯出編幅已不能容特用五號字排印列後以快先覩

本報正誤

第二冊　西報彙譯第六頁第十行沒頭於水落於字　英民史略大事表第一頁第末行統治比利敦治比誤洽北第二頁第二行入基督教入誤人第十四行干德不力誤堪忒盤雷　第三冊　西報彙譯第二頁第廿三行非洲誤非亞　英民史略大事表第三頁第九行英倫誤英吉利第四頁第七行宗昂誤頂哈姆　第五頁第末行日誤曰　第四冊　西報彙譯第五頁第廿三行惕誤湯　英民史略大事表第七頁第七行測誤側第九頁第十一行腓誤緋　第五冊　西報彙譯第三頁第十七行淡輕三三字應稍偏第四頁第六行受病上衍齒字第十三行鉀養二三字應稍偏硫養三三字應稍偏末行淡輕三三字應稍偏　東報彙譯　第一頁第九行是坐未詳悉近日情形耳坐誤坒　第七頁

第四行一旦與他邦交兵旦誤且　第廿三行政府字府誤廳　維多利亞載記第七頁第十四行注彼土方言土誤王
交涉記事本末第七頁廿三行成吉斯成誤靑　東遊隨筆第十三頁第一行芽蘗誤芽蘗第五行亦化爲馴擾誤馴
優　第廿行安穩誤安隱　增訂五洲通志第二頁第十五行景色誤景邑　文編第三頁第五行熟飯誤熱飯

附錄現譯各書

法文　增訂五洲通志　東游隨筆　歐洲今世史　國政制度字典　拿破侖任總統及得國記　俄帝王本記　現
今武備　英政府議院制　輿地史大事記　高隆傳　歐洲通制　古今史略
英文　交涉紀事本末　中日搆兵記　拿破侖失國記　威林吞大事記　英歲政比較　西事紀原　維多利亞
載記　英民史略大事表　歐洲人物志　列國宅京記　古今名人傳　日耳曼法蘭西英吉利疆域攷　泰西志
林　工藝新編　十九世紀繫年錄
東文　日新叢書共七種　歐洲新政史　高等商業學校章程　高等女師範學校章程

本公會諸君姓氏

總董　陽湖惲積勛叔畬　紹興胡念修幼嘉　新陽趙元益靜涵　陽湖陶湘蘭泉　總理　陽湖惲毓麟季申　武
進董　康綬金　主筆　餘杭章炳麟枚叔　五湖長　總理繙譯　陽湖董存嘉　法文　嘉定吳宗濂挹清　袖
海客　鎭海黃賓榮文卿　嘉定周傳謀伯貽　英文　秀水張國珍石如　歸安胡惟志仲巽　錢塘張書紳碩之　東文
慈谿錢家驤仲德　烏程張令宜峴甫　吳縣沈晉熙錫侯　奉化陳琬常蟾卿　德文　無錫楊其昌佑之
日本安藤虎雄陽州　總理銀錢帳務　湖州楊紹椿毅夫　陽湖惲彥博潞生　湖州淩義培古卿

光緒二十三年十一月十三日　西歷一千八百九十七年十二月六號

譯書公會報

第七册

每册價銀壹角五分

館設上海中泥城橋西首新馬路昌壽里

譯書公會報第七册目錄

秀水張國珍 歸安胡惟志 同譯

美國水師溯原 以下英報

紐約日日報 西九月五號

美國印書局近出一書內載海部官羅司維爾脫詳述美國設立水師之由其言曰我美居今之世若不加增水師尙何以國爲故戰艦魚雷船宜一一添置上自兵官下至水手宜以次遞加憶開國以至今日何可一日無水師哉歷年各總統之言可詳攷焉華盛頓曰欲保太平之局孰如有備非練水師不可喬尼安特姆斯曰論我美形勢海防詎可廢弛練水師固也水師精方足自衛且以禦外不然則否芒爾洛曰水師果能得力其效有二惟其有備可以無戰即不得已而出於戰可以息禍柔尼鋭安特姆斯曰以我美權勢孰敢不加敬焉雖然幸有水師在若其無之寗能不失我自主之全權乎劇克勝曰設水師以自衛計則得矣詎寗惟是我國果能整頓水師各國方將側目而視其效有三國人之立業於他國者藉以保護焉二我國商務之在他國者藉以加盛焉三敵人開釁於我我出而攘

之彼將知懼焉愓勤曰我美水師戰勝海外非一次矣然非廣爲增置將何以壯國威乎撲爾克曰民兵可用也募之一朝之非難事也今昔情形不甚相遠也然欲保沿海一帶及船之停泊與商務之在洋面海面者非水師不爲功搿蘭尼脫曰若不及早圖之我美不數年間將流爲至弱之國洋面聲勢將復何望憶自昔創設水師勇往無前之概亦爲地球中之巨擘今若全力講究他國有不望旗而色沮乎必令他國望而生畏則所保利益其庶幾乎埃鋭曰我國水師亟宜講求衛國護商利益無算即論國體其可弛乎凡有忠君愛國之心者當不河漢斯言克禮佛輪曰水師爲當今急務吾知之矣若頭等兵輪他國視爲尋常我並此無之其何能爲夫國不能禦外侮外人覬覦亦固其所我美方之他國弱孰甚焉凡有交涉靡不失利欲昭公道於理則勝於勢則敗其咎果安在哉漢維生曰水師之亟需者船爲貴船式務其新船身務其大水師所至咸有戒心我旗所瞻靡不如意庶商務賴以盛國體賴以强僑寄他國之民賴以安保一國太平之局者在

是保全洲太平之局者亦在是必我水師徧布於太平洋大西洋之面而後可也綜稽前哲之言則知我美講求水師由來舊矣歷百餘年之經營經各總統之研究焉得不有今日哉蒙按羅司維爾脫歷引前人宏論偉議凡有關乎國是者鮮不同心戮力以贊其成即以水師而論今日之勝於當日必能見他日之更進於今日其深謀遠慮前後人如合轍有不致功敗垂成者當華盛頓創議伊始而喬尼安特姆斯繼之即觀一千八百十二年軍務得利良非淺鮮其蹂躪敵人惟水師是賴至忙爾洛奎尼銳安特姆斯劇克勝諸公其人皆豪傑其識能及遠故皆能隨時整頓力全國體尤令人欽佩不置彼言能戰然後能守先發制人無令人制我眞千古不刊之論也當是時造船不多不敷調遣魚雷船固在所不廢即大號戰艦亦宜逐漸添置不厭其多夫如是然後可以控制海面可以行遠可以御風可以擊敵雖礮臺堅固終不若水師之尤爲切要也論我美水師兵力方之他國尚不能至應得之數然已足制敵人果如前十年勇於製造不數年間將見兵

艦足以調遣必爲今日地球各國水師之冠自華盛頓起以至今日此百年中所謂月異而歲不同者也不然入不足以守出不足以戰一旦有事喪師辱國國體尚可問哉失國體者固沿海之民與內地之民共之者也可不先事綢繆哉

英國新出火車機器　同上 西九月五號

英國今出極大火車機器三架其力之大其行之速足爲地球上火車之冠現南邊梅生滌到尼好一條鐵路業經安置惟未及大克水斯埃克水斯及羅衣齊安奶等省其力比鈕約總鐵路及拖司惟梯安克鳧來司鐵路所有著名九百九十九火車機器加二倍比倫敦到安台姆勃快車機器加三倍比倫敦到花來黑奪郵車機器不止三倍其力孰大於是又每一架可拖尋常火車機器十架或美國尋常運客火車四輛

此種機器計其行程每一下鐘能行六十英里能載三十三輛客車計重每輛四十墩計長有一英里五分之二其車六輪輪徑六尺其汽之壓力計每方寸有二

百磅其圓桿每徑二十一寸計拖力二萬七千四百六十磅若緩行可拖四千二百七十九墩各項大貨車八十五輛現各國火車無有大於此者也

尋常機器須有火箱及鍋鑪能養得水汽然後轉運可靈否則汽將不敷車用此種機器無前項弊病但需煤足便靈妙異常因其火箱長十尺闊三寸半其熱力有一百九十四方尺其鑪徑五尺二寸其汽管發熱有二千二百八十九方尺別種機器力雖大而終不合用因輪之分量太輕不能得力也此種機器每輛計重七十五墩其中五十八墩駕六輪其餘十七墩另置四輪於前依在鐵軌其重力有二萬九千磅比機器拖力增至一千五百磅天雨及雪無膏滑傾折之虞因又有粘力十四磅半所以需此種機器火車者因能載重其行之速猶其餘事耳

沙漠得水

同上 西九月二號

英國派人赴埃及探路其於英國如何利益且置弗論於埃及鄰近各處已覩其效因探路者查得埃及附近一帶沙漠居然有水夫沙漠之所以無用者以其無

水耳今掘之或淺或深皆能得水已於活台漢而發及亞勃漢獸奪兩處沙地開得數井其距南益爾江遠甚今有水可取實前人夢想所不到自今而後土人情形將爲之一變昔勒殺甫伯爵及他機器師擬設法導海水至亞非利加一帶沙地俾有出產終未償是願今不用導水之法繼之以掘井竟無有無水者果爾則薩哈剌沙漠將變無用爲有用矣薩哈剌本非平原有山高至五千尺者有肥磽之地可以種殖者其地之廣埒於歐洲但歐洲有四百兆人而薩哈剌僅二兆五十萬人且幾爲阿喇伯勃勃司及黑種估據非其本種今勃勃司商務最盛居中而迤及西北黑種據其東北其餘皆爲阿喇伯所有矣薩哈剌地有屬安而齊益合及剔和尼斯爲法國保護者有屬木落壳者有屬土耳其者其最貴之產惟棗與鹹前導水之法法人勒殺甫創之於前英人梅克齊繼之終無成效事遂中止今掘井得水灌漑沙漠坐收其利足以彌前人之缺憾今法人已於埃而徐勒辦成查埃及自黃奪漢而發至地中海其間惟經江水灌及之地可以種植如楷兩

落以南計二兆二十萬畝合爾塔又五兆畝下埃及以南二兆三十萬畝埃及二兆畝夏秋不毛今楷雨落以南得新法種之可得六十萬畝計每畝所出可値二十五元一歲所入有十五兆元但此時耕種之地以海爲界其間所有卑窪沙地倘一律耕種他日收利必大於此二千年前孟保來一帶爲埃及所種之地出產甚富數百年前所產之麥運至羅馬國家所收之利甚鉅埃及已收之地利若此若以開井與未闢之地利又若彼亞非利加沙漠之地大有生色其利詎可量哉今經烏被曷沙地現已從黃奪漢而發至安部漢門改造鐵路一條不數年後由此路火車將運沙地所出之產長驅達黃奪漢而發甚爲便捷昔人有言曰我將死願多些光今引領望之曰地將生願多些水此亦開數千年未闢之地利也

吳縣沈晋熙譯

論日本治理新疆

倫敦中國報　西二月二號

九月九號接東京來信云日本極力治理臺灣高麗檀香島而商賈之利爭奪甚

亂所以傳教者亦因此不安此等商人及教士皆從西方來今皆有不願居此之意夫古時日本人之性情行事報中常論之今豈有異哉

日本國政在臺灣地方能待人以和可謂詳慎但終無妙法使人能信其將來有權能行善政於新得之地夫日本守己之疆界極嚴一似重有憂者曾派一使臣及洲縣等官至新疆以辦理要事日本人與英人名拉包脫言我國派人管理新地等事費錢甚多但臺民如此不服豈見日本有顯出惡意我思日本不能再加易良法矣

來書又云在高麗地方俄人已顯示欲攘日人之權且以婦女多人交接高麗命婦教以俄國學問合而言之高麗與檀香島現在日本據守情形及一切關税利益之事將立一新合同不致如臺灣之紊亂但此事殊難必慎慮爲要我常聞人言伊藤相亦不過有其位而無其才豈猶能重張國權令我等見之乎

德存兵費

日本日日報 西十一月 十六號

德國所積成兵費有一百二十兆買克合英銀六兆即係法國昔年所賠兵費也藏於相近德京之四配㕸特城及勒愛斯教堂內該堂在湖中小島上礮臺之內此湖即通海萬而江極形荒邈故日夜令武員看守銀藏木箱外貼封條此欵已存二十餘年今仍如故

德國商會 同上

西十一月五號接德國海姆堡來信云德國商務董事至東亞西亞欲與日本商人交好貿易而日人不願與之通商緣德商往往利己害人其意欲在日本壟斷他國商務以歸諸己也

地球產金總數 橫濱新聞報西十一月一號

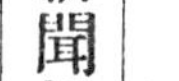

近來政治家曾將各處所產金數多寡每年列表詳載自一千八百五十年起至九十六年止統算年來鑛中採得淨金共五千兆兩計值英金一萬一千六百三十兆磅至同時所採得之銀總計有三萬二千八百二十兆兩自一千八百五十

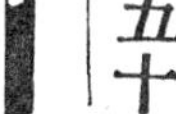

年後凡產金最盛之處均可歷數無遺接美洲合衆國四千一百七十九兆八萬磅澳大利亞之維多利亞省二千四百三十八兆四萬一千磅新南威爾士省四百三十四兆磅新錫蘭島五百二十三兆九萬三千磅袞恩蘭島三百九十一兆八萬九千磅南太平洋笪斯馬列島四十四兆一萬七千磅南奧大利亞省十九兆八萬三千磅西奧大利亞省四十一兆磅南阿非利加洲脫蘭寺罰爾合衆國四百二十三兆三萬一千磅印度五十九兆一千磅上年各處所產金數亦以美洲合衆國奧大利亞洲暨脫蘭寺罰爾國爲最著云

金銀互易

橫濱日日報 西十一月十號

日本政府因金價日昂銀價日落以爲民間銀多金少所致爰令國中將銀幣兌換新製金幣冀日後市上銀漸減少其卽可將銀價擡高按上月日本各大城鎮兌進之銀計東京現銀九萬九千一百圓紙幣四十一萬二千五百五十五銀圓橫濱現銀一萬四千五百三十三圓紙幣一百二十九萬六千三百七十七銀圓

大阪現銀二十萬零七千圓紙幣六十八萬四千七百銀圓神戸現銀一百十一萬三千二百六十圓紙幣九十五萬二千九百九十銀圓貝根紙幣六萬二千九百五十五銀圓名古屋紙幣三萬八千八百八十銀圓箱館紙幣二萬九千零七十銀圓總計以上各處兌進之數合共四百九十一萬一千四百二十銀圓

横濱新聞報 西十一月十一號

償金結息

昨日大藏省（如中國戸部）接得日本駐英公使倫敦來電云中國前償日本兵費一欵尚未繳清之數約八千三百三十三萬兩現在此欵之週年利息已於西歷十一月八號由中國駐英公使劃付倫敦銀行存收計收得息銀四百十六萬六千六百六十六兩此數共合英金六十八萬五千四百三十七磅

横濱日日報 西十一月十一號

日本商務清單

日本大藏省查悉十月内由横濱神戸兩處出口貨共值一千五百九十七萬四千零零八圓進口貨計值一千八百五十四萬六千四百六十五圓進口貨較出

口貨贏二百五十七萬二千四百五十七圓自正月至九月以上兩處出口貨共一萬一千三百三十萬零八千八百三十一圓連十月在內總計一萬二千六百二十八萬二千八百三十九圓進口貨則自正月至九月有一萬五千七百三十四萬四千二百四十九圓之多連十月分總計一萬七千五百八十九萬零七百十四圓自正月至九月進口貨較出口貨共贏四千九百六十萬零七千八百七十五圓計算至年終溢出至五千萬圓云

金銀一項出口自正月至九月計值五百二十萬零二千六百六十五圓連十月內出口之二百五十萬零二千三百十二圓總共七百七十萬零四千九百七十七圓金銀進口之數自正月至九月計值七千四百六十六萬五千零七十一圓連十月內進口之四百六十一萬七千四百四十二圓總共七千九百二十八萬二千五百十三圓統計金銀進口較出口共贏七千一百五十七萬七千五百三十六圓

按日本金銀進口之數迴勝於前此實振興商務之明效東瀛如此歐西可知上海一隅刻下銀根緊絀舖戶虧倒迭聞未必不由於此綜持商政者盍於中外盈虛消長之數加之意乎

中德情形

日本捷報 西十一月二十四號

現聞中國如踞守膠州之德兵不退不肯與之商議已調兵往該處倘中國果有斯事是出人所不料但德人豈肯遽讓兩不相下兵釁必啟中國固無水師而德國却無陸師若德國調陸師來華恐緩不濟急兵端一開兩國俱傷而德國更有一受虧事德國在中國商務之利甚厚兵端既開商利盡失中國海邊亦必為德兵蹂躪然德雖有許多兵艦僅能守膠州而中國各處海口亦不能燬傷盡也由此觀之德人不過獨霸膠州中國亦無法抵禦中國極大之國也德如踞守膠州海口一二處庸何傷祗自失其商利耳終必讓還也

論德思吞山東

同上 西十一月二十六號

讀法報云德皇要挾中國不止前所言者初思欲得一海口而已今則欲擅鐵路

鑛務之利於山東以興該省未有之事是竟思吞山東全省矣若以一省而抵二教士之命則英國昔在廣州被百姓殘殺亦可挾制中國將中國地盡償死者而不足矣倘德國果在山東築軌開礦中國人以爲可保太平而他國之人豈免嘖有煩言第未知中國已密許之否此亦一好機會無論何國心中喜何地皆可效法若依此輩無用之華人但思粉飾目前之患當日本攻破旅順之時中國人見日兵皆呼噪逃命則瓜分中國在此時矣德國豈踞此地而遂止乎

日論膠州　同上

日本前欽差大臣男爵納軒致書於駐英法俄德中國各欽差論膠州之事

一德人佔據膠州豈未與俄法二國商議耶

二究德人本意豈果存欲佔一地之心耶

三德人見中國如此情形豈難退兵耶

四德國佔膠州其本意究竟如何

五英國因此事其意將若何德人之佔膠州以爲無甚緊要但俄國本已深思欲得膠州吾竟不知其故究竟二國商議而爲之否百姓皆知前遼東事當時俄法德三國皆立合同似助中國堅保遼東之事由今觀之彼皆假意實已陰懷瓜分中國之心也德之佔膠曾與英商量似恃英人之勢本報謂此言出自日人不可信且日廷之人材此事亦不能出力也

鎭海黃資榮譯

俄國興教 續前稿以下法文

勒當報 西八月十六號

此焚化之事必數人同行如有培果尼黨人愚昧至欲自焚彼必將此意慫恿他人以爲爲耶穌殉節以抵拒背耶穌教黨也然每有愚人被其煽惑從之俱死不亦奇而可慘乎此種信從之人往往家道殷實儘堪自給而一經受惑則自焚自埋皆所不惜　培果尼黨中名亞沙非者其事蹟最詳此人約於十年前在俄國

東北方沙肥諾村中煽惑鄉間男婦十餘人與之同行焚死此人稟性和順素勤工作其時國家將其册入軍籍故即逃往與洛納刺地方樹林中其原名司對方至是改爲亞沙非郇中亦鮮有見其傳教者又恐其教衣之有異於衆爲巡捕屬目也於時改服旁紐女衣後往沙肥諾郇中宣教諭衆曰目下世人敬事金牛蓋即指俄皇也又須叩拜以昭誠敬如欲脫此樊籠須逃避至沙肥諾或坿近郇落山林亞沙非之宣教果獲效一日沙肥諾及附近郇中有四家共十四人忽皆不知所往內有年四十者年五十者及女人之年十四者甚有四歲及二歲小孩內有司帶才夫者在其家神像櫝中得紙三張用火漆封固所載字跡極細係司拉奉教中文字於是招致俄教士一人問之教士即爲之朗誦其遺囑曰灰色母牛給叔父亞帶那士紅色牛給麥佛拉呢衣十四件請爲分給市上貧孩至馬及牲口車子請善價賣之將銀分給窮民以答上帝之恩云云衆人聞此異囑及思亞沙非宣教惑衆若此之慘事無不恐懼於是俄教士及鄉人等馳往書遺囑者之田中

尋訪約行三啓羅邁當（一法里約合華二里）在溪邊（此處溪河約深三英尺）見一縫帳與俄國鄉人於洛亞節日所設縫帳以祭河水爲祝耶穌受洗之禮者相同又行一啟羅邁當至司帶才夫平時芟草時所居小屋之處小屋已不知何往惟留殘爐一具周圍盡係灰燼焚剩柴料及焦灼人骨而已屍腐之氣已令人不可向邇惟見木塊灰燼間腦壳肋骨臟腑心肝尚約略可辨離此數法尺處有樹一本枝上懸一皮袋俄教士啟閱見有帳簿一册計二十一頁載培果尼教中道理其第一頁有鉛筆書字數行其文曰尙性理家書此頁所有畫數（計有十五畫）即係同焚人數麥佛烏基諾夫先生亦在此中余等之避地因不能安居爲背教者奴隸也故寗自焚以死余等來時遂次亞沙非爲行洗禮既至司帶才夫草房余等即彼此告罪將此屋堆滿柏油柴即閉門舉火自焚亞卜加理撥司教書云白比洛恒城（古城名）已傾圮所有大城皆爲鬼所佔踞聖意卜理德有言曰誑世者現已冒爲上帝之子矣聖尙有言曰被逼逐耶穌教人耶穌必附之而逼逐之者即魔鬼也培果尼教人既被

逼逐願自焚以死冀得與耶穌同居也　一鄉人在側閱竟即大慟不止衆叩其故則答曰余之妻亦在自焚人之數係隨彼堅心奉教而自殉也於是衆皆叩拜與屍骨接吻舉手虔誠作十字架形自是此地成爲進香之處五方士女皆爭往瞻仰而成一新穀爾穀帶（耶穌死處）矣　俄國家懼其穢氣之傳染致疫也將燼餘殘骨棄諸河中草屋基址改爲民田令人耕耘其懸掛皮袋之樹斫而焚之此後數年不聞此種慘酷事直至二月以前抵拉司卜爾地方復有自埋者使人重念培果尼黨云　余以此種教黨後事問諸友人則答曰今日俄國無須留意古時拉司穀爾黨緣此黨係爲奴役之例而起自俄皇阿立山打第二免爲奴之例後民智日開目下鄉人悉皆向學兼喜講誦福音即有惑之者亦祗耶穌各新教耳如果培尼及司篤撥齊教則信之者已絶無僅有矣惟此次尚有自焚自埋之人則因俄國昔日之虐政其流弊復見於今也

嘉定　周傳謀譯

重慶開埠情形

四川重慶一埠開於馬關立約之後自宜昌至重慶已准其輪船往來但專行輪船之事日本與各國商人均未試辦因上游江水峻急甚爲危險輪船公司咸有戒心故疑而未定也考四川一省甚爲富饒而其每年最受虧之處由於往返艱難至少須六禮拜有時延至三閱月今核其運貨進出之成本如由揚子江往來運貨便捷若由越南北圻便多曲折矣自重慶設埠通商以來已閱五年初惟有英商一人主持而無官紳如揚子江各口岸進口之貨皆由華商經手而洋商不得過問且上海華商貿易勤奮章程亦甚善但重慶商人與西人交易放債者因其出口貨有總行分行之别故大爲不便現在未知其出口貨亦與華商經手否倘洋商購辦土貨須以現銀交易則於中國經商未免棘手因重慶無銀行可通洋商攜帶銀洋甚爲可虞因所乘民船及購運土貨出口均無保險之故況西商駢集土人之心大爲不服該處各物件偶不經心或致遺失非若上海一帶地方

之安然無事也查重慶商務情形凡進口貨物約值銀六兆九十二萬九千三百九十三兩以上之數並非由北圻運進今將其各國運進之貨值開列於左　英國洋布值銀一兆七十一萬零五百五十五兩　印度棉紗值銀三兆九十八萬二千五百九十四兩　英國棉紗值銀一千零十兩　英國呢布值銀三十萬三千二百二十三兩　比國金銀器值銀三萬一千四百四十二兩　德國銅針值銀一萬四千八百五十七兩　瑞士國表值銀八千六百零九兩　德國銅鈕子值銀二萬四千四百六十六兩　德國各色燒料值銀八萬九千五百六十九兩以上各數共值銀六兆十六萬六千三百二十五兩　又值銀七十六萬三千零六十八兩係由日本與華商運往之魚膠燕窩魚翅沙魚扇子藥料樟腦等物從前法國於重慶至北圻之商務無甚利益因法之織布商人由北圻往者甚少故不悉該埠情形而英國洋布運往者中國海關照例值百抽五抑知今之法商不久亦將滿載而來也如英商運進之洋紗祇值銀一千零十兩而印度商人運進

之棉紗反多共值銀三兆九十八萬二千五百九十四兩豈我法國各廠所製之紗獨不能於中國市上興極大之利益哉如呢布一項雖非進口之要物我之製織者必應竭力講求務使較前增長加闊則非獨中國人必喜購之即各國之人亦無不樂於購用也如各色燒料等件我製造家如肯仿造該處所必需之瓶子及匣子等類務使式樣與德國無異我國家定當協助而減價售之其製造一項除軍火外尚有銅針等類我國亦當仿造鐘表一項宜再造各種新式之法藍表務極精緻用者必廣以上數端如欲由北圻地方運去銷售須於內地之各釐卡允准不致留難則所銷之貨必在中等之上而價值亦可稍增也今更將該省土產出口之數查核共值銀五兆二十二萬三千二百二十九兩其分數如左　鴉片烟值銀一兆六十五萬三千九百七十三兩　猪鬃值銀十二萬九千零九十九兩　苧麻值銀九萬零六百二十兩　牛皮值銀三萬四千六百十七兩　藥料值銀五十萬七千九百兩　五倍子值銀六萬六千四百二十八兩　大黃值

銀六萬七千五百六十九兩　絲繭共值銀八十九萬四千六百二十一兩　白蠟值銀七十九萬九千二百九十八兩　羊毛值銀十四萬五千零四十六兩

以上各數共值銀四兆三十八萬九千一百七十一兩　此稿未完

膠州近事　中法新彙報西十二月三號

烟臺上海北京之各西人無不言膠州灣一事雖事起細微而關係甚大且地方亦難安靜况山東沿海之水灣業已失守則其取償於中國者其志甚奢非僅中國之羣島已也自本年三月內德人已前往該處細察各島嶼形勢並測量膠州灣水勢深淺且於該處查得極好之水灣大兵艦亦能駛進今德人即佔據於此以作避凍之所故於該處安置克虜伯砲數尊德人以爲我係堂堂大國豈可事事居於人後現乘膠州教士被殺之機即可佔據水灣建造兵房於該處以恫喝中國各處之民土地已爲所佔尚不滿其欲壑而又思得寸則寸得尺則尺窺取中國土地故德人於此事大爲奮發如德都來電云不必聽中朝回答决意派兵

佔踞膠州作久駐之計且時屆冬季可建築兵房以便屯劄云查該水灣本係要區故有某大國不欲被其久佔況膠州之水灣爲南北適中之險要且德之據膠州與日本之佔旅順無異而膠州又爲北直隸之鎖鑰北往之兵若由該處遵陸而進則可免經威海衛與旅順之礮臺須行二日路程始至天津大路但其中鄉間亦有小礮臺防守過此則別無防守危險之處現在該處周圍皆有兵艦停泊或云中國此釁若開必須於德人未至之先將該灣周圍之各礮臺先行設防如是可以有恃無恐而亦必不至於徒糜軍費矣或謂膠州之得失實有關大局即將來之商務亦攸關也如中國之鐵路告成將來該灣必爲山東省總滙之區即北直隸之土產亦必由此識運出口吾故曰防守此灣大非易也往遊該處則知吾言之不誣也自萊州府至膠州灣之路近而且便地土亦平衍而又無山溪之險該處所造之礮臺及鐵路所經之處皆在小路雖間有小溪亦不足論矣而於橋梁大溝山洞等處皆可不必經越所云該處出產之物如油綱子絲草繩及各

種礦產其中惟金礦爲最旺除此之外別無他物出產膠州地方約有二百里即將青島之形勢而言青島一灣現被德國兵艦駛入該島即膠州之灣長約八十里闊六十里該城之西北三十里即其海邊自青島至膠州城約一百五十里且青島並非是一大城亦無著名口岸故該島之民至今祗見來往帆船而尚未見及火輪戰艦今突見德國兵艦一隊駛進無不大爲驚訝今將該處訪事友函譯之十月初十日（即西十一月十三號）有德國兵艦三艘駛進青島一名敢善一名崩窩斯威而歇魯母一名科麻項即於是夜下椗該船提督於翼日照會膠州鎭章軍門限於四十八點鐘內將華兵一律退出所有糧食軍火及一切物件均不許携帶祗許每兵携帶隨身行李洋槍一桿如不遵退即當開礮奪取章軍門得信後不知所措遂將華兵向北退至四十里外駐紮雖退究未敢擅離職守因德之來此佔據尙未奉有廷旨故不敢擅開兵釁然此事只須與德提督理論其佔據之由及德軍登岸後即閱視各兵房並將電線割斷嚴爲防守惟此時已屆冬季冰沍甚

爲可虞當德人至青島時該處一帶之民皆驚惶逃逸不敢出入自近年以來中國屢有戰爭如前年之與日本今冬又與德國中國之亂不知伊於胡底德提督至島後即宣貼安民告示內云該處之商民人等仍照常貿易切勿驚恐我德兵之來青島者欲與中國辦妥緊要事件耳此示發貼後該處之民業已大半安靜故土人初雖恐懼然亦無人議及戰事至後來德兵來者日多及兵艦水雷船等均泊青島於是土人益疑之且華兵之往該灣者亦日益多故近來該處大爲驚動萊州登州烟臺各處防兵皆爲章軍門調至四十里之外駐紮以壯聲勢並多派兵丁在各處嚴行防守日夜梭巡而已查該處向有防軍查緝匪盜何以各匪徒膽敢行刦客商致啓釁端及戕害德國教士耶噫華兵苟能嚴行防守則客商何至被刦教士何至被戕即中朝亦何至受人之要挾哉今德人如不佔據膠州則將來之事更難辦矣如德人欲效法國於烟臺立約之條必將於膠州開一通商口岸則各國無不樂從現在中國於辦理山東教案甚爲棘手而教士之死者

已不能復生且該處之主教已回歐洲將來接斯任者不知再派何人前往云

無錫楊其昌譯

德俄叵測　德文

德文新報

我從日本得東京十一月十九日電報云德國之得膠州灣祇用六百人將中國之兩隊大兵盡行驅回俄國亦已發兵輪保守滿洲鐵路疆界滿洲距膠州甚遠此次俄之發兵蓋因與德國最爲親密友邦故德舉於前俄踵其後但俄人正恨無隙可乘此次德之首先發難俄實深感之然此事出意外爲各國所不及料而俄國之必欲發兵者固亦有利權在其中勢所不得不然也

德京柏靈報云德俄奥意四國於去年新年會議必欲在中國得一可以停泊兵輪之海灣所以今年西十月二十五日德王派其弟名塞諾里西督領大隊兵輪至中國在外人觀之皆謂爲膠州灣而來殊不知其意另有他屬也

日本安藤虎雄譯

俄海參崴船塢竣功

東京朝日報

俄皇爲太子時游歷亞洲途出海參崴舉行船塢開工慶典爾來七年極力經營日夜督工以西歷本年十月告竣大佐壹嗎那夫君爲之監督船塢長五百五十英尺寬九十英尺深三十英尺費欵約三百萬羅布居然亞洲一大工塲也海參崴新報論曰此船塢落成日史家應特筆書之今亞洲船塢之雄大無出此右者日本擬籌建築一大船塢成功尚在數年後我俄工事先成自今以後我之船艦横行太平洋者無復擲巨欵借他邦船塢修理一委之己國工塲其利何如且歐美列國兵艦之以香港日本各船塢爲小者必來借塢修繕可兼收外人之利其益於富國策甚大俄國新製碎冰船一艘船身堅實鋭利可開鑿冰海以通航路有此船塢有此新船海參崴口方足優爲俄國太平洋艦隊根本之地爾後一旦有事不復借助他邦矣

兇徒要擊墨國總統

時事新報

向者西班牙國首相卡諾波士君爲虛無黨所刺殺，南美烏拉乖總統遭兇徒毒刃而卒，今墨西哥國亦有要擊總統事。西九月十六號，值墨西哥立國之期，歲例舉行慶典，祝國祚無窮。此日午前九點半鐘，總統的亞斯率各大臣方擬賁臨徒步出政廳門，會場在亞拉美太公花園內，相距不遠，沿途觀者如堵，各兵旁列嚴警。總統胸佩各國帝王所贈寶星，陸離燦爛，威風赫然，過桑港街，迤斜入花園，士女聚觀，陸師學堂學生護衛尤力。總統右挾外務大臣，左率內務大臣，而麼提督暨布將軍在其後，步武整肅，進抵銅獅子側，忽有一兇徒排衆直前，一躍迫近總統身後，戟手擊項者二。提督以杖抶之，杖折，布將軍叱咤揮拳亂下如雨，兇徒不屈，拾杖片而起，將軍再搏仆地，命大尉某縛之。事發倉卒，上下驚愕，搖沸如潮，聲震天地，前之瑞煙靉靆者，倏忽化爲修羅刀劍，滿騰殺氣矣。兇徒既就縛，總統從容舉止如平時，率大臣以下屬僚直入會場，成禮而還。士民雲集，擁護車駕，咸呼萬歲慶其平安實未有之壯觀也兇徒名亞羅要年三十一二幼受教小學長入兵學堂嗣學法律某學堂未幾廢學常與無賴交游酗酒暴橫鄉曲咸惡之前二年爲某肉舖夥擬短銃傷主人父深憂成病而死亞羅要猶不悛破產棄家流蕩四方嘗毆府內著名狀師又要擊一婦於路上其兇暴無理如此或問彼何以加非禮於總統彼慨然曰予擬奪總統佩劍斷其身首不幸事不成今在縲絏中復何言

玖馬島名士募集軍貲　時事新報

美國紐約府有玖馬島獨立同盟公會者係島人所設立以脫西班牙國版圖樹立自主國爲宗旨頃者記室圭撒太圭計長圭的兩氏來墨國墨西哥府蓋爲募集該島紅十字會軍貲游說南北美洲也兩氏夙有令聞島人之在美者推以爲志士巨擘與西國開戰以來共委身國事以募集軍貲爲任宣戰數閱月能無後顧憂者兩氏之功居多兩氏之言曰島民在南北美洲者所至創設同盟公會置

議員若干名東奔西走募集義金壹托諸予等兩人轉送本國無富無貧靡不應募雖窘窮者猶且一次出二十元毫無吝色吾軍所以兵器藥彈未嘗告匱也又曰從來我同盟公會所發行鈔票有一千弗者有五百弗者有一百五十弗者今次更發行五弗暨十弗者以便應募之人行用

歐洲列國愼戰論　國光雜誌

歐洲列國競富爭强互佔地步排擠他邦以謀擴張己國利權是當今大局也然列國君相啓口輒曰平和平和蓋平和者列國之所均希而兵備者實爲維持平和而設歐人稱兵備均一互憚啟釁者謂爲甲胄之平和洵不誣也抑物有輕重權衡必覆故甲國增加兵額戰艦乙國亦不可無備甲乙既然丙丁詎可袖手旁觀哉自丁而戊而己各國依次增添無所底止目下列國汲汲兵備實爲是耳一千八百七十年以來有識者益知國家弱權之危彼此比較竭力養兵亦皆所以維持平和故現時列國擴充兵備未嘗以侵略爲宗旨也昔時雄邦恃力併呑弱

小以拓疆土今列國同盟彼此交錯聯絡聲氣故雄邦不能輕加覬覦且自顧國內亦有不遑遠略之意其備兵百萬帶甲數十萬以威武震動四隣者不過外觀而已試就列國論之

一德國　國皇維廉第二聰明英武夙有名稱上紹乃祖維廉之大志以力保歐洲平和有任振整水陸軍備鼓勵通商航海業國富兵强世人或曰前皇薨歐洲霸權失徒轉移俄國掌中是知一不知二之論也至輓近之德仍處列國間隱然把持歐洲大權雖俄之强不敢逞其跋扈實忌憚德國也雖然德國亦非無憂患也虛無黨勢力日加是爲德之內憂虛無黨者列國皆有之而在德國南部者最大黨中有有學識者有貲產充裕者結盟鞏固生死相誓常以力反國是改革政體爲己任前二十年俾斯麥相在朝時業已有端倪俾相手定法律二則極力鎮壓之未幾俾隱退而法律亦廢自是該黨勃然復起有沛然不可禦之勢矣六七年來勢愈强大現議院內有黨員三十餘名名士把波兒其

尤也邇來水陸軍隊中亦有通欵該黨者德皇深憂之常戒武員防遏其勢蓋恐軍紀爲紊亂也夫虛無黨之起爲拯無限貧民也歐洲列國競張兵備徵租稅爲軍費抽壯丁充兵士民之貧者苦其誅求虛無黨力矯之欲其意見之不與德廷背馳豈可得乎一旦有機可乘則號令國中傾政府而代之是彼等宿志也今夫歐洲一朝有事砲雷劍電山鳴谷響積骸成阜流血爲河德處此際幸而奏凱歌亦不過徒糜餉勞兵耳安能得土地與巨欵如二十七年前哉（距今二十七年前有普法戰事普得割土與償金故云）若不幸一敗塗地不惟受外敵窘迫國內虛無黨所在蜂起至南方一帶土崩瓦解必不可收拾矣要之德國情形勝且不可敗更難言夫德有此大憂所以陽修武備而陰希平和也

一法國　審法國情形亦非好開戰端夫法之陸師與德相伯仲水師精銳亞英國實歐洲雄邦也二十七年前一與德戰割地償金爲城下盟邇來國民嘗膽臥薪刻苦經營以期恢復雪恥然法獨力當此未知勝敗何如於是與俄結好

同盟以備緩急法既得俄援理應伺隙東侵而未肯發何也蓋法國富殖冠於大陸（稱歐洲中除英國者曰大陸）其借給貲本於外國者無算年年所獲利益亦準之故萬一和局破裂負債之國或陷滅亡法人之所深懼其不好戰一也法政府勛業最大者爲安南東京朱尼士暨馬達加斯島之事平時猶苦政令難行動輙匪徒抗命煽動頑民若一朝大陸亂作法國政府布告宣戰士民揚旗跳梁各自爲所欲爲豈易鎮壓之哉其不好戰二也法國近年大整水師一新耳目他邦皆稱之然自一方見之其得稱雄於洋面只地中海一區域耳於北海於太平洋於大西洋彼未有能與列國艦隊並馳而握制勝之柄也其不好戰三也所謂俄法同盟者未必攻守相援之謂雄邦相依以輝燿國威互伸其權利而已矣故大陸一亂俄佔據君士坦丁堡扼制達答捏兒海峽建瓴南下直進兵艦於地中海則其利不在法而在俄其不好戰四也法國慮無黨之多與德國不異夙懷不平欲乘機而發故法若有事於大陸不幸再蹈二十七年前戰役覆

轍則時勢與昔特異該黨勃興反抗政府其禍害殆不可預測也加之武員往往有懷異志而俟際會風雲者其可憂慮者豈惟虛無黨哉其不好戰五也此所以法膺富强之資而常忌戰如蛇蝎

一英國　英國富强嘗甲於五洲然邇來版圖過大政令不遍行治法鮮晝一向之利於國家者今則却爲國家憂尾大不掉國勢漸衰蓋英又最盛在輪船未出世時當時英人長於航海率先他邦拓土地球國威大振世人呼爲海上王積威所及迄前十年依然掌握海上利權橫行萬里能箝制列國舉動未嘗失墜威聲也然十年以來諸强國競練水師爭建新式巡艦裝甲戰艦水雷船等天下形勢頓一變至彼不能復擅威福於大海海上王遂降爲海上公是今世人之所爭呼也夫英之屬土蔓衍地球懸隔數萬里必賴水師權力統治故水師權力之消長卽關繫於統治難易大矣今列國水師有駸駸乎凌駕英邦之勢焉此時英若啟釁於大陸其屬土則支離滅裂明於觀火矣英國政府亦自

知其然故兢兢於通商貿易之事常奉戰勝朝廷一語爲金科玉律也

一墺國　墺國雖久列名强國惟自衛是務不與列國開戰蓋統轄種族不同民心不一如巴希米暨匈牙利人不服墺皇久矣輙思乘隙離叛故墺之忌戰甚於他邦

一意大利　意國財政紊亂當軸欲先整頓夙夜經營未遑他及前二年征亞比西尼亞而軍不利國勢益衰俄見其情形日非溫舊誼相結托以周彼危急蓋有所自爲也又有三國同盟者意實爲其一國然國力疲弊已極陸師兵員雖多而鮮足用者然則其憚戰亦復如墺國耳

一俄國　俄國久養國力似有拊髀之嘆然彼亦不欲開釁端於大陸何也以勞費而功小也若戰不勝則財政再紊亂恐多年辛苦經營一朝付諸泡影故俄善避戰機而用全力於亞洲擬收功於東隅以爲萬全之策也世以俄法同盟爲備攻德國之策而其眞意不在此實欲用法掣德除後顧憂而獨展驥足於

亞洲也若俄不察此而徒傾注武力侵入德國乎不惟勝算不可必兩虎相搏不爲卞莊子所獲者幾希卞莊子何人英國是也俄知之熟故巧避開戰而取萬全策不獨己國避戰亦使法避之何則法爲俄之外府俄與舉百事多取貲於法故法之衰微即俄之不利俄使法無事於大陸其所慮亦深哉往昔周末秦國最强然當其未得巴蜀武力有限未能雄視宇內也一旦用謀臣錯策而取巴蜀國勢頓伸無復與之頡頏者今俄歐洲列國之秦也其未得滿洲與太平洋之利權猶秦不得巴蜀也而今彼已得之常山長蛇首尾相應列國欲制之抑亦難矣雖然俄國亦未嘗無內憂也今俄皇握政教權生殺與奪惟其所欲貴族在位壓制下民武弁伏劍擅威福凡此等事歐洲列國無比倫國民豈盡悅服哉其衷心則羨望隣邦民人有自由利權必矣惟其積威所壓未敢輕於犯上俄之務使民心釋大陸而事東方蓋爲是也

要之歐洲列國如羣虎負嵎戰機在眉睫其實百方彌縫以維持大陸和局所以

相持數年兵革不動職是之由而歐人之窺覦亞洲亦復本於此也今列國東向亞洲南入亞非利加而西及南美欲滿得隴望蜀之慾而其最屬望則在亞洲於是西力東侵日急或爲中俄銀行或爲滿洲鐵路或爲膠州軍港殆有不可禦之勢矣建國亞洲者豈可不深長思哉

再記羅跋那夫公遺書事

時事新報

故羅跋那夫公遺書事既列第三册頃日本時事新報曰羅公遺書事公舊友某告之倫敦泰晤士報訪事人所以傳播甚速據云遺書數件一係論俄國將來國是者其言曰俄國勁敵須防者有二英德是也向後四年築造亞洲大鐵路工竣將直擣印度決一勝負印度既敗英亡不旋踵矣抑德莫如與法聯盟若夫德墺結好不足論已且察墺國形勢必至通欵於法突厥古國亦非與德共死生者援以爲與國易易耳然則備德與英既有成算爲俄國者豈可不發憤養國力以供異日之用哉

日本女子高等師範學校章程

日本安藤虎雄譯

第一章　宗旨

第一條　女子高等師範學校以養成教習尋常師範學校女子部暨高等女學校者兼研究普通教育並保養幼孩善法爲宗旨

第二章　功課　學業程限

第二條　分功課爲十三門曰倫理曰教育學曰和文學曰漢文學曰史鑑曰地輿學曰算學曰格致曰家政曰練字曰繪圖曰音樂曰體操除前項外另隨意學外國語

第三條　學業年以四年爲限

第三章　學年　學期　授業時限　放學

第四條　學年自西四月一號起至來年三月三十一號止

第五條　分學年爲三學期第一期自四月一號至九月十號第二期自九月十一號至來年一月七號第三期自一月八號至三月三十一號止

第六條　授業時數每一星期以三十點鐘爲限俱學國外語一課在以上時數之外

第七條　放學休沐日如左

星期日神武天皇祭日西歷四月三號日皇銜誕辰五月二十八號歇夏自七月二十一號至九月十號秋季皇靈祭日秋分日神嘗祭日十月十七號天長節十一月三號新嘗祭日十一月二十三號冬季休沐自十二月二十五號至來年一月七號孝明天皇祭日一月三十號紀元節二月十一號春季皇靈祭日春分日春季休沐自四月一號至十七號

第四章　功課細目　授業要旨

第八條　功課細目另表教授方法視尋常師範學校女子部功課更加深奧

第九條　各功課細目要旨如左

倫理

教育初基　勅語意旨講解彝倫述古今嘉言懿行指示應行之道習躬行實踐考求本邦婦女本分習俗養成忠孝勤儉之行貞淑柔順之德兼教坐作進退之節

教育學

以涵養職司教育者之心性情爲本旨講古來名師言行學派等考歷代教育沿革示教授保育方法更就實地參活用之

和文學

擇和文之純粹雅潔者講誦之講文義授文法兼授指摘文字疵瑕及增删之法又誦文學史示知文學緣起沿革授作文法

漢文學

擇經史紀傳中詞旨雅正者授句讀講字義文意明字法文法以爲作和文之

資

史鑑

授史鑑須深明政體示治亂興廢所由詳悉歷代治法爲第一義考本國史鑑

教授自建國體制歷代天皇盛業政治沿革至忠孝貞淑事蹟學術技藝之隆

替農工商務之消長風俗推移之情形以明國體涵養忠愛志操兼知古來制

度變遷暨現時法制爲要義讀外國史鑑宜與本國史鑑對勘指示國政人情

風俗

地輿學

教授地輿學務以切於人生日用事物爲要義於總論授地球面學暨氣候物

產人種政體生業等事於本國地理詳論國土全體於外國地理宜擇與本國

關繫最切者詳論各國情形

數學

方滋擾刦掠居民異常猖獗自一千二百四十一年四月十二號（宋理宗淳和元年辛丑元太宗十三年）於立孖聶剌（在普魯斯鄰近地方積地五千二百五十二英里）大獲勝仗自是威聲愈震勢亦愈熾羅馬教皇及各小國亦時慮不保宗社（按是時元方用兵西域故四裔年表一千二百三十八一千二百四十二等年有波蘭匈牙利爲蒙古所擾及蒙古侵波蘭匈牙利等語而元史並未詳載僅太宗紀皇子庫裕克克西域未下諸部定宗紀又從諸王巴圖西征數語蓋遺漏實多也）會是年諤格德依（即元太宗）崩蒙古兵始由普熙眉亞（在奧大利亞國積地一萬九千九百八十三英里）及波蘭（在歐洲俄羅斯國境積地五萬四千三百五十六英里）退屯孽褒河（在俄羅斯長一千二百三十英里）教皇因乘機遣使二人前往韃靼勸令存心慈愛勿事殺戮此二人一爲法蘭雪司鉛姆（教名與於一千二百九年）僧侶（西人稱教中人亦爲僧侶）名潑蘭拿卡偏尼約翰持書至駐扎烏而茄（河名在普魯斯）之白土可汗（即巴圖之轉音定宗紀又從諸王巴圖西征次阿克蘇境史與年表推之正在是時）營中其書曰

天主教皇唔奴辛脫致書韃靼可汗及衆生靈曰以禮義交同類非獨圓首方趾之民也即動植一切亦皆自相保衛以奉上帝之命故

得久安長治共慶昇平頃者駭聞爾國侵入耶穌教及別教無數地方肆行屠戮劫掠所過殘殺無分老幼藉勢猖獗蹂躪國土此大非好生之德也故我等欲依上帝制法與各種人類聯爲一氣用特致書於爾以示儆戒以示勸誘以示籲求自今以後勿再無狀尤不可凌虐耶穌教民爾從前已犯無數極大罪惡天神恫怨宜速思挽救以贖前愆毋得以一時得志誤謂上帝眷助將使各國君民共爲臣妾以致恣睢日甚緊古强暴之人雖一時逭罪其後不知悛悔上帝必降重罰今特遣約翰等賫函前來所望爾國以禮相迎如我親至渠輩所言即我所授爾務須篤信與議聯和爾從前覆滅人國於意何居並須復還所遣使爾須飭員導引并爲保護途次所需毋得匱乏之渠等品學端粹熟諳聖經能效救主之謙遜善於誘掖故特勅遣前來若不從命則當遣有勢力之人踵至也

法儒達佛石克所著書記卡偏尼（人名見前）及其同侶哗論敵克脫奉使蒙古之事甚詳據云此二人由鷄昌夫（地名在歐洲俄羅斯境內地廣一萬九千六百八十二英方里）至蒙古都城行程百日經過俄羅斯及僕卡而拉（在中亞細亞洲境內即今新疆伊犂一帶地方相近廣二十三萬英方里）兩國所屬境地人烟荒漠道路崎嶇晨昏跋涉異常勞瘁維時蒙古主庫裕克（即元定宗）已繼謌格德依嗣位（元史定宗紀即位係在丙午秋七月即宋理宗淳祐六年西歷一千二百四十六年也攷四裔年表貴由克汗嗣立在一千二百四十五年而是書下文復有一千二百四十六年七月二十二號一語是元書即位之年誤也而貴由克係庫裕克轉音）比抵蒙古境始見蒙古營帳將弁按途送至白土可汗大營將教皇書譯出由營備騎與乘飭騎兵衞送赴哈剌和林（元史地理志和甯路始名和林以西有哈剌和林河因以名城太祖十五年建都於此按在今賽音諾顏右翼中右旗之東北額魯特旗之西北色楞格河以南鄂爾坤塔米爾之間一作哈拉鄂倫一作喀喇烏倫均係轉音元歐陽圭齋高昌偰氏傳和林有三水焉一並城南山東北流曰斡耳汗一經城西北流曰和林河一發西北東流曰偰輦傑河元人指述和林圭齋最爲明晰斡耳汗即今鄂爾坤河其經城南西北流者即今之哈瑞河偰輦傑即今之色楞格河也）至一千二百四十六年七月二十二號始達然勞憊亦甚矣留數日蒙主始擇日接見各國使

臣屆期各使入覲均有幣帛進呈惟教皇遣使無之維時卽將其書朗譎越數禮拜蒙主覆書令其回國按蒙主與羅馬教皇本非素識自經約翰即卡佩尼通信之後始各通音問函中均稱述上帝庫裕克可汗覆書云

奉天承運萬民之主庫裕克可汗謹覆書於羅馬國天主大教皇閣下爾與基督教中人住居西方不憚遙遠遣使賚送書前來我國欲與我等共議和局吾已知之卽使者轉達言語亦均聆悉爾如誠心欲與我國議和爾教皇暨國皇各國王并各大臣等宜速親自前來聆朕訓誨方可面諭一切條約來書所云我等應受洗禮以作耶穌教中之人是言殊覺不合爾我種類各殊何得强我等爲汝教中人耶來書又云駭聞我國過於殺戮所殺者均係啍茄利恩及普爾司穆拉維恩之耶穌教中人爲多此言亦殊不明朕本不欲報書因恐

爾等惧疑爲無言作答故特照覆如下朕之必欲剷除若輩者緣若輩不遵上帝命令并不奉我祖成吉斯可汗聖諭又不知取法君子徒以小人之言是從且無端將我國使臣殺戮是以上帝震怒特假手於朕將若輩殲夷殆盡苟非上帝付朕以事權則同一人也又豈能操必勝之權乎是可知皆係上帝使之然也況爾西方人民僅知以基督教爲重而於其他各教一概藐視亦殊非有國家者之所爲且爾亦知上帝所喜愛者究爲何等人乎爾知我國亦崇奉上帝故能蒙上帝眷顧而今而後且將恃上帝之權力凡地球自東迄西各國概行剷滅苟上帝無此權力畀朕朕亦斷不作此想也此覆

按蒙古所覆之書甚明晰可使羅馬教皇深知其意不似羅馬教皇書之一味含糊了事也是信先書蒙文將書中之意向該僧侶詳解該僧等譯成臘丁然後命之回國該僧等於一千二百四十六年十一月十

三號離蒙古京城時值嚴冬積雪甚厚所經均係廣漠每晚掃雪露宿次晨爲雪所覆矣次年六月間方抵鷄咼夫地方覆命後教皇以卡偏尼跋涉辛苦之功援爲達爾昧顯省（在奥國）安的乏力地方總牧師之職據俞爾云歐西人民向本知東方有一大國自經卡偏尼等臨蒞之後始復知極東海濱果有此一極大文教之邦也

法皇魯意斯第十一聞蒙古派駐西陲統帥係白土可汗之子名撒塔克者亦係基督教中人故特派一僧侶爲衛廉姆羅勃魯奎斯者偕其儕輩三人於一千二百五十三年（宋理宗寶佑元年甲寅元憲宗四年也）五月七號由康士坦汀奴潑而城起程前往克利咪韃地方（在俄羅斯南境）即於是處預備酒果乾餅等物以便齎呈蒙主行經三日適與蒙古人相遇即導謁酋長卡卡塔依因該處至烏爾茄河須經俄羅斯南境荒野之地欲令酋長代爲具備途中所需各物酋長不願羈延多日供帳始具方由該處至烏

爾茄河撒塔克之大營該僧等在途見土人性情愚魯欲設計勸令入教奈言語不通彼此各懷疑懼以致未能如願及抵烏爾茄河始悉統帥沈面酒色且貪酷異常實非教中之人惟冀往謁之人饋送重禮大失所望納司妥廉恩（註見前）教士可若脫者羅勃魯奎斯稱其爲教中匪類在撒塔克左右最爲信任權燄逼人凡人進言及呈遞書牘必須先往謁見由其轉達方可羅勃魯奎斯即往晉謁可若脫令將所攜各種書籍以及預備大衣等事於翌日引謁可汗比引謁後將所帶書籍衣服等物掠去大半僞云因須餙渠及其儕輩往謁白土可汗此等衣物業經用過不合再用并令其迅行起程至距烏爾茄河若干路之大營該營卽白土可汗所駐劄者抵營後經白土可汗召見問法王權勢强盛否國庫富足否并詢現今與撒辣辛人（古稱阿拉伯人爲撒辣辛迨後回回教人亦有此稱）戰事如何等語該僧初見可汗時祇屈一足嗣因自覺未安遂雙膝跪地可

汗所問語言不答覆惟口中喃喃禱上帝卽速感化可汗俾入教中并以危言儆戒可汗謂如不信後患無極可汗見此情狀哂之旁列各酋長咸肆笑以微詞諷刺之羅勃魯奎斯昏憒莫名不知所措白土可汗並不與之計較卽命其起程前進覲見蒙主莽賚和可汗（卽元憲宗）維時庫裕克已崩莽賚扣業已嗣位羅勃魯奎斯在路行經四月之久所經中亞細亞洲高峻之處頗多因莽賚扣駐驛之所較諸卡偏尼所至庫裕克京城尚在極東也一路餐風宿雨況瘁無似比抵行在莽賚扣不以禮相接而該僧等先由納司妥廉恩教中人盤結然後准其入覲所行之禮與白土可汗無異所問言語無非本國實在情形並詢法王有羊若干頭馬若干乘牛若干隻謂須卽日派兵往征該國該僧聞之震怖失色不知所對蒙主本不准逗留因時值嚴冬難以遄返姑與小屋一椽棲息准其俟寒勢稍退然後起程羅勃魯奎斯祇得暫留其時與一

美英人此風相沿最古亦即所以葆其無外之大種族也

英人足跡所至無論如何遙遠荒僻苟可棲憩即奏英樂使人心悅慕即澳大利亞洲無人跡之地無路之國流覽所至必聞比亞諾琴名之聲行人跋涉山川道途況瘁驟聞清音覺故鄉風韻俱在足令聽者愁思欲絕余是時欲行又止顧視林木蓊翳中藏茅屋數椽聆遠村一曲如在畫圖居人婦女悉袒露肩項殊不雅觀男子食時著黑衣與倫敦無異其遵守舊俗如此

越二日游畢歸舟將抵埠見道旁車中鐵檻柙一虎圍而觀者甚衆據云昨晚於近處田間獲之文彩璘豳軀體偉岸雙眸炯炯如星吼聲宏遠聞者股慄因憶法國林菁中舊有一種山貓嘶聲頗壯今陶非吶山中尚有踪跡此虎處檻中雖猛與豢豚無異前此虎匿田間屢噬人田主令人設計捕之掘阱一覆以稾草中間突起少許架以木上置羊二

爲餌虎蹈草內墮阱中守者備大索二十餘其上預結草紐可令張弛如志逼虎側遂生縛之

自新加坡至香港風濤極惡岡日殊不能自持所謂風如立海如壓者至此益信中國海（海名）之名婦孺皆知蓋最險之區也行船至此人甚疲憊行路之難普地球無逾是者駛抵暹羅海灣颶風卒起海水怒立船面一切物具掃盪無遺同舟人蹲伏艙內偪聞雅片毒燄如身被慘刑也

當颶風競時在船有一法人充大寫者附往香港其時人皆醉暈而伊獨神爽爲余等講述往事一則以遣岑寂余即乘此閉房之時泚筆識之先是一千八百五十六年沙爾蒙底尼駐中國充當總領事因法與暹羅兩國之交涉自路意十四在位時已經中阻是年蒙底尼至暹復修兩國和約維時暹羅各官員之來迎者其衣服皆仿吾國禮服式以

爲必須如此始爲敬重吾國領事一日清晨蒙底尼適在所乘兵船泊處離岸不遠約二百邁當忽見大划船一艘滿載官吏而來其服飾皆路意十四朝大臣之裝束也

又暹羅末次所派之使臣坐船駛至法國范撤葉時適其國少來儀王之末年此次使事有審西蒙其人（法公爵史官專記路意十四路意十五時事亦曾記及之）路意十四見暹羅使臣時贈以各種珍物優禮有加使臣謹受之餘物外尚有衣一箱攜之回國其衣皆仿爾時新樣自此次通使後暹羅從未與歐洲通聘問以故歐俗之變更衣飾之改式咸一無聞知彼既拘守舊章以爲我法亦如彼國仍守我祖遺風前代服飾也於是將路意十四所贈伊等父祖之衣攜出服之并將所贈樟樹小篋珍重示人履係緋色襪係絲布織成上衣下裳皆緣以邊膝衣與冠皆飾以羽此路意十四時之服色此時已成古衣冠矣而若輩仍未知也蒙底尼見之以爲演担

雜劇而暹羅見領事之服亦以爲樸野不善修飾顛倒反常殊覺可嗤古事談畢風雨亦止香港島亦即在目前計自馬賽驛至此船已行三千六百三十七利遠（按每利遠海路約中國八里）如欲至中國得在北京城行走尚須行七百六十利遠之路軍門與營中不帶兵之將弁業已抵此兵卒等尚在路遄行必須遲四月之久始能經余等已至之地因載兵之船須紆道好望角須多行六閱月之程不得如將弁等登陸換坐火車之速也

余等此次赴華欲辦之事不一蓋乘便將往拜會英國各統領法國海軍各員弁并往援攻華之師建屯兵之所審定殺之場繼建養病之寓此時尚未發書示戰惟統領提督辦理行軍事務時往會操以防不測且其意不在往香港一處蓋香港係屬英國雖往亦無所事然所欲往者乃上海即中國也

其時舟抵香港余心中祇知赴中國征戰耳何以欲戰余則懵然卽在法之人知此事者較余更爲明晰者亦寥寥無幾也以余所知蓋其時中國辦理交涉事件失宜中國與歐洲所爭之事棼如亂絲以致人所求於中國者不知何事所求而不允者亦不知何事彼此紛爭西國公使既不能會悟中朝模糊影響之談卽時退下一任兵弁等所爲兵弁等亦卽施發槍砲飛彈所至砲台則毀爲平地砲船則沈諸巨浸兵民死亡無算物產喪失不貲以致中國皇帝立遣全權大臣前來議和於是兩國會議息兵停戰不十年兩國使臣又不和協卽或尙稱和協而前訂和約中國已不欲信守西國又復征調各軍前來攻擊此外洋與中國向來辦理交涉情形也

自外洋與中朝通約至今卽一千八百六十年中間祇有二十載之久蓋中國與歐洲初次興兵係在一千八百四十年是役也一如美利堅

之事係因商務起衅爾時中國必欲英商之在廣東者交出所帶鴉片以杜其害英人乃舉兵攻廈門圍廣東霸南京勢不可遏於是中朝讓割香港準與五埠通商并償兵費五百兆元

一千八百四十四年法與美在中國均得相等之利蓋中國從未自愿遵照約章迫於兵威始肯降心相從循例約章訂定後踰十年必須重修一次以是一千八百五十六年英法美三國會同中國辦理修約事宜詎知中國忽將租界焚燬斫殺水手人等一千八百五十七年西國復稱兵往攻凡北塘口大沽諸礮臺盡爲所燬

至一千八百五十八年新約修後詎意仍如前反覆明年英法兩國水師俱回至北塘口然此次行軍不利舟擱淺灘不能行動必須退兵重整軍伍余等之來正爲并力合攻以湔前恥也吾兩國此次東來所辦者乃一千八百四十四與一千八百五十六兩年之和約一併考察重

腴，但人烟頗少。

Aba 挨排，亦作挨排菴Abae，覆西特Phocide（為今希臘國地）之城也。近扇斐司Céphise河，相傳由阿爾哥Argos（在今希臘國之南）國王埃排Aba所造，其地之著名，緣有一人名阿霸隆Apollon者，為神所附，能作神言，以斷休咎，迨然雷司Zérés（波斯國王名）以兵來據，居民皆竄，由盤Eubée山（詳見後文）

阿旁式Abantes（地名，下）

Aba 挨排係匈茄里Hongrie王沙謬哀爾Samuel之姓，一千零四十一年因前王比哀侯Pierre貪暴無度，民人起畔，遂廢王而自立，旋已亦肆虐，法王盎里第三Henri III助民來討，復立比哀侯為王，比哀侯遂將挨排庾死（事在一千零四十四年），蓋在位僅三年也。

Abadehs 挨排覃係非Afrique洲游牧之民，專在尼爾Nil江紅海MerRouge一帶沙漠中游放，自覃爾Der起（北緯線二十二度三十二分），至哥扇Kosseir止

譯書公會排印

恰介狃皮Nubie埃及Egypte之間，其人數約一萬九千五百與培圖人Bédouin即北非洲之阿喇伯人搶刦爲業者異，所操阿拉伯語甚劣，亦不甚信回教Islamism專以畜牧駱駝爲生，

Abach 挨排克德國排尾哀Bavière之村集排尾哀南境內在獵底司耙呃Ratisbonne 西南，相距十九法里，戶口一千零三十三，地有硫磺温泉，德皇盎里第二Henri II實生於此。多諾Danube江右岸，有山峽一，極稱重要，自囝司打特Neustadt至獵底司耙呃Ratisbonne之孔道在焉，而是地則正扼其衝，峽兩面皆山，樹木繁鬱，爲多諾江濱耙培Bober兩地及意耍爾Isar間，行軍必爭之處，自有一千八百零九年之戰事，其地益爲著名，法將大無Davout曾據之，

Abad I世 挨排特第一爲挨排第弍人之始祖，卽扇尾爾Séville今爲西班牙地之酋長也，一千零二十三年，據西班牙Espagne南境之地甚大，扇尾

爾爲其都城、死於一千零四十二年、

Abad II 挨排特第二、即前王之子、一千零四十二年登位、一千零六十九年卒、收服哥爾圖Cordoue（今爲西班牙地）及益大羅齊Andalousie（即扇尾爾之會城）之餘地、　挨排特第三Abad III、即挨排特第二之子、一千零六十九年、繼其父登位、初甚平安、但自與加司低亦Castille（今爲西班牙地）王阿爾豐司第六Alphonse VI結好、而妻之以女後、其同類之各酋長、得阿爾麻拉維特Almoravides（即阿喇伯人）人之助、結黨來攻、至一千零九十一年、遂將該王廢撤、載至阿非利加Afrique洲安頓、閱四年乃死、傳有哀痛詩章數篇、名未詳、

Abadites 挨排提忒、即挨排特之變字、詳見上文、

Abaffi 1er 挨排斐第一、名米扇爾Michel、係忒滾西爾排你Transylvanie之王、一千六百六十一年、得土國援助之力、舉登王位、藉以抵制

奥國所舉之甘美尼Kemeni王逾年甘美尼卒於是推爲忒浪西爾排你全地酋長人無間言適匈茄利Hongrie國叛民與之連結遂與匈茄里王雷亞巴爾I Leopold戰圍其國都維也納Vienne城（事在一千六百八十三年）至一千六百八十七年彼此乃訂約行成一千六百九十年卒於司都回賞蒲Stuhlweissembourg　其子曰挨排斐第二Abaffi II生於一千六百八十二年同時由土國舉充酋長以與抵制者爲耽蓋里Tékéli雷亞巴爾初亦認挨排斐第二爲忒浪西爾排你之主派一師傅以維持調護之迨後因其所結之婚不愜於心於是誘至維也納勒令讓去所轄各地而給以贍養之資（事在一千六百九十九年）一千七百十一年卒於維也納

Abai　挨培依係亞非利加洲阿皮西尼國之字即指藍色尼爾Nil Bleu江而言也藍色尼爾江亦稱排類阿自雷克Bahrel Azrek詳尼爾

Nil江註

Abailard 挨培拉爾詳見後文同音異字之挨培拉爾Abélard

Abaka 挨排加爲尙齊司Gengis khan王之後裔即波斯Perse國蒙古Mongol種之第二君一千二百六十五年繼其父烏拉哥Houlagou登位薨於一千二百八十二年其所轄治之地在蒙古國之西數省波司其一也當韃韃Tartare人來擾時會以兵擊退之埃及Egypte王皮排爾Bibars奪其西里Syrie一地

Abakan 挨排岡西伯里亞Sibérie之河名在篤姆司克Tomsk及以愛你扇司克Iéniseisk境內發源於三依益Saïan山流向東北至烏里挨拿發Oulianova地方始入依愛你扇Iénissei江共長三百五十法里

Aballo 挨排羅古哥爾Gaule人之城名今作挨弗隆Avallon詳後

Abancay 挨傍該美洲秘羅Pérou國城名蹄挨傍該Abancay河處

枯士哥Cuzco西北相距一百四十法里。口户六千。内有製糖廠極大

省名同此。全省居民得一萬六千四百四十。土產出甘蔗。

Abano　挨排拿義大利Italie之城名。（浮內低Vénétie境）在巴圖Padoue西南相距八法里。地有温泉。自羅馬Romain人時名已大著。秘哀侯達排拿。Pered'Abano（古名人）生於此。其地又與巴圖人爭認低忒里物Tite Live（理學名家）之籍貫。

Abantes　挨傍忒係忒拉司Thrace（同名者有三一在亞洲西境一卽君士但丁之古稱一在多諾江濱）境之一種人名。曾設行棧於覆西特Phocide（今爲希臘地）及由培Eubés（又名挨傍低司Abantis）地方（希臘南邊地中海內羣島之一）

Abantiades　挨傍低耶特係阿爾哥Argos王。挨排司Abas後裔所用之公稱。卽阿克里修司Acrisius及卑後扇Persée兩王之後也。

Abantidas　挨傍低大係巴扇挨之子。爲西細亞呧（希臘最古之城名）之暴君。紀

元前三百六十四年生，二百五十一年卒，弒國主克里你挨（即希臘健將阿拉都司之父）而篡其位，生平以殘酷著稱，後亦為人所弒。

Abantis 挨傍低司即由培之別名，見上文。

Abarim 挨排來係巴雷司丁 Palestine（在亞洲西北隅近蘇彝士河）之大山嶺，在死 Mer Morte 海東北流朋 Tribu du Luben 土司部落內，有一山毗連此嶺，名南耙 Nepo 者，即天神所許麻依司 Moïse 入定之地，後麻依司果死於此。

Abaris 挨排里地球極北細低 Scythie 境之人也，據喻言云，其人為阿霸隆 Apollon（即太陽光亮細技文字藥材五項之神）之僧，登在一枝金箭上，即可遍地遨遊，此外并知未來事，而蹤跡所經，又能驅疫，希臘 Grecs 人奉為蠻夷中第一聰明睿知者云。

Abas 挨排司希臘英雄，有數人同名，最著者曰挨排司達爾哥 Abas

譯書公會排印

d'Argo爲挨傍低耶特Abastiades人之始祖。父曰倫扇Lyncée母姓依半侯南司忒爾Hypermnestre有籐牌一，十分奇異，能令敵人戰慄。亞維特Ovide（臘丁詩人）以此爲卑侯扇Persée（希臘英雄）之夥伴及馬體人身之一物命名。維爾齊爾Virgile（臘丁詩人）又爲唵南國Enee（古忒羅沃Troie國王名，爲希臘兵所敗，負父挈妻棄城遠遁，惟其妻於中途失散云）聯交之唵忒流離Etrurie（即今意大利中樞之地）王命名。

Abascal　挨排司加爾（名查然否後[illegible][illegible] José Fermando）西班牙貢哥提耶Concordia之侯爵。一千七百四十三年生於亞尾圖Oviedo一千八百二十一年卒。歷充古巴Cuba巡撫。奴浮爾茄里司Nlle Galice（今爲美洲墨西哥地）支應大臣。一千八百零四年，起至一千八百十六年止，爲秘羅Perou總督，辦理有方，能將其地收入西班牙轄下，貼然無所動搖。

Abases　挨排收司詳見阿孛揩席Abakhazie註。

Abasie　挨排齊又稱大挨排齊GrandeAbasie亞洲俄羅斯之地，在高

中日構兵紀小引

中日之戰勿以爲外國交爭於我無關也世之喜探訪者讀此等紀戰之書當覺有味以其愛慕奇事務欲知人所不知也夫中日戰事今已有大結局矣倘在百年以內有更大結局之事要當並列之且其情事之大小與結局之久遠在百年中亦可與至大戰事並駕齊驅當戰事初開不數月以後兩國人民之意見已大改變日本一國人每以小弱輕之其人行事亦甚輕浮觀國者常以爲文教國中之虛具儀表者耳安能持久哉而孰知竟有出人意外者其水陸軍之容環球各國無不爲之驚異水陸軍法度直可與歐美等倫其戰勝之所以更易顯著者亦固出人意料所不及故紀東方事之史家從未有料及東方小國有如此兵權者平常所臆度皆注重於中國以爲日後可以聯英拒俄惟中國而已且以中國之大固若藏其兵權而未顯至於日本則但視爲

精於技巧玩物手藝之一國耳

凡具如此見解者當中日初戰時咸目笑蕞爾之日本竟忘歐洲地小人少之國向不敢與中國較而彼竟貿然與中國相持何不量力若此此等誤會顯而易見亦因兩國有許多不同之處耳夫衆能勝寡人所易知優能勝劣人所易忽蓋以爲人多則心思之力可以少用也惟世之讀日史游日地知日事者其論戰意見乃異於人彼蓋知日爲喜戰之國其戰勝蒙古最顯榮時猶未暢其轉戰而前之氣概也夫日之興盛在前二十年實非虛假其興盛之概早溥及於通國之政法民情而中國則大率畏怯近百年來與歐人交戰無不一敗塗地而凡稱頌日人及其本國執政大臣者固不意有如此超軼羣倫得意之舉也

日人士卒之勇敢固無人疑其非而其水陸軍將之謀畧深沈竟能不動聲色而建大功則顯於此戰欲頌日之功與其效法歐洲文明之速

則亦宜以此爲要而識於心矣今之戰事固日人三百年來所僅有者其用新軍械新兵法固倣自歐西未久也更可爲日人幸者在高麗及滿洲戰事所用士卒軍火糧食咸從海中轉運其本國經管海運之部實增許多難事而此難事竟不用力而勝任歐洲武員有乘間得窺日兵上岸者俱言西國精練之兵亦不能爲此而日兵竟能之殆轉運辦理得宜之效也

日人意外之得勝其機緘之顯露因能留心古史及近今日史獨居海島中數百年遵列國之法教訓其民具忠愛之心而順其長上并蓄其膽大氣壯喜戰之心近二十五年其上等人倡學歐西學問進益之法所以必欲顯其力於戰事蓋亦自知有此一旅之衆樂於奉令戰勝以榮其國雖陷於死亡而不悔其將帥亦經歷西國戰事精練有年習兵家言並能造美備之境蓋可與拿破侖毛奇所屬將卒媲美焉

譯書公會排印

日人與中國往來久遠亦大有益因自中國得古之文教與文字也中國字別爲一種其字會意多於諧聲故日人卽不通中語而有學問者亦能知中國書史與一切文字非獨藉知敵國情形并其兵力如何且大有益於戰事因易得消息於文字中而無所差誤無需舌人蓋舌人惟愚者及無學問者用之耳近今戰事以消息靈通爲最有益無論勝敗各種學問皆有關係宜審知也因此日與中戰較英法與中戰尤推能事

吾觀日兵之盛亦不必專言華兵之劣嘗觀華史亦罕有戰而得名者且常爲小國所敗前二百五十年屬滿洲人管轄其學校與人情咸於戰事毫不經意武備素所輕視武官職分權勢常卑於文官士卒亦爲民類之至卑賤者此等人於尊貴事固素不在心亦不合爲尊貴之事因此華兵習於膽弱國人既未嘗尊視彼亦不願爲國效忠也糧餉本

甚微薄而欺妄之統帶官尚欲剋扣其餉戰而傷無傷費以護其身家性命戰而歿無卹銀以惠其家人親戚軍中亦無傷科醫創養病其兵卒因事急招集無事即遣之存亡若不足惜者

中國下等人亦不喜戰全無勇氣因無人勉勵鼓舞也其上等人亦不知西國文學教化非惟不知且深惡之意謂仿西法即君主國衰敗之兆願循其舊法治國無非愚其民於無所知而已不知他國之事情更不知本國他省之事情故論自主情形則一毫無有鐵路不許造而內地竟罕有康衢大道故行路車惟用如西國之水車耳學問一道更無進境即號爲有學問人亦甚愚鈍故操習算法西國學人所視爲急務者一切學問皆自算法推出夫固攺變歐美人之愚魯心思者而華人竟忽而置之其武試惟張弓舉石舞刀而已爲能事矣噫

今於一時觀兩國所爲則此一役也實可謂古與今相鬭亦可謂西國

新興文化與東方垂老微弱相攻頗似希臘國古典所言愛奇曼能在忒羅哀所用兵法而欲與德國毛奇將軍之兵法相較豈可同日而語哉

雖然中國亦可謂已往之英雄而不必先後相同故動輒援古非眞欲如古英雄所爲第藉以避改法之煩勞耳非有眞心愛慕古人也非能循古聖賢之道以有爲也天下各國亦未有如中國之紀慕往哲碑碣之少也西國於古人往事可法者往往立碑志慕質言之直可謂無一愛慕古人碑碣耳夫愚魯人所爲謬誤之事固亟宜改變者而天下各國亦未有如中國國政之多改變也何也中國史紀計有二十四代其立此代者大率皆外國人也且大率以戰得之者也每易一代其服色風俗與朝政亦必隨之而易然以向所論事例之日人更較華人泥古其統史惟有一代其內變自古迄前王亦較其鄰爲少其欽崇往哲亦與中國同惟其所爲英

雄事業常往來於民心而不能去耳

當今論東方事者大率注重於中國將來睡醒必爲驚世非常之事然論者但計中國將來不知近因日本一戰已爲驚醒日人亦久酣睡於海洋一島華屋中者不意一旦驚醒自立於世間萬國之內且立志爲至榮至貴之一國也

中日搆兵紀上卷

朝事史紀

慈谿胡濬謨文甫譯

第一章中日朝三國交涉史略

因朝事而致中日搆兵自古卽然欲知此事之詳細宜略觀三國交涉史紀之要者

中日朝三國羣處事情甚屬奇異自歐人視之頗不易明其故非因其地位之近也非因中國古時北方文教漸及於高麗日本也非因中國得釋教於印度以及比鄰也大率以文字從同之故雖朝日亦自有字母而其文字自中而朝而日至今沿用不廢中文不尙諧聲所用惟在指事會意假借故三國雖言語不通而常可以文字來往不知中文者常覺難明此事故吾用西國相仿之事使不習中文者能明其故凡歐洲各國統用阿剌伯數目字雖一洲中各國言語不同而路人皆能識

榜門號數之字亦知火車開行在何時刻雖不能通二國之音而數目要自可知在歐洲遇此等事亦如在東方遇寫字之事無論中國日本高麗凡號爲有學問者隨在何國彼此言語不通而不論何事所寫文字自通其文字往來在意念高深者大有所用其意念之可以明白通行無非藉用文字之法因此文字遂若成爲連合深固之三國夫文字在平常猶其細焉者耳

論夫三國人之體幹智識實屬判然日人靈動有巧藝喜爭戰常欲仿效他國進益之所爲中人則大率安靜耐勞喜太平不喜爭戰且不喜改變高麗則數百年受中國鈐束遂成爲怠惰淡漠之國不知者恒訛異高麗之何以若此三國言語彼此各異平常無一相同所同者惟文字與教耳今日人言語大率有中人語意亦如英人言語有法蘭西及臘丁語意或如波斯人有阿剌伯語意惟藉成語而已雖加人民無數

德將宜急遣論

五湖長撰

萬國公法之例兩國失和則此國之員受任於彼國者立時引退此通例也二十年來以德國陸軍甲於地球故吾南北陸師營中多延德弁教習始於天津武備學堂繼以江南自强軍查自强一軍創議於南皮制府所延德將以子爵游擊來春石泰爲首（來君前年奉委周閱長江下游各礮臺繪圖列說著有條議上諸制府）以次遞降約計數十人一年以後自强軍演習馬步礮隊變化純熟步伐齊一遂爲南北軍之冠其他標營綠營之卒略加整束亦稍稍奮起矣今屆三年合同期滿固已禀定一概辭退矣然西人在本國謀食艱難恒視中國爲利藪度彼等數十人未必遽行返國茲者膠州事起德人擅以兵輪闌入海灣鳴礮奪壘立旗駐兵目中已無中國然去國數萬里呼應不靈雖聞德皇介弟塞諾里西已率兵艦度蘇彝士河而東而兵力之單餉械之少可不著蔡北洋德弁未知果已行否竊料

今日鄂省江甯辭退之將必麕聚於上海一隅彼等助力則不足爲患則有餘特恐洩漏軍情接濟糧餉勾結徒黨遙爲應援若德人一旦南來彼且顯爲內應皆在意中謂宜急速資遣按驗盡數出口無以星星之火坐成燎原之災吾知封疆大僚老於軍務必已先事預防而吾言爲贅矣

審幾

五湖長撰

古今家國之故莫易於漸莫危於漸集霰而雪霏履霜則冰至其道也聖人慎之我中國之腐心彝禍匪朝夕矣庚申之變乘吾內難要約開埠未幾而教戰起於析津未幾而師船熸於閩海至於甲午割地償款尤曠古所希聞議者謂稍稍息肩而膠州又見告矣則嘗盱衡其際彼之窺我堂奧必自履我庭堂始也彼之履我庭堂必自撼我門闥始也自海禁大開彼之兵輪商船歷我江海如梭如電固非耆老鎖國之說所能拒然其智愈明膽愈張者蓋必有故中國壤地廣袤西北大陸東南倚海昔者俄人蠶食北徼界碑日以南徙蹙地千里而我不覺鄂爾喀請攻印度以掎英而我不解自琿春至瓊雷海疆綿亙非太平洋萬國公共之海可比至於渤海尤吾囊中物也然而潮汐之深淺沙線之橫斜彼皆測量丈尺繪圖繫說我之行海者乃假手於西人之精圖同

譯書公會排印

治間英人築室舟山小島測海三年官吏不一無問訊此誠不可解矣若夫一隘幾臺一臺幾礮一礮幾口徑棲兵之房藏藥之庫彼皆通行周視紀載詳密若牛毛故一旦欲攻何口則用何等船何等礮屈伸指而已定矣盲人當戶聾者坐而守之非特貽大盜資也都市之偷亦胠篋探囊而盡之耳竊謂丁未以前之外侮可以國威震也甲午以前之外侮可以武力競也今則情見勢絀兵氣蕭索欲海戰無船欲陸戰無將欲守無堅壘欲攻無利礮彼乃東西合謀首尾並舉駸駸乎求爲孱國而不可得香港可割遂窺臺灣巨文可借遂涎威旅滿洲可通遂撼膠州安非一日而安危非一日而危賈生痛哭今其時哉雖然日本當尊攘之際船礮之震盪與吾同而軍勢分裂過之壤地之褊小與吾異而浮浪横議乘之睦仁一振臂以成維新之治中國幅幀至廣戶口至繁材智敦敏之士磨礱之則爲良將强毅樸僿之民軌範之則成勁旅

事在一俛仰耳日本之延西人教習也與之全權無掣其肘數年之後已盡技能海船之駕駛管輪皆日之長年也軍伍之專閫發令皆日之將帥也其他工藝製造更無論焉我之水師延英人習英口令陸軍延德人習德口令臨陣易將反如異國格不相入有譁潰而已故湘中諸將輒以西法爲訾謷所謂因噎廢食者也日本詔事西人屏息流汗擯棄章服事同兒戲誠不免爲西人所薄若其堅任客將終於謝絕或創新法製器超越歐人範圍之外親王出任縣令直隸部臣學校規制詳備學士箸書皆切民間實用不可謂非捄時之良圖也　中朝當創鉅痛深之後爲嚶鳴求友之思遠之當效法泰西近之且宜步武日本同種異族同文異音前事可師桑榆匪晚中邦寖强寖昌彼且爲吾捍外患結邦交以道御之無所不可顧或者謂取法宜上同壞成讎口斥宋偃心儀燕噲嗟乎此非鯫生所敢知已

譯書公會告白

本報所譯西書種類不一地名人名因舌人切音各異每致兩歧茲以瀛環志畧海國圖志大英國史四裔年表萬國輿圖等書酌定改正一書成後并登合璧表於末以資印證惟五洲通志拼音極準不在此例

本公會各省售報處

上海棋盤街 醉六堂書坊 文瑞樓書坊

上海抛球場愼記書莊

蘇州 胥門西城橋堍閭君茲明 婁門混堂巷馮公館

無錫學前楊公館

常熟醉尉街內閣張

常州娑羅巷袁公館本公會分局

湖州醉六堂書坊

松江鴻文堂書坊

杭州羊壩頭黃君海珊

甯波奎元堂書坊鮑君明存

揚州 點石齋書坊 同文書局

南京詞源閣書坊

蕪湖鴻寶齋書坊

江西 南昌電報局 鴻寶齋書坊

九江招商局史君錫之

漢口鴻寶齋書坊

湖南省城青石橋天成豐錢號 慎記書局　　湖北武昌府街口鴻寶齋書局翟君聲谷

湖北宜昌府川鹽局總收稅所惲君毅齋　　天津杏花村武備學堂孫君彼垞 電報官局張君小松

京都琉璃廠中西學堂 電報總局　　福建馬尾船政局華君秉煇 張君漢齋

福建省城點石齋書坊　　烟台謙益豐銀號

香港宏文閣書坊　　廣東省城慎記書局 曹素功墨莊

山西省城水巷惲公館　　四川省城蜚英書局

光緒二十三年十一月二十日　西歷一千八百九十七年十二月十三號

譯書公會報

第八册

每册價銀壹角五分

館設上海中泥城橋西首新馬路昌壽里

譯書公會報第八册目錄

英報選譯

日人治理臺灣情形 倫敦中國報 西十月一號

秀水張國珍 歸安胡惟志 同譯

噫今而後日人知治臺灣之非易易也今事敗壞一至於此實因治非其人然當時日本竟不擇人而使豈非奇事今之事多棘手不能歸咎於臺灣任事之人也據本報云從前以爲治理臺灣無論何人足以當之遂以素無名望與行險徼倖一流人遣往今知悔已日本廷臣已商總督擬遣大臣往代且奉密諭善撫臺民地方一切事宜力爲整頓至如何舉動尚不能盡知然有善政樂觀其成臺人好殺遠邁尋常日人遏止雖不能日就太平而凶氛已消滅於不覺日人猶未及覺察也以何證之西班牙教士在打狗地方傳教所紀最爲確實云六十年以來臺民戕殺足有三萬人粵東福建兩省人時相攻擊或併力拒番一千八百八十六年中國有一千五百人往征太落黨死五百人而未得寸地次年進剿而兵官及兵四百皆被戕此常事也現日人尚有極難辦之事因臺灣產業未能十分妥善

以故去年議建鐵路事遂中止今日人之待華人雖同在亞洲而與美國之待華人如合一轍除基隆安平淡水打狗四口之外不許華人登岸然欲自四口岸入尙須有實在事業憑據方得入而狡猾華人又不知若何偷關而入亂黨仍日見其多而地方官除之務盡凡遇無業華人與華人不由四口岸驗照而入者皆解回原籍今年八月二號聞有無業華人八百餘名解至福州云

英法有隙 同上

前法國使臣漫司吼廷常函致猻盧埃報館陳一千八百九十三年八月間英法幾至開戰情形時英外務大臣羅司培烈乞退宣言英法兵釁即在二十四點鐘之內危矣殆矣今暹羅土抵法滋人疑議以正値各國多事之秋也猻盧埃報館訪事人書云一千八百九十三年八月間英法爲暹羅事幾激成變英國水師已奉密諭整備兵艦指日開戰其時德王以賽船一事會英后於奥斯勃當德王未啟程之前晤英國首相及其外務大臣議及暹事法人不肯少讓德王早知兩國

不相下事將決裂英外務大臣願德王干預此事蓋英國之意以戰爲主也八月二日德王正在賽船而英國軍牌已下某日德王在美總會午膳忽接駐英使臣密電告以英法動兵之耗德王噴飯而起復以宜力止戰遂於英后前力撓大計且不韙其以暹羅一事而開兩國之釁德王識力過人足見至兩國海軍勝負固不可知然英國水師向爲地球之冠現可與英敵者惟法而已儻法人敗績英將無敵於天下一蹶復振又非五十年不爲功德王調停亦無非愛其國家衛其水師全其商務保其屬地而已詎祖法哉法亦無所用其感激爲也然德王一言全洲轉危爲安其益良非淺鮮若輕出一戰商務因之大損蓋商務者國家養命之原也如今俄法和約未換而英國舉動當算力全大局此後開釁他國未有已時居今之世而不卧薪嘗膽者非計也

日本奇窮 同上

日本國帑日形支絀銀價之落商將不支西歷十月間國家創行金錢恐於出口

貨無多利益現日本各廠所出之貨以供東方用者日見其少因中國廠貨日旺較日本大阪所出者價廉此金錢所以難行也今年預定來年用欵拮据萬狀綜計常額與額外欵項需實洋二百五十兆圓國家極力撙節擬減至二百三十五兆圓尚非貸民債不可今年用欵係去年所定已借民債六十一兆三十三萬九千五百圓至額外之款尚須借洋債然來年又須貸洋債今年欲貸六十兆恐無望矣至削官俸何補於事現日本官俸通計每員月得十五元合三十先零而已近兩年來百物騰貴每百分中漲至六十分官員日益棘手即以今年計之尚須勒民捐一兆七十九萬九千五百十九圓以備添置軍裝權勢挾制窮民累甚目下米價每壳可日本斗量需洋十二圓數年前僅需洋四圓八角即一千八百九十年間亦僅需八圓二角而已物價如此之貴儻徵地稅能如其實在之利尚不失爲平允奈今一畝地所出之利不能過一百六十圓而地稅每畝以四百圓計算民間賃屋只得半之道所得地利全供稅餉農夫稍昂其價良非得已儻再勒捐爲

有不激成事變哉

暹王出游 同上

今暹羅王之游歷各國也人咸異之而王之樂於出游與人之見王者皆以爲王之性情之眞摯氣象之溫和禮貌之周至出於至誠迥非襲取殊動人愛憐之意凡英法人之見之者皆非始願所及億也先聞王有病恐不得瞻仰丰采今其遊踪已畢明日將發英歸國人咸津津樂道之然是行也實迫於法人之侵侮而來也如今英法立約互衛其國從前魔障一掃而空收拾餘燼聊可以存暹王之心不其慰歟由此瞻歐洲之規模仰歐洲之教化發憤爲雄相觀而善卓然足立東方之國雖不敢保其從此太平而其進境固未可量也法人之言曰我之厄暹王於兵角也非得已也若肯念亂我與有功也我之不咎其既往也所以存暹羅也今英法互相箝制法不得而侮之而暹人惟英之是聽英遂干預其國政及其國帑與其商務舍英之外他人不得顧而問之坐是而暹羅未免侮法人矣其所以

侮之者亦以報四年前之虐待我也今法領事竭力護安南民之入其籍者其意欲奪製造利益而暹羅商務不得不推英爲巨擘先是法忌英於是侮暹羅然須知英之所以致此者以商務勝不以兵力勝非旦夕之功也法之隱情有不昭然若揭歟今暹王之游有二善備焉一英法雖相嫉前盟口血未乾孰能背之二暹羅果能自强外人望而生敬又孰能侮之本月二十七號守塞耳斯宣頌詞於密司墨水司哮爾皆贊揚勉勵之詞與去年上中國李傅相頌詞語意相同中有言曰暹王曾得墨水司哮爾大學校學生相助爲理掌教兵角楚材晉用令人傾佩然人以爲暹羅最要事宜莫如鐵路此言是也然學校作育人材其要實百倍於鐵路所謂學校者非語言文字之謂製造農務是其根本惟東方風氣未開猝難語此然用忠告之言昔人之震驚西方之國者將轉而爲震驚東方之國矣即如日本非東方各國所可同年而語明矣或嘲其太驟者然以其開設學校至二萬六千處之多不由人不服者也以暹羅人數計之如日本六分之一應有四千學

校今所有者四而已矣風氣未開民智未闢欲國之存詎不難哉必俟王子王孫暨大官子弟游學歐洲者日衆始見人才輩出他日不患在高位無人也若不及早儲才誰足畀以重任凡有國者不可不謀之於早也

瑣屑關懷 同上

駐厦門英領事致書其本國商部大臣曰我在東方歷時最久忌諱之多莫中國與高麗若卽如餅干糖粉針線皮皂香水藥料自來火等項凡招牌紙吉利者咸喜購之雖貨稍下無妨也若觸其忌諱彼恒望望然去之若將浼焉茲附奉樣紙若者爲彼所喜若者爲彼所忌祈留存商部以便商人及製造者之有所遵循耳

英顧大局 日本彙報西十一月八號

德國比國製造生意日益推廣推原其故兩國領事日助商人銷售時在官場吹噓其在中國爲尤甚而未免爲中國輕視一遇交涉事宜反多掣肘卽如遼東退兵俄得厚酬而德無之英國領事向不干預商人私事高自位置而所得利益較

多因力顧大局開拓商務不在瑣瑣間計得失也然後歎他人徇一行一家之私情者其所見小也

崇藝述聞　太晤士禮拜報西七月十五號

擅文尼西亞公爵於禮拜五在大林吞立一機器學堂宣言曰人但知教化之感人者深使民歡樂使民遷善而不知近三十年來小民能臻此太平之象者半由製造之日精商務之日廣若非竭力整頓各種技藝民將不聊生矣今學堂之設若從學日衆我國得益良非淺鮮爾

英廠失利　同上

今年六月埃及國鐵路公司在英國四大行家定造機器計實銀五六千磅之譜合同訂定兩月交貨遲至四月今英國因機匠罷工一事已閱八月尚不能交貨不得已請展期而彼需用甚急鐵路公司已咨照承攬之人倘不能即交貨前定合同作爲廢紙另向歐洲別家購辦於是近年來别家製造銅鐵行奪英國生意

已屬不少因英國行家非但不能如期交貨且罷工之後而價日昂也

論英國商務歲餉 秦晤士禮拜報 西十月十五號

查英國商部九月分總册未見起色而民間日用並未少減因較去年進口貨一百分中增至六分半出口貨一百分中減至七分半其故由美國新增稅則而以棉紗織料布麻絨等類爲尤甚英之所以減色者或以貨之太寡或以價之太昂以至於此尙難稽查總之美國加稅無論其他而堵塞我英商務不待明言已英之商務恐已絕望於美然不能暢銷於美國儘可爭勝於他國若一例增稅反不能與他人抗衡其愚爲不可及已他國增稅殊乖正道我英商務極廣詎忍出此他國縱能撓我英國商務而英總不失自然之利凡地利廣厚貨物流通並不苛稅並無限制之國較之他人專以重稅爲事保全自己權利者終勝一籌如今年阿蘭島山芋年荒食物進口宜額外加增而麥粉珍珠米之進口者大爲減少是可異也數月前機匠因爭論工作時刻相率罷工藉以挾制現此事雖已調停而

其害將不可勝言今日尚未之覺也因今日出口機器物料皆未罷工以前所造而已少去一百分之十一分半因美國增稅故也今須知罷工一事大有害於出口生意不久其情必露通盤籌算我英歲餉不患不足較前數年有增無減惟郵票銷數少減因前三月銷數太多耳地稅更章因之減少而半年之中增至一兆幾視去年預計簿中倍增之矣人死捐數因更章而少至一兆半年之間少至十萬磅照目前銀根奇緊不足爲異人詎能出怨言哉密恪爾黑克斯鼻秋所核應較去年少三十五萬磅而上半年反多二萬磅雖美國之增稅與機匠之罷工皆害及商務而除國用尚有餘款可存儻無事變民間尚可從省蓋當有事之秋每人提八卞士以濟國用承平之日重徵民稅非治國之道也民捐能減收一卞士留爲他用數已可觀卽減半卞士究於民不無小補儻民間繳入國家之款而能盡力於製造詎不懿歟

膠州鬧教原由 字林西報西十二月十三號

據德報云山東訪事人來信言在山東南方行教者惟吾德人今罹此奇厄吾德人[illegible]望詳悉此事情形茲錄於報以供衆覽

西十一月一號夜十一點鐘突來羣盜攻打教堂戕二教士一名勿來五侍那斯一名而里楷黑爾

勿來五侍那斯生於一千八百五十九年在一千八百七十九年入傳教學堂習一切傳教之法一千八百八十五年至山東南方行教至今已十餘年性極謙譪與同道者和睦待中國人亦和睦曾在沂州府傳教十二年從未遇不測之事惟去年夏在路遇羣盜稍受微傷僅失行李而已

而里楷黑爾生於一千八百六十五年在一千八百八十九年秋至山東曹州府行教此人明理有才該處盜賊甚多而勸化懇摯會有羣盜搶刦財物並不與之計較同道友朋及中國教士皆敬其人

十一月一號黑爾會遇同道者名敲克斯坦五侍此人即在近處教堂之內是日

那斯在溫山沲調度教事並在堂內講道頗覺乏力同與黑爾二人同住正屋坦五侍臥於門房時十一點鐘教士俱寢突有三十餘人各持刀槍走至天井擊毀門窗將教士捉獲用刀砍那斯頭顱仆於牀同身砍黑爾於是搶刦室中各物內有一隊人大呼長鬚者何在（即坦五侍）而不知其臥於門房也不多時人皆散去二教士均移時隕命牆壁及器皿血蹟模糊那斯刃傷十三處黑爾刃傷六處

明日該處地方官勘驗畢總教士及中國教士殮而葬之

此等盜賊究何物耶若乘夜搶刦則得物已足何必殺人可惡者竟不放二教士出必死之以絕救援吾等必爲之復讎各教士聞之孰不痛恨但教士待人溫和恐難報復如合教會動怒歐洲人必發公憤所以在中國之西人莫不恨焉吾等素知此二教士素守本分尙遭此奇禍而各處傳教之士將若何

近年該處素有一大刀會其行爲罔顧法紀聞已捉獲頭目及黨羽數人正法然教士與之並不相涉蓋大刀會黨羽疑西人唆官長之捕之也常有報讎之心

此事之初不甚明晰今已清楚此等兇手何以成事因曹州地方官溫柔寬和此輩因此膽大妄爲而山東省南方教士亦不欲使中國政府爲難故未十分關心從前有一主教名愛五澤在膠州被此輩毆擊幾死又有一教士名勿蘭奈待梅斯亦被此輩所毆教士之被毆刦共四處女教士之被創者亦不止一次而官府不過偶來勘驗並未嚴辦從未獲一人治罪及賠補失物教中人常忍耐而不言自李中丞巡撫斯土更不顧念吾等官員中知應厚待西人者亦無從出力更有誣告教士而愚闇之官聽信讒言反來警戒縱匪人造剖眼之語搖惑人心並無保護之意閱六月前罕斯坦五侍教士講道已畢人尚未睡忽來亂黨持刀殺入教士等卽星夜避至他處而官府漠然若罔睹若與此輩私通者故大刀會之黨羽漸衆逞其所爲竟有官員保護若輩以壯其膽使西人獨立無助致受極重之危險

本館觀以上實情雖獲兇手正法亦不能補償種種吃虧吾度德使必極力籌辦

有以善其後也

法報選譯　　　　鎭海黄賓榮譯

親王閲兵 勒當報西八月二十二號

德皇命其弟盎利親王爲閲兵大臣往基爾海口閲第一次水操親王本係第一隊水師第二哨兵船管帶此次奉派閲兵後代其任者爲三等水師提督朋特曼也

美廷畜意 同上

美廷命派駐歐洲各國公使偵探各國政府如美國干預古巴島事各國能否守局外之例此事華盛頓政府甚爲秘密不肯輕洩近日美國官場始傳言駐英美公使察探英外部沙侯之意以爲如美國行其利益有關之事英國並不阻止又云新派駐日公使提督何特福已奉廷諭命其照會日斯巴尼亞國謂古巴島一事於美國利害有關如日國不設法整頓美國必將干預其事也

閲各處信息皆謂英屬印度東北方亂黨已經平定阿富汗邊略上數日間已聚兵二萬五千至三萬目下防守妥密無庸憂慮駐扎英兵已足敷應敵之需　提督勃勒特已統兵經司晝德山谷至加拉敢地方途中並無阻滯惟加拉敢居民已逃匿無蹤矣　亞非利提人揭竿之說亦係張大其詞實並未離本境也

越南鐵路 同上西八月二十三號

西歷八月二十二日晨八點二十分西貢來信云越南總督今晨啓行往瓜恒島勘內河輪船公司所造之鐵路蓋已造就初次試行也按此路並可用以載運輪船越湄拱河白薩克閘口急流之處聞總督杜美君擬繞道往剛薄治國卽鉛布底也境內游閲都來薩湖

法屬近事 勒當報西八月二十四號

越南總督杜美君游歷忽農榜地方時所有應與剛薄治國君籌商各條款經代

理公使提于瓜君（正任公使係名紓恒特佛愛惟恒）與剛薄治國君諾洛讀姆會商允洽其所議各條款如左　一此後剛薄治國境內所有地畝無論何國之人均可賣買　一此後法人歐人及與歐洲同種人或亞洲別國之人遇有詞訟均歸法國在京或在別處法人駐扎之處之理事衙門審斷至剛薄治土人歸其本國理事衙門審問而裁去從前所設會審衙門　一爲奴之例即須禁除一千八百七十七年所定廢奴之詔亦須遵行惟因虧欠錢款願爲傭工以抵償者可免置議

諾洛讀姆另議一款亦與以上各條同日頒行其文如左　凡國內刑律治政國政及委派人員等事所用詔勅除蓋用衙印外其法國駐辦大臣所用之印應在衙印之下否則不足爲憑　歷觀以上各條越人已可曉然于寓居此邦置地耕種之便益樂就此土者必多異日米穀之豐盛戶口之殷繁定可拭目俟之也且保護之國（即剛薄治國歸法國保護故云）度支充裕入款亦逐漸加增其應添設學校及農務會等均可不日舉辦

越南茶利　仝上

有法人二名在越南竭力整頓種茶之事歷久靡懈至今成效昭著爲越人增一利源也　攷越人種茶始於一千七百八十年在廣南省富冬地方惟越人積習疏懶不善培植雖有寶貴之種而獲利甚微一千八百五十五年有法教士一人寓居富冬地方竭力鼓舞種茶之事使其手下奉教之人種植茶樹園圃數處惜教士因事回國故土人廢棄如初　及一千八百八十五年亂後又一教士至彼接踵設法勸導於是民間皆知種茶之利故附近富冬地方居民皆爭相栽種目下各園圃所種之茶有東山建吉富華等種名目（皆就西音譯出）昔日之蔓草荊棘爲人跡所不能到者今則彌望成陰有茶樹數百萬本矣　且越人亦知烘焙之法不肯輕棄其嫩葉而隨採隨賣也或有將嫩葉以手揉搓日中晒乾即成紅葉者然如此辦法實屬無濟於事故法人爲之租賃園圃教習種植採摘之法使茶樹枝繁葉茂又派人員往中國及柔佛錫蘭以考察茶利　一千八百九十五年造一

暫設之廠以製茶目下富冬各處種植採摘之法均及盡善本年春製茶廠落成其廠屋純用磚石築砌極爲堅固寬大其所製之茶一如錫蘭柔佛而非如中國茶之配和香料以售諸西人者也

重慶開埠情形

中法新彙報續前稿 西十一月二十四號

嘉定周傳謀譯

今將其出產各物與北圻路相同交往者比列如左

如鴉片烟一項自重慶至上海已有人由揚子江內包運故運往北圻路者亦少而難見也如猪鬃一項由該處之貧民在沿路拾得安置於長式之小匣內載運至漢口與上海銷售不知北圻地方亦有如此之貧民能作此苦工否如苧麻一項須先用機器壓緊而後載運否則水脚大而成本亦貴但此項機器在上海亦有之未知北圻地方亦有此機器否該處有陸路數里須用人挑運其價與自重慶乘民船至宜昌之水脚不相上下再由宜昌乘輪船運至上海如牛皮一項亦如苧麻之法用機器壓緊而後載運不然所佔之處極大且此物須安置於燥地

再加藥料俾得不受潮濕藥料一項亦有土人包運至中國各口而運至北圻者則素來無有也五倍子亦須用人挑運如雜有塵土則難銷售矣大黃須用有棚之小船載運若用驢載運倘遇風雨必化爛而無用絲繭於一千八百九十六年上海運出之數共值銀十四兆九十六萬九千五百九十兩自重慶運出者共值銀八十九萬四千六百二十一兩據西人之精此道者察得中國近年來絲價日貴貨物日劣如在上海之絲業董事某君以銀十五兆兩之資本而所做之生意祇值銀九十萬兩此項絲繭究竟能運至北圻否如其運往未知有無主顧而其價又未知能照給否此事須先派絲業董事往北圻議定後而後可由重慶將絲運去也白蠟亦無出口之例且其價亦貴皆由揚子江內運去故於北圻地方亦素未見及羊毛亦如苧麻之法用機器壓緊而後運出如此則載運之水脚成本皆不貴也吾等細查重慶海關所報之商務情形亦有不實不盡之處今將北圻與重慶之通商利益而表出之如第一條所辦之事亦無甚緊要而第二條內所

載各事亦難舉辦吾法商宜在上海貿易尚可估一分之利試觀上海進口之數如洋商之運進口者値銀一百二十九兆六十五萬五千八百三十三兩運出口者値銀八十六兆零七萬六千三百三十九兩於中國各口之運進者値銀五十四兆九十八萬二千九百九十九兩共計銀二百七十兆七十一萬五千一百七十一兩此等數目實有可觀我等何必派人至重慶查察商務哉且該處於一年之中約有數月不能迴來往夏甚熱冬甚寒豈如上海之地能得大利哉

無聲砲 同上四十二月十五號

法國副將恩培君別出心裁創造一種小砲砲之後膛式如母螺絲可使開放時不見火光且砲聲亦極小此砲造於聖奪維地方工竣後遂在啞脫寄司操場試驗現聞恩培君欲將此砲再行講求務使精益求精而後再請各大憲會同試驗此信傳出通國之人無不皆稱奇器云

法國新砲 同上

法國近來創造一種新式快砲在於沙隆營中之大棚內試驗遠近速率且有第二十五營之兵五名在此看守甚爲嚴密查得此砲於每分鐘時可發十響當試砲時尚有來自高西安勃與暗安寒米寒蒙暗比那而南西都而沙隆修安麥姆煩安騰聖米以愛而文山納及度暗之兵十二名有來自磨安墨隆雷克項之第八第二十五第三十九第四十第十二第十五及第二十七營之砲兵四百三十六名及馬兵六百四十名均在場觀試測得該砲之口徑七十五米里邁當聞該砲尚欲試至一千八百九十八年之二月內止

法艦日精 西十一月二號裴加華報

今欲擴張水師須將成法逐時改變而後可使人敬重近來各國之講求製造炫異爭奇月異而歲不同故法國水師亦已棄舊謀新并添製新式兵艦數艘其現用之鐵甲兵艦及快船等皆不過造自六七八年之前因近來所製新式兵艦精異靈捷此乃法國講求水師兵艦之利益不可不誌法國自四五年來業已竭力

整頓水師日事講求新法矣今將新製之兵艦表列於左

暗司脫暗快船於一千八百九十七年三月三號在華虛福安之船塢內設架開工至十月二十七號下塢

賽奴亞快船於一千八百九十六年九月十五號在軒安婆之船塢內設架開工至十月六號下塢

聖羅意鐵甲船於一千八百九十五年三月二十五號在陸意項之船塢內設架開工至一千八百九十六年九月八號下塢

沙而麥納鐵甲船於一千八百九十四年七月二號在勃暗司之船塢內設架開工至一千八百九十五年十月十七號下塢至一千八百九十七年十月十五號造成

瓜陸亞鐵甲船於一千八百九十六年正月六號在勃暗司之船塢內設架開工至一千八百九十六年十月六號下塢至一千八百九十八年四月內造成

以上二艦載重之噸數爲法國水師之冠計其製造之工程一艘三年零三月一艘二年零三月而其速率竟可與英國水師並駕齊驅因該處所造之船其速率向較他處爲勝倘果如其言洵可爲法國水師增光矣現造之瓜陸亞船亦不讓於沙而麥納船且其式樣與其所造之處亦同理宜工程亦相同不意瓜陸亞艦竟較沙而麥納所報之工程減去三十萬工眞思料所不及況每工須三佛郞十及三佛郞二十不等總計瓜陸亞船之價較沙而麥納船約省佛郞一兆然此事亦會逢其適耳如欲造他船而亦欲減去製造工作勢必將各項機器預先配定而後工程可速如欲製造各廠之工匠勤於工作亦必將各廠設於一處而後可免往返之需時也凡各廠之製造船隻章程須仿照英國或造船底或造船面各司其職而於各項之機器物件必預先安置船架上以便隨時應用始可專心工作不致常離職守如此則工程必速矣總之現在製造各廠所製之水師兵艦工程宜力求其速也今觀瓜陸亞鐵甲船載重一萬二千五百噸之數而核計其工

程祗二年零三月即可告竣如此之速誠絶無而僅有者矣

德報選譯

德國要索中國條欵德文新報

第一款　中國當賠償兩故教士恤賞銀二十萬兩

第二款　中國當將所毁德國之教堂飭令從新建造

第三款　中國當將膠州灣暫爲我駐兵之所其兵費器用等費均當賠償

第四款　中國須將山東巡撫李秉衡勒令休致永不敘用

第五款　中國須速拿打死教士之兇手從嚴究治

第六款　德國欲在山東省自築鐵路並開煤礦所有膠州灣暫爲我駐兵之所

以上六款近得中國政府回信已許第一二五三款餘款尚須再議云

現聞中國首相親往駐京俄法兩欽使署懇助中國兩欽使皆答以謹守萬國公法不能相助蓋其意欲坐觀成敗便於從中取事耳

據德人云我國與中國向爲親密友邦存念並不過奢惟以膠州灣暫爲駐兵之所並無他求

又聞廣東總督現將各處礮臺重爲修整並嚴加防閑可見中國亦自有人也

德皇之弟與俄皇爲姻婭交誼甚篤自德皇弟奉命率領大隊兵輪來華不日可到俄皇卽在維那梯悪司他克地方亦派有八十萬兵在彼處駐紮以備調用並有大隊兵輪咸載馬隊至滿洲保護鐵路云云德國議者咸謂中國建都北京甚爲偏僻不若遷都至南京可以四面保護再用老成練達洋務之名臣如湖北張制台等爲股肱勵精圖治則中國尙有可爲再能勤練兵丁修築各處礮臺添設兵輪不十年之內必大有可觀否則東三省朝鮮直隸必爲俄據長江一帶必爲英據福建臺灣等處必爲法據而山東等處亦爲我國所有矣然我與中國旣爲親密友邦甚不願首開釁端今不得已而爲此舉固深望中國振聾起瞶從此竭力整頓不爲他國所欺況中東一役中國需用礮彈等物我亦曾多方資助茲據

膠州灣非與中國爲難蓋與山東巡撫李秉衡爲難因其約束不嚴境內盜賊橫行毆死教士此所以不顧中國復用此人也

東報選譯

中德開戰論 時事新報

日本安藤虎雄譯

德國以六事要挾中國中國答以非先撤占據砲臺之兵并將兵船退去不能開議遂戒通國之師以備緩急使此說果確中國之措置有足强人意者焉夫彼此異見固執不相下其勢非代玉帛以干戈不已一旦及此中國無兵船可守德無陸軍可戰勝敗正未易決且德萬里運兵不能如臂使指明矣加之商旅屬華者散布各埠平時貿易之利勢將凌駕英國一旦有事德有何成算以保衛此商權乎是德之所大患也或曰德派兵船出沒海岸乘其無備襲擊之中國勞於奔命而力必屈矣是未詳目下之情形也現德任東洋艦隊之力永占膠州砲臺且屬至難何遑掠取他海岸乎故若今日兩國啓兵端則德盡全力固守膠州砲臺惟

兵力不足是恐中國放兵各地侵奪德國通商利益則力屈請和者不在我而在彼亦未可知也

俄國圖南策九州日日報

俄國夙有圖南之志虎視眈眈俟隙而動頃者波羅國王游歷抵俄京聖彼得堡俄王款待甚週且爲王斡旋和解暹法兩國交涉案件以利暹羅王甚德之殊不知俄已與法謀東西相應氣脈貫通作展驥足於南方之地步耳今探聞俄法聯盟密約要旨云

一俄於暹法兩國間借取斡旋之勞賣恩市歡使暹疏英親己外表壓制法國勢力之觀

二俄國干涉此事後法益陽示和好使暹益感俄恩

三疏英親俄之策既行俄慫舉暹羅全國歸入法王掌握法將取以爲己國附庸夫如此則法不棄一槍不失一卒而舉暹羅全國易於探囊中物俄之惠法可謂

厚矣而法國亦報俄以左三項云

一俄擣印度時法極力壓緬甸牽制英人而援俄

二法與俄連衡定根據於暹羅東埔寨交趾及中國各地同心協力經略南方

三俄經略中國之日法在南方東京老撾暨雲南境上防遏英自緬甸北進之路

以上所謂密約者原無實據然尚足取信者以歷歷有證佐不然則法何苦棄一千八百九十三年所訂定條約款目擲既得之利權而遽允俄所言乎且俄於暹羅向來邦交疎遠今忽創設領事署交誼頓厚以此例彼可以思過半矣

論西力之東漸 時事新報

建國於亞洲者比之歐洲列國其貧富强弱不啻天淵故彼若銳意侵畧傾注武力於東方其勢也一瀉千里懷山襄陵不皷揚漂蕩小邦弱國不已也豈不危哉然亞洲小弱國處此纍卵之危苟且偷安貪長夜睡若不知其可憂者抑何也蓋其意以謂泰西諸國富則富矣强則强矣然自其國土而言之東西懸隔雲濤萬

里動兵至難兵家常曰輸送陸兵三萬於亞東雖歐洲最强國亦不能也夫三萬之兵固勿論已派一艘兵船出數千兵士亦屬難事侵略之策豈易施行哉且方今地球列國因均勢保太平故有一强國欲擅威於東方他國必阻遏之彼此箝制不使伸足疆外處亞洲者亦何事深憂哉烏呼其不通於時局也如此殊不知歐洲列國封畛已定無復餘地可以恢拓所謂雄邦强國者擬以滿腔鬱勃之氣發之他方久矣察其所向有二途亞非利加暨亞細亞是也而列國虎視眈眈欲爭啖其肉者則亞洲爲尤甚邇來西力東漸之勢日益加劇更有以夫日本孤立東海之表當列國角逐之衝於此廢興存亡之際危機將發間不容瞬宜上下一心定百年長計而盡所以禦彼之道若當局誤下一著則國家之前途未易知也若夫德據膠州雖與我若無關係其舉動之横暴無忌憚目中已無日本矣其藐視我不亦甚乎國必自侮而後人侮之爲日本者當反省覺悟勿以亞洲投餓虎之喙也

論列國陰謀 時事新報

某學士論膠州事曰教士遇奇禍者不止二三次中國政府常償金撫卹以了案件每一人約以二三萬兩爲例如市價一定不可復低昂者而今日之所要挾其額已幾十倍所提出條件無一不重大其占據膠州礮臺未嘗一言與中國議而歘然出此迅雷不遑掩耳之舉何其事之唐突也蓋自事理言之其曲固在中國中國負債者也德有債權者也故以道責之而中國不應則占領土地家產以責其怠慢亦可而今也德不一詞及此而猝以兵力壓之是何異提白刃立負債者枕頭乎萬國公法中果有此事乎雖然或云萬國公法或云國際禮儀要不過具文徒法耳弱肉强食優勝劣敗是卽方今地球之情形也德國之舉暴則暴矣然摘發其心事歐美列國孰不如此乎中國疆域廣大丁口蕃多物產豐饒眞宇內一大寶庫也而察其內狀民不統一國力萎靡恰如病中風者四肢悉頑痹也虎狼之歐美環視之倨牙垂涎不亦宜乎惟其所以不猝發者以恐他邦非議已也

然則德國今日之事可謂偶一流露歐美列國之心事已

華人慷慨 大阪朝日報

駐日華人某接德國佔據膠州之飛報也不禁扼腕語客曰中國疆土之大人民之衆未嘗讓一步於他邦眞天府樂土也然當軸尊大自居不知宇內形勢施政失宜交涉案件年多一年國權日縮一日每一念及國家將來之勢未嘗不悚然也顧中國自鴉片之變先有英法聯軍事中遇法國侵略嗣以甲午之役瘡痍未痊今又招德國之覬覦雖其結局未可逆料就所要挾條件觀之所志可知矣我政府之拙於外交大錯接踵流汙史册可勝浩歎哉然而有司在職者非特不通於時局而已惟知有一家不知有公事國家之存亡置之不問而暖衣飽食是計滔滔皆是也有司且然況下民乎逮事變孔亟上下震駭不知所措常招笑於他國亦恬然不以爲恥噫中國竟無人邪非無人也坐不知宇內形勢耳今不警醒則地球少雙寡二之國土或爲白種所分割亦未可知也

論德國政策 中央新報

有幸秋水者著書一篇論時事曰德國欲擴張利權於亞洲非惟一朝一夕之故也所由來久矣今因教士被害佔據膠州灣其機偶可乘耳請舉數項論之

一德常與英忤如冰炭兩不相容爭霸權於歐洲競商利於亞非利加暨南洋羣島英之執亞洲牛耳德之所最不快也中日甲午一役德與俄法同盟其眞意亦在制英也今遇此教案以兵力佔據礮臺雖其所向者專在中國而未嘗不欲令立足之地與英頡頏此則其起點所在也

二德久恐法之復仇嘗與奥意兩國聯盟以爲緩急相救之計而近年奥意不振德將孤立無據於是乎百方阿附俄冀俄不助法而報己以爲法者俄之與國今吾自託於俄庶幾得無後患且力求事端於亞洲以掣動俄法之兵力使無暇專顧歐洲則己國安全之計在是是德現在之政策也

三俄法同盟德所深忌也故遼東一役德喜以爲奇貨可居直與兩國立約以成

三國同盟之局亦擬以解法人之怨也而干涉事畢後俄法兩國各得意於中華一創設中俄銀行兼布鐵路滿洲一得布鐵路雲南暨開鑿礦山勢力頓重威望日高而德荏苒無爲遂失可乘之機僅得租界於天津其餘無一所獲勞而無報招天下之笑是彼常所怏怏不平也則佔據膠州事豈偶然哉

四前駐華德公使武蘭度歸國後極口稱黃種厭惡白種情形德皇信之常欲以歐洲聯合之力壓制亞東異種異教之國先年躬繪畫圖以贈俄皇亦寓意於此也德之一舉手一投足悉出此四項中假令無今日之變遇有機會亦必發動要不貫徹此政策不已也雖然德之於亞洲勢力不及英俄法諸國故若特立獨行爲所欲爲則必爲諸國所撓阻是理之最易見者彼蓋知之矣故今日之事吾知德必與他國默契也不然則何以敢出此暴横無忌憚之舉耶蓋德之所依賴在俄俄法密約既傳播四方益求得俄歡心如與法爭寵者德皇游歷俄京事尤見其用意不淺往日之事既然今日不應與俄無所商議況膠州灣爲已許俄國泊

船之地乎然德之所垂涎果在膠州灣乎是未易測知以吾所見似德與俄必有一策焉何哉德以兵力恫喝中國俄介其間和解之使德取三沙灣自割據膠州或遼東是也英早有見於此既派兵船於三沙灣蓋擬以制機於未然也夫以虎狼無饜之心迫無能爲之中國要挾相續不知底止則中國朝分割一港夕讓與一州其前途果何如也大局變動之機既兆矣國亞洲者不可不深戒也

海參崴新報論滿州鐵路 中央新報

俄國海參崴新報論滿州鐵路曰我俄爲國家利益起見建築鐵路於滿州實一大美事然論者或非議之二三新報亦昌言其非計是不可不一言辨之也夫中俄兩國增加和約既成得布鐵路於滿洲之權歐洲列國揣摩臆測概以爲得不凍海口於中國之階梯租與膠州灣一事最聳動列國視聽英國某新報論曰中俄增加和約者開放中國關門迎接俄國者也俄自是得大雄飛於亞東且一朝有緩急立調集數十萬大軍侵入中國如反掌耳抑俄國政策之所在有事屬秘

密者今不必喋喋惟滿洲之地幅員二萬方里森林鬱葱禽獸蕃殖所在多礦類有金銀有石鹽將來火車所需用煤炭擬采掘之於吉林左近耕耘牧畜等業又將大改面目然則我俄國所得利益以抵所費款額尚有餘裕也

列國人民生業種別 東京朝日報

當世談時務者無論其在朝在野不可不知政務蓋政務本俗事與風雅事異故論刑名談兵備講財政品評農工商務是豈可得已哉至晚近歐美列國會計之學日開蒐集諸種材料以比較其盛衰消長登錄諸一表中以供觀覽使人一目瞭然於是談時務者其說愈俗而其論愈有根據矣如左一表亦可以資參考也

蓋一國人民之生業因其國土位置形勢何如其種別雖不可概論徵之歐美情形國運之開化自與生業相推移以農爲始工次之商爲終是進步之順序也試就左表觀之英商民最多工次之農最少其餘諸國農民最多法德美亦然而商次之工次之今就丁口一千人已別其生業種類如左

國名	農業	工業	商業	共計	雜業
英吉利	七三	一四八	二二九	四五○	五五○
法蘭西	一七○	一一七	一三七	四二四	五七六
德意志	一七八	一一八	一三○	四二六	五七四
俄羅斯	二九八	六五	四七	四一○	五九○
奧斯馬加	二八○	八一	六四	四二五	五七五
意大利	一九○	八○	七七	三四七	六五三
西班牙	一六○	七○	七二	三○二	六九八
葡萄牙	二二	七○	二三	三一三	六八七
瑞典	一九○	九○	八○	三六○	六四○
挪威	一九○	八五	七五	三五○	六五○
丹馬	二一○	一二○	八○	四一○	五九○

荷蘭	二〇〇	九三	八五	三七八	六二二
比利時	一六六	一六〇	四六	三七二	六二八
瑞士	一五〇	一二五	一〇〇	三七五	六二五
希臘	一一五	三二	五五	二〇二	七九八
北美合衆國	一五三	七七	一一七	三四七	六五三
澳洲	一一〇	八八	一五四	三五二	六四八

暹王英明（大阪朝日報）

暹羅國王名著拉倫哥龍有最高絕大權力國民景仰如神蓋英主也風裁溫雅學識深遠兼有經綸之材最邃於佛學精通顯密大小乘教理雖名僧智識有不逮焉者又善操英語暇輒好讀泰西稗史小說一夜集王子於膝下談書中故事爲娛樂然與外國使臣相見必用己國語言故初拜謁者有不知王之解英語者云距今二十五年前王游歷英屬印度與時太守美窈侯相晤詳聞英政府制度

政策大改本來面目倣歐洲列國風是爲暹羅中興之端緒嗣又游海峽殖民地暨馬來半島地方親察民情風俗以比較向所聞見印度情形而研究其施政之利害得失更有所大悟歸國後勵精圖治首定皇室典範廢第二國王職置皇太子建第五王子某親王爲儲嗣一切政務漸次維新治績日顯道路溝洫橋梁電線郵便等事無一不興起自盤谷抵巴故南鐵路二十英里前五年竣功往返極利又自盤谷經賓茄抵苟拉度鐵路現建築過半九十英里間已開始交通餘如盤谷府大厦高樓櫛比鱗次有電氣鐵路一條貫通其間居然有泰西都會之風通商頗殷振云

王又深用意教王太子太子年十三時囑宮中侍醫英人邈藹以教育事特允破格謁見賜以純金製小杯且握手告曰朕今以兒托卿家庭卿見之猶見卿愛子怠慢放逸不從卿訓誨輒鞭撻懲罰之惟卿所欲要在期將來成立耳亦可以知王非凡器也蓋暹羅國王子自幼至十二歲在深宮中爲婦人阿保所養育及十

三歲入寺院舉行剃髮式逗留數閱月專修佛行儀畢出而入王族家受其教育此古來舊制也故每當宮車晏駕王族各擁立太子互相擠排遂釀一國內亂史乘歷歷有殷鑑國王蓋知其弊故毅然廢舊制而屬太子於外人可謂卓見矣

太子名瓦日蘭非斯天縱聰慧不恥爲英主子夙在邈蘭家朝夕受教學藝行能大進一千八百九十二年國王不豫養疴於湄公河口一孤島鈎西江宮中明年與法啓釁王未及還宮法兵船直溯湄南河示兵威要挾事出倉卒措置失宜遂爲法所屈辱其後邈蘭亦辭教育之任太子一時見托一王族家然今名不衰國民大屬望旣而游於英國現在哈樓中學堂日夜研究泰西學術云

英民史略目錄

譯書公會排印

譯書公會排印

譯書公會排印

附圖

爲更訂此乃余等赴中國之緣由也

無何舟抵香港余等登岸始與穢惡可畏之罔日船別船既不愜人意別時却無所顧惜香港一地並無快事足錄當一千八百四十二年該島讓畀英國時居人惟有五千口迨過十八年當余等至彼之時已溢至十萬丁口矣人口與商務猶日臻勝境地歸英國管理街衢平坦道旁皆建宏麗樓閣如斯脫郎街來藏斯脫利衰或比加提利等大街商務興盛尤形富庶

香港自朝迄暮時時驗看各種銀元以故銀元相磕之聲震動屋瓦蓋香港合屬均係銀行錢鋪泰西銀元之盛行於中國者惟有墨西哥國銀元一種該銀錢於一千八百六十年間尚值佛郎六元之譜每商店凡遇銀元出入悉以銅錢等質之戳蓋印其上因華人甚喜蓋印之銀元印蓋愈多伊等視之似愈穩妥銀質粗做不顧也其戳蓋之法皆以

譯書公會排印

大鐵錘擊之無論何街巷何店鋪無不如是為之街之左右樓之上下亦然用鐵錘蓋印後店夥即擲於所備之銅鐵板上以驗其聲而定其眞贋其聲初聽之似覺悠揚習慣則不耐矣

將至香港之際水師提督名巴日者來迓軍門接見如禮該提督所統水師尚在高興希納越南邸辦理所事更有某兵船之船主亦來晋謁軍門接見之該船主固請軍門至其所領之船并懇樹以總統水陸各軍提督之旗乘之而行據云是船疾馳如飛如海燕之剸如海金魚之射該船主名冒利庵其船係備郵遞信件名福爾平

軍門此時尙任水陸各軍統領之職人亦知以將弁而為水陸軍統領之船主聲勢炫耀蓋節制各軍權操自己既得黜涉麾下自可薦引同僚以故鑽營關托者不乏人焉

軍門秉性和善最易信人當即應允以為不妨試行其時適有廣東之

行因有要事應辦在彼須留連二三日爰定乘福爾平駛往廣東此次余未偕行福爾平合船欣幸以爲得載軍門於是盡其所能疾行如矢忽訇然撞阻船首向上稍昂不能前行審之知被擱淺灘船主冒爾底庵從容向衆曰無妨另備空舟請軍門乘往乃命機器往後退行得出於險衆皆易坐他舟重行開駛仍屢次擱淺約數點鐘始能成行

更有瑣事一則足以點綴此行夫人婆爾婆陛氏（前公使夫人）因欲與夫同行改爲男裝在廣東街行走忽迷路走失其夫窘蹙非常蓋夫人既易裝其夫途遇西人不得逕問之曰爾曾見我夫人否於是易詞曰爾遇一美少年乎然亦不敢逕出於口其忸怩囁嚅之形殊難罄述踰時覓獲然已被驚匪淺矣

軍門渡河赴粵亦非無因蓋除常人所謂領略風景嘗挹清氣之外尚須審度彼處形勢在此開極大埠頭有何利益可得一爲用兵地步一

爲建造養病院起見軍門在澳門留連半日至該處地勢與風景約略如是澳門居香港之對面在河口之又一隅香港天氣酷熱乾燥異常澳門則温潤調和鄉間嫩綠滿埜鮮研娛目香港水土疲弱澳門健益養人凡西人之居香港者每年必挈伴偕往澳門作消夏之灣涼風濃蔭洵可樂也軍門於此劃定地段將建築大厦一座爲兵卒等大養病院

凡人不知兵事輒謂軍中元帥如一坐鎮大臣臨敵必騎閱操兵隊必用遠鏡人以私意度之忽得妙計輒欲出令施行百戰百勝此皆小說家渺茫之說不作徵信蓋行兵一端決非恃一人籌計之工即能濟事操心宜忍慮事宜遠無忽於小無畏其難尤貴平易近人而戒奇僻高論

夫大帥者即衆兵之首領練習兵卒使嫻武藝衣之必豐食之必厚撫

養兵士無過勞無妄動休息困苦毋使疲乏備革履勿傷其足備戎衣勿疲其體宜蔽風雨勿任生疾如患病及傷急爲醫治調理此皆名將之職分內事如能切實奉行加以聰察目光明灼如鳳凰尤爲妙選我法兵之勇曠世所希其將士皆忠毅有智畧凡人患少堅忍之性不能專心耐苦建立久遠之大功媮惰苟安遇事諉諉竊慮將來必有一日雖欲逍遙而反受逼迫坐壞大事矣如彼魯鈍樸野之民謂當如兵卒之服設於我不知一或不愼翻遭蹉敗爲將者惟能有備無患自以制人而不制於人也

假令此次在中國仍如敗奥之役用兵如兒戲則已誤其初機矣軍門蒙都防並非苟安之人萬不至起程趲赴一處而忘其所欲至之地界如兵士乘舟前進而不裹餱糧奚可哉軍門必不出此中國各地形勢甚佳實屬天造地設我法人素未深入履勘如果軍事得利各人意見

自不致抱怨於軍門蓋軍門之職已盡智計深沈堅守耐久自出兵伊始胸中已有成竹應辦各事靡不了然有如名醫治傷寒病人應服之藥配製精善即金雞哪（治瘧藥也）之多寡輕重亦爲之稱量合準不差累黍焉

軍門自廣東澳門折回香港後即有無數應辦之事與法水師提督巴日英水師提督何貝會商襄理并與辦三國交涉事件條理簡明擬上中國皇帝劄一道特請明降諭旨將一千八百五十八年所議條約中朝所決意廢棄者令通國人民遵照施行兩國將領整飭兵隊預示必戰之意量中國必不能遽如所請哀的美敦書必至退還不受兩國兵士備戰已久踴躍非常

上文已言英法兩國共相結盟所派使臣與軍師亦自相聯絡起程之前國家會諭以諸事宜會商和衷共濟以故在事各大員如公使如元

師每人於應辦事宜未施行之前咨商各同僚定其可否然其時兩國使臣尚未行抵中國英總統領軍門何貝克郎尚在中途以故諸未就緒無從措手開辦惟當時英人因吾法水師已抵中國恃以無恐聲言欲取舟山一島以爲未戰前演武操軍之所軍門不敢卽允請退而熟籌之蓋軍門之意在上海欲往該處開闢租界駐紮蓋此係英法兩國分內應爲之事前次約章曾准讓此地與我且此時戰書尚未下頗可在此及時整練謂非一舉兩得哉如吾兩大國計不出此貿然往佔舟山則區區小島本與我無干是在決裂戰爭之前吾先行一仇視中國之事而得越禮非分之罪矣

衆兵之繞好望角而過亞非利加者計五月中旬始能行抵中國而舟行六閱月風濤困頓亦須休息宜在上海或吳淞暫住二十餘日至六月初旬然後理事豈不甚美又擬在北直隸海灣擇一相宜之處以爲

衆兵會聚之所爾時天氣尚炎熱則兵衆離船陸居并在此時習練馬匹使之純熟可用至八月上旬兵衆再行登舟載往北邊操演水師我軍具有屯兵之處演武之場一旦出而赴戰自一無所缺矣衆皆知軍門調度有方整飭戰具深合大臣之度辦理戰前事宜有如大監臨統率大衆出遊遠方同遊者俱世家貴顯却乘瓜皮小艇獨能布置周密安抵其處是以衆情悅服也況軍門從未一赴中國地方形勢風土人情皆未身歷而能安插軍伍選擇善地精詳明審軍門眞人傑哉此係軍門籌辦各法雖從中撓阻者亦復不少然竟能一一照行見諸實事誠屬可喜當即拜札將所擬辦諸事與一切詳細情形自始至末備錄另紙遞回本國政府以資參核

三月初五日余等始離香港向上海開行仍登福爾平船由海道駛行旣出海軍門始大悔從前誤信船主冒利愛之言蓋福爾平原係郵局

加索Caucase山之南，沿黑Mer Noire海之濱，自北緯線四十三度二十分起，至四十四度四十五分止，巴黎經線迤東三十四度五十分起至三十八度二十一分止，其地東北即高加索山北面之陰，有地名小挨排齊petite Abasie

Abauj Var 挨耙日物爾又稱挨耙日篤爾那 Abauj Torna 匈茄里Hongrie國之地，介乎耍羅司Saros尙潑來Zimplin耙爾沙特Borsod齊潑司Zips四地之中，其處有古砲台一，今已殘毀，遺跡僅存，此地命名，實本乎此，共有二千八百七十三平方法里，戶口十八萬零三百四十四，會城名篤沙跨Kaschau暗那特Hernad河，昔匈茄里人即從加爾攊忒Garpathes中山（歐洲中央之大山分北中南三段在中段者即中山高六七百邁當）下來，順恩格Ungh澗水經暗那特Hernad河以出，其地徧處皆山，內藏銅鐵及五彩寶石，

Abauzit 挨耙齊忒 法國耶穌新教牧師，Protestant之姓，名斐爾蠻Fir

min一千六百七十九年、生於法之由然司Uzés本阿喇伯Arabe籍醫生之後、因法王廢撤准民信奉新教之令、攜家逃至瑞士之冉南佛Génève城、即安居其地、以養餘年、一千七百六十七年卒、著有書籍一本、名Œuvres diveeses（一千七百七十年印於冉南佛）內詳歷代史記、天神理致、及各種實學論說、又著耶穌論一篇、極言其有功於人、宜加崇奉、一千七百七十三年、有人以此論在倫敦昌言於衆、當時有名士羅沙ZZ Rousseae者、聞而起皈依之心、以成教士、挨粑齊忒徧游歐洲各大城、當時知名士如培爾Bayle就里安Zurieu你五登Newton輩、皆極意氣相投、交稱莫逆、冉南佛人以上等人看待、挨粑齊忒請其掌理公家之藏書庫、

Abayte挨培忒巴西河名、發源於西愛拉大買打大哥特Sierra da Mata da Corde山、流向東北、入美國三藩謝司戈San Francisco口、長二百十六法里、一千七百九十六年有人在此河、覓得最大之金鋼鑽石

一塊、

Abbadie 挨排提、爲耶穌教理學牧師之姓、名石克 Jacques 一千六百五十七年、生於法國培挨啞 Béarn 省之奈 Nay 地方、初居德國柏靈 Berlin 爲彼處法人所奉新教之牧師、Protestant 後至英國、深蒙英王其亞姆第三 Guillaume 三優待、一千七百二十七年卒、著有教旨之書數部、一爲教旨眞源、計兩大本 Traété de la Religion Chrétieune 一千六百八十四年印於荷蘭之羅耽唐、一爲耶穌靈跡、de la divinité de Z C 印於一千六百八十九年

Abbas 挨排司回教始祖慕哈麥 Mahomet 之叔、或謂其當慕哈麥幼時暗中帮助、極爲關切、或謂其與慕哈麥積不相能者甚久、迨慕哈麥在培罷 Beder 地方大獲勝仗後、遂亦信奉回教、且爲慕哈麥出力一切、大有功施、六百五十四年卒、回民至今尚敬重之其後裔中有一人名挨蒲爾挨排司 A boul Abbas 者、曾爲挨排西特 A bbassides 開國之君、

阿喇伯Arabe中三十七曾長之一　挨排司第一Abbas Ier一名大挨排司le Grand Perse波斯國王名、生於一千五百八十七年、在暗拉Hérat今屬阿富汗國地方叛其兄依四梅依第三Ismaïl III越二年、弑而奪其位、駐札依四巴杭Ispahan兼得齊郎Ghiran買順奪郎Magenderan今皆屬波斯兩地、擊敗土耳基Turc人於排赦拉Bassorah事在一千六百零五年今屬土耳基奪其西爾亡Chirvan古提司當Kurdistan兩地、事在一千六百十一年又奪亞郎Oran按亞郎在非洲北境向屬西班牙今歸法國隸阿爾及耳省茲云奪於葡殆有誤於葡萄牙Portugal事在一千六百二十二年爲人極暴酷、而才畧雄偉、治理波斯頗有生色、整頓教務、收拾依四巴杭都城、綽有華美氣象、其所生數子、有數人均被殺死、一千六百二十八年王薨、　挨排司第二Abbas II即前王之子、一千六百四十一年、繼其父登位於扇斐Séfy時年十三至一千六百六十六年薨、生平以尋歡取樂爲事、雖曾取阿富汗Afganistan之扛大挨Kandahar一地、而終其位頗享太平之福、史家喀爾台Chardin打物你哀Tavernier合著之書中、頗多褒語、挨排司第三Abbas Ⅲ亦波斯王Cnah de Perse生於一千七百三十一年、死於一千七百三十六年、據聞爲其族那提爾Nadir毒死　挨排司Abbas擺沙Pacha（擺沙係土耳基埃及等國之爵名）係梅暗梅挨里Mehemet Ali（埃及王名）之姪孫、繼其叔依孛拉因Ibrahim爲埃及國王（事在一千八百四十九年）過信回教、忠於英國、凡前王所爲之事業、皆被其毀一千八百五十四年薨

Abassides　挨排西特係回教王朝代之名、蓋繼亞米挨特Ommiades朝而起者也、先是慕哈麥叔挨排司Abbas有玄孫、名挨蒲爾挨排司Aboul Abbas者、（綽號散人血言其暴虐也）於七百五十年登回教王位、其家爲王者、前後共有三十七、全盛時、係在阿爾莽查爾Almazor（第二代即前王之子）挨路那爾諾西特Harounal Raschid（第五代）兩代中、至九百年間之後五十年、遂不能振、時王以土耳基人爲王宮侍衛、派馬哀司暗獨拉Moezz Eddau lah 爲總統、於是總統率其部下各官、將宮中統轄文武之權、全行奪去、（事在九百四十五年）回王在排獬大特 Bagdad 都城宮內、高拱深居、止能管理教務、迨蒙古 Mongol 王烏拉哥 Houlagou 攻據排獬大特後、（事在一千二百五十八年）回王竄至埃及稽棲、歸埃及兵看管、直至一千五百三十八年始止、蓋緣各回王皆已盡滅故也、按一千五百十六年、回王馬打發甘爾 Motavakel 早以掌理教務之權、盡讓亞司買里 Osmalis 王扇黑姆第一 Sélim I 其詳見圖齊 Dozy 所著之挨排齊特 Hist des Abbassides 史（一千八百四十六年印於荷蘭）及扇提亞 Sédillot 所著之阿喇伯 Hist des Arabes 史、

Abbatucci 挨排丟西、名弱克比哀侯 Jacques Pierre 原藉哥爾司 Corse（地中海之島今屬法國）生於一千七百二十六年、始與士豪包黎 Paoli 積不相能、繼與聯合、以拒法人、自被法人收其地後、即降於法皇路依弟第十六 Louis XVI 派充提督駐守該島、一千七百九十三年、包黎偕英人來攻、

失守、遁法國。一千八百十二年死。其子名沙爾Charles一千七百七十一年、生於徐介無Zicavo（哥爾司島之小邑）一千七百九十四年、充比扇辯留Pichegru（法國陸軍提督）之中軍、征荷蘭Hollande時、以勇敢著、一千七百九十六年、授爲總兵、駐守由乃辯Huningue（本法國地今歸德）甚力、爲敵所戕、年僅二十有七。一千八百五十四年、法王勅建石坊一座於阿薏西Ajaccio河、（哥爾司會城）以旌其功。其姪名比哀侯沙爾Pierre Charles於一千七百九十一年、由拿破侖第三Napoleon III授職兵部尚書、一千八百五十七年卒。

Abbaye 挨培、即天主教中人聚處之屋、男與男居、女與女伍、不相混淆、而規模則毫無分別。統由一教長管轄、男教長曰挨培Abbé、女教長曰挨培司Abbesse、從前此等房屋、本有五類、一爲在教之人所管、二爲因案出教之人所管、三爲國王所建、或係資助者、四爲管理各教堂之

總堂、五爲公舉各堂教長之處、今則盡失其眞矣、凡農學格致文字、多得力於此等處所、而文學則尤甚云、

Abbaye 挨培係法國監獄之名、在巴黎城外、近哀入蠻覃潑雷 St Germain des Prés 教堂、造於一千五百二十二年、法國民亂時、監禁形迹可疑者甚多、一千七百九十二年九月、屠戮百姓時、殺獄犯一百六十四人、中有教士十八名、後此獄爲軍營中監禁罪人之用、一千八百五十四年拆毁、

Abbé 挨培本猶太 Iuif 教菴孛雷 Hebreux 人之字、猶言父也、凡教堂之長、俱用此名、古分三類、一係有俸、穿教中衣服、掌禱天訓俗事宜、二爲無俸而徒有其名、三爲教外之人、僅司堂務、凡禱告等事、仍由教王所派者辦理、此等人肇始於法王第二次易姓以後、號稱挨排哥迷式 Abbacomites 蓋教士等以此名加諸權要貴人、藉以倚作護符也、如由

心思不關言語之成章也

就中國相傳而論謂高麗文教國政皆肇自肥遯之箕子在紀元前一千一百年立國名朝鮮非今之高麗夫古之朝鮮但有今高麗北面一段之地今中國有一段地亦在古朝鮮境內朝鮮南面一段亦分數國此數國於數百年中彼此與朝鮮（朝鮮後改名高句驪因在北方八侵伐朝鮮遂改高麗）爭戰并吞遂合爲一在西歷十世之時（西歷百年爲一世）未合一國嘗與他國有許多戰事皆因數國中有一喜戰之國耳所以高麗常求助於中國日本

戰事之至久至猛者爲中國隋（五百八十九年至六百十八年）唐（六百十八年至九百零五年）兩朝之征伐至有名最淫昏之皇帝曰煬帝其爲人特異於衆因其淫亂暴虐常保護文學嘗設多策以攻高麗水陸並進（按煬帝紀以二十四軍伐高麗總一百一十三萬三千八百號二百萬餽運者倍之第一軍發終四十日引師乃盡旌旗亙千里近古出師之盛未之有也）初次出軍相傳有三十萬人斃於災難（隋書煬帝紀七月壬寅宇文述等敗績於薩水右屯衛將軍薛世雄死之九軍並陷將帥奔還者二千餘騎 宇文述傳九軍敗績一日一夜還至

鴨綠水行四百五十里初度遼九軍三十萬五千人及還至遼東唯二千七百人按隋軍係死於戰非死於災祲也又按薛世雄本傳與宇文述同敗績於平壤並未陣歿與本紀不符附誌於此蓋陸軍行於雨瀑之時而遼東之地有幾處若澤國輜重不能前進士卒因饑餓疫癘而死十分之一水軍自山東萊州出洋遇風覆舟者又大半然而煬帝曾不稍沮更大集諸軍出征煬帝紀九年復宇文述等官又徵兵討高麗但知好喜大功而其心實棼如亂絲其即位時之弒逆淫汚遺臭至今其民生無所事但耗歲月於開濬運糧河中此河越數年即成此爲煬帝最大事業倘非史家虛詞則聚大軍於戰場之中中國從無如此次之多者或謂征高之役兵士有一兆而實罕有所作爲其因各軍擾攘自亂被擒於高麗堅城下者不少有一將至高京今平壤人以高軍多於華軍給之乃懼而退高麗又以奇軍迭出攻擊華軍乏糧遂至敗還水軍亦已抵高京遇高伏兵亦懼而退吾不解有如許士卒竟一敗至此或謂史家夸大亦未可知抑如許軍士大率半途而逸到高者無

幾亦未可知夫以如此大軍而卒敗北若是亦軍中之大災難矣煬帝固執己見欲更謀新法一攻高麗而身死人手不得再有作爲蓋有不耐其暴虐結黨以弑之者而朝代亦自此易矣

中國人民亦不願助煬帝爲狂暴之謀然雖不願助煬帝而甚耻貽辱於高麗其新朝（原注唐爲史紀出名之世）亦以不得已曾與高麗搆兵結讎非徒欲洗其前敗之耻也蓋亦有多故存焉高麗則固守其地而曾有一時屬於中國因有一篡位者弑其君殺其大臣於筵席之間（新唐書東夷傳有蓋蘇文者或號蓋金姓泉氏自云生水中以惑衆性忍暴父爲東部大人大對盧死蓋蘇文當嗣國人惡之不得立頓首謝衆請攝職有不可雖廢無悔衆哀之遂嗣位殘凶不道諸大臣與建武議誅之蓋蘇文覺悉召諸部紿云大閱兵列饌具請諸大臣臨視賓至盡殺之凡百餘人馳入宮殺建武殘其尸投諸溝）此亦事之最危險而易得勝者則以中國皇帝允認篡位者爲其所派主此藩國之君（新唐書東夷傳帝聞建武爲下所殺惻然遣使者持節弔祭或勸帝可遂討之帝不欲因喪伐罪乃拜藏爲遼東郡王高麗王）於時新羅（南面小國）亦求中國保護以禦篡位之君（舊唐書東夷新羅傳貞觀十七年遣使上言高麗百濟累相攻襲亡失數十城兩國連兵意在滅臣

社稷謹遣陪臣歸命大國乞偏師救助而此篡位之君不聽唐主息戰故唐主亦定策征之此一戰也自始至終約有五十年歷中國數帝戰事乃畢所勝者西高麗北高麗遂分西高麗爲百濟北高麗爲高句驪蓋華史所最可觀者惟有一帝可與羅馬國至美之君相較如唐高祖之子太宗固張大其族之創首者其父子向不在朝廷從政而高祖之叛隋太宗實逼之因其能力遂挾其父以君天下惜此位已爲煬帝淫暴所汚矣太宗之親征高麗也輙以身勉勵士卒更以仁愛撫慰之而自食甚苦常親御鞍鐙臨問疾苦其統軍甚有才能故得戰勝數次蓋爲將者之才能大率緣膽氣以文飾太宗常圍一城於時士卒壘土臨城帝因自取土塊之鉅者置於城上然其軍出戰不甚順利以致久圍卒潰而此敗未足以阻太宗之好大喜功也仍安守其慈善之心嘗發令圍城高麗總督有恃膽禦敵者帝爲退兵遥望高將在城上恭揖因即具幣饋之以褒其

贍識唐帝之慷慨即此一事可見軍士有誹其君不許掠城者帝乃諭之曰汝等自有應受國庫之賜在迨出征事畢之時凡所擄高麗軍民皆義釋之不以售奴而贍軍其仁美之心蓋有如母離子妻離夫之不忍者高麗故將之妻曾固拒唐軍後卒爲唐軍所擄太宗賜以艮帛快車俾載夫尸以歸平壤故論帝之爲人位置甚高事業甚大而終身若爲下卒親歷戰陣危險而仍有仁愛寬宏之心故置此等人於近事近史中閱者亦必爭先快睹矣以觀近代之事則幾乎截然相反中國倘能敬慕前事仍可顯爲大國其志果欲學史鑑所載尊榮之事夫固較默守沿謬之舊習爲美也今所沿之規矩則已年遠而失其義矣日人戰歌常吟中國聖人豪傑地之句不謬也

太宗卒於六百五十年嗣位者仍不輟高麗戰事而舉措無序至武后六百八十四年至七百零五年篡位始已武后既篡仍逞憤用兵卒克高麗之地大半遂

譯書公會排印

以血戰臣服高麗時或不順則少示兵威而卽服

凡此情形中國及高麗西北一面國政交涉亦具其大慨矣吾更論日本與東高一面國政交涉統二面而觀之并可得其三面情形夫此三面其苦戰固多歷年數也日本所傳西歷二百零二年神功皇后欲報其夫讎其夫前在九霄爲亂黨所殺故欲出師征高麗日本皇后氣長足姬攝位是爲神功皇后后爲男粧率師渡海征新羅降之高麗百濟皆歸欵此女將著名日本故事書中卽戰神歐西往時凡事有神烏奇之母也常疑九霄亂黨爲新羅所煽故立志欲予以應得之罪新羅王不能禦此大軍乃冒辱降服自以爲日本之奴僕神功皇后挂弓於新羅王宮門或謂神功皇后并題宮門曰新羅王爲日本畜犬

吾意此事未免無稽而日人則以爲實有其事故今猶繪神功像於銀票并謂神功曾服新羅故有管轄高麗之名分故其自稱爲高麗帝主之名至一千八百七十六年始去之此爲人所共曉是時日本與高麗

論民數驟增

餘杭章炳麟撰

陰陽之氣發斂之度無古今一也叢林喬木不一日而滋惟蟻蠓醯雞敷蠉動羣蜚其卵育亦不逴人者獨異是自嬴氏以前里閭什伍之數尚已蓋漢平帝元始二年口五千九百五十九萬後漢和帝永興元年口五千三百二十五萬（此據續漢郡國志注引伏無忌所記東漢戶口此爲最盛）唐元宗開元二十八年口四千八百一十四萬元世祖至元二十七年口五千八百八十三萬明神宗萬歷六年口六千六十九萬清興以來康熙四十九年口二千三百三十一萬乾隆五十七年口三萬七百四十六萬道光二十八年口四萬二千六百七十三萬其率較如此夫自元始以來至於康熙千七百年民數不相越及乾隆之季相去纔八十年而民增十三倍此何說也（三十一國志要曰今攷美國丁口共六千二百萬有奇較之初立國時增至二十一倍雖緣生齒繁孳然百餘年中何能驟至於是蓋大半係歐洲人視爲樂土而趨之若鶩也按美國至今百有餘年增至二十倍遂覺其情未合則八十年增十三倍猶斯理也）借曰天下久無事民不

見水火鑴刃故日以孳乳然自建武以逮和安由天寶溯貞觀中原無狗吠之警者其距年亦相等而倍不至是借曰疆域袤延前代所未有未有者即囘部耳漢嘗開朝鮮高句驪以爲樂浪元菟今亦未能郡縣之也蒙古今爲漢唐時則滅突厥以置刺史較其長短廣狹亦略相當且沙漠之地固稀人而曠土其戶口何足選天府所登未越九州也章炳麟曰均庸調於地者始自康熙朝自康熙而往上覈秦漢民皆有口賦有口賦則民以身爲患雖有編審必爭自匿矣有司愳負課會計其數又十而匿三四口賦既免貧優於富厚游惰優於勤生民不患有身雖不編審而爭以其名效於上矣故乾隆之民數增於前十三倍者繇之隱竄伏匿者多也且升平之世疆吏喜以粲盛媚於上彼將曰褒益民數既不足以累郡縣聖靈斐然宜有所潤色以樂主聽則處增之可也非直虛增爾戶籍屬草稿多受成於保甲一人而遠游地既鬲越有

司不相知榜其名家復榜其名在所及要最旣上亡校讎者卒不爲删除重複若是則以一人爲二人也一隱之一增之故相去若邱谷至十三倍其舊然則元始以來民必有盈萬萬者也乾隆道光之世民不過倍萬萬也雖然古者樂蕃遮而近世以人滿爲慮常懼疆宇狹小其物產不足以龔衣食今淮漢以南江皐河瀕沮洳之地蓋樹藝無甌脫矣東南之民數宜必數倍前代使闢地於巨島灌莽間則鄰國先之使從事於河洛昔之膏腴今乃爲沙礫地質易矣不可以植稻粱而猶宜於嘉卉莫挈之則竄也故弱者道殣强者略奪終則略奪不可得而人且略奪之章炳麟讀小雅至於螟蛉有子蜾蠃負之愀然嘆曰烏虖後司農見之矣言有萬民不能治則能治者將得之也

附錄

山右述聞

羣書公會排印

自海警迭聞中外臣工多言京師近海非所以籌萬全於是羣進遷都之議或以山右一省爲中原腹地表裏山河宜設陪都以備　巡幸以爲山樞蟋蟀猶有唐風永可鞏固苞桑也乃有西晉寓公郵筩來告摘其崖略可得而言皖人方長儒前充總署章京私在天津奏劾褫職今夏赴晉願攬鐵路借款云有英人偉利生自出己資（外洋向無獨出己資之事）包辦鐵路不用國家資本（非英國家之資本則必有公司名目可謂掩耳盜鈴）估價一千五百萬俟六年獲利還足本金外以後贏餘分作十成以六成提還息銀二成五報効
朝廷一成五貼院署公費大中丞胡公出奏後方君回京發電催偉來華復電稱巨欵一時難集而中俄銀行聞之願照議承攬遺法人希維額於前月勘路抵晉正立承攬方君忽電告偉已携銀到京不數日偉果來晉隨帶銀八百萬現在南門紅四牌樓買屋而居聞擬先開銀行後設調停之法自省垣南門外起東北至獲鹿眞定鐵路歸中俄銀

行辦理平定山一帶煤鐵等礦附焉南門外起至西南蒲州府及東南潞澤兩府鐵路歸偉利生辦理潞澤煤鐵等礦附焉夫興鐵路開礦產誠屬捄時要圖惟能權自我操則利不外溢若聽客所爲任其深入腹心完善之地其患有不可勝言者猶幸中丞公蒞晉以來風氣宏開學堂機廠各大端次第修舉數年以後三晉瘠區必能屹然改爲巨鎮茲之發蹤指示慮無不防患未形收利無窮前之爲晉省士民危者今轉爲晉省士民幸矣

譯書公會告白

本報所譯西書種類不一地名人名因舌人切音各異每致兩歧茲以瀛環志畧海國圖志大英國史四裔年表萬國輿圖等書酌定改正一書成後幷登合璧表於末以資印證惟五洲通志拼音極準不在此例

本公會各省售報處

上海棋盤街醉六堂書坊 文瑞樓書坊

上海抛球場愼記書莊

蘇州胥門西城橋堍閻君茲明 婁門混堂巷馮公館

無錫學前楊公館

常熟醉尉街內閣張

常州姿羅巷袁公館本公會分局

湖州醉六堂書坊

松江鴻文堂書坊

杭州羊壩頭黃君海珊

甯波奎元堂書坊鮑君明存

揚州點石齋書坊 同文書局

南京王府園楊公館楊君農孫 詞源閣書坊

蕪湖鴻寶齋書坊

江西省城電報局 南昌電報局 馬王府後德隆醬園陶君菊如

九江招商局史君錫之

漢口鴻寶齋書坊

湖南省城東長街俞君恪士　慎記書局

湖北武昌府街口鴻寶齋書局翟君聲谷

湖北宜昌府川鹽局總收稅所惲君毅齋

天津杏花村武備學堂孫君筱垞　電報官局張君小松

京都琉璃廠中西學堂　電報總局

福建馬尾船政局華君秉輝　張君漢騫

福建省城點石齋書坊

烟台謙益豐銀號

香港宏文閣書坊

廣東省城慎記書局　曹素功墨莊

山西省城木巷惲公館

四川省城蜚英書局

光緒二十三年十一月二十七日　西歷一千八百九十七年十二月二十號

譯書公會報

第九册

每册價銀壹角五分

館設上海中泥城橋西首新馬路昌壽里

譯書公會報第九册目錄

英報選譯

論各國之權勢

日本彙報十一月十六號

秀水張石如 歸安胡仲巽 同譯

人欲强其國猶欲强其身也一國少有動靜各國屬耳目焉今各國意之所屬無非在亞洲之東耳中國稅務英赫德掌之其理中國之財具有奇才異能洵非他人所能及然據扼要之處實爲英國利益有言其助英者亘非誣也其見惡於俄法也亦宜二國竭力撓其權雖不敢必其成英斷不能俯首聽命也即如梅克力維勃耶之掌高麗國務亦赫德之臂助也俄派安蘭克徐夫代之英詎能默默已耶今英俄兩國相持不下權力相較未知若何不過高麗之事英置不問然俄害及英之利益英焉有不力爭者乎尋梅克維勃耶之在高麗實竭力從事不然衰羸如高麗何能自立而若人措置裕如非特能濟其窮且有餘欵少淸國債高麗當挽留不暇何忍去之乃高麗取媚於俄遂不暇計及英國交誼茲事雖小實禍胎也嘗讀六百年前之史東人之犯西人史不絕書當日土耳其雄長歐洲今微

弱一至於此今日歐洲之侵亞洲猶昔日亞洲之犯歐洲也天道循環於此見之矣夫印度已爲英征服俄邊疆已擴至西伯利亞中國之局終恐爲他國瓜分不過遲速之間耳各國均有所得權利爲捷足者先得之俄之圖高麗也分也英中撓之亦分也方今之世論勢力不論公法釁端一見必有可觀日本不能坐視有備無患可謂知幾之國矣彼俄謀高麗謂有愛及高麗之心者恐無有也此意日本知之卽英亦何嘗不知之哉

冀俄免稅

俄國某報載英國某行遣人至俄將辦北海至西伯利亞河口商務並請免稅以推廣之是報盛稱此舉爲然謂欲振興商務非免稅不可宜竭力贊成又某報言貨從西伯利亞河進口萬不能免稅二說莫衷一是云

泰晤士禮拜報 十一月一號

各國添設水師

泰晤士禮拜報 十一月五號

中國開釁以來泰西各國在東方洋面添設水師兵艦日報記之最詳今東京日

報所載云中日開戰時英國僅有兵艦十九艘共計載四萬二千墩俄國僅有兵艦十艘計載二萬五千墩今俄增至十六艘能載五萬五千墩英增至二十六艘能載六萬四千墩由此觀之英國水師之在中國海南者可以開戰聞年內英國欲增至二十九艘能載十萬零九千墩俄國欲增至十九艘能載七萬五千墩英國在香港添築船塢又欲於新加坡置一二船塢以便兵輪停泊俄國經營琿春不遺餘力今年六月造成極大船塢並欲設法使該埠常年不凍窺俄之意必欲於中國或高麗謀一泊船之所法德二國亦日以增船爲亟務如今檀香山聯絡美國德國又不得不在北太平洋增添水師亦勢使然也

紐約日日報十一月三十一號

論勞心勞力飲食之不同

大凡人之飲食所以培補身心心之爲用腦力是也身之爲用筋力是也若用腦力應以何物補之所補之物多寡宜若何若用筋力應以何物補之所補之物多寡又宜若何化學家安貼懷脫現任華盛頓農部之職盡心考究人之賴乎飲食

與飲食之有益於人俾食物之學咸明其用益人良非淺鮮也然欲考若者可以補腦力若者可以補筋力須將所食之物分類細驗方知此物宜於腦此物宜於血肉自古迄今無人能驗胃之與腦若何交接欲求其故必以人身試驗若以畜類試之未可信也試之甚難非專製各種器具不可其法須築一密室以紅銅爲壁以白鉛包其外再以木板圍之勿令通氣室長七尺寬四尺置德律風於內以通外人中置小牀一桌一椅一使一人居之另闢玻璃窗不通風俾人望見壁中置銅管一以便遞進食物此管兩端塞住盤以螺旋進食時兩端不同時去塞恐有氣攙入室中穿一孔外間用機貫入清氣未貫入之清氣先冷其氣且攝去空氣中之濕氣俾冷熱度數可得測量室中另穿一孔以機放出炭氣方可驗由人身經過濕氣幾何得炭氣幾何以時之久暫驗得氣之多少所食之物先須衡定食後收其吐餘及其瀉出之渣滓與所放之炭氣合而衡之計其所入之數除其所出之數便知其身留得幾何密室中冷熱度數倘不失中人自安之室中四面

置玻璃度數管內貯水視水之升降計度數之冷熱人居密室中晝則六人在外守之夜則三人在外守之精化學者一人日夜外守之時時權其人之輕重或肥或瘠立時可見所需氣血皆備於外以聽其用須知人如機器然其進之於口鎔之於胃發之於熱運之於力皆有定式然非尋常鋼鐵機器所能比欲知如何補人之身如何生人之力機自動之不煩人指示所賴以指示之者腦爲之也腦亦賴食物以補之身之機器所補無非炭氣炭精淡氣養氣硫磺燐火等質至問何者補腦尙須多驗幾人多驗幾日方可體會入微也密室製成業經試驗驗之者爲安貼懷脫之記室斯密士也所驗一人年二十二歲身强力壯重一百五十磅居密室中十二日食以黄白麵包麥粉炙豆餔牛乳牛油牛排山芋蘋果其十二日中分四期驗之初次三日作事二次三日試以用腦力之事每日令用八下鐘工夫思極深算學與德文格致之學三次三日令其安息日則或坐或卧夜則照常安寢四次三日試以極勞苦事令用八下鐘工夫推輓重物毋或少息他日擬

設法造一脚踏車在彼處行走周流不絶藉以習勞便可知乘脚踏車以食何物爲最相宜此四次工夫初次不計外第二次騐用腦之人第三次騐安息之人第四次騐習勞之人此十二日居密室中所吸之氣與所食之物皆一例用腦力之日較之安息之日並未見傷及體質亦未嘗多需食料而習勞三日大相懸絶其體頓消瘦七磅由此考之用腦力者與少用筋力者較之多用筋力之人應少進食此後衡定燐火硫磺炭氣炭精及别種度數以知食料之相宜用腦力者較之用筋力者若眞能少食仍能少病少死詎非幸事凡人之呼吸攝之於肺若人所受之氣較少以其室小也凡小屋中炭氣多必致受病而若人尚覺舒暢者須知若人所吸清氣已提去濕氣與尋常空氣不同否則居不通風之室令人不適以空氣中有濕氣故或炭氣之外尚有别氣亦未可知凡用腦之人肺中所吸與用力者不同用力者較用腦者吐出炭氣更多猶之睡時炭氣少於醒時同此理也總之靜則炭氣少動則炭氣多用力之時密室中冷熱度數加高令人不適其故

由食物消化益多所發熱力益大也格致家云胃之消化食物自有熱力猶大爐中之熾炭也然則用腦之人所需之食較少所發之熱力亦少此事考明人受其益曾有人考得造腦之法其法甚不便且所費甚大莫敢嘗試今此事用食物補腦人必樂從斯密士驗甚精前充美國格致書院教習今當安貼懷脫副席俟其驗出必可恃也先是密室築成欲得人驗之有一人將入忽有戒心遂生疾不敢入嗣易一人進試之並無不適之處有一化學士名太握者方進密室時如有遠行不勝悵惘他人亦如之及入室覺無所苦猶船之房艙不通外人玻璃套窗三層能思望見外人而交譚非德律風不可此理俟他日考明再行詳報今得其法則已思過半矣

俄人治高

日本西字郵報

俄人在高麗所行國政殊難評論似與吾國有異雖其權與各國大畧相同而時有增減如欲得人疆界即增其權反譏吾英人之不能繆矣若向南爭地吾思南

人必甚憎之侵至英界英人亦必羣起而攻也俄所拓地與英所拓者較則英俱以公平得之並非强奪侵占故全地球皆心悦誠服焉俄則不然所行之事不廣而與他國商人又不同心今觀其所行國政過南界而至高麗甚不公允請明言其違法越理之狀夫俄之伸權於高當一千八百九十五年已蓄此志故與德法二國迫日本讓還遼東及黄海一帶並聲明高麗爲自主是三國深忌日人得亞洲大地也而高麗自主適以蹙其生路然二國默然無聲聽俄所爲簽字之前吾已得其情狀其一防遏日本其二欲握天下之霸權日人言俄行國政於高麗是忌我也即觀遼東一事其陰謀已顯然呈露然與吾英無關惟商務稍有干涉旁觀以爲英亦有利實則欲共敦和睦顯吾退讓之志耳俄不欲日本行權於高麗故訓練將卒釐頓税務盡入俄人之手而名之爲自主夫自主須國富民强高麗豈有此哉俄從中暗助令其自强由此以觀俄之猜忌日本可知也去年俄相魯八諾夫與日本侯爵亦曼搿脱定一和約似明正無私其言曰俄日待高當彼此

一體不可任別國僭據吾二國亦不可借此漁利又言俄應遣員教練高兵及代理度支出入云云從來和約未有若此者也高麗內外國政盡入俄掌握矣當立約未簽字以前俄人俱肯遷就今則橫行無理時高使閔泳匡至俄京請政府遣武備教習及辦理財賦之人俄俱應允魯八諾夫即致書日本言吾俄不遣員至高乃無何而教習等已至何食言至此此明係欺誑日本矣然吾亦極難明俄人行事之理儻俄如約所言不過助高自主爲之練兵理材吾當讚歎其善不置今乃反覆矛盾並無護高之意而有并吞之心他國亦早知其所言非實矣今以一事論之俄於本國理財尚不周到安能舍己芸人二年前俄遣愛來克賽夫至高襄理財賦然吾英已先辦一年甚爲得手今乃爲俄所奪當愛來克賽夫之至高京俄高會立合同令其辦理一切新政斯人在俄已爲錚錚佼佼故合同有令愛來克賽夫永遠在高辦事一切財賦事務盡歸俄人掌握不可改歸他國等語而高皇之心亦極思俄國保護故軍政商務皆付俄人所用他國人員亦歸俄員管

轄噫俄固自以爲竭力助高矣未知他人以爲何如也

法報選譯

鎮海黄賓榮譯

美秘近事

勒當報西八月二十二號

或由紐約埠致書英國早晨郵報華盛頓人言與美廷秘魯國意頗不合緣美國向秘國索取賠償美商之欵五萬元秘國遲遲未答或云美國派兵輪至秘國海面按此事因一千八百八十六年秘國有亂黨謀叛總統意克來西亞其時代辦領事美人麥考特總理由亞來基伯至哥斯瓜秘國地名鐵路事務其手下司機者一人違麥考特之命私爲亂黨人預備一車事爲秘政府所聞即將麥考特監禁並科以槍斃之罪幸得其友備洋萬元爲之贖罪獲免一千八百八十八年麥考特復爲有司所執並受種種虐待麥考特傾其所有以三千金贖罪獲免事隔九年此次美廷向之索償也

德報選譯

無錫楊其昌譯

論中國商務利弊

德國縣報

近來中國商務日形衰耗然其將興之機已隱伏焉何則近年中國內地商人均未得手凡貿易外洋者無不獲利可見風氣將由此漸開況現在中國仿照西法設立報館採各國新聞並本國之事於商務大有裨益若果能如此辦法將來進境未可限量但中國報館雖多所載之事皆落人後至如各國風氣不同貨價高下各異均不能首先登告使商人得以先事經營因而出洋貿易者甚少其中精奥亦不克深悉是必設法整頓報館並使官商聲氣相通我爲中國設一善法在各府州縣及各省互相易觀如此則官商可通聲氣中外及各省府縣商人亦可以通聲氣若言報路暢銷猶其小焉者也但各處人情風土如何並貨物貴賤及他項事務均宜據實登報毫不欺隱先呈有司過目督飭各商購閱照此辦法中國商務必漸能與西商抗衡我爲中國籌將來興商務之策有三中國如人人能閱此報則天下一家中國一人彼此不致阻隔一也中國宜設商務學堂學成後

籌一款項使先行試辦果有成效始給憑照許其自行爲商二也中國戶口之繁甲於天下乃遇事因循不能與各國並駕齊驅者皆不得其本之故譬如印度日本初與中國無異自仿效西法商務卽煥然一新此固明效可觀也故我謂中國欲興商務先在整頓報館報館一興則奇聞異見互相考證商務之興可指日而待三也中國果能如此商務必定興旺吾所言中國商務有將興之機者皆因其與報館相關惜未能整頓通行耳如不信余言請驗諸日本日本講求洋務較後於中國因其肯用全力講求取本國所有商務以及諸事並各國風土人情互相比較務求其實以登諸報使通國人皆閱之非獨報館爲然且兵政鐵路農桑政治無不講求實在工夫不數年來非但商務日興卽國勢亦由此而强其權固在各報館主筆旁徵博採立論宏通凡國中有關政治之事無不登報且每日將其報送至政府凡有益於國計民生者政府皆採擇施行並且竭力帮助使歸實際所以日本報通行於各城鄉村鎮人皆信從奉行並且他國亦爭願購閱其所以

如此推廣者皆政府輔助之力也然此猶屬虛言其最要之法必須按次舉辦求其有裨實用莫若先創辦鐵路宜乘此時急速爲之既便於商復便於民便於商者何因轉運甚速非若從前運貨之艱便於民者何因其本地可以販賣別處貨物生計自然不窮近時中國學堂不爲不多而獨不設商務學堂是爲失著然中國雖已開如許學堂終不克有實在學問所以動輒掣肘不獨商務即他事亦然即以中國報館主筆人等而論毫無實學全是東抄西抹並無一樁實用可惜其財力精神皆置於無用之地其中雖有明眼人深悉其弊惜乎無力舉辦縱使有人能辦咸被官府層層阻制即具此權力能與官府通情以開報館不過說幾句空心白話並不能切中時弊宜乎中國之不能通行報館也即我歐洲亦無一人喜閱其報近我歐洲有新聞紙兩種所載均平常小說無關政治中國之識洋文者其才力非不能知但能識其大畧未能悉其底蘊所以歐洲新出物產器械等彼雖能譯終未能指實明言

以上所論乃我一片婆心切指中國之弊固深望中國從此整頓報館振興商務此特別無良法惟就我所言者為之何患不强然我為中國謀可謂至矣不惜苦口直言登諸報端使我國人知之咸望中國及時整頓人謂良藥苦口利於病猶我之忠言逆耳利於國也若中國照辦三年其境內一切不求其利先袪其弊猶栽果木先培其本俟其生果自然成熟中國納此忠告自當猛省萬不可負此有用之光陰有益之事業不以全力日求進步各國皆拭目俟之近因中國諸事稍有起色各國尚不存爭城奪地之心使我一旦施行猶之久病者霍然自起近我歐洲咸不願分中國然而欲分中國者亦未嘗無人因中國此時尚可勉力支持若再不自奮發則商務難興國勢難振猶之一盤肥肉不能自食反供他人之大嚼中國之岌岌可危其自知之乎如以我所言者一時財力不逮可漸為舉辦或另思善策均無不可即如近來中國報章未始無功不過照此辦法雖設千百報館亦無補於國是中國政府當深知此弊速派深諳報務得力之人開創風氣通

行本國豈有不遵者哉況已有人自開報館乎夫開報館乃振興商務之本中國政府宜深明此理竭力提倡所有天下崇論宏議均擇善而從非但英才可偏於中國即無知小民並工藝等皆爲有用之才其權力必能保守中國若中國商務振興於我國亦大有益即華民之出洋者亦爲之生色登諸報章佈告五大洲孰不願利益興而積弊除我之望於中國者如此特未識中國數百兆生靈能振興商務者斯人安在

東報選譯　　日本安藤虎雄譯

暹羅內閣情形　　東京朝日報

暹羅以一千八百九十一年改革政綱新建內閣置十二大臣辦理各部政務而國王統轄之各大臣所提出議案付內閣會議待王俞允然後施行與明治二十三年以前我國內閣畧相似用舍大臣之權亦一歸於王各部費款需之度支部內閣不置總理大臣大臣中最有勢力者隱膺統率之任今居首位者爲外部大

臣的嫋吾溫故斯親王才略絕羣識量閎遠夙爲當國第一流人傑且與第一第二兩皇后爲昆弟故威望最高二十年來參與政務功績顯著不暇枚舉於交涉事件尤見其器識不凡大爲外人所尊敬近刋倫敦蘇丹大土報評曰比之中國合肥相國識量或未及而才略過之亦可知其非凡器也親王性質溫和而機敏臨事才思如涌嘗游歷歐洲數月能通列國情形平生善操英語兼精通內外史鑑國際法英文學等科內部大臣達母論親王亦爲傑出人物雖足跡未及歐洲善操英語兼善屬英文風采颯爽奇骨稜稜英氣凜然溢於眉目間蓋該國貴胄中之美丈夫也王城郭外有邸宅結搆質樸不似他貴族極輪奐之美而淸敞閒雅自有脫俗趣二十一歲應募爲宮中侍衞兵職纔至下士官後擢任文部大臣嗣轉海部大臣更爲內部大臣嘗顯理那兒麻氏（氏精通亞洲情形曩著亞東論有名）昔嘗游舊部徜徉寒烟荒草間低徊不忍去偶獲一石佛顱半理於土中蓋白年以前物氏携返盤谷府致書海部大臣請惠賜之親王得書數日殷勤答之曰佛顱一具已屬

廢物無復衆人皈依以贈足下似無損益雖然猶是佛像尊體委之外人珍藏予所不忍也請恕焉其毅然不屈於物大抵如此親王年未至四十而聲譽日隆國人屬望最深蓋不易得之偉材也其他大臣皆能英語通歐美列國形勢然至其器局大小遠在爾親王下云

三麼利那共和國

大阪朝日報

歐洲列國中有一古國曰三麼利那共和國孑立於意大利東北四面爲意所包圍幅幀僅二十四英方里民籍生齒八千二百人陸師九百五十名武員佐官占數復多有議院置總統二人議員六十人國政一任其裁決民性愛國遇有緩急爭先赴義視死如歸故雖國土狹小儼然建立一自主國未嘗被他邦之侵略也頃者意大利與該國交涉擬改訂條約事係追捕虛無黨員逃亡者而意所倡議頗背公理曰貴國彊土不過二十四方里而四圍皆我屬土故我邦匪類往往遁匿貴國以爲避難之所貴國若等閒視之寬宥此輩不惟失親仁善隣之誼恐將

來爲貴國大患共和政府憤其輕侮己國也乃答曰我邦九百年以來無虐待無罪人法何苦改條約爲若眞有不逞之徒橫行封內則我亦有法律在不煩貴國干預請毋繫念焉意大利政府辭屈竟不能加而止云噫蕞爾小國猶有此氣焰建大國者可不發憤興起乎哉

列國東洋艦隊　神戸又新報

歐洲列國之勢日東漸亞洲時局日急此志士仁人報國之秋也當此時談兵備强弱未必不裨益於參考乃舉列國兵船之屯泊東洋者比較其優劣登錄諸左方云

一英國船數計二十六艘載重計六萬七千墩内有戰艦一艘巡洋船十一艘礮艦十艘報信艦一艘蘇盧布式艦三艘暨破壞水雷艦二艘

一俄國船數計十六艘載重計四萬八千墩内有巡洋艦五艘礮艦七艘水雷礮艦二艘哥兒別度式艦一艘蘇盧布式艦一艘暨水雷船七艘聞俄將遣新製

巡洋艦俄羅斯號代阿度迷拉兒艈前赴支那海面該艦係一千八百九十六年所造載重一萬四千墩馬力一萬四千五百匹速率二十海里實有數大艦也

一德國船數計八艘載重計三萬八千二百墩悉屬巡洋艦現自本國所派遣二艦算入此內

一日本船數計四十二艘載重計十萬四千餘墩區別其種類內有戰艦三艘巡洋艦十艘海防艦三艘哥兒別度式艦四艘蘇盧布式艦六艘礮艦十四艘水雷礮艦一艘報信艦一艘

俄謀煽動印度　同上

印度叛亂一時弭平而死灰再燃北境一帶幾有燎原之勢英軍大困聞該地方土著稍解事理者雖以奉英國正朔爲便愚民常好新奇以背英向俄爲有益者亦不少俄國預諜知之當叛徒未起時使數百間諜潛入印度境遊説各地或非

議英政府施政或稱俄之寬大或諭佛教國民斷不可信基督教百方煽動慫恿叛抗英政府惟其改裝之巧英國有司不易檢察一任其所爲至叛徒蜂起時初得捕獲正典刑云

俄法排英

時事新報

俄與英相疾視非始於今日也蓋兩國在亞洲俄之所利即英之所害英之所得即俄之所失利害得失常相背馳是其所以不輯也如頃者韓國情形亦足以知兩國關繫聞俄不惟於韓排斥英監督官更與法陰謀將擠在清總稅務司赫德而代之云嗚呼不用寸鐵不衂一兵巧運籌於樽俎間而爭衡於大局其遠謀宏略寧可不寒心耶

德國搆難西印度

同上

據路透電報云德國派巡洋艦二艘前往黑濟共和國詰責德人因寃被禁事且迫以八點鐘出償金若干人心頗洶洶美國某新報說其由來稍詳曰西十月初

句德人被禁非其罪也德公使聞之怒甚立照會政府釋之且求賠償損失政府不應公使益憤其無禮撤公使署所揭國旗以示決意所在立待回覆政府竟釋冤者而賠償之事尚未得允於是德公使電知本國政府請派遣兵船前往未知向後如何結局噫德人亦可謂多事矣

俄英互軋　同上

英人武拉溫氏承韓皇詔勅爲監督財務官頗有治績其初就任也財務紊亂國帑匱乏之有不可支之狀氏銳意圖治漸次整頓已於本年春季償還日本政府一百萬圓刻下國庫尚餘二百萬圓皆氏之功也然俄人阿歷使夫氏應聘爲度支顧問官兩氏意不相能韓廷議論亦分二派互植徒黨反目而視辨難論詰久不決於是外部與度支部交涉數次竟委外部以與俄公使商議事外部乃照會俄公使謀以全權畀阿氏公使以爲不得要領反問之外部使者項背相望未能妥適公使知事難速決儼然改容促其決答外部益困皇聞之憂慮不置即召見度

支部大臣朴定陽諮之俄語通譯官金鴻陸先在坐外部大臣閔種默亦侍皇頗有戚容沉思良久少焉問曰朕有感於當今之時局將擢阿歷使夫於度支部獨所憂者在監督財務官進退卿等將何以處之朴對曰武拉温有功無過且陛下所勑任今無故而解其職非遇賓客之禮也況預約年限未滿乎若斷行此事臣恐徒招他邦之怨也閔非之曰顧問監督名異而實同何必用兩人爲當棄舊監督而採用新顧問兩大臣各固執異見舌戰徹夜而議竟不决時西十月二十四號也翌日俄公使入謁韓皇曰貴國聘用顧問事旣定於閔泳煥使俄國時今何必喋喋惟所應籌商者在執務程式何如耳宜速任用之如前約也更顧朴度支部責其因循姑息舉朝慴服是日傍晚外部衙門飛書解武拉温氏職明日告之英總領事繞兒丹氏武拉温氏得命抗言曰吾因詔勑拜官且有任期在外部何爲者繞兒丹氏亦謁皇有所陳奏皇慰籍曰今日之事實不出朕意俄公使逼迫甚急閣臣不知所措事遂至於此耳武拉温之忠實謹恪朕夙信之今猶昨也若

夫所下詔勅朕誓不渝之卿其諒焉繞兒丹氏拜謝退告之武拉温氏邇來武拉温氏日趨度支署處分政務如前阿氏亦入而視事自是軋轢彌甚云

隱士論膠州案件　同上

或訪城北一隱士隱士前在廟堂當要路者好談時事語及德人占據膠州事隱士曰國家之衰替皆有以自致之者不惟敵國使之然也高麗土耳其印度埃及諸國歷歷可觀殷鑒不遠今夫國威不振已數十年及受他邦之凌辱乃徒咎其加己者不可謂知本者矣中人常憎白人至爲白人所疾視屢生交涉案件非浮屠氏所謂自業自得者耶盍反其本游歷者常曰入中國內地如行深山大澤蓋謂政令不遍匪類跳梁掠奪商旅之狀猶猛獸毒蛇害人也要之中國警務未備釀此奇禍白人所均惡焉故今日之事彼輩視以爲出於不得已之舉如不責德之無狀者然可勝慨哉我已處亞洲夙布立憲制度爲東洋自主國則歐洲之治亂興亡不可不躬親任之今也遇隣國之厄運豈袖手旁觀時哉宜務盡本分以

保持平和也且夫中人不察地球之大勢株守舊習事事物物皆落人後而不自知間逞背理之行不知不識陷此窮境鬧教之案曲亦在我爲中國當謝其失禮賠償損失以此結局而後大戒全國彈壓不逞之徒使外客安心無所聾懾夫如是則德雖有要求土地之意奈無口實何而列國環視之者亦應不認許德之要挾過分也

因簡明數理詳求算數各法練習計算又命題試問日常應用求其解釋兼用珠算熟習加減乘除諸法授代數法並方程式授幾何點線面體性質關繫等兼示求積法算理

理科

於植物動物兩科說形像構造生理種數暨功用於礦物科說形像性質功用於人體生理科說體軀構造生活機能兼教以保全健適之道於格致科自物體性質動力外兼論音光熱磁氣電氣各學於化學科講求原質暨化合之品

家政

教授制辦衣食雜事暨計算簿册育兒裁縫等事務歸實用

練字

教授文字結構運筆順序暨筆勢强弱以點畫端正字體腴美筆機圓潤爲要義兼學習細字速寫法與信件之式

繪畫

分繪畫爲二數一曰自在畫一曰用器畫自在畫有二種鉛筆畫毫筆畫是也先示用筆用墨遠近明暗諸法或摹粉本或就實物寫之或作圖案精練意匠於毫筆畫示水墨渲染勻配彩色諸法兼使知本國繪畫設色於用器畫授其大要使知摹繪物體位置形像遠近之法

音樂

唱曲主正發音就歌詞樂譜雅正純良者練習之兼使曉知樂理大意樂器用風琴

體操

運動肢體各部使無偏意以束身修行兼授操演簡法

外國語

朗誦以正字音講讀以解意義兼授練字法又設問答一科習學尋常語言兼

因簡明數理詳求算數各法練習計算又命題試問日常應用求其解釋兼用珠算熟習加減乘除諸法授代數法並方程式授幾何點線面體性質關繫等兼示求積法算理

理科

於植物動物兩科說形像構造生理種數暨功用於礦物科說形像性質功用於人體生理科說體軀構造生活機能兼教以保全健適之道於格致科自物體性質動力外兼論音光熱磁氣電氣各學於化學科講求原質暨化合之品

家政

教授制辦衣食雜事暨計算簿冊育兒裁縫等事務歸實用

練字

教授文字結構運筆順序暨筆勢强弱以點畫端正字體腴美筆機圓潤爲要義兼學習細字速寫法與信件之式

繪畫

分繪畫爲二數一曰自在畫一曰用器畫自在畫有二種鉛筆畫毫筆畫是也先示用筆用墨遠近明暗諸法或摹粉本或就實物寫之或作圖案精練意匠於毫筆畫示水墨渲染勻配彩色諸法兼使知本國繪畫設色於用器畫授其大要使知摹繪物體位置形像遠近之法

音樂

唱曲主正發音就歌詞樂譜雅正純良者練習之兼使曉知樂理大意樂器用風琴

體操

運動肢體各部使無偏意以束身修行兼授操演簡法

外國語

朗誦以正字音講讀以解意義兼授練字法又設問答一科習學尋常語言兼

肆作文之法

第五章　學生定額　招募　入堂　學資　休學　退學

第十條　學生以一百六十名爲額

第十一條　每歲杪招募學生每學年初入堂但學生有缺員得臨時補充之

第十二條　凡舉學生知府知縣照左三項合格者保薦之校長考試選拔之

一氣體健全品行方正他日當教習之任不愧師表者　二修尋常師範學堂二年功課者若與此學識相匹敵者　三年十六以上至二十一者

第十三條　知府知縣保薦學生時添附保薦書經歷書暨證明體格書其程式如下

保薦書

何府何縣何國何郡何村何號何族（謂華族士族平民等區別）某長女次女若第三女等姓名生年月日　右在何府何縣修尋常師範學堂二年功課（或記與修尋常師範學堂二年功課者學識相匹敵等由）冀爲尋常師範學堂女子部若高等女學校教習者而本官所認以爲適任也茲遵貴學堂章程保薦之請選拔焉附以本人經歷書

並證明體格書各一片供貴官參照年月日知府知縣某某印　高等女師範學校長某閣下　經歷書　何府何縣何國何郡何郵何號何族某長女次女若第三女等生所何府何縣何國云云姓名生年月日　一畢業證書暨免許證書何年何月何日於何府何縣何學堂修何功課受畢業證書何年月日於何處受何免許證書　一學業自何年月日至何年月日就某先生修何學須開列書名及功課程度　何年月日入何府縣何學堂修何學何年月日畢業須開列書名及功課程度　一職業何年月日爲何府何縣訓導奉職何國何郡何村何學堂何年月日辭職或現在任　一賞罰何年月日於何處爲何件受何賞或受何懲罰　證明體格書姓名生年月日　一體格　一身長　一胸圍　一體重　一視力　一辨色力　一聽力　一其他各部狀態　一瘂　右各項證驗明無誤謬也

何病院醫士無病院地方內務省所認許醫士年月日姓名印

第十四條　前條證明體格書概本左方諸項　一體格除現有傷痍疾病著現

變狀於身體若孱弱不堪修學者區別甲乙兩種最强壯者爲甲次者爲乙但雖現有傷痍疾病輕證易愈者不黜退　一身長記以何尺何寸何分胸圍準之度胸圍法先展拓兩手於左右於乳房部驗定之　一體重記以幾貫幾百幾十兩　一驗視力用素內兒連氏試視法　一聽力於距離六尺處先以低聲試之次兩耳交檢之以驗定其聽否　一辨色力試識別七色否驗定之

一除前數項所開列外就身體各部檢之記其狀態　一痘記以種痘若天然痘

此稿未完

料其身丁阨運或有凶魔攖其勝算而去耶抑由心疾狐疑使然耶僉數月來馬上奔逐自旦及暮不少休至此更變如出兩人我知其因櫛沐風雨身有隱疾忽發於此間不容髮之際也

初法皇傳檄迫敵號令嚴明擘畫精密及返旆德勒斯達往來文牘詞氣大撓已而諸將氣益渙令無所施遂縱諸國之師出穽

法皇旣退各國遂調殿後精兵向前萃攻藩台姆之軍衆至數倍藩軍遂殲馬步兵逸出者僅萬人與法皇合軍隘口之路益清時八月三十號是爲各國之軍在克耳姆大勝之役

初藩台姆嘗爲大言曰我不畏上帝亦不畏魔鬼又嘗告法皇曰我若與鬼國戰必縛鬼王盡擒鬼卒至是身被俘虜軍械全失麾下兵將多遭擒戮

又聞亞地諾鐵前駐軋老司皮雷之軍六萬人於八月二十六號與盤

納道鐵精兵十五萬戰大衂法皇前令傳賴特將兵援亞地諾鐵至是亦潰盤納道鐵駐盤林之軍夙隸普將葡羅麾下多係新募及汰餘是役也傷亡過半

是日法將曼克堂那耳率精兵八萬經掐次拔克偵溪水暴漲慮遭淹沒爭相退囘白羅催襲擊被 俘惟二萬人徒手逸去

以上歷記克耳姆軋老司皮雷掐次拔克數次之敗皆法皇在日耳曼境大遭挫衂之情形威聲由此大損各國之軍昔遭法之虎暴其殤魂孤子至是始得復仇洩憤焉日耳曼人蜂起響應欲甘心於法各募新兵協助而各路義兵復起法軍後路益孤軍械日缺

是時英制盡人爲兵勤於操練蓋防法者已數年至是大衆昌言曰必與法皇交戰決雌雄始手釋軍械云

於時法皇急傳檄大將軍耨率新軍由盤林進拒白羅催復撥自統軍

數成以壯其勢豈知歸未及奉檄即已移援曼克堂那耳之殘軍敵帥探知法皇統軍親至即下令速退俄普諸軍急束伍重越鈿希米愛山向德勒斯達警報既聞法皇立命回軍欲掎敵一戰覆之及至城下敵已盡退入安爾盤治而白羅催亦將攻擊曼克堂那耳之軍引回歸軍勢孤輙不待皇命擊盤納道鐵之軍九月六號戰於潭你爲次敗績敵軍連營布野土人競探法軍行動纖悉以聞而力阻法謀法人不知敵情歸與亞地諾鐵之師遂大潰綜核是年法軍諸將帥覆敗之由不能不歸咎法皇之調度無方耳

法之潰軍勢如河決或遁或降敵燄大張法皇不得已緩攻白羅催而回入法境

各國聞法軍之退人人以爲大雠已去而俄將盆熱軋生統生軍至立營於左各國遂定策深入令白羅催與盤納道鐵合軍攻其左盆熱軋

生之軍協助中軍攻其右越愛耳鼻河以逐法皇之後軍而斷來因河之路兼護巴浮里阿法軍勢益孤懸即斂全軍駐雷潑捷軋是爲法至日耳曼運糧要道適中之區形勢最重

十月十六號大戰三日始罷而各國兵日增勢日大法皇遂受圍十八號黎明突有薩克生及完登盤二國之兵亦叛法反攻

十九號黎明法軍不支大隊反奔後衞兵拒敵交戰截分爲二欲渡河抵愛耳斯脫而無橋各軍亂次以濟後衞盡覆喪弁兵五萬餘大礮三百門輜重漂失無算巴浮里阿之師抄截前路法軍掠陣而過十一月二號抵美贏司重渡來因河餘兵不及八萬人

各國之師未能奮力追逐僅攻各路礮臺如愛耳鼻倭圖及惟斯丟賴等處時逾兩月法軍固守如故若各軍能窮追盡覆法皇之軍於未抵來因河之前則戰事從此結穴各國君王可以長至日置酒高會於法

之太連理宮而我等外史氏亦將擱筆矣惜各軍疲鈍畏縮不前非特使法皇麾下餘兵訕笑且令從容以備日後出奇之戰如明年正月之事

溯法皇前二年總攝列邦之覇權及是冰消瓦解錯華岑盤初統奧軍戰敗奧將姚克先奔日耳曼各邦人民皆心內携法皇以威力迫令運解糧餉故爲遷延誤彼戎機遂協力助成此敗也

總論法皇之敗自德勒斯達戰後疲於奔命種種錯誤大半由於麾下諸將奉令不力餘則練兵不精至議和之際堅拒奧邦所議條欵則誤之又誤矣尤可怪者置其軍十五萬於倭團與惟司丟賴礮臺坐棄之於無用之地以致不敷調布兵學家多非議之

觀是年法皇行止雖多錯誤然因此愈顯其堅忍出奇之概吾等歷叙威林吞公敗法之功益歎自古亡國實由於一人之用心失當哉

譯書公會排印

前言法皇在俄境戰事今述其在日耳曼戰事是年之事遠不逮在一千七百九十六年至一千八百零五年中其至廣之權力無前之軍勢至是盡被勁敵擢散所制定法令亦非昔比由狃於全勝深信其腦部勝人且以爲得天助謂可立臻全盛無人能出我法外此心未嘗一日忘觀其身列行陣無時不在馬上深驗敵情地勢凡兵渡河必親督其押運輜重盡心防護遠過他將帥迨屢遭厄運前志遂荒

當在重圍中如賭博角勝亦視氣運旁人橫加訕笑疑其忽遭腹痛或當發兵時有一丸泥封閉諸將之目坐失可以決勝之權勢與在克利克斯批而地方議和之事略同

由德勒斯達戰後世人逆料其終局如法軍不退力戰而前宜令各國之軍全毀或具降書吾知其退兵不追確有一事緣其操心致疾廢此權力不能用猶如擲毬毬拂其足竟不舉足忽又旋身遠避此則非麾

下諸將之咎也

第三章

十一月法軍自雷潑捷軋敗後即奔渡來因河各國軍至是亦渡來因而向巴黎中途礮臺無兵據守時諸將爭功不已軍威稍替復欲議和是時奧王亦不欲褫其愛女之榮名各國君王願申前議立約畫比里牛斯威內薩及入海之來因河爲界以上各地即路易十四夢寐中所妄思覬覦之邊界也惟買耳暴羅軍新勝不願與聞畫境之事

一千八百十四年法盡失日耳曼地而仍守倭園與惟司丟賴礮臺各國軍進逼巴黎意大利威內薩亦叛英海軍盡逐地中海之法艦威林吞首率精兵入法南境以驚巴黎

何以法皇之敗比諸路易十四以見斥於各國之會盟而弱小之國反沾利益也然法皇仍堅於自信雖知各國合以謀我猶謂我命在天願

置全國於一擲不能俯首受制於各國約欵而損後來極大之聲名令俄人割我之地普人入我都邑

法之人民困於戰禍耕犂乏馬遍野荒蕪農工執業惟有婦孺自後國政大變客軍肆掠一空萬民嗷嗷望和議速成而法皇倔强如故

法皇當此阨運仍戀戀於身後之名又欲匿其好名之心令萬民永永敬愛惟間語其兄云願皇而死不願王而生故不顧利害惟欲苦戰以徇名而欲人之敬愛難矣哉法之官僚平時廣搜希臘羅馬古史中賢豪事以爲談助今士林多效之稱述英雄事同戲劇初法皇出師遠征嘗慷慨大言曰余千秋萬歲後良史家當與揩而止愛力山打穆罕默德齊稱及遭喪敗竊恐彼之皇權例於罕利第二路易十四也今雖欲議和立約保民而求彼此均平之條欵豈可得哉

法皇自恃神助屢遭大阨如有日光射其雙目瞢不辨物平居論世常

搿介彼Hugue Capet斐里潑第一Phillipe 1er路依第六Louis VI盎鋤Duc d'Anjou公皆法國太子親王等等皆是、一千八百年間、凡稱爲挨培者、皆係少年有爵之人往往有先掛此名、以待缺出頂補者、亦有並非貴族而富有家貲、願當此職、以戴教士之領者、今則凡穿教士衣服、統稱挨培矣、Abbesse挨培司凡庵堂可稱爲挨培Abbaye者、其女教長卽曰挨培司居住者俱女子、如欲當女教長之職、須由衆女公舉、且至少須在教中供職、已屆八年、并已年至四十、方能應舉、所管止居常事務、並無禱告之權、蓋禱告仍須由男教長辦理也、此等女教士、計分兩種、一受職後終身不換、二兼轄數處庵堂、培內提克低啞Bénédictines培倏那提啞Bernadines細篤Cîteaux忒落潑Trappe否以盎Feuillant潑雷蒙忒雷Premontrés等會、其女教長皆稱挨培司而豐忒佛羅Fontevrault法國鎭名隸梅恩羅沃爾府之女教長、則統轄培倏那提啞Bernardines各庵堂者也

Abbeville挨培維爾，法國沙姆Somme府（在法國北境）內之鎮市，昔為比界爾提Picardie境奔抵侯Ponthieu之會城，跨沙姆Somme河，在挨迷哀Amieus（法國北境大城，為法赴英火車之大道）西北四十五法里，距巴黎一百七十五法里，戶口一萬九千八百三十七。其處有巴黎北路火車之支站，并為船埠，凡二三百噸之船皆能進泊。有審理瑣務商務之讞堂一，男女大學堂各一，專攻教書之學堂一（備將來成教士者），古教堂一，名山維爾弗耶St Vulfran，博物院二，一名菴夢維爾Emonville，一名蒲扇奪彼忒Boucher de Perthes。蔴布廠、地單廠、繩廠、糖廠咸備。從前有王家織絨廠一，名于忒來克Utrech，建於一千六百六十一年。織呢廠一，建於一千六百六十五年。先是此地於一千一百三十年即已夷為小邑。法皇賽路依St Louis（即路依第九）於一千二百五十九年在此與英王盎里第三Henri III交換和約（前一年立於巴黎），訂定以俾里哥Périgord、里慕三Limousin及賽東時Saint onge 俱在法之南境今仍歸法中一角之地，交還英人，而英王亦不復爭，拿爾芒提 Normandie 盎鋤 Anjou 瞞呡 Maine 博劃都 Poitou 在巴黎西南四地，所出人才，有輿地家賞松 Sanson 名醫暗甘 Hecquet 鐫刻人特博劃里 Depoilly 阿里挨瞞，Aliamet 耙弗雷，Beauvarlet 詩人迷爾復劃，Millevoye 水師提督孤拔，Courbet 孤拔生於潑雷西哀爾，Plessiel 距此約六法里，因與中國戰，死於閩江船上，故援編曲人埒須安 Lesueur 建像之例法總統敕在挨培維爾建石像一，以旌其功。

Abbiate Grasso 挨皮挨忒辯拉沙，今爲義大利北境之城，在隆排爾提境跨低細南拉河，在米郎西南十六法里，擺維西北三十法里，戶口七千零二十五，一千五百二十四年，地尙屬法，駐守者爲擺依挨勇敢善戰，卒爲德兵所敗。

Abbonle Courbe 挨蓬埒孤爾孛，法國衰入曼罝潑雷 Ste Germain des

Prés教堂之教士、八百五十年、生於雷司忒黎Neustrie、（在巴黎西南）死於九百二十三年、遺有著作甚多、最著者、有臘丁Latin詩集一部、計三本、係描寫八百八十六年、巴黎爲拿爾芒Siége de Paris par les Normands人圍困時之情景、蓋曾目覩其事也、此詩爲比多Phitou所刻印（一千五百八十八年）又爲蒲甘Bouquet併刻於叢書中、（第八卷）及俾安士Scriptors de Pertz叢書內（第二卷八百零五頁）嗣於一千八百三十五年、打郞姆Taranne譯成法文、列入其查Guizot之法史中、此外又留誓言三十七篇（在巴黎藏書庫中臘丁文內列號一千二百十三）挨蓬Abbon弗雷里Fleury（巴黎西北之小邑）之教士、生於亞雷盎Orléans（巴黎之南）當法王羅培侯Robert時曾立一番事業、九百九十六年、奉使至教王處、一千零零四年卒、著有九十一教王事實、刻於散培內提克低Acta ordinis Sti Benedicti叢書內第八卷中、并著酒神勝會詩一集、Lettre sur les cycles dionysjaques 一千八百四十九年爲巴黎弗來Varin

書局刻印其生平事實則於一千零零五年有考據家暗木哀Aymoin寫成一書此書與一千年間之史極有關係

Abbot挨扒忒名羅陪侯Robert生於一千五百六十年爲英王弱克第一Jacques 1er之教師Chapelain充排里亞爾Baliol collège學堂總辦在屋克司覆爾特Université d'Oxford大學校掌教天神實理一千六百十五年爲沙力偲必里Salisbury（在倫敦西南今英首相爲其地之侯如采邑然）教長évêque一千六百十七年死著有教中書籍數部係記國王與教門爭論情形La Suprématie des Rois即國王等因爭權而攻訐教士培拉蠻Bellarmin須挨雷Suares是也又一書係新舊教不和紀事Antechristi demonstratio（刻於倫敦一千六百零三年）所載皆忿激詩詞力攻舊教英王弱克將此書重印與其自著者La Révélation合刻　其弟查爾特George係江篤培黎Cantorbéry（倫敦東南小邑）之大教士Archevêque一千五百六十二年生於其特覆

爾特Guildford倫敦南其父在蘇布廠充織匠，而渠在教中升轉甚速，初為屋克司覆爾特之副監院，奉國王弱克第一之命，以新約全書，Nouveau testament一部，譯成英文，後因駁斥西孛篤爾潑Dr. Sibthorp攻訐售教誓言Sermon hétérodoxe遂為英王沙爾Charles革職，其生平遇有教民之違章者，每肯曲恕，亦熱心辦事之教士也，著作頗多，有一書特記弗爾忒黎啞Histoire des massacre de la Valteline今屬義國屠戮之慘，刻於一千六百三十一年，

Abbotsford挨扒忒司覆爾特英國蘇格蘭Ecosse境砲臺式之房屋在羅克蒲格地Roxburgh也，為稗史家華爾推史哥得Walter Scott最喜居住，在梯特Tweed河右岸，河與庵忒里克Ettrick江滙流處相距一法里，距庵定蒲Edinbourg蘇格蘭之都城約四十五法里，其地山水極佳，此屋造式尤極古雅，

Abbot Langley 挨扒忒浪爵雷係英國村集（隸菴忒覆爾特Hertford府）在倫敦之北，相距三十法里，戶口二千二百八十九，在賽打爾蒡St Aldan古教堂地界內，教王阿特里哀第四Abrien生於此（原名尼谷拉孛雷克司比侯Nicolas Breakspeare）

Abbt 挨孛忒名篤馬司Thomas德國性理家，一千七百三十八年生於由爾姆Ulm（在惠教墻國）死於一千七百六十六年，與門罩爾沙呃Mendelssohn（德國猶太教性理名家）及僪哥雷Nicolai（德國大書局主）爲良友，繼雷山Lessing（德國詩人）兼精掌故性理，纂成一書Lettres sur la littératur專論文字之學，其全集俱印，Ses œuvres diverses 柏靈Berlin（自一千七百六十八年印起至一千七百八十一年畢事）

Abdali 挨孛大黎亦稱徒拉你Doulâni爲岡大挨Kandahar（今爲阿富汗Afghanistan衝要之地）及哥拉商Khorassan東境之大土司，其酋名阿瞞特Ahmed於一千七百四十七年，建立阿富汗國，自此改其地曰徒拉你

Abdallah挨孛大拉、猶言上帝僕人之意、蓋即回祖慕哈麥Mahomet之父也、生於阿喇伯之梅克Mecque城、死於五百七十年、本加挨排Kaaba回教堂閽人阿孛覃爾馬打雷孛Abdel Motalebe之子、初爲執御、繼販駱駝、年二十有五、死於滿提呡Médine、又挨孛大拉Abdallah係第一回教王、阿蒲爾挨排司Aboul Abbas之叔、曾在查孛Zab地方、交綏獲勝、論者韙之、惟誘亞米挨特Ommiades親王數人赴席燕飲、而盡殺之、則爲人所薄、曾充西里Syrie在亞洲介乎拂拉得江及阿喇伯國之中今屬土耳基總督、七百五十五年、欲簒回王阿蒲馬世倫Abou Moslem之位、不遂、反在依喇克Ira K今屬波斯被殺、挨孛大拉Abdallah係阿喇伯提督、父名阿孛覃滿雷克朋亞馬Abdel chelekben Omar、七百八十五年、因盎大羅齊Andalousie西班牙南境之地民叛哥爾陀Cordoue王阿孛覃拉姆Abdérame遂將亂民剿滅、並據齊羅呡Girone、那爾耙呡Narbonne兩城、今皆屬西班牙直抵加爾

萬國中古史畧原序

是書始耶穌降生三百九十五年一論羅馬國之興亡二論亂黨之出沒三論天主教之起伏其時羅馬中衰羣雄角逐天下擾攘莫斯爲甚此所以由上古之世而成爲中古之世也

首論羅馬國當幾及第四世之時（一百年爲一世）考其地勢西至大西洋東至猶福來剔斯河北至堪來度尼埃及兒浪益河淡牛勃河南至阿非利加沙漠之地分四省十四府一百十八縣君有全權首相及文武各官佐之治理統一省者爲大教主馬兵大帥步兵大師官一府者爲副教主馬兵帥步兵帥治一縣者爲公爵男爵百僚師師外觀甚壯而不知禍早伏於內矣世子嗣統漫無定律官守斯土百弊叢生民間常徵掌之紳士數或不足責令賠償於是紳士願褫其職退爲平民民不聊生輕去其國重以地方遼遠言語不通風俗不齊人各一心羣自爲計欲

鼓作民氣重振國威人心渙散無能爲已無已號召化外之民往守邊陲異域之人親於兄弟若非召禍吾不信也而環顧國中苦無兵民又非此莫屬也太平之日曾幾何時而敗亡之禍將不忍言君權之重弊坐是也

次論亂黨其尤著者爲茄門納卽今德國之祖也方羅馬孱弱堪未度尼埃一帶羣黨蜂起散布於勃立登島中盤踞於猶福來剔斯河上出沒無常不堪其擾其在南方沙漠游民時來侵侮中有一種曰亞拉伯者爲尤猛而是書記之爲最詳當第四世之末其在北方如兒浪益河淡牛勃河一帶分三處扼要守之而亂黨各據其一如茄門納據維司土勒河及鮑而剔克海如殺埋歇埃據兒亞及歇昔埃此二者所據之地幾徧歐洲之東北亞洲之西北矣而茄門納一黨爲害尤烈羅馬將維耳斯所統全軍爲茄門納殲滅殆盡自北至南幾無凈土黨類之多

難以枚舉或一黨孤立或數黨聯盟約而計之則十有六以福蘭克司爲最盛而蒳門納有峨特一黨其權足以懾服殺埋歐埃此最悍而最久者也峨特又自分三黨曰東峨特據鮑耒省斯之左岸曰西峨特據鮑耒省斯之右岸曰掘畢台膛乎在後據維司土勒之河方羅馬之衰也蒳門納獨盛其爲人容貌舉止皆與衆殊强毅有力體雄偉眼青而面晳衣短而單以布爲之下裳以羊鹿皮爲之直覆其足性好戰及田獵喜自用所居無城郭邑落築板屋或摶土爲室散布平原及林麓中民不得私有其土視人之多寡而得地之大小焉其人以耕田爲恥皆奴隸爲之其有力者養門客若干人願効死力若有所得不能私有將出推有膽識者爲首令出維行彼亦有王權甚輕理政聽訟尚不得自專方蒳門納之初犯羅馬也行其舊俗久之去其所奉之木偶而漸信天主教其崇奉之神曰脫圜斯科即其黨之始祖又奉地神日神月神

雷神其尤敬者曰阿定推爲戰神崇祀如中國禡祭云能轉敗爲功遇出戰有死傷者夜獻之神前又一神曰華勒勒禮之無不如願若晝鬬有傷夜禮之則愈以爲徵神之力不至此若得敵人頭顱作爲飲器恒置蜜水飲之此羅馬之受困於笳門納也殊令人寒心云

厥後大殺戮之事又起先是降峨特之殺埋歇埃又名司蘭孚士後分爲南北西三處而析黨爲二十其北黨與蜚你斯合即今俄國之一大支又歇昔引斯（又名土來脅又名他他）有蜚你斯安蘭斯及黑你斯三種至歐洲最早其安佛來罷而犿林司埋犿耶司（又名黑犿林司）蒙古（亦名他他）及土耳其皆在亞洲因黑你斯一黨於三百七十六年由中國邊疆而至歐洲始大亂安蘭斯據考鉛塞斯山北地即在鮑而剔克海一帶敗峨特東峨特先爲蒙古步兵所擊大敗其王名黑沒來支弗忍見士卒死亡遂自剄西峨特聞之大懼遂自鮑耒省斯退兵渡淡牛勃河後黑你斯率東峨

特餘黨及掘畢台一黨滅殺埋歇埃並驅善戰之笳門納人笳門納被逼自北而南勢如潮湧直犯羅馬邊疆西峨特渡淡牛勃河至梅西埃羅馬王范能你斯憐之予以息足之地先訂奉其安勒你仁之教令繳出軍械以免滋事西峨特不從恃衆蹂躪其地范能你斯欲逐之戰於安逐來拿勃而不勝避諸草舍敵人火之此三百七十八年事也嗣范能你斯死梯華度碩師立發憤爲雄思雪前恥遂驅西峨特且征服之至是兵氣少息焉

三論天主教先是羅馬供奉木偶孱弱已甚後天主教盛行而國賴以維持大凡國亡而教不能亡是教宗旨可以數言蔽之曰萬物皆上帝之所造人人有自主之權又曰千古有不死之性靈四海無不洽之兄弟上下一體不區貴賤募有力者繼不足者民無强弱願承其教近悅遠來歸從者衆其時羅馬王不能安其位而教王之權始重

是書起耶穌三百九十五年梯華度碩師去位之後訖耶穌一千四百五十三年土耳其得康士但丁城凡五卷

萬國中古史略總目 總目先出子目續出

譯書公會排印

萬國中古史畧卷一

法國牧師高祝著

秀水張國珍石如口譯
歸安胡惟志仲巽筆述

第一章

一記羅馬西鄙滅亡之禍

當耶穌三百九十五年羅馬國王梯華度碩師之去位也以國不易保民不易治爰命二子分地而王長曰埃開提酉司居東偏次曰項腦立酉司居西偏以二子年少又命二相輔之一曰師替烈恪功望素著而重於王命相其次子一曰羅飛納司善柔取媚而寵於王命相其長子二相不相能誓不兩立遂不卹經國大政顧洩一己私憤以爲快時內亂未平民間輙以干戈從事師替烈恪欲去羅飛納司而兼其職事敗不成遂封國庫撤東鄙康士但丁防兵羅飛納司聞之曰是得間矣遂潛出國門煽惑番民西峨特黨往犯東鄙且教以直擣康士但丁城其

意引西峨特爲黨援以殺師替烈恪遣番民平東鄙足以上功於其主埃開提酋司也先是西峨特覬覦邊陲日思蠢動垂二十年今乘此機而入亦天假之緣也其酋長埃藺烈克素悍遂顯其威力明其信義而應羅飛納司之召先駐梅西埃爲進兵地繼知羅馬疲弱遂入富饒之區縱火肆掠直達康士但丁城野蠻之性慘不忍言羅飛納司意氣揚揚出語人曰欲解是厄非我誰任遂佩將軍印入敵軍陰遺金銀無算令離是地而攻希臘西峨特二十萬衆遂載妻孥徑趨希臘所至恣其刦奪向化之民忽遇奇禍眞無妄之災也希臘得此耗避至太毛畢烈之外考林斯及胚落磅納二地蹂躪殆盡惟安胎司城償其兵費賴以保全師替烈恪統全軍來援已不及不得已仍復康士但丁防兵兵大鼓噪咸知羅飛納司召變誓欲得而甘心焉是日羅飛納司侍王側參議朝政方欲居大功論異賞忽一卒躍入手刃而前曰奉師替烈恪相

君之命將殺汝迨欲置問而七首已陷其胸矣師瞀烈恪既洩此憤於心少快然去其仇不難而救其國不易也先是埃蘭烈克困於福樂山又被逸去後其王忽賜埃蘭烈克以尊貴職銜此從未輕以假人者非立大功不可得王竟與之且命爲亦烈利埃省武備統帶此三百九十六年事也埃蘭烈克遂稱西峨特王日益驕妄嘗聞山外有聲起而言曰得無上帝命我代天行威乎遂犯羅馬西鄙直至意大利肥饒之地逼密蘭城安蘭城者項腦立會司所都也師瞀烈恪馳至以王遁入勒凡那城遂遷都焉因此地水陸不受攻也師瞀烈恪定衣斯脫節期戰於抛蘭西埃城下以驅意大利之寇黨時耶穌四百零三年也軍中皆信教兵器奉十字架爲式遂大敗埃蘭烈克得其妻孥財帛嗣埃蘭烈克又敗於凡落那不得已始退守東鄙亦烈利埃省而居焉項腦立會司奏凱還遂因其舊俗以鬬力爲戲刀槊角勝奮不顧身興正酣暢突

有教師匐匍而前曰多殺人何爲請罷此舉觀者怒其妄以石擊之如雨下遂死石下其君民爲之惻然自是此風遂息

方師替烈恪退意大利之西峨特兵也所過騷擾勢不可嚮邇先黑你斯逃遁後從淡牛勃及安而坡山之外合箚門納黨直擣安狄亟之平原亂黨無慮二十萬人其酋長藺特箚息斯誓欲殺人累千以獻其神謂神不飲人血其渴甚也意大利城中之民計無所出形如木偶有舊黨不信天主教者願復古教以祈羅馬之神而奉天主教者以爲其神獨靈不願復古教密藺城副教師安姆勃魯斯將鼓舞福樂你斯教民堅拒亂黨於飛曷沙山下師替烈恪遂擊教藺特箚息斯勒令亂黨繳出軍器鬻之爲奴此師替烈恪第二次在意大利之戰績也

淡牛勃一帶亂黨聞藺特箚息斯就誅大懼時亂黨共有四十萬人自意大利

關譏末議

五湖長撰

異哉今日之事德已開戰而我未失和事出兩歧全球之人瞠目熒視夫公法之理兩國交戰我可布告各國共守局外中立之例我之沿海各口嚴飭戒備杜絕奸商接濟軍火糧食百物我之理至直詞至壯也今則德人藉口盜殺教士之小釁大放兵艦闖入膠灣踞我臺島奪我土地轟逐我弁勇鼓動我民人牽牛蹊田而奪之牛文明之國下同土蠻其爲無理亦已甚矣　朝廷海涵天覆未嘗嚴申軍令明示決絕薄海商民踟躇莫測凡華洋各商糧貨出口關吏欲加禁阻其道無由竊料德人去國數萬里兵輪數艘戰士數千軍中所需煤米酒脯糗糧儲備豈能一無匱乏正恐無知商民日入匽作利其重值潛蹤接應遞運出口是謂藉寇兵齎盜糧失策莫甚焉前者風聞德商某洋行有在上海採購絨衫皮衣火爐數百具聲言裝赴長崎實則爲駐膠德軍禦寒

之備即此一二端彰彰如是則上海之大中國口岸之多更不知私出之數何所窮極豈可不爲寒心哉夫開戰之後生靈塗炭百物毁傷此固意中之事若今之敗事於冥冥官不及知吏不及問尤大悖乎公法公理昨閲上海榷使蔡觀察禁止米穀出口之示措詞既正命意尤遠足徵老謀勝算即米穀以例其餘慮無不先事預防隱相抵制中國實受無形之益此敵之所深忌而我之大利也是在各江海各關愼爲之備而已或曰膠州旅順大連灣三口皆曩年約中之事故德佔膠州於前俄遂據旅順於後有挾而求尙不得議其非分此則非草莽所敢知耳（按國聞報德兵官追索膠州預備驛轎十六乘事雖甚細後將不勝誅求若明示戰後安得有此）

西國雙閘新法述畧

無錫徐建寅仲虎來稿

嘗考運河自淸江而北地勢有崇卑之殊河道有淺深之別設非建閘以司啓閉不能蓄水以利舟行舊閘之法啓閉旣多遲笨蓄水亦屬無

濟當水漲之時舟楫雖可暢行而篙師仍視過閘爲畏途實因行舟溯流上閘者極爲費力而順流下閘者又有憑高就下之險一遇上流來源不足運河之水每易淺涸節節阻滯行舟難於通暢此無他建閘之法制實未盡善也平時商旅不通沿運地方民生極形困苦設遇海疆有事海運梗阻　天庾攸關通盤籌畫者不得不遷就議和此又關係之至大者也竊思修治運河誠爲當務之急而興復運道首重建閘次在疏濬建閘之法欲其啓閉便捷能蓄水以濟舟楫誠非改用洋法不可請將外洋雙閘之制縷悉陳之其法建閘兩重一置上流一置下流間隔約十丈左右每重各用閘闔之門門內各留二尺方之孔每孔用小板一塊以蓋密之小板上連長螺絲一根可提上挈下以便將此小板啟閉設船欲溯流而上先將下流閘門之小板提開則其兩閘中間之水即由方孔流下滙注下流不須臾時其兩閘門間之水已與下流

譯書公會排印

河水等高下門（即下流閘門）在平水中因無水力抵住隨手可開極不費力船可駛入兩閘之間於是關閉下門並將小板放下再將上流閘門之小板提開則閘上之水亦由方孔流入兩閘間使水漲船高頃刻間已與上流河水相平上閘水面既平閘可隨手而開船亦放乎上流矣因其易於啟閉每閘祇需用閘夫二三人大可節省經費船之順流而下者則反其道而行之而事仍相同亦甚易易儻遇來源過旺餘水由越河宣洩越河之內作滾水石壩使河水常年相平不淺不滿用此法將閘門啟閉每次可過兩船每時可放二十次共可過船四十號一日可過船二百四十號因上下兩閘有迭更啟閉之妙用故能變急湍爲平流且船雖行過水仍能蓄不致一洩無餘河水終年無虞淺涸船行既能穩妥又可省力乃外洋合數千百人之心思始得此法各國通用已久獲利無窮中國似可倣造行之

無錫竢實學堂籌捐公啟

孔孟一統之道參天地貫古今徹上下盡倫物無所不治全則王半則强失則亡漢儒扶翼經傳厥功偉矣宋儒修明性道如日再中有明一代學術最疏而東林諸先生蹶興晚季理學氣節衛世之勛炳焉百餘年來先聖之道日益晦塞士溺於空言民俗寖媮農者惰拙工者窳薄商者凋渙兵者疲脆坐是中國一困於英再挫於法三創於倭豈礮不利艦不堅兵不多哉其禍實鍾於人心也人心何以壞則以偏重西學不明聖道之故然則欲正人心挽風俗幡然圖回生起死之方其必由於闡明孔教也哉自中東約成　朝廷懲前毖後特降　明詔以立學堂爲先各省會名城或添設學堂或添改舊章均已先後遵行在案無錫承東林之學派奉道南之遺軌起衰振墜今實其時於是邑紳輩公議以東林書院所課帖括詩賦論解既不足以探抉奧窔宣揚聖功尤

不足以力圖自強保衛聖道爰於前年稟准前兩江督部張創設竢實學堂復飭發上海製造局譯印書一百餘種嚴定章程大要以昌明聖學爲體以博極知能開物成務爲用或者不察以兼涉中西爲疑不知算學乃孔門之一藝格致實大學之始基以理失求野之義推之卽萬國寶書皆足網羅以供吾用名爲知新實則復古名爲通變實則反經蓋非此不足徵孔子之道之博大精深也震旦爲亘古文明之地希臘文字歐洲藝術之所根荄迨教化寖微內治之計旣疎外攘之功益絀苟由各行省推之各府州縣人人皆奮於學壹以聖經爲歸使宣尼之道燦然復明元氣旣盛可以保四百兆之黃種奠之於衽席之安而國家億萬年之丕基永固矣茲經稟奉批准撥繳漕平銀一千兩購置上壽庵永遠作爲學堂延請明師教授經史測算格致諸學惟事屬創始需欵甚繁如購圖書儀器什物修理房屋及常年師生修膳膏獎一

切應用各費尙屬虛懸除已奉正任金邑侯王捐助史集時務各書若干種錫金邑侯劉吳倡捐淸俸以導先路外凡邑中　搢紳先生達人長者類皆深知當務之急況各家皆有賢子弟可以漸摩實學上備　朝廷他日之需敬懇量力解囊襄茲盛舉藉輓輸於衆力佇功效於十年實斯人之公願

錫金同人公啟

譯書公會告白

本報所譯西書種類不一地名人名因舌人切音各異每致兩歧茲以瀛環志畧海國圖志

大英國史四裔年表萬國輿圖等書酌定改正一書成後幷登合璧表於末以資印證惟

五洲通志拼音極準不在此例

本報因定鑄東洋鉛字海程遼遠輾轉稽遲致前數期報託吳雲記代印誠不免字有錯悞

業於每期報後登明刋誤字様今本館鉛字業已齊全自第十册起一律校對詳確自行

排印幷補印第一二期之報以饜續購諸君子之望創辦伊始雖經嚴定條例仍慮疎漏

端多尤望　海內通人時錫箴言匡其不逮决當永誌高誼於不忘

本報第八册刋誤

英報選譯　第三頁第十行第三字甲應作角　第十九行第二十三字法應角　第二十三

行然或嘲其太騃者然字誤倒在者字下　第十四頁第四行第十九字暹誤波　第五行

第二字皇誤王　第十一行第二十字皇誤王　第十五行第九字柢誤據　第十三字東

誤柬　第十六頁第二十一行第六字㨎誤據　第十七頁第三行一無應乙正

東游隨筆　第二十一頁銀圓六圓圓皆誤元　第二十二頁第三行第二十六字利誤衍底第四行第三字容誤客

中日構兵紀　第三頁第二十行第一字凳誤作鐙

文編　第一頁第十五行第二十一字菀誤作莧　第十六行第七字汗誤作漢　第二十三頁第十四字虛誤作處

本公會各省售報處

上海棋盤街醉六堂書坊文瑞樓書坊　上海拋球場愼記書莊

蘇州胥門西城橋堍周君茲明婁門混堂巷馮公館　無錫學前楊公館

常熟醉尉街內閣張　常州娑羅巷袁公館本公會分局

湖州醉六堂書坊　松江鴻文堂書坊

杭州羊壩頭黃君海珊　甯波奎元堂書坊鮑君明存

揚州點石齋書坊同文書局　南京王府園楊公館楊君農孫詞源閣書坊

蕪湖鴻寶齋書坊　江西省城電報局　南昌電報局馬王府後德隆醬園陶君菊如

九江招商局史君錫之
漢口鴻寶齋書坊
湖南省城東長街俞君恪士　愼記書局
湖北武昌府街口鴻寶齋書局翟君聲谷
湖北宜昌府川鹽局總收稅所惲君毅齋
天津杏花村武備學堂孫君筱垞　電報官局張君小松
京都琉璃廠中西學堂　電報總局
福建馬尾船政局華君秉輝　張君漢騫
福建省城點石齋書坊
烟台謙益豐銀號
香港宏文閣書坊
廣東省城愼記書局　曹素功墨莊
山西省城水巷惲公館
四川省城蜚英書局

中國近代期刊彙刊·第二輯

譯書公會報

下（十——十九册）

中華書局

光緒二十三年十二月初四日　西歷一千八百九十七年十二月二十七號

譯書公會報

第十冊

每册價銀一角五分

館設上海中泥城橋西首新馬路昌壽里

譯書公會報第十册目錄

浙藩憲惲方伯通飭各屬購閱譯書公會報農學會報札

爲札飭事、照得牧民之道、以先開民智培養人材爲第一要義、然必須推廣學堂教養之法、使窮鄉僻壤士民、咸知東西各國變法之由、致用之實、方可漸圖富强、中國自與外國通商以來、一切惟知循規守舊、而各國於學校商務樹藝等事、無不竭其格致之術、創製愈新、由是中國相形見絀、生計日窮、變則思通之勢、誠岌岌矣、近查上海新出譯書公會報、及農學會報、專譯歐墨各洲近百年中列國之史與國別之史輿地各圖、日本維新以來、所出之書、皆彼通人撰述、均爲各國政教之本、且其中學校商務、臚列五穀百產畜牧蟲魚、靡不備舉、至於種植之方、應用之具、以及土性物質宜忌、猶復繪圖列說、明如指掌、況浙省蠶桑茶葉、最爲商務大宗、雖從前均有種植烘焙成法、然究不如外洋所創新法之爲善、此皆民生利害所關、全在賢有司不憚煩勞、因地制宜、隨時勸導、先取尋常淺近之法可行者試之、一俟稍有成效、再行購辦器具、如法種植、庶幾物產日豐、民富而國自强、所關實非淺鮮、合將譯書公會及農學會報册式、一併札發、札到該府、即便分飭各州縣一體遵照、各購譯書農學兩報、發交該處書院肄業生童、及留心有用之學者、隨時閱看、悉心考究、一面咨詢鄉間耆老、何處宜稻、何處宜桑、各隨土性、次第勸辦、在該州縣每年所費有限、而小民則受惠靡窮、本司即以此舉觀各牧令能否盡心民事、分別奬罰、仍限一月内、將遵辦情形禀報查核、幸弗以空言欺飾、致干未便、切切、特札、

英報選譯

論日本非無信義之國

倫敦中國報西十一月十二號

秀水張國珍 歸安胡惟志 同譯

駐日本訪事人、寓書本館、論日本人未嘗不信義、曰、我西人之旅居橫濱者、凡論日本、輒謂日本男女皆不自愛惜、日本人之無氣節、猶日本花之無香味也、驟聞此論、似深中日本弊病、殊不知但習外觀、不務內察、是無稽之談也、日本花無香味、天生則然、此言是也、至於人則明大義守大節者、何可枚舉、卽下此亦未有不知自愛者也、至於通商口岸小工、以力度日、藉以自活、非不辭艱苦也、其勢然也、卽有婦女不幸、不能自存、墮入娼寮、非甘受汚辱也、亦勢然也、初至日本之西人見之、以爲日人無節、此言似也、然以此定日人之大局、則謬甚矣、倘日人往倫敦、以我國之御者侍者妓者丐者、而論定我英國之大局、則英日兩國情形、有何異哉、設我與之辨、且令陳其罪狀、彼將曰、日人不滿意於我者有四、一、日人待所聘之西人不公允也、二、凡有貿易合同、日人每多背議也、三、日人易舞弊且行賄也、

四、西人與日人交易、從未滿載而歸也、余試逐層論之、其一日人不公允、容或有之、但聘請西人、必照給薪俸、誰得謂日人無信乎、其二貿易合同、殊難概論、余初到橫濱、見貨棧恒儲貨不出、問之、曰、日人向西人所定之貨、而不取也、西人受虧、殊非淺鮮、日人無信、孰大於斯、夫定貨須付定銀、本是公理、然日人爲西人所賺、亦指不勝屈、雖極誠實足恃之行家、終未能悉除無恥小人耳、坐是日人受愚、輒謂今日商務、貴乎狡猾、奸僞日商、暗中漁利、難免舞弊、西人亦何獨不然、惟西商作姦犯科、一經察出、即不以不齒論、亦無有人信之者矣、日人自相貿易、設或作僞、羣起攻之、與西人交易、往往失信、總之交易之事、難免齟齬、由誤會者十居其九、非失信也、推其誤會之由、買者賣者、皆不能辭其咎、即如某甲乃誠實日商、欲購貨物、而不得不商之爲掮客之某乙、掮客者、下等人居多、向西人某丙兜攬生意、某丙在橫濱貿易、未嘗不如甲一般誠實、而甲欲購定新式之貨、苦不能一一熟悉、且與丙言語不通、不得不藉乙爲舌人、乙但望交易之成、稍沾餘潤、空言擔保、竭力贊成、乙之所言、丙未之知也、倘知之、必不成也、幸而不知、交易成矣、而所立合同、若書英文、則甲不識也、若書日文、則丙不識也、若英日文各書一紙、則丙人亦不知彼此果合符否也、因此機器到埠、付銀取貨、乙得抽提、若其不用乙、乙絲毫亦未嘗失也、然貨不合用、取之、則虧在甲、甲則曰、西人不務信實、此貨非前之所定也、然貨不合用、不取、則虧在丙、丙則曰、日人全不講信義、從未有定貨而不取者也、自此以後、西人與日人交易、必付足價值、彼此商家、均不另籌善法、倘能巡向廠商購買貨物、西商之在日本、能代廠商擔荷仔肩、必能免以上情弊耳、至于作弊行賄、無國無之、凡遇一事、日人廉潔、較之泰西各國、有過之無不及、方南亞美洲諸島國、更無論已、總之日人信實、決不視他國少減、倘以日本爲有教化之國、必不致薄信義而不爲、惟緝盜之法、未能盡善耳、若以日本爲無教化之、國、天下從無有無教化之國、而可安居樂業者也、日本人設有過失、報館大聲疾呼、亦不自掩其惡、嘗見某報載日人無信一節、事因美國游士、向日本某鋪定一小照册、瀕行未峻工、遂留地址屬寄、迄未達到、或以字跡模糊不能寄、或郵局遺失、皆在所不免、不得遽謂其無信也、由此觀之、日人極知自愛、而上等人尤謹守信義二字、但微與我西俗不合、詎得因此而藐視日人哉、

俄高近耗 倫敦中國報 西十一月十二號

今俄京武員論高麗之事、以爲俄高情形、將來如何辦法、最爲厚道、據消息極靈者言之、謂高麗之兵、經俄員訓練以來、進步飛速、高王甚喜之、故又諭駐俄使臣、敦請俄王詔其參將普歇篩接受高麗軍務大臣之印、原高王之意、其兵既由俄弁訓練、非請普參將統轄、不能收全效、蓋高兵先爲日本將弁訓練、若非統以精明幹練之員、難以制度、反受其害、查普參將向在本國、無不目爲諳練之員、且熟悉東方各國政體、如中國日本滿洲情形、尤知底蘊、前曾充駐劄北京俄國武備大臣、爲時甚久、論中國滿洲各事、箸有論説、其名始著、聞俄王擬允高王之請、不知確否、普參將現在高麗爲練兵總教習云、

高麗度支 同上

西人鮑林竇潑蘭錫錄寄高麗國本年出入欵項總數、亦關懷時局所宜究心也錄如下

收欵

地稅	一兆七十一萬五千元
房屋稅	十九萬六千元
雜項進欵	二萬四千元
徵舊稅	二十萬元
高麗參稅	十五萬元
金礦稅	四萬元
關稅	四十九萬五千元
雜稅	二萬四千元

鑄錢盈餘　二十萬元

一千八百九十六年餘存一兆十四萬七千元

共四兆十九萬一千元

法報選譯

法國新設大西洋電綫（勒當報 西八月二十六號）　鎮海貰賓榮譯

法國電報水線公司創設、由法國勒萊司式海口、接至美國考特士角水線、近聞該公司派出按置水線船隻一艘、已按設水線一千四百五十一海里、（按一海里合一千八百五十二邁當）約合二千七百啓羅邁當、此線由美國考特士角設起、計前次已設一百八十海里、其電線由法國德律風公司承造、故按設時、該公司亦派人前往襄助一切、至由法國勒萊司式海口設起者、初設二百八十七海里、近於西八月十五日、有名佛朗沙亞拉瓜輪船、載六百五十海里水線、由加萊海口啓行、往爲按設、此後尚約剩五百海里、擬於西九月初添設完備、按該公司大西洋水線、計共長

三千海里、由此觀之、若無意外之事、此線於西九月底定可告成、傳遞消息矣、

火車行遠 同上

報中久未載鐵路事宜、茲閱德國機器工程報、有名勃洛克者、登有論常行火車行路最遠中途並不停止一則、特照錄之、以補此缺漏、據云、此種火車、當推英國沙剌匯斯忒恒譯卽西南公司之車爲第一、緣該車往來盼定敦及愛克賽忒地方、計程三百零二啓羅邁、當中途並不停止、其火車頭輪盤直徑、計二法尺三寸六分一法尺合工部營造尺三尺二寸三分有零拖帶六車、共重一百四十噸、行若此之遠、而中途並不停止、其車中所貯之水、決不敷用、故必須隨行隨添、其添水之法、仿自美國、備貯水櫃於鐵軌之間、用捷速吸水機器、吸水令滿、車下設有吸水龍頭、中途欲添水時、將龍頭湊入水櫃、櫃中之水、係抽吸而得、故其廻力卽能噴入龍頭、達至貯水車內也、美國所試之車、行路更遠、計自柔賽西的至畢脫司埠、爲程七百零七啓羅邁、當惟祇試行一次、故不若沙剌匯斯忒恒公司之常行車爲足資紀載云、 按

此種行遠車、所備客車、必須車內迴轉通行、或用新式長夾道車方可、惟此種新式車輛、與舊式車之每室間隔逼隘如盒者不相吻合、故不能與之並駕齊驅也、余深望我國行用此種新式迴轉行車、以便行旅、至英美行遠車、我國尚可從緩仿造也、

法國度支 勒當報西八月二十九號

法國戶部核結一千八百九十六年進出欵項、計共盈餘約十三兆方、此欵按照度支定例、第五十五欵、及戶部尙書瓜希愛利擬呈條例、經議院於一千八百九十七年六月二十九日議准、定例第十三欵、應撥償陸續歸還國債、 按一千八百九十七年、應還國債計八十五兆方、連以上十三兆、共合九十八兆方、 計開如左、

一應還逐年本利兼拔國債五十七兆三百十一萬一千四百五十七方

一應還國債冊第五欵一千八百九十七年到期六年期國債三十五兆四十萬

方

一應還按照一千八百九十七年六月二十九日定例以一千八百九十六年盈餘欵拔還雜項國債五兆五十萬方

以上共結一千八百九十七年應還國債九十八兆二十一萬一千四百五十七方

按本年一千八百九十七年入欵目下核算已較預估本年入欵盈餘銀二十九兆十五萬六千三百方矣法國近年度支之充裕於此可見一斑

印度軍務 同上

倫敦各新聞紙、登有印度新拉來信、據云西本月二十七日晚、亞忽利提亂黨、率大隊攻破厄勃朗村、並舉火焚毀之按該村離瓜亞不遠、延德孟皮格提督所統之兵、卽往迎剿、鏖戰之餘、亂黨卽行敗潰、是役也英兵死者一人、傷者二人、亂黨傷亡未詳其數、亞拉克若以司人揭竿之說、聞確有其事、均聚集果理斯丹砲台附近、雖未開仗、而已將通往果拉姆一帶防營驛站之電線、統行割斷、又往占奪愛米紆耳沙波脫拉及菩尼亞等諸村落、以斷瓜亞之路、其設謀亦狡突、駐守白拉砲台各兵弁、均已戒嚴、　英國軍兵若何佈置、現尚未悉、惟聞發往剿匪之兵、均皆迅速就道、大有滅此朝食之概、　英國近日詰問阿富汗國君之函、謂須將所問各條、逐欵確實答覆、不得含糊覆其大意、　孟買來信、謂普拏地方、疫症轉盛、有名亞夫基納醫生者、擬於基爾培地方、推廣種痘之法、　倫敦來信、謂政府已議定續發大兵、往剿亞忽利提亂黨云、

近日印度情形、較前更爲棘手、貝希亞佛來信、謂亂黨進攻巴拉希那叛逆者自北至南、日就滋蔓、菩納人亦時有倡亂之舉、莫爾曼人謀復攻希亞加達附近地方、亞忽利提人佔據基爾培道、有進窺貝希亞佛之意、亞拉克若以司人、時往攻擊瓜亞及果拉姆一帶零落砲台、又名麥沙若以司土屬、亦在上果拉姆地方嘯聚爲亂、　英國早晨郵報、謂印度自一千八百五十七年大亂後、印度政府未有

若此次之棘手者、孟買來信云、剿滅亂黨之兵、須有二萬名之數、否則不敷禦敵、尤須迅速進剿、以清逆氛、若祇以防守爲事、恐各路亂黨四起、將有直至烏亞齊利斯當地方之勢、雖篤希山谷間要道有重兵駐守、亦虞無濟於事云　英國日日報、接新拉二十九日來電、謂今晨往援果拉姆一帶被圍各砲台之兵、計有第十五營印度兵、第十八營孟買馬隊、第五營奔劇步隊、第三營果亞加兵、及阿爾蘭槍隊、隨帶大砲四尊、由李確特遜總鎮統領、前往救援被圍各兵、　今晨各日報登有孟買官場來信、謂博朗一帶電線、已被亂黨割斷、由希爾司克至麥處鐵路、已派兵看守保護、　齊亞拉地方、人心惶惶、驚恐異常、　基爾培附近邊界、恐已爲亂黨所得、露斯當砲台甚爲危急、其防守砲台之兵、已續增至二千人云、

英國日日郵報接孟買來信、謂勒提瓜帶爾礮台、因守台之兵內應、已爲亂黨所得、其襲取時、該臺門已大啓、亂黨卽行直入、希姆伐拉地方招募之兵、素稱勇敢、至此亦卽退逸、聞守臺兵中、有亞忽利提人、故開門容納、並未接戰云、

法添軍艦（勒當報 西九月一號）

法國海部尚書諭飭都龍及洛理盎兩海口官船廠製造鐵甲頭等巡船二艘、擬命名提紆撥底都亞及敢東內第一艘照戸部定例、初議應有一萬一千二百七十墩位、惟咨請議院於散値之前、議准添造船隻借欵時改爲九千五百墩位、與同時議添餘二艘同式、其第二艘卽同案議添之一也、此二船全用鋼甲製造、計各有九千五百十六墩位、船身長一百三十九法尺（卽邁當）九寸、寬十九法尺四寸、船尾吃水七法尺半、船內配竪立三蒸鍋機器三副、每副各司運動螺輪一具、蓋每船有三螺輪以運行輪船也、其蒸汽鍋爐亦係新式、內具細圓管、預定船行速率、每小時至多二十一諾脫、平時容煤一萬零零二十墩、足敷駛行六千五百海里之遙、至多可裝煤一萬六千墩、足敷駛行一萬海里之遙、惟以上用煤路程、均以每小時船行十諾脫計算、 船上軍裝計一百九十四密理邁當（卽一邁當千分之一）口徑砲四尊、一百六十四密理邁當口徑砲八尊、一百密理邁當口徑砲四尊、四十七密理邁當口徑礮十六尊、三十七密理邁當口徑礮六尊、水底放魚雷礮二尊、每船水師員弁共五百六十二人、此二船圖樣、係水師製造工師培爾旦君所擬、每船預估需價二十兆二十一萬五千方、內計船身及機器價值十七兆七十四萬四千六百方、礮位價二兆九十九萬一千方、魚雷價十七萬九千四百方云

美擬加稅 勒當報 九月二號 西

美國亭格來君擬定稅則一條、謂歐洲各國土產貨物、若由別國商船運至美國、該貨完稅須每百加十、按此條稅則、其意欲免使出貨之國、因其由別國商船運至美國、得沾運貨商船之國、應得利益、刻經美律師詳加考證、其有礙各國通商和約與否、　按英國商船、載運德國及別國貨物、至美者最多、若加此稅、其商船公司載運別國貨物之水脚、必致大減、其海面商務、不將大受虧損乎、

日本來信 勒當報 九月二號 西

近日日本爲高麗一事、深滋顧慮、每日必有電報述俄人一切情形、緣俄人在高、

權勢日形强盛、而日本則日就衰弱也、其武員偵探一切、不遺餘力、商務亦設法振興、務使日本商利盡爲俄人所奪、昨日高麗來信、謂俄國復增兵八百名、武員三十人、分駐漢陽及斧山仁川諸處、按此事並不有違俄日兩國於去年西五月十六日在漢陽（高麗京城）所立條約云、今日來信、更爲吃重、據云高麗政府、擬請前駐高俄公使威勃君參議朝政、按威君近年在高、一切設施、其才畧已可概見、且於高麗情形、尤爲熟悉、故識者莫不曰、若威君一旦與參朝政、則日本將盡失所望矣、惟日本近倚英國爲腹心、將伯之助、或可稍慰其無聊之極思乎、

暹羅商務情形（中法新彙報西十二月二十二號）　嘉定周傳謀譯

暹羅海關册報載、一千八百九十六年、於旁瓜克（暹京城名）口載運貨物進出之總數、共值銀五兆十四萬零七百二十三兩、即較上年約增百分之七、然細查暹米出口之總數、米數日少、而米價日增、今將前四年出口之米數比例、登錄如左、一千八百九十三年、暹米出口七十七萬五千七百零十噸、一千八百九十四年、暹米

出口五十萬七千八百九十噸、一千八百九十五年暹米出口四十六萬四千四百九十噸、一千八百九十六年暹米出口四十五萬六千九百十六噸、按近來米數之少、實由宰殺耕牛太多、以致產米日少、故米價亦因之而貴、現在製米各公司、亦難於圖利、其在旁瓜克者、非獨英吉利一國、而已若抱安南華之製米公司、則於前年爲火所焚、至今尚未復建也、暹米出口、大半運至香港、四分之一運至新加坡、其餘均運至歐洲、伊華奪協南華（美國城名）及中國等處云、其運出之鐵堅木、當一千八百九十五年、約四萬八千九百九十四噸、價值銀二十五萬六千一百七兩、一千八百九十六年、約四萬九千六百九十噸、價值銀二十六萬四千八百五兩、今將一千八百九十六年、運出細數表列如左、歐洲運去六千七十五噸半、價值銀五萬七千五百兩、孟買運去一萬三千五百二墩、價值銀六萬一千八百八十二兩、香港運去九千四十六墩、價值銀四萬四千六百一兩、新加坡運去一萬一千二百四墩、價值銀二萬四千五百二十八兩、西貢運去三百四十墩半、價值

八

銀二千六百六十兩、中國運去一千三十墩半、價值銀三千兩、南洋各埠運去二百八十七墩、價值銀一千三百九十一兩、此外運去八千二百四墩、價值銀六萬五千七百三十八兩、合計即上文所列總數也、其運出之牛、一千八百九十六年、運至新加坡者、較往年多而且貴、至十二月內、新加坡嚴禁旁瓜克運到之牲口、因暹羅有疫、慮其傳染也、自一千八百九十七年正月起、暹羅重定牲口出口章程、嚴查旁瓜克四鄉出口之牲口、如有疫者、須限於四十分鐘內報明、立即刃斃、又有暹羅運出之土產、如魚乾、玫瑰樹、烏木、松木、胡椒、及他貨均已減少、向來胡椒出口約八百八十九墩、今減至八百五十墩、且其價亦日賤、而業此者亦難免虧折矣、至暹羅進口之貨、則一千八百九十六年、共值銀二兆十萬四千四百三十二兩、一千八百九十五年、共值銀二兆零六萬九千七百零五兩、鴉片煙、絲皮袋、煤油、鋼鐵機器等項日見其多、而棉布、棉紗、糖鐵器、利器等項則日見其少、暹羅海關册報載、一千八百九十六年、運進之煤油約三十二萬零八百五十一箱、價值銀五萬四千六十五兩、一千八百九十五年、運進之煤油、三十一萬九千箱、價值銀五萬一千零四十五兩、一千八百九十六年之煤油、係由美國運進三萬六千箱、俄國運進十三萬箱、秀麥脫亞（澳洲島名）運進十五萬四千箱、但海關所報進口之貨、亦不甚可據、近如英國某煤油棧、貿易頗盛、每年運進之煤油、約得三十二萬三千八百七十七箱、又有十七萬二千九百箱之煤油、亦由英國二棧分運進口、而海關冊報均未載明進口貨物出產之所、故將各口運進之數、條列如左、

新加坡運進之貨、共值銀八十八萬六千七百二十六兩、香港運進之貨、共值銀五十四萬四千零五十六兩、孟買運進之貨、共值銀二十二萬三千二百七十六兩、以上三英口、於進口總數內、約得百分之七十九、一千八百九十五年、約得百分之九十、孟買運進之貨、少於新加坡與香港、因進口之商務、皆被二口所佔也、

出口運至香港之貨、共值銀一兆三十九萬二千四百九十八兩、運至新加坡之貨、共值銀一兆零三萬九千九百八十四兩、運至孟買之貨、共值銀六萬一千八

百八十二兩、以上三口於出口總數內、約得百分之八十二、一千八百九十五年、約得百分之八十六、新加坡與香港均多、而孟買又少云

德報選譯

無錫楊其昌譯

朝鮮近事

近俄國在朝鮮境內、布置甚密、於兩國交界之處、有海灣名由克者、係一商埠、俄漸將他人驅逐殆盡、且在內地徧設教堂、名雖行教、隱收民心、並設各種機廠、皆俄人主持、並未見有他國者、俄之存心、匪伊朝夕、今則大遂所欲、朝鮮政府、亦無可如何、初朝鮮政府執事者、英人居多、現已陸續辭退、均改用俄人經理、當中國欽使駐紮朝鮮時、尚無此舉、自近稱帝號之皇、即位後、始改用俄人、然俄人外貌親愛、似相協助、其意實欲侵攬國政、獨收利權、不使外人干預、噫、俄人雖心狠、亦朝鮮自取之也、

中國近事

吾不解中國由山海關至天津之鐵路、爲時未久、其在天津鐵路學堂者、均已遣散他處、並不信任重用、豈非虛擲國家經費、

近來日本新定章程、修治境內街道、並各處碼頭、且開墾各處荒地、先行起造房屋百間、其膏腴之地、播種五穀、工役之人、中國與歐洲各居其半、有日官一員、總理其事、

朝鮮與外國交涉

法美兩國與朝鮮交涉、至今議尚未妥、因法美兩國、均欲在朝鮮之大肯烘地方通商、且有外人從中阻制、是以未有定議、現在各國出爲公議、訂立條欵、並無偏袒、勸法美兩國在該處互相貿易、並立有章程、各國皆宜遵從、仿照中國與日本在馬關所訂之約、第恐約期屆滿、各國必重起爭端、所以各國報章、均議論紛紛、恐釜山一帶、難以保守、日本之西邊海疆、亦難保無受累、中國邊界相離不遠、而欲匕鬯無驚、恐亦不可得矣、

德據膠州灣情形

我占各國之先、據膠州灣、俄法兩國兵輪、均停泊口外、眼見我唾手而得、我政府當將出力員弁予以不次之賞、凡在是役者、悉得遷升、然中國之不能自立、人皆知之、俄雖與中國親密、自我有此舉、俄必乘間而圖、卽他國亦將伺隙而動、我之據膠州灣、可謂善弈者之先占一著矣、以今日時勢而論、最要者固莫如據膠州灣、俟我魯門商船回時、可以將起居飲食物件、並建造營房木料等、陸續運至膠州灣應用、外人皆未見及此、徒將北京之事、紛紛議論、眼前均無定見、然以我之據膠州灣論之、此事只可行於中國、在他國必不能行、而中國之所以能行者、亦因有機可乘、適逢其會耳、益信中國無人、所以得遂我所欲、在他國視之、以爲我成此莫大功業、必當刮目相看、存一片恭敬之心、我之制伏中國、當如歐洲制伏突厥諸國無異、不待駕一礟、設一謀、經一戰、而我自可操必勝之權、當此國家末運、我爲中國政府計、欲戰不可、欲守不能、不知若何躊躇耳、況中國現在無一人能設法保守、又無一國肯出力相助、加以我兵突然而至、全屬不料、不若從前與日本一役、猶可一戰再戰、悉心防護、然從不免於敗績、無怪乎膠州灣並累通半島、無煩舉手之勞、皆爲我所得也、然我於此猶心竊懼之、第恐他國窺悉機謀、協助中國、與我爲難、宜乘此時於膠州灣籌設萬全之策、挾制中國、准立條約、非但可以償我心願、並可以雪殺教士之恨、先是西歷七八月間、我國特派小兵輪兩艘、由柏靈開赴中國、將膠州灣口外水道、測量明透、毫無疑意、免致臨時有誤、現在窺我政府之意、因中國允准條欵、賠償兵費、並且恤賞教士、許佔海灣並數小島、似欲捐除新怨、重修舊好、且力爲中國袒護、惟該數小島係在福州海口之北、與澎湖相近、中國同文訛詞、以英國禁令、不准我國在香港近處受此利益、並謂日本船塢、近在該數小島、如被我國佔據、則台灣受困、故日人亦從中阻撓云、此事之始、緣我駐華欽使因山東教案憤憤不平、所以有膠州灣之舉、實於我國家大有利益、然我王之心、不忍驟與中國絕交、非不欲得中國土地、因爲時尚早、不願居戎首之名、無奈勢成騎虎、不得不派兵輪來華、以防他國爭奪土地、近來我國家以爲中國均已如我所請、深願重續舊歡、但此時未有定議、尚難遽成和好、現在我政府有二意見、一爲中國與我素屬交好、如果刻意苛求、恐爲他國所不容、一爲中國土地、人人有分、與其被他國取去、仍不能輔助中國、不若我先取之、既得利益、而又可以助中國、至究竟如何定議、須俟中國回覆云云、

路透電音

銀價近日十分跌落、因法與美互相爲難、法人咸以銀買金、故金價驟漲、而銀價日低、各國受累匪淺云、

提督祿克哈爾突至看克藎地方駐紮、並在該處妥爲布置、因此處道路崎嶇、難以前行、敵人佔據高處、無由進攻、近聞提督以火攻退敵人、若再一戰、敵人當棄甲而走矣、

打而葛地方遭火災、死者共二百六十三人、受重傷者五人、另有武員三人、亦遭

此刼洵奇災也、

西歷十一月初二日、俄美兩國人在日本會敘、聞有密議云、

西歷十月二十九日、西阿美利加土人作亂、該國兵力不厚、故屢次爭戰、未見勝負、現聞有人出爲排解、諒可就和、尚無確信、

東報選譯　　日本安藤虎雄譯

德國水師情形　　兵事雜誌

德皇有增建兵艦意、使海軍大臣編製議案事、載在第五册、此案苟得議院協贊、則德之水師、將有可刮目而視焉、方今該國兵艦、共計八十九艘、凡二十九萬五千四百三十二墩、區別其種類、爲頭等戰艦六艘、二等戰艦三艘、三等戰艦五艘、四等戰艦八艘、甲裝砲艦十三艘、二等巡洋艦三艘、三等巡洋艦六艘、四等巡洋艦八艘、砲艦三艘、報信艦十艘、練習艦十四艘、特務艦十艘、內現服軍務者、不過四十有二艘、分之爲防海戰鬬巡洋艦隊、練習艦、遣外巡洋艦隊、駐海外屯泊所

艦凡爲四隊、防海戰鬬巡洋艦、其隊爲二分、一分以戰艦四艘編製之、其他尚有豫備艦隊、有水雷船隊、有守備軍港艦隊、以膺防海之任、練習艦、供武員以下練習技藝之用、遣外巡洋艦隊、近以二等戰艦一艘、二等巡洋艦一艘、三等巡洋艦一艘編製之、今次占據膠州灣者、卽是也、此一隊今雖在亞細亞海、素無一定屯泊所、故臨事承命駛行各所、德國所指定海外屯泊所凡五、一曰亞細亞東部、二曰澳洲、三曰阿非利加東部、四曰阿非利加西部、五曰地中海、各所椗泊一二艦、無定數、據最近來信、將指定一屯泊所於美國云、以上所述、是其大要也、今試溯德國水師緣起言之、當一千八百四十八年、各海口爲丹麥國艦隊所封鎖、時僅有數艘小艦、知兵備之不可缺、於是上下一心、力謀擴張水師、其綱領凡三項、是德國水師勃興之端緒也、三項者何、曰誓不再受封鎖海口之屈辱、一也、誓不使敵艦近己國屬海、二也、誓期保衛駐外商旅利益、三也、邇來經幾星霜、至一千八百七十三年、海軍大臣蘇咄樞將軍親計畫之、增至甲裝富利撕、艦八艘、甲裝哥盧勃篤六艘、孟拖七艘、浮砲臺船二艘、哥盧勃篤二十艘、報信艦六艘、砲艦十八艘、小砲艦二艘、帆船三艘、大水雷船十艘、小水雷船十八艘、然閱十裘葛、及一千八百八十三年、又復憾其不足、時海軍大臣倡增加水雷船暨戰艦議、越一千八百八十九年、更議造新式戰艦四艘、甲裝防海艦九艘、巡洋艦十一艘、報信艦二艘、水雷船二艘、迄今遵行此策、　由是觀之、德國水師、自一千八百七十四年至一千八百八十九年、漸次恢廓規模、舊時面目大改、然自所費欵額言之、其增額不過自一百九十萬磅、升至二百七十五萬磅也、至今皇即位初年、一千八百九十年　俄增為三百六十萬磅、及次年漲為四百七十五萬磅、邇來雖年有增減、要不下四百十五萬磅、比之即位以前、幾於加倍、可謂急起直追矣、然德皇之急於兵備、未以為足、本年需六百四十七萬磅、向後七年、每年應支出二百萬磅、以此議付之議院、列國環視者、莫不駭其計畫之過大云、

俄國侵東小史（國民新聞）

自德人佔據膠州、亞洲日以多故、列國新報傳警者、不一而足、頃者又復有瓜分割據之說、事雖未可遽信、歐洲强國虎視眈眈、常伺可乘之機、亦有不容疑者、俄國計畫、則用意尤爲周密、蓋俄人經營亞洲、其由來久矣、固非一朝一夕之所能盡也、如左所論、亦不過舉其一斑耳、然此一篇、係嘗駐燕京詳悉內外情形者所手錄、故其事雖簡、而能得要領、甲午以來二年間、俄政府所施設事業、大抵網羅之、讀者若研精覃思、參諸時局、未必無裨補萬一也、今追紀歲月編次如左

一明治二十八年八月　創設領事館于吐魯番

一同年十二月　椗繫兵船于膠州灣

一明治二十九年一月　創立中俄銀行于上海漢口

一同年三月　中俄密約簿見于世

一同年六月　割取芝罘海岸地

一同年六月　滿州鐵路論喧傳於世

一同年九月　俄公使哈西泥辭北京

一同年十月　中俄密約再見於世

一明治三十年一月　中俄銀行設分行於天津

一同年三月　置東三省鐵路總務局及中俄銀行於北京

一同年四月　烏侯入北京華人心醉俄國

第一　創設領事館于吐魯番　碇繫兵船于膠州灣

俄國之於亞洲、比之他列國、其關繫頗大、何則彼已展垂天之翼、翳遼東鷄林之野、謀熟勢順、圖南雄志將成、不惟海陸所到有互市場、本於伊犂條約所定、曩建設領事館於伊犂、塔爾巴哈台、喀什噶爾、庫倫各地、嗣至明治二十八年八月、增設一署於吐魯番、其科布多、烏里雅蘇台、哈密、烏魯木齊、古城五處、亦將以漸布置、其經畫之雄大宏遠、他邦信無與匹也、蓋吐魯番地勢居哈密西方天山南北兩路之衝要、中國印度兩方面之分界、昔日左宗棠屯兵於此、屹然拒俄重鎮也、而今乃爲俄所扼、哈薩克兵若干駐紮於此、由此地抵喀什噶爾、大道如砥、可以通兵馬、異日俄若縱鐵騎長驅席卷、一向印度、一擣長江上游、此地實爲要道、英人屬目於此、窺俄舉動、良有以夫、

俄之初進兵船於膠州灣也、其所聲言不過曰冬季避寒也、乃未幾爲中俄共有之軍港、兩國互遣有司、先規畫碼頭、嗣議建設兵營、船渠、蓄煤庫等、限十五年租與俄國、列國喧傳、以爲亞東一大變局、然一朝開教之案起也、德國直駛入該口、驅逐中國戍兵、占據砲臺、若目中無俄國者、世於是乎又大驚駭、意德俄必有默契、其攫攘則更甚於前日、蓋山東鄰於直隸、犬牙相錯、雖形勢險阻、不及雍梁、封域廣衍、不及荊揚、然其溝渠貫通江淮、轉運利便、曩者四百萬粟、取運道於此、得之則唇齒輔車、失之則肘腋大患、爲京師重者、莫如山東也、膠州當此要區、與萊州爲腹背、灣中形狀如囊、東南方有一小口、灣口島嶼星羅棋布、絕無風濤之虞、其廣袤東西十里、南北五里、水深自五尋至十尋、容大艦巨舶幾十艘、猶有餘地、

緯度與我東京略相均、氣候溫暖、終歲不見結冰、蓋海底有溫泉云、中國當指定北洋軍港時、嘗測量此地、以其稍僻在南方、遂舍此取威海衛、然當中日開仗、置戍兵以備萬一、宛然不異軍港、其爲要地可知也、自俄國艦隊藉口避寒、下碇以來、一變爲中俄軍港、再轉爲德國所割據、使亞東時局彌急、可勝慨哉、夫知山東之地勢者、必知膠州灣爲要地、知膠州灣爲要地者、必知據此者之獨占形勝、蓋膠州雖不能爲渤海關塞、然東海水師立足之地、亞洲沿岸無優於此者、苟北洋艦隊南下、南洋艦隊北上、皆可以斷其航路、日本艦隊游弋於黃海者、亦足以壓制之矣、矧南面與香港遙相應乎、昔者樂毅爲燕將、能下七十餘城、而不能拔莒與卽墨、今則莒卽墨不戰而已落敵手、管仲相桓公、九合諸侯、當時稱霸業者、必先屈指齊桓、而齊省今無一謀臣獻策扶傾、將舉此靈境委外人手、嗟乎今人之不及古人、一至於此極乎、

第二 創立中俄銀行於上海漢口 中俄密約著見於世

明治二十九年一月、設中俄銀行於上海暨漢口、俄國烏夫妥木斯幾侯、法國里昂銀行理事叟噎尼姑氏等所與計畫、貲本總額六百萬羅布留、分之四萬八千股、每股計一百二十五羅布留、其要領載在章程第一條、曰爲振作亞東商務設者、然通觀全章、則爲俄國利益起見者居多、試舉其一二示之、有經中國政府認許鑄造地方貨幣事、有營關聯國庫之業務事、有得布鐵路架電綫事、凡此等事、業已與尋常銀行不同揆、而別開新例矣、又曰中俄銀行得於各通商埸、購買土地、夫購買土地、事固不足深怪、然爲俄人所得、其用意已可寒心、今又借手銀行、更得多占形便、後事何如、吾恐使人驚躍者不止如今日也、近俄商在漢口者、皆業茶、漢口附近茶圃不知幾千萬頃、彼等垂涎非一日矣、然則此一項安知非預作地步哉、且章程又曰、抵貨物需借欵者、以貨價八分爲限、但在茶葉一物、特得需貨價九分、閱至此一條、孰不驚其立言之無忌憚哉、夫中俄之通商貿易、以茶葉爲大宗、其他雜貨不過什之一、天津河濵磚茶山積、可以見其一斑、自北京至張家口、自張家口至恰克圖、無論平原山野沙漠、終歲車馬絡繹、莫非運搬茶葉者、其貨額之多可知、然以前無流通貨本機關、自非鉅商大賈不能從事茶葉、若夫漢口之馬兒假那夫、天津之薩寶賓庫倫之和信、恰克圖之泥鷄那夫、皆俄國素封領袖也、一游歷北地者、往抵西伯利亞恰克圖左近、見冰雪堆中現出一小巴黎、亦可以知俄國茶商之富豪也、而今也加之以銀行、且設格外寬例、茶商之利便倍蓰舊時、所謂冰寒於水者非歟、其將來互市之盛、可尅日俟也、嗟乎、俄國已把握亞東利權矣、以後一閱月而中俄密約成、條文見於北清日報、宜乎世論之囂囂矣、

非薄路易十四、而呵透雷你買耳暴羅爲小兵、豈知一生榮名、已盡於由脫肋克鐵二次和約之內、

時各國之軍、遍布法境、會攻巴黎、昔路易十四侵伐荷蘭、曠日持久、而俄維廉第三方年幼、爲納燒公爵、以荷蘭是生長之地、竭力防護、不顧以沿海各省讓敵、今法皇以蓋世之雄、若能移好名之心以篤愛法國人民、我知其末路、當必有異、無如徒尚氣矜、糜爛其民而戰之、大命將傾、終於遜位、猶憶其幼時、戲謂塾友曰、吾他日得志、法人無噍類矣、斯言巴黎人至今以爲口實、

自敗歸巴黎、欲重募新軍、時丁壯畧盡、惟有幼童應募、且馬隊缺馬與槍、又乏革腰帶、其號衣亦難一律、加以帑銀空匱、急難籌集、意欲罷戰議和、各國鑒於兵禍、不從其請、汲汲進兵、法皇見敵營勢如連雞、持久必生疑貳忌嫉心、謀乘間出師掃盪、殆未讀買耳暴羅之戰紀也、

是年苦戰歷兩月餘、法皇獨力支持、以護法疆、由其狃於前勝、運兵出奇、務欲使敵軍浴血俯首、拜馬前而後已、

十月一號、法皇駐軍扼守來因河、敵兵屯於河右、法皇意欲堅守此河、而留河以內完善之區、以備抽賦募兵、豈知敵軍日增、陟冬不退、更召新兵、期以來春決戰、法謀既絀、各國軍遂渡來因河、然行緩怯進、巴黎遂流言法皇大勝敵軍矣、當時法議員奉命重募新兵三十萬、不能遍授戎衣、勤加訓練、猶冀各國軍入法境後、當可定約、如法人之意、多沾利益、

自來因河失守、法皇欲戰、慮勢不敵、徒守無益、乃令耨與維克叨及馬網鐵退兵、速赴阜騰卡倫司排賽凹鼻阻敵之前、令曼克堂那之軍歸馬剃而與亞地諾鐵合統之、各軍餉項日削、强迫趲程、雖值晴和、疲困已極、兼之嚴冬霏雪、兵符迭催、供給不備、軍心大搖、敵軍過來因河後、

共得久練精兵八萬人、馬兵居四之一、大砲無算、益募新兵、惟遠道長征、病死者不少、

初法皇自俄敗歸、急發庫藏鉅欵、加增賦稅、凡民不隸兵籍者、估產值百抽二十五、富家多苦之、供餉遲緩、於是撫綏舊兵、配合新兵、籌給戎衣戰械、存餉已罄、兵額不足、壯丁已盡、各鄉村惟覩老弱婦女、而所募新兵、處之深林、待編入伍、水軍則遠送海濱、苛虐無理、大信不行、法人料戰無窮期、各公署羣議截止募兵之事、

其自雷潑絕軋敗後、欲重募三十萬人、於一千八百十四年正月杪、應募者僅六萬三千人、初時法民震耀兵威、舉國如狂、至此驚痛蘇醒、萬口大譁、既迫於法皇之苛斂、又知敵軍將臨城下、奸民往往輸誠通敵、議員欲聽民自由、而限捐銀之數、法皇覽奏大怒、立黜諸臣、各局不敢抗、勉力供給、而法皇亦知輿情難拂、不復議捐軍餉益絀、

法皇既睹國勢不振、而心志廣遠、自念前年留軍守日耳曼各礮臺守愛爾鼻者、當可得一大勝、轉危爲安、

惟敵勢環逼、未能立調各路大軍、齊集守禦、是時法將色堪鐵統軍四萬、扼卡塔羅尼亞、裕岑統軍駐意大利、勢相埒、奥傳羅則在里恩練集新軍、惟賒而鐵二軍、或可抽調數成、但不知法皇曾否嚴申軍令、限其一軍獨捍威林吞乎、溯法皇平日掠地攻城、實爲廣募兵丁之計、今則勁兵之地、幾盡爲敵有、而麾下十五萬人、其志亦離此、舉視來因河會議不成、同一決裂、

法之精兵駐撇邱丕司開內者、皆奉調而前、裕岑新軍亦至、途遇薩克生完登盤巴浮里阿之軍、而戰傷亡過半、即飭奥傳羅援之、尚有瑞士國人爲助、規塞敵後、復料鴨耳山司老雷二省之民、皆好勇鬭狠、可以鼓動助戰、而拒各國進逼、惟奥傳羅軍單、未能撥兵協助、欲壅馬爾內

及塞納河決以灌敵、力有未逮、若以裕岑一軍聯合法皇之軍、則奧皇可令備雷茄特率軍、由意大利進入法境、

初法皇統軍之在西班牙、既爲惟妥里亞之戰、勞而無功、敵勢日迫、探知各國之軍、欲渡來因河、宜將飛蝶南送回馬德里地、豈知不然、吾知其曾費十一點鐘時、籌辦該王回國之事、法皇意謂賒而鐵色堪鐵宜隆其體制、使撫有卡塔羅尼亞之重鎮也、又得同回西班牙之王相助、威林吞無能爲也、然英軍從西班牙直入法疆、果曾受制於兩軍乎、但見兩軍紛紛退敗而已、

豈知威林吞在惟妥里亞、已獲全勝、早窺破法皇秘計、而出一語呵之曰、太遲矣、賒而鐵智勇不敵威林吞、色堪鐵一軍、陣勢稍厚、惟不得力、致使闔省防兵、傷亡無算、

統論法皇布置之方、勢難轉危爲安、而談兵學者輒訾之、謂須嚴檄賒

譯書公會排印

而鐵一軍、保護比里牛斯一帶邊境、又須准令各軍引退、由比里牛斯或西班牙回至馬爾內河及塞納河邊之山谷中、

曩年在中歐洲、戰勝攻取、皆因敵軍雜糅、兼弱攻昧、故易奏功、今當阨運、星光大晦、權勢傾覆、如有霹靂大聲隨其後也、在一千八百十一年中、法之境宇日廓、民數日增、如波蘭意大利瑞士薩克生丹麥完登盤巴浮里阿各國人民、皆受約束、供給銀錢財貨、今盡變爲寇讎、折服於勢力完富之英軍、長驅破竹、全削法權、譬如高崕積雪、一旦崩塌、壓損屋廬無算也、

是年法皇揩持危局、願戰不願和之故、蓋預籌法軍既退、敵必分派大軍攻圍留後防護各礮臺之兵、又料各省已經敵據、辦理善後安撫事宜、軍數不敷分調、法雖兵微將寡、勢力不敵、然自戰其地、可以乘機決勝、至是各國果分軍圍攻日耳曼各礮臺、並撥各大隊緣河進逼巴黎

偵探要隘、深喜無阻、比諸昔年買耳暴羅之戰、荷蘭軍直向巴黎與路易十四指欵立約、事頗相類、

後之讀史者、每論法皇宜急收兵退回馬爾內與塞納兩河旁山谷中、此論殊屬非計、吾深喜後人能潛心討究法皇攻戰之事、演爲論說、如戲劇然、而著述家意漢姆雷已勒成簡編、膾炙人口、愚意不宜僅據各國與法軍角戰兩河之事、而反昧全局、置可以迫法皇讓位之極大權勢於不顧、大凡各戰事中、欲審其統將能否通籌大局、以視指定一國一邑之間、可以就近決勝者、更無憑準、統觀法皇兵敗亡國、一時難以詳知、我悉其威力所壓服之各邦、已於大軍未過來因河之先、大爲震動矣、

一千八百十三年中、有帶甲百萬人、欲倒戈以摧陷法皇、吾審其時、全歐局勢、遠近民情、約分兩黨、其一黨夙隸麾下、感恩圖報者、又一黨則

身處同洲、受其壓制魚肉、銜恨飲泣、思得一逞、而法之甲必丹（即船主）馬漢久統海軍、有能名、至是亦貳於敵、其他始從終叛者、更難罄述、時各路盜賊蠭起、始意大利瑞士蔓延至日耳曼各邦、民不聊生、羣疾首於肇亂之法皇、於是瑞士政府咨行普國、合大權力以制法皇之謀益亟、初各國之軍於來因河上、築大浮橋一座、法皇既敗於雷潑絕軋、追兵日迫、卽經此橋退還、一千八百十三年十二月二十一號、各軍抵來因河、分三大隊、第一隊由河之下游、經荷蘭境、卽合荷蘭之軍、連營進攻、第二隊五萬人、白羅催統之、次壳孛倫次第三隊十二萬人、錯華岑盤統之、跨羅雷河（屬瑞士）石橋而進、瑞士亦發兵從之、兩軍並進、馬爾內塞納兩河山谷間、踞守法之礮臺、議立條約、示法皇、自是歐洲始有太平之望矣、

各國軍未踰來因河、卽榜諭安民云、我等惟願爾法民昌盛、爾法國强

加沙哂Carcassonne今歸法國挨孛大拉朋壓三Abdallah ben yasin生於一千零五十年、係阿喇伯王阿爾馬拉維特Almolavides族之始祖、初居敢羅盎Kairouan今爲法屬北非洲多尼思Tunisie之地爲傳敎士在沙漠中立一小村落、招集培候培Berbères土番以訓練之、兵力强盛、遂轄馬里打你Mauritanie金境之地、介乎多尼思阿爾及耳馬六嘉三地之中死於一千零五十八年、其所傳之敎、悉宗眞理、十分嚴峻、不少通融、挨孛大拉Abdallah係回敎叛黨、槐挨皮忒Wahabites族之臨末一酋、蓋扇何特Sehoud之長子也、一千八百零五年奉父命、督帶軍營、一千八百十四年、登父位、嗣爲埃及國王瞞菴瞞挨黎Méhémet Ali所攻、遂匿跡覃雷Dereych都城、經埃及太子依孛來因Ibrahim設計擒之、事在一千八百十八年押往君士但丁Constantinople土國都城土王置之死地

Abdallatif挨孛大拉低夫、一作挨孛覃爾拉低夫Abdellatif係阿喇

伯籍之醫學理學家、於一千一百六十年、生於排搿大特 Bagdad 今在亞洲土國境、昔係回教之都、由土耳基 Turquie 王沙拉台 Saladin 優加保護、厚其供張、派駐達馬 Damas 今在亞洲土國之西里境內之大回教堂、一千二百三十一年卒、曾著埃及 Relation de l' Egypte 國交涉事務一書、敘事翔實、爲世所珍、一千八百十年、法人晒西 Sacy 譯成法文、編爲一部、删繁就簡、煞費經營、名仍其舊、惜今日已佚、

Abd el Azyz 挨孛覃爾挨齊、係回教王槐里特第一 Walid 麾下部將慕沙 Mouca 之子、於七百十三年、佔據西班牙之南數省、即謬爾西 Murcie 藏 Jaen 軋勒那特 Grenade 七百十四年、戰勝哥痕 Goths 即日耳曼地之古稱國王、勢如破竹、直抵法國、既而班師、一千七百十七年、自稱爲王、但歷時未久、即被回教王之黨人所弒、

Abd el kader 挨孛覃爾架覃、於一千八百零六年、生於麥司加拉 Mas

cara（今屬法國在非洲阿爾及耳之亞倫省）係西提菴爾挨齊譜爾麥菴騰 Sidi el hadj el Maheddin（哈生土司）Hachem 之子、篤信回教、有口才、兼饒胆略、（曾與其父兩次跋涉間關親往瞞克參拜回祖之廟）一千八百三十二年、稱王於麥司加拉、雖其時有武員數人甚爲忌嫉、然王弗顧也、惟恐激怒馬六嘉 Maroc 國王、故祇稱曰酋、既而煽惑教民與法爲敵、一千八百三十二年、來攻亞郎防軍逾年、法提督覃迷扇爾 Desmichels 連敗其衆、然不爲已甚、與立和約、認作教酋 emir（一千八百三十四年二月）遂成爲國、阿喇伯 Arabe 人益深敬畏、乃在麥司加拉練成一軍、規模粗具、弁得覃迷扇爾之助、擊敗西提菴爾阿黎皮 Sidi el Arribi 架陀爾朋馬爾非 Kaddour ben Morfi 等（皆回教土司忌其遽執酋權故來攻擊）一千八百三十五年、又與法人啓釁、據瞞覃挨 Medeah 迷里挨那 Milliani 兩地、弁在麥克打 Macta 泥塘內、盡覆法提督所帶之軍、法國得此大挫消息、人心震動、政府乃令大將軍克羅然爾 Clauzel 統率雄師、前往阿爾及爾征之、克羅然爾與亞累盎Duc d'Orléans公爵、大敗之於阿孛拉Habrah河濱、（一千八百三十五年十二月）但後來忒淚生Tlemcen一役、僅得小勝、一千八百三十七年、由駐防亞郎Oran之法提督蒲查Bugeaud與之立約、於帶拂那Tafna以培里克司土番中强半之地、又抵忒黎Tittery及洗發Chiffa西邊之地、（今在阿爾及耳省）劃給該酋、一千八百三十九年十一月、復與法爭、由蒲查桑駘你哀Changarnier辣馬里西哀爾Lamoricière丟維維哀Duvivier等力拒之、一千八百四十三年、法國亞馬爾Duc d'Aumale公爵、取其營帳、Smala逾年蒲查又在以司里Isly河大勝、該酋竄入沙漠、一千八百四十七年十二月二十三日爲辣馬里西哀爾擒獲、幷其全家、一體押解法國、圈禁於都隆Toulon（法國屯兵要口）嗣移至巴Pau（法國中樞山內）及盎蒲滑司Amboise（並法地）之兩古炮臺、一千八百五十三年、允拿破侖第三Napoléon Ⅲ不復回至阿爾及爾Algérie乃蒙釋放、歷居孛羅司Brosn se及達馬Damas兩處、一千八百六十年、西里Syrie之天主教人爲特留司Druses人（彼處土番）戕害該酋援之十分出力得法國頭等榮光寶星、并得每年津貼十萬方、（一千八百六十三年）後來無論何事、皆忠於法國、一千八百八十二年、與法國統將羅亶爾Roudaire倡議在阿爾及耳中間、開挖一海、工未興而逾年卽卒、

Abd el Melek 挨孛亶爾滿雷克、一作挨孛亶爾買雷克Abd el Malek係回教中亞米阿特Ommiades族之第五王、（自六百八十五年起至七百零五年止）駐蹕、達馬Damas與阿喇伯Arabe人及東羅馬Orient王四四抵你哀第二Justinien II戰、縱火於卡帶時Carthage（在非洲濁內近法屬多尼思今成邱墟）地方先是八百五十年前是地、已受羅馬Romain王洗比翁菴米里哀Scipion Emilien之火刼、至是而益無噍類、相傳阿喇伯之圜法、卽從此王開鑄云、挨孛亶爾滿雷克朋亞買Abd el Melek ben Omar係哥爾陀Cordoue（今屬西班）

譯書公會排印

牙回教王挨孛覃拉姆第一 Abdérame 倚之提督、兼充首相、曾竭力協助其君、擊敗敵人、俾得踐阼、歷任扇維爾 Séville 七百五十九年 要拉哥司 Saragosse 今皆屬西班牙 全境之總督、七百七十二年 一日、見其子在戰場將敗退、遂以長矛刺其心、

Abd el Moumen 挨孛覃爾慕門、係阿爾摸挨特 Almohades 土番之酋、初爲回教中協辦、本教宗滿西依孛恩睹眉 Messie Ibn Toummert 之徒、一千一百三十年 始繼其師衣鉢、遂在非洲、佔奪阿爾馬拉維特 Almoravides 人之部落、攻據馬六嘉 Maroc 國、繼又直進西班牙 Espagne 擊敗西班牙王阿爾豐司特雷翁 Alphonse de Léon 一千一百六十三年 死、是爲挨爾摸挨特之第一王

Abder Rahman 挨孛覃爾拉芒 詳後文挨孛覃拉姆 Abdérame

Abdérame 挨孛覃拉姆於七百二十八年、爲西班牙總督、統率雄軍、

直進法國、攻據阿基耽呃Aquitaine（今屬法、臨大西洋、枕畢來乃山）全地、直抵羅挨爾Loire江、（今在法境）自七百三十二年、由法國沙爾麥爾耽爾Chales Martel將其軍圍裹於多爾Tour北劃低哀Poitiers（在巴黎西南）之間、聚而盡殲、遂死於亂軍之內、挨孛覃拉姆第一Abdérame係達馬Damas王馬挨維挨Moaviah之子、生於七百三十一年、爲西班牙Espagne亞米挨特Ommiades族之回教第一王、（自七百五十五年至七百八十七年）當挨擺西特Abbassides人將其全家屠戮時、宛如天神呵護、得脫於難、逃至西班牙Espagne號召舊部馬爾Maures人至其地、將全地統行管轄、駐驛哥爾圖Cordoue起造回教堂一所、有聲於時、在位三十一年、平安無事、振興文字工藝之學、恪遵教旨、馴謹謙和、辦理一切、當世稱爲賢王、挨孛覃拉姆第二Abderamell（自八百二十二年至八百五十二年）西班牙亞米挨特族之第四世回王、本阿拉根Al Hakem之子、與信奉天主教之國、屢戰皆勝、佔據排爾失羅呃Barcelone

（今屬西班牙）驅逐沿海刼掠之游盜、朝中人才濟濟、爲歐洲各國冠、凡東羅馬之博士詩人、盡爲羅致、蓋亦仁主也、生男四十五、生女四十一、挨孛覃拉姆第三 Abderame Ⅲ（自九百十二年至九百六十一年）西班牙亞米挨特之第八世回王、因信奉天主之措史低亦 Castille 雷翁 Leon 兩王、及非洲之發抵迷忒 Fatimites 人屢次來攻、彼遂竭力與戰、死傷甚慘、終其位干戈擾攘、而朝中靡麗奢華、能令東羅馬王工史當單巴爾非羅然南忒 Constantin Porphyrogénètes 所派使臣、見而眩目、在哥爾陀 Cordoue 設醫學堂一、維時歐洲固止此醫學堂耳、自稱其爵曰菴迷爾阿爾慕末乃 Emir al moumenin 譯即信教主之意、其外號則曰天神教之保護主、挨孛覃拉姆第四 Abdérame Ⅳ 在位僅數月、（一千零零八年）

Abdère 挨孛覃爾忒喇司 Thrace（希臘北之大地、今設孛爾茄里 Burgarie 魯馬尼 Roumanie 兩國於此）之古城、在南史丢 Nestus 江口（入地中海相連之愛然 Egee 海）與打沙 Thasos 島相對、昔寓言書內、所立約、而各國亦由是通商、以一千六百年之久、不失妄想欲得之國、吾西人勿謂其歷年之久遠也、東方史紀中、其時之久遠、以朝代計算、西國則以國王登位計算、故時在東方若較遲也、夫此事情、在歐史中亦有彷彿者、卽英國欲爲法蘭西帝主統治法國、其妄想亦匪伊朝夕、因常僭用法之君號矣、神功出征、感動日本心神注目於高麗、蓋自三世以迄今、其古事如印於民心、常使好事武員、及操持國政者、委其身於高麗戰事若務欲超越於神功之顯榮而後已、亦使日人與中國有兩不相下、迫於一戰之勢、當第七世時、日本曾以軍助高麗侵中國事不果行、蓋爲中國兵船所驚潰也、當十三世時、又有大戰事、則有大關係於三國交涉、忽必烈之欲侵高麗也、顯示其地位權勢於日本、而國勢自此轉機、以後忽必烈征日、爲東方最著名之戰事、其敗也、常爲日人所記憶、其史記亦奉國家上諭重作、蓋此戰事、可與西班牙君腓力比第三堅固戰船相較、夫固英人所共知者也、吾今略述此事、當亦閱者所先睹爲快、忽必烈華史所稱元世祖也、此君幾統治亞細亞全洲、蒙古人權勢直行至今之歐洲德界相近、惟海島小國、未受其權勢耳、世祖初意、欲使日本立約降服、乃遣使至日本、其國書殊爲夸大、乃蒙古人雖悍、日人終能禦之、日人亦甚驕傲、常有自主之心、殊異於各島人也、故置元世祖國書於不答、世祖乃思用兵於日矣、於是遣戰船三百、軍士一萬五千以征日、而此戰船軍士、盡爲日人戰敗於義基海島相近、自此兩事不利、乃使元主自覺輕敵之非、於是重備大舉征日、有謂所聚戰船有三千五百號、（如今沙船類）軍士有十萬以外、而此戰船軍士、初進即不利、其統將又病、繼爲統將者、其才亦不勝督率大軍之任、麥科波羅謂由於元軍諸將意見不合、船至日本、即遇風災、（日人謂其君禱于女神伊斯乃來相助）毀沒過半、餘船及逃

命殘軍、盡爲日人所覆、

此次日人大勝蒙古軍、乃乘勢橫掃而前、自黃海直至雪利西亞及埃及之界、自此日人愈覺驕傲自恃、乃立志復讎於中國高麗、因中國高麗嘗受蒙古人之傴以相助也、夫日國中常有上下相戰之事、國家亦不能任外國戰務、但其民有大機會可以報讐、自元末以來以歷明代、一千三百六十八年至一千六百四十二年日人常在中國沿海騷擾虜掠、明洪武帝一千三百六十八年至一千三百九十九年乃設保護沿海團練之兵、更諭設烽墩於沿海各處、日寇遍擾中國沿海各處、使無安土、而沿海居中數省騷擾愈甚、自洪武即位、迄世宗末年一千三百七十年至一千五百六十七年華人常爲日人冒險者刦掠、此等日人、非獨沿海騷擾、且於沿海設立堅固駐足處所、以利隨時出掠華人、刦燬房屋、而海中常泊船以備退步、無所望則退歸日本、或移擾他處、中國之禦日寇、常毀日人所占巢穴、并焚日船、亦甚得勢、當此之

譯書公會排印

際、遇日人卽聚而殲之、無所區別也、

華史亦紀日人戰勝華人之事、日人常深入中國、肆掠全國、任意刦殺以爲快、華史於日本之民情喜戰、不畏危險、不避死亡、常能備兵以抗大軍、固亦言之甚詳也、

夫詳言之煩勞、略言之亦煩勞者、莫如日本之經年累月以侵中國、則欲述其侵伐之情形之廣闊、吾今舉其一二端、亦可得其大凡爲、當明代成祖十七年西歷一千四百十九年在遼東近今旅順地方、有日軍二千爲華軍所覆、蓋中華埋伏之計、華軍統將、固甚有智謀也、當世宗二十三年、西歷一千五百五十三年日人之騷擾益甚、其海盜之攻擊中國海疆者、自温州至上海、中國竟無法禦之、蓋日人窺華兵至則退、華兵息則又進、倏於此省、倏於彼省、不可捉摸也、

越歲日軍又大敗華軍、肆掠中國、初於沿海者、至此直深入內地、自爲

日人所擾七八年之久、中國所失貨物、實值不知幾兆銀錢、人之爲所擄奴者亦不少、軍民之死於刀兵水火者不下十萬人、於歐史中尋繹如此事情、固亦有之、當歐洲文化未昌之時、在美善之區、諸曼司自北來、阿剌伯自南來、亦常侵擾不已也、

夫此等侵擾情形、類冒險之徒所爲、但自此以後、日史乃有至大戰事、因愛西開加一族有不善之國政、以致國中有自相爭戰之事、此一族後爲諸朋奈加及希提尤希所滅、希提尤希之出身甚微、自至微之地、直臻國中至高之爵位、蓋有膽識勇略、使人忘其爲起家微賤之人也、其統治全國、亦用帝號、其所屬士卒、皆悅服之、幾乎有戰皆捷、故欲用兵於外、而無讐敵可尋、夫欲轄治高麗、固已多歷年數矣、乃思藉此用兵、非特此也、其侵伐中國蓋亦始此、此其雄略、如在壯年、當亦可以有成、或謂希君久有此心、而至力可有爲、則嘗於基亞土城、基密助廟中

觀天然之古跡異景、其心恒鬱鬱不樂於喪明之痛、顧謂從者曰、大人應用兵於十萬里之外、無用憂愁爲也、欲以雄略釋其憂愁、則思覆中國以分屬部下將士、夫此出類之人、其高傲之心、顯於與高麗王書中、其言曰、余乃至卑至微之樹之一枝耳、天早定將來之爲大事業矣、勿論何地、日光所照、無不欲來從服、其所爲有似旭日之普照於天下也、日本欲與高麗同侵中國、而高麗不願、以爲不合理也、蓋以比蜜蜂之螫大龜云、於是希君預備大舉以攻高麗、其軍傳者謂有十五萬人、在高麗釜山相近上岸、守國軍之相助者尚不在內、此軍非獨喜戰、且能常勝、其軍械固利於高軍、又濟以槍砲利器、蓋從葡萄牙國人所學也、統此軍者二將、一曰孔聶希裕井奈加、一曰開託基又曼賽、此二將年歲品格皆大相懸殊、孔將年壯心熱、而信基督之教、開將年老固執、而信大雄氏教、兩將情事既殊、乃如讐敵、其出征大局如何、遂定於意見言、有目擊者、以爲洪水橫流、未有如此之猛也、項腦立酋司恐擾及意大利、遂恣其所之、時勃來登島、派有守兵、召之歸、兵愛是地不願離、遂舉其首曰康司脫你剔王之、此乃四百零七年事也、

康司脫你剔之立也、猻兒黨奉爲王、嗣項腦立酋司以國勢太弱、亦奉爲王、以其能衞民也、先是化外頑民、肆行刧掠、越兩年、亂黨果去、不知者以爲畏之也、其實不足於是地、又顧而之他、當時亂黨有三、曰萬達而司、曰蘇愛維、曰阿藍司、自劈立你司山直撲西班牙、是地向未經兵燹、初遭大難、此乃四百九年事也、

第三次大殺戮、爲埃蘭烈克、其虛張聲勢、廣接黨援、欲與羅馬背城一戰、無已、師替烈恪許割全省與之和、實欲假其力助攻猻而亂黨有言其有利己之心者、信不誣也、先是項腦立酋司娶師替烈恪欲傳位於其子猶恪立昜司、遂引入各亂黨謀篡王位、父子皆不信天主教、項腦

立酋司知其謀、下令誅師㬷烈悋、師㬷烈悋逃至勒凡那禮拜堂、將入門、卽被殺、此乃四百零八事也、是役也、亂黨伏誅不下數千人、其在逃之餘黨、咸投埃蘭烈克部下、願求報復、遂踰安而坡斯山直進羅馬、有隱君子止之、勸其勿再擾民、埃蘭烈克曰、是天之假手我也、羅馬被困、歲大饑、卜之曰、是天降之罰、天欲去奉木偶舊敎、而興天主敎以固其城池也、羅馬王遣人言於埃蘭烈克、埃蘭烈克曰、城中居民有十二萬餘人、汝何能爲、不如和、埃蘭烈克曰、民如草然、草益茂則刈之益易、何畏焉、出語民曰、毋傷民命、悉舉所有來獻、旋又堅索金五千磅、銀三萬磅、始肯解圍、此乃四百零九年事也、項腦立酋司被圍於勒凡納城中、而不能允其請、埃蘭烈克力禦之、並招其狡獪之黨、乘夜入肆行刼掠、凌虐異常、慨念勒凡納一城、其聲名文物甲於天下、自八百年前遭勃納司獮而大難、幾成灰燼、今元氣已復、受此奇窘、慘可言耶、當其黨之亂也、到處擄掠惟仗於禮拜堂者得免、木偶神廟毀去殆盡、有人一羣禮木偶、忽電光一閃、逐電而去、無一存者、詎非天之忌木偶、而昌我教乎、嗣禮拜堂器皿、仍得璧返、咸讚美天主以謝神麻埃蘭烈克虜掠無算、向意大利之南而去、初意欲征服息息烈島、及阿非利加洲、及到考才碩之地病大漸、遂甍、其黨遂葬於河下、使罪人下力柢其流、旋卽殉之、恐其宣揚毀傷其尸、故出此計、此乃四百十年事也、

西峨特之據獮而及西班牙也、起於四百十二年、直至四十九年、當埃蘭烈克死、其兄曰埃叨夫代之、其意欲在羅馬之地自立一國、未幾降項腦立酉司王、且率其黨之在獮而及西班牙者皆降、並圍康司脫你剔於埃而司之地、縛之、康司脫爾剔者、卽前自立爲王者也、此乃四百十一年事也、康司脫爾剔、曾有數人同其裳服、不露廬山眞面、故人莫能辨之、乃埃叨夫皆擄而殺之、無一人得免、埃叨夫立功之後、至辣旁

城、遂以項腦立酉司之妹、曰潑烈昔地埃爲室、此人當破羅馬時、載於後車、而未成禮者也、珍寶羅烈、備極豐腆、埃叨夫派安泰烈司主政壹是、安泰烈司者、曾爲數日之王、特令襄理是舉、所以表敬意也、埃叨夫既强令獮而一黨降、又欲脅服西班牙黨、遂被刺死於勃塞樂那、此乃四百十五年事也、嗣接埃叨夫之位者爲華烈埃、率由舊章、以征化外之民、遂滅阿藍司黨、驅蘇愛維黨至獮來西埃、驅萬達而司黨至勃剔楷、勃剔楷本名亞篿羅西埃者也、

華烈埃自立大功之後、遂向項腦立酉司孛獮而之南鄙、至軋倫一帶、俾與西班牙所得之地接連、自成爲西峨特一國、遂於土羅司而都焉、此乃四百十九年事也、

同時項腦立酉司任在獮來西埃之蘇愛維黨自爲一國、又六年前、卽四百十三年、將霜紅江及羅紅江之平原、割與獮恩笛堪來司、卽白根定司王、

事在一百零九年、項腦立酋司任勃來登島自主、又任三痕江及老亞江之間、一帶亞茅立根城爲自主、迨四百二十三年、項腦立酋司死、西鄙之地、四分五裂、所存者、僅掰而一帶、及阿非利加與意大利爲其所屬耳、

二記樊倫剔甯第三

方埃叨夫之死也、其婦潑烈昔地埃爲項腦立酋司之妹、遂醮康史剔酋司、是爲名將、又爲忠臣、生子曰樊倫剔甯第三、遂嗣項腦立酋司之位、年尚穉、其母才德兼全、代理國政、重用二將、能左右之、惜二將不能和衷共濟、其一爲馬兵大元帥曰埃愛剔和司、其一爲阿非利加總督侯爵曰抱尼發司、埃愛剔和司忌抱尼發司甚、遂於母后之前、誣抱尼發司欲反、上遂以金牌召之、埃愛剔和司私遣人往告曰、汝去不得免、抱尼發司不疑其狡計也、以爲我忠、而上不我信、我惡乎可也、遂揭竿

而起、並號召萬達而司黨、至阿非利加來相援助、其黨王曰勤司立克、貪狠過人、立應其召、過埃池在毛來太烈埃一路、縱火殺人、死傷無算、此四百二十九年事、猶未入阿非利加之境也、有目擊者、以爲到處刼奪、一草一木、無一存者、全地荒蕪、寇退而返、人勿能居焉、待俘馘、處以酷刑、令獻財寶、凡遇老幼婦女、逞其威逼、不少動惻隱之心、一遇有備之地、不能破、多殺罪人、陳尸於營門之外、久之惡臭薰蒸、營中不能居、彼乘間而入、遂不守、此其故技也、嗣抱尼發司知埃愛剔和司之謀、欲拒萬達而司黨、使不得入而已無能爲力矣、且爲勤司立克所敗、抱尼發司遁至黑撲城、是城被困十四月、不能守、遂降教主司曰聖奥斯司死於難、此四百三十一年事也、勤司立克向與天主教爲敵、其黨皆背教、一路刼掠、直擾及羅馬阿非利加、此地本富饒、向以羅馬儲穀倉名、其地之富有、與其人之罪惡、適相等、宜遭天譴、計民有五兆、爲萬達而司所戕、由是而阿非利加遂成墟土矣、恒行路數里、不見一人及四百三十九年勤司立克刦楷塞其城、遂都於此、其水師之勇、不下舊時楷塞其也、其得勃培蘭立克及考昔楷及石提宜曷各島、與息息烈之一脈、沿意大利之海岸、皆爲所刦、即康士坦丁城、亦受大驚、一日舟行、將離楷塞其、問勤司立克何往、答曰惟風是瞻、此一帶海岸、皆爲我有、我奉天命而來、惟所徃可也、是爲第四次大殺戮也、

第五次殺戮、爲抱尼發司復邀潑來昔地埃之恩眷、令復其爵、而埃愛剔和司之遺恨猶未忘也、遂煽惑黑你司黨爲之助、以敵抱尼發司、彼時勢力甚盛、抱尼發司受傷而死、埃愛剔和司遂擅權、後寵於母后、其意欲贖前愆、遂力攻亂黨、勝勃搿定斯及西峨特、又在克勞定之地、勝福蘭克斯並驅入雪耳剔之地、復振國威、且復王權、此四百四十七年事也、先是羅馬權已衰替、幾爲搿而黨所脅服、至是收回權利、恢復疆

譯書公會排印

士、而黑你斯黨首、曰安剔蘭出沒是境肆行搶刼幾及五十年自四百三十三年、至四百五十三年、此二十年中安剔蘭所得之地、從鮑而剔克海入中國邊疆、無不列其版圖、詎非天生此人、以警世變、而洩天怒乎、其自號曰神鞭、蓋言足跡所至、無不從風而靡、有見其人者、凶猛之狀、見於面目、其頭大、其目小、其光閃、其鼻扁、其面黑、其趾高、主將如此、部下可知、當日斬將搴旗之勳、至今猶凜凜有生氣云、

方安剔蘭之犯東鄙也、毀傷不下六十餘城、其孱弱之主、願進貢賦以求和、嗣馬興接位、安剔蘭欲如舊帶徵、馬興謝之曰、與其以金遺我友、不如以刀殺我敵耳、安剔蘭遂率黨五十萬人離東鄙、向獮而而去、不知者、以爲懾馬興之威也、其知者以爲樊倫剔甯第三之妹項腦利亞誘之也、渡而臘痕江刼抹之、及勒姆斯與沿海諸城時、有曲老愛司者得免、以主教聖羅伯司在焉、又巴黎斯亦得免、以教女聖乾你非夫禱

譯書公會告白

本報所譯西書種類不一地名人名因舌人切音各異每致兩歧茲以瀛環志畧海國圖志大英國史四裔年表萬國輿圖等書酌定改正一書成後幷登合璧表於末以資印證惟五洲通志拼音極準不在此例

本公會各省售報處

上海棋盤街醉六堂書坊　文瑞樓書坊
上海抛球場愼記書莊
蘇州胥門西城橋堍周君茲明　婁門混堂巷馮公館
無錫學前楊公館
常熟醉尉街內閣張
常州娑羅巷袁公館本公會分局
湖州醉六堂書坊
松江鴻文堂書坊
杭州羊壩頭黃君海珊
寧波奎元堂書坊鮑君明存
揚州點石齋書坊　同文書局
南京王府園楊公館楊君農孫　詞源閣書坊
蕪湖鴻寶齋書坊
江西省城電報局　南昌電報局　馬王府後德隆醬園陶君菊如
九江招商局史君錫之
漢口鴻寶齋書坊

湖南省城東長街俞君恪士慎記書局

湖北武昌府街口鴻寶齋書局翟君聲谷

湖北宜昌府川鹽局總收稅所惲君毅齋

天津杏花村武備學堂孫君筱垞電報官局張君小松

京都琉璃廠中西學堂電報總局

福建馬尾船政局華君秉輝張君漢騫

福建省城點石齋書坊

烟台謙益豐銀號

香港宏文閣書坊

廣東省城慎記書局曹素功墨莊

山西省城水巷惲公館

四川省城蜚英書局

光緒二十四年二月初一日

西歷一千八百九十八年二月廿一號

譯書公會報

第十一册

每册價銀一角五分

館設上海中泥城橋西首新馬路昌壽里

譯書公會報第十一册目錄

中國時勢論 太晤士禮拜報 西十二月二十四號

秀水張國珍譯

德人既據膠州、吾國亦應與之並驂而馳、北京傳聞俄艦泊旅順過冬、證諸聖彼德堡所傳、洵非虛語、吾國時至今日、亦何容隱飾、歐洲强國干涉此事、與中日一役相類、欲冀中國振興、譬之突厥無萬一之望矣、所願其敗愈遲愈好耳、此事之萌蘖、俄據旅順與德據膠州無殊、在俄人意中、以爲德用兵山東似近於暴、然俄德果能於直隸海面獲有泊艦之所、嗣後各國在中國權力、將大分軒輊、吾國商務之在中國北方不如南方、蓋南方自揚子以達安南東京、其繁盛莫與比倫、綜計吾英暨屬國在中國商務、較在歐洲全境、及俄之居亞洲者、約大四倍、以中國刻下形勢、並俄德獲泊艦之所而論、吾國豈能置之不問哉、吾國除商務外、並未有別項利益、而商務之臻斯境者、係平生奮勉所致、公正可質天地、吾國自應全力保護之、當一千八百四十一年、香港隷英、在吾國即以爲根本最要之事、一可以筦理商權、一可以控制粵東、防其張盛、自上海北方（上海處香港之北故云北方）之開埠、復變爲中西商務總匯之區、該埠距旅順膠州又加近矣、五十年前之情形、與今迴異、揆審時勢、吾國亦應據有舟山、可作揚子江錢塘江上海三處保障、舟山島之最大者、一千八百四十年及四十一年、曾兩次爲我所得、維時與中國訂約、將是島作質、亦五年之久、一千八百四十六年、交還中國、並訂約該島不能轉畀他國、倘被人攻擊、應歸吾國保護、我於舟山本有應得之利、不亞於俄之旅順也、俄報載有俄之於旅順、有歐洲各國已默許一語、觀中國北方如此、更變上海商務如此吃緊、吾國亦何妨籲請中國憐憫我水師、畀一泊船之所、此議雖可從緩、然上海商務、欲恃此數艦保衛、恐亦勢所不能也、

諸物司梯報載有俄德聯盟一事、物而米亞報亦載有德皇不必定用兵力、是該報亦明知俄允德人有此舉矣、俄允德據膠澳、固爲戳斃教士之故、而中國以旅順哀憫俄人、德亦奚肯阻撓之、吾國目下宜靜待時機、審俄德果欲何爲、舉動之

後效驗若何、應默儲預備北直隸海灣、果於東方商務政事有害否也、俄欲於太平洋獲一商埠、德欲於東方得一屯煤處、亦意中事、本吾國所允許者、而我亦何妨質言其隱、該二國果獲有利益、吾國自應一體均霑、至如何均霑、本報已論之詳矣、本報所刊巴黎電音、言從前英法曾立約、不准占據舟山、此電實屬妄謬、因未悉此約之原、未予駁詰、卽使此約屬實、我水師武弁、自有保護上海及中國南方商務之策、總論要恉、決不使歐西各國、稍侵損我中國商務也、

俄報紛紛議論、言吾國不欲干預此事、及干預此事之爲難、德北方捷報論我英設法保護東方商務政事、德人不能預爲籌慮、上海來電、亦云各國聯盟、究竟利害若何、使人滋疑等語、吾素知德遣武員教習中國、及東方病夫、（指突厥）今則漸悉代以俄員、中俄銀行代中國向我假來復槍十二萬桿、而德皇尚在夢夢、以爲俄好永締、於撕拉屯地方宣言曰、觀俄防營、與朕意合、噫、此言也、殆發於各武末員未撤任之前耶、比至今日、德亦應悔其言之質直無隱矣、俄在中國爭强、不第恃

德一國之力、德以武員教習中國、吾國亦以礦師教其開採、而俄人欲壟斷英德二國之利、然在中國人意中、早有定見、與物而米亞之報所論相符、不願多事更張、雖俄德之意相同、中國不願屏退德之武員英之礦師也、雖吾國不能諒別國在中國有得利益之情、俄待德國武員、未免不情、當此時應於北京極力勸中國不允俄薦礦師之事、幸有一强項公使極力爭論、保此商政、吾國雖不必承他國憐憫、亦足自恃矣、而譚時事者、言欲於中國得利益、不獨歐洲列國而已、觀英日聯盟、俄人亦不能不怦然心動、我與日聯、固意中事也、

奥國民變 日本新報西十二月二十八號

接十一月二十號奥報而熙活云、昨日下議院滋擾一節、並非爲方言律例起見、實爲各國自由黨而起、該黨久萌變動、今適乘其隙耳、該報復言、此事國家萬不能容、今日下議院鬨鬧如昨、議院主席阿伯來漢英維志赴院、衆皆擊案辱詈、有左黨多人、立主席之前、恣意喧譁、並用號筒助其聲、主席搖鈴阻止喧譁、約一點

鐘之久、主席依然入座、將所議之事改期再議、比主席離院、左黨擲以紙球、主席却回院內、滋擾如故、左黨拍手相助、有入德籍之奥而夫者、向充議員、現已革退、亦欲入院、爲巡捕逐出、奥而夫抗拒、被捕拘獲、用木塞口、解往捕房、至下午交保暫釋、候解省詢究、定以拒捕之罪、至一點鐘四十分、副主席至院、宣言停議、俟開議時再通知各議員也、昨日共獲在街造言生事之人五十一名、內十三名解省、科以違例聚衆藐視官長、一人科以拒捕、十人科以違法、五人科以干預國政、十五人罰鍰、一人釋放、其餘各案尚未定讞、當下議院未滋事之前、各亂黨聚議、欲請首相男爵拔特納出爲調處、拔特納諭亂黨頭目云、今日安靖禮拜一、毋容再議、與京縣官名洛搿詣首相、告以人心不服、日甚一日、非早爲設法不可、上議院各議員開議之後、立意請國家將本意告知下議院、否則上議院亦置之不理、下午而拉司曲臘司地方有學童一羣、在彼倡言、被捕逐散、格臘芝地方亦有學童多人、並年壯者欲在街操演、亦被捕所阻、黃昏時有工匠一隊、敲窗喧鬧、當派四隊步兵、一隊馬兵彈壓、工匠抛擲石子如雨、兵士開槍轟斃亂黨二人、傷五人、內有四人係被槍鋒戳傷、巡捕數名、亦被擊傷、夜半始歇、城中聞之、即派兵彈壓、據柏靈來信云、接奧京信、克拉孟司從下議院逐出之時、被傳去黨要擊、受傷甚重、又聞下議院云、奧王欲罷首相拔納特職、並更換下議院各員、

俄在旅順 日本每日郵報 西十二月三十一號

聞俄人曾派水師一隊、往金州作爲防兵、確係實情、金州在遼東中腰、距旅順二十五米而之遙、約華七十五里 實旅順之後戶、倘派一小隊兵駐金州、可阻由陸往攻旅順之敵、日犯遼東之秋、中國第一誤在金州並未設防、以致稍事攻擊、即可直達旅順、俄人昨在旅順、祗爲過冬之計、金州設防與否、非關俄人之事、其意甚顯、觀此、俄人或者實爲中國修造砲台、又或自欲永遠併據、總之此等舉動、與從前情形大爲更變、

新創字機 同上

近今製造中至新之器名曰德律司克立潑透、譯意通遠寫字機器如甲在紐約地方、乙在包斯登地方、兩處俱設有此機、甲按捺之、乙即可由己器之上讀其所書、蓋機上每字之下、接有電線、甲處按之立即發至乙處、其所以然、非專門名家不能道也、此機爲用廣大、與手書無別、且可免錯誤也、

遊觀水雷廠記 日本捷報西十二月十七號

魚雷爲軍中利器、載遊觀廠記、未始不增識見、記曰、余遊東方、與一魚雷官爲友、蒙招往觀其廠、至門被閽者所阻、陳明來意、並出刺示之、始導余至友住處、係一小樓、頗軒敞、遙瞻海口、爽氣襲人、陳設精雅、清話片時、知魚雷官係三年一任、有十二缺、由砲弁考取、余友名瓊史、導余遍觀斯廠、見各種魚雷、約有十二艘、大小不一、或有各物齊備、奉令派出、一點鐘即可駛行者、又有在乾塢中修理者、魚雷船與尋常之船隻不同、其艙板甚高、且帶圓式、船雖低矮、其行甚速、機器等以欄匝護、其船除載機器水鍋煤斤等件、無寸隙地、一空地內儲鐵錨鐵纜船翼等物、

有樓房一所、上置魚雷、下爲修理魚雷之所、見有各種魚雷尚在修理、瓊君一一指示、得能暢觀、其式如雪茄烟、兩端尖鋭、長有八九尺、徑十五寸至十八寸、壳係鋼造、分四段、第一段有開花彈、並裝攀機、從魚雷鼻中伸出、或輕擊重擊、或行一定路程後、使行發放、須以此攀機定之、第二段之內、存壓氣使其行動、每方寸藏有數千磅之力、其氣由機器灌入、輕重均等、可穩行動、第三段中藏機器、鼓動暗輪之翼、製造極精、其末段藏行路各器、其外有可移鋼板二塊、能令魚雷沈在水中、且有一定高下、以避敵人之彈、倘不遇應擊之物、仍舊前行、力盡而止、在未放之前、有機可停、或沈水底、以免不測、或浮水面、易於尋獲、復至一處、內裝音琴及水鍋、並由機器引動各種車床、並有灌壓氣入魚雷之氣行、至講堂、該處各式器具、不計經費、用以教習船上武弁水手等、備有各種海底穴之式、並電機暨電光燈、此燈由魚雷官所管、試演二端、實有至理、其一端、譬如裝魚雷之船、在行駛之際、放雷攻擊他船、而該船亦在行駛、其法有鐵條二、刻有分寸、疊置一處、可以移動核二船行之遲速、及相離遠近、卽以此鐵條移動、成一尖角、向其角放去、卽其欲擊之船、又一端更形奧妙、約略言之、有海口圖一張、其圖內有海底魚雷穴、其穴接有電氣、又另於砲台等處、設有遠鏡及海圖、其遠鏡與魚雷穴以電線接連、倘有敵船進口、以遠鏡照之、見其經過魚雷穴之上、卽以電氣感動穴中魚雷、其雷自發、堂內藏各種入水所用器具、如來福槍手槍、及手中所用軍器、此乃魚雷船水師所需者、吾由瓊君引導、閱看外人可以寓目之處、旋卽離廠、此等軍器可謂全備、日後凡有二國開戰、血淋肉飛、視昔年戰具瞠乎後矣、

俄日猜忌 日本捷報西二月十七號 十

據聞俄國國家忍恥耐守、而俄報館忿怒不平、俄國所以忍耐者、大約本願與國政相違耳、報館雖形忿怒、官場毫無動靜、至德據膠州、在日雖不以爲然、而俄方深幸有此舉也、蓋俄國倘在中國北方、或在高麗爲所欲爲、德人當箝口而觀、或竟助俄一臂、德據膠州、佔其砲臺、派兵四千守視、定非偶然之舉、其包藏禍心、爲

日已久然、必深思遠慮、而後始敢出此、邇來東方情形紛紛更變、日後定當更甚、俄在高麗已稱雄、還須設法改變關章、以張其勢燄、所慮者、激成英日之怒耳、俄與英尤可免開爭戰之端、因此二國在洲中、廣有疆土、彼此不願冒險、祇須互相謙讓、不難仍爲友邦、卽證近今寇仁所云、刻下英俄交情、比前莫逆、其意可知矣、但俄待日本一味用勢、其欲日本撤威海衛之兵也、與在高麗估日之權、如出一轍、推其立意、不使日人得寸土於洲中耳、試問日本豈肯甘心俯就乎、或云、日人莫妙於自行謹守、一心料理臺灣、及推廣商務、惟日民不以此爲然者衆、且現在國家整備一切、亦非甘心被屏於中國者、可知俄日雖無齟齬、其實各懷妒忌、早存於中日和議之時、德有舉動、而俄國緘默、其情更顯、卽開爭端、終不在俄而在日、吾更知終不在此數年中、何則、因日本水師戰艦、須至一千九百五年、方能齊備、卽以目下國政商務而論、力有未逮、尚非用武之秋、德國倘不用強、至於滋蔓難圖之候、祇據膠州、定不因此開釁、雖則衆議紛然、在日亦未必輕於嘗試、嘗三思焉、窺各報之意、德國更蓄駭人聽聞之事、若然、則英日勢將連合、亦明眼人所洞鑒於中日和議時矣、總之現在上海消息靈通、請靜觀以待之可也、

跋美領事論中國鐵路書後

（倫敦中國報西十二月三號）　吳縣沈晉熙譯

本年八月十七號、駐津美領事來函、照錄如下、　余曾與津榆鐵路總辦黃觀察商及、觀察欲推廣鐵路、由瀋陽達吉林、以津榆所獲餘利築之、觀察復云、中國頗願向美國貸欵、貸欵一事、並未限定一國、吾美允之、伊亦斷不推辭、惟中國洋務人員、居心甚很、吾美果允其請、必須訂立條約、緣中國素多疑、每至將成之際、必防他人設計陷之也、　右來函所述如此、吾素知中朝欲一路、其規模欲與盧漢等、由保定府直達山西太原、保定西一百二十英里、有煤鐵鉅鑛、築此可收至大利益、其路如成、吾西人藉銷售洋貨、如煤油洋布等、其利亦溥也、復由太原築一商路、達潼關、過黃河、抵陝西西安、山西可立致富強、該省夙稱天府、沃饒宜五穀、自經髮逆蹂躪、及一千八百七十七七十八年荒旱、元氣大傷、無力興復、直晉之

路如成、中國西北從茲繁庶、誠世界外又添一世界矣、然在外人籌之、其利較中國更倍、該省之西向出生物、如羊絨羊皮等件、其利無竭、然中國自此更蹈一危機、蓋地大物博、均外人所涎慕也、津蘆之路既成、外人已能在北京貿易、雖非通商口岸、然已有洋行三、客棧一、均係西人所開、今復添設洋行數處、客棧二處、一係舊業新整、觀此可見北京漸能興盛矣、數年前有瑞士國人、隨法使作隨員、稟請中國政府、准其在京開設洋行、頗以生意淸寂爲慮、後稟請海關邀免進口之稅、如能銷至內地、仍一律徵納、而中國人見之悉欲偷稅、設法滅除此例、吾西人益加奮勉、故未致虧損、刻下咸稱頌西商之振作、北京果作通商大埠、其興盛可操券云、

法報選譯

駐法日使論東方時局（法國權報西十二月十六號）

榕城鄭守箴譯

大東時局、有識者早已心焉繫之、膠州暴入於德、雖覺駭人、諒不致有他變、强國併爭

之意、觀日使栗野之論大東情形殊少紛動之意因照錄以供衆覽、

日俄交誼之篤、可保久遠、蓋我於高麗商務利益甚大、但求保我利權、別無覬覦土地之念、俄國之於高麗、利益與日無異、我兩國於此一地、自能和衷共濟、不使少有齟齬、至俄國之築鐵路、藉以與西卑里亞鑛務商務、及製造各業、亦正我日本所樂觀厥成也、蓋自中日戰後、正須別籌經費、推廣武備、以卑西里亞之廣漠、我日本之善於經營礦務各業、定能駸駸日上、其利源誠未可以道里計、由此觀之、俄日之利、輔車相依、不幸偶有齟齬、定能降心相從、言歸於好、況我日本素不輕啓釁端、至俄法之交獨厚、人人共知、故我日本之於貴國、亦最敦睦誼、蓋謂堅法日之邦交、即所以保俄日之友誼、庶幾永免爭端歟、使臣即本此意、以固邦交、別無他事、

中國之事、執政者早已擘畫精詳、毋庸再議、膠州雖入於德、我日本專爲推廣商務、有爲必妥商各大國之有心東事者、日本現在廣增水陸經費甚巨、亦聊以固

吾圜、謂爲攻人之具、則誤甚、誠非本使臣所敢與聞、至若增廣商務、製造各業、我日本早知必藉各强國之助、不但不有外視西人之意、且願聯絡各國、與日本共此利益於大東者、各國幸諒倣國致力武備、卽歐州永保昇平之意、非萬不得已不出於戰也、

以上皆栗君之言、栗君本政治家、曾任外部總管、其言當不泛出、有心時局者鑒之、聞之東士云、公使之在外國者不可不愼言、故栗野之言如此耳

錄德皇諭亨利及答語 同上西十二月十七號

德王遣其弟亨利如華、置酒宮中、誡以勉承大父之遺烈、恢宏俾相之謨猷、拓東海以充王業、其略曰、我德國由北而東、商務日振、非人意料之所及、朕應爲之保衛、凡諸教士、不避艱險、遠適異域、以普吾教、朕視之如手足、手足被人戕害、必須始終保全、今且保全之不遑、非有欺人之意也、凡德商人船懸德旗、其在外國有可佔之利益、蓋必使均沾、與各强國等、我德國創建天下、商務之興、已非一日、若

由北而來、海運之旺、當世無匹、此固長久不息之事、然不竭力保衛、則恐漸就衰微、爲今之計、必使駸駸無已、則必振作皇權、不爲功夫、所謂皇權者何、張大海軍之謂也、陸軍雖壯、不能遠圖、海軍即皇權之所在矣、咨爾亨利、遠涉中土、凡遇同盟之人、以及各國之軍、在彼處者、汝必善待之、討其欺我而庇其與我者、我師所至、凡屬歐人、即非我國所自出、其有實心求我事無巨細、皆須保全、至於本國之民、無論其爲教爲商、均在朕躬應保之列、惟此水師、足顯皇權、其有侵犯、誅以斧鉞、如天之福、克遂乃功、定膺懋賞、汝其欽哉、躬踐厥成、無替家聲、我舉爾觴、行矣無恙、

亨利答

臣自束髮侍陛下、猥同寢食、敬愛相孚、凡遇國步艱難、臣未嘗不竭力効愚、佐助陛下、撫兵民而勵同列也、爲國之計、必張海軍、今其時矣、臣奉命率師、以弟兼臣、受恩深重、感激無已、聖上意旨、臣所深知、此行不敢邀功、其傳吾教於異地、布德

音於外民、臣與同行諸臣、共當力體此意、以昭示天下、臣謹奉君觴、祝同行無恙、并誌此日恩綸、聖躬珍重、

觀德皇命師之意、祇在商務傳教二事、然不足以鎮人心、蓋其舉動狂悖、恐遂釀中華巨禍、（本報附誌）

英國水師獨盛、故俄國尚未能成大彼得之志、

膠州之事、俄德已有成謀、將先著英國一鞭、

奧國將有聯和義日之意、奧使覺羅錫告公爵言、奧國固願與英爲難、惟義國一貧至此、與之聯盟何益、

德英各報互評德皇於箕乙行宮訓亨利之語（西十二月十九號）

德國京報謂、德皇之諭、響如鳴鐘、已得之地、斷不輕棄、

堡斯擇報謂德鷹（德旗以鷹爲號故云）畜銳有年、今當大展厥翼、飛渡東海、自我法人觀之、鷹鳥不諳水性、似難穩渡大洋、雖勉强飛渡、恐將半路淹斃、

英報之論、別具心懷、謂誥論之語、不過笑談、無裨實事、

英國時報德人有知歟、何其言之謬耶、昨日箕乙之論、能勿令全國齒冷、

英國地球報謂、德皇大言不慚、幾如演劇到第五齣、西國俗徒博文人學士之歡、

得來泥無報謂、亨利所受之訓、自我外國人觀之、恐其祇能半解、是果宣何教乎、

錫鑞打報謂、中國各人、當亦不樂聞於戰船宣講教旨、德人果能以力强人入教乎、

得來泥蕪電文報謂、德皇遣亨利之意、幾如愷實堂福覺浪開闢天下、譏其取之易、勿俟多言、

得來泥無日報謂、德國得地之易、幾如反掌、比之刦盜、殊無少異、尚大言不慚、徒貽歐洲各國笑柄、

各報譏評、語多憤懣、實恐德親王稍盡厥職、定建奇功、近日德皇舉動、事事礙英、雖因利乘便、其處心積慮、固未嘗忘英、恐不免有潰決之憂、本報附誌

商學成效

鎮海賞賓榮譯

法國人名龐培爾才者、擬使經商者有一定學業軌程、故于一千八百七十二年、卽普法戰後、先設商務師範學會、俾訓授後進、不乏無才、于是不數年間、人才輩出、得商務學堂教習如提紆萊君等共八人、以成龐君之志、爰于一千八百七十六年、倡設商務學堂焉、時巴黎城第九亞龍提斯網（按巴黎分爲二十亞龍提司網畧似中國之縣）美爾（每一亞龍提司網設一美爾以治之畧似中國知縣）愛米爾忽愛里君、願以其署中餘屋、作爲商務學堂齋舍、至今課授不輟、其成效爲衆所共知矣、館中課地理誌、商務通用算學、商務度支算學、保險及度支居積等學、計二十二年內、該學會所課生徒、一萬一千名、又侍聽者六千名、（按西國大學堂中每有學業者聽教習講解一切）龐君之奬勵後進、尤爲無微不至、計賞生徒值三百方頭等賞牌六十二面、值二百方二等賞牌六十二面、值一百方三等賞牌六十二面、生徒中之出衆者、於畢業後、賞給商務學堂憑照、計共發出八百張、以證其學業之精、得此憑照後、一如文學及藝學秀才無異、緣商藝家及銀行家均相推重、盡欲羅致之也、其中之最爲傑出者、已居顯要之位、一任賚爾皮國戸部度支總監督之職、年俸一萬方、一係法荷銀行、在北京分行總辦、按自設商務學堂以來、法國商藝家所用別國人員、核算已百中減去九十九人、此其明效昭然、諒爲我法人所同深欣幸者也、 昨晚龐君、會敎習及生徒等于美爾署中、陳說其首創商學一切情形、衆皆稱頌不置、商部尚書亦與是會、卽致詞頌揚、極詞令之妙品、繼而勉諸生曰、爾等學貴勤勞、俾有心得、而籌畫之中、旣須慷慨樂施、尤貴施與得當、他日持盈握算、又須利弊了然、勝算獨操、以成我國家富强之基、則余所厚望焉、 諸生等敬聆之下、同聲讚美、皆願勤奮自矢、勉成有用之才、將來出而應世、爲國家求致富之術、卽爲一己籌保泰之計也、

德報選譯

德人崇信孔教

無錫楊其昌譯

自我據膠州灣以來、民心總覺未服、考其故、因耶穌敎與孔子敎迥不相同所致、

然我思孔子立教、必有實在用處、决不爲後人騙功名計也、今中國以文字取人、固已計之左矣、加以歷代誤傳、不思改正、反作典型、所以一誤再誤、愈降而愈失眞傳、我今思得一策、當延請高士、務將孔教源流、一一講求實在、然後以之教民、民心自無不服、萬不可如中國之虛無縹渺、毫不講求實用、信如我言、則凡中國讀書者、已失盡尼山面目、而猶詡詡然自許爲聖門後學、恐春秋之世、所必誅者耳、今我此舉、既可復孔教源流、又可收中國民心、一舉兩得、實爲我圖治中國之本、　此段篇幅太長、爰取其大意錄之、

中國近事

今德國有大兵船名開什而林奥哥司他、昨由新加坡開行、不日可至上海、

前有累爾商船、每禮拜必載日用器具並食物等至山東、現已另易一船運載矣、

又有大兵船名派魯者、載德皇之弟漠納里希、由香港至上海、德皇之弟、擬在上海小作勾留云、

論守膠州情形 日本尤可哈嗎來信

考德國商務淺窺之似乎較前稍遜、深按之則處處佔先、無一著落人後步、此皆因其與各國交涉事件、層層嚴密、無一隙可議、現於膠州灣力撤耶穌、推崇孔教、用以收服中國野蠻百姓、即此一端、至屬可嘉、且如此辦法、非但可以收亞細亞民心、亦中國臣民之福也、德人之英明若此、將來英法俄等國、亦必效法德人、方成大事、但英人在中國、歷有年所、而於內地各省、遍行耶穌教、而不思變計、此固不若德人之先見也、此時俄人、行蹤詭秘、恨不能平吞亞細亞、因有數大國在傍、一時未敢顯露、窺其意似必以中國全境、爲俄之印度、方遂其願、現在讓德人首開釁端、俄必相繼發難、無論中國人民如何難治、祗要孔教一興、便可制中國之命、況自古得天下者、以得民心爲本、今各國握其本而行之、勢必操縱自如、事事可不勞而定矣、

德人先據膠州灣、爲歐洲各國所不防、在德人固知爲利益、而在旁觀者、冷眼相

看、逆料其必派第二隊兵輪保守、蓋因德於歐洲仇敵甚多、不能不預爲防備、此時德人祇知耀武東方、大有目空一世之慨、但驕兵必敗、此特德人之末運耳、不若罔顧本境之爲上也、斯時德人諒亦自知其弊、故趕行佈置、然我所爲德人深戒者、竊恐其處此得意、卽忘其失意也、所以一一指示、使得人稍自留意、尚不致一敗塗地、萬不可以言之諄諄、竟聽之藐藐、原此事之始、不過區區鬧教而已、何至勞師動衆、儼若我甲午之役、且要挾款目、歷出許多頭緒、我日必不若此之無情、必不若此之險詐、中國之弱、固不待言、其平日講求武備、幾費盡心力、玆被六百人、全灣失守、尚有何武之足備乎、況德人之六百人、係烏合之衆、祇可虛張聲勢、惜中國爲其所瞞、不與對壘、若在我日本、則六百人鮮有不爲灰燼者矣、

路透電音

西歷十二月十一號、北京細末司來電、德人預備在膠州修理、並可以得若姆沙島、及山東煤礦云、

西十二月十三號電傳中國將若姆沙島歸法國、已在柏靈有定議、又得柏靈電報、中國既肯賠款割地、開教之事、可以不問云、

西十二月十五號電報、俄國大臣與德國議論中國之事、彼此如出一心、其政府現尚未有妥議云、

西十二月四號、德皇之弟率大隊兵輪、已陸續至華、德兵已在膠州登岸、其第一等兵輪、可載重七千三百二十噸、第二等可載四千二百噸、

西十二月十七號來電、有德人在日本尤可哈嗎被其妻毒藥害死、現已將其妻押解回國、照例究辦、

西十二月十八號、德國兵輪來華時、途遇法國兵輪若干艘、同赴中國、

西十二月二十號、德皇弟漢納里希督率著名大兵輪來華、以防他國爭奪海岸云、

西十二月二十二號、德國有一兵船、保守海口、得俄兵輪照會言、此一大變局在

我歐洲無甚大利、俟中國政府回答、即可定奪、不必過於相逼、致啓他變、因礙於英國商務故也、

西十二月二十三號、法京屢調兵輪來華、均聚泊一處、以便乘時而動云、

同日、俄人在朝鮮設立銀行、集股銀二萬萬、有俄官一員管理、聞此銀行、不專計利、而祇求通行、俄人用心若此、恐朝鮮不可以國矣、

東報選譯

日本安藤虎雄譯

第三　割取芝罘海岸地 滿洲鐵路論喧傳於世　續前稿

越六月、英俄兩國爭割地於芝罘海岸、總理各國事務衙門、爲兩強國所挾制、幾不知所措、內外新報薦傳電音、議論紛紛、而竟爲俄所占有矣、此地沿芝罘口西岸、當英商滋大洋行前、近海關碼頭、潮滿小艇輳輻、潮退水底盡露、滋大洋行夙屬望於此、欲塡土以爲陸地、一請之關道、一請之稅務司、關道以其地爲小民繫船之所、拒不准、滋大洋行不得請而止、嗣俄商斯密士氏相地於其側、創立斯密

士洋行、經同國領事、更請割讓土地、所請地卽向英商所請處也、俄領事因與關道交涉、往返數次、百端計畫、駐京俄公使亦照會總理衙門、要求孔亟、滋大洋行聞而大駭、詳察其交涉本末、知關道有見許之意、遽具狀訴之己國領事、領事裁書詰問俄國領事、俄領事答以保衛己國商旅、卽領事之本分、且曰、予不能不省我商民之利益、而愛護貴國商民也、英領事得覆書、知事彌急、以告公使、公使斡旋頗力、英商在上海者、暨西字新報亦接此信、異口同音、詰責俄人橫暴、然未幾斯密士氏竟得允許、投款六萬兩、工已告竣云、又聞議未決時、俄兵船七艘屯泊芝罘口、盛張武威、以備萬一、其處事之周密、皆此類也、當時又有一警電、曰、俄國得布鐵路滿洲權、

第四　俄公使哈西泥辭北京　中俄密約再見於世

九月三十日、俄公使哈西泥氏、辭京就途、先是京師傳聞、俄公使將歸國、旅裝既整、隨員戒行、而荏苒月餘、迄未發軔、更閱半月而始命駕、蓋中俄兩國間、有訂密

約事、會同商議、彌數十日、乃有成言也、翌十月、中俄密約再見於上海、今略舉其要領於左方、

第一條、　近因俄國西卑利亞火車道竣工、卽中國允准俄國將該火車道自俄國海參崴埠、接造至中國吉林琿春城、又向西北接至吉林省城止、一由俄國境之西卑利亞火車站、接造至中國黑龍江之愛琿城、向西南至齊齊哈爾、又至吉林伯都訥地方、又向東南接造至吉林省城止、

第二條、　接造進中國境內黑龍江及吉林各火車道、均由俄國銀行自行備籌資本、其車道一切章程、亦均倣俄國火車條程、中國不得與聞、至其管理之權、亦暫均歸俄國、以三十年爲期、至期應由中國籌備貲本估價將該火車道並一切火車機器廠房屋等產贖回、惟如何贖法、容後妥酌施行、

第三條、　中國現有火車道、擬自山海關接造至奉天盛京城、由盛京接至吉林、倘中國日後經費不足、准由俄國備資、由吉林城代造、以十年爲期贖回、至鐵

路應由何路起造、均照中國已勘定之道、接至盛京並牛莊等處地方止、

第四條、中國所擬接造之火車道、自奉天山海關至牛莊而蓋平而金州而旅順口、以及至大連灣等處地方、均應倣俄國火車道、以期中俄彼此通商之便、

第五條、以上俄國自造之火車道、所經各地方、應將中國文武官員照常保護、並應優給待火車道各路之俄國文武各官、以及一切工匠人等、惟因該火車道所經之地、大半荒僻、猶恐中國官員不能隨時保護周詳、應准俄國專派馬步營兵數隊、駐紮要站、以期保護商務、

第六條、自造成各火車道後、兩國彼此運進之貨、其納稅章程、均準同治元年二月初四日中俄陸路通商條約定納、

第七條、黑龍江及吉林長白山等處地方五金礦、間有禁例不准開挖、自此約定後、准俄國以及本國商民隨時開采、惟須先行稟報中國地方官、具領護照、并按中國內地礦務條程、方准開挖、

第八條、東三省雖有練軍、然其餘軍營仍照舊例辦理、倘日後中國欲將各省全倣西法、惟向俄國借請熟悉營務之武員來華整頓一切、其章程則與兩省所請德國武員章程無異、

第九條、俄國在亞細亞無周年不凍之海口、一時該洲若有軍務、俄國東海以及太平洋水師諸多不便、隨時行駛、今中國因鑒於此情、願將山東省之膠州地方、暫行租與俄國、以十五年爲限、其俄國所造之營房棧房機器廠船塢等類、准中國於期滿後、估價儘資購入、但如無軍務之危、俄國不得卽時屯兵據要、以免他國嫌疑、惟賃租之款、應得如何辦理、日後另有附條酌議、

第十條、遼東之旅順口、以及大連灣等處地方、原係險要之區、中國應速爲整頓各事、及修理砲台、以備不虞、俄國亦允准保護此處、不准他國侵犯、中國亦允准將來永不讓與他國佔據、惟日後如俄國忽有軍務、中國准將旅順口及大連灣等處地方、暫行讓與俄國、水陸營泊屯於此、以期攻軍攻守之便、

第十一條、旅順口大連灣等處地方、若俄國無軍務之危則中國自行管理與俄國無涉、惟東三省火車道以及開挖五金礦諸務、准於換約後便宜行事、俄國文武官員以及商民人等所到之處、中國官員理應格外優待保護、不得阻滯其游歷各處地方、

第十二條、畧之、

以上密約共十有二條、或云眞、或云僞、世論無所適從、然與邇來俄人所爲一一符合、非架空虛文也、

第五 中俄銀行設立分行於天津 置東省鐵路總務局及中俄銀行於北京

俄國百年長計、步武日進、已創立中俄銀行、分行於上海漢口、更以明治三十年一月十三日、分行於天津、俄茶商在天津者、咸額手相慶曰、茶業自是有一層起色矣、三分行既成、嗣有設置本行於北京議、俄國派員勃哥計羅夫氏、專任此事、擬租賃高麗舘以爲市廛、囑俄繙譯官搭格什納諮之張樵野侍郎、舘本名會同

四譯館、藩屬諸國使臣所駐紮中國所建、以誇示國威於四方者也、故侍郎以委此館於俄人手、爲不吉祥事、不肯與議、乃轉請之恭親王、親王以其屬廢宅、輙聽之行文知照事卽決矣、實華歷上年正月十九日也、越三日起工、修理館舍、又建築洋式大廈一宇、撤會同四譯館匾額、代以東三省鐵路總局暨華俄銀行招牌、於是乎滿洲鐵路與該銀行相關之證愈明於世矣、

該銀行章程之所以與尋常銀行不同、既如所論、而今也基礎確然不拔矣、俄國所欲爲、幾無不成、吾恐異日銀行之變態、與英國東印度會社同揆也、

第六 烏侯入北京 華人心醉俄國

明治三十年四月、俄貴族烏夫妥木斯幾侯入北京、謝賀加冕事、一爲舉行中俄銀行及滿洲鐵路慶典、侯蓋俄皇所特簡也、先是俄皇爲太子時、游歷亞東、侯常扈從、皇著觀光記、侯實膺執筆之任、其見信任可知也、

初聞烏侯至華之報也、中外一時注目、欲觀其舉動、既而侯抵上海、列國領事皆

以優禮待之、一如迎大使、而其入北京也、自法國公使外無復訪問者、比之在上海時、其寒涼不啻數十度、會英公使署有女主萬壽慶典、招各國搢紳、盛張夜宴、而烏侯不與焉、蓋以侯無大使資格、不過爲尋常游歷客云、

然中國政府、則待侯以破格之厚禮、將至遣員郊迎、既至 皇太后 皇帝皆賜覲見、玉帛獻酬之盛、前古所未聞也、廷臣亦咸受俄贈遺、爲俄斡旋者、或賜冠、或加級一等、宮中府中、歡聲如沸、極口稱揚俄國、其聲聞及廷外、同文舘學生、習俄語者、遽加其數、而侯之結納不止是也、擢落魄窮途者、采用之銀行若鐵路局、又使有貲產者、投貲本銀行、與以利息、大結士民歡心、於是乎謳歌俄國者日益多矣、

侯功已成、將歸國、以駐京俄國郵政局長某氏爲先導、横斷蒙古地方、蓋蒙古者、俄國將建築鐵路處也、凡俄國在亞東擬建築鐵路有三焉、一出海參崴以扼日本海、一出滿洲南部、以制渤海、而謀制渤海、更不可不得一口於天津、於是有蒙

古鐵路之要焉、今也京津鐵路已通、復造自北京至張家口、自張家口至恰克圖鐵路、其利便豈惟商務而已哉、烏侯歸途過此、吾知其意不在尋常觀光也、

法國名士論亞洲情形 時事新報

法國名士琅三氏、論亞洲情形曰、俄之於亞洲、猶江流決堤而來、其勢滔滔乎不知所底止、向一拯中國於危地、博其歡心、得營建鐵路滿洲權、工已就緒、西伯利亞鐵路竣功在眉睫、自此百貨之取道蘇彝士河者、不日將賴此鐵路、其利益豈尠少哉、亞西鐵路、亦將蜿蜒南走、抵砂馬艮府、暨中國南境、凡此三者、皆張國權於亞洲之階梯、此勢而無已、非惟亞洲邊境爲俄附庸、中國亦將爲所吞噬矣、豈不殆哉、論者曰、英與俄得毋杆格乎、予以爲不然、蓋兩國不同利害、常磨爪牙相窺矙、不啻吳越不相容、然退究其勢力之所逮、劃然各分境域、決無相衝突之患也、境域何也、喜馬拉亞山、暨阿富汗原野、卽是也、兩國剖割亞洲、必以此處爲分界、英保其以南、俄有其以北、兩雄峙立不相厄、各安其分、是自然之勢也、試舉其

丁口、俄所有五億乃至六億、（合算中國四億）英所有亦不下三億五千萬、當此之時、吾法割據亞南一小部、不過丁口二百萬、岌岌乎危如累卵、爲法人者宜急沈思熟慮、建應此之策也、

訪足利學校閱舊藏珍籍記（國光雜誌）

記本學校之沿革、有金井氏學校事蹟考、誌所藏珍本緣起、有奈佐偶東山吹日記、並新樂定足利學校目錄、邇來赴學校搜訪者、恒有撰述、然大宰錄上杉憲實上杉時政等識語居多、未見論及宋元舊槧之足珍秘、洵爲遺憾、予所有慼焉、偶補其缺云爾、亦樂園主人識、

明治三十年九月四號、訪足利學校、得同校保存會員相馬明厚氏之介紹也、先展閱著名宋元板本、朝鮮本暨舊鈔本、其中宋槧周易署上杉憲忠手書花押者、實係端平元年之刻本、而同二年陸放翁標閱之、其子遹手錄之者、字體行楷相間、極遒勁、句讀批點用硃、甚謹嚴、但塗抹用雌黃、此書雖曰南宋本、經名流手校

洵爲希代珍籍、又有尙書正義、係北宋本、有端拱元年表、其他禮詩春秋諸書、咸南宋本、每本署上杉憲實花押、文選一部、係蜀大字本、字體紙質、共位宋槧上乘、每卷首鈐金澤文庫墨印、卷末署學校寄進永祿三年庚申六月七日平氏政十七字、鈐虎形硃印、更誌隅州產九華行年六十一歲之時欲於鄉里過相州太守氏康氏政父子聽三略講後話柄之次賜之、又請再住於講堂矣四十七字、又書加硃墨點三要六字、明謝肇淛云、書所以貴宋板者不惟點畫無訛謬、亦且箋刻精好、若法帖然、凡宋刻有肥瘦二種、肥者學顏、瘦者學歐、行款疎密、任意不一、而字勢皆生動、箋古色極薄云云、清孫慶增云、鑒別宋刻本、須看紙色羅紋、墨氣字畫行款忌諱字、單邊、末後卷數不刻、末行隨文隔行刻、又須將眞本對勘乃定、中畧、若果南北宋刻本、紙質羅紋不同、字劃刻手古勁而雅、墨氣香淡、紙色蒼潤、展卷便有驚人之處、所謂墨香紙潤、秀雅古勁、宋刻之妙、蓋盡之矣、斯鑒識宋刻之匡畧、以上數種實不越此標準、皆千古秘册也、惟巾箱本周禮一部、雖先哲鑒以爲南宋板、以予所見、似宋槧元修本、慶增云、元刻不用對勘、其字脚行款、黑濁一見便知、謝肇淛云、元刻字稍帶行、而箋時用竹、視宋紙稍黑矣、要不論經史子集、元刻本在紙鬆刻硬、字畫不分粗細、諱字不用缺筆、曾目睹三緣山元刻淩駕宋板頗佳刻故經籍訪古志中、雖既記周禮鄭氏註十二卷宋槧巾箱本市野迷庵手錄亦云爾、予斷信其爲宋板元修本也、元板中十八史略一部、係上杉賓房所寄存、有時康正乙亥云云之識語、可以知其爲無耦珍本也、又有周易會通東坡詩集、朝鮮本凡十數種、其中十八史畧十本紙板並佳、卷首鈐硃印曰宣賜之記、永樂庚子冬十月、朝鮮王命造銅字活板、又新造大字銅活字、印行此書、其顛末載在宣德九年上表文中、字體稍肥、紙質亦與他朝鮮本異、與帝國圖書館所藏姓解同、慶增云、外國所刻之書、高麗本最好、五經四書醫藥等書、皆從古本、凡中夏所刻、向皆字句脫落、章數不全者、高麗竟有完本云云、亦足以知朝鮮本可貴重矣、其他如三峰集、青坡全集、自警編、係鋟印該國人所著書者、皆不易得之珍本也、舊鈔本、經史子集有永祿永正文明永享天正等之識語、珍本不尠、雖此行匆卒、未能與諸印本勘校異同、如古文尚書鈔本一閱能識其貴品、是書不載於經籍訪古志等書、字體近南北朝、且附遠古登點、（日入讀漢文必附點顚倒讀之點有稱遠古登點者平城朝時代多用之故云）蓋平城朝時代物、亦罕見之書也、皇侃語論義疏十卷、經籍訪古志載寶宋書院本九折堂本容院本、求古樓本、暨本學本五種、而今散逸不傳、其有之、惟足利本一種耳、距今十年前、中國使臣黎君庶昌、請本校學謄寫之、贈左謝狀、現表裝之卷端、與本書倶什襲、其文曰、我國乾隆中、於揚鎭浙江等處設立三閣、頒貯四庫書籍、聽人入觀鈔寫、但其例不出閣、立法善、私家似此者、亦多有之、而范氏天一閣最顯、行之數百年、至今弗替、今觀日本足利學校立法與中國同、且自變法以來、周孔之學日就衰廢、獨足利舊藏書籍、篤守弗失、誠爲吾道千鈞一髮之寄、近就學中鈔寫皇侃論語義疏、令隨員徐君致遠復往校讎、辱學長殷殷款接、誼足感焉、書此以贈、大淸光緒十四年正月使者黎庶昌

此稿未完

一千三百三十七年 一千三百三十八年 與法蘭西蘇格蘭搆兵、義德瓦自命應得法蘭西君位、

一千三百三十九年、巴略自蘇格蘭被逐、義德瓦自比雷班忒攻法蘭西、

一千三百四十年、斯羅斯之戰、

一千三百四十一年 一千三百四十二年 比里坦乃及貴安之戰、

一千三百四十六年、格里西及尼徹克老斯之戰、

一千三百四十七年、進據加勒斯、與法蘭西停戰、

一千三百四十八年、初次黑疫、

一千三百四十九年 一千三百五十一年 定工人之例、

一千三百五十一年、定受典于敎王初次例、

一千三百五十三年、定行他國權勢于英之例、

譯書公會排印

帆船、後人附會、配以汽機一副、輪帆兼用此種機器、湊合本非天然、造成殊不合用、卽如吾舟身既褊狹、佈置機器不得暢適、汽水之力不足、加以高桅兀峙、中央受風最大、風所阻滯、駛行甚難、機器力又甚單、不足以壓風力、

然船雖不良於行、而在船將弁、則皆純全美備、無可指摘、其中無論品級高下、除軍門外、俱年富力强、勇於任事、士氣飽騰、毫無觖望爭競、誠足以保全吾法國海軍之美名、而垂之永久、

凡水師船上有職之員弁、自判等威、不與衆伍、蓋由平素橫覽大地、俛視己身、負荷國家重任、又立志甚高、每以同國數十萬人性命繫其一身、自以武僚爲西俗最尊崇之職、無稍失挫、以遺玷辱、而其報國忠忱、歷久不渝、海船遠行、上下雜居、必須將弁能知自重、高自位置、與衆差別、然後能不失其身分、此數者、皆足使身充水師兵官者、於舉止行動

間、顯出不凡之品概、而成爲邁衆之人也、余亦知陸軍將弁中、亦不乏高抗之志氣、貴重之品概、特出之性格、然其心情皆不如海軍將弁之超卓、即或臻此境界、難得全材、或資稟雖異、而嗜欲鄙瑣、或性情好潔、而天分太薄、不足以任大事、陸軍將弁、大抵類此、至海軍則不然、偶有一二薰蕕雜處、凡肩臂上帶有標幟、身膺品級者、皆爲瑰異出衆之人、

船主冐利愛水師中翹楚、固老於行海者、此時舉止暴戾、面受風吹、變紫黑色、口令傳宣、聲音稍啞、已無復貴官體度、頗似一年老武士、演藝劇塲、殊不似甫出水師學堂之材官也、該船主便辟有心計、工於趨利、初時貌爲奮發、誑軍門遷居己船、以顯其駕駛之能、

愛杜阿爾特洫米善恢諧、性溫厚、篤交遊、任事誠實無欺、軍門蒙都防兩至京都、主其家、凡十閱月、洫米極意欵留、事事躬親、厥後班師回國、事無鉅細、皆伊籌畫、其忠貞愛國、勞勩、實邁常流、中國朝廷、亦賞給寶

皇蓋洫米既代其叔父、故頒賞所及、亦係洫米之叔父、而非洫米本身、然榮顯其叔父、卽所以表彰洫米也、

軍中惟採辦馬匹爲難、軍門時以此事爲慮、如欲自歐西裝載而來、則舟行六月之久、芻具實難措備、而中國所產、孱弱不適用、蓋每匹不過一邁當、又三啇的邁當之高、不足以充軍騎、現在砲火軍械軍糈雜物輜重、均須負載、無馬則不能稱兵遠引也、

當在波衡脫奪茄拵時、見軍門曾遣數員至各處購置馬匹、任是役者、爲砲隊副將朋此孟、都司代瑪爾蓋、都司奪高爾與馬隊都司蒙都防也、該數員被委後、當卽前往承辦、綜計自印度販來者、載運之費、須佛郎八百元、倒斃者尚不在內、價旣昂、而印度產亦不適用、於是洫米建赴日本採買之議、宣詞於衆曰、日產較華產軀幹豐偉、教熟一次、卽能耐勞、無蹶蹀之患、各員稱善、其時又有充糧台之副者名勃隆陶亦爲

此事、往小呂宋試探、亦得數匹而歸、同時朋此孟等、束裝赴日本、所過諸市、赶即購定、無缺乏焉、

馬既購定、乘帆船東渡、閱數禮拜、水陸各軍駛抵上海、辦理尚稱妥速、惟日產不慣海居、甫登船即驚躍、上下欄檻盡爲拆卸、任其奔逸、水手人等、皆束手無策、聽之而已、抵埠後、去船登陸、亦費周章、悉以皮條籠首、如南亞墨利加人之以皮帶擒絡山中野獸然、絡結既徧、自船舷放入海中、令泅水以渡、幸其時潮水適至、水向岸邊推擊、馬得乘勢以次渡涉、槍兵等見所未見、以此渡河新法、作爲玩弄之資、羣在彼岸等候、俟馬出水、擒獲置諸廄、越日、即行教練、使之嫺於臨陣、數日已馴、任人控馭矣、另有一小隊、仍桀驁、遇人踶嚙、遂擊殺之、

上海之地、天時溫和適宜、居斯土者、無嚴寒酷熱之苦、因中國北地經冬即涸險冱寒、與西卑利無所殊、南地則炎熱炙偪、盛夏與印度地相

埒、上海適居其中、於是屯駐吾軍實勝地也、

一千八百四十二年、上海始立約通商、維時歐西巨商叢集、爭擇地址、以爲棲止之所、於是卽於城外擇寬廠地數區、立爲法英美各租界、列肆相望、樓軒崇傑、荒蕪之地、頓變爲繁盛之區、一千八百六十年、余等蒞斯土、係相距僅三載、已諸臻美備、可與吾歐名城相埒、人有言曰、在上海中國城外、更有外國城、中西兼備、實中土首埠也、

美租界離城最遠、稍後爲英租界、與法租界僅隔一水、水名洋涇濵、法租界密邇城垣、英人所至之處、以暢適自異於人、建屋務極宏廠、不肯稍卑下、而於上海爲尤甚、凡所開銀行洋行報館等、難屈指算、備極奢靡、抗衡宮室、殊難殫述、地濵黃浦、泥土潮濕、基址浮鬆、必須預立木樁乃得堅固、與物禰池省城中宮殿府第相彷彿云、物禰池意大利省城全城築於海面房舍富雄

余等登岸後稍整洗、與賓主談約二刻許、出外沿城散步、遇城門、迳導

入、無迴顧、見城門殊寬闊、門框以磚砌成、頗深奥透過城垣、至此頓憶余離歐羅巴已六旬矣、城上懸有木籠五六具、與鳥籠相似、內函人首數具、面目模糊、臭氣逼人、髮辮蓬勃、凝結血痕如漆、青蠅叢集、據云、此係叛民與殺人兇手之首級、梟示以昭炯戒也、

門內懸有緞靴數雙、蓋官吏所著之靴也、中國親民之官、與吾國縣主鄉君不同、其事權亦異、中國風氣、凡有司政德及民、民感戴之、去官之日、脫其平素所著之靴、懸之城門、以誌景憶、

此種風習、於吾歐西各國、殊不易見、亦頗難仿傚、余之言此、亦並非有意譏誚吾國官吏也、設果有人於吾邑柵門、懸掛守民官之靴、則繫於稅房旁之馬、必將嚙破之、而食其內蘊之乾草矣、以故卽欲支掛、以銘不忘、亦難垂於永久也、

門內有防兵所一區、以兵數人守之、殊無威儀、有背墻踞坐、雙膝支下

頭者、有兩手盤於足脛作十字形者、有盤旋於房舍中吸食鴉片者、其惡氣冲入喉間、使余作惡不止、憶及所乘岡日船、猶憤恨也、此外復有雇人薙髮者、沿壁酣睡者、覩此可知中國兵士、平素無紀律、日惟游戲怠情、不能操作、而知罷爾道並多爾斯亞非利加國名之軍士爲足多矣、該國之兵、日間無事、必倚於營門、槍之柄峙於地、槍之鋒置於肩、兩手執綫結網襪無間斷、蓋手務工業、既示人以勤勉之意、且可杜邪僻之念、途人過之、見所務甚微、且是處人民徒跣居多、不解其繇、駐足冥索、始知其用意之深、蓋與其游手好閒、空廢時日、無寧手足勤動、日事操作爲得也、

該防所門畫二巨人、衣紅衣、冠紅冑、盔高銳其上、如吾鄉中古之術士所冠同、上飾雉羽、旁繫囚徒三名、荷巨枷一、若欲巨人監守也者、此數人者、係地方犯事之人、罪案重重、華例凡初犯輕罪、惟科以枷號、兩手

仍能自由、不爲拘攣、重罪則首與手一併禁於枷、其苦更甚矣、城門以内、壁上墁畫斑爛、視之皆中國刑具、殊形兇虐、凡人心思所能及者、無論如何暴狠、不近人情、無不畢具於此、聞中國虐人最甚、觀此益信、按上海城中並無此等情事不知作者何所見而云然姑照譯之

中國名都、不乏勝地足供遊矚、然於上海一隅、欲求一適意之境、殊不多覯、余作此書、原不能殫述中國風土人情、作筆記而專記一事、亦非余之初念、惟據所見而書之、並無成見、其中底蘊、則非余之所敢知也、城中有不堪三事、人數之嘈雜、街衢之擁擠與臭味也、蓋城中人烟稠密、商販駢集、肩摩轂擊、中雜擔夫、是擔夫與吾國不同、置物於肩、雖最輕者亦須重其步、大聲呼叫、邪許之聲、達於通衢、更有嬰兒哭泣聲、婦女呼叫聲、轎夫叫喝聲、官員鹵部開導衙役喚人迴避聲、官級愈尊、呵殿之聲愈大、聲聲相續、自遠聞之、與阿爾城中婦女呼噪之聲相似、復

日人所擾七八年之久、中國所失貨物寶值不知幾兆銀錢、人之爲所擄奴者亦不少、軍民之死於刀兵水火者、不下十萬人、於歐史中尋繹如此事情、固亦有之、當歐洲文化未昌之時、在美善之區、諾曼司自北來、阿剌伯自南來、亦常侵擾不已也、

夫此等侵擾情形、類冒險之徒所爲、但自此以後、日本史中乃有至大戰事、因足利氏有不善之國政、以致國中自相爭戰、此族後爲織田信長豐臣秀吉所滅、秀吉出身甚微、而臻國中關白之秩、（日本外史豐臣氏初秀吉起微賤無姓氏始稱平氏中稱平原氏於是欲爲征夷大將軍右大將軍藤原晴季素與秀吉善爲之謀曰故事稱大將軍非源氏不可公稱藤原氏宜爲關白秀吉曰關白何物晴季曰位亞天子統御百官秀吉大喜時藤原昭實爲關白晴季諷辭其官以秀吉代之朝廷重違其意遂詔許之秀吉具騶從入朝謝恩奏請授子弟將士以官爵秀吉差冐他姓請賜新姓曰豐臣）蓋其膽略、使人忘其爲起家微賤也、士卒悅服、無戰不克、幾無讐敵可尋、於是欲用兵高麗、使之內附、藉此侵伐中國、其萌此念、蓋已久矣、（日本外史豐臣氏秀吉之在關東也遊於鐮倉觀源賴朝塑像進撫其背曰若吾友也徒手取天下惟有吾與若而已然若承

藉名族不如吾起人奴也吾欲遂畧地至明若以爲何如秀吉初無子、先是姬人淺井氏生男鶴松、秀吉絕愛之、未幾鶴松夭、乃悲哀累月、忽忽不樂、因屢出游以自遣、一日登清水寺閣、今西京古寺爲名勝地西望謂從者曰、大丈夫當用武萬里之外、何自悒鬱爲、於是遺書高麗國王、其詞曰、

謹答朝鮮國王足下、吾邦諸道、久屬分離、廢亂綱紀、阻格帝命、秀吉爲之憤激、被堅執鋭、西討東伐、以數年之閒、而定六十餘國、秀吉鄙人也、然當其在胎、母夢日入懷、占者曰、日光所臨、莫不透徹、壯歲必耀武八表、是故戰必勝、攻必取、今海內既治、民富財足、帝京之盛、前古無比、夫人之居世、自古不滿百歲、安能鬱鬱久在此乎、吾欲假道貴國、超越山海、直入於明、使其四百州盡化我俗、以施王政於億萬斯年、是秀吉宿志也、凡海外諸蕃、後至者皆在所不釋、貴國先修使幣、帝甚嘉之、秀吉入明之日、其率士卒會軍營、以爲我前導、

高麗王得書疑懼不從、秀吉圖大舉伐之、分水陸九軍、總十五萬人於釜山、登陸守國軍之相助、尚不在內、此軍無戰不勝、軍械固利於韓軍、且槍砲又習自西班牙、統之者一爲小西行長、一爲加籐清正、日本外史豐臣氏十二月分朝鮮地圖於諸將部署其所擬分西南四道兵爲八軍以擬韓之八道主計頭加籐清正將第一軍攝津守小西行長將第二軍行長年壯信基督教、清正年老信釋教、頗水火如仇敵云、

日本將校愚魯、如毆史中之那弌行長清正嘗言於秀吉曰、設漢將遣一書牘、如之何、秀吉乃遣僧人之識漢文者助之、

初次合軍、日軍轉戰無前、行長熟識海路、冒風濤由釜山登岸、進據湯乃砲臺、由納湯山原進攻山渠及冲渠據之、按以上地名係高麗音不知今之何地茲錄日本外史於下以資攷證四月至安藝謁嚴島祠投百錢祝曰吾而勝明面者居多乃投皆面矣衆大喜蓋豫糊合兩錢也遂至那古邪諸軍會者凡五十萬人糧食稱之於是先遣水陸九軍發大皦閲而揚帆蔽海而渡至於風本阻風十日風稍定行長與義智素諳海路潛扳其軍不告衆先發至豐崎平明諸將乃覺之清正怒而發風益甚不得進行長促舵師發豐崎冒濤而進十三日達於釜山釜山守將鄭撥出獵聞警馳還行長隨攻其城立扳之生擒鄭撥遂分兵徇慶尚道陷西生多大二浦斬

（多大守將尹興信問其捕虜以要售城寨曰東北有東萊距此三十里行長謂其衆曰諸君戰疲當休然使東萊爲備吾力不能下而諸將隨至則奪功於人矣宜急擊取之衆奮從之乃進攻東萊半日拔之斬首千餘級守將宋象賢不屈死行長收葬之進陷梁山至鵲院韓兵據險拒之我兵攀山廻出其背韓兵顧而潰韓巡察使金晬聞東萊急自晉州來援不及乃諭諸郡縣避我兵）十八日師入韓城、秀吉聞之、懽躍而起曰、吾子已不啻復生矣、

清正於次日登岸、聞行長已前進、悔落其後、欲設策阻之、且斷其韓城前之渡舟、雖萌此意、其進韓城亦不後於行長、（日本外史豐城氏清正後行長三日至釜山聞行長已前進切齒曰悔爲豎子所先吾豈踐其跡乎乃轉取別路縱火慶州走其守將斬首千五百級轉鬥而進所向皆靡）日軍迅捷、韓廷未設戰備、沖渠（此書地名半拼韓音或兼用東音諭之東士慶州東音讀如楷首係沖渠轉音則沖渠之爲慶州無疑而東萊則讀如托來鵲院讀如殺姑因均係上文湯乃山渠轉音斯二地或即東萊鵲院也）失陷日、警報至、都城大震、以爲飛將軍自天下也、廷臣罔顧其主、竊御廄之馬逃逸、韓王無策、奔遼東求救於明、送諸王子於中國北省、行長清正既不相能、乃分道而行、清正趨漢陽、行長趨平壤、（日本外史二人怨欲門諸將解之曰大敵在前何私門爲鍋島直茂曰太閤令二公迭爲先鋒今盍

祝也、當安剔蘭正欲刦奥利痕司城、聞羅馬大將埃愛剔和司統領勃揚定斯西峨特福蘭克司各黨全軍而來、安剔蘭被逼、遂退兵駐紮於刦耶收孟之大平原、是爲歐羅巴從來所未有之一場血戰也、西峨特之王死於陣、然與福蘭克司協力同心、擊安剔蘭厥功甚偉、安剔蘭憤恨塡胷、在營恒伏車後、遮馬食當薪以自衛、倘敵至、則焚之以自盡、但埃愛剔和司不以窮追爲能、故安剔蘭得脫、再渡而臘痕江、此四百五十一年之事、是爲第五次大殺戮也、

未幾安剔蘭又刦意大利之南、毀亞貴來耶城、並據密蘭城、勒令來贖、及至萬你昔亞城、百姓驚惶失措、咸避於阿掘立阿剔克諸島中、遂建萬你司城、羣島中之城、無有大於此者矣、羅馬王樊倫剔甯第三以勒凡那不能甯居、逃回羅馬城中、而埃愛剔和司奸情敗露、知不可用、且慮兵力不足、令主教曰聖利條提揚來脫向安剔蘭議和、而聖利條提

譯書公會排印

獮來脫威儀嚴肅、令人望而却步、安剔蘭畏之、遂允白金爲壽、退出意大利、瀕行又言曰、若不以羅馬之半與我、並不以項腦利亞妻我、來年當興師問罪、蓋其已得項腦利亞手戒以爲成婚之劵、方其出意大利也、在塞司河岸作營爲都、掘濠偶醉蹶死濠中、此四百五十三年事也、安剔蘭死、其黨黑你斯大發喪、飾綢幄周圍數十里、陳尸於中、令善騎者日夜馳騁於幄幕之外、銘其勳烈曰、安剔蘭、安剔蘭、勇氣百倍、勳烈萬般、國賴以安、地賴以完、東鄙西鄙、拓地艱難、天實生之、孰能勝之、今其死之、誰其嗣之、發喪之日、其都下皆斷髮毀容、作種種可怖之狀、以盡其哀、流男兒之皿、實多於灑婦人之淚也、其棺以鐵爲之、又爲槨二、金一、銀一、更殉以至珍貴之物、皆刼自他國者、恐葬之者洩之、葬畢、悉殺之、

自安剔蘭死、其黨黑爾斯內亂大作、前所征服者、爲司蘭孚士及日耳

曼皆復舊權、自立爲王、如塞司河之左岸、曰摒畢台者、其尤著者也、羅馬王樊倫剔甯第三、知黑你司不足爲患、遂謀去其舊將、召埃愛剔和司入宮、殺之、此四百五十四年事也、坐是羣相猜忌、咸謀篡位、數月之後、又辱其部臣埋克齊罍司、埋克齊罍司遂遣人刺其王樊倫剔甯第三、而梯華度師之支派、從此斬矣、西鄙權勢、亦幾盡失也、

三記末代各亂黨

自埋克齊罍司殺樊倫剔甯第三、意猶未足、逼其后猶度克西埃爲妻、后不得已求救於萬達而司王勤司立克、弗許、勤司立克遂乘機而入、埋克齊罍司畏縮之心、與兇狠之心相等、遂遁、衆怒之、以石擊死、當聖和華教王之勸化阿梯拉也、曾止其好戰之心、然不能拒勤司立克於羅馬城之外、勤司立克雖受教王節制、不殺人、不縱火、而搶刦如故、計其黨刦羅馬城十四晝夜、忍心害理、實大不仁、而惡名遂著、西峨

特亦與難、當時滿載金銀精緻雕刻之物、至禮拜堂器皿、及王宮項蓋古銅、亦携之去、被虜六萬餘人、猶度克西埃及其子女皆刼去、昔羅馬之滅楷塞其黨也、搜括殆盡、今見羅馬財貨、爲勤司立克滿載而歸、銷其怨恨、羅馬自遭此刼、王室單微、人民稀少、儼成爲亂黨玩物、王如棋置、朝夕更令、各黨爭羅馬王權、王位必由亂黨在意大利分派、不能自主、蘇愛維主帥而來胥麥不自立爲王、而廢立惟意、二十年之中、有王八人、或死或逐、中有著名者數人、如墁果而林及安剔滅而司既勇敢且德量過人、努力爲王、亦見斥於而來胥麥

而來胥麥死於四百二十七年、阿梯拉之書記恩拉司的司亦擁亂黨逐王而立其子、維時其子尚幼、名魯麥勒司奥格司脫勒司、用羅馬建國者之名、及羅馬城名、亦云奇矣、西鄙諸王中之至微至卑者、各亂黨據意大利、與別黨之在他處相似、巨魁奥圖塞黑魯立地方人、驍桀譎

變、初隸兵伍、曾赴意大利、訪隱士聖塞物而納司於草廬、奧圖塞軀體雄偉、俯身而入、隱士曰、速去毋涸乃公汝雖長大、他日更有逾於此者、奧圖塞私心竊喜、頓萌大志、欲乘各亂黨之機、躋列高位、據意大利三分之一、未克如志、於是攻奧拉司的司、獲而殺之於潑維阿地方、此四百七十六年事也、羅馬諸員廢魯末勒司爲民、歲給養贍、居康潑民阿以終、奧圖塞僭稱王、遣使詣東鄙皇才諾、願以皇權歸東鄙而隸其屏藩、羣臣諛詞頌才諾曰、嗣此東鄙混一、威靈遠播、吾皇功德巍巍、莫與京矣、才諾大悅、遂允之、西鄙絕、此乃四百七十六年事也、計自阿克昔姆一戰以後、五百七年、羅馬建國後一千二百二十九年、意大利各郡、早經逐漸削滅無遺、譬如人齒老邁、筋力既衰、支體木強、祗餘殘喘、其亡亦不覺也、

萬國中古史畧卷一終

延壽新法目錄

總結前論

延壽新法卷一

英國愛凡司撰

嘉善程培芳子鑾同譯

老死之由

近今考出生物學、骨學與格致學之外、尚有許多他事、未經查驗、如腦之情形、思想、運動、生命、幷壽之可延也、

造物能以奇怪之說示人、常於奇事中見之、人所問之之事、造物無不答之、蓋所答者、卽在人之試驗也、

老人之體質、與少年不同、其不同之處、在運動知覺行爲造法、少年之便捷靈利、一變而爲僵硬衰敗之老年、以致於終、

人身之大變化、如始而生、繼而長、漸而衰、終乃卒、造化於是乎皆各有故、倘人能處心中正、而不執偏見、則凡此等變化之緣故、質之造化、造化必將應之、試問老與少不同之故、身體內諸物、何故漸停其職、人何

以老而死乎、

晚年最著之景象、在體中有似白筋網而硬且黏之土質鹽類、逗留其間、此土質、大都以鈣養燐養五與鈣養炭養二合成、又有少許鈣養硫養三鐵養與他類土質、

生物學家醫學家通行之意、以爲人之所以死、在乎身體中土質鹽類積多、而此土質、又因年老所致、然此解亦未甚妥、何則、如果年老爲積土化骨之原、則原同者、其效必同、凡年同之人、其所積土質之多、當盡同矣、而何以有年未盈五十而老且衰、若七八十者甚多哉、此說之非、固已試之無疑矣、

試先考老與少身體中造法器具同異、

骨

據袞士留司考驗人身少壯時之骨、取折中數、其料如左、

生物	脂膏與血質	三三三〇
非生物即土質	鈣養燐養五	一五〇四
	鈣養炭養二	一一三〇
	鈣弗	二〇〇
	鎂養燐養五	一一六
	鈉養與鈉綠	一二〇
共		一〇〇〇〇

從上表中見百分中土質居六十六分七釐、大約卽三分之二、而生物每百分中、大約有水十分、

骨質之密者、較骨之疏者、含土質更多、其與炭養二合之鈣養燐養五、亦較多於疏骨、

假如以等重之嬰兒骨、成人骨、老人骨、各一、以簡便法驗之、試投之烈火、無禁空氣入、則其生質盡化去、徒剩土質、然後細心稱之、則所得如左、

嬰兒骨之土質若干、成人骨較多、老人骨則又多、試又舉嬰兒將及成人、成人將及老者、二種骨重驗之、則所得復與前相比、可見自幼至老、土質日漸加多、

獮雷云、據司克雷求等人之意、骨中之土質、與年俱增、黎司醫士以爲在人長骨其頭顱骨、其事更易見、蓋此二等骨中之土質、在胎未生之兒、終不若成人之多也、小兒當生質極盛之時、常有骨稍遇害、卽屈曲、甚至稍或斷壞者、由其中柔軟生質甚多之故、又有老人土質過多、而生質既少且雜、致骨之凹凸力盡廢、變爲甚脆更易摧折

從胎內始成形、至於生產閒之時、亦時時逐漸化骨、卽至初生時、其大都管形骨之相接處、與總共手腕骨、脚腕骨五條畧小之骨、膝蓋骨足大趾與手大指、骨及脊末小骨、皆尚有未化成者、

自生產以後、仍舊時時化骨、其骨之相接處、始與骨桿相連屬、脊骨之

中央及頭骨、亦漸接連、至各自爲骨、必逮三十歲而後全體諸骨乃備、自少壯以後、化骨亦仍不止、脊骨中脆骨、漸收縮堅硬而無凹凸力、故使老人形體短小、磬折向前、有時頭顱骨之接縫處漸泯沒、向來分開之骨、亦合肋骨之脆骨與凡骨之相接處、皆硬而化骨、胷骨亦接、自齒牙零落而後、下齶之形始變、舌骨之分塊皆併合、至老合成一塊、氣管上面之脆骨亦化骨、直至接骨之肋、亦非復從前柔順之性、而變爲阻礙呆笨且衰弱、可見此時骨中土質、比少年時爲多矣、

肌

人年老、則肌收縮、肌絲硬而不便屈伸、且變呆白色、或至淡黃色、若觸動之、卽不能如少年時之警覺矣、

其接肌帶與近邊之肌絲及肌隔膜、變成硬而化爲骨、接肌帶之衣內、流質亦減少、

譯書公會排印

試取老人肌絲若干、又取少年肌絲如其數、同化分之、則見老人土質、多於少年、總之老人遍體土質、無處不比少年更多、而此土質、自始生之時、早已日加積也、

腦

請次論老人之腦、及腦筋之變、

腦主宰全體思想動作、而爲諸部腦筋之總會處、腦無時不與身內外百體通捷速之消息、所通之路、過脊柱與腦筋之中間處、而腦筋又分細枝、徧布周體、至於如此之密、雖以針鋒之細、任傷其身之一處、而腦無不知覺焉、夫腦之所以異於他物者、以其有不與養氣化合之燐也、其說見後、

腦日長大、至四十歲而後重足、再後則又緩緩減輕、約十年減輕一兩、據開乘維之言、老人腦、取豎直徑數、得法國尺六寸一分、橫直徑四寸

實學論

日本安籐陽州撰

上下數千年以來、中國之陸沈、至今日極矣、綱紀内弛、政績不舉、官吏徇私、賄賂横行、在外則歐美列國、負隅睥睨、以窺可乘之機、内憂外患交臻、此誠危急存亡之秋也、烏虖、四百餘州之廣、四萬萬人之衆、而無一志士仁人則已、苟在焉、則不可不發憤興起、挽回頽勢、以振作國威也、天下可爲之事、實難枚舉、變更制度、整飭兵備、建鐵路、興工業、凡此等之事、莫一不拯急之道、而其所最先務、則在興實學、實學興焉、百廢由是作、蓋實學者、富國强兵之淵源也、中國古來以文建國、自唐虞歷秦漢以下唐宋迄近代、碩學鴻儒、繼武而起、諸子百家之書、不啻汗牛充棟、雖其旨純駁不一、其文繁簡異趣、要皆深遠高妙、莫不與天地同壽、謂之地球無雙之盛事亦可也、夫士生不得志於當世、則作爲文章以繼古人之遺響、又求知己乎千載之下、固出于不得已、誰謂之不可、吾且憫其衷而金石其文也、雖然、文載道之具、載道而後文始有精神、若夫國土垂亡、而無支之之策、風紀日紊、而無矯之之術、億兆泣于飢寒、而無救之之力、其文雖凌駕秦漢唐宋諸大家、將何益之有、試取古人之文章讀之、無論其爲經爲史爲子、無一不經世濟民之業、蓋古人之處斯世、以益斯世爲心、故其作文若不得已、其言之切于時事亦宜、今人不察之、徒尋其痕跡、而不求其心所存、雕蟲末技是事、徵引故實、排列難字、誇多鬬靡、自以爲該博、互獻諛詞曰、韓柳再生、李杜避舍、滔滔皆是也、烏虖、韓柳豈如此哉、李杜豈如此哉、盡反其本、抑人無愚於不知時勢矣、不知時勢者、即不知處世之道者也、不知處世之道者、即爲知此道者所制、是自然之勢也、請試思之、今之時何時耶、歐美雄邦、互競富强、機械工藝之學日開、兵精器鋭、日夜覬覦亞東、將使中國爲俎上肉、猶不知省警、煖衣飽食、苟且偷安、嚼古人之糟粕、費根氣于無用之空文、擬以禦歐美日新之實學、是猶以弓矢劍戟邀擊大礮巨艦、其勝敗不俟智者而後知也、昔者魯仲連遺書燕將、燕將感激自刃、韓愈投文鱷魚、鱷魚相率奔竄、今人作文、果能得驅逐歐美列國於疆外萬里耶、則雖詞藻絢爛、與鄒枚齊馳、不惟無裨益于四萬萬人、益長文弱之弊耳、吾則將指此輩謂之亡國之徒、烏虖、有文事者、沈溺于末技、而不知當世之務、愚民酣醉洋藥、病已入膏肓、至其爲國家之蠹則一也、今而不救此弊、則中國行將蹈印度之覆轍、豈不殆哉、夫中國國土之美、冠于宇內、人文之盛、甲于五洲、若一旦改其圖、而翕然向實學、則十年而面目一新、二十年而風氣大開、三十年而爲地球之强國、不容疑也、日本蕞爾一小國耳、而能取泰西實學、以補我短、國家以興、區別大學爲五門、曰文學部、曰法律學部、曰醫學部、曰工學部、曰農學部、欲學郵政之事、則有郵便電信學校、欲學工藝之事、則有工業學校、欲學鐵路之事、則有鐵路學校、水陸師學校、以教兵學蘊奥、商業學校以授商務訣秘、商船學校、以肄航海術、其他有造船學校、有美術學校、士農工商、各得其所學、而成天下有用之材、宜乎國運之日旺也、吾本海東之一書生、學識謭劣、不知時務爲何物、然一片區區之心、有欲已而不得已者、草實學論一篇、以告中國之士君子云爾、

譯書公會告白

本報本係七日一刋嗣因定購機器未來暫在吳雲記刋印以致歷期積壓過時刻下機器鉛字均已到齊定可按期出報以副　諸君殷盼也

第十册內中日搆兵紀希提尤希郎係豐臣秀吉中日雖係同文讀音各異復用西文展轉繙譯不免歧誤茲特重加更正並將豐臣氏行事考註於下

本公會各省售報處

上海棋盤街 醉六堂書坊 文瑞樓書坊　　上海抛球場愼記書莊

蘇州 胥門西城橋堍周君茲明 婁門混堂巷馮公館　　無錫學前楊公館

常熟醉尉街內閣張　　常州 婁羅巷袁公館本公會分局 龍城書院

湖州醉六堂書坊　　松江鴻文堂書坊

杭州羊壩頭黃君海珊　　甯波奎元堂書坊鮑君明存

揚州 點石齋書坊 同文書局　　南京 王府園楊公館楊君農孫 詞源閣書坊

蕪湖鴻寶齋書坊　　江西省城 電報局 南昌電報局 馬王府後德隆醬園陶君菊如

九江招商局史君錫之

漢口鴻寶齋書坊

湖南省城東長街俞君恪士愼記書局

湖北武昌府街口鴻寶齋書局翟君聲谷

湖北宜昌府川鹽局總收稅所惲君毅齋

天津杏花村武備學堂孫君筱垞電報官局張君小松

京都琉璃廠中西學堂電報總局

福建馬尾船政局華君秉輝張君漢騫

福建省城點石齋書坊

烟台謙益豐銀號

香港宏文閣書坊

廣東省城愼記書局曹素功墨莊

山西省城水巷惲公館

四川省城蜚英書局

光緒二十四年二月初八日

西歷一千八百九十八年二月廿八號

譯書公會報

第十二册

每册價銀一角五分

館設上海中泥城橋西首新馬路昌壽里

譯書公會報第十二册目録

英報選譯

各國覬覦東方（日本捷報西十二月二十八號）

秀水張國珍譯

接倫敦來函言德攘中國土地而歐洲各國外視甯謐、此言祇可欺下愚之人、德人已著先鞭、各國不無忻動、能任德獨享其利耶、時務家咸注意此事、然他日必有更可驚異者、德人旣有此舉、而英亦與中國有密約之事、外人無從探悉、所約何事、亦不外下文所列情形耳、香港爲寰海第一巨埠、惟防禦未嚴礮台兵房未適於用、若無水師保護、猝被敵攻、舉掌可得、煤斤及船中各物、盡以資敵、卽以目下而論、雖有水師僅足保衛香港、未能控馭重洋、數月前、香港提督曾將情形陳報國家、各部得知此事、如遇迅雷昔年秉國鈞者、胡未慮及耶、現聞英廷集議、定議後擬行文各處、並令駐北京公使、要求中國政府、割香港隣近各島及對岸之沿海方、否則雖竭力保護、不能有濟也、開議以來畧有端緒然中國政府能允與否、尚難逆料、英廷雖要求如是、尚不敵德據膠州利益之沃、蓋巨文島亦終必歸

英據耳、

德人備戰 同上

十一月二十七號接栢靈來信、言德皇在基而地方召募之時、已稍露中德不和之意、兩月以來、遣頭等巡艦八艘載兵三千五百人駛赴中國海面、其弟普王亨利統其半、我國家爲此事極力籌畫、而亨利素志恒欲於武備中蜚騰威望、復據在基而目覩德皇招兵者之言曰、曾與水師提督啚諾及亨利語、亨利云、吾終不讓英人越僭一步、時卽德皇經營於中國僭地也、於是慮籌旣據膠澳、應如何增添兵力、詎聞此言之後、越三日卽聞戕斃教士之信、德皇卽命駐奥俄二國使臣逆探二國意旨、設德有舉動、伊等是否阻撓、嗣據覆稱可以任意舉行、決不干預、方是時俄艦泊基而者、爲俄親王湯司開統帶、德皇遇之甚厚、德報館遂衆口一詞、勸國家乘機索從前調知中日口舌之惠、復據特許才東報所論、可知德人之注意矣、其詞曰、吾國遣兵赴黃海、其事可操左券、余甚忻慰、霍亨曹倫王第二次出征之兵可凱唱而回也、今日下午復見德國水師會計錄、內開巡海鐵甲十九艘、護邊鐵甲八艘、巡艦四十二艘、再加航海鐵甲五艘、巡艦九艘、增添費用一萬六十五兆馬克、限七年內竣工、至何艦先造及經費一切、每年由海部議籌、其經費一百十八兆增至一百五十兆馬克、其數雖增、然國帑充裕、無事另籌焉、

奧戒美洲 日本捷報西十二月二十二號

奧外部大臣子爵戈曲司其於新正對衆宣諭、欲歐洲互保太平、以制各國之在大西洋外者、其詞曰、歐洲各國極力經畫、務使利益蒸蒸日上、年勝一年、常銘此念、毋容稍懈、大西洋外各國諸事爭勝、將來恐不可制、侵我全洲利權、必須用全力抵禦、互相保護、各盡己能、預儲軍備、一如第十六十七兩季之因教而戰、第十八季之共保太平、第十九季之各顧全局、則第二十季之國政商務、吾洲同國、終須協力一德、一心、吾願諸大國明知此意、於無事之時加之意焉、 按倫敦十一月二十二號、倫敦日報館駐德訪事人來信云、戈大臣宣言抵制美洲、衆人聞之

咸爲留意、據聞未宣此詞之前、除英國外、各國早已默許、其爲此言、不過爲他國作繙譯耳、復按駐奥京訪事來信言、戈大臣此詞、殊屬空言無補、無論各國不能照行、卽奥國亦不能照行也、

德皇詞夸（日本捷報西十二月二十號）

德皇可爲善於詞令矣、所宣之詞、悉刋於報端、事事欲爲國家增光寵、一似荷承天眷也者、卽觀其講述聖道一節、其措詞實雄於獅、如人欲毁謗之、亨利儼如甲冑被身、欲與疆埸從事、亨利迎合德皇尤甚、曾頌德皇云、臣恭代陛下宣揚聖道、敷布四方、如此貢諛、令人詫異、德皇常存一天付丕基之意、昔年魯脫（德人初創耶穌教者）之存心、不過如此耳、德皇治理國政、暨水陸各軍、兢兢業業、與行船人之指北極相類、旁觀幾疑可操歐洲命運之權、而皇猶是自信益堅、儼若威福可獨擅矣、卽以遣兵赴東方一事、可證其狂妄、其論將領、猶如斐力普再生、諭諸將之征塞拉庭也、究其水師、實不足與英俄日相頡頏、兵臨中國、固有利可圖、安足謂耀武寰

區、姑置勿論、然亦可見德之矢志欲行、非他人所能阻撓矣、如再能逆料他國如何撓阻、其識斯卓耳、俄在黑海調兵艦、德水師之駐太平洋者、已泊旅順、英緘默無語、惟日本係局外之所最注意者、亦靜覘其舉動如何、況德艦來華、尚須兩月之久也、俄因未獲膠澳、故泊旅順、中國允之、猶允德之據膠澳也、如不修築礮臺、並無永遠佔守之心、亦屬平常、如俄艦之泊旅順、與泊長崎者、稍有分別、將歐洲大局、從此無甯晷矣、實德據膠澳爲戎首也、各國所以鎮定者、懼爲戎首耳、誠如德皇所諭、儼如被甲於體、一有舉動、咸不能再存鎮定之心矣、

德皇宣詞 日本告白報 西正月四號

十一月三十號德皇詔上議院、此係一千八百九十四年之後第一次也、行禮畢、親自宣詞、詞中論水師最詳、其詞曰、德水師凡有戰事、倘敵人封口、或攻擊、則保護口岸、力有未逮、德國在海外諸事、蒸蒸日上、惟水師不能與之頡頏、德國商務、亦日增月盛、戰艦實不足以保護商人、夫保護一道、非勢力不爲功、吾意雖不必

與至强之國相埒、然亦不能無備、坐視已得之益日漸被侵也、其論更改武備刑例曰、所改刑例、悉仿文職、更須勤加訓練、而經費款項、亦宜從速議之也、其論國帑曰、現在國帑尚足應餘之款、用以償還國債、照去年辦理、更須舉商務農務中人爲議員、以冀節省國帑、並可細查國中土產海外商情、可定稅則、其論膠州一事、教士在中國被殺、及攻燬教堂、此事刻不去懷、因其須吾保護也、故不得已遣船赴東方膠澳鄰近犯事地方、故遣兵登岸、代教士伸恤、並儆將來、其論國政大畧曰、我國辦理政事、確爲洽意、吾與各國皇相見、均極和睦、吾知此後更當和睦、即至配脫而夫及巴特配斯脫、亦皆以禮相待、復曰、據國事情形而論、是天佑我也、嗣後但願吾德長享太平耳、宣詞既畢、又曰、二年前吾曾在此座、與衆員設誓、當力保此國、及扶持海外國威、吾祖所遺、不能或失、爾等現在助我踐此誓、吾代國家求神助爾等、及助我竭力保護、始終如一、海外之國、吾未輕視、所以付託吾弟也、

新查金礦 太晤士報 西正月七號

吳縣沈晉熙譯

邇來北美英屬科侖皮地方及西面央脫力奥地方、頗露礦苗、緣所植各物、異常豐稔、爲環球所不及、故知其必有佳礦、百姓告知國家、遣員四出查訪、未入秋、果獲之於禹貢城中、該城僻居西北隅、游蹟罕涉、第一次得之於科郎達克河中、七月、英廷得信、未閱數禮拜、復接稟報、知科侖皮及萬屬濱海一帶、亦見礦苗、遣員四人、將金沙儲諸麵筒、外裹絨毯、賫呈御覽、據稱科郎達克金苗雖旺、維地界北極、土人悍野、頗不易得、土人雖未服教化、而嗜利之心則一、自經查獲後、俄屬阿拉斯楷地方之達依人、均逐隊而來、一禮拜中、約來三千餘人、結營駐該河之上、各國政府遣人前往彈壓、擬徵貲設立公司開採、相屬而來、所恐開採者過多、折閱貲本、致釀釁端耳、環而聚者、實繁有徒、於是設城棨以衛之、名曰道勝、約俟春間、可聚族而居矣、英政府聘鑛師前往測量、並綜核所出之數、茲據復稱、產金之處、不獨該河、由斯以往、礦苗愈盛、竟難預測、英政府擬再聘極等礦師、赴北面考達勒拉一帶查察、刻據查獲在加拿大英屬共產金之處、約計一千三百英里之遙、其苗之勝、可與舊金山五十年前相埒云、加拿大竟獲此鉅產、洵人所難逆料者、西北英屬獲此礦苗、係在六月中、維時加拿大議院、極力籌議開採、欲令百姓不致阻撓、十月、英廷於遣大員郝而坦畀以全權督辦此事矣、

禁烟議 倫敦中國報 西正月十四號

本月十二號、早飡時、戒烟會諸員、集於堪能司楚里脫客棧、牧師摩而主席共八人、於是主席宣詞曰、今日之集何爲耶、緣吾國政府貪奸商之稅、允令販售鴉片、其實弊竇滋多、故吾輩設法欲拯之也、牧師威廉姆起而言曰、吾接副主教華而甫信言、本教會中有極可憫之事、自今后踐祚以來、鴉片之進中國口者、每年有二十六萬噸之多、牧師阿諾而福司脫亦起而言曰、吾赴東方傳教二十六年時、有與倫敦會互議此事、今印度不惟種烟有稅、兼稅食者、國家既明頒條告、以是食者益多、吾等雖設立禁烟之會、實不能通行也、如欲禁絕此弊、必須捐除收稅

之例而後可、惟日本禁之最嚴、除備藥品供醫生配劑外、永不准進口、誠良法也、
牧師威白批潑起而言曰、今日之集、聆諸君語、吾恍然覩中國四百兆之同罹鴉片刼者、然其中不無因病而吸食者、欲其革除靜盡、殆岌岌乎其難之、惟中國直省、旣遍地種植、已足供通國呼吸、似無須印度進口矣、究其實情、我政府貪收稅項、推廣鴉片商務、以至卑至毒之生業、且昔年釁釀兵戈、致無辜羣罹烽鏑、實不能不任其咎也、吾等深願我政府收回成命、以蓋前愆、庶史官載之史册、無損我英美德也、牧師史琅曰、深契吾心、第一要義、宜減除烟稅耳、通飭各國、重定新章、斯爲善也、

論赫德 同上

克洛治曾襄赫德辦理東方稅務數年、素稔赫德行事、其言曰、赫德其亦人傑哉、筦理東方稅職二十餘年、迄未還鄉省視、其堅忍勤愼、殆無人如之、此人如退、恐無人能繼其後者、凡人臣恭膺簡命、位或尊於赫德者、或與之齊倫者、孰不勤葸

歸念吾國無此人、商務安能臻如此之盛也、其才之偉、智之周、吾英民實永佩之、當中日搆兵、維時稅項如値歉歲之時、而赫德益矢勤勞、以保中朝稅權、凡環球生齒、莫不頌其明德、誠吾國家巨掌也、以一英民而忠藎如是、握此鉅權、聲華洋溢、不亦宜哉、

製金新法 日本告白報 西二月九號

本館接得英信云、有英醫士阿姆瞞呸司從化學試出、有一種石能製爲金、從前十分精神考究此法始能成效、伊初以金化開、驗其體質、然後試出以石亦能化金、有一寶星、威列姆克魯克司曾經以試金器考驗、竟能與天生金質無二、又有美國試金銀局、曾購去十八錠、製造金元、亦考驗無異、每錠七兩、共計一百二十六兩、每兩售英金四磅、共售得英金五百磅、每造金一兩、需費英金二磅、所以醫士阿姆瞞呸司甚爲快意、每造一兩、可得利兩磅、此人初考此法時、已費去英金二千磅、始得此法、故現在美國鈕約地方、獨專其利、以爲倣此生意、每一月可造

英金五萬兩、

法報選譯

榕城鄭守箴譯

外國政策 法國權報西十二月二十一號

俄船到旅順口、本報探問甚確、勢甚岌岌、聖彼德堡來電稱水師提督何烏奴所統師船、頃已寄椗旅口、經中國允准其在此過冬、俄電謂俄國暫借旅順、專為避凍之計、并無仇視中德及各强國之意、

英德聞俄在旅、憤怒已極、彼兩國殆謂中國是其專享之利歟、果爾則英須多練陸軍、德須多造戰艦、

西人在中國舉動 法國新報西十二月二十三號

德人仍守膠州、毫無動靜、副水師提督底德海省不准通內外之言、

英國新報、稱軍務處來書、言英艦達福泥深入旅順口、見俄船六艘在此避凍、

德京新報、稱中國現與歐洲各强國、尙覺輯睦、當不致有瓜分之事、

德皇吐實

德皇親臨布魯士邊境、巡閱砲臺、至欵德斯城、（與俄接壤）對羣衆及其城長宣言曰、汝城整備嚴密、攻圍難下、殊屬可嘉、朕甚願無此事、因鄰國皇帝交誼甚篤、所有政策、均難與朕同心、此言出自佔據膠州旅順之後、可見德皇隱露德俄已有成約於大東、究之欲同舟共濟、自無難事、由此觀之、足見俄國實無仇視德國之意、（法人皆以聯俄拒德爲上策）此正我法人所當猛省也、

暹王抵埃（斐茄洛報西十一月十二號）　鎮海貴賓榮譯

暹王希乎拉龍瓜恒于本月初六日晨九點鐘、乘麥亞希亞克里輪船、（暹王座船）抵埃及國亞萊克霜特里海口、該船入口時、砲台上卽聲砲二十一響以敬禮之、停泊口內各國船隻、亦皆懸旗伸敬、暹王座船係白色雙桅雙烟筒、其式極似水師巡船、該船停泊後、埃王弟莫哈姆特亞里親王、率埃王中軍官亞萊克霜特里巡撫、及其餘地方各官、至舟次恭迎、並致埃王相接之意、暹國公使、已預候于此、至是

爲暹王介紹引見迎迓各官親王等、隨卽導王登岸、至拉斯愛爾丁宮暫歇、下午一下鐘、乘埃王火車往敢爾進發、（埃及京城也）晚鐘鳴五下、車抵該爾、埃王率屬下各官迎于車站、握手言歡、倍極欵洽、目下暹王駐驛亞爾定宮、閒祇作七日之勾留、十三日卽擬由該爾啓程、暹王座船已開往意斯麥里亞地方、（蘇彝士河內口岸）以待暹王乘之回國也、初八日、暹王乘埃王游船往游埃及尼爾河、（卽尼羅河）十一日、埃王大張宴會以款暹王云、

雷船沉沒 （斐茄洛報西十一月二十一號）

法國防守亞爾漸利屬地一百三十三號魚雷船、在亞爾才海口相近之麥爾抵土角海面、被名陀達特拉格來魚雷船撞沉、電信已登昨日報中、茲悉因夜間水操、致肇此禍、操練時、共魚雷船四艘、作斜方形行駛、該雷船爲首、陀達船在其右面尾隨之、故該船捩舵向右、卽被陀達撞沉、是處水深二百法尺、故撈取之法無從設施、所幸未傷人口、水手一名、受傷已將就痊可、至統帶各雷船一百三十三

號魚雷船管帶水師守備白但君、及水師守備米尼亞君、失事時、均在該船、幸皆畧受微傷、大約息養數日、卽可告痊也、按操練時、各船將號燈盡皆熄滅、作眞戰之狀、俾習練純熟、免致臨陣有誤、此法應否禁止、以免不測、固不易言、葢操練者、原欲使其於眞戰時無異、方爲有約也、然此種暗操之法、究屬危險、故肇禍已非一次、且軍營中、每有不能照眞戰時辦法之事、則此法或可免去、亦未可知也、此次失事、爲禍尚不甚烈、緣該雷船並非及時上品、且亦未傷人口、惟將來設再有觸撞之事、則爲禍或將不止于此、法諺有之曰、未嬉先思燭、言嬉事之無益不值費燭也余願當局者深維此言、

河口開埠情形 中法新彙報 西二月四號

嘉定周傳謀譯

自一千八百九十五年六月二十號、議立河口通商之約、至十一月十九號、允准在紅江之河口設立通商口岸、北圻人稱之曰松風、該口之商務、係與蠻耗口彼此相連、惟於紅江內之行船章程、至今尚未議定、約離該口一百二十啓羅邁當

之內地、所有行人皆艱於往返、且龍北山之行船章程、一時亦難酌定、以此殊多猶豫、須善籌妥策爲妙、按河口埠至老開口、中有一小港、名南溪者間之、但老開一口、係爲要埠、故於該處派有第四營之陸軍在彼駐守、並於該處建有兵房醫院數座、及店鋪大棧房、以便運貨進出、而於前往紅江之路、工程緊要、理宜趕辦、至一千八百九十六年正月內、法國在河口設立領事衙門之時、而中國政府在該處所設之海關、尚未開關徵稅、但中國既未設官於河口、則凡有緊要之事、皆歸蒙自之中國官員與法員會同辦理、迨至明年七月一號、中國始派員在河口開關徵稅、所有中西各員、均於四月二十號先至該口、按充該處之稅務司者、係米而君、自居中土以來、約有二十年之久、且其在中國海關辦事、亦有十五年矣、蓋在該口之前、又有一口、名曰山都、亦爲要埠、自該埠至思茅、約須行數月可抵、凡各商人欲於老開口直達開化之新路載運貨物、須至蒙自海關查驗、然後放行、核計其運貨之路程、至少須行八日、而後能達之、且其水脚亦甚貴、若由舊路載運、則非特損失多、而或有意外之禍也、使以貨物自老開由紅江蒙自直運至開化、至少須行十四日、按自老開至蠻耗約行水路六天、再由蠻耗馬行三日、始至蒙自、所運之貨、卽在該處至少須留一日、以便聽候海關查驗、再由蒙自至開化亦須再行四五天而後能達之、今將運貨噸數價目分列於左、

自老開乘海船至蠻耗、約行六天、計費五十佛郎、自蠻耗乘馬至開化道經蒙自約行七天、計費一百零七佛郎、貨物每噸計費一百五十七佛郎、以上運貨之價、係照至少之路程而言、近見該處旅客、殊多不便、以其船隻往來時常缺乏之故也、況在舊路上之驢馬、亦不敷所用、故各商人之載運貨物、祇得將牛代爲轉運、計自蠻耗至蒙自約離六十啓羅邁當之遠、向行三天、而今則竟行至六七日之久、但該處向多山路、故往來之牛馬、亦日見其疲、如能多備船隻、而後可免行路之苦、卽其運貨之費、亦可較前稍省、自河口乘馬直至開化、約行五天、載貨每噸計費七十七佛郎、雜貨每噸計費八十佛郎、將來新路之利益、何可勝算、而其運貨

之價、亦較省於南溪港、自該港至滇西約行一日路程、卽可達到所運貨物、大半用海船載運、其脚價每噸可減至六十五至六十佛郎、自蠻耗至蒙自之路費、每噸亦可減至九十七佛郎、查南溪港內、向無小海船往來於其間、現今所有小海船一隊二百號、計其噸數約重二噸半、係自一千八百八十六年、在老開之法人所設、以爲巡守邊疆之用也、蓋在該處之中國商賈、於通商一事、大爲欣慰、以其能將貨物暢銷於外、核計近來進出之數、日增一日、而其法國之土產銷路、亦自此漸廣、卽開化之商人、業已有人前往老開貿易矣、以上二處、均有棉花棉紗等廠、如雲南之建設各廠是也、惜其老開地方、竟無人創設棧房以興市面、按該處之衛防局查得販運雲土之人、約有百分之十、而價之低昂、悉聽藥材行中主政、故販運雲土之人、亦大爲減色、且所銷之貨、大半運至北圻、而尚有老開之土、亦大半合銷一路、但育北所購之土、皆係老土、其餘廣西廣東之土、大半銷至滇穹孟敢、凡香港商人與雲南商人交易、則其貨物之價、忽漲忽跌、均不能一律、將來

新路築成之後、則雲南之商務、大有臻臻日上之勢也、卽自陽辦通至老開之車路、亦大爲便捷、現在自陽辦乘海船至老開、須行十日至十二日之久、若値水淺之時、則行人亦難於往返、而於水運亦不通矣、如其新路告成、則車馬往來之費亦省而且便、所行之路程、約三日可抵矣、自老開至蒙自之路、業由河口之法領事某君會同二法員議、將此路從新改築、新路既成、則向來須行十天者、至是則止行五天可矣、此眞可使人省却許多盤費矣、若運貨物由龍北港運至老開邊疆、其里約七十啓羅邁當、而其運貨之價、亦可減至百分之八十、但於該處行船一事甚難、小船之傾覆、時有所聞、查得中國春季之中、自蠻耗至龍北之海船十號、中有二號業已沉沒、其餘八號亦損傷不一、而於棉布棉紗之著水者、其價亦必跌、卽如煙藥鹹貨食糖糧米等項之價値、均減去百分之七十、他如中國之紙及蠟燭、均變爲無用、大抵下流之船、易致傾覆、若上行之船、則鮮有此禍、故近來裝運之貨、皆用錫包、卽跌在水中、亦不至浸濕、苟此路築成、可無是慮、然則此路不可不早爲興辦、務須華商創其端、而後法商能助其成也、但各處之船隻擱淺、皆以駕駛之不善、故有不測之禍、順化海豐商務局、禀請該處總督、議將於紅江內設立小火輪船、以便載運貨物、惟自正月起至五月、約有四個月、河水甚淺、則難於駕駛矣、一俟議定行船章程後、卽將此河開濬、吾知不數年間華人之火輪、亦將馳騁乎其內矣、自三年以來、陽辦至老開之輪船公司、於水漲時、輪船往來均未遇及意外之禍、論其河門至蠻耗開濬工程、在華人已屬胸有成竹、蓋應需經費若干、須兩門各出一半、故於該處總督與法國駐華欽使某大臣、此事亦難商辦、中國舊路甚屬崎嶇、現雖竭力講求西法、而華人類皆惟利是圖、所以法人於北圻地方、竭力補救、按自一千八百九十二年、蒙自海關所收之稅、七萬四千兩、自一千八百九十六年所收之稅、九萬五千一百九十七兩云、

東報選譯

訪足利學校閱舊藏珍籍記 國光雜誌 續前稿

日本安藤虎雄譯

其次可珍重者、爲周易舊鈔本、卷尾識易學之徒置之數字、每卷首貼附永享九年刊行之歷、予纂集皇朝古刻年表、並附錄考證一卷、揭慶長以前印行之書數十種、當時未審刊歷創於何代、今及見斯書、初知永享年代既有刊歷之事矣、慶元間所造活字本孔子家語、三畧、貞觀政要等、係第九世學長閑室和尚（一名三要）所拜受自東照公者、明槧佳亦不尠、予他日擬撰足利學校珍本考證一卷、故今述其概略耳、

見足利學舊藏宋板文選有感

宋槧從來目數經、始看奇籍架毛黌、（足利黌在毛州故云）就中文選眞精絕、不負張君寶齋名、筆法顏歐字如活、剞痕清朗似穿瑛、當時徵九華翁在、爲識此書存日瀛、

九華名瑞璵、大隅人、足利學第七世庠主、學兼梵漢、在庠三十年、以天正六年寂、卽寄藏文選人、張忠定公蓄宋槧文選、搆寶選齋貯之、見筠廊偶筆、故及焉、

近年創立足利學校保存會者、惟會員相馬明厚氏、其志最堅、十年如一日、爲此校盡瘁、有死而後已之槪、殊可感也、況前誌各本、今將何處訪求、中國既逸不傳、賴我鈔寫、夫世所謂大事業、有貲輒辦、惟此藏書、投萬金尚不可求之、乃知保存本學、不特爲足利町增色、栃木縣亦與有榮焉、（足利校在栃木縣）亦即爲我大日本帝國覃敷文明之化也、有志者宜彌加勵勉、謀長保此校於千秋萬禩也、

論中英關繫（大坂朝日報）

歐洲列國中、與中國交通最久者、爲葡萄牙、於西歷一千五百十七年、來廣東、開埠互市、通商務於南部、嗣因捕海寇功、畀澳門一港、其次者爲荷蘭、康熙季年、嘗以援中國兵平定交趾叛徒功、詔許入覲、然二國之於中國、關繫不甚深、其勢力之所及亦不甚大、積久漸衰微、今無復論二國者矣、踵而起者爲英國、其初祇求通商互市、因中朝爲環球望國、不敢蔑視、故用意殷密、異於他邦、依力薩伯時、曾一呈國書、東印度公司亦請英政府簡使駐北京、會議開埠事、歐洲列國中開此

新例、實以英國爲嚆矢、自邇以來、中英兩國交涉日煩、雖非時無齟隙、要之中以英爲與國、英亦以中爲亞東友邦、隱然相依倚、蓋英素敵視俄、而中亦惡俄、是其交情所以日摯也、明治十六七年迄二十六七年、兩國交際常如此、甲午中日搆兵、時英亦欲助中國、首建連衡干涉策、而爲俄法德諸國所阻遏、非惟不能助中國、大傷日感情、終之使三國伸志於亞東、竟成豎子名、是實英國一蹉躓也、雖然、英於中國、托根既深且久、其勢力未遽湮滅也、試觀赫德氏之稅務、今猶非掌握其全權耶、雖歐哥那氏去、有麽佔度那兒氏在焉、其伎倆亦足以爭衡於中原、嚮者法國得建築龍州鐵路權也、藉口舊條約、迫中國政府、竟得開通西江權、又使割緬甸境壤、亦可以見英國之勢力何如也、英豈以一蹉躓久雌伏哉、且今俄德兩國脫從來假面、現阿修羅惡相、突據中國要口、中國朝廷初驚其暴橫、稍悔爲其所紿、是英得可乘之機也、當今之時、英所爲祇有一途矣、蓋助中國朝廷防俄德之侵略是也、英若進取此策、則我日與英聯盟、共與進退、亦所不辭也、已往恩

怨概置勿論、苟同其利害德失、則中日英三國相結爲一體、保亞洲時局平和、豈無成算哉、嗚乎、豈無成算哉、

英國海軍同盟會 時事新報

英國嘗創立海軍同盟會、其宗旨在警醒國民、使服膺左數項目云、

一、英國商船最多、互市通商之利害極大、殖民地暨版圖亦甚廣、故國民不須不具備處之之材幹智識也、

二、英國之商權國威、一賴海軍强力、國民不須不知所以保衛此利權也、

三、戰事勝負、常因海軍决强弱、有地球無比海軍力、初得握霸權海上也、不惟爭戰爲然、商權亦賴此力而伸長、國民不可不知也、

四、海軍所需款額、卽國家保險金也、國民之納之、豈違顧一己之損益哉、不可不察也、

五、防禦英國海岸、須兵艦幾艘、員弁幾人、凡此等事、國民不可不時時反省也、

六、議案係海軍者、不可以朋黨左右之、須虛心平氣講究其利害所在也、若以偏頗心斷之、不幸莫大焉、且擴張海軍、非一朝一夕所能爲、故生平用力於此、要至漸次加增其勢力、

外字報論日本財務 時事新報

日本全國所至、創立銀行、漸加多、並非因國富而多、實國民牟利之心偶使之然耳、現今日本擴張軍備、汲汲維日不足、所需款額、年多一年、而國民無貲財、將不堪其重斂、每有增稅議、恐讟盈海內、是當路所憂慮不措也、惟工業稍有起色、然較之泰西諸國、相距不啻天淵、世人往往以日本工業、爲將來可畏者、吾不解其何說也、蓋日本欲振作工業、以凌轢列國之意甚切、而其所爲、不過規仿外儀拙陋、未造精詣、所謂有願無償者矣、奚足畏哉、彼於航海業、亦擬與列國相角逐、請帑於政府、增造商舶數艘、通航路於寰瀛、其意氣有渺視列國之概、歲未二周、空匱已鬧、入不償出、始悟植根未固、枝葉難榮、抑亦晚矣、要之日本無其素養、而欲

徒炫新奇、博功名、不成功、固其所也、爲日本謀之、今日之事、一循守古來所傳工藝、苟輕佻浮薄、舍此取彼、不失其宜者幾希、雖然、日本駸駸乎有進步、未可遽爲以一敗終者也、所慮鉅款頻增、源竭而涸斃耳、

遊突厥記 時事新報 錄田榮吉歐邏漫遊之一

宮室

突厥歷代帝王、好興土木、離宮林立、以君士坦丁堡府爲最、其在鄱斯忽拉斯海峽兩岸者、曰賞月殿、曰觀旭宮、傑閣巍巍、上摩霄漢、極輪奐之美、其他如哀爾其斯閣、如都羅麻巴其斯亞宮、瑰瓌材異石建築之、雕鏤金銀、點綴珠玉、光怪陸離、不可逼視、都羅宮中所設帝座、最極莊嚴華麗、稱歐洲屈指壯觀、每年臨御二次、受羣臣展謁、後宮有一浴室、用埃及亞拉拔斯土耳石築造、鄰房備具休息臺、突皇浴後入此房、宮嬪艷裝侍、歌舞侑觴、逞媚互競寵幸、法國人某嘗草沐浴亡國論、諷刺其豪奢足以亡國云、

賄賂公行

突皇阿布達拉哈彌托第二、爲人清癯、顏色黃濁多髯、目又如電、性仁慈、視國民如赤子、平生愛撫水陸兵士、救助貧困書生、振恤罹災窮民、興學校病院等、善政頗多、然其所爲、僅止於如此、未知所以培養國本之道、年年浪費不貲、洵可惜也、帝室一年需款、以二千五百萬佛郎克爲額、其實另有帝室財産、以年徵收二千二百萬佛郎克以上爲例、仍虞匱乏、輙發一勅令、使度支部調達之、賄賂之公行、亦他邦所罕覯、現自銀行鐵路會社、專賣烟草會社等所納、一年上一千六百萬佛郎克、大小百官浸淫其弊、恬然不知耻、視以爲當然之事、故雖國帑支絀、政費不足時、宮中駘蕩如春、宴遊歌舞、嬉嬉笑語、別有天地、朝臣之寄食者三千人、一日食資費六萬佛郎克、試晌午入宮門、見黑奴戴膳餐於頂者、旁午如織也、

宦官跋扈

朝臣藉國皇威權、傲慢恣肆、無所不至、雖高位大官不能尙焉、其最極專横者爲

宦官長、除國皇外滿廷無復出其右者、苟忤其意、則雖尊至總理大臣、亦必唾其面、其人率係蠢愚、常憎歐洲文明之風、不問是非善惡、悉排斥之、極力墨守舊習、故政府定新律、頒行全國、宮中朝臣無人審視之、自以爲最高最貴之人、不肯受其拘束、其跋扈往往此類、

宮嬪

宮嬪産自西耳加士亞地方、居多花顔柳腰、明眸皓齒、競妍爭美、蓋皆一時之選也、如承恩眷、卽可擢至正室、椒房專寵、極無上榮華、正室凡四、曰第一大女、曰第二大女、曰第三大女、曰第四大女、國皇生母總理宮闈之事、權勢赫赫、威壓內外、乳母亦居一大宮殿、兵士衛門、尊如王侯、每年行斷食祭、（回教祭典）祭時必以薦一新妾爲例、故嬖妾年增一也、終身奉侍、株守長門、怨君恩之薄者、亦不尠也、

官吏風習

突國人最重就仕、以身列文武官員、爲畢生之志願、目學問爲古之歐洲人之事、商

務爲之亞耳米尼亞人暨希臘人之事、舍而不省、專以修邊幅整豐姿裝閒雅溫籍之態爲事、故較之他種族、突厥國內有希臘亞耳米尼亞猶太等種族雖品位高尚有貴人之風、而不通經世之實務、不知計算爲何物、國家利權、一爲其所蔑視者被褫、信可憫也、現君士坦丁堡府商業會議所、有議員三十人、皆係他國人、其迂於商務可知矣、登用官吏法、亦類兒戲、雖設立行政學校以養育人材、而課程卑近、與德法諸國小學相伯仲、其効績無一足觀者、登用悉由閥閱、干祿者必先詣老官家厚遺賄賂、或約以得官後、每月分俸金幾分報之、如此而進者、旣至逞威福、復以此例待後進、爲吏後無他要事、惟溫順恭敬、逢迎上官爲急務、蓋古來積習如此、故官吏之辦公事、不論是非曲直、又不自任責務、專遵先例古格、以爲能事畢矣、其不能振作國運亦宜、生平懶惰成性、舐毫寫字、猶重若扛鼎、是以政務羈滯、年甚一年、甚至清理一案經二十月者、叩總署至八十三次者、復設一異例、官吏轉補及病故、其公牘一切藏諸篋中、不使人見、故往往有前後扞格、其厭勞類如此、然與客

對晤、飲加非、吃烟草、半日無倦色、亦可以察其優游消日之狀也、

國帑匱乏

突厥稅目有數種、其關稅等已抵押外債、其額雖巨、無損益於國帑、現入款中最主要者、卽爲地稅、定稅率以收獲、不以地價爲率、丈量土地甚疏忽、無地圖並統計表等、分劃畦界、不過曰甲地、自某山半腹至某所、乙地、自某所至某河濱耳、常室暨寺院領地、有特免租稅例、故度支年年不足、文武官員所受俸銀、遲延二三月或八九月不等、兵士期滿者、給予文憑、歸鄉後、用此代租、然如亞耳米尼亞商民、往往廉價買取之、使兵士苦於稅吏督責云、聞有一官躬詣會計局關俸、局吏白其無、叩以何日應來、吏答以不知、其國帑空乏之常如此、

萬國橋

君士坦丁堡府、隔一衣帶水、跨歐亞兩大陸、倣古代羅馬府、建築於七邱上、從海上仰望、飛閣浮圖、參差林立、波光山影相映掩、與亞剌比亞夜話所述仙境髣髴、

然步入街衢、則道遂狹隘、無復歐洲名城景象、郊外間有橋落路壞之處、淫雨連日、則泥濘沒踝、金角江上架浮橋、取貲始渡、所入頗巨、蓋以往來要津也、試佇立橋上檢閱行人、有亞洲西部人、有歐洲東部人、有亞弗利加北部人、其冠服之異、風俗習尚之別、一瞬燎然、如繪一幀地球人種圖、名曰萬國橋、洵不誣也、日東游客一日散步寺內、購君士坦丁堡繪圖一册、內有已別各種族之通行此橋者、繪其顏貌大小長短扁狹肥瘦、千差萬別、纍纍溢於二頁云、

稅務

國民完糧、一用五穀、故收稅已了、支度部化爲穀商、穀價昂低、關係國庫損益、不惟如此、以一浮一沈、價值不確定之故、預算國用、最屬難事、且豐年則穀價低廉、歲歉則穀數不多、是以年年入款、常不能充裕也、加之各地有奸商、與稅利相結托、巧作口實、削減稅額、以營私利、全國所在皆是也、故政府所收、僅不過定類十分之六、嘗欲塞此弊、設置辦理稅務人若干名、多採用亞耳米尼亞人、以同種族

練達財務也、然自是收斂倍舊、細民不堪其誅求、至遠遁山谷間有茹草根木皮者、代酷吏以盜賊、其財政日紊亦宜也、

兵士勇悍

突厥秕政難屈指計、然亦非無片長足錄、若兵士之勇悍輕生卽其一也、突人性質率直、慓悍異常、面色黃黑、目光炯炯、有武士風、試使彼等脫歐式軍服、捨斯乃度耳銑、則與古代勤日司康兵勇不異、每禮拜五、突王臨幸些拉母力故式（回教祭典之名）步騎礮工各隊咸扈從、部伍整肅、士氣凛然、實不耻爲國家干城也、僧正起祭壇、右手提利劍、左手捧經典而讀、亦有勇敢無前之狀、突兵之所以具備美質如此者、固出於天禀、然亦回教之力使之然也、其信堅篤者、禁烟酒、惡衣食、屢空晏如、不厭勞苦、不畏寒暑、樂天知命、所謂壽夭不貳、富貴不動心者存焉、如遇軍事、燬家室、杜內顧之念、至甚則有縊殺妻孥者、故臨戰惟知獻一身於天帝國主、罔顧其他、勇鬭奮擊、以裹屍馬革爲榮、一千八百七十八年、俄土之役、土兵在把督

埂地方、時方嚴冬、沍寒徹骨、而無一防寒具、一日會斷食祭、兵士皆絶粒、饑寒交迫、困憊不可名狀、而未曾一日忘戰、鏖戰連日、自晣迄暮、遵奉上官號令、無敢一人背敵者、其堅忍如此、但將領不得其人、竟爲俄所擊破、惜哉、將領勇悍、亦不讓於兵士、然俸銀不繼、家道零落、且一夫多妻之風、常釀閨門之紛擾、平時不能討貫兵學、無學識材幹足以統帥大兵、此突厥軍隊之所以不振也、大而獨夫拿破侖鞭箠爾民，困軍旅轉漕，坐梗太平之局。今吾既獲全勝，和議可成，以永保爾法國及歐洲長享太平，一切無所更張。凡吾等之戰，惟獨夫是問，無與法民事，我等各姻好之國，決不仇視爾民，弁貽爾等以太平之福。

時各國之師日逼，近邊各砲臺兵，紛紛潰散。蓋緣法皇圖遠忽近，於其腹心根本要地，不設重兵防護，謂爲虛糜駱項，畫境而守之非計。豈料敵兵長驅直入，法之戰兵守兵，遇疫多病，而將前王路易十四所曾扼守之東境各砲臺，置之度外。

法皇覩敵勢日張，礮火四騰，而堅復如故。又深信上將賒而鐵統兵駐比里牛斯，終能隔截威林吞軍，不使闌入法界。又冀通國之民，能秉忠義相推戴也。然苛政橫施，衆心益離，從者僅數縣人。時親統之軍，尚可鼓勇一戰，其餘各軍，亦多渙散。然三國之皇，亦互相嫉忌，與皇瞻顧姻誼、不欲致死力於法、敵軍大勢稍疲、惟前鋒諸將、眞勁敵耳、錯華岑盤畏葸無謀、頓兵不進、頗似昔年奥國敗軍諸將、白羅僱老於兵事、勇略超羣、軋內生闊壘夫林二人爲之謀主、各國君王急渡來因河欲向巴黎、各軍人數旣多、四散分布、不能出奇制勝、聯絡取勢、法軍大出隊伍、馳驟敵中、主客勝負、久不能決、

時各軍偶遭挫敗、法軍傷亡尤多、各國新軍日增、進逼巴黎、法勢雖日衰、然羣憚法皇、不敢親拒其鋒、錯華岑盤尤愼重、不欲血戰、致多傷奥軍、惟法皇來攻、則不得已而應之、

錯華岑盤一軍、由塞納山谷至脫老也司、白羅僱一軍由南碎軋雷走馬爾內河、至聖地瑞兩軍分路進窺巴黎、適墮法皇計中、欲先擊破其一、再克其二也、白羅僱軍勢稍單、即定策先攻其軍、豈知前鋒遇敵、即漏師言、輸情於敵、

一千八百十四年正月二十八號、戰於索里暗內、殺傷相當、二月一號、法皇敗績於拉羅底阿、失大礮五十四門、軍三千人、

各軍既勝、張兩翼而前、法皇統師回拿沈鐵、錯華岑盤緩行躡追、白羅催麾軍馳出法師之前、直趨巴黎、分兵扼守險要、復派兵一萬五千、抵否對賒司荼阿搜掠貲財、姚克一軍則分向轄端底而雷一路、俄軍五千人駐轄姆盤鐵、而白羅催身統二萬人、抵發轄姆配鬧司、法皇於是大奮兵力、先攻滅轄姆盤鐵之俄軍、復掃盪出掠之游兵、法軍亡四千人、失礮二十六門、餘兵併入姚克營中、貌底逐北至掃霜馬網鐵一軍初保法皇後路、通餉傳檄、至是掠白羅催軍前、緩行與法皇合隊、馬網鐵敗、可拖索夫之後衞兵、又遇白羅催戰勝、奪大礮十五門、破其兵千人、

錯華岑盤大軍既抵耶里司河、亞地諾鐵維克叨曼克堂那諸軍拒守、

法皇廣置兵車、若四輪、若二輪、兼程宵進、正月十六號、抵軋以你司與諸將合勢、尋知各國前鋒馱貌猛鐵、法皇力戰却之、迨至脫老也司時各國既勝、羣懷爭競、分據法之土地貲財、各欲多佔利益於息戰議和之後、

奥軍欲據意大利全境、裕岑多方抵禦、奥不得逞、奥相沒透泥乃運神機、牢籠巴浮尼阿完登盤薩克生三國、入其彀中、以爲奥國所索之欵、而重申來因河之盟約、且間誘謀來鐵叛攻法皇、幷迫裕岑讓出意大利各省、益練兵耀武於法境、白羅催欲據巴黎而攘俄人於外、

奥齊魯一軍最後至、可克意外之挫失、奥王與沒透泥畫策最精、籌備戰具、英將率大軍壓境、盤納道鐵卽檄調華朗朝夫步羅二軍、協助白羅催、重經馬爾內山谷而入、而温靜傳路一軍已克掃霜潑利司鐵復調生軍一萬二千人、踰褻騰納司至轄朗司與白羅催合軍、共得精兵

反攻、錯華岑盤當可進兵協助、各國之謀既合、仍望奧王舉兵爲援、

二月二十二號、法皇抵脫老也司二十二號、白羅催不待兵符在手、即在馬爾內河邊、猛攻馬綱鐵、馬綱鐵退駐否對賒司茶阿與防禦溫靜傳羅犯界之貌底愛一軍相犄、溫靜傳路已由掃霜至雷姆司、而步羅已至賴翁、溫靜傳路棄掃霜而逸、貌底愛再據之、而飭提督貌魯率精軍保守、二將之才、（謂馬綱鐵貌底愛）祇能統萬人、但在馬爾內河與哇而克堵截白羅催之進、畫策甚工、三月一號、巴黎復撥生力軍六千人增其勢、

二月二十七號、法皇統軍二萬五千、離脫老也司三月一號、馳赴否對賒司茶阿以助犄白羅催之後之各統將、（貌魯最弱、未幾死於敵）法皇以爲白羅催乃投網之禽、且晚歸吾掌握也、白羅催急由掃霜北遁、貌魯不能扼守、法皇申命馬綱鐵貌底愛竭力追逐、身統大軍、於三月三號、踰馬爾內

河助之、白羅催卽檄温靜傳路及步羅協助、并誘貌魯讓獻掃霜、白羅催新遭挫敗、欲渡河而無梁、勢難避法皇猛攻之大礮口、我實不知白羅催任何秘計、於九死中逃出身命也、

然自一千八百十四年後、掃霜退讓之時、法皇之將星待隕、以後再無若此之大轉機矣、

第四章 仍記一千八百十四年戰事

三月三號夜半、白羅催穩渡愛斯內河於北岸立營、扼克賴翁內掃霜之中路、法皇亦渡是河、至盤雷凹拔克因掃霜諸將不利、前往助戰、白羅催左軍敗華朗燒夫於克賴翁內遂由掃霜馳至賴翁白羅催統全軍從之、

三月九號、大戰於賴翁、馬網鐵攻東南隅、法皇急攻西南隅、白羅催之軍大困、丙夜、法皇誤以馬網鐵爲敵、攻破其全軍、獲大礮四十五門、俘

分道往開道有二自南者遠自東者近近者有漢江之險唯二公所擇清正曰吾儕取險而近者矣讓乃定行長間使人先馳之漢江奪其南岸舟清正遂發自

離韓城至平壤、僅閱三禮拜、抵大同江、無舟可渡、乃以計渡江、韓兵敗棄平壤、日本外史清正抵江無舟可渡立望北岸久之笑曰敵舟有鳧是無兵也令善泅者往取其舟以渡五月四日至都城南大門有兵守門視其旗幟皆小西氏號也蓋行長渡驪川走敵將元豪先一日自東大門入王已遁矣清正益怒

平壤既陷、平壤高麗故京城有堅固砲台舉國暨遼東大震、韓民被驚、逃至遼東避亂者相屬於途、

行長乘勝欲攻中國、而慮運饟太遠、欲令兵艦之停泊釜山者來助、遂令起碇入大同江、如此事果成、秀吉之素志慰矣、韓明既未設備、未閱數禮拜、幾奄有全韓、稍延時日、何難直貫遼東、然秀吉暨諸將校、雖有此謀、惜兵艦未會合陸軍、韓軍初尚畏葸、至是膽稍壯、極力攻擊日艦、日軍失利、日艦之已達巨濟洋者、仍却回釜山、蓋韓艦堅於日艦、能禦箭彈、日人自經此敗、頓阻長行前進之心、錄日本外史行長入城得韓積粟十餘萬石使使還趣國都諸將欲

與俱西曰太閤志主伐明今已取平壤平壤以西莫復支者自鴨綠江至明北京不過百餘里吾之全軍卷甲趨之使彼不及備可以得志矣秀家與三奉行答曰全羅江原二道未定我未可深入我水軍將循全羅而北會於黃海然後水陸並進是萬全之策也乃分諸將守國都平壤間諸城大友義統守鳳山黑田長政守白川小早川隆景守開城以備應援行長日望水軍至水軍諸將既發釜山與慶尙右水使元鈞戰破之遂出全羅藤堂高虎聞韓侯船在唐島以飛船赴之奪其百餘艘上島焚虜營全羅水軍節度使李舜臣以艨艟門艦數千艘在巨濟洋諸將集飲於上毛島利勝信營議戰脇坂安法曰先以大船巨砲挑戰然後奪其船加藤嘉明曰是刼而去之非挑而奪之挑而奪之者宜以小船示弱及敵近決戰不則太閤謂水軍將士不欲戰也安治曰此事至重一敗則陸軍亦不能振子胡猖狂乃爾嘉明怒高虎居間和解勝信曰諸公受命於千里海外忠告不隱務利公事太閤多畏臣如此何憂於戰因侑酒曰酒數行嘉隆曰今夜三鼓解纜且日進戰船之大小隨宜耳嘉明潛起如廁招其軍吏先期而進比曉以走舸三艘直衝敵列艦奪其二十艘諸將繼進舜臣刼我軍追之入洋中舜臣乃縱左右翼以巨砲擊碎我船來島康親死之安治苦戰亡其衆而退舜臣因屯閑山以拒我水軍我水軍是以不能合陸軍陸軍亦未遂能進也大同江及平壤、在十六世中、遂若爲日人攻擊高麗之限、日本軍艦之敗、實於軍事有大關係焉、美國船主曼漢論海權關係史記東方海權、亦於此顯焉、

維時清正趨咸鏡北道、圍會甯府、會甯爲諸王避兵之所府使懼、拘王子以砲臺降、清正尚未滿志、復進攻烏梁海、拔其城、後人常以此事雖

繪器皿以志景慕、又東至海濵、遙望高山、以爲富士山也、清正免冑禮謁焉、錄日本外史清正之入咸鏡道也虜安城民三人使先導二人辭清正立斬之其一人懼從之至永興聞二王子遁咸鏡北道則大喜留直茂賴定守永興而自以其輕兵日行數百里至鐵嶺踰而北北道兵使韓克誠以六鎮驍騎逆清正於海汀倉北兵善射憑平地馳突我軍多步兵不利却會日暮收入倉內韓兵沓至圍之矢下如雨清正排倉粟爲城發銃振之應手斃千餘人韓兵退上鐵嶺而陣欲待旦戰清正夜分兵數千環敵而伏旦大霧克誠將下嶺而我兵四面齊起大破之追北至鏡城又大破之遂擒克誠縱火焚城聞二王子在會甯府驅而赴之府韓之極北也行五十日至焉府使鞠景仁懼拘二王子使人來乞降且曰府內食盡王子不食三日願賜之食清正許之欲自入城將校皆諫曰吾窺府內虜人塡咽我以寡兵入恐有變也清正曰虜何能爲吾已失王不可又失王子即有變吾與王子決死莫恨也乃與十餘騎入城令饋者數十人入執一器隨而入韓又危疑張弓環清正清正叱之辯其無他韓人不能解清正卽自開襟當箭取印於懷印紙示之韓人捨弓拜於是清正拘王子及其大臣黃赫金貴榮等使人護送之鏡城乃問之景仁曰朝鮮此境盡於此乎對曰然曰北隣何國曰兀良哈清正乃以八千人進入其境攻一城拔之既夜下令曰勿釋甲夜半胡騎大至我兵力戰走之清正曰虜不意我至我一捷足以報太閤矣乃收其貨寶引兵南還胡騎躡之清正自殿而退終至海濵西南望得高山韓捕虜曰富士岳也清正下馬免冑而拜謂其騎曰自吾辭太閤謂日西北行矣今望岳於西南覺吾行遂遠也乃歸 日本國志清正至咸鏡道會甯府執 二王子珒琿而縱王妃使逃

韓王奔遼東告急於明、明遣師援之、爲日軍所覆、日本國志告急之使絡繹於道明朝得報大驚

廷議以朝鮮爲國藩籬東所必爭命副總兵祖成訓渡鴨綠江赴援大戰於平壤城外承訓僅以身免　日本外史明主翊鈞聞秀吉兵入韓則恐會其國西北邊有亂大將李如松率諸軍屯甯夏國都兵寡明主召其大臣問韓當援否大臣曰和竊明久矣而明之屏在韓韓先被兵而明不援韓且折而入和和韓爲一分利於明合兵戮力以出遼東則勢如建瓴水於屋矣顧韓民畏兵而心不服焉我遣一將助韓王以招聚之因其力以捍禦東北是名以明援韓而其實以韓援明也明何患於和哉明主從之遣其將祖成訓史儒等將援韓而下書琉球暹羅爲侵和之勢以縻秀吉使其航海西北嚮而大廳有疾謂秀吉已航海也憂疑病篤秀吉聞之馳歸覲之至則已薨當此時承訓儒等既入韓二將皆遼東勇將數與於戰有功甚輕和人和人前掠明疆者皆海盜甲仗敝惡明人狃見之以爲豐臣氏兵亦如是也於是至嘉山問韓人曰平壤和兵毋乃走乎曰否承訓乃舉酒祝曰天使我成大功也進舍順安營未定行長偵知夜遣輕卒刼其營營亂乃笑曰此虜亦易與耳明日自往與明軍戰於安定旗幟偉麗人馬皆被鬼頭獅面明馬駭行長麾兵蹂之儒等下馬門中丸斃時霖雨我兵迫明人於淖擊鏖之承訓挺身而走行長因投書韓王曰王盍導我伐明明當我兵猶羊羣放一虎王所知也今遼東既無明隻騎而我舟師十餘萬又來自西海未知大駕將復何逃也明知敵人兵厚、未可輕視、遂徵調大軍、日本國志八月乃以兵部尚書宋應昌爲經略旋又以李如松爲征東提督一面遣使議和、日本外史明既得承訓敗聞舉朝震驚大司馬石星說明主曰秀吉兵乘勝而遠鬥未可與爭鋒且甯夏未平復有事遼東不若且議和以紓禍也因薦沈惟敬惟敬越人慧黠有辯口遊燕與燕倡家僕鄭四善鄭四嘗在對馬惟敬以故署知和事徼幸富貴其友袁茂嘗納女於星星因知惟敬名而與語大悅遂薦之於是明主以惟敬爲遊擊將軍多資金帛往說我軍投書平壤卑辭乞和行長與宗義智見惟敬於城北曰明即欲和宜使使濟海因

一記福蘭克司黨緣起

福蘭克司黨名、始見於史記第三季中、（百年曰季）其黨散布於蘭因唯柴兩河之間、福蘭克司德語係自由勇敢之意、恒攻犯⿰犭哥而、羅馬人苦之、雖屢遭敗衄、仍稱兵不已、該黨於各亂黨中、首先奉命、居住國中、其中最强之一黨名塞林司、係由塞辣河遷至叨克才特立埃、此三百五十八年事也、別種福蘭克司黨、變名立波愛林司、奉命保護蘭因河岸、以禦日耳曼亂黨、四百零六年、大侵伐、被敗之後、不爲備兵、乘機僭⿰犭哥而北方一帶、四百二十八年間、福蘭克司王名克洛定、據史學家言、係發拉孟之子、雖無確據、然實係世胄、不愧爲塞林司之酋長也、克洛定既得疆宇、復攻生司各處、被埃愛梯守土官所敗、此四百五十一年事也、尋禪位於其子、恰而特立克在位時無可稱述、惟生子克洛維司能光耀

其身焉、

克洛維司年十六嗣位、敗獮而與別黨、其地自此福蘭克司得該國北方、由雙姆河至蘭因河止、日耳曼得東方服司其司及蘭因河之間、白根定司黨、居沙仁河羅紅河及阿而潑司山之間、西峨特得南方一帶、至老哀河爲止、蓋新由白立登島遷來者、阿毛立根城中各黨、與塞克生司居白由地方、嗣後西邊既失、各國之在老哀河雙姆河者、悉爲洒耶獮立由司黨所轄、惟獮羅羅門司黨仍存、

克洛維司由土南攻洒耶獮立由司敗之於蘇阿桑地方、此四百八十六年事也、於是盡有其地、至老哀河而止、四年九十三年、娶克洛梯而大爲妻、克洛梯而大素信天主教、以數城爲媵、均係篤信是教、非兵戈所能脅服者、克洛維司諸事均足稱頌、惟素不奉教、四百九十六年、與日耳曼人戰於叨白而克幾敗矣、誓云、如獲勝、當奉教、後果獲勝、驅敵

於蘭因河之外、並責白萬林司日耳曼兩國納貢、遂亦奉教、麾下有名諸將、亦相率皈依、方是國王奉教者、一人而已、嗣後福蘭克司全黨亦入教矣、白立登曁阿毛立根兩黨、亦歸順、惟白根定司同西峨特兩黨、奉阿而林司教、不服、乃以兵征之、白根定司王根特暴曾弑其兄數人、其一即克洛梯而大之父、克洛維司爲妻尋仇、敗之於壘藏、責其歲獻方物、此五百年事也、五百零七年、復敗西峨特黨於服賢、殲其酋阿拉立克並諸將、阿貴太尼阿全境均陷、西峨特所得猗而之地盡失、祗餘羅門河及解而尼司山而已、後改名爲高司倫、後復改爲塞梯滿、東峨特酋梯奧渡立克以救西峨特爲名、僭王號、由發拉文司將福蘭克司黨逐去、收領其地、克洛維司獲勝之後、東鄙皇愛迺司太息司嘉其勞勩、授爲宰輔之職、在新降百姓觀之、所據各地、非出於專擅矣、克洛維司信教甚堅、歐洲諸王中聲望最著、五百十一年卒於巴黎、

二記克洛維司子孫所得各地及戰事至蹈谷薄脫而止自五百

十一年至六百三十八年

克洛維司死後、剖國爲四王、其四子長梯而立居梅支次克洛特默居奥林司次溪而頭薄居巴黎次克洛戴第一居蘇阿桑其母克洛梯而大勸幼子三人攻白定根王雪及司門卽根特暴之長子、獲之、克洛特默令浸之井中而斃、已乃征物郎爲白根定黨獲而殺之、此五百二十四年事也、克洛特默之子皆幼、其二人被其弟謀斃、至幼者逸而免、後爲教士名聖克洛特雪及門司死後弟岡特門嗣位、被福蘭克司黨攻擊十年之久、始歸順、自此白根定司無自主之權矣、此五百三十四年事也、梯而立王於奥斯弗來息耶於五百三十年以前、已獲有脫加林之地、其子梯奥特薄嗣位、能纘乃祖克洛維司遺緒、勤勸特著、因許助希臘及東峨特得潑拉司爲酬勞、既得之、反將該二黨逐出意大利之

十分、少年腦豎直徑六寸四分、橫直徑五寸、此人又著少壯老三時之腦、各處輕重相比例之表如左、

	成人 寸	分	幼年 寸	分	老年 寸	分
腦後結	一	五半	一	六	一	四半
腦前結	二	六	二	六	二	四半
腦大連系	三	四半	三	五	三	七
長	○	十	○	十一	○	十半
闊	一	○	一	一	一	○
小腦 長	二	二	二	三	二	三
闊	三	九	三	九	三	九

觀此可見除小腦之外、其餘之腦、皆隨年老而收小、又腦之迴紋、日益模糊而隱滅、

腦膜

年極老而腦筋膜下之水過少、則其膜便縮成皺紋、或至厚而硬、且常有骨質留滯在腦濕衣之面上、人皆以爲由隨時發熱之故、然人生存時、未必有熱病、則亦不得歸咎於發熱、或因與老俱至、或因土骨化骨之所致、

腦濕衣之變爲厚而暗、老人往往有之、至有其中所積蓄之水、膩若蛋白者、間有腦膜上燥濕不勻而生骨質者、或指中粗若細沙者、常有之、蓋亦土質爲之也、白帕網、時或若腫、而下房之內膜、亦厚且暗、

今將說及凡變之最緊要者、而爲人腦從少至老各不同所關係之事、即運血具之變是也、人老則脈管厚且弱、因有是白筋網而硬且黏之土質故也、是於大血具、尤易見之然、雖至小者皆然、是故入腦之血、日益減少、而腦因此益變小、其功用遂寖削、而昔時無倦之精神、今變爲

無記性頭昏、不可多用心、不能追憶已往不復關心將來偶聞人語逾時卽忘腦愈弱年老之弊愈顯出焉、

考普倫云、腦中脈管之最易積土成骨者、爲頸內脈與腦底中脈、若腦底脈圜、幷此中分出之支派、及腦迴紋中通出之細脈管、亦或患此脆骨之壞、其害尤甚、約在積土化骨之先、腦脉管與脆骨之害使發血不齊、而有數處血或不到、或少發、致生瘤核、或血管破裂、則遂成發厥與痿痹矣、

伊必云、化骨一事、人目祗能有脉管見之、年老者俱有之、且頗多

虎伯內科便覽云、人年五十以上、血具之範圍、甚易毀壞、總脉管特易腫出、範圍之凹凸力弱不能支、而其裏面有大而粗、白而凸出之質點、使裏面是不光滑、此質點生於內膜之面上一層之下、爲土質與脂膏合成、其小脉管裏面亦然、使血管終變成骨管而反光滑、微絲血管之

譯書公會排印

易壞、與脈管同、

引以上諸家之說、可以明積土化骨、與腦脈管變厚二事、雖未嘗察驗、然知其必然、則已有年、又所以明骨之漸變、無關發熱、今將發明其土質、從血中而來、與年俱增、因之大運血具之功用微弱、其微絲管、稍被壅塞或全塞、漸奪進腦之血、使老年之腦收小、因而成以上諸患、

年老則腦結之力衰、凡消食具、運血具、及津液之功用皆微、腦結縮小更堅而色愈深、腦筋愈硬而堅、髓質愈少、運血具愈弱、腦脊根之全體知覺皆減少、故令思想之力愈乏、而運血具不靈、且又懦弱、

又有一緊要而可驚異之事、即老人腦中之燐、不及少年之多、

脈管

觀腦之脈管、知他運血具之漸化爲骨、其事皆同、其運血具之細支發血到各處、無所不到、皮哈倍遠二人、以爲衆人年六十以上、必有些脈

管爲土質所佔、

迴管

年老則養管脈減少、而變爲不清楚、脈管力弱、故容血不及少年之多、且重力皆壓在迴管、使迴管發脹、其膜益薄、致覺痛苦、甚至脹腫、

心

心中養心脉之本與支、常化骨、其化都不能見、惟取二個年紀不同之人心中肌網各若干、令重相等、化分之、則見老者心內土質之較多、猶前所論他具之多也、其微管由漸乏力、心中肌絲、受血不勻、其絲變白色、其竅發脹、其圍薄、或變硬、或多壞之油質、其門戶亦變骨質與脆骨質、所進之血漸少、而心之軟弱之收縮、不過勉强發血、經過已硬而化骨之運具、至亦已化骨之大具內、所以所需之功用、不能恰好爲之、大約人年四十、或將近五十、則運血之力、愈變愈弱、脈管內尤甚、所以

常致脈管聚血、腸肉充塞、因此生各種疾病、其最常患者、如瀉血膽不利、膽發熱、胃發熱、心驚動發厥、痿痺、胃不和、肝不和、吐血、骨節驚動、骨節發熱、肌節腫硬、溺具病、婦人腦筋病、子宮不調、憂悶、神靈驚動等、

肺

肺漸失凹凸力、其質加厚、氣泡與氣管細支發脹、故使極老力者、多患連膜積氣與氣管發熱久病、

更論及津液消食之具、

生液諸核

試先論生液諸核、則見諸核變硬而化骨、其體之大小、隨人年紀遞減、其所蓄之液、或少至不能遍濕口中之食、使咽食甚難、或多至時常流出滴出、蓋極老之人、其液之質已變、比尋常多水故也、

胃

論纂述之關係

五湖長撰

予觀英法日本書庫書肆各總目、作而歎曰、美哉、環球物理之博、儒生經國之方、其在是矣、自制藝興、而中邦人士、遂無纂述、非無纂述也、病其空言無實、罔裨軍國大計、民生日用飲食也、中古之世、文教昌明、武夫敦詩書、野人辨星雲、女子歌荇藻、無人不學、無言不文、宋元以降、務極高義、罕崇實際、籲雲馭風、不睹日月、談空說魅、獨遺犬馬、其他妃色儷聲、餖飣稗販、更無論焉、豈不以憑虛者易爲工、蹈實者難爲力哉、則嘗高覽宮府之間、都邑之地、外達會城、下暨郡縣、凡典禮刑律戶口河渠鹽漕財賦軍制物產民俗盜賊災祥農商工藝各大端、月新歲異、得失之林、而自官書簡略外、不聞專籍記載、儒者博綜三千年圖籍、矻矻搖筆、不能自休、至近二十年內、欲徵一事之顚末完備者、則反如景星麟角、或轉仰給於西人、（如中日搆兵紀之類）不可解也、泰西藏書之府如林、士者新箸一書、上諸文學部、驗其精核、輒許專行、不崇朝而遍播全洲、榮名軼乎高爵、財用出入、藍皮册籍、向不爲中士所屑、彼則視同專家之業、强富之基、以衡中華浮虛士習、相天淵矣、故嘗博稽中西、求其比例、竊謂吾華之才人、不抵歐墨之良工、吾華之鬢儁、不如泰西之閨彦、彼爲昭、我爲聾、我爲塞、彼爲通、吁、足恥已、中邦人士、成見膠牢、堅不可撼、動謂後生淺學、不如先正之清明、支裔蹶起、尚懲高堂之規矩、坐昧大易日新之義、更悖宣尼畏來之恉、盲俗相承、無辭競奮、於是數百年來、箋注家言、詞章家言、制藝家言、洪範五行家言、靑烏卜筮家言、小說家言、汗萬牛、闐億室、遂令維新之世宙、塵霾山積、遠同荒落、心之不競、於物爲災、於身爲病、馴致刀俎魚肉、衣冠塗炭、自貽之戚、非不幸也、且也腦氣窒塞、心靈不昌、天斬其寶、地斬其寶、物產斬茁發、器械斬精捷、乃爲無策、仰息西人、寶錢外溢、奉彼下駟、作我良師、黄金易散、隱憂方大、夫坐嘯花月、不問家產之贏縮、必非令子、甘言性命、罔顧國是之動搖、犂爲佳士、芻靈雖偉、有面目無性情、飈霖敗之、行赴溝渠、若土梗耳、雖然、前世之士、讀明夷待訪錄、則動色相戒、撫潛虛先生集、則炙手如焚、駸駸乎括考据詞章科舉制藝、驅一世以入支離曠邈之域、遂使魏默深龔定盦數子、橫絕一代、將循枯朽、溯厥萌芽、烏虖、其故微矣、

譯書公會告白

第十册內中日搆兵紀希提尤希卽係豐臣秀吉中日雖係同文讀音各異復用西文展轉繙譯不免歧誤茲特重加更正並將豐臣氏行事考註於下

本公會各省售報處

上海棋盤街 醉六堂書坊 文瑞樓書坊

上海抛球場愼記書莊

蘇州 閶門內掃葉山房 婁門混堂巷馮公館 護龍街墨林堂書坊

無錫學前楊公館

常熟醉尉街內閣張

常州 娑羅巷袁公館本公會分局 龍城書院

湖州醉六堂書坊

松江鴻文堂書坊

杭州羊壩頭黃君海珊

寗波奎元堂書坊鮑君明存

揚州 點石齋書坊 同文書局

南京 王府園楊公館楊君農孫 祠源閣書坊

蕪湖鴻寶齋書坊

江西省城 電報局 南昌電報局 馬王府後德隆醬園陶君菊如

九江招商局史君錫之

漢口鴻寶齋書坊

湖南省城 東長街俞君恪士 愼記書局

湖北武昌府街口鴻寶齋書局翟君聲谷

湖北宜昌府川鹽局總收稅所惲君毅齋

天津杏花村武備學堂孫君筱垞

天津電報官局張君小松

天津紫竹林慎記書莊

京都琉璃廠中西學堂

京都電報總局

福建馬尾船政局華君秉輝

福建馬尾船政局張君漢齋

福建省城點石齋書坊

烟台謙益豐銀號

香港宏文閣書坊

廣東省城慎記書局

廣東省城曹素功墨莊

山西省城水巷惲公館

四川省城蜚英書局

光緒二十四年二月十五日

西歷一千八百九十八年三月五號

譯書公會報

第十三册

每册價銀一角五分

館設上海中泥城橋西首新馬路昌壽里

譯書公會報第十三册目錄

英報選譯

法報選譯

東報選譯

俄人失業 太晤士禮拜報 西正月十四號

秀水張國珍譯

俄人近將售酒一業、欲改歸一處銷售、則售酒失業者約有一萬二千人、現俄官場定意、凡無業逗留於京者、概用火輪車送回家鄉、不取車資、

美洲金礦 同上

坎拿大金礦、昨見某報載有而辣失蓬者、談及盎太理學及白立梯熙考倫別亞二處金礦、近因喀郎大克出金甚多、衆皆覬覦二處、以爲舍此無他求、然熟悉礦務者、不以爲然、蓋金沙一物、河灘皆有、若有人淘洗、不獨有且可多得、在極力整頓礦務者、以坎拿大爲最要、此處金沙已早見、將來必多、倘能認眞開辦、大可獲利、與喀郎大克無異、喀郎大克開礦之舉、始於一千八百九十三年、淘沙一法、旣經淘後、並無餘痕、因泥土甚厚、且不必用機器、集資本、只茅屋數間、易搭易卸、如淘盡後、卽可遷移別處、較揀選山地、在石中開採、其中情形、大相刺謬矣、因需集

資本、用機器廣招工、且欲開闢土地、使農工市廛、均居於此、或成縣郡、所以坎拿大國家及鐵路公司、十分留意於喬太理學及白立梯熙老倫別亞兩處、雖始創惟艱、因兩處在極西北方、不易辦理、何也、蓋一年中、有五月時全地皆雪、取水不易、可開之時、一年中僅將半年、雖熱天或可多辦、而炎炎在上、終覺不便、又有幾處山上、在夏天樹木茂盛、尋採不易、但用水甚多、倘用電機引水、與人工礦務均屬有益、而辣失簃又云、此處人工不貴、每日祇需十先令至十五先令、現食物柴草甚賤、但金礦鄰近所有樹本、幾用盡、將來或可以煤代之、柴爲最要之物、非僅天冷欲用、且鎔化亦需用、金鐵紫銅硫黃等質、鎔化經費浩大、惟藏金最多之鑛質、鎔之始能獲利、幸道路已修好、運費日漸減輕、然鎔費萬不能省、照某報載各鑛出金兩數、及派紅股數目云、去年而藍脫出金三兆兩、派股二兆七十萬零九千磅、而藍脫金每兩值三磅十先令、每磅計二十先令紅股每兩約派一磅、取金一切費用、每兩須五十餘先令、又新金山出金約二兆八十三萬六千兩、派股七十二萬二千磅、以此照市而算、其費用每兩在五先令之內、印度鑛、每兩可沾利三十五先令、但印金價較南阿非利茄所產之金、每兩貴十先令、以上各鑛股本、出於本國者居多、數目亦統計而得之、

東方時局論 同上

德京郵報云、傳言德人未據膠州之先、德外部曾飭駐英京德使探訪英廷、倘德國如有舉動、英將何以處之一節、然吾知英京、並無阻撓之意、又德報論中國事務、每有與英連絡之意、但傳東報、早料德國在中國有駭人聽聞之舉、在英當十分慌忙心焦、而別國反以爲德皇能使英國損向之盛名、據克郎捷報云、中國向英借十六兆磅、其事將成、歸欵之法、每年立出續歸票據、據路透電云、聞北京商借十六兆磅一事、尚在游移、中國遲疑不決、且無著實可靠人、德國雖極力文飾曰、在中國雖有舉動、並非不要和局、大約因永據膠洲、費用浩大、故有此說、聞官場言、德國借膠之契、載明九十九年、德國國家租商船兩隻、往來上海膠州、以通

消息、又據法報稱在膠洲灣割據數方里地、各大國定不因此開爭端、又日報載英國深悉現在東方情形、應如何辦法、又曰、據守中國、須在乎資本、不在乎水師云、

論亞洲之俄 横濱西字告白報 西正月七號

吳縣沈晉熙譯

英國孟丘斯忒城與地會中、有船主名康壬海、曾遊歷歐洲內地者、與牧師名斯退斯爾議論、其言曰、從俄國開斯評鐵路至殺瑪開、計程九百英里、此係武備鐵路、爲俄軍營所造、其路大半築於沙地、故工程繁重、而工匠亦艱辛備至、此路是通至邊界愛夫搿啞地方必由之道、故辦理認眞、英國亦極留意俄之所爲、度其意鐵路必欲至愛夫搿啞者、緣該地與印度相近、一旦有事、徵調便捷、又論俄人在亞洲利益曰、吾英並不蓄害俄之心、故待俄有理、所以人言英喜與人和融、而不思他人之有害念也、但俄政府終思得一簡易之法、可入亞洲以遂其欲、現俄待屬土甚厚、因水路不便、故出此計、日後卽欲以亞洲之內爲屬土、上係船主康

壬海辯論俄國開斯評及抱克辣殺瑪開鐵路之情形也、

外人覘覦中國 倫敦中國報西十二月二十四號

德國基而城中人民肆口縱談、妄尊本國當道、以爲他人無見及此者、而不知其誤也、今觀俄報所言、並非俄心嫌忌德國而僭旅順、不過先據以免他日爲德所僭耳、此非俄欲而誰欲耶、豈英與日本欲之乎、有教士名脫克與一有爵位之隱士言曰、德國何愚至此、其意不過欲得屯煤之所、俄與中國交情甚厚、竟遣兵艦保護、豈非驚動天下人心、是猶勇夫持械守屋、而不能見其遠大情形、似安而實危也、德國兵威雖勇壯、亦僅能保太平、所設水師等、亦不過保護百姓免受外人欺侮、或有兇橫愚民作亂、以資彈壓、據俄報所說之俄水師提督諾訥夫將至旅順口時、適遇德人僭膠州、故我報嘗辯論提督並非爲政事而往、不過游歷而已、德報則言此乃俄之實情、英兵艦待勿退未進旅順口前、俄早有兵艦在彼、中國焉能怨德人僭膠州而啓俄之僭旅順乎、然吾觀之、德人若不僭膠州、俄亦不至

僭居旅順、今則不免牽連、是以待勿痕船往旅順、特察動靜、俄人所言、未足爲據也、

德報責英人云、英僞言東亞局面、爲德毀壞、英捷報亦論中國瓜分將近、而法報則言中國若不倚歐洲、決不能自立、據此以觀、竟無一國自任其咎、但俄在東方實勇猛、已據旅順、法已增添兵艦至安南東京保護、蓋東京與中國壤地相連、且在極東、而與本國相距甚遠、日本地處亞洲、無庸驚惶、倘人人以爲太平、猝有變端、各國皆有備、而英獨未布置、恐落人後、是英亦宜急遣兵以保護也、吾意欲勸東方永安太平、想天下無有勝於此語者矣、不知英實有望中國保全之象、但必先興商務、而後能挽回、中國亦應被日本擊醒矣、據在中國英人哲美生言、現在北京之人、仍無作用、各省亦未能振興、日召外侮、中國恐難支持、須掬東海水一沃、或可省悟也、吾英國官員喜出游歷、而中國不察、以爲又來尋釁、吾若不整頓東方兵艦、不免自失權利、豈吾政府實知德人僅僭膠州、並不進攻山東耶、但北

方利益已爲俄擅尙思更勝之利益託名保護佔我權利豈不可危哉

東方近事 倫敦東方報西十二月二十四號

德政府調兵甚嚴、將助俄與東方之利、而毁馬關之約、然中國豈將東方利權不與日本、不讓俄人、而使德人得耶、然德未嘗無此意也、暗通俄勢、而欲攘奪英東方之權、俄亦自有稱天下無敵之勢、故屢思奪人利權、

據倫敦晨報論曰、俄德密約侵伐中國一事、實屬不虛、惟吾英決不乘隙而欲佔中國疆土、故我英駐北京使臣梅克度奈爾明將此等情形、指使中國政府、非獨吾英若是、卽日本亦未嘗不然也、

昨日法下議院又辯論東方近事良久、法政府於此事亦甚屬意、據法非茄路報云、德皇弟亨利營中一武員名佛爾弗雷云、當時亨利由基爾小河而出、欲往中國海邊保衛本國人民、途中經過各處、俄法兩國人士絕無一人迎接者、惟英獨恭迓如禮、或謂亨利係英女皇維多利亞之外孫、故先諭各處當照例奉迓、未知

然否、

高麗有抗違俄意 日本西字告白報 西正月二十九號

俄仲權於高麗、而敏捷之輩、咸欲驅逐之、高麗自得德人據膠之警信、高皇與紳董會議將來之事、有評貽勳安機袖立開移三人爲會中領袖、奏言俄所辦之事、於本國至爲危險、不宜與之和親、須棄俄而倚英美、高皇喜而允之、紳董等卽至美國駐韓使署商酌、欲將高皇暫遷至使署、以資保護、而美使固辭、評貽勳等乃研思計謀、求英使保護、並令百姓同心協力以抗俄人、

旅順近事 同上

近觀旅順安靜如常、曾記中日搆釁之際、人皆以此地不能再興、且砲台毀壞、墻屋傾頹、恐無修復之日、

現在該處有俄船六艘、英船一艘、中船四艘、但中國船皆泊于碼頭、船塢中並無船也、有一俄船泊于岸傍者、中國允其入船塢借煤數噸、昨始開出、而前泊之所、

已爲中國船停泊、故泊于稍遠之處、約離岸二里、
旅順之人、未戰以前、待人和靄、所以宋將軍請英俄水師人員三日、在極大聚會
之處、華官能英語、且明英國操練、所以英人較俄人似易相共讌、以華茶西人亦
能搦箸而食、請俄水師員三人往觀戲劇、並派中國水師人員導之、藉資保護、
船塢水面、長約三百二十八至四百五十尺、英德之船、俱能容之、禮拜日請俄水
師提督觀華兵操演、華兵見有一萬四千人、現在並無俄國陸兵在該處、傳言俄
人所爲占據、均不足信、歐洲人在內地查察、究有俄人伏匿否、查知並無俄人蹤
跡、自日本遷去電燈之後、惟電桿尚在、却無燈火、近聞又將安設電燈、停船處並
無管理船埠之人、所以中船、不拘何處可泊、旅順存煤甚少、現新到煤船載煤八
百噸、俄兵船俱購足矣、食物希少、有雜物鋪一所、係歐洲人開于烟台者、現分設
一鋪於此處、名沙退斯洋行、商業頗盛、內有歐人代達言語、而俄與華人交易者、
畧能通中國語云、

該地新設武備學堂前禮拜操演、請俄人觀演、頗美其靈捷、

現新設一小燈于船塢左邊、在從前日本裝燈之處稍前、

現在旅順地方、從外面觀之、頗形荒蕪、僅有小砲三尊、備迎送之用、而砲台中竟無一砲、蓋盡爲日人攜去、因當日人去此之時、砲台盡爲其燬壞、

該地有三英人傳教、購地居住、待本地人和厚、所以本地人皆敬重之、並設一醫院於屋內、每日就診者、或六十人八十人不等、傳教與醫院皆極推廣、

中國在該地造學堂一所、課習華英文字、宋將軍爲延教習、現暫請其在大連灣爲俄人通事、因俄船常停泊於此處也、

英人欲開大連灣商埠（日本西字告白報 西正月二十八號）

英政府屢思在北方直隸海灣開通商口岸、現因代中國借欵、故駐華使臣即開議此事、索大連灣爲商埠、而中國應允與否、尚未答覆、英亟欲中國允准、緣該地能擅各國相關之利益、英以爲大連灣能開商埠、則西伯利亞鐵路成後、不至有

碍北京之商權、現聞各國望英使臣從速調停此事、開通商務、挽回利權、英政府亦切望之、且預料中國必藉詞推卻、故催促甚急、

法報選譯

印度戰事（印亂英起兵討之）

榕域鄭守箴自巴黎來稿

英軍輕而不整、自裨將以下、無一稱職、比及出戰、其後隊遂被印度土兵掩困、而前隊數千人竟不能救、

歐華新事（法國權報西十二月廿六號）

歐洲各報言膠州旅順二口、擬議紛紛、大要在辯論德俄之果有陰謀與否、觀德報所論各節、咸謂與俄早有成議、俄報則絕口不談、各報因此臆斷兩國之實有密約、惟英則深憂俄國勁進於中華、故倫敦京報、力言俄借旅順後、其駐華代辦公使、請中國將所用之英員盡數裁撤、改請俄人、且云俄皇欲中國盡遣德國武弁、悉用俄弁、此時中國專恃俄國無疑、滿洲地已半入於俄、茲又遣撤英工德弁、

但使可搏俄皇之歡、中國皇帝無不允從、況已有俄弁教其武士乎、據得意來時報所論、英國現擬不取中國一土、惟駐華公使將向中國索其格外權利、謂英國願竭力匡助日本、與德爲難、該報又謂英人將請俄國公議、各强國應如何公畧中國利益條欵、此事斷不能行、蓋議內不免有損德俄現得之利、德國現尚增添軍艦於膠州、安肯棄其已得之地乎、

駐歐日使達加衣夏覺古父瑣談 同上西十二月廿七號

現今我國水陸强盛、原爲永保昇平之計、并與我國永固邦交、乃中華幅幀人民最稱廣衆、而自遼陽戰敗、仍無更改、依然輕視日人、且士民鮮有愛國之心、各省拘分畛域、一地災荒、鄰省尚不知曉、現今國債甚多、如不整頓、終至傾側、歐洲各强國、行將效德國故智、將中國瓜分而節制之、我日本亦宜取應得之股分、觀俄之築西伯利亞鐵路、卽其推拓邊境之始也、

駐柏靈日使男爵咀嚼亞窩其回國兩月、瓜代尚未有人、聞因膠州之事各國爭

華、日廷現特簡能員、前駐柏靈、聞格河古阻士其將膺此任、查格河古阻士其者前在德國學習、去年特簡命、隨同依亞馬差打將軍、游歷歐洲者也、

中俄借欵 同上

本月念七日、聖彼得堡來電云、俄允借中國銀一萬萬兩、以中華地稅作抵、收稅等事、仍歸中國辦理、惟北方鐵路、准俄專辦、幷開一口岸、爲鐵路歸止之地、

英窺東方 同上

英人現欲取中國一海口、爲德取膠州、俄取旅順之例、英國報章幷謂已得有地、似屬可信、倫敦得來昧報稱、副提督蒲勒統十七艦、入高麗濟物浦、致哀的美敦書、幷派兵登岸、該報謂蒲勒此行、因英國駐高總領事日當以高王政治全任俄國公使錫卑虎管理、英人僅用一員稅務司馬克利匪卜泿、亦已去任、改用俄人、英人甚覺不平、聞日本將出三十戰艦、以助英國、韓京大爲振動、英兵登岸後、韓廷立卽復還卜泿爲稅司、或云日本不允俄國叅將戚差圖帶兵駐高、該報所言

如此、而英國時報祇言撥派兵艦、往大連灣、並無濟物浦之事、此信縱未確實、英國欲剖中國之地、當不自今日始、惟我國毫無展布、坐受人愚實可笑耳、本館附識

英日會艦 同上 二月三十號 西十

廿八日、英京軍務處言、英船並無到濟物浦之事、上海來電、稱英船係在高麗咸鏡道海口、與日艦會合一處、

日政紛紜 同上 正月一號 西

日本盡效西法、水陸兩軍以及槍砲之制、無異歐西、至其議院紛諍、亦與歐俗相類、昔日皇下全換議員之旨、此事實非創見、該國雖設立未久、前此已有紛更之事、乃當一千八百九十年間、設議院、舉議員、未及一年、諸議員卽爭執不下、大有阻執國政之勢、掌院大臣、不知措手、竟請旨遣撤全院議員、數月後、復命重選、頒昭愼重、且禁止各報館、非毀國政、舉議員時、拘館首于一處、投筒及應舉之人、均

屬一邦民望、及第二次議員、亦常與軍機處爲難、阻撓國政、無異前日、因日皇不肯調換首相、乃行其國家所不欲行之政、而罷其國家之所欲行、故日皇重下遣撤議員之令、政府大爲騷動、時伊藤侯爵代馬楚嘉達爲相、仍受議員掣肘、亦將有銷院之請（西國議員阻撓國政、惟皇帝可以全行遣撤、謂爲銷院）適中東有事、俾建戰功、方謂伊公從此可以固位、詎意和欵被阻、未厭民心、馬公復代爲相、紛紛調換、如疾病之更醫、終無所補、增稅養兵一事、議院諸員向與部臣意見不合、茲日皇已知此意、因先下銷院之令、冀免紛滋、

印度戰事（同上西十二月三十一號）

夏猛提督卒伯初見一軍、奪回箕伯之蘭底覺得礮台、須頗費人工時日、方能修竣、箕伯一帶、猶被土兵艦踞、羅曲虎提督所帶後隊兵、亦被圍甚急、現尚不能如其初意、與伯提督會合、故英軍尚慮敗退、遑言勝乎、

法國新造戰艦（中法新彙報西正月三十一號）　嘉定周傳謀譯

法國海部大臣、新造鋼甲快船兩號、一名電扇、一名克雷搭、一造在至那閘安之廠、一造在跑安駝之廠、船式相同、船旁護以鋼甲、長一百三十邁當、闊十七邁當零八十、載重七千七百噸、船中配設機器、較各兵輪約大三倍、至於汽鍋亦放大、下有運輪三翼、而其速率每點鐘約行二十一海里、船中計裝一百六十四米里邁當口徑之快砲十尊、四十七米里邁當口徑之快砲十尊、三十七米里邁當之快砲六尊、放水雷管兩枝、計造船之費、由搭安登君估值、每隻約須十五兆六十五萬九千零七十二佛郎、計船身及機器、約十三兆四十六萬七千一百七十二佛郎、船中軍械值二兆零八萬四千七百佛郎、水雷管值十萬七千二百佛郎、其船之工程、約在一千九百零一年告竣、

俄國新造師符脫拉那戰艦　同上西二月八號

師符脫拉那戰艦由地中海左近之福時爽忝公司、託法國挨復安之船廠內造就、聞以公爵阿立克西君爲管帶、其船之載重三千八百二十八噸、船式長短闊

狄登錄如左、船面長一百零一尺、闊十三尺、吃水五尺零七十二、其船運動之力、可抵馬力八千五百匹、計其行船速率、每點鐘行二十海里、船中配有汽鍋三座、船旁護以鋼板、船上所配之軍械、計十五生的邁當口徑之快砲六尊、四十七米里邁當口徑之快砲十尊、俱已配就砲架、一切軍械、均係造於他廠、又有十五生的邁當口徑之電機砲數尊、而其火藥槍亦萬分穩妥、船中又配設放水雷管四個、船面遮以鋼絲網、以避敵人之槍砲、此船名爲第一等戰艦、其船曾經試驗六點鐘之久、起初速率、每點鐘行二十海里零二十五、速率最足、每點鐘行二十海里零六百二十五、前後相較、其速率最足、每點鐘可多行半海里、船中統領、所有陳設一切、極其華麗、俄國造成此船、無不共相慶賀、査福時爽忝公司承造之船、約有一千一百五十四隻、計其工程、約有七百六十五兆、

俄據旅順情形 中法新彙報 西二月十五號

俄水師提督華諾夫君、所帶兵船數號、駐東方已久、今忽移赴旅順、雖以度冬爲

辭、實未知其究屬何意、夫俄兵來旅順、諒非不告而至、必俄國政府、向中國政府商量至再、始得允許、否則中朝烏能任其停泊、卽俄人亦不敢擅自駐守、據俄國云、因西伯利亞河口冰凍、故此刻暫停該處、作度冬之計、其言似覺堂皇冠冕、能致中日德三國及歐洲各國無從致詰、然度冬一說、究不能辨其眞僞、或因無入門之法、遂陽爲度冬、陰圖佔據、故外人亦擬其必有他志、當今天下、乃割據之天下、歐洲各國之佔奪中土者、不難指數、俄人見獵心喜、無足異也、且見西報所載時事、均謂旅順口已算俄人佔據、要知此事、非德人佔據膠州灣可比、蓋德人侵奪、事已彰明較著、而俄則託詞度冬、尚未露其眞迹、不意英國聞此消息、且驚且駭、據香港來電云、業已派兵船數號、鼓輪出隊、特不知其開往何處、大約所派兵船、必爲保守地方起見、果爾、則瓜分中土之說、不爲無因、或云、俄國兵船每逢冬令、向駐膠州灣、今處旅順、亦德人驅之也、北直隸海口甚狹、俄國人亦無甚繫戀、現雖駐泊旅順、其久暫尚待權衡、默揣俄人所屬意者、擬在中國北邊地方、所以遠近傳聞、多謂滿洲一帶、將隸入俄國版圖、恐北方利權、盡爲俄人所奪、而法無望矣、不知法無望者北、而大有厚望者南、今試指而數之、北圻四圍是也、然德人既佔據膠州、俄又寄居旅順、乘間竊取、從中漁利者、紛紛而至、卽英國亦派兵船來華、而我法尚在退縮、亦因義重同盟、冀安和局、豈惟利是圖、見利而不顧義哉、

日使論治 中法新彙報 西二月八號

佛郎克福報云、日本有居意拿者、係駐紮法京使臣、一日與該處訪事人談國政、以爲日本政府、不獨繫念一國安危、直以天下安危爲計、所以東方一帶、及歐洲各國、派有專員游歷、卽古盛時問俗採風之意、小則人情風土、語焉能詳、大則此弱彼强、亦了然可辨、務使五洲共安和局、永保太平、而心始慰、近來中國海面所有各國兵船、其多且强者、首推日本、蓋自前年中日以後、日本水師、頓增三倍、既又添載重一萬四千噸之兵船兩號、論治國之道、要以足兵爲急務、此日本之所以勤修兵政也、然兵雖善治、而能安分知足、釋爭講禮、環顧友邦、似亦罕有其匹、

卽德人在中國、大肆猖獗、幸中朝寬厚、不欲興師問罪、惟任其築巢中土、佔奪利權、於我日本、殊有殃及池魚之患、訪事人起而言曰、刻下德人佔據膠州、後必有妨貴國、統籌及此、足徵遠慮深謀、該欽使答之曰、中日議和後、俄法德三國、勸將所得遼東、仍歸中國、以致日本上下臣民、時深怨恨、其意亦不過不准日本佔奪中朝尺土耳、定知事不旋踵、紛然各自佔據、卽如俄人特派兵船、駐守旅順、豈無故歟、

東報選譯

德國度支大臣密顧位兒傳（地球雜誌）

日本安藤虎雄譯

欲知德國時局暨將來者、不可不知德皇爲何人、欲知德皇爲何人、則不可不知度支大臣密顧位兒氏爲何如人也、密氏侍皇背後、常參與機務、受皇信任、現爲度支大臣、兼任內閣副議長、

氏半生機械、不可思議、如處女、如脫兎、嘗入革命黨、執牛耳、嗣投身保守黨、或弄

權謀術數、或倡自由平等說、今爲貴族農民黨所推戴、譽望彌滿、至有目以爲救世神者、其經歷變遷無常如此、故德國黨會莫不受其痛擊、莫不蒙其恩澤、蓋氏得友甚鮮、然德人咸目氏爲次俾斯麥英傑、不止不告其去就進退變幻無窮、仰以爲國家柱石、西人有言曰、欲爲全人、則須屢變、約氏果其人耶、

先是俾退隱數月、密謁皇於法朗佛土、皇一見賞之曰、卿朕之英傑也、由是任用日重、每遇疑難機要、悉命其獻替、如彈壓虛無黨案、及增建鐵甲艦案二件、爲議院所排斥時、特被召參內、密室中與皇交膝、有所籌畫云、蓋密氏之才幹、有足能補皇思慮所不逮、以潤飾其過失也、其見重不亦宜乎、

氏爲度支大臣、威望高一世、國民夙以宰輔期氏、未肯就此顯職、其意以爲空位不若實權、虛榮不及實功、且德皇年少氣銳、動必凌人、有與頡頏者、不擠排不已也、大自政治兵馬、小至文學繪畫格致化學工藝之末技、不屑讓一步、故氏而爲宰相、至併有權位、皇必視以爲凌上者、貶黜不旋踵矣、嘗與俾翁不相善、亦可以

知皇平生也、卽使氏位躋宰輔、未必遽掌握國權、不過徒迎皇顔色、仰其頤使而已、將何益之有、不若避其位、執其實權、驅皇功名之心以收大功、故每推氏宰相議起、必語人曰、予老矣、不堪劇務、一若無意於名利者、然而皇信任彌加、其實旣爲宰相久矣、

氏之先出自非油給諾度宗徒、世隸籍法國、至路易第十四、放逐國外、氏以一千八百二十八年生於德國哈苡瓦長入海達兒堡大學、當時自由平等說盛行於世、少壯子弟爭上下其議論、邇倫之歌、亥納之詩、所至不絕聲、武魯度恒麻兒故斯等虛無黨員所著書籍、最爲世所尊崇、氏亦在此間、夙受其薰陶、欲傾注全力以從改革事、以謂欲經營天下、不須不先破壞舊制、當此之時、有甂天人圖叛響報、氏聞之狂喜不措、踴躍三百、馳赴軍門、進爲一部隊長、指揮卒伍、鏖戰、我軍不利、意見放國外、時氏年甫二十、中外皆駭其豪膽、

氏旣見放入法京巴黎、巴黎有共產同盟會者、會員咸悲歌慷慨士、常揚言曰、歐

洲列國帝王頭顱、悉懸吾掌中、激論橫議、傍若無人、聞者戰慄、密氏投身此黨社、日夜撫髀、肉復生之至、

至一千八百五十年夏、氏偶罹痧疾、病勢劇甚、殆瀕死、自是身體久衰、乃决意再還故國養疴、並探討時務、自是意見亦一變、頓悟昨來所爲之非、折節事筆刀、爲賓晉認審判衙門檢察官、時一千八百五十一年冬臘月也、

氏在賓晉認、日日執政務、有所大自得、一千八百五十四年初、與別尼故申氏相識、方是時、別氏憤阿諾威非政、極力責州長勃古斯伯氏、亦草一書、大論其財務紊亂、德人知氏之精通財務、實在此時、先是德國形勢渙散、各邦分裂、國威日替、氏憂之、常以組織一大同盟爲念、曰、均之德人也、其爲阿諾威人、爲普魯士人、爲[illegible]天人、爲薩克遜人、胡必喋喋爲東接俄、西隣法、介其間、豈非德國哉、徒區區事內訌、不自滅者幾希矣、遂首創立國民同盟會者、手草宗旨與章程、公諸世、是卽後日普國爲盟主之濫觴也、當時俾哂其策狂妄暗愚、然閱數年、俾竟藉此政策

收大功、氏可爲先幾之見矣、

一千八百六十年迄七十年、倡自由平等說、與俾異見、又惡其爲人、辨難論詰、繼以嘲駡、比俾爲英之斯度剌佛兒都、且云俾遲早不免坐斷頭臺上、其峻刻不假借概此類、

一千八百六十六年、普奥啓釁、普勝阿諾威暨他諸州、咸併於普、氏心不能平、常以爲憾、夫氏夙希德之統一、自創立國民同盟會者、今普合一諸州、爲一大聯邦、似氏達其希望焉、而其不滿意如此抑何也、蓋氏所宗旨、在擬以好意相聯盟、而普之所爲不出於此、一以兵力壓制之、是所以與氏意見不相容也、

一千八百六十七年、見推爲比德聯邦議會議員、其年三月初六日初涖議院、史家述其儀刑、曰、目光炯炯、英邁靡儔、額上波紋與蒼白顏色、與蔽肩長髮相映掩、如證氏閱盡世途艱苦者、亦可以想其風采也、氏在議院時、大論憲法事、且曰、自由平等天下公道也、雖然、欲建設氏院、擴張國權、亦不可不就國家情形而財酌

之、當此際也、予寧舍彼取此也、於是徧見者、往往有憤氏變節者、詈氏倒戈逆擊、然氏才智益爲世所推重、

爾來九年間、氏之聲望彌高、除俾外無復出其右者、當時德國黨會以國民自由黨爲最有力、政府機務、悉由此黨會之贊助、而氏實爲此黨總理、故氏所計畫、多爲政府採用、就中在憲法暨關稅同盟法等、氏功居多、普法戰役、亦爲氏所最喜矣、氏爲謀德國之統一、信與法國戰之最得策極篤、故見俾之敗法軍也、大偉其功勳、半生宿怨、一旦消滅、互握臂相慶、如更無介意者、以後交情日敦云、

先是氏爲阿那斯那堡市長、至是辭職、蓋欲委身國事有所大爲也、而家貲不裕、事與志違、竟屈節爲得威根公司及聖跎打度鐵路公司董事、每年受薪貲二萬磅、未幾折閱、且蒙爲其公司擬枉國法之嫌疑、大爲世人所擯斥、復退隱阿斯那堡市、市民景仰極厚、復推爲市長、嗣轉爲佛朗克法兒度市長、治績尤顯、人稱市政者、必先屈指該市、一千八百八十二年爲普魯士上院議員、後二年再入帝國

議院、至一千八百八十六年、與別尼故申氏商議、糾合各黨會爲一大黨會、名曰卞迭黨、以爲俾後援、然未幾氏早察知有黨勢漸凌夷、俾權力稍衰之徵、不敢自標榜、隱然操總之矣、

一千八百八十九年十二月、德皇行幸佛明克法兒度市、氏之謁見實在此時、後三月而俾乞退、氏被召入京、一千八百九十年六月任度支大臣、

氏入度支部、先制定累進所得稅法、嗣廢止公爵暨貴族免稅特權、一千八百九十三年、又設累進財產稅法、於是整頓財務、未一年而至國庫餘巨款、一千八百九十四年、更欲大整飭財務、革煙草稅法暨釀酒稅法二案、提出諸議院、不見納、氏語一議員曰、公等今日排此案、有他日不可不必取之日矣、其自信篤如此、就職後一年、政府擬改變學制、問議院可否、氏力爭以爲不可、直聲益振、諸新報稱之、嘗致書於卞兒麻兒克士氏、論操縱黨會之術、洞中隱微、頗涉譎詐、後此書踐露於世、如他人爲此言、則名望無復與齒、然氏之權勢不爲之消長、譽諸江湖之

崕、渤澥之島、羣鷹集不爲多、雙鳥飛不爲少也、氏立朝威權日張、雖未躋樞垣、而受皇信任、實參萬機、議員亦服其材智、多欲輔氏贊成大業、氏遇諸名流操縱結納、悉不能軼其范度、雖以麗別兒氏之識見宏博、猶有不能發其隱焉、

德勢孤立（時事新報）

前與奥意兩國、作三國同盟、今通欵俄法、以除後顧之患、以爲控制英國之策、是非德國之情形耶、然據俄國維度木司梯新報所論曰、（該報每年受外部衙門助銀若干云）奥已非我敵國、不但非敵國而已、自今以後、視此不可不一如與國、是勢所當然也、故彼若肯入俄法同盟、則我喜容之、然則彼豈遂依戀於德國者哉、蓋德者奥之虎狼、而非奥之友邦、有機可乘、則欲併呑非一朝一夕矣、奥早知之、今也將投身我同盟中、斯天尚不絕奥祀也、爲俄法者、宜遵天命而救奥於九死也、列國新報多權謀、此論雖未可遽以爲俄政府之意見、然俄奥相親之狀、已有歷歷可見者、俄與

德不釋然、亦足以窺其端倪、然則德脅肩諂笑以迎其顏色者、或歸徒勞、未可知也、三國同盟者、德所恃以爲立足之地、而奥既如此、意亦有渝盟而結托於英之意、鼎足之勢將變爲孤立形、德不亦殆乎、意國新報論三國同盟曰、當英有事於埃及、意忤其旨、觸英之怒、而法亦窺我隙、輒欲動兵、我處此間、不可無引以爲援者、於是乎與德奥謀、始作三國同盟、以爲有此同盟在焉、可以高枕矣、豈圖所恃以爲金城湯池者、徒爲德人示威於法之具、至一千八百八十六年、德首倡再締同盟議、謀諸奥與我、我政府豫告爲保衛地中海上利權、與英訂約事、而後加盟、越一千八百九十一年、復申前約之議起、當時我亦以爲非使法國勢孤、則歐洲之太平不得而望、乃復加盟、然及今思之、我意絕無所恃於同盟也、何哉、曰英已於地中海上、與我同利害、昔時爲敵國、今則爲與國、法亦無侵我之意也、然則德之權力、既見奪於奥俄法之同盟、又見奪於意英、向擬使英孤立者、今將爲列國所絕、未知德皇用何等手段處於此間也、其兵二千五百、既而大驚、次日復戰於賴翁麾下軍不及二萬、白羅佳徧徵諸軍、數逾三倍、欲決一大戰、法皇軍渙餉絀、又失地勢、乃命一軍由掃霜、一軍走盤雷凹拔克、期會於賴翁地方、形勢倉皇、兵機屬洩、復戰、法掃霜之軍亡一萬二千人、各國喪失亦相等、此次白羅佳定策欲攻滅法軍、何以遇法小軍隊、縱其竄逸、說者謂是役也、有科西嘉大總統身臨戰塲、如有魔王率萬魔鬼、嚇敵成癱瘓也、

法皇行軍、左右翼變化離合如神、自統軍數不過二萬五千、嘗單騎獨徃、行蹤剽忽、又能虛張軍勢、多方以誤敵、以孤軍挫錯華岑盤十二萬之衆、恃其膽勇機詐、破彼狐疑、揆其功能、是猶爆栗熾炭中、以手引取也、

三月十一號、俄將聖普里司鐵欲乘夜斫營、以保雷姆司城形勝之區、居白羅佳錯華岑盤二軍之間、乃調一萬五千人、駐雷姆司四遠無接

應軍、以防不測、法皇審其孤軍勢弱、即潛師襲雷姆司十三號、克其城、普里司鐵之師大潰、左右二軍亦被掣動、

時法皇異軍突起、各國皆驚其勇猛靈捷、善於乘勢、一戰而覆普里司鐵之軍、重駐雷姆司、逼近屯愛司內河北之白羅催軍營、不敢向南一步、十七號、收集新兵、進攻曷潘內、以擾錯華岑盤、緣其探知法皇於十四號、在賴翁拒敵、即揮兵前進、過脫老也司、愼重緩行、而曼克堂那與亞地諾鐵阻其前攻、聞法皇之師已抵曷潘內、大驚折回、法皇追奔逐北、馳騁如飛、

於是俄皇遙策法皇躬自督戰、各國之師、遇輒潰退、則怒不可扼、且慮奧皇敗盟撤兵、前已立約、無論何國、未經咨照、不得私與法和、至是立出一令、凡會盟各國之軍、皆歸錯華岑盤統轄、會同白羅催之師、互相連絡、直趨巴黎、各軍會於矮賽司、法皇覩遍地皆敵、身陷重圍、欲遁、而

峨丕河惟一橋、法皇手劍大呼、盡獲諸軍以涉、殺傷過當、遂出於險、時威林呑已入南境、擊敗賒而鐵之軍於啞而退士、且至土魯司急檄培雷司否特鈿度二將、收召義勇、命賴文台代巴亞旁司、法皇見大敵日增、然猶治軍鎮靜、務布奇計以謀出路、我等不能不賞其智勇兼人、百折不回也、

法皇自揣勢難阻敵進攻巴黎之路、乃布全軍橫斷敵營之後、杜其轉運驛遞、時巴黎都城有查迷夫竭力嚴防、竊計近邊肋克生姆盤地方砲臺、已有庸懦之浮膽未次及替翁惟而諸將拒守、兼多新募之卒、以備徵調、法皇意謂敵軍後路既斷、復截來因河口、必速退師、可解巴黎之圍、益以溫語拊視敵軍、與法人同、而移兵屯廟士近邊山谷、計雖奇險、惜未能置巴黎於萬全之地、

既而法皇復由維脫雷至聖地瑞兵力甚薄、不能如願盡掃敵之後衛

軍、乃撥拍到之軍數成、重赴盤傳亞復檄調馬網鐵貎底愛留防白羅催之軍赴援、是時白羅催南行、以聯錯華岑盤之軍、而馬貎兩軍已由轄朗司至聖地瑞與法皇軍合、駐敵東偏、再循十字路至維脫雷、法皇馳密函於后、廣布方略、以圖恢復、二十四號、被敵兵邀奪、機謀盡洩、

時白羅催錯華岑盤二軍、從容進向巴黎、而巴黎至轄朗司中間無敵軍塞路、地勢遼闊、爰調馬網鐵貎底愛之軍及各路軍由此路進、提督考姆拍呧率三千人抵賴否對、亦由是路至賽瑞內與法皇合軍、而兩大軍近轄朗司、夾大砲隊而前、時法皇之師距巴黎尚遠、而白羅催錯華岑盤已進逼法都、國勢愈危、

法謀既露、白羅催立麾軍不向西南、而直趨轄朗司、欲聯錯華岑盤之司、徃維脫雷復檄溫靜傳路之大砲隊馬隊、直擣聖地瑞以掩其會攻

巴黎之策、法皇復由蘇網至上廟士至聖地瑞復南赴度里文馬隊由蘇網郡至排賽凹鼻追逐各國之前鋒、與皇與沒透泥避於地藏錯華岑盤狼狽脫逃、然各國重違俄皇合軍之命、不敢瞻顧濡滯、卽刻會同白羅催聯軍以圍巴黎、

二十四號、各國之師定計合攻軍心大驩、分兩大隊而進、各以騎兵先導、二十五號、抵蘇潭聖克羅維脫雷未至畨鞋哈配拿猛攻馬網鐵貎底愛之營、二將不能支、遂潰、器械糧餉、俱爲敵有、共喪大砲六十門、兵一萬人、二將既覆、欲與法皇合軍、而敵軍橫阻、乃由美倫而回、二十九號、日中、敵軍經下倫呑城東南、進駐巴黎東北、法后及執政大臣皆奉皇命避居孛勒維而惟留查逖夫守城、時法皇新募民兵數千、合馬網鐵貎底愛敗軍一萬二千、又康姆彼呃募生力軍六千、提督馬內有練兵五千、攜大砲甚多、惜未在巴黎城外、四圍扼據形勢、密布攻守戰具、

築臺安砲、以資捍衛、或在廟士山谷、襲攻敵軍運道、尚可爲解圍之計、

爾時則悔已遲矣、

時各國連營於巴黎城北、由聖兌納司達婆哇兌巴龍東至李勒維而及羅門維而三十號、盡驅各路法兵入都城、查述夫知孤城無外據、不得已命馬網鐵全師退出巴黎、是夜、各國皇振旅入法都、大會法宮、始下停戰之令、

時法皇馬隊已克蘇網直攻錯華岑盤後路、二十五號、法皇駐軍度雷文以待馬網鐵貌底愛、豈知二將受困、且望見敵之大隊馬軍、誤以爲錯華岑盤反旆自護其後、即揮兵接戰、欲衝開中堅以合二將、豈知此大馬隊、乃溫靜傳魯所統、既戰、法軍大敗、東北馳過排雷特克及執訊俘虜、方知是白羅催之大軍、

法皇駐聖地瑞聞二十五號、諸將敗於沓鞋哈配拿、又聞各國軍圍巴

黎急發諜至維脫里一帶探聽、既知巴黎危急、即定計盡調麾下兵、欲斷敵軍往來孔道、暫不復顧巴黎之蹂躪、然霸權已墮、諸將領咸奪氣、而統帥貌底愛尤甚、私相謂曰、若欲回援巴黎、惟有作降將軍耳、法軍又單、不足制壓境之强敵、始信巴黎旦暮不守、不能待其掃盪後路、以攻爲援也、於是統軍馳向巴黎方過脫老也司三十一號、抵方退孛亂駭聞巴黎失守、然壯心未已、即飛函詭語其后曰、已盡發東路各鎭兵、以馬隊攻入前敵、俘獲無算云、

法皇既喪此嚴城、乃謀經營凹林司、以爲駐軍興復之地、其地在巴黎之南、厄霜內河之側、重立宮府文武官僚、經畫戰備、諸事井井、然諸員弁及各議員、皆信法皇不久於其位、戰端將從此結穴、各國議約雖極苛細、勢難終阻和局、一切罪案、統歸獨夫身受之矣、

法諸將俱蓄叛志、百計圖維、其尤顯明者、馬網鐵以爲分所當然、復欲

迫麾下兵弁、悉聽從議員之命、四月二號、各議員明告法皇曰、皇此時速宜讓位、暫爲權攝國政、馬網鐵擅出一令、亦同議員之言、是時各旗員弁、均執意不從、馬網鐵乘馬至軍中、有數統領謂曰、公宜留意、若身赴大師中間、慮有飛彈擊公腦也、然馬網鐵素勇悍、瞋目謂不足畏、卽策馬而入、未見敵軍一騎、法民則相聚慟哭、遂統已軍降於英人、時法后欲攝國政、而待皇子長成、授之以柄、國人大有違言、以爲皇子雖長、依然一微賤之拿破侖、改換形容而已、且法皇亦笑其后挈幼子臨朝、未足壓衆也、而各國之意、欲擇立康潭親王暴防司、而聞退勒侖阻之曰、國中奸究蠭起、而暴防司實爲之魁、若立此人、是無法國也、時諸將堅欲令法皇遜位、雖夙被恩榮、而疲於戰事、所領俸銀、均已罄盡於戰場、馬網鐵起自小卒、受皇厚恩、歷躋通顯、一旦首先背叛、尤無人理、後人深識其事、於一千八百十四年、法皇深受其盡力一擊、以致一敗塗地、史學家所以明定其罪、爲萬世亂臣賊子炯戒也、論其行事、比之昔時擅廢英皇惹迷斯之各大臣、而迎納燒公爵維廉爲皇之事、尚不如也、何也、英國之昌盛、反成於國政變亂之後、諸臣廢立、實爲功焉、

四月五號六號、法皇欲迫諸將在羅阿之後、各矢忠誠、再決一戰、而皆不應、雖其一步一計、而當此事機危迫之時、不啻一塊大鐵、橫梗於胸、以極尊之皇、反欲聽命於平昔恭順效力之諸臣也、諸臣之意、以爲若再隨從法皇、則法之戰禍、正無窮期、法皇在方退孛亂時、不能拊循將士、何人能以忠誠報國、輔助力戰致勝、我知法皇平時必深喜其恭順、隆加賞錫、孰知其轉瞬爲反噬之犬哉、

麾下諸將既迫法皇讓位、皆棄之而遁、惟數小臣忠心相隨、

四月十一號、法皇簽字允准遜位、致書於未叛諸將及各軍曰、朕今行矣、諸君好爲之、各國共議安置法皇於愛來巴島、仍其皇號、與以舊臣數員、小軍一隊、同赴島中、

各國戰事粗定、乃共會盟、修立簡明條約、以定歐洲之亂、方謂從此永保太平、各王於此最爲失算、緣拿破侖以一身擾動歐洲、豈宜仍留於法境、俾軼種於茲土、既害法國、幷貽各國無窮之禍哉、方其百戰以定法難、譬將凌駕六合之一大鳥、俛首就擒、翦其羽翼、謂可制其死命、惜未能錮之鐵籠中、斷其飛走之路、如日後聖希里納之事、早知我拿破侖補拿破脫非甘久困僻壤、終將幡然高翔、使萬民之血、重浴歐洲之野、

蘇而鐵一軍駐土魯士威林吞痛擊敗之、時隔六日、始知巴黎失守、法皇讓位、及方退孛亂敗耗、然卒未奉停戰之命、計無所出、

巡提亞謀特Dioméde被馬吞食一事、卽指此地而言也、相傳該地之人、俱有獃氣、然却喜音樂詩詞、最著名者、有單馬克黎忒Démacrite係創立阿篤彌司侍格Atomistique（專考求微物體質）學堂者也、其徒名埃那克柴爾格、Anaxarque又性理家潑羅打哥拉Protagoras史學家菴喀耽Hécatée

Abdias 挨孛提挨司、具先知之明、同伴共有十二、渠列第四、蓋皆稱爲小智者也、相傳生於耶穌J.C前六百年間、與然類迷Jérémie（四大智者之一）同時、適當排比羅呸Babylone（古東方最大最富之城今無）被困之際、所遺著作、祇有書一章、豫言依陀謀哀Iduméens（地在阿喇伯境）人之一敗塗地、 另有名挨孛提挨司Abdias者、稱係排比羅呸人、著有教律史要Histoire des aportres一書、刻於耶穌後五百年間、蓋僞托也、

Abdication 挨孛提喀細容、譯卽國君讓位之意、其最著者、如耶穌

前七十九年之細拉Sylla（馬羅王名）耶穌後三百零五年之提亞克雷西哀Diocletien及麥克徐米哀Maximien（俱羅馬王名）一千五百五十六年之耍爾該Charles quint（西班牙及昔昔爾Deux Siciles兩島之王兼充德意志皇）一千六百五十四年瑞典之克黎司低呢Christine及一千八百零九年之朮史打佛第四Gustave IV、一千八百十四五年法之拿破侖Napoléon兩次失位、又一千八百三十年之耍爾第十Charles X、一千八百四十年荷蘭Hollande之忌亞姆第一Guillaume Ier一千八百四十八年之法之路依非里潑Louis Philippe等是、

Abdolonyme　挨孛陀羅你姆、一作挨孛大羅你姆Abdalonyme（服否你西哀Phenicien文、係稱挨孛大羅曼Abd alomin譯即上帝奴才之意）據史家該忒居爾司Quinte Curce及四史丹Justin所言、馬扇度愛恩Macédoine國（今併入土耳基、而以一小角歸孛爾茄里Burgarie國）阿力山德Alexandre因嘉其德性、拔登細同Sidon（今歸土國）王位、（耶穌前三百二十二年）雖系出王家、

而居無求安、克勤克儉、登位前、尚日逐親耕於圃云、

Abdon 挨孛同係菴弗拉因 Ephraïm 土番內依史雷爾 Israël（皆歸土國）第十泉司、在任八年、自耶穌前一千二百二十二年起、至一千二百十二年止、

Abdul Azid 挨孛丟爾挨徐時、係土耳基國王、生於一千八百三十年、父曰買模 Mahmoud 兄曰挨孛丟爾買徐特、Abdul Medjid 彼蓋於一千八百六十一年、繼其兄而登位者也、凡前王所用之執政、一槪留任、而獨減其自奉之費、又前王於一千八百五十六年、在尤拉南 Gulhané 場、（即在王宮外）當衆宣誦之、保護民產奉教 hatti cherif, hatti houmaoum 等事之諭旨、（詳見後文）亦一律照行、弗論百姓所奉何教、許其一律看待、在茄拉打扇雷 Galata Seraï 仿照法國二等學堂章程、設立學堂一所、聚民間天主回回兩教之子弟、請歐人爲之教習、惟作事不能如其兄之

有恆、故致後來、蒙忒南𤠞羅 Montenegro 今立為國一千八百六十二年 及降提 Candie 今屬土島之民變、費盡經營、始得平靖、而吏治不善、全國解體、故歐洲及其本國、皆不契重、宮中亂作、失位被弒、一千八百七十六年六月

Abdul Hamid 挨孛徒爾挨迷特、土耳基王名、一千八百七十四年、繼其兄謬史帶發第三 Mustapha III 性柔懦、是年與俄立約於開那徐 Kainardji 今歸孛爾茄里國 當以培要拉皮 Bessarabie 中幾分之地相讓、并聽克里美 Crimée 之韃韃人、不歸管轄、既而克里美一地、遂併於俄、一千七百八十三至八十五年 繼與俄戰、又敗於亞帶哥甫 Otchakof 一千七百八十八年 而奥國亦加以凌逼、一千七百八十九年、王薨、

Abdul Medjid 挨孛徒爾滿徐特、土耳基王名、生於一千八百二十三年、薨於一千八百六十一年、年十六、適當埃及國王依孛蘭因 Ibrahim 勝於南徐孛 Nezib 一千八百三十九年 率兵撲君士但丁 Constantinople 時繼

其父買模特 Mahmoud 登位、恃歐洲各國維持之力、（一千八百四十年七月十五日及逾年七月十三日兩次訂立條約）得以不失寸土、王乃循序而進、以竟其父未竟之志、將制度接續更改、并在四拉南 Gulhané 場宣示旨意、（一千八百三十九年十一月初三日又一千八百五十六年二月十八日）不論百姓所奉何教、保其身家性命、并各予以自主之權、設變法局一所、俾新法推廣施行、國亂多次、皆能削平、一千八百五十三年、俄國欲在土國境內、保護天主教地、及希臘民人、派王爵門細哥甫 Menchikof 率兵來討、土王悉力拒戰、兼得英法之助、遂得化險爲夷、在巴黎立約、而爭端以息、（一千八百五十六年）

Abechr 挨培克爾、係烏挨罩 Ouadai 都城、詳見該地之註、

Adeille 挨培依、係天主教士茄史攏 Gaspard 之原名、一千六百四十八年、生於潑羅亡司 Provence（法國古時省名）省之黎哀時 Riez（邑城）一千七百十八年卒、生前於文字之學甚精、久任留克尚蒲爾 Luxembourg 元帥之

書記官、一千七百零四年入法國文學翰林院、所著詩集及情節悽慘之戲文、如哥里西郎Coriolan菴後居爾Hercule等是、

Abel　挨培爾　一作挨比拉Abyla係哥類西黎Cœlésyrie之小城、　挨培爾謀亞拉Abel Mehola係鋤爾台Jourdain江（在巴來斯丁入死海）右岸庵弗來因Ephraim山東北之小鎮、

Abel　挨培爾係挨朧Adam之次子、（開闢後第一人）本教士也、凡有進獻、上帝皆嘉納之、因之見嫉於其兄而被殺、法國然史南Gesner作詩一首、埒哥浮Legouvé編說白戲一齣、詞曲戲三章、樂由羅度夫克雷時Rodolphe Kreutzer譜律由哈拂盟Hoffmann調、一千八百十年三月二十三日、曾在巴黎扮演、　挨培爾Abel丹國親王、請其兄菴里克第六Eric Ⅵ宴會而弒之、（一千二百五十年）遂登王位、一千二百五十二年、居民起叛、置之死、　挨培爾、Abel名你克挨司Nic H瑞典Suède國測量名家、生於一

千八百零二年、具異稟精算學、冠絕一時、年二十七而死、所遺著作、一千八百三十九年、刻於丹國京城克里司抵挨你挨 Christiania 挨培爾特彼查爾 Abel de pujol 詳見彼查爾 Pujol

Abélard 挨培拉爾名比哀爾 Pierre 本貴裔、一千零七十九年、生於曩忒 Nantes（法國西邊地臨大西洋）相近之巴雷 Palais bourg 鎮、受業於名師其亞姆奪爽巴 Guillaume de Champeaux 未幾即與其師存門戶之見、年二十二歲設學堂於滿倫 Melun 哥爾培依 Corbeil 巴黎 Paris 教授辨才養性 rhétorique, philasophie 兩學、聲名雀起、來聽者至三千人、在所授之課內、攻詆其師、不遺餘力、緣其師以教書內所載事實、一若眞有其人 réalisme 也、然仝時羅失來 Roscelin 以教書所載爲憑空結撰 nominalisme 者、亦復被其排斥、故時人遂悞以挨培拉爾所宗、爲最得中庸之道、conceptialisme 實則與羅失來不甚懸殊、不過詞氣畧覺和平耳、故其初於上帝不甚篤信、每指摘教書所載多出自想像附會、後來悉心研究、自謂能得上帝眞詮、因即以之教人、亦頗著速效、徒衆之盛、不減當年有小教堂Chanoine教士富爾培Fulbert者、延課其姪女菴羅亦司Héloïse挨培拉爾悅之、竟挈以潛逃、居孛勒打業Bretagne（法國西北省名）生一子、名挨司脫羅喇皮由司Astrolabius、爲補過計、密與成婚、但富爾培憤猶不解、突出不意、使人毀其廬、挨培拉爾竄入賽特你St Denis教堂爲僧、菴羅亦司入阿爾尚端依Argenteuil庵中爲尼、未幾、挨培拉爾徇其門下之請、乃出教堂而重理舊業、凡願隸門牆者、紛紛畢至、遂著一書、演解忒里你耽Trinité故事、（故事謂上帝化作三人）言上帝所化之三人、即三德是也、一曰勇、二曰智、三曰仁、書中弁言、佛教回教中博士亦知天主教之道理云云、一千一百二十一年、天主教長會議於夙握松Soisson（法國地）斥此書爲邪說、不准行世、嗣退居塞納紅邊之拏床、建一講堂、其胃中所蓄之汁變淡、原注胃汁之用所以消化各種食物且釀出其中似蛋白又似白筋綱之物使可以被吸管吸去爲周身之用而缺靈汁、故令消食爲首務、先不大備、況胃之肌圍、又漸失向來之縮力、其盤旋運動之力又弱、而胃中消化後可取之物、卽爲白汁、其從幽門運入腸管、亦甚微弱、不能同壯時之有勁力、

肝

肝之功用、旣大有關於運過其核內之血之變化、且又爲膽所由成之津液具、膽由肝窩與血相隔而發汁入細管、共會於肝總管內、其大功用、所以分出爛汁中之白汁、年老則微絲運血具、變硬而弱、肝窩亦變硬、其津液因略變、所變之微顯、與脈管聚血之多少有比例、脈管聚血、年老者屢遇之、因肝已變硬、不能任脈管脹出、占其地步故也、未及成人、肝病罕遇、然以後能免於肝之聚血與次序不調者甚少、人幼而少、肝之凹凸力、足以容極多之血、運過其間、若至年老、則硬而已

化骨之通管、不肯脹開、且不能脹開、腹與下肢之脈管、遂當其壓而發脹、
老人之油質、不甚薄而柔、或爲通胃白汁管所吸去、此或因甜肉所whom

之水中、有變化之故、

腸

老人腸內、通諸核之小具變硬、或至閉塞、腸之圜、變暗而失其縮力、包吸胃白汁管之肌絲、亦由漸經過如此之變化、其管有衣、年年益變爲密而無隙、而所吸補益之物愈少、觀此消食具諸變、可見一則食物不能一概消化、二則其補益之白汁、吸管不能全吸去、又此等功用不全、由逐漸變硬化骨之故、

睪丸

年老之睪丸縮小、幾至不見、其卵子之質、變而漸少、而因漸硬而化骨

之故其豐網之具、不復任其發脹、豐網之功用遂廢、年老則膀胱底核變大、其管內常生小而圓之合成之質、約如黍子之大、是鈣養炭養二與生物質合成、

大約年老則底前小核減少、

子宮

不論生產如何、專為年老感動之故、使子宮縮小、變白色而肌理更硬、其形不復三角、其體與頸、更難分別、而其諸房亦不復特異、此節引魁亞說

卵核（一名子核）

卵核亦如前數物之變硬、伯爾雷醫士表出其中有許多、惟顯微鏡能見之、卵核之職、主生精珠、到卵核之面上而迸裂、其卵與精珠內之流質、皆入卵管、其時惟十五歲至四十五歲五十歲為然、此後其卵核硬而化骨、而精珠不能到其面上、卵核雖仍在而被禁錮、欲升見阻、乃縮

小或不見、所以不能再生育矣、

溺具亦是如此變硬、運溺管與腎穴內、屢有石屑、膀胱更堅厚而無凹凸力、皆老之故也、

老人之油網連網、皆變油質、更少而稀薄、且色愈深、連網益密、脆而無凹凸力、時或變性、同肌絲之性、

薄汁膜變密中、常有骨質、其膜之面上、亦比少年時更覺乾、

絲綱更堅韌、硬而常化骨、

老年之白筋網與凍質如添、蛋白質減少、許多津液、變苦而易激動、液沫每加多、

肺與皮內、發霧化汽、減人生之熱度、雖老人出汗、不及少年之多、然因運血之力衰、腦筋之力弱、故所生之生物熱減少、問老人知覺之具變化之故、則眼光漸壞、聽嘗嗅之官漸變、皆由此硬而化骨之故也、

眼

在老年、其眼之前房內水質、津液減少、明角罩、變爲不甚突出、瞳人變爲更硬、由於腦筋少知覺、所以使老年者遠光、而視近物不清楚、且模糊、

米得木云、極老年、爲眼昏、預先利害之由、

勞侖司云、此最常有、在中年及以後、

科剖云、在已昏之眼內、腦衣之情形、人死後察之、與下數言相合、即見其厚暗有斑點、淡黃色、韌、有至變骨者、

皮歐所著之書第四百五十一頁云、有一事甚類老眼昏、（英語安姆白立啞披亞原注安姆白立啞披亞由希臘字安姆白拉司昏也啞拍司眼也吸拋魁紫用此字以爲老人所患眼昏之意）人信以爲由眼簾液減少之故、此津液在有人更早而更甚、有人稍遲而稍微、與他性之津液同隱藏、

魁陋云、論睛之形狀顏色透光之多少與疏密、則隨人身各時顯異、在成人、其睛之前面比後面凸出較少、而睛質比嬰兒時更堅、無色而透光、在老年、睛兩面皆扁、淡黃、或琥珀色、而易變不透光、因其漸加韌而重也、

科剖云、老年可謂睛暗預先之故中之一、蓋此病最多有於晚年、

米得木眼論云、倘說尋常年老睛暗、不由睛死所致、倘將此論除去、則絕不能作解、以明此老人屢有之故、此明知非發熱所致、因發熱必先在睛之中央、在老弱之人有之、而與痛並至、或眼別處亦有病徵、惟如此者、可以義歸之發熱、

科剖外科字書眼部云、於此事我意當有三項憑據、或睛之功用廢、或紋理變、或中生新質黏滯、未必睛之果死也、

麥更齊云、睛暗常疑其由睛缺補料所致、或又可擬為腦筋不備、

又云老人睛暗大抵雙目並遭、不過數月之間耳、但在中年多遇患一眼者、其又一眼、或至多年不累及也、

在中年時睛暗、或因發熱之故、而祇累一眼、但眞年老睛暗、亦不關睛之死、亦不關發熱之故、但有新質黏滯睛中、實與老年變硬化骨之事同至、而預於此焉、所以雙眼大約同時俱患、

在老時、明角罩變形、成硬、或至暗、眼白衣亦然、甚至化爲骨、以下畧舉數項尤甚之事、以明化骨果有其事、

科剖外科字書云、司卞帕曾割過一眼、幾致盡化石質、其眼係從老媼取下、其大不過尋常好眼之半、明角罩上、似乎有塵、而其後面之眼簾、則形狀特異而凹、其中央無瞳人、其餘眼珠之他處、自明角罩之界、以後觸之、皆非常之硬、割此眼時、奇怪之事、可於司卞帕眼病說一書、深味讀之、好婁亦常遇見如此之眼、吸爾丹納司、侖昔息、冐爾蓋聶冐侖

信潑留爾諸人、皆有明白之說、論眼前面有石屑、活得陸破先生、疑爲睛珠衣大房水及明膜、皆行化骨、

活得陸破先生、又引明角罩化爲骨一事、其眼全變形、明角罩變暗、在其層片間、見一塊骨、重二英釐、卵形、硬而外面光滑、又見眼黑衣、腦筋衣、皆變爲骨、即據此著書人云、華爾斗之博物院中、有明角罩一具、中有骨一塊、長三分、闊二分、重二英釐、係從一六十歲之老人取得、

以上多端、必爲偶然之事、或有發熱之故、所以不必當爲一定之例、但老年必有許多憑據、足以發明其眼之全體、皆畧變、其實質處變硬、甚至化骨、昔時透光之處變暗、因老人血管之變、所以眼房水之多少顏色明暗亦略變、且腦筋衣失其知覺、因腦與腦筋改變之故、已見前說、目中此等改變、一則因由漸變硬而化骨、二則因腦筋之知覺減少、皆大關係睛暗眼昏諸病、故使中年以後、頗多患之、而老年更常有、雖然

猶之人之才學不同、以此理推之、或有一人能享其眼官之伸縮力、及腦筋知覺、比大衆之人、更好更多、且能活到老年、而其目不昏、然縱能如此、其眼光終不及少年之明準而全備、蓋其中改變、究與他人相同、雖或略少、亦不過多少之間耳、

耳

耳亦患如此漸漸化骨之事、外耳脆骨變硬、或至化爲骨、含耳蠟之核之改變、與見於他核者同、其蠟減少、而品亦變、耳鼓膜變厚而硬、接連小骨、（注小骨即鎚骨砧骨鐙骨）之筋變硬、其柔軟減少、所以空氣搖動由耳鼓膜變硬、已不完備、而又爲小骨不善引之經過耳鼓、由內耳（原注內耳之造法與水亦變爲硬○在老年內鼓之水能減少或至吸乾）至耳腦筋、此腦筋之靈覺減少、與老年腦變同至、故使老人常遇耳官不備、及誤聽也、

舌味

舌非但爲嘗味特設之官、且又極能靈覺、其靈覺賴其四周之膜、此膜上面、纍積許多小而靈之芒刺、在老時、由腦筋之靈覺漸微、又由養此刺之血管變硬、故其靈覺減少、包舌四周之膜、皆硬而厚、其面上乾而皺、而知味能減少、

嗅官

鼻之形狀、隨其脆骨此脆骨亦變硬、至化爲骨、如在目中然、當在嬰兒所常見吸息時鼻管之脹縮力、變成無用、裏面則痰膜變硬而厚、其養之之具、變硬而弱、其核房中之津液、或減少、使老年常遇鼻乾或水過多、亦受其累、且嗅官肌絲、嗅官總腦筋、皆漸失尋常之靈覺、故使嗅官與年俱衰、至其能保肺使不吸臭氣、及助嘗味之官、辨別食物之性、則與此不關相、

知覺

譯書公會告白

本會寄售陽湖周韜甫騰虎先生餐芍華館詩集每部價洋二角

本公會各省售報處

上海棋盤街 醉六堂書坊 文瑞樓書坊　　上海抛球場愼記書莊

蘇州 閶門內掃葉山房 護龍街墨林堂書坊 婁門混堂巷馮公館　　無錫學前楊公館

常熟醉尉街內閣張　　常州 娑羅巷袁公館本公會分局 龍城書院

湖州醉六堂書坊　　松江鴻文堂書坊

杭州羊壩頭黃君海珊　　寧波奎元堂書坊鮑君明存

揚州 點石齋書坊 同文書局　　南京 王府園楊公館楊君農孫 詞源閣書坊

蕪湖鴻寶齋書坊　　江西省城 電報局 南昌電報局 馬王府後德隆醬園陶君菊

九江招商局史君錫之　　漢口鴻寶齋書坊

湖南省城 東長街俞君恪士 愼記書局　　湖北武昌府街口鴻寶齋書局翟君聲谷

湖北宜昌府川鹽局總收稅所惲君毅齋　　天津 杏花村武備學堂孫君筱垞 電報官局張君小松

天津紫竹林愼記書莊　京都琉璃廠中西學堂　電報總局

福建馬尾船政局華君秉輝　張君漢齋　福建省城點石齋書坊

烟台謙益豐銀號　香港宏文閣書坊

廣東省城愼記書局　曹素功墨莊　山西省城水巷惲公館

四川省城蜚英書局

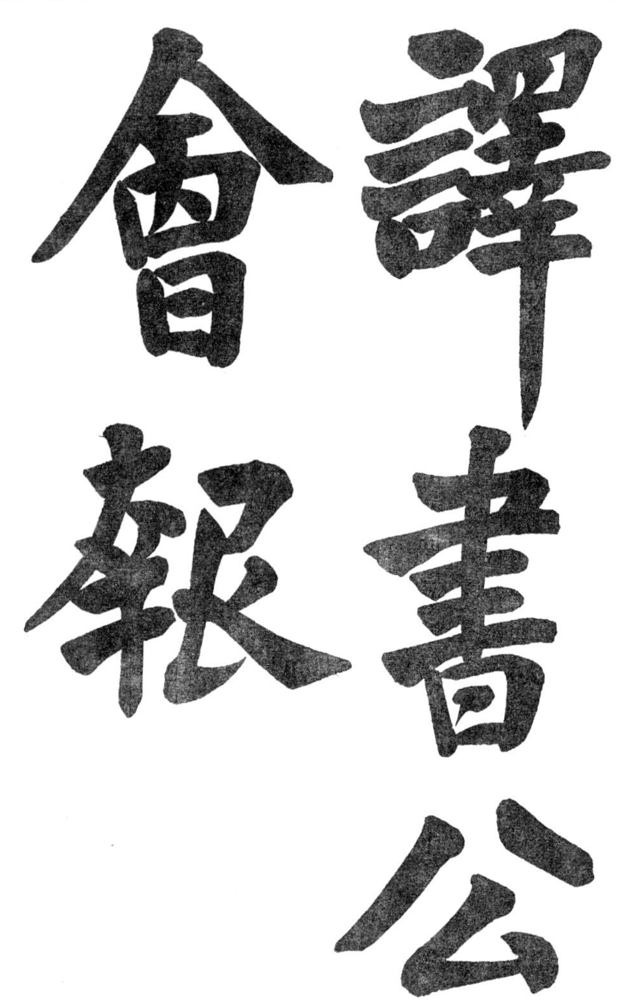

譯書公會報

Translating Societys Weekly Review

譯書公會報第十四册目録二月二十二日

英報選譯

遊暹京記 日本捷報

秀水張國珍譯

余等附輪泊由新加坡啓行、航海五日、殊暢適、駛抵罣南河口沙埂外泊焉、明晨乘潮時、鼓輪過沙埂、然船底陷泥中、深已尺許、是處距暹京兵角約百里、水程紆曲、經拍克南砲台、卽四年前被法人所攻毀者、旋卽停泊南岸築埠、風景致佳、居人以船爲家、鱗泊兩岸如市廛、百貨駢集、他國及本國兵艦國王游艦、間厠其中、王之小火輪遙泊花園相對、民舟悉用婦女盪槳、服飾瓌異、余等經官査驗後、用小輪將行李駁至東方海棧、棧在右岸、鄰近英法使館、兵角城大佔居河之兩岸、勝境實多、吾西人最所忻慕、花園寺宇平民住屋、不甚修潔、頗似貧窶、城中有電燈公司、接有鐵路電氣車、由埠貫城、長十五里、余素識司事某君、引謁某親王、親王曾游學英國數年、承其導入園遊覽、乘馬車而往、園周一里許、四隅及四門俱築有城樓、內儲槍砲、足以守禦、行抵東門、閽者嚴詰、然後許入、道途平衍、鋪以石板、毘連公署、半仿英式、左轉有梵宇甚鉅、鴟吻金色、飾以石碑、繚以高垣、垣擻各種花紋及磁片、光彩炫目、奇觀也、內供緑玉彌陀佛一尊、長十寸有畸、距地高一丈餘、不可逼視、未識係眞玉否也、出廟見屋多與王宮毘連、廐中豢白象四、其二甚高大、色與牛奶皮相類、惟象僕可近、余等見象躑躅而前、遂急避之、復至一大門、植大小卉木、有池、遙對處卽王宮也、長約五六十丈、半仿西式、後卽內院、不可擅近、尋由原門出、向右至一總會、屋宇高廠、陳設富麗、悉仿西式、出園後、復入數廟流覽、大旨與前所見相等、城中有一中等市衢、悉係貧窶人居之、大都無貲以葬其親、而又不甘火葬、於是將屍身置諸白木箱、舁至廟中、廟祝俟屍親去後、將屍肉剮剝無遺、以飼鷹犬、慘不忍述、餘骨置鐵筐上、架火焚之、廟中此等鐵筐尚纍纍也、暹劇甚可觀、中建五等方屋一座、長二十丈、或二十五丈、三面環以板位、優伶由後出入、樂工亦在後、未諳方言者、觀之同嚼蠟也、唱者亦居後、伶步趨旋舞、皆應其節、（按此與中國古時連廂相類）樂用風器（如喇叭簫笛之類得氣而成聲者）鐘鼓、無畫圖布景、（西劇有畫圖佛景譬如登場一船、一人著水手衣、前後各一人持木雕船頭船尾而已、冠用金彩、纍疊爲高、服亦華麗、暹羅所急需者鐵路爲最、現有一路、長九十買而、約二百餘中里係西人管理、其路由兵角達可拉建造、係新法、音琴精良、煤柴並宜、所經均係平原、末始涉山路、車中風景更變、致足娛目、由兵角行五十買而之遠、經恩斯耶故都、此二百年前、由該處遷至兵角者、恩斯耶之梵宇房舍、均被菁林掩蔽、昔年華屋、離離禾黍矣、初離兵角有人語余、儻船中貨多不能逾沙埂、故余等過沙埂至可詩欽島、始行載滿貨物、島距河口約二十買而、暹王於此築避暑宮、荒區數百畝、今悉濬湖築室、頓變爲玉宇瓊樓、惟暹王久不臨幸此宮、僅餘宮監暨華人數名、以漁爲業、內一人開設糧鋪、余等至彼、正英后登位六十年慶典、偕詣飲酒恭祝、酒係夙釀、小飲甚懽、於是乘小艇沿堤流覽、旋卽乘輪、維時貨已裝齊、仍駛至新加坡、途中畧遇風浪、計此遊約三禮拜云、

日商漸興 日本捷報 西十二月十四號

印度太晤士報云、日本出口之煤、並不富足、因日本開辦各種機器製造、需煤甚多、故其價日昂、此後在印度出售、甚不合算、現觀日本商務風氣大開、製造器具、精益求精、令人慕且懼矣、惟玻璃器具、近聞日漸減少、因質地遜於他國也、然觀泰西洋傘一物、最爲輕賤、各國尚難並論、從英國出售者有三分之二、人皆以爲貨好、卽可保護商務矣、雖然楷立而有言曰、價廉而物歹、在孟美市上人人皆願買之、近十年來、從德國運進鐵具利器、日漸加增、較前有七倍之多、故英國進口貨、以致減色、雖德國貨之質地不逮英國、而其價賤十分之三云爾、

近事電聞 日本告白報 西二月五號

德國在中國、已遂其所欲、各報中妄自矜張、德皇於是賜紅鷹寶星於外務大臣、以酬其功云、 各報均諷誚英國、惟才東報無之、蓋才東報但論中國有許多地方上之利益、各國皆可沾之、論及英德須當格外聯盟云、 德國北方捷報論欲得一藏煤之所、並非有意永佔、而佔據膠洲、殊屬不宜、或問德國是否在暗中摸

索、倘若德國向北而趨、有碍俄地、向南而進、有碍英商、在膠州地方、已設德國銀行、郵政章程已定、卽可開辦、德國諭飭該處預備水陸地圖、並在山東省、立卽開拓煤礦、然與中國一事、議論沸騰、莫衷一是、據而立去脫之意、在膠州通商、並無利益可得云、 又據倫敦正月八號來信云、今日議院會議、大約爲中國借欵一事、據司登奪報所論、此刻中國極力俯就英國、而沙侯（英相）亦盡心理待、此事倘成、與英國國幣有碍、然而英國所得利益、更在銀錢之外、竊思中國借此鉅欵、無非償日本之賠欵、如此、則中國皇上、可以優游自得乎、而日本水師陸軍、日漸加增、爲西方至强之國矣、

生子新理 同上

紐約地球報館、正月十一號接粵京來電云、有名與克、在粵京大書院爲敎習、查悉能使孕婦生男一事、聞之不勝駭異、或有人問之曰、婦女思子甚切、君用何法、可以如願以償、此中大略情形、請詳言之、與克答曰、調理細情、已詳呈粵京王爵

技藝院將來定當開印、但考出之法、可以言之、並可使知其詳、其餘乃是研究之功、不可言傳、無非使孕婦生男而不生女而已、我有六子、尚存四子、甚爲健壯、皆由調養所致、在親友中亦曾試驗、共有十四起、但是素昧平生者不能也、蓋我之所言一切、必令孕婦一一照行耳、凡人之所產一胎一人也、可使爲男而禽獸之所產一胎數畜也、可使雄多雌少、卽以雌鷄數卵其可以預定其孳之雄雌、百無一失、地球報訪事人曰、君有如此之技、人人皆欲求之、且富而無子者、求之更切矣、興克曰、我無非研究技藝之人、並不藉此以圖利益、但我所已考出之技、人皆稱爲寶在固所願焉、且寶之勝於金銀矣、我曾遇一家、望子甚切、彼給我萬金、猶君給一金與醫生、察視咽喉耳、然吾未受分毫酬謝也、夫生男生女、與男子無涉、全賴婦女、此言自醫道中得之、蓋長成男子、有血點五兆、此點卽是養命之源、而長成婦女、祇有四兆、以血點之多寡、腦力之厚薄、定其男女耳、

中國權勢 日本西字告白報 西正月二十八號

吳縣沈晉熙譯

據德報云、本月五號、夜接北京來電云、中國已允將膠州借與德國、所議情形開列於後、

中國准德人在各處海口通商、將膠州租與德國、永無年期、准德人自建房屋、並量力保護、

德報又云、所租地界、包括膠州海裏面一帶、南至地盡之處、北至近膠州海灣之處、以山爲界、而膠州灣中之島、亦在其內、

倘德人以膠州爲不宜、則中國別擇海口相宜之地與之、

英報云、英人可不必慮、祗效德人之法、以要求中國、是極公之道、並非强取、吾政府亦已思如此、非獨歐洲爲然、即美國亦將踵而行之、其故何歟、英商務大臣休美曾言英美兩國、猶兄弟也、倘美國商民有攻戰之事、猶英國商民攻戰也、

日報中常言英相沙侯料德人在膠州、必欲立一稅關、以奪他國利權、

美紐約日報中、論英美國政云、英美所爲國政、雖讓情與人、他日仍歸己手、

今晨泰晤士報云、德人來文所言者極無理、其言曰、中國極大之國也、竟被德人佔一屯兵之所、不知中國將有何法收回利權、體察情形、必倚他國而行其國政、現觀租界一事、盡屬虛文、以全體面、中國與德國之君、俱已洞悉、是故有償款、請英人作保、立一永遠憑據、以掩人耳目、

英晨報所云、與泰晤士報所云、意見似相同、第有一事相反、德教士未被戕之前、德人並未得中國之益、如鐵路開礦等事、

國誌日報記中國稅事云、中國前向英國借債、合同內言、所有稅事、終歸英人辦理、則全權將歸英人之手矣、

據郵信日報云、美與日本、向辦中國交涉之事、俱視英人為步趨、其故何哉、蓋知吾英國商務國政寬宏故也、

今日拋而毛爾捷報云、日本與美國所得利益、皆商務應得之利、所以行事、與吾英政府相配、

日日電報、言英與美相聯、保中國國債、正月五號倫敦來電言、英有一要事、欲增益東方利權、於此益信中國借債十六兆、英許作保也、

英欲舟山島爲水師屯兵處（北中國報三月五號）

前德佔膠州、俄佔旅順、我英人亦思於北方立一水師屯兵之處、須離香港口岸千餘里、離京亦數千百重、有英人名亨利拿門云、我英政府、久欲於舟山爲水師屯兵之處、曾與中國訂明、不可將舟山與他國侵佔、拿門急求英政府定屯兵處於舟山、該處距上海長江口岸最近、爲商人必由之路、而舟山本爲中國無足重輕之地、料中國決不吝惜、查舟山不獨可屯兵、若立商埠、近鄰上海、商務亦可大開、

自英人與中國戰事後、所訂條約、曾以舟山相許、竊思舟山若開商埠、亦不亞於香港、猶之上海稍亞於廣東、現上海已駕廣東之上、則舟山將來、亦可駕香港之

上、由此而觀、則舟山定能興旺、茲將將來確有裨益之處、詳列於後、
上海地最富饒、爲中國各口岸領袖、且滬淞鐵路告成、將來商務之旺、不言可知、
倘有英人得駐舟山、果無碍於上海市面否、
舟山之將來必能自主商埠、固不待言、亦能將上海商務移至舟山否、
吾試舉其最易移者、絲本上海近地所出、未必能分利益、若由浙出海口、亦能沾
小利、茶則由甯波逕運舟山、將來茶商利權、必在舟山、可爲預卜、向來中國北路
出口之貨、俱先運至上海、再裝運外洋、現既立有海關、自可不遠運上海、
但論進口貨、更爲易曉、大抵進口貨有五之四、先至上海、再轉他口、故上海爲總
埠、倘舟山開自主商埠、則凡銷天津漢口等貨、何必再繞上海、
若將定海併舟山爲自主口岸、我意上海英商、必至該處設立分鋪、以保護自己
利權、
現論滬淞鐵路告成後、輪船生意、必爲阻碍、若我英人能得無鐵路之海口、豈非

大幸、果於定海立埠、我英商必將添製輪船、於定海運貨、以便流通、且定海必添運內地貨輪船、

我英人、並不思於揚子江之外、立埠屯兵、而今北直隸海灣、威海旅順膠州等、素所欲得之地、已爲他國侵佔、故我英人在上海經商者、恐近處開立商埠、奪其利權、議論紛紛、思得一策、以保護滬上商務云、

俄日高情形　倫敦中國報

俄報載俄人在高京來信云、日本欲以高爲屬國、高民亦皆信服日人、請俄速設法預防、且勸俄政府、抑制日人、各海口盡設領事衙門、派壯健兵丁保護、整頓海關稅務等事、毋使落於他人之手、再在高京建造俄文學堂、耶穌禮拜堂、其大小須與天主教堂等、令高人年幼子弟、至俄學堂、學習礦務及鐵路等事、

又言滿洲鐵路、其盡處須接至高麗平壤、以保俄利權、此昔法人欲集股築韓京鐵路時來信也、吾謂俄宜將韓京通至琴參之鐵路、再向南築至斧山、嚴防日人

進步、總而論之、高麗財產富饒、遠勝於俄、倘政府能竭力取爲屬國、誠不朽之業矣、

東方近事 同上

去年十二月三十號、接德京訪事人來信云、詎料東方情形、竟至如此、憶昔德人卒然之舉動、似乎全倚俄人之勢、爲俄人出首、然俄人自阻日人戰事後、日人恨俄、時思乘機修怨、他日西伯利亞鐵路告成、恐有意外之事、故俄人心常怦怦然而四顧、孰意俄所欲者、德人亦欲之、曾記一千八百九十五年、日本勝中國之時、俄德法出爲調停、迨中國第一次借債、俄法撇去德國、二國遂不和睦、據德國公正報論、俄與法步步儕他人之利權、而德人淡然漠然、並不思他人之利益、以肇禍端、後來太平之時、俄國漸顯其和睦之意、以待華人、向華人言他日德國、必思得中國利益、李傅相至俄、又爲傅相言德人有併吞之意、而中國督撫、皆思德人並無有儕中國端倪、衆論以爲德國不過欲得屯煤之所、何至興水師、設機謀至

於如此耶今乃失其所望矣於此一事可使中國自知潰癰宜思敷治之方也或言中國失於防備、或言中國最善求他人保護、欲收德人之益、而反受其累、儻如商人之求利而反虧其本、今德因二教士而僭膠州、得此意外利益、現新任德國參贊、熟悉辦理交涉事件、恐歐洲動怒、故亟欲調停、而其間最忿忿不平者、莫如日本、然日本在東方權勢、最爲柔弱、無能阻撓、祗得任其所爲耳、

法報選譯

英德商戰（法國權報西正月三號）　榕城鄭守箴自巴黎來稿

據法國駐義商務委員所報、貿易清册、開德國化學料件、鐵器銅器綢花等、在義國暢銷之旺、日甚一日、惟英國所出棉貨一宗、尚未爲所奪、然德商現在竭力經營、狥人所好、物料以及裝配、貨價亦照義國圜法爲貴賤、（英商貨價悉照英金）且又善擇確實不負之商人、相與交易、各商所定之貨、均能尅期安速、較速於人、所雇工匠、資食又廉、其不損英商者幾希、尚其愼之、

中華雜耗　同上　西正月五號

倫敦得意來報云、有准其佈告大衆、俄德於大東并無密約、該報所謂有准之者、誰准之、非俄非德、殆各國之不欲有約者准之乎、俄國政府尚未奉到德佔膠州之明文、聖彼得京毫不爲意、

英國時報傳北京消息、中國向俄貸欵一節、商辦甚急、此事若成、中國徵收稅則、將歸俄人照料、而各處收稅均置俄員、俄京謂此舉利益甚大、惟恐妒殺英人、

俄京諾福錫底報稱俄日所約高麗條欵、兩國均有利益、睦誼當可久遠、德日之交勢甚岌岌、因日人未肯讓德國佔據膠州、英報且謂日政府昨日會議之後、已令其出戍德英俄法各公使詳查數事、其一、爲德據膠州、是否與俄法商定、其二、膠州是否永遠佔據、其三、德國實因何故、佔此膠州、其四、德佔膠州、英國作何打算、觀此情景、各國環立、均願得而甘心於坐而待斃之一國、惟各國皆有獨利之意、彼國或因而倖免、

傅相宣言 同上

紐約報館得北京訪事人來書云、昨日禮拜六、晤前直隸總督、今總理大臣詳論各節、開列於後、

德事

德國暴據膠州、實出常情之外、推原其故、因兩教士被山東內地土人所殺、我政府辦理之法、刑撫兼施、地方官革職、教士給以巨欵、以爲可以了事、當德兵登岸時、我政府雖經公議、死守土地、不令外人佔據、仍令撤却防兵以免滋事、故至今尚未增兵於膠州、

教士

中國之有盜賊、猶之各國、無論如何政教、究不免有犯法之人、各國均有蠻悍之鄉、如山東之內地是耳、且德教士明知隣鄉每多刦殺、冒險前去是自戕也、

惟好是求

中東戰後、元氣未復、因與各國、惟好是求、以期詳加整頓、數年以來、我觀歐洲强國、不情之舉、尤甚於加兵、茲當我國竭力更張之際、德人突出爲難、阻我進境、卽教士被害、就西國亦不外按律懲辦、以儆將來、并未聞其出於戰、況因此細故、竟棄前好、佔我土地、豈歐洲之公理乎、殺害教士、固我政府所大爲憫惜、凡力所能及者、必妥爲辦理、以嚞此心、土地必須保全、至各國欲推擴商務、亦所樂從也、

德志

去年德報已演其佔據膠州之劇、雖在李傅相語前、甚似答對之意、亦足見其志已前定、姑照錄之、

去年德國新報、卽言中國待我未滿人意、如我與俄法合力、代向日本索還遼東、俄法均得酬勞、於我祗以空言酬謝、如此舉動、已足激怒、茲復殺我教士、此我所欲忍不得者也、首軍據膠州、藉以作按、將求吾所大欲、吾所大欲、已操左券、可以償既往、保將來、次軍布親王、溫海所將、有兵千五百名、君主遣皇弟親行、予以全

權、蓋示中國速償吾願之意、各强國固勿庸干預吾事、卽有出而阻我者、我德國亦獨行無恐、

觀德報之言、足見德國謀之有素、以爲必成其志也、

膠州讓德 同上

昨日柏靈新報載北京來電云、中國業已准讓膠州、克償德願、其約章之略曰、中國准待德國如各强國一體、將膠州租與德國、爲擴充商務幷停泊船隻之所、准其起蓋建設、凡事有益德國者、中國幷妥爲保護、所讓地界、自海灣至長河南北兩口邊地、依山爲界、口內外聯屬各島、亦盡屬焉、其所約年限甚長、地界不知幾千方里、於海面則更闊、所讓界內、中人若有作爲、須奉德國允准、海口聽其自便、中國不得阻撓、既和之後、兩國永免爭端云云、總之中國自准租膠州後、德國於該地有管轄全權、租限租價、電內尚未言明、惟日後膠州無論何事、如有不合德國處、中國應與德國妥商、另換一合宜海口、幷應賠其在該地所有建造之費、

各國思佔東方 譯中法新彙報 西二月十七號 嘉定周傳謀譯

語不云乎、一言興邦、一言喪邦、甚矣言之不可不慎也、世有無知識者、往往捕風捉影、不辨眞僞、遂言之甚詳、如瓜分中國之語、非自無而有者乎、各國聞之、亦不察其虛實、遂各懷爭奪東方之意、如德人佔據膠州一事、甚顯見者也、夫歐州各國、思佔中土、已非一日、其私心竊計、以爲積年累月以圖之、必有一日得償所願、故踵德人而起者、如俄法兩國是已、然此三大國、皆有挾以求者也、蓋自中日搆兵後、馬關立約、和議告成、是時三大國出以調停、一似有德於中朝者、則此三大國之割據膏腴、非無藉口、至若三國以外、亦欲强中國授以利源、不亦異乎、無已、則試以各國陰懷、略言一二於左、

德人佔膠一事、屢載報章、其關係商務、及兵政、最爲緊要、自據守後、適逢氷凍、約有三月之久、船隻往來、殊多不便、且其內港一氷、堅不易釋、外口闊處、尚可勉强通行、所有各要道、皆建造兵房、以備防護、并造棧房一座、闢作屯煤之所、便於兵

船取用、特落成尚需時日、夫膠州灣之宜加防守、早有是言、因德人二年前已派兵船到該處、四邊窺伺、待有變動、即將乘間而入、可見德人蓄意佔據久矣、今公然據守、以作償誤殺教士之費、不料竟墮其術中、膠州形勢、天造地設、內則水面甚闊、雖大兵船、儘可容行、外則兩岸峯峙、形成虎口、眞不難於防守也、刻聞相距膠州灣、約有一百二十啓羅邁當之遙、開一博山煤礦、所出之煤、較勝他處、將來鐵路造成、利源更大、德人得此膠州、眞多一膏腴之地、按自上海與旭矛而巴至膠州灣、約二十四點鐘水程、

中國政府許俄國兵船在旅順口度冬、非獨該處人知其暫時寄駐、即各處留心時事者、亦共知其開春後、定當遷徙他所、夫俄兵來旅順、以復拉提復司督克地甚苦寒、每逢冬令、行陸則積雪不消、行水則堅冰不釋、以此向中國政府、商量暫駐、一俟天氣晴和、即當遷徙、此言近理、中國之所以允從也、否則旅順形勢、自成天塹、且爲北直隸到京要路、而一旦被人佔據、未免多所驚恐、從前李傅相擬將

此口岸嚴加防守、因其中設有船廠、極爲緊要、自一千八百八十三年至一千八百八十四年、請德人建造船廠、砲台上亦配設克虜伯砲數尊、該口內又有船塢、亦請德人築設、是時有法國提督戈安培君、曾統率兵船頻來窺伺、亦有欲佔之意、後所造船廠、德人中途告退、並未落成、直至一千八百八十六年、又請法工師接辦、工程始竟、詎料未經十載、日人擾境、遂力不能支、被其擄掠一空、惜哉中國水師陸軍、動計數萬、不能禦敵、以至極好口岸、拱手讓人、實爲可嘆、乃前既爲日人驚擾、今又許俄兵寄跡、其勢險甚、俄人不蓄意則已、若有他志、則舉手可得、夫旅順與復拉提復司督克二口岸、皆東方緊要之處、中國嚴加防護、勢所難緩、其地氣至冬則易於冰凍、約有四五十天、不便行動、現聞俄人於復拉提復司督克建一船廠、以供俄國水師取用、因此知該處之不如旅順遠矣、

俄人到旅順後、兵船駐泊、咸謂其已償所願、獨英人聞之、殊抱不平、蓋英人雖在芝罘威海衞舟山阿米而東（當是牛莊）口岸、通商已久、而問其貪心、猶然未足、似欲再

割一膏腴之地、而心始安、夫阿米而東口岸、在朝鮮之南、一路可通北直隸灣、眞肥美之土壤也、英國報載云、英國特派兵船到阿米而東、外間傳言並無他意、而懸揣其積慮、亦是誘人之計、芝罘旅順遙相對峙、乃北直隸中之一角也、其地雖遜於阿米而東、然亦海灣中之可指數者、特惜無人駐守耳、威海衛在該處之前、亦爲要口、聞中國在該處造一船廠、曾有製造未精之說、所以日人犯境一戰而捷、旅順亦爲之取去、從前英人在揚子江舟山二口岸、屢次肇釁、所立和約、實未滿意、故又生奢望、思占此口、該口岸之益處何在、以其在中國大港之中、四圍多小島、非特便於通商、且便於藏伏水師、無論大小商船及兵船在彼停泊、均無阻碍、誠爲中國之勝地、但中國雖有勝地、而不識地勢、不思保護利源、致啓英人窺伺之心、陰圖割據、惜哉、

日本地處彈丸、英人向輕視之、邇來有志自强、殊屬可畏、隱探各國意見、思欲有以制之、甚且有分食之勢、然論日本居心、雖得臺灣、意猶未足、幷欲取北圻對過

之海南島、此說雖屬夢想、諒非虛語、況中國海面上、所駐各國兵船、亦以日本爲最强且衆、蓋自前年開仗以後、頓增二倍故也、

各國妄想中國土地、獨我法國置若罔聞、前英國曾問我國向中國索取土地否、僅有此說、而未指明何地、若海南二字、更屬虛語、今英國人說我法人在海南已有兵船駐守、建豎法旗、要知我國兵船、均係派往越南、卽在海南左近、以中國曾許我法在北圻邊疆製造通商、惟於杯司加逃一島、我法二次進議通商、中國堅執不許、以此島爲中國之鍵鑰、不知法之欲求通商者、以其地與上海香港相遙無幾、實爲東方商船行經之要路、從前法國提督戈安墻君曾到該處、乃至今未得、深爲抱恨、且與中國交鋒不相上下、何怪我法人之不豫也、

東報選譯

論可設立善隣育會 日本新報

日本安藤虎雄譯

凡先進國之天職、在誘導後進國於文明、猶先達有提撕後學之責任也、若專恃

其富强以憑凌後進國、亦奚取於先進乎、現歐洲列國之以侵畧爲鵠的者、猶且假名於盡天職繆矣、今也我邦在亞洲、幸有一日之長、有誘導比隣諸邦之責任、固不待論也、況於支那朝鮮兩國闇弱無爲、蒙列國之窘迫、而氣息奄奄乎、還遼一敗、我國威信墮地、今日當交涉之衝、排除比隣之紛難、事不甚易、然所憂於比隣諸邦、非在兵力不足、財力不充、要在其蒙昧不解時局大勢、爲招致禍患之媒也、若夫支那一朝自醒覺奮勵、則禦列國之侮、決不爲難、苟能發憤振作、其兵力與財力、至凌駕列國亦未可知也、惟夫墨守舊章、拘泥於古法、不能應用日新學術、而所謂先進國者、亦不敢努力導之、乃反欲食其肉、歠其血、饕餮不饜、不啻虎狼、是所以其國運日非焉耳、然則當此之時、率先膺誘導之任、拯兩國於危急、豈非我國之天職也哉、

我政府固有重任焉、而一任諸政府、政府恐不堪其任、故吾曹欲告之通國志士仁人而假其力、首設立善隣教育會者、以教育兩國學生也、苟憂國之士贊助此

舉、各自捐銀、以謀成立、則組織一大學會、教育無資學生之來學於我國者、一則誘導之於文明、一則親密彼我之交際、其所裨益必不少也、若夫欵項、則置之銀行、專取其息以爲用可也、

我國威之風靡雞林八道也、志士仁人之從事於教育者、不尠、若乙未義塾、一時極盛、而今也時局一變、無復往時之觀、可惜也、頃雖有一京城學堂、暨仁川釜山日本語學校、貲本缺乏、辦事不得如意、且以其在海外之故、我國民之對此、未能盡意中之十一、常以爲憾、然而朝鮮子弟之冀遊學於我國者、日多一日、宛若明治初年、我國人之爭遊學於美國也、然我國尚未有獎成其志之備、往往使彼等不能免於窮厄、若去歲以來、所留學朝鮮學生若干名、因該政府不給學資、有進退維谷之狀、亦無救助之、豈不遺憾甚哉、且夫支那四百餘州、今也人心翕然向化、其於我國、亦不復傲慢如舊日、甯擬取我國之文物制度、以更革已國之舊習者多、故我國民、苟設法保護誘導其學生、則學生之來遊者、有倍徙於朝鮮學生

者焉吾曹鑒之現今之情形推之將來之時局、切希通國之志士仁人、奮而出於此舉者也、如此、則庶幾乎盡我國民之天職歟、

大院君薨 日本新報

吁、朝鮮半島之老雄大院君逝矣、吾曹不得不爲朝鮮悲之也、諺云、猛虎在山、藜藿不採、大院君之於朝鮮、實有如此者焉、君身以國太公之尊、天縱豪邁、學識該博、其處事果斷、自信不疑、舉國滔滔咸若巾幗、士氣掃地、君獨霸氣鬱勃、有嘆髀肉之生之慨、頃者君之在雲峴宮、蟄居索莫、無復舊時之威權、而猶且爲重於內外者、豈偶然哉、而今也此人亡矣、半島之不幸可想已、

君之經歷、半關繫於半島之變亂、吾曹豈忍言之哉、君非君子人、天資鷙悍、發號施令、非無殘忍刻薄之事也、其當建築景福宮也、糜巨欵不顧、捕訾議己者、悉下之獄、或任用酷吏、横加賦斂、或殺戮教士及信徒數萬人以排斥外教、其使人戰慄者不少、然是當要路也、毅然有才力、如奪翼宗憲宗哲宗以來歸外戚之政權、

收之王室、破門閥之弊、登庸人材、更革兵制、增修武備、雖不能免失於嚴酷之譏、方閫國萎靡不振之時、而能爲此猛斷、亦可謂爲半島吐氣者也、

加德立教徒及教士被戕之報傳于法國也、法國艦隊砲擊江華島者二、而君屹然不動、倡議主戰、欲決勝敗而後甘心、法國竟不能逞其意而止、君建石碑於八道、刻以洋夷侵犯非戰則和主和賣國之十二字、實在斯時矣、其後五閱星霜、至明治三年、有虐殺美國人事、美艦隊亦擬問罪、砲擊江華島、乘機上岸、而竟不得其意而退、此二役後、君之威望震動朝野、明治八年我國征韓之論起、亦有以君爲不易與者、是豈非所謂猛虎在山者邪、然此二役、法美艦隊之退去、實非戰鬭之敗衂、而別有他故焉、故其終于無事者、特君之僥倖也、且夫當時無事而止、遂失開國之期、僥倖一變爲他日之不幸、吾曹平生爲朝鮮惜焉、若當法艦隊砲擊之時、使朝鮮一敗塗地、則改從來之圖、廣求智識於歐美列國必矣、然則國運之勃興、或當有足觀者、亦未可知也、然當時不知地球之時局者、不獨半島老雄、我

國所謂攘夷家者、則滔滔皆是也、吾曹焉忍以此一事告君之不明哉、君雖一斃舊外戚、（謂金族）掌握政權、終爲新外戚（謂閔族）所擠、明治七年、抑鬱懷不平、退隱楊州、君他日之後於時勢、實基於此者居多、如明治十五年漢城暴舉、則胚胎于攘夷之短見、與爭奪政權之素望、適足以證君之迂闊也、嗣被拘囚于清國前後三年、十七年之變亂後、歸臥于故國、然政權不復在彼手、轗軻落拓、逮甲午歲、君身居國太公之尊、而不得志於當世、人生窮達果有命哉、吾曹更有欲敘之事、何也、於七月廿三日及十月八日、君爲最後之飛躍、是也、雖然、君今逝矣、豈忍復敘此事哉、吾曹惟記君因甲午一役、頓破從來之迷夢、爲半島之前途、生無限之憂憤足矣、而時既晚矣、彼抱憂憤逝矣、國家失一大柱石、可爲朝鮮悲哉、

吁、北岳巍巍、漢水滔滔、而老雄弗可再見、春草離離、沒孔德里之日、秋月皎皎、照雲峴宮之夜、英魂將髣髴無存乎、國太夫人薨猶未幾、愛孫李峻鎔遠在歐洲、君之臨終、豈無淒然愴然者、況於國家之將來、抱無限之傷心乎、吁、

中國特科 日本新報

以考試登庸人材、地球列國以中國爲嚆矢、杜倖進之良制也、近時歐美諸國皆設此制、以選用英俊才、其法洵備矣、而其先聲實始于中國、然而中國今日反爲此制所束縛、餘弊之所浸染、使國運衰頽、士氣不振、至于此極何也、無他、其考試科目、限以所謂制藝者、則記誦詞章之末技也、今夫課以四子書之記誦、局以八股之文體、以擬試人物之賢不肖、材識之優劣、不誤其鑑識者幾希、宜哉中國官吏、優游閒雅、詩酒徵逐、自以爲高、多不通當世之務者也、烏虖、人材未必是文人、文人未必是人材、然士之有志於當世者、必須由此登進、是以終身矻矻、敝精力于記誦雕蟲、白首坎坷、老死窮途者、比比皆然也、可勝慨哉、廖柴舟嘗曰、明太祖以制義取士、類嬴秦焚書、特明巧而秦拙耳、其欲愚天下之心則一也、又曰、日夜竭精敝神、以攻其業、自四書一經外、咸束高閣、雖圖書滿前、皆不暇視、以爲妨吾所爲、於是天下之書、不焚而自焚矣、此論可謂能鑿竅者也、抑實學日開、列國國威日張之時、猶墨守制藝古法、欲以講富强之策、猶緣木求魚、且有後災也、識者憂之、今政府感悟新設專科、分爲歲舉特科二門、更別內政、外交、理財、經武、格物、考工六科、制藝之外別開門戸、以爲登庸修實學者之地、洵可謂矯正千古之宿弊矣、雖有惜其未盡革科舉者、然新門一開、舊門自塞、自今以後、天下之儒生、翕然向實學、業已有端緒焉、安得不爲中國慶之哉、

歐美人嘗曰、中國內政廢弛、外患窘迫、前途幾殆矣、吾以爲不然、苟能掃除宿弊、開革新之端、自必迎刃而解者焉、況政府既出此舉、風氣之開、欲抑而豈能抑乎、

俄國秘事 地球雜誌

宮廷內情

俄有宮廷、而無政府、非無政府也、政府不過僅占宮廷之一部也、故在英法諸國、則曰英政府法國政府、然在俄一國、古來不曰俄政府、而特曰俄朝廷、又無內閣、無總理大臣、皇帝躬綜萬機、皇帝不惟在九五之尊、又爲國教之主、俄國以希臘教爲國教

其臨下也、常以帝威與國法暨神威壓服之、故雖其民不下數萬萬人、光榮冠於百王、天下之廣、竟無一心友、煢煢孤立、帝座之上、形影相弔、出入宮廷者、咸厭其寒涼寂寞、曰、如行西伯利亞之地、先帝歷山第三、欲保己威嚴、獨斷庶政、不敢諮詢羣臣、自是宮廷益寂寞、蓋第三雖天資正直、而胷宇狹隘、無容物之量、且自謂皇帝也者、不可不通曉萬事、常恐與羣臣談論、暴白己短、故務避面謁、凡皇帝諭大臣、及大臣有所陳於皇帝、多用筆札、今皇帝亦襲蹈此例、

登庸官吏、多選溫厚篤實之人、蓋自一千八百八十一年、有伊姑惱氣夫伯之事以來、惟恐才子之誤事也、由是小廉曲謹之徒競進、綱紀不張、治績不舉、至先帝時、政務之廢弛極矣、奸人佯愚直者、亦陸續入宮廷、廷內一變爲魔窟、歷山帝鬱鬱不樂、孤坐終日、若有所思、適行幸丹麥、近臣見其有喜色、故佞臣之冀寵幸者、託事遊丹麥、待皇帝行幸、伺候左右、以致意云、

女謁盛行

宮廷以外無政府、故女謁最盛行、宮女中有威權者、前有典侍長海力惱可邱辨、後有斯多羅搿那夫夫人、而後者不及前者、又有名譽女官暨名婦貴人者、名譽女官卽爲次室、名婦貴人卽已婚之婦、日日伺候宮廷者也、此等便嬖、恃寵弄權、專橫無所不至、如近衞軍總督阿蒲靈斯氣公娶伯爵亞不拉克新之女以來、驟增勢力、蓋此女曾侍皇太后、多才智、有口給、自嫁公後、爲之斡旋於宮廷、遂使宮中府中無與公爭權者、凡此等事、殆不遑一一枚舉也、

將帥多謀

近俄國陸師中、威望超越者、爲參謀總長阿蒲屬氣夫將軍、及前近衞都督夫翁搿太兒將軍、阿將軍之經營施設、人所夙聞、俄國陸師之有今日、將軍功最多、俄法聯盟亦將軍之宿志、其使兩國致有今日、亦將軍之力也、自歷山第二在位時、屢游於法京巴黎、與文武官僚結納、知己極多、如陸師大臣房諾蒲斯其、常抱排德之見、贊助將軍之計畫、以謀聯盟之鞏固、亞耨科夫將軍之義弟博翁伯、亦與

將軍同見譯國書以法文使法人知俄人之性格氣習可愛可親是亦有効於聯盟者也雖然兩國聯盟未可謂無異議者夫將軍則其人也將軍固德國裔胄視其姓名足知其種族生平以俄法德連衡爲得策先帝之在世也寵遇優渥膺近衛都督之重任兼補樞密議官又爲請願委員長今雖勢力不及曩時隱然占地步有猛虎負嵎之概一旦俄法有隙則將軍有爲之時至矣其所經營豈淺鮮哉

陸師情形

據簿册所登錄俄國陸師兵員之多實冠於地球舉其概數如左

戰列隊	八百六十三大隊	八十六萬二千人
豫備隊	四百四十九大隊	四十四萬九千人
要塞隊	一百五十五大隊	十五萬五千人
哥薩克兵	二十一大隊	二萬一千人
非蘭度兵	八隊	八千人

線列大隊　三十六隊　三萬六千人

共計　一千五百三十一隊　一百五十三萬一千人

餘駐紮各地方者、有一百餘大隊、今省略之、

烽火一旦傳警、貔貅一百五十萬、部伍嚴肅、壓山岳而來、其壯觀何如也、想爲之與國者、必期以必勝、爲之敵國者、必畏其難敵、苟將帥有人、善操縱此大軍、以彈壓抗己者、則使地球列國屈伏於膝下、尚不足也、雖然、究其內情、有未必足畏者存焉、請嘗論之、蓋俄國軍務廢弛已久、米利阿輕伯一更兵制、取國民皆兵之法、一新舊時面目、積習宿弊之浸染者、今猶依然、惟爲時泰平、不暴露其瑕玷耳、俄土之役起、世人咸曰、土國政綱日弛、軍務亦衰、今加之以俄之強兵、猶揮鐵槌打卵、立粉虀而已矣、然其交戰也、常爲土兵所擊破、軍紀不整、士氣不揚、僅以兵數之多、得決勝於最後、何其無能之甚也、蓋嘗有事之日、舉簿册所載之兵員、悉使從征、固屬至難、德國兵制稱宇內無雙、而一千八百七十一年之役、所出兵數

不過全員八分之七、此弊列國均所不免、特於俄國見其弊之甚也、聞俄土交戰之日、俄國兵員號一百三十萬、而其實不過出四十萬人、加之以經理官會計吏之敗德秕行、糧饟不繼、被服不給、士卒困頓、病死者無算、是役俄兵死者十萬人、內殞命於鋒鏑者、不過一萬、其餘悉以凍餒斃、因是亦可以察知其內情也、當時軍貲不甚乏、省冗費應急需、足以養全軍、惟官吏之辦度支者、徇私營利、不顧士卒之饑寒、遂致如此之慘狀耳、如豪商某賄別羅哈毒將軍、以一百萬羅布留賄尼古拉斯大公之嬖優、以一百萬羅布留、遂博莫大之利、吁、可慨已、今也假貲於法國、國帑匱乏、不如當時、兵制亦稍改面目、比之俄土開仗之日、固不可以同日論、然而紙上之兵員、未必爲戰場之勇士、今猶昔日也、若使俄國恃兵之衆、肇釁於今日、則平時僭伏之弊習、且紛紛雜出、以復覩昔年之慘狀耳、法人評俄人曰、泥塑巨人、嘲笑其氣質之遲鈍、亦足以知俄人之性格也、歐洲工師衛廉姆鮑顯厚者相遇、緣該工師適偕其妻從孟剌（在德國）來也、此外復見埃咪尼恩（教名與天主教相若）撒辣辛（註見前）納司妥廉恩等教中人無數、此各教中人恒與可汗相見、

未幾蒙主返哈剌和林、羅勃魯奎斯隨行、和林各教中人競門戶與羅勃魯奎斯爭與之爲難、羅勃魯奎斯幾罹險厄、迨天氣稍溫、即迫令歸見白土可汗、（白土即元史之巴圖俄史輯譯之牌抵元史譯文證補之拔都按是時白土已死子撒塔克嗣位此復云白土殆作者之誤也姑仍之）復由白土遣人護送西南行、直至亞米尼亞、（係西亞細亞洲之古國現爲俄羅斯及土耳其波斯等國所分據）始得獨行、遂兼程歸埃害可甯然屈指離該處時、已將兩更寒暑矣、

維時印字之法未行、故各使臣未獲將所經之事詳記其得以流播至今者、緣各使者奉命撰述、儲之內府、故雖代遠年湮、至今仍章章可考耳、至其經游歷、不過資口舌流傳、然今亦旋歸散佚矣、即如瑪枯泊洛之游歷記、彼被囚時、若不將平日經歷各地、所見所聞、筆之於書、則今

日亦安有片楮哉、幸其在縲絏之中、枯坐無聊、記其游蹤所至、以遣岑寂、比及書成、遂得通行宇內、後人考核、始知記載翔實、無有出其上者、然身被幽囚、尙心志坦然、追述所經於同獄人羅斯鐵香努（意大利國披扯省人）瑪枯泊洛亦奇士也、於一千八百十八年、是書經瑪士騰（英人譜東方事生於一千七百五十四年歿於一千八百三十六年）重輯、後五十年、是書遂爲最可依據之作、近日又經抛鐵耶暨俞爾重加考訂、增入註解、就書中意義一一詮釋、較昔日倍覺燎然、且將亞細亞洲中年事實增入、（耶穌降生六百年起至一千五百年止中間年代西人稱爲中年）以廣我輩見聞、洵不刋之書也、

瑪枯泊洛意大利維尼司省人、爲聶哥魯泊洛之子與其弟麥貂並爲維尼司城中之貴宦巨商、於一千二百五十四年離維尼司一千二百六十年離康士坦汀奴潑而城、航海赴克利咪鞋地方貿易、旋因他事由該處東行遂至中國、方是時莽賚扣嗣子忽必烈大可汗（元世祖）奄有

中國、聞瑪枯泊洛等至、遣人郊迎、待以殊禮、瀕行復訂重來、一千二百七十四年、瑪枯泊洛果携子復游、時其子年已十有六齡矣、且帶有葛勒格利第十之書札、疑即意大利王名入覲奏對稱旨、寵沃異常、准其在中國各路游歷、瑪枯泊洛挈子弟留東方二十一年、至一千二百九十五年始歸、瑪枯泊洛居中國、曾知揚州府事、諳蒙漢文字、而據俞爾書內第七十五章中、則云瑪枯泊洛於蒙漢語言、並未通曉、殆誤也、瑪枯泊洛等回國時、紆途游印度波斯等國、以廣閱歷、比達維尼司違國已久、容貌更變、親戚故舊無復相識、爭設飲相招、瑪枯泊洛亦治具答之、縷述平日游蹤、聞者娓娓忘倦焉、瑪枯泊洛等以後行實、詳近人所著書中不贅述、

小亞米尼亞國王名黑騰又名海登、於一千二百五十四年、赴蒙古覲見、莽賚扣可汗求減貢賦、當一千二百四十六年、未登位時、先遣弟辛

柏特又名辛聶柏特者、覲庫裕克可汗、因所請未允、至是親行、經卞司亞洲俄屬小國地廣九千九百十方英里大亞米尼亞等國、而至烏爾茄、當由白土迎迓、並遣員護送至卞偏尼前所至之哈刺和林、覲見大可汗、盛承優禮、居和林約六禮拜之久、始起程歸國、由別許挑立獅及宋茄利亞等處而至賽馬崗、復由撲卡而拉及可拉省方至塔勃利司地方、可拉省及塔勃利司均在波斯國內辛柏特及海登二人所著遊蒙古日記、記東方拜佛人暨沿途不知教化之野人、及一切異事甚備、以故一千三百零七年、海登之族人所輯史書、內載東方奇迹尤詳、大半皆出二人所記也、海登及辛柏特與瑪枯泊洛等、因位望不同、故於所記之事、各抒己見、亦皆互異、即同指一人一事而言、亦各有殊異、瑪枯泊洛等歸國後、又有夢得谷維挪人名約翰者、至中國傳耶穌教、其日記除俞爾游戎書內所記外、其餘竟無可稽考、

與兵卒轟發槍砲之聲無異、

城中蠕動、迴異尋常、行人往來奔突無甯晷、街衢狹小、不及三適當之闊、以故街巷不免時時塡塞、行人駐足不前、余又不解此種濟濟活物、隨身帶有物件、或肩者、或負者、或推者、或挽者、安能彼此脫身而得走出人叢也、噫異矣、

人叢中穢氣雜出、何也、蓋吾國所謂清氣法與無臭坑、即倒糞之桶上有蓋頗周密臭氣不能出滿即連桶移去是謂無臭坑又謂移動坑與地中陰溝等、在中國皆不知其爲何物、弁其名亦一無聞知、凡人在街道行走者、至轉灣空歇處、兩店鋪中間必穴地一、覆以木板、上建一房、四壁鑿有天窗、使出氣通風、此即巴黎所謂鄉下板房、而爲華人之坑廁也、以便行溲溺、無需貲費、亦無人監守、均歸民人所有、大抵係鄰近居人產、俟出糞之時、沃溉田畝、以一竹扛肩、木桶並無覆蓋、故致臭味薰騰也、

譯書公會排印

人遇糞擔必讓避、蓋一種穢惡之氣、觸人鼻觀、無俟其聲喊也、

華人雖遍體掣動、呼喊不止、手足舞蹈、然時露愁容、一若重有憂者、蓋華人皆不知喜笑、不能優遊自適、凡所謂笑容可掬者、惟於繪畫之磁器見之、於人則未遘也、豈華人均係莊重、凡有喜笑盡韞於中、使人莫測其端倪耶、（識誚語）

華人軀體在歐人爲中等、處北方者率皆偉岸、膂力勁健、處南方者稍遜之面作鵝蛋形、不如歐人之圓長、然兩頰遽露稜圭、鬚則甚疎、難於滋長、髮與鬢眉色沈黑、平直生光、四周之髮剃去類突厥回種、然華人梳治之殊精潔、較中古預知者之子尤勝、（此指古王達味之子亞勃撒郎此子髮最美）塗以油水、其光可鑑、甚或添入假髮、以壯觀瞻、髮辮之例始自本朝、前此無有也、

顏色平坦而無凹凸之形、亦係黃種之本色、而婦女則不甚盡然、蓋中

國婦女、大都姿容皎潔、迥殊男子、差似歐西、且於白中含帶水色、明眸善睞、光艷絕儔、若悉屏棄鉛華、不效路意十五時閨媛裝飾、當益形姸媚矣、

婦女身軀短小、明璫珠珥、妝飾繁瑣、其最樸素者、挽髻於後、作兩半蛋殼形、薄加珠翠、或有挽作雀尾形者、

腰以下束以裙、似歐西婦女之下裳、上著衫子、右襟緣以鈕、如屆冬令、朝廷出諭換用皮衣、婦女輩更罩以皮褂、或謂之兜篷、其式用大敞衣一襲、掩蔽全體、

中國裹足一事、環球共聞、鞋作弓樣、或以綢緞爲之、雖端雅可觀、然已不良於行、亦可憐矣、是習相沿已久、從無人換革此風、蓋欲效前朝某皇之妃故事也、舉國視爲固然、實爲人所難能、戲謔語據云傳之史册、究未必確、或云、華人所以斲喪其婦女之足、欲沮其淫奔耳、然此亦係戲

言、中國政府任此頹風、不爲革除、故滋長蔓延耳、
幼女生後、甫至歲半、其母卽取雙足强按其指、使附足底、取布緊縛之、幼孩離懷學走、本應以足底踐地、兹必欲其褶疊足指、以足指爲足底、其故伊何、無非欲瓊閨麗質弓鞵纖小、供輕薄兒之把玩耳、然罔計其害、凡中國婦女、莫不舉步維艱、如蹈鷄卵之上、吾國古詩云、巴黎邦媛、行如飛燕、廻翔衢路、一塵莫展、校諸中國相去霄壤矣、貴家婦挈伴出行、必須携手相扶、依倚多人、不至欹跌、以舉步之艱、畏行喜坐、居恒兀守妝樓、遂至腿脛羸瘦、弱不可支、晚年更削如細竹矣、
其酷楚更難殫述、當幼時腿足筋骨、適須長大、肉骨猶未癱廢淨盡、外肉猶未削瘦如式、則拘執之、束縛之、甚至有拆裂潰爛者、血肉模糊、不可偪視、終身常在苦境、至論產育、母之體質與子女相通、母旣氣體抑鬱、所生子女、亦難曠愜、余觀華人恒容色慘楚、職是故也、女子質本脆

名巴拉克雷Paraclet既而使菴羅亦司及所轄之女尼數名居其內、嗣又奉派爲房啞Vannes法西北隅相近留依Ruys地方賽齊爾達St Gilda敎堂之主敎、欲將堂中敎徒、重加整頓、但動多掣肘、不克如願、後因有人控其違敎、一千一百四十年、經衆敎長在生司Sens在巴黎東南會議、判令出敎與議之敎長內、有一人名賽培那陸Bernard者、本積不相能者也、挨培拉爾擬至羅馬Rome辨明、以資申雪、道經克留你Cluny與該地敎士比愛侯Pierre極形投契、該敎士勸其仍作敎士、幷在敎王處調停妥貼、自此遂終其身、砥行潛修、至一千一百四十二年而卒、挨培拉爾於各種文學理學、皆窺底蘊、有聲於時、卽鄙俗俚言、亦能編成歌曲、生平著作甚多、大半散佚、所遺手稿、遲之又久、始得宣刻、盎薄劃時Amboise之紳董、名弗浪夙劃Francois者、曾於一千六百十六年刻出一書、名挨培拉爾菴羅亦司曲文、Abœlardi et Heloïsae Opera et Introductio ad The ologiam其投贈之函附焉、又教旨眞詮Theologia christiana一書刻在麥爾登Marteime之叢書內、又箴言一卷、名細篤掇伏潑沙姆、Scito te ipsum刻在彼士Thesaurus de B, Pez之叢書內、一千八百三十六年、果才Cousin又刻其法史秘旨Documents inédits sur l'histoire de France一部、內有一節、名提阿來低喀西克農、Dialectica Sic et Non凡教旨之或是或非、皆爲指出、一千八百三十六年盎克Henke刻於雷潑齊掰Leipzig者更爲齊備果才又得鋤爾台Ch, Jourdain之助、復將其他書之散見者彙合成集、刻成兩書、一千八百四十九年一千八百五十九年又挨培拉爾及菴羅亦司投贈之信、臘丁文梓行者多分訂、當以一千七百十八年、羅令生刻於倫敦Londres者爲善本、嗣有傳浮司Dom Gervaise一千七百三十三年亞陀爾Oddoul一千八百三十七年掰雷挨Gréad一千八百六十九年將該書譯成法文、又巴潑Pope及歌拉陀Colardeau將其書分韻編輯、至挨培拉爾生前事實、傳浮司曾爲詳記刻於一千七百二十二年、雷謬沙Rém usat又將其生平事實Abélardsavie et ses doctrines及所傳教法著成兩書、卽挨培拉爾自己、亦往往在信內Ses lettres et son historia calamitatum及日記中言之娓娓也、耙你哀Bouniere著挨培拉爾及賽培那之合傳、一千八百六十二年刻於巴黎發抗大爾Vacandard著培拉爾傳、一千八百八十一年刻於巴黎

Abellin 挨培來德國史學家也、生於司惑拉司蒲Strasbourg本法地今歸德一千六百四十六年卒、創立歐羅巴瓹忒雷Theatrum Europaeum選書公會、去世後、此會仍存、自一千六百三十五年起、至一千七百三十八年止、成書二十一本、幷著萬國史記一部、加以評隲、風行於時、惟書中不自署名、託稱哥忒弗黎特Gottfried或哥篤弗黎陀Gothofridus

Abella 挨培拉岡擺尼Campanie義國南境之地之城名、今作阿復拉浮克西耶Avella Vechia

Abellaneda 挨培拉納達、係西班牙皮史該Biscaye之城、在皮爾扒

Bilbao 皮史該之會城 西二十五法里、藏有皮史該政事案卷、

Abellinum 挨培黎納係商尼安 Samnium 之城、今作阿浮里拿 Avellino 挨買西干 A Marcicum 係留加尼 Lucanie 之城、今作麥爾西哥復耽爾 Marsico Vetere 今皆爲義大利之地

Abelly 挨培黎、法國天主教中講求眞理之人也、生於一千六百零三年、卒於一千六百九十一年、曾充賽查司淤 Josse 教堂小教士、當法國大將麥弱來 Mazarin 臨終時、曾密告以一切隱慝 此係天主教中之規矩 嗣爲羅覃 Rhodez 之大教士、曾著教中眞理書數部、最著者有二、茲開如下、Vie de 淤 Vincent de Paul Medulla Thealogica 譯卽教徒散萬雙傳及平和眞理書云、詩人蒲阿羅 Boileau 因記念其書、故稱之曰平和挨培黎、

Aben 挨彭本古時扇迷低格 Sémitiques 卽猶太教中之愛孛雷人 文、猶言子也、後有多人以此命名、如挨彭菴史拉 Aben Esra 挨彭查挨 Ahen Zoar 等皆

是、又有稱爲挨文Aven彭Ben菴孛恩Ebn依孛恩Ibn者、皆卽此字之轉音、挨文及彭另詳、

Abenaquis　挨培那基係北美洲土番之名、系出倫那潑Lennape氏與馬係岡Mohicans人、同爲古時某國之支派、孳生蕃衆、散布美洲西北之英屬六國、（今已全併於美）及紐約New York今已凋零、

Abencérages　挨彭扇拉時係獮勒那特Grenade國（今爲西班牙地）中之馬爾Maure土番、與然黎忒Zeirites人爲敵、據裨史家半雷奪依打Perez de Hita所述、挨彭扇拉時人爲獮勒那特國臨末一王、扒題爾Boabdil所滅盡、（詳見然黎忒）其說不甚可靠、又法國裨史家栅篤別里盎Chateaubriand著一小說名曰臨末之挨彭扇拉時Les aventures des Abencérages軼事記、

Aben Esra　挨培菴吏拉、西班牙猶太敎之淵博敎士、一千一百十九

年、生於篤雷特Tolède西班牙城一千一百七十四年、卒於羅特Rhodes土國島名精天文理學、醫學、詩學、文法學、而又遊歷各處以廣見聞、故人以賢良呼之、同教者目之爲天下才、曾著天主教書之註解數部、并有天文星象及活物Livre des êtres animés等書、

Abensberg 挨彭司培⿰犭哥係攏尾哀Bavière國之城、跨挨彭司Abens江在臘底司蓬恩Ratisbonne西南二十三法里、居民二千二百二十九人、有作礮臺式之古屋、蓋爲從前食采伯爵所居、著作家直盎達問丹Jean d'Aventin生其地、一千八百零九年四月二十日、法王拿破侖Napoléon大敗奥太子沙爾Charles之兵於此、

Abéokouta 挨培亞古打係非洲西境上其南Hante Guinée之城、在賴哥Lagos英屬地北七十八法里、爲菴⿰犭哥排Egbas省之會城、居民十二萬、

徵數條、惟敬盡順其意、曰歸取報、五十日復來、乃請界平壤西北十里、和韓俱不相踰、行長許而遣歸、告狀於秀家、於是我兵在平壤者、不復西下、中日交際自此始也、維時由戰場達北京、因議和一事、使臣蹣踵于途、然明人預設詭謀、以爲毀約地、上而日人與此事者、悉係武員、樸率不解漢文、僅以僧人從事而已、

明人陽欲議和、允以大同江爲界、日人佇望北京批約至、而明已遣李如松潛出攻平壤、日本外史行長以惟敬過期不至、乃怒、下令軍中曰、皆修行具、吾將飲馬鴨綠江也、義州聞之、荷擔而立、韓王飛書告明、明羣臣議曰、惟敬說不可信、秀吉殊無退兵意、曩者以暑濕取敗、今天寒馬肥、宜出兵也、明主猶豫未決、懸令有能獻奇計復東藩者、贈萬金、封伯爵、襲之子孫、莫敢應者、衆推少司馬宋應昌、曰宋應昌去歲上書、言秀吉必來、是知兵矣、遂拜應昌爲都御史、經略東北、劉黃裳、袁黃爲贊畫、而選將兵者、李如松稱材武天下無雙、會其平甯夏而旋、則拜爲大將、率六將軍東拒秀吉、期以十一日發北京、獨司馬猶持前議、復遣惟敬至平壤、伺秀吉意、惟敬留平壤城中、與行長密定議以去、而如松大兵已至遼東、惟敬要之於路曰、媾將成矣、和人約棄平壤、界大同江而退、如松方銳意立功、弗懌、惟敬言欲執而斬之、應昌等曰、宜舍此因怠敵而襲之、如松從之、率兵渡鴨綠、會降虜爲我耳目者、爲韓相所摘發、皆就拘縛、以故不知明軍至、二年正月朔、如松至肅甯、使裨將查大受先往順安、大受使人來告曰、沈遊擊至、和議成矣、行長喜、亦使一將以二十人會順安、大受誘與飲酒、伏起、二十八搏戰、亡其三人、走還平壤、行長大驚、丹波人內藤如安、爲行長侍史、冒小西氏、稱飛

獐守於是行長命如安往詰如松如松慰解遣還　明史李如松傳十二月如松至軍沈惟敬自倭歸言倭酋行長願封請退平壤迺西以大同江爲界如松叱惟敬憸邪欲斬之參謀李應試曰藉惟敬紿倭封而陰襲之奇計也如松以爲然乃置惟敬於營誓師渡江二十一年正月四日師次肅甯館行長以爲封使將至遣牙將二十人來迎如松檄游擊李寧生縛之倭猝起格鬥僅獲三人餘走還行長大駭復遣所親信小西飛來謁如松慰遣之如松名將征甯夏、新立功、於是統衆二十萬薄平壤、韓軍蜂起應之、行長恃膽不退、堅守批亞南山、近平壤要地約清正及他將往援、終爲明韓軍所敗、自連兵以來、未有如是役相競之力也、日本外史六日如松以諸軍薄平壤行長與宗義智等急修戰備馳使告急於鳳山使者未歸如松以先鋒攻含毬門我兵擊却之其夜出擊李如栢營不利其明明軍大至如松攻小西門如栢攻大西門吳惟忠駱尙志攻北門祖承訓攻南門承訓欲立奇功償前敗知我易韓人也令其兵皆爲韓裝故踏趾不進行長以爲韓人也專拒西北自率銃手擊却如松如松益用大礮火箭毒烟蔽城我兵殊死戰承訓則脫韓裝露明甲鼓譟而登行長驚急分兵拒之而西北卽陷行長退保牡丹臺明軍四面攀堞我兵力拒刀槍攢垂堞如蝟毛明兵死傷數千人不能拔退營城外行長將木戶某說曰鳳山兵不來援吾以孤軍抗大敵終不可支盍退合於諸將以圖再舉行長然之卽夜潛率衆出城至江江冰方合踏而渡至鳳山大友義統已遁至國都黑田長政在白川聞敗引兵迎行長殿而退明軍不敢追躡終至國都韓人聞之所在並起以應明軍　明史李如松傳六日次平壤行長以爲封使也竚風月樓以待羣倭花衣夾道迎如松分布諸軍抵平壤城諸將逡巡未入形大露倭悉登陴拒守是夜襲如栢營擊却之明且如松下令諸將無割首級攻圍缺東面以倭素易朝鮮軍令副將祖承訓詭為其裝潛伏西南令游擊吳惟忠攻迤北牡丹峯而如松親提大軍直抵城下攻其東南倭礮矢如雨軍少却如松斬先退者以徇募死士援鉤梯直上倭方輕南面朝鮮軍承訓等乃卸裝露明甲倭大驚急分兵捍拒如松已督副將楊元等軍自小西門先登如栢等亦從大西門入火器並發煙燄蔽空惟忠中礮傷胸猶奮呼督戰如松馬斃於礮易馬馳墮塹而上麾兵益進將士無不一以當百遂克之獲首功千二百有奇倭退保風月樓夜半行長渡大同江遁還龍山甯及參將查大受率精卒三千潛伏東江復斬級三百六十乘勝逐北十九日如栢遂復開城所失黃海京畿江源四道並復酋清正據咸鏡亦遁還王京

明軍乘勝而驕、有輕敵心、行長常以軍士一隊駐遠瞭望、乘明軍追奔逐北之時、起而襲之、明軍大敗、死喪無祘、

日本外史當是時明軍乘勝鼓行而東國都將更令大同以東諸城撤守來會諸城皆聽命獨小早川隆景與毛利秀包立花宗茂弗肯曰吾輩竭力報國固在今日且明軍勝而驕易與耳三奉行促之甚急乃宗退未至王城三十里而明軍進入開城遂渡臨津查大受為其先鋒值宗茂於礪石嶺宗茂擊破之斬百餘人如松乃盡引其軍而至隆景以三萬人邀擊於碧蹄館大戰良久宗茂與秀包橫擊之如松初以火器襲平壤一戰得志謂和兵不足復畏乃輕進不具銃礮以短兵接戰我軍兵銳刃利縱橫揮擊人馬皆倒莫敢當其鋒我兵呼聲震天大破明軍斬首一萬殆獲如松追北至臨津擠明兵於江江水為之不流如松痛哭徹夜聚敗軍退入坡州韓將相請其再進不肯時天雨冰釋如松託言坡州多泥不可為營遂退入東坡二月猶雨明馬多病斃我兵縱火而進如松退入開城遣人還明稱疾請代

明史李如松傳官軍既連勝有輕敵心二十七日再進師朝鮮人以賊棄王城告如松信之將輕騎趨碧蹄館距王京三十里猝遇倭圍數重如松督部下鏖戰一金甲倭搏如松急指揮李有聲殊死

救被殺如栢甯等奮前夾擊如梅射金甲倭墮馬楊元兵亦至斫重圍入倭乃退官軍喪失甚多會天久雨騎入稻畦中不得逞倭背岳山面漢水聯營城中廣樹飛樓箭鏃不絕官軍乃退駐開城二月既望諜報倭以二十萬衆入寇如松令元軍平壤扼大同江接餉道如栢等軍寶山諸處爲聲援大受軍臨津留甯承訓軍開城而身自東西調度聞倭將平壤嘉據龍山倉積粟數十萬密令大受率死士從閒焚之倭遂乏食初官軍捷平壤鋒銳甚不復問封貢事及碧蹄敗衂如松氣大索應昌如松急欲休息而倭芻糧並絕且懲平壤之敗有歸志於是惟敬議欵之復行恐清正援兵至、遂退駐平壤、日本外史秀家等乃使使召清正清正平橘中寇斬首虜三千餘級與直茂賴定皆之都城明兵相驚曰清正自北道繞襲平壤扼我歸路如松大懼留諸將守臨津而退之入平壤日軍則據所設礮臺、以久征厭倦、且苦韓人之迭寇、復因兵結歲歉、饟糈匱竭、亦願言和、明允割高麗南三道畀日本、封秀吉爲王、日本外史如松使沈惟敬計和惟敬赴北京報曰秀吉欲封日本王如足利氏故事耳因與石星定議沈來韓都城厚賄行長曰太閤歸韓俘則割慶尚全羅忠清三道封爲王行長等素不學不諳封王故事以爲王於明之謂也欲許之已而知其非惟敬巧彌縫之清正不可其議行長與三奉行皆懷歸乃報秀吉曰明人欲尊殿下爲皇帝秀吉即許和惟敬請解都城兵諸將乃焚城更殿而東如松乃肯進韓相柳成龍請尾擊之乃遣李如栢等萬餘入覲我陣整不敢追諸將至慶尚起蔚山東萊金海巨濟等十八屯以倭秀吉令明主以孫鑛代宋應昌遣劉綎吳惟忠等分守星州居昌諸城而使謝用梓沈一貫沈惟敬來謁秀吉於行營秀吉饗明使者還之遣小西如安與偕放還清正所俘二王子大臣以下令在韓諸將屠晉洲以償前之敗六月諸將合兵圍之固守不下清正遣龜甲車被牛革載以死士穿城足城遂陷斬其將徐禮元金千鎰等鑿六萬餘入醢禮元首獻行營夷其城而還屯故地韓王大驚訴之明如松令惟敬見行長曰公等許和未十日有晉州之事何也行長怒曰汝請和而明兵入韓益衆何也惟敬語塞還北京請石星召還如松以下獨留劉綎吳惟忠等萬人明主疑如安不敢納舍之遼東秀吉亦以如安久不還意惟敬欺己日夜謀議軍事

而秀吉欲與明帝並稱、媾旋敗、

日本外史當是時韓戍未撤韓主數促明定和十月明主召如安石星命沿途供帳十二月至燕星就拜於館待以王公禮厚賂之使曲成其媾如安諸之居數日明主延見如安騎至闕衛士呵下之如安昂然不下入見明主明主令諸將相大臣會於左闕悉問秀吉意如安所答勉副星意明乃定封王議遣正使李宗誠副使楊方亨以沈惟敬爲導惟敬觖望難星曰前約七事今止封冊事必不成星弗聽如安與三使皆發四年七月入韓境疑懼不敢進請我撤兵諸將不得已約戍於釜山未肯濟海歸李宗誠貴族子日夜思歸惟敬因欲逐而代之慶長元年正月小西行長歸告和成惟敬私從之以地圖兵書蟒服及燕代良馬三百匹獻秀吉而去怵宗誠曰和敗矣秀吉兵將來執我鎧四月宗誠遁去楊方亨問計於惟敬惟敬曰有兩語愼記之舉我大明奉承日本而已明以方亨爲正使惟敬副之多出金帛資惟敬齎封冊促往因令韓發使韓以和議未固依違不從獨使黃愼朴弘長從之刻日發八月共抵界浦造伏見秀吉使柳川調信責韓使者曰吾收兵而汝國未獻三道又不使王子來謝再造之恩乃遣徵者尋我我不許汝入見二使因行長謝弗聽九月二日使毛利氏列兵仗延明使者入城諸將帥皆坐頓之秀吉開幄而出侍衛呼叱二使慴伏捧金印冕服陳行而進行長助之舉禮三日饗使者既罷秀吉戴冕被緋衣使德川公以下七人各被其章服召僧承兌讀冊書行長私屬之曰冊文與惟敬所說或有齟齬者子且諱之承兌不敢聽乃入讀冊於秀吉之傍至曰封爾爲日本國王秀吉變色立脫冕服擲之地取冊書扯裂之罵曰吾掌握日本欲王則王何得髯虜之封哉

且吾而欲爲王如天朝何乃召行長詰讓曰汝敢欺罔我以辱我邦將併汝與明使者皆誅殺之行長股栗謝罪於三奉行出書牘數通爲證承兌亦解救之事始止秀吉怒未釋即夜命加藤清正大谷吉隆石田三成田增長盛逐明韓使者賜資糧遣歸使謂之曰若亟去告而君我將再遣兵屠而國也日軍將王京剽掠一空、退駐海濱、以俟本國接濟、此第一次構兵大畧也、日本因諸將不睦、兵艦未能接應、加以明人和欵狡詐、坐此數端、事權盡失、僅行軍奏凱耳、然在當日、已謂世界非常之事矣、明之議和本不足恃、秀吉欲㩦其威燄、因明未能實認韓屬、日本於是復下令攻韓、日本外史遂下令西南四道發兵十四萬人以明年二月悉會故行臺柳川調信私囑黃愼曰太閤意已決矣速獻三年道使王子來謝不則貴國復被禍矣惟敬猶疑其虛喝已而見沿道治兵狀則大驚奔去秀吉初猶夫人姪秀秋爲子出嗣小早川氏於是以爲大將以浮田秀家毛利秀元副之以黑田孝高充其參謀以清正行長充其先鋒使行長立功自償諸將皆前役所遣已諳海外事宜以故秀吉不復親出自居伏見遙授方畧置吏於那古耶以司諸道糧運兵力不亞於前、未能似前之鋒銳、蓋韓已豫儲軍備、兵稍勁練、復得明軍相助、日本外史二年正月明使者至明伴報秀吉受封拜舞和議全成因私賚海珍外寶號爲日本幣物已而吳越將吏上變告曰秀吉先鋒加藤清正已擁二百艘上機張矣明主因詰方亨得實乃詔惟敬惟敬慚懼因曰秀吉責韓而已矣不久將去明不信乃戒東北守備復大募兵遣邢玠

今說到知覺之官、因知覺大都在於皮膚、故先論老年皮中之改變、皮膚又爲呼吸緊要之官、

皮有兩層、眞皮與外薄皮、（原注有著書人以爲三層者、即外薄皮中層皮與眞皮是也）在眞皮之面上、有靈覺之刺、其中或其下、有汗核毛房與油核、眞皮亦有兩層、革甲層與刺層、刺層有靈覺腦筋之脹力、而有許多小而極靈之管質、凸出之物、豎在面上、爲知覺之官最要之質、

其刺之長、折取中數、大約百分寸之一、但其在手足底者、較大、而更多生、每刺皆有一二腦筋絲、而在其知覺最靈之處、其腦筋絲、似乎與小而擀圓之物質相接連、此物質、名爲靈覺質點、華納爾論之、以爲形狀像極微小之松子、且以之爲能助知覺之官、然仍未明其終究是否、此物質生電、且不賴他質、而自另爲腦結、以運所知覺到腦內、但此書無暇進論其事、所以必須專究皮膚與知覺之官之年老之改變、

在老年第一事、爲其腦筋之靈覺減少、養其刺之微血管漸力弱、或至廢去、由此二事、故老時知覺之官、不及少年之全備、且猶之他核、其汗核與油核之津液亦減少、皮膚變乾燥收縮而似革、有破裂皺紋之貌、尤易見於骨節轉折處、及皮內柔質既廢而皺縮之處、故致老人有皺紋、在老年皮內土質鹽類、比少時更多、

齒

人有兩副牙齒、一副係暫時、而見於嬰兒時有之、人在胎時、此副牙齒、由刺之法、從所包齦環之邊之痰膜中生出、其每一刺、卽一牙齒、皆因起初之牙槽含合而包藏在內、其刺有血管與腦筋養之、漸變大而成將來爲牙齒之形、乃漸化爲骨質、始成牙齒、有一骨質薄殼、卽牙齒之帽、見於刺之尖、此物加多、卒盡蓋其刺、於是時其頂之外面、有玻璃質蓋之、此玻璃由刺上一質生出、而合宜居面上、非由津液、而由化骨或

積土質之法、且可信其土質之排列極美者、如在牙齒中之微小搖動、而發枝之管、互相並行、量之、直徑大約長四千五百分寸之一、與玻璃質內微細而六角之莖、量之直徑大約長五千五百分寸之一、皆因此等土質鹽類、預先在內之微細之管、留滯其間也、以後仍漸變化如初、其牙根既成、又伸長、而其牙齒、大約出胎後五六月、透破其齦、而在三歲之初時、其暫時之牙齒皆備、至七八歲、暫時牙齒始落、爲常久之牙齒所代、此牙齒亦在出胎前已生、原注惟末二大牙不算但嬰兒時、禁遏在骨中之莖竇內、

常久牙齒、大約始出於七八歲、除智牙之外、十三四歲皆全、惟智牙在十七歲二十五歲間始出、此間之時、其齦加厚且長、

在每牙齒之骨質處之裏面、有一竅、此竅可隨時升降於牙根中、由此與外面相通、其內包一精細之物質膜、名爲牙髓、而有血管與腦筋養

之、雖血管不分支派入牙齒之硬質內、然牙齒之小管、吸取補益之水、而引到其處、因此之故、人患黃疸病、其牙齒常染黃色、在小獸之食茜草者、其牙齒亦常染其色、然長大之獸、亦食此物、而齒色不改變、年漸進、則其養牙髓之血管、變硬而力弱、牙齒之竅中、土質加添、所以其竅收小、在年老之牙齒、此竅幾行廢去、養牙之血見阻遂稍稍失其供養、牙頂由幾乎時時嚼食之故、而消去、不能從牙根重生、牙齒遂腐爛而脫落、

髮

髮有似樹皮、又似角、或似筋絲之質包之、又有裏面之髓質、或似通草之質居中、此中做成一行窩、滿足脂膠、其髮根插在皮中、所謂髮囊者之內、在此囊之底、有一小而凸出之物、即一刺、由是供給物料以生長其髮、色料擁出其中、中窩始生脹扁、併合而成絲、為髮之細絲之處、許

多窩內之膠使髮成種特異之形狀所以一梗髮生出、由血中得供養與顏色、經過獨一個刺之能力、

凡有減少、成阻隔供養其刺之血者、即奪髮之生長補益於顏色、人當思想讀書辛苦、或心中憂鬱時、則流入腦之血更多、費於供養、其外面凡遇暫時之事、髮必稍失其供養、故致早頒白與禿、又當驚嚇時、其自和腦筋之運動、使血收縮極甚、至將其養髮之刺中之血取出、因此故有許多人在一夕之間、已變頒白、或至略禿、但另有一緊要之改變、我當論之、即變硬而化骨之事、此事實減少供養其刺之血、甚至盡為所阻、由此髮稍稍失其生長力補益與顏色、

所以在老年、髮不復受供養、失其色、變頒白或白色、由於缺少脂膠、有數刺內供養之血、或至盡行奪去、所以髮根捲而縮、其髮脫落、

在前數頁、已指明老少之間、所有不同之處、在少年、其各器具與造法、

皆有凹凸力、柔順而可曲折、其知覺利、其心思靈、在老時凡此等皆退謝於堅硬化骨之事、其知覺缺靈、心思缺記性與能力、

且此等改變、一則因絲質膏質漸漸聚集、二則因土質漸漸堆積、其土質、大都爲鈣養燐養五與鈣養炭養二此二者並行、以弱大脈管之力、而漸廢其微絲管、或稍廢、或全廢、由於此有堆積之物、故體中各器具各造法之厚薄與功用、皆改變、其身體之柔軟有凹凸力、易屈曲而靈便、皆變爲實質、不靈便、堅硬、已化爲骨而衰敗、其全體皆已阻遏、其帳帷已垂下、其一生之樂已畢、卒至於老死、

衆人之意、以爲絲質膏質骨質之積聚、皆由年老所至、由時候所致、且爲動物奧妙之生理、（原注：即生命）衰敗之遠驗、但在後篇將說及此大生理、宗於腦脊根、而日漸衰微、由腦與腦筋逐漸失其受養之血、與其選血吸血之力、而其定數之補料、亦爲由漸變硬而化骨之事所除去、

譯書公會告白

本公會寄售陽湖周韜甫騰虎先生餐芍華館詩集每部實價洋二角

本公會各省售報處

上海棋盤街文瑞樓書坊

上海抛球場愼記書莊

蘇州閶門內掃葉山房 婁門混堂巷馮公館 護龍街墨林堂書坊

無錫學前楊公館

常熟醉尉街內閣張

常州娑羅巷袁公舘本公會分局 龍城書院 局前呂宅

湖州醉六堂書坊

松江鴻文堂書坊

杭州方谷園胡公館

寧波奎元堂書坊鮑君明存

揚州點石齋書坊 同文書局

南京王府園楊公舘楊君農孫 祠源閣書坊

蕪湖鴻寶齋書坊

江西省城電報局 南昌電報局 馬王府後德隆醬園陶君菊

九江招商局史君錫之

漢口鴻寶齋書坊

湖南省城東長街俞君恪士 愼記書局

湖北武昌府街口鴻寶齋書局翟君聲谷

湖北宜昌府川鹽局總收稅所惲君毅齋

天津杏花村武備學堂孫君筱垞 電報官局張君小松

天津紫竹林愼記書莊

京都 琉璃廠中西學堂 電報總局

福建馬尾船政局 華君秉輝 張君漢騫

福建省城點石齋書坊

烟台謙益豐銀號

香港宏文閣書坊

廣東省城 愼記書局 曹素功墨莊

山西省城水巷惲公館

四川省城蜚英書局

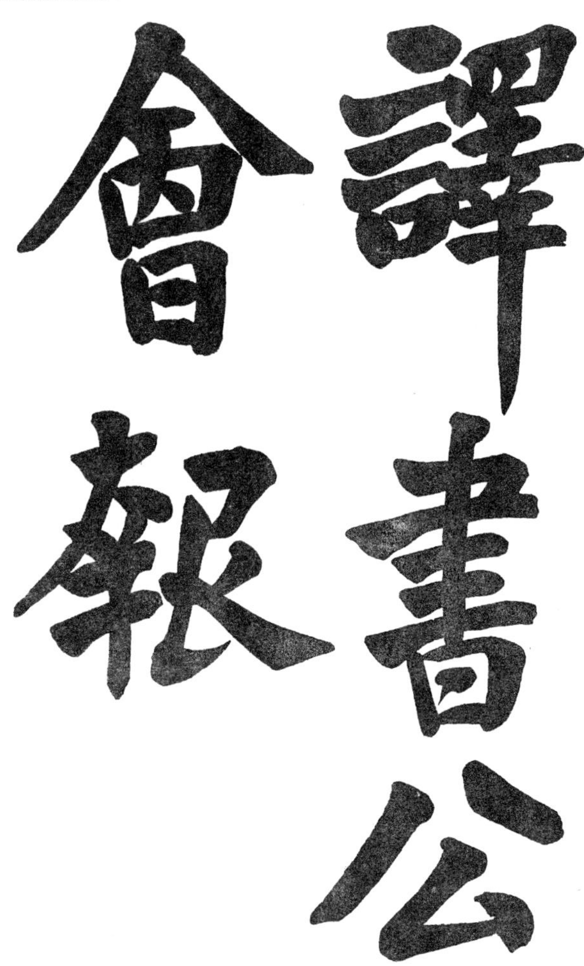

The Translation Society
Weekly Edition.

譯書公會報第十五册目録戊戌二月二十九日

本公會告白

一本公會現已出至第十五册所有各埠代派報處務將定閱報貲卽日收齊彙寄以便掣付收照按期寄報萬勿再遲至本公會去年因鉛字未來未能依期出報故今年閏月概不加貲以足全年四十六册之數

一本報每册零售一角五分定閱全年者先付報貲五元外埠有郵政局之處每册加洋一分無郵政局之處由代派報處量路遠近酌加寄費

一本公會自去年十月出報後因郵寄索値甚鉅故凡沿江沿海各埠之報有交便人携帶者有托輪船代寄者詎近日接外埠來函知各報遺漏未送到者不少殊深惶愧而第三七九期各報前印三千分業已告罄一時趕印未齊除分別專函查取或索回補寄外以後當按期交郵局妥寄惟郵局寄費甚重故議定每册加洋一分當荷閱報諸公諒鑒

一外埠定閱全年者照數付貲先由代派報處暫給收據函寄總會換付收照爲憑如屆時不到可向代派報處催取函購者卽由原局帶轉收條按期寄報不誤

一外埠閱報諸君如有曾在本地代派報處定報而後遷居他處其報須另寄者務須先囑代

派報處函知本會本會卽將應寄代派處之報扣留代爲轉寄庶不致誤

一本公會自創辦以來承海內同志翕然推許現定自本期起兼錄外來文字由總主筆選定入報凡中外通儒有推闡政教博徵民俗土宜鴻篇鉅製樂於賜敎者乞將大作寄示惟無論刋入與否原稿概不寄還

一本報今年銷路益廣故自十六册起更定新章代人附登告白其價格外從廉茲將取資例列下　五十字起碼　登一次者取資二元　三次者五元四角　六次者九元七角二分　以次遞減五十字以外照加長年另議刋資先惠惟語涉攻訐者不登

一本公會除譯書外曾訂兼通中西學術之士纂輯中外通商必讀書如干種其精核詳明切於實用爲中國向所未有茲於本期先刋各國金銀銅三品貨幣表爲通商必讀書之第一種是書爲無錫楊範夫孝廉模所編定贅以論說復經金匱許仲威茂才同藺譯增無論官場士林工商農業人人不可無此書想海內諸公必以先睹爲快另有西國度量權衡考較鄒縣沈氏大埔楊氏所刻加詳數倍天下各國要覽天下各國治權都會疆域戶口表等書次第印訂附報流行

一本公會近承日本福本日南惠贈近世各國海軍詳誌一書（是書成於明治三十年當中國光緒二十三年）專紀近年各國海軍員兵額數操演規制戰艦多寡大小速率馬力分表詳列並載海戰公法各國旗號洵屬當今急務爲中國恢復海軍之先河特請東文繙譯安藤陽州卽日開譯准於下期起陸續刋入報中合併預聞

一本公會從前所印之增訂五洲通志萬國中古史畧卷帙繁重現因譯者尠暇故暫行停印特此奉告

一本公會代印書籍報紙紙墨精良其價格外克己

一海內通人如有自譯自著之書交本公會印行者當酌量贈資或印成後送書數十部以答盛誼

本公會各省售報處

上海棋盤街文瑞樓書坊　上海抛球場愼記書莊

蘇州閶門內掃葉山房　護龍街墨林堂書坊　無錫竢實學堂

婁門混堂巷濂公舘

常熟醉尉街內閣張　常州娑羅巷袁公舘本公會分局

龍城書院　局前呂宅　青菓巷陶宅

湖州醉六堂書坊　松江鴻文堂書坊

杭州方谷園胡公館　寧波奎元堂書坊鮑君明存

揚州點石齋書坊 同文書局　南京王府園楊公館楊君農孫 詞源閣書坊

蕪湖鴻寶齋書坊　江西省城電報局 南昌電報局 馬王府後德隆醬園陶君菊如

九江招商局史君錫之　漢口鴻寶齋書坊

湖南省城東長街俞君恪士 慎記書局　湖北武昌府街口鴻寶齋書局翟君聲谷

湖北宜昌府川鹽局總收税所惲君毅齋　天津杏花村武備學堂孫君筱垞 電報官局張君小松

天津紫竹林慎記書莊　京都琉璃廠二甸土地祠内總報局

福建馬尾船政局華君秉輝 張君渼齋　福建省城點石齋書坊

烟台謙益豐銀號　香港宏文閣書坊

廣東省城慎記書局 曹素功墨莊　山西省城木巷惲公館

四川省城蜚英書局　日本東京朝日新報館

英報選譯

俄報譏英 太晤士禮拜報西二月四號

秀水張國珍譯

本報駐俄京訪事人于正月二十七號來電云、前禮拜俄報忌英詆毁殊甚、曾有人戒之曰、肆意詆英、有何益哉、照拿復報所論英俄各報中爲東方一事、甚爲驚懼、但英俄交涉事繁、決不至互相妨害、致起爭端、觀該報雖甚詆英、亦未免有追悔之心矣、訪事人又云、現俄京各報中雖有追悔之心、恐不能久、自俄人視之、英國不在意中、即使英日同心協力、派水師全軍駛向暴而鐵克攻擊、俄可禦敵、弗被所損、然英人往往以海軍誇張揚厲、定是言過其實、時至今日、可與英爲難者係護商稅則耳、因歐羅巴全洲、與英國出產之貨無足重輕、祇用拿破侖之法、均可屏英市外矣、

亞非利加近信 同上

近聞炭及亞地方有英艦名拖沒來在南岸、欲將雜貨起岸、被人所阻、即行開砲

攻擊錫而非音之船名海山納者、海山納回擊有小划載英人三名、亦被錫而非音兵所獲、並將地方上之願與外人交接者一槪驅逐、且殺害人民甚多、又據才東報載有英人五名、係是環球遊歷公司所用、被馬亞政府拿獲、控其違例貿易之罪、而該公司之船已開往克納立島矣、

英論華事 同上

本館接北京訪事人來電云中英國借款合同中租大連灣通商一條、現將銷去、大約必須重訂其殆當軸者始而夸大其詞繼而被人所說、故中國畧有推辭、遂卽惟命是從耶、抑照曩時辦法、凡有交涉之事、其中必有數條載在合同之內、備而不用日後仍可銷去耶、此種浮文並無實在之事、以上二說一說已被我道出、其第二說定是沙侯之意、卽中國允我所約、我亦可有可無、並非急需此商埠以博虛名、然外部及政府辦理此種迅速之事、得有成效、皆來稱賀、我反愧焉不如銷去之爲快也、現俄欲阻大連灣通商、于數日前已畧知其意、如果來阻撓、必有

另法補償、且合同內各條、均注意北京諒彼當不再舉以爲難、故吾國之有識者曰、我可袖手旁觀、不必因此多論、於是公使銷去此條、嗣後並無合宜償補之法、以致有違衆意、在公使因告有應得、但沙侯及與事諸君、向來辦事、我儕共知、可深信無疑矣、或照合同辦法、或將合同略爲更改、吾國本意、並不强使中國借此款項、中國如能向別處商借、我等並不干預、但求其借債條約、無害我應得之利而已、今晨又聞俄京來電云、德銀行願借與俄人羅卜一百兆、查俄京傳言殊不足據、論亞洲事尤不可信、然此說未必無因、德人辦理銀錢事務者、曾赴俄京、俄人欲向德人借銀轉借與中國、亦未可料、如此舉動、如有立國於水听河濱者、中心焦灼、在所難免、倘法人此時不願隨俄人之意、必於來因河外交易另行設法、總之俄定能設法籌此款項借與中國、意欲令中國深墮其術耳、但俄人深患中國官塲習氣、億料無爽、故俄京之傳言、將來或可作爲實事、即吾國亦知其意之所屬、所慮者侵損吾國通商利益耳、俄德密邇中國、此刻欲思退步或再猶豫、則不能矣、俄在亞洲既獲得利之商埠、定不被人所紿遂愚騙、庫藏大臣在書汪西地方宣言頗合衆人之意、現在各事情形、與寇仁在暴而登所論大約相同、我國與中國所議借款、仍在議論、將來或可望成、猶如北京訪事人云、凡遇交涉事件、於未曾議妥之前必有一番浮語、想吾國公使已經允許、斷不再以大連灣爲通商口岸、大約借款條約中、並非以大連灣爲萬不可少之地、大凡交涉事情、非衆人所能知、倘衆人可知、彼亦可知、在秉國政者與報館中人、並無異常交誼、當國家有事之秋、往往秘密、須議妥之後始可宣露、所以此事祇可作未定觀之、如言將來如何、尤非衆人所逆料、總之大連灣通商一節、置之不論、英果借款與中國、人皆以爲不利、幾欲與我國爲難、然我國應得之利、若不被他人所害、决不擾太平之局、吾國商務最廣、斷不輕爲戎首、欲保商務利益、猶須視世界承平也、我英與俄交涉各事不在北京議論、俄國所以阻止在大連灣通商、其意甚明、該埠爲俄所注意、且欲建造鐵路、接至旅順、但此事本可利衷商議、至於大連灣一埠並未十分利於通商、不過使各國來往自由、如俄因大連灣與鄰近旅順、儘可以膠事爲利、德人初意以膠州爲獨得之地、在後變計與各國同享其利、俄人可援此例與中國商議、使旅順爲通商口岸、以抵大連灣之缺、吾國借債之利益、已在各條約內、如中國內河與外人通商、使輪船可以直駛、非獨與我國有益、亦各國有益也、現開中國風氣、莫急於此、商船往來、使人習見西法、並可阻止各省釐金苛稅矣、

擬探北極 泰晤士禮拜報 西二月十八號

坎拿大地方有人欲尋北極、在該處會議、爲首者係船主白尼阿、歷充四十七船之主、出洋一百四十七次、奉公家釘封密遣、亦在此數、此次意欲於六月間由勃列梯虛考倫比亞某海口啓椗、經盤林海頸、緣賓白林海濱、至前嬰納脫擱淺之處、由此捩舵北向、越層冰之上而抵北極、計程約一百零五日、審慮既定、上月二十六號、爲快勃克地理會每年開議之期、白尼阿臨會宣言、此行欲偕伴八人、犬

鹿各五十隻、以備拖冰車之用、該會允之、並籲請國家撥帑以助其行、先是白尼阿在孟曲里奧美省時、詒南生地理會有名者白其意、南生嘉其壯游、並未勸阻云、

東方交涉彙誌 同上、按所述各事、半見於字林西報、然較該報翔實、故仍錄之

據聞、我英欲於中國湖南沅州府通商開埠、並於內地駛行船舶、 上海露透訪事來電云、聞諸中國官場、中國允英人於湖南開埠兩處、以易大連灣、其一即係省垣、並允派提督一人、率兵六萬人駐山西平陽、原注係山西重鎮如北京有騷動、可與駐北京之兵聯絡一氣、互為犄角、 中國允英人推廣緬甸鐵路、直貫雲南、本報復論之曰、中國已許吾國推廣緬甸鐵路、經過雲南、所得利益如何、姑置勿論、因現在預為核計、我終可多獲也、該路經行山嶺最多、需費浩大、而雲南已不如昔年富庶、壓市交易亦不如昔日興盛、然由緬甸達中國、斷不能飛越雲南、果能為我所得、雖目前無出產、我終占勝著也、 一千八百九十五年四月、東京有法人名格勒敵脫被匪誘拐、其年十月已與法人定議、償英金六千磅、此外償欵之類此者甚多、本報復論之曰、法國某機器師被東京山盜所拐、中國允償費十萬佛郎克、業經交付、中國辦理此事可為敏捷、有識無論此等賠欵、有違公法與否、但迅速償費、較訂期開戰、兵敗國辱[illegible]學生不論今日有無過失而該學生平日獲咎不

能必無即今日責之爲非宜亦可補從前應責之咎也駐北京德公男爵海靖因德兵被殺、復得建築沂州鐵路之權、　據栢林報云德著名各銀行合爲一公司與德銀行之在亞洲者、彼此商辦鐵路開礦等事、以收中國所許利益、　北京露透訪事來函云、俄公使巴拉夫赴總署商議滿洲南方鐵路、謂總署曰、中國遣許景澄赴森彼得羅堡本有商辦鐵路及借欵之權、今許景澄祇有商辦鐵路之權何也、因是海靖心滋不悅、且曰、俄皇暨人狡計矣、去年海靖曾照會總署、言中國如用他國人建築山海關鐵路、是不以友邦視我俄也、是年五月俄特遣親王奥克湯姆斯該至中國、與總署商議此事、未得端倪、至是俄人聲稱俄在中國如有舉動、英人不得阻撓云、傳聞日本男爵西暨駐英及北京公使勸國家允中國緩交兵費、中東益形親睦、然國帑空匱、未識能允其請否、　英除派攏福勒兵艦外、又派維克多里司兵艦赴中國洋面、已由模而泰起行、復增派頭等巡艦白洛而脫相繼而往、然維克多里司行抵拋賽、即行擱淺、　意大利巡艦瑪科泊落赴中國、已抵亞丁俄巡艦坦

溥夫已於禮拜日由奧特塞啓椗赴琿春、載兵一千名、副醫生五十六名、及服役病人若干名、

俄日將有戰事 倫敦中國報 二月十八號 吳縣沈晉熙譯

自一千八百九十五年、馬關簽約、我英漸露危機、觀國政報所載俄日在東太平洋交際、卽得其詳、該報館接俄訪事來函、申論此事、一似俄欲於太平洋開釁者、因系之以論曰、俄人如此整飭武備、令其撫膺自問、其眞欲戰耶、欲戰與誰戰耶、果於何國搆釁耶、或欲與吾歐洲從事、抑今日權勢可抗日本耶、此數端凡研究國政者、實無語覆之、請攄其說如右、

與日本從事干戈、試問其能預握勝算否、姑無論日後歐洲列國、約縱擯俄、卽與日本一國鏖兵、而日本運會適乘、未必遽北、論俄之威望、震懾環球、戶口一百三十兆、承平時兵一兆、有事可增至兩兆五十萬、俄與日遇、日必覆亡、俄兵之雄、與歐洲無異、蓋其薈萃於西南及歐洲俄羅斯之中數省故也、其東過浮而軋江一

帶、荒斥不能居守、兵民死亡相踵、以西伯利亞平地、冪積四兆八十三萬三千五百英方里、而居者不及七兆人、兵僅四萬人、統帥已綜計於內矣、極東係阿模阿句潑列毛司開兩省、爲舊日戰場、冪積約六倍英之三島、居民二十萬人、爵集於格特福村落、並曾被兵燹之城中、游民失業、器用仰賴歐洲之俄、食物如麥粉五穀、率係由蘇彝士河、經印度達奧特塞（琿春口內）復運至山格林海島、然後分運各城、饟運紆折如是、所費尚可計耶、我英兵艦之泊暴而鐵克者、（即波蘭的海在德與丹之北司堪堤納浮）（阿及俄羅斯之南長九百英里）以之拒俄、固屬不足、如以黑海艦隊併入、亦可無需、此兩處共計頭等兵艦十艘、三等一艘、頭等鐵甲十五艘、三等三十六艘、一旦東方有事、政府遣其半臨敵、已敷策應、緣英與歐洲列國締交、雖肫摯可恃、然海防不可遽撤也、

試論俄遇日艦將如何、

日艦均新製、內最速者十艘、每一點鐘可行十八及二十諾脫、即最遲者亦逾十二諾脫、艦隊既多於俄、且逼近己國海口、較琿春尼利剌夫司克富庶、比例觀之、

實難預決二國之勝負也、俄政府之意、因欲聯合高麗、不辭一戰、軍械饟糈之運赴木司寇彼得羅堡楷哀夫（俄國之西南在敵尼巴江上）塞奥特、此二千里之外、業經全備、所慮者西伯利亞鐵路未竣工者、尚有一千餘里、須人擔荷耳、然此路卽成、徵調兵丁二十五萬、絡繹運往、亦須三閲月之久、蓋此千里中無城堡礮臺村落及平衍之路也、綜計全俄人民、大率蚩鈍無知、而俄疆強半荒邈、吾初見俄餤之熾勢之張、窺其隱微、誠不足廑念、故俄人因是必欲汲汲於中國求屬地耳、

臺灣茶務　同上

美國政府接臺灣淡水領事稟報云、臺灣境內毛茶皆運至厦門、揀別等次、然後出口、故厦門茶商雲集、佔臺灣一省茶業之利、

出口之茶、每百分中美國銷至九十分、此外則英國及小呂宋約各銷百分之五、故中國茶商出口、以美爲大宗、春茶一萬二千箱外、尚有秋茶八百箱、計重三萬三千六百磅、由鷄籠橫濱等處運往美國、

厦門一處、所以獨占臺灣茶業之利者、一則賴其揀別、一則便於遷運、臺北府城大稻埕、設有極大茶葉公司、凡本處茶葉捆載發售外洋、盡送該公司起運、從江中用駁船裝出十里許、卽可抵花勃載之輪船、以達厦門、至爲便易、計自大稻埕至花勃、每箱須運脚四辨士之三、花勃至厦門、每箱須二辨士又十分辨士之五、及抵厦門、則美國市舶畢集、不須片時、盡行過載矣、

臺灣淡水海口、祇可駛行入水十三尺深之船艦、裝運極滯、卽鷄籠亦不能如厦門之便、日人自得臺灣後、日夜思維、欲奪厦門之利、以歸日本、擬由臺北興築鐵路一條、直達鷄籠、於出茶之時、由鷄籠載上輪船、越厦門而抵日本、以達美國、其意以爲厦門抵美、與日本抵美、道路遠近相同、而鷄籠至日本運費、又可較花勃至厦門爲省、商人必無不願、然以吾觀之、未必能如所料、何則、鷄籠洋面風濤險惡、美人恒有戒心、決不肯舍熟路而就險地也、

不特此也、日本輪船公司、並欲將鷄籠運往美國之茶、逕由該公司包送、如此則

非惟越過厦門、并欲奪美國運載之利、美商所樂、豈肯相從、且美商往來厦門、既稔其臺灣至厦門運費、多寡並未計較、況厦門地方、於揀別打包一切、皆爲他處所不及、即使日本將臺灣至鷄籠二十英里之鐵路造成、費用省而運載易、亦必不能如厦門之妥善也、然則數年之後、厦門茶船貿易之盛、又何可量耶、

海島重見 日本橫濱告白報 西三月十四號

前已沉之海島、今復查得在西班牙共勃老而脫之西一千英里、深明輿地者聞之、頗爲奇詫、此島係美親王馬捺克查得、美國華盛頓輿地公會中、已將該島畫圖示衆、

親王坐愛力斯船游歷、猝獲此島、即以舟之名名之、惟此島恐有火山之患、島之形似西人之帽、前後有邊伸出者、該島與行船之路不相碍、其沉沒之時、深四十一尋、英六尺爲一尋

法在中國之商務會 同上

法人在中國之商務、稟報其本國、而英國白拉克盤[口五]商務會、亦接此信、遂遣人至中國、法人之意、欲設一重慶領事、以便該省來往貨物、令法人獲商務新利、並效英國領事、時常游歷之法、以上之事、法國已使一官員至中國、爲商務總董、辦理在中國北京及上海、分設一領事之事、知照中國官場及各國領事、所有一切商務之事、皆須稟報該員、除法商外、俱生怨望、現英人由白蘭特福特（英城名）販至中國者、惟絨線棉紗爲最多、已經法人之手、從中阻撓、但洋布等貨、今尚不甚留意、觀其稟報之意、務使絨線棉紗進口少、則中國人必買洋布、去年進口之一百九十二兆佛郎克洋紗必漲價、而中國每年必須用洋紗十萬墩、所以法人欲設立一洋紗局在東印度、稟報中有促其從速辦理也、

中國形勢（倫敦中國報 西二月十一號）

太晤士報論中國形勢云、中國京城被逼於俄、將來必改都南京、朝廷恐生內亂、然中國人民、亦漸知時勢日非、欲革變舊章、由此以觀、漸有轉機、至其終、必大改

變、乃能久長、今接上海訪事人來信錄後、

現詳查中國之形勢、欲其國政久長、惟英俄二國有以左右之、現解明東方太平之象、亦不難也、在中國獲利最大者、惟英與俄、英獨擅商務之權、俄欲恢擴太平洋海濱、並通滿洲鐵路、而德國不畏人言、强據膠州、法國政策欲如俄之拓闢疆土、並廣其商務于中國、俄英二國、向在中國辦理鉅政、必不能缺、而俄欲推廣東南屬土、求海口于太平洋、將西伯利亞鐵路、達至滿洲、自中日之戰以後、俄國要求之事甚易、不若吾之遠處西海甚難也、五十年中、英國之政在中國者、成一極大商務、其意並非極力推廣地界、不過望以後權仍操諸己、毋爲他國所攘、蓋英國廣其商務、勝于奪地、且恐奪地而有阻碍其商務、今欲倘阻止俄人所欲之海口、勢必啓釁端、五十年經營之商務、一旦僨事、故英並不阻俄人之意、而俄亦不肯有碍英國之商務也、自中日之戰、遼東地方已入日本人掌握、及馬關立約、俄取而還之中國、但前三年、俄商務國政之在滿洲高麗北中國、俱知俄保護惟勤、以實言之、東方之地、將來變成一最便于商務之地也、中國政府、以後必請二國保護、斯爲善策、舍此無他、英國之意、祇欲廣其商務、而與俄所欲廣之界畫定、此英人之所願也、其界或畫在三十八度緯線、或四十度緯線、則無關緊要、而我英國貨物、仍可通至北方、不致阻碍、俄亦並無與英國爭戰之意、不過欲僭沿海疆界、及滿洲鐵路、並無侵伐他人之心也、

法報選譯

法人論擴充版圖

法國權報 西二月二號

榕城鄭守箴自巴黎來稿

昨日上海電稱、按照歐西駁華約章、（此語本報甚不可解）法國駐札大東提督、鴟光已豎旗於海南島、毫無阻礙、按海南在東海灣之東、與雷州府相隔一河、長七十啓羅邁當、爲中國險要、足以用武之地、冪積三萬啓羅邁當方里、居民約有三百萬戶、乃收之如此其易、此電似未可信、按駁華一語、向來歐西並無此約、更屬放誕、現各國皆各自爲謀、何約之有、卽各國有約、將亦屏我法於外、其幸與約者、亦惟敎日

本敬中國而已、言助俄索遼事夫禁人染指、卽呼我爲援、分人之甘、則戒我勿動、德之輕我、固已極矣、俄之親我、亦非其愛我矣、況以國家庸懦無爲、謂外部大臣亞訥突能出此計策、以利國家、誰敢信之、非特亞訥突無此才力、卽總統福兒統全國之權、欲奪取外國之地、如海南之貴者、亦未可必、且我法之利、更不在張大版圖於東方、如果東京一地、可謂最要、然糜費七十萬、殺人五萬、病死在彼安業者僅百人、是以七百萬佛郎安置一人、未免得不償失、得植民地、原爲擴充商務起見、乃商務多歸英德、是我國拓地、爲他人收利也、誠不如自固爲上策矣、蓋縱得地、仍無民可殖、安南爲法最好屬地、註册入舉議紳者共一千八百二十二人、投筒時、合例選舉者、祗九百二十六人、此一千八百二二人中、官役殆不止一千二百人、倘不欲人置我於可爲可無之列、自宜亟取海南島、惟取之將何如展布、則不敢知、想一島尚易整頓、當不至如東京受中國人之擾、幾無甯歲矣、雖然、取海南原爲殖民起見、以株泥絲之近且無民、況海南乎、不過歲糜官費、反不如聽俄取旅順、德取膠澳、英取漢明嘗、（未詳何口）我保守我伯何絲（近京之口）口、及亞錫泥埃城、（近京城）不涉遠不糜財之爲得計也、倘執政諸君不懦弱、誠無須取償東國、卽圖我亞勒齊海之西、乘此歐洲各强國魚肉中國之時、吞取馬喝、其爲功較捷、現秉鈞者衰頹無似、法人被意大利掌山林之人所殺、尚未伸雪、兵弁奉公赴南美洲、被人刦殺、稽延二載、亦未報復、安望其他、昔未與俄聯盟之前、擲金錢三百萬萬、整頓水陸兩軍、未見强盛、及與俄聯盟之後、仍如曩日、惜哉、

法人慮德（同上西二月二十號）

德國充拓版圖、推廣商務、二十五年來、戶口增多四分之一、或謂該國人民加多、屬地加廣、將有舍舊謀新之勢、儻其果具此見、甚爲危險、蓋彼未嘗忘法、常籌勝算之術、以俟後來開戰、是不但其商務之興與鐵路之盛、較一千八百七十年時、增多四倍者爲可慮、其增修守備、意未嘗一日忘我者、尤爲可慮也、如德近來所開鐵路數目、火車多我四千具、貨車多我七萬一千輛、敵邦如此振奮、而我國懷

安固寵之輩、以爲禍患雖臨、尚在身後、凡興利革弊之事、第恐有碍於彼、多方阻撓、而敵國駸駸日上之象、竟置若罔覩、現德時時訓練其軍、或改其前次戰時所未盡善者、而勉爲其難、常求有以勝我之處、至凡行軍之法、運兵運械、不能專恃鐵路、以鐵路窮處、未必卽爲開戰之所、該國鑒前次一千八百七十年轉運軍火輜重之艱、今已大加整頓、現其增長鐵軌之法、極爲神速、倘遇戰事、十六處之鐵路公司、九日內能成八十三啓羅邁當鐵路、充補於淵壑低窪之處、第十日能成十四輛火車、日可運礮兵一千四百人、輜重三千墩左右、第十五日、卽可成軍以出、或圍攻、或礮擊、悉從其便、於此已足見其籌備之密、然彼尚慮陸運有時不足恃、必藉水運以濟其窮、竭力經營、建鐵路於船橋、德國多聚船爲橋價較廉於造橋此外尚有兵隊、能臨時造成堅固浮橋、以度火車、曾已演習試驗數次、知只用七千五百墩機器、卽可拖行半輛火車、今我國尚未知有此絶技、軍隊中亦未諳習此法、平日操練、如同兒戲、毫無居安思危、稍自振奮之意、且以籌備盡善、舉國相慶、豈不大誤、憶客秋陸兵會操於巴黎城外、原爲演放船橋起見、該船久藏未試、板縫甚多、致一經下水、滿船滲漏、因此停操、而統兵者、乃令各騎重掛佩刀、此事法國已廢多年冀圖掩飾、竟不知應增此械、經已多時、其不留心軍械之處如此、前十五年有令抽選身材短小、充當馬兵、後以所給佩刀太長不合於用、因議將佩刀裁短、惟鋼件斷截、立卽潰敗、自不免新鑄分給、茲查所給不過兩種馬隊、是演習腰械之舉、既不早行、今所給又未全備、則其戎行之不整又可知、卽就佩刀而論、亦不利於戰、似不若長槍爲佳、惟用槍之法較難、不但兵須靈捷、尤貴馬能如志、今之執政何足語此、平時於騎兵絕少訓練、偶有操習、亦不過故事奉行、或環或聚、並未教以馬上用械之法、是無論爲刀爲槍、但求無傷厥騎而已、我武備嬉荒至此、尚有謂無足重輕者、觀以上所指各失、不過隨舉軍政中一節、尚屬至微、至各營所定章程、竟無一可取、此不止外人擬議、卽現時官弁亦無不週知、惟在兵部各官、及管理二十八處軍務者、尚屬夢夢、且皆以爲盡善、吾知彼自以爲善者、殆以自善其身而已耳、

比國生齒日繁

勒當報西二月十二號

嘉定周傳謀譯

比國人數、近數年來日見稠密、考其人丁册所載、百年以前、已增三四倍、卽城郭土宇、亦增一二倍、自九十四年以來、統計比國人民約有三兆、業已增至六兆矣、由後溯前、適多其半、勒逾克山兒地方向來祗有六萬六千、業已增至十八萬七千、約多二倍矣、盎凡安地方、向來祗有五萬三千、業已增至二十五萬七千、約多四倍矣、羊城地方、向來祗有五萬五千、業已增至十五萬五千、約多二倍矣、利也是地方、向來祗有四萬六千、業已增至十六萬、約多二倍半矣、夫盎凡安地方人數、向不多於勒逾克山兒、自一千八百七十年至一千八百八十年、此十年內、漸見興勝、況在一千八百六十年前、亦不較多羊城人數、直至一千八百六十六年後、始較羊城爲繁盛、至若較多利也是地方、亦在一千八百九十四年、刻下比國人數、又多五千餘人、查他國人之羈留比國者、在一千八百九十年、多至萬倍、在一千八百四十六年、已多至二倍餘矣、各國之寄居斯土者、法六萬四千八百人、荷蘭四萬七千四百五十九人、德三萬八千三百九十七人、惟英僅四千一百零二人、此皆一千八百九十年情形、此數年來、當不知如何繁盛也、

東方時事 同上西二月十六號

滿爾報載新加坡訪事人來信云、英國水師提督、名勃奚時、近在中國日本各口岸、採買焦煤、議者咸謂其此舉、不懷美意、蓋見各市之煤、幾將羅購一空、似欲使各國兵艦無煤取用、則滯其機、膠其輪、前不能進、後不能退、庶幾不待戰而自斃矣、豈知人皆妄爲揣測、而實則非爲其廣爲購買者、一以應英兵目前之需、二以備英兵日後之用、瞷其載運何方、大半皆從北而去、吾知駐紮東方之英國兵船、當不患煤之不足用也、

滿爾報又載云、英人在東方、殊深驚恐、以其中有屬土、照此變故頻仍、未免多所窒礙、即高麗口之英國兵艦、亦日多一日、以俄人在該處佔奪利權、英所以不能不密爲防護、夫俄人在旅順口屯積之煤、聞有四千墩、計其兵艦約有六艘、若中

國則祇停三艘而已、此外又有英國快船名恒步、亦停泊左近、似有鼎足之勢、其英國所派兵艦一隻、名惟克篤伊榮、刻停在篩伊口、尚未抵埠、意大利亦派快船一艘、名麥瓜笆篋、現已行經阿塘、將抵東方矣、

現聞中國准緬甸鐵路、由莽大婁接造至南江、卽所謂揚子江是也、所開支路、自大理府至西龍、以及西江等處、由此觀之、則將來英國商務、必在中國南方、以其中間水道甚多、一名揚子江、一名眉公、一名西江、有此三大河、則該處之利於通商也明甚、

佛郎克福報載云、德人在中國建築鐵路兩條、一自膠州達濟南、計程約二百八十啓羅邁當、一自膠州向西南達兗州、計程約有二百四十啓羅邁當、

倫敦報載云、英國政府欲索大連灣、開一通商口岸、至今中國尚未允許、夫英人亦不望空拳弋獲、第願中國向彼稱貸、能以此灣作酬儀、斯幸耳、現聞英使與北京政府、正在會議此事、

創設研究昆蟲所議（時事新報）

日本安藤虎雄譯

我邦近年農學日開、各府縣增設試驗農業場、農業學校、講習農業所、其數甚多、然未聞有設研究昆蟲所者、（目下岐阜縣惟有一研究昆蟲所耳）洵爲一大缺典、熟思古來農家災厄之最慘者、莫甚於天災蟲害焉、夫農夫之所以櫛風沐雨、備嘗辛苦、而從事稼穡者、則以求收穫之多、家產之充實、欲遂一家之飽煖也、然未及收成之時、忽際天災、青青菜圃、穰穰禾田、一朝滿目荒凉、可勝嘆哉、夫天變與地異、非人力之所能左右、至夫蟲害則不然、預能盡人事以成除害之策、則可以防遏損滅于既萌、轉禍爲福、未必爲難、從來農家不察、適見害蟲之發生、不甚介意、以速不可拯之災厄、初悟其可憂可懼、媚佛禱神、託覡巫以爲驅蟲之圖、日夜狂奔田圃間、縻財耗力、而無寸效、徒見疲勞困頓、滔滔皆是也、雖由于農家智識之未開、抑亦當路之施設有未盡其道者、不可不分其告也、此研究昆蟲所之所

以必須從速設立也、

害蟲之發生、不惟減殺稼穡之利、甚且饑饉以成、疾疫以起、流慘毒於四方、古來殷鑒不少、如我邦天保享保年間之凶荒、史乘敘之、口碑傳之、其慘狀使人酸鼻、泰西諸國、亦多此例、請試舉其一二、自一千七百七十八年至八十年、亞非利加洲一都府麻六哥附近、蟲蝗爲災、凡禾穀蔬菜之屬、無一不欲其害、飢民流離轉輾、咬草根茹木皮、以希延一日之生命、至甚有追隨駱駝之羣、拾遺糞中之麥粒、生食之者、越一千七百八十四年、及一千七百九十七年、亞非利加南部地方有蝗災、被害地約二千萬里、疫病流行、人畜斃者數十萬、比之一大戰役、其悲鳴痛哭之狀、更有甚者、豈不可畏哉、如我邦去年之蟲害、各地有浮塵子之害幸雖不至如此之狀態、其損失不下二千萬圓、倘仔細檢點、通全國計之、年年上幾百千萬圓、可推知已、故講除蟲害之策、則不止免損失、培殖富源、增長國益、亦在其中、益見研究昆蟲所之不可一日缺也、不問洋東西不論時古今、農業振興、則蟲害亦增多、是自然之勢也、故欲謀農業之進步、則不可不預爲防遏蟲害之計、爲此謀者、莫善于設立研究昆蟲所也、

今宜于各府縣設立研究昆蟲所、使農家子弟之有志者入學、飼育諸種害蟲、自其發生成長之順序、至時期性質等、逐一就實物、研究目驗、以講預防驅除之方法、則其裨益于國家、必不在各種學堂之下、且又於其轄下、見害蟲發生之兆候、立刻派員施行防遏方法、或答農家之質疑、示豫防驅除之方法、兼講保護增殖有益鳥蟲之道、（鳥蟲類中有嗜食害蟲者保護增殖此卽驅除害蟲之一端也）其效益廣矣、凡此等之施設方法、當路者宜參照列國已設之章程、斟酌損益可也、

歐美農家夙明事理、故苟害稼穡者、雖戲花之蛺蝶、呼爲矛蛇賊、見其發生、卽捕殺、不絕後患不已、學者亦用意周到、盡心研究此等之事、以發見新理、故農家之被蟲害者、逐年減少云、然顧我邦之情形、以昆蟲學爲專門學科、或爲好奇家之事、不知爲日用必需之一大要件、爰有害無益之蛺蝶、捕無害有益之蜻蛉者、都

鄙皆然、可不嘆哉、聊陳鄙見、以告同人、幷上冀當路之猛省、

夢說 同上日本之學博士井上圓了演說

大凡夢有二種焉、起自氣體之異狀者一、起自精神之作用者二、若屈足寢者、夢爲牛馬犬豕之所追躡轉輾蹉躓、不能逃避、睡中置手足於衾外者、夢徜徉氷雪中、沍寒徹骨、其腸胃不調、氣血不順者、往往夢苦悶之狀、即屬于第一種、勞思慮、耗根氣、而後就寢、成支離滅裂之夢者、即屬于第二種、

人之在世、腦力全體活動、是爲起居動作之時、腦力全體休息、即是熟睡之時、若夫腦力半靜半動、其即成夢之時乎、夫人起居動作、有多勞眼者、有多役耳者、有多使手者、有多運足者、於腦力亦然、各部勞逸固不能齊、多用者多疲、少用者少疲、多疲貪眠、少疲易覺、故試就熟睡迄醒覺之狀態驗之、腦力各部之一睡一起、必有遲速先後、同時睡眠、同時興作、不能如兵勇定刻起臥、是其所以成夢也、蓋夢也者、腦力半動半靜成之、所謂意識之活動是也、夫惟原因于半動、故其現象、

不免有錯誤之事、夢中見死者以爲生者、見老者以爲壯年、見遠若近、見高若低、無非腦力半動半息之所致也、若夫當曉起之前、耳既聞桔橰聲、而有目未全覺者、目既認物色、而有口未全覺、欲言不能言者、適足以知腦力各部之睡起有遲速先後也歟、

人或云、吾終歲成夢只一二回、或云、生來未曾成夢、是非不成夢也、不記憶也、夫夢者、感觸極弱、故倏忽蘇醒、旋卽遺忘焉耳、

氣體懊弱者、成夢尤多、蓋精神沈滯於內部、感物之力强、腦力各部動不均一之所致也、病者多夢、亦基于此、壯實者不然、常役精神於外部、無沈滯之患、腦力各部躍動、亦稍均一、所以成夢不多、讀書人之多夢、苦力人之少夢、亦發原于此、要之、夢者腦力中一部意識之所躍動、故其現象無條理、無次第、覺後思之、荒唐散漫、若捕風捉影、譬之衙署、有局有課、大小官屬分職執業、秩序井然、綱舉目張、當此時、有人問以政務百事、靡不明暸、是卽腦力全部活動之時爲然、若夫休沐

日、衙署惟有當値之人、問百事有知一而不知二者、有解末而不解本者、其要領不可得而聞也、腦力一部活動之時、猶如此、然則夢中之現象、卽腦中當直者之所説、其首尾缺失亦宜、

或問夢中想起意表之事、何故也、曰凡物一經五官、（謂耳目口鼻觸之五官）入腦部者、必成記念、印於腦底、雖經數十年、決不稍滅、是心學之根理也、惟日常動作之際、森羅萬象之接五官者、不遑應接、是以不能一一想起、人之潛心事理、就閒處靜坐瞑目、則平生所忘者、躍躍現于面前、是由外物之接五官者不多也、夫五官之休息、以睡中爲最、官已休息、則可見可聞可味可嗅可觸者、皆悉屛除、更無一物之亂神者焉、于是乎數年前、或十數年、或三四十年前、印于腦底者、往往發現夢中呈變出沒之象也、

夢中之現象、變幻出沒、無條理、無次第、若捕風捉影、如此然夢固記憶之再顯者、故其呈象也、凡東經見聞者、斷無入夢之理、

英民史略卷一

英國約翰力查葛林著

英人之諸國 自六百零七年至一千零十三年

第一節　卑勒敦一作比利敦人與英人之事

古英倫　今欲知英人之原籍、須詳考夫遐方、西歷五百年後、歐羅巴所謂英倫、即英人之地、今謂之斯雷斯斐哥、地形如臂、在波羅的海與北海之閒、所居之處、草地極美、莊房木料、爲煤煙薰灼、成爲黑木、鎮市多半傍海灣、自房屋中向外觀之、見海水之青色、溯其地之原由、則爲曠野沙礫石草、所在皆是、西邊近海處、有青草、下隰地、居於此者、有英人分出之支、大約在愛勒罷一作易北河與威悉河中閒之地、北邊之英人、居於斯雷斯斐哥者、更有一種人相與聚居、名入的族、今有地名入德蘭者、其源蓋出於此也、在南邊者、則有日耳曼人、聚居於愛勒罷河與依

譯書公會排印

密斯河之閒、漸由依密斯河而至來尼（一作來因）河、土地寬廣、其人名撒遜（一作薩克索尼亞）族、此三族之民、名號雖殊、而皆爲丟度尼種下日耳曼之分支也、今英倫之地、皆此三族人鬬之、設公會立政教、書同文、行同倫、三族遂合而爲一、此卽英民之所由來也、

英倫之民　古英倫人之性情、及其平常之行事、今人所知者尠、殊難追迹、當時英倫人渡海而至卑勒敦、彼等所立之政事族規、其中有顯明與日耳曼人爲一類者、親朋之酬酢、鄰里之往來、家長爲之主、皆有田產之人、可自由者也、其稱謂之中、有曰上等人者、有曰某男子者、此等稱呼、顯明其爲自由之人也、古時稱謂中、有曰自動項者、其意以爲自由之人、不俯首於他人之前也、又曰有器械者、其意以爲有權之人、能帶刀劍、彈壓私鬬之家、禁阻非禮之事、公義卽從其人而出、如有自由之人抱屈、必藉己力以伸寃抑也、當時之情形、如此、然古之英倫人、亦

有其本然之善、如萛苗懷新、由漸生長、在其初遏其私意、保全生命、後則漸知改過、能自檢束、欲恃公義以安其生業、今人所知者、有血罰二字、爲改過之第一據、血罰之意、即有人受傷害、兇手必賠償其錢、免遏私意以報仇、所賠之錢、作爲族內之公欵、此係憑公義以息紛爭、爲彼族人悉心籌辦之法、而律例即以此爲根、自出之人、其生命及四肢百體、合族之人、依公理而定其賠償之價值、此理本粗、故有眼對眼命對命之說、依公理而賠償之、即無其事、改過之第二據、在其規矩之中、顯明其有自私至公之義、凡一人所受之害、不以爲其本人之私事、而以爲衆人之公事、賠命之錢、賠四肢百體之錢、不出於其一人、而出於其一家或一族、得錢者亦稱是、彼等所定之條規律法、俱本於一家一族之同血綱、鈎貫聯絡、一人受害、即爲一家一族之故、受害者固如是、害人者亦無不如是、此等綱約、可以遏制强暴之人、英倫人古時所立最粗之公義、卽爲後日法律之本原、在彼時親族互相保護、彼此約束之舉、可免各族之紛爭、如有一人害別家之人、其親族與之同受其罰、此等規條、爲大衆所公定者、如有人被外人告發其罪惡、則親族審問其事、定其曲直、必同心合意罰誓而爲之、

英人結會　古時英人所立之兵法家法、原本於同血綱、有戰爭之事、親族同患難、共禍福、効力戎行、故彼等俱以家族所立之條規、爲尊重而緊要者、在家族中、各有分內當爲之事、爲重大者、無事則爲農、有事則當兵、兵與農不分爲二也、村莊之名、卽爲一家之姓名、有哈爾林家所住之莊、卽名哈爾林莊、有比林家所住之村、卽名比林村、此等村莊、不惟有同血綱、尚有同地綱、日耳曼種類、以有地爲緊要之事、有地者爲自由之人、無地者雖不爲奴隸、而公事不得預聞、考最古之日耳曼人、所知之第一事、爲居住而耕種之人、非游牧之流也、羅馬人首先詳考

日耳曼人之事者、太史他西圖、在其史書中記其事云、日耳曼爲一邦種植之人、莊房周遭、皆有草地樹林、可資畜牧、惟有一事可知其人與有教化之人大不同、彼所憎者、他人之大城、所愛者自己之小莊、且有嫉妒之心、彼等所居自主之地、不願借與他人居住、如本莊內戸口多而不能容、則願擇水草樹林可耕之地而遷居之、此皆他西圖之說也、此類人之性情、不願與異邦人同處、人人有自主之心、不願與他人同居、推之小村小莊、亦有同心、不願與他人往來、故小村莊、名曰自治之村莊、如近處有大莊家、欲收服而約束之、始終不成、小村落之外、圍以樹林、中之空地一所、名曰公地、無人能私之、平時爲放牲口之公用、村內有强暴之徒、處死於公地內、故又名曰鬼火妖孽之地、相戒勿近、外來之人、既至週圍樹林邊、必吹牛角爲號、如犯此規、則被殺而不抵罪、樹林界內、開溝築籬、爲禦侮自衛之計、族相攻、家相鬬、亦藉以阻拒之、村莊內之人、中分二等、不啻有上下尊卑之別、下焉者爲自主有地之人、上者曰伯、爲貴人世及之稱、人皆敬畏之、莊內老長係自主君地之人、從諸伯中選擇爲之、有爭鬬事、爲領兵之人、無事之時、諸伯有治理莊政之權、而不能自行其意、須憑長老立之、條規旣立、諸伯亦當遵守、而其權則次於自主有地之人、自主有地人所設之條規、長老諸伯、共遵守之、與他人無異、然則謂其治理之權、出於自主有地之人也、亦無不可、莊中之房屋、平常時選一小山、爲一莊之中心、如無小山、以人力爲之、名曰遇見山、因會議一切公事、必在此處也、或用一大樹、則名曰聖樹、如有人將其地售與他人、則在衆人之前、用鏟取其泥土一塊、交與買主、而收其地之値、此爲定規、如有人分地、則用拈鬮之法、莊內有紛爭犯法等事、本處長老、審問其人而定罪、以金贖之、惟此事各處不一律、因風俗不同也、贖罪之金、其數不等、長老與親族商定之、莊內有弱所生必分外虛羸、況母既鬱憤積膺、子女自難壯勇、於是爲母者於不知不覺之中、委靡子女之心志、以致頹毀而不能振、一若借此以報仇洩恨也者、

然余並不以此而生怨憤、余著此書、惟證述其事而已、余胷中即有忿恨、則余留以爲吾法婦女宣洩之、想吾法婦女見中國此種情形、不免目哂、而其中多人所爲之事、實未之見、蓋此數人、因欲修飾己身、將腰束縛纖細、是中國婦女取以加於足者、吾國婦女加之於腰矣、如余有女、以裹足裹腰二事令審擇、余女必擇裹足、此僅刖足、彼則與腰斬無殊、其苦之慘、禍之烈、較裹足更甚、戕殺青年婦女、其咎難擢髮數矣、

中國店肆、牌額種類繁夥、裝潢奢靡、實足使市廛生色、牌以木爲之、懸之門外、金漆爛斑、述其字號各貨、密佈街衢、滿城華美、如行慶典、與吾國風氣不同、吾國商人僅榜其名於門額而已、

店鋪之式大同小異、屋與門作四方形、不甚高廣、門則洞啓、茲略述其一二、一兌錢鋪、鋪夥倚櫃木立、執戥權碎銀之輕重、然後給錢、其記數之物名曰算盤、長方木盤一具、中貫以鐵線、綴以木珠、如吾國彈子房計數之板以記勝負者然、華人會計速而簡、運動算珠、事析秋毫、今傳至俄羅斯矣、其法並非新創、孔子盛稱述之、蓋孔子時人比打俄辣（譯音）（如此未識何人記籍無可考）在希臘、以絕世之聰明、思得算學內乘法之牌、以是獲名、此殆珠算嚆矢、較珠算爲繁耳、

旁一墨鋪、兼售名刺、內手民數人、從事棗梨、其法取木質之堅者浸水中使之柔、然後鑿刻、俟刻竣木已復堅矣、

又一鋪排活字數行、排印大紅柬帖、以備婚聘或升擢賀喜去任送行及弔喪之用、所刻成語、不外喜慶慰唁、如吾國平安吉福常生曼福千萬感謝同心弔問專誠祝頌等語、大致相同、

此等手民所爲統名之爲刷印用此法以印書籍據云相傳已久歐洲機器刋印之法、肇自五季、（西人百年曰季）今人誣歐洲機器印書之法、來自他方、非柯登盤爾所創始、柯登盤爾聞之、當不能默然矣、

其他雜貨食物磁器古玩棺木等鋪、鱗次無隙、復有整容鋪、爲人整容、運用刀匕殊靈捷、所用長方小刀、與古時羅馬理髮匠無異、蓋猶有古風焉、余居中國喜其藝之精、恒傭以理髮、復經過綢緞茶葉紅燭木器成衣等鋪、市廛厖沓、百物駢集、雖如此繁盛、恒具一種憂鬱不舒之態、宛如喪殯、羅各式儀仗於墨經中、間以跳舞之會、暨各種雜技、殊不可解也、（下一節推論氣象憂鬱語意複沓節去）

湖心有亭、爲啜茗之所、游人有盧陸之好者、小息於斯、煮清泉、剪嫩葉、圍坐甚懽、然未聞攙和糖汁、與歐洲風俗殊耳、

湖水平岸、緣湖周列店肆、上架小橋、以通亭路、紆折作四十五曲、名九

曲橋、圍以石欄、隨橋而轉、瀹茗者須繞橋而行、中國人工治亭臺、精心結搆、非他人所能企及、

其東爲邑廟、雄麗甲闔城寺觀、中國寺觀規制大畧相同、余等後日赴北京、當爲詳誌、凡人攬勝京華、其餘不足寓目、余等得覩京師宮觀之壯麗、他府州縣之寺宇、無庸瑣述矣、

去邑廟爲孩屍井、積骨塔、井築路旁、路通法界與滬城交界盡處之城門、即新北門此門爲通商租界而設所謂孩屍井今已湮沒井之四圍、匝以短垣、高可及肩、有石梯緣級而登、甚深廣、徑約八邁當、土俗凡嬰提生未及周、不得以棺殮、裹以藁席投入井中、積久愈多、其屍氣蒸溢、不言而喻矣、

吾國每傳說中國風習殘忍、抛棄所生子女、甚至有棄入井中、或投之於圈以飼豚豕、此語誣也、中國固不乏虐待子女如吾法者、然未有至於此極也、其人之稍知禮義者、固無不多方撫字、卽品流卑下之徒、而

利心正熾、尚留子女以鬻銀圓、甯肯置之死地哉、

上海一隅、古跡甚尠、居民四萬人、行賈爲多、無暇搜訪名勝、此本係詞人逸士之事、況地密人稠、並無曠壤、建表功塔、貞節坊、與夫琳宮廣厦、玉宇瓊樓、即有一二游觀之所、亦湫溢不足以供瞻矚、

戲臺之制、闃絕無聞、凡演戲酬神皆在寺廟、優人咸服袍笏登臺演唱、臺依屋而設、可容數十人、出貲者大率係新婚之家、或官員商富、老幼往觀者、無須捐納錢文、

第六章人事與物件

提督蒙都防公館、係厄雷迷之產、中國語言無R挨而字音、凡遇附有R之句、不能與原音吻合、土人呼厄雷迷屋爲利米、此屋建花園中、作四方形、上下兩層、四面各有小門、面回廊啓閉、回廊亦分上下兩層爲涼臺、以備散步往來、挹領淸氣、上有遮護、可蔽日光避風雨、最前有門

房一、殊寬敞、橫截大房爲之、前有梯、仿中國式造、旁立二獅、張喉含二石彈、猙獰可怖、

門房之右爲飯廳、左爲會客處、後卽浀米臥室、飯廳後爲彈子房、此係下層、上層之室亦區爲四、與下層適相對、一爲提督寫字房、一卽臥室、餘二室爲提督之子暨居停主人臥室、

提督抵滬、增哀打瑪巢爾（卽軍中差遣不帶兵之大員視中國糧臺等職）員二人、一爲法伯爵海軍都司比諾、一爲步軍千總格羅洒特、居無何、在哀打瑪巢爾中有一異事、余等出師以來所未見者、卽某弁名奧斯滿一人兼文武數事、殊爲絕無僅有、此事余後補述、

員弁之不居公館者、俱寓居鄰近羣房、傭人亦厠其中、余之臥室在長廊盡處、與余毘連者爲海軍外科醫員某君、此君性喜獵、公餘卽出外野獵、今世之納姆勞也、（上古剛之孫最喜獵）後兵事告竣、余二人由北京回滬、仍

又有一通行之意、以爲胎中未成之嬰兒、當始成形時、已有數分生命、此生命力、能使身體中諸器具與造法全備、而又使之漸衰、自乏其身以至死、故身體之許多功用、用之愈多而愈甚、則其退謝愈早而愈速、火愈熾、熄愈速也、

因此有許多意思、可使人置之不念、有許多病人、其生命之日光、幾至熄滅、而仍救復使再亮、或較前此尤明、試問其原、雖父母之生命日減、而欲其多所與於子孫、尚能留些以自養可乎、

生命原之父母、固可無疑、雖不經歷此減損、亦惟活到生命之一定之地步、到此已得其極步、過此之後、其生命之徵驗與功用漸衰、造物指明此衰之緣故、而告人以人力自足料理而禁止之、

生命當一定之時、其身體內各器具各造法、惟在合宜地步、其自己之力、自足以再生造法之已廢者、但過此時之後、周身無所不發到之血

管、變成如此堅硬而化爲骨質、至於其浸濕諸造法、而養之之力衰弱、故新生者不及所廢之多、

用一簡便之問法、前已問過老與少不同之故何在、身體中諸功用、何爲見廢、人何爲老而死、

造物答之曰、

變硬與化骨、爲老死之由、從此得一緊要之問曰、壽可延乎、

延壽新法卷一終

致人老死積聚物之原

今將考及人從初生至老年、逐漸積聚黏滯之物之原、試先考絲質膏質之原、次考土質之原、

養氣爲原質中最多有者、其於水中、居九分之八、空氣中近四分之一、大凡地面之合質、幾一半皆養氣也、

其在空氣、與淡氣相併合、比例如下、

養氣	二十二分
淡氣	七十八分

當其不併合之時、淡氣較不靈動、但養氣雖空氣中祇居小半、而反係靈質、

除弗氣之外、凡所已知之原質、養氣皆與併合、以成養質、在動物生長

法中之關於化學者、氣養大約爲緊要、不論其徑與化學相關、或與化學之去力迴力相關、

當動物肺之呼吸時、吸進空氣中之養氣、而呼出炭氣、

中人所費每日呼吸之養氣、略過於四萬立方寸、此養氣係陽電、在皮膚與外面生淡輕、所以肺心與脈管、有陽力、而皮膚迴管與肝有陰力、此之謂去力迴力、

凡動物生成時、刻刻變化、養氣廢、故食物生新、其脈管發養氣、徧體爲消廢之由、而迴管吸淡氣炭等、爲所廢之驗、所以使養氣與炭合併合、又使呼出炭養二氣、

所以呼出炭氣、由於身體中諸質、與養氣化合、原注即廢去此化合與所食之合質、疑其卽爲生物熱之原、

爾雷虐爾爾里散及馬虞之試驗、皆以證肺爲非炭氣由成之處、但炭

氣從肺內血中呼出、而養氣代其位、即一條養氣、由脈管內之血、遍帶過周體所過之路、使微絲血管內消𠍴、（原注即與養氣化合）故使迴管之血內有炭氣、

空氣與肺相遇、即變化其淡氣而分出、與由血中擠出之炭養二同出、而一分養氣、代炭養二之位、與脈血同行、（原注現在暗紺赤色之迴管血變為明赤色由於血輪除炭氣二吸養氣故也）以預於動物生長法內之許多、與生命相關之功用及變化、

此二者、全賴乎脈血之新得之質、

血中所有之質二種、蛋白質與絲質是也、其所以併合之質如左、

	蛋白質	絲質
炭	五三・五	五二・七
輕氣	七・〇	六・九
淡氣	一五・五	一五・四

養氣	二二・○	二三・五
硫	一・六	一・二
燐	・四	・三
共	一○○・○	一○○・○

觀此表、見絲質之養氣、比蛋白質多百分中之一分半、

設取清潔而漉過之蛋白質若干、置之一器、勿準空氣入內、而每日使養氣經之、四日至七日、則見白沫浮在面上、冷水不能消化之、此質之形狀與性、皆同於血絲、

由此可平而論之、以爲絲質乃蛋白質與養氣化合之質、

吸養汁之管、吸其消化後之補益之一分、其淡質或似蛋白質、或分細質點、（原注美珍低里皮等已驗過齊質無補益料在絲質之消化如化分時其一小分融爛便令其餘皆消化絲質之一分當消化時化分則其餘質去一分變氣於化分而變爲眞蛋白質可用熱結實之）而因一定之故、絲質逐漸加多、在吸

各國金銀銅三品貨幣表 附說畧

中外通商必讀書第一種

無錫楊模編定
金匱許同藺增輯

國名	金錢	銀錢	銅錢
英吉利	鎊（每鎊值二十先令又名沙佛爾）英金錢最大者合五鎊值一百先令亦有兩鎊暨半鎊二種 畿納（值二十一先令係英舊用金錢）英舊時所製金錢甚多名稱極繁價值不一茲不備載	克隆（值五先令） 雙佛羅林（值四先令） 半克隆（值二先令六本士） 佛羅林（值二先令） 先令（值十二本士） 六本士 四本士（又名格羅式） 三本士	本士（值四花丁） 半本士（值二花丁） 花丁 按本士一作辨士花丁一作發爾英

譯書公會排印

二本士

一本士

按先令，歲計政要作喜令

法蘭西

拿破侖 值二十佛郎金錢 最大者值一百佛郎亦有值十佛郎五佛郎二種

拿破侖 值十佛郎

佛郎 值百松低姆

五佛郎

二佛郎

半佛郎 值五十松低姆 每百佛郎約值英先令八十枚合英金四鎊·每佛郎合英九本士又二分之一佛郎政要作福蘭格

松低姆 有值十枚五枚二種五松低姆爲一瑣政要作勝丁

俄羅斯

圖克 值三盧布

盧布 值百戈比

戈比

	更有值五盧布者	俄銀錢所製甚多有值戈比五十二十五二十十五十五枚各種　每盧布約值英金三先令　政要作羅般	更有值五戈比者一作果彼克
德意志	圖克值十碼克　沙拉值三碼克　金錢最大者值二十碼克	碼克值百分尼　值與先令相等有值碼克半枚一枚　二枚三種	分尼有值十枚五枚二種　格羅聖值十分尼
奥斯馬加	沽而敦值八佛羅林又名圖克　金錢最大者名克隆值英金一鎊七先令三本士　政要作喀郎	佛羅林值百克羅次又名沽而敦　克隆他拉值四先令二本士　每佛羅林值一先令八本士　政要作福鹿林	克羅次有值六枚二十枚二種　政要作紐扣而哲

意大利	西班牙	荷蘭
西袞約值十利而　加列那值英金一鎊十先令八本士	愛斯固度值十而列阿十愛斯固度爲一西鎊　笪勃羅值英金三鎊五先令　畢斯他值英十六先令九本士　圖克值英大先令九本士	沽而敦值十佛羅林又名圖克政要作結利特
利而值與佛郎相等　斯固度值英三先令八本士利而政要作賴兒	秘西笪值四而列阿二十五秘西笪爲一西鎊　批阿司他值英三先令七本士　他拉值英四先令　而列阿值英九本士又二分之一	佛羅林值百及式又名沽而敦合一先令八本士
同法蘭西	馬佛較法錢松低姆弱	及式　斯脫佛值五及式

	葡萄牙	丹麥	瑞典挪威	比利時瑞士	土耳其
	克隆值十密耳來司 搽納斯度值英金三鎊十一先令	克隆值銀幣十枚	同丹麥	同法蘭西	鎊值百批阿司他
有值佛羅林兩枚半及四分之一各種	密耳來司值千而雷 合四先令五本士 他拉值英四先令 政要作密勒	克隆值百窩爾 合一先令一本士又三分之一 政要作列斯大拉			批阿司他
	而雷	窩爾			批阿司他值四十巴拉

國			
	合英十八先令政要作顆而拉	合三先令四本士政要作畢阿斯得	巴拉 合二本士又八分之一
希臘	同法蘭西	特拉克邁 值百來布答 與佛郎同	來布答 與松低姆同
埃及	鎊 值百批阿司他 合英金一鎊又三本士	批阿司他 值十密陵姆 七十七批阿司他零值一拿破侖 奪洛耳 重七錢二分	密陵姆 千密陵姆為一鎊
美利堅	意獮而 有值二十十五枚兩枚半他拉各種 兼有值三他拉一他拉者	他拉 值百先式 合英四先令二本士 有值一百五十二十五先式各種 台姆 值十先式 半台姆 值五先式用銀製	先式 值十密而 二先式 密而 僅有此名美國向所未製

		三先式	
墨西哥	秘瑣 十枚值銀幣	秘瑣 即中國通用之鷹洋值百仙塔務約合英二先令有值五十二十五十仙塔務各種	仙塔務
巴西	密耳來司 十枚值銀幣	密耳來司 合二先令三本士政要作密勒	同葡萄牙
秘魯	瑣勒 十枚值銀幣合英金一鎊十九先令七本士政要作沙而勒	瑣勒 值百松低姆更有值五十松低姆者 特納羅 值十松低姆 秘斯笪 值二十松低姆	松低姆
智利	笪勒羅 值五秘瑣	同墨西哥	
波斯	都曼 值一萬對捺	噶蘭 值一千對捺	阿拜喜 值四沙喜

國	金	銀	銅
	有值十五二嚆蘭三種政要作託燮	有值二十十五二沙喜各種合英金一鎊約三十五嚆蘭政要作雜蘭	沙喜值五十對捨值二布而 布而
暹羅		體格約合中國錢二百文五體格合洋銀一元	用英國錢
印度	摩呼值十五羅比有單摩呼雙摩呼二種	羅比值十六阿那合一先令八本士又二分之一亦有一種羅比合英二先令者政要作魯秘	阿那值十二卑士 卑士
越南		生痴合洋銀半元	今用法國錢

日清英語學堂記

日本宮崎安藤陽州撰

明治戊戌孟春下浣、相地於上海美租界北河南路之西、創設日清英語學堂、講舍一環堵、生徒數十人、規制粗具、薈日清英彥、教授三國語言、其所期不爲不大、蓋時勢所趨、出於不得已也、夫亞東之萎靡不振久矣、西氛東漸、若狂瀾怒濤、潰隄而下、甲午以降、時局彌急、攘據屏藩、陵逼京邑、索重欵、要新約、北鄙南陲、烽火洊警、清國今日之大勢、蹈波蘭之覆轍而罔覺、擬魯依之危機而尤甚、朝野驩虺、秕政不可悉數、然清國之興衰、吾國之安危休戚繫焉、此豈袖手作壁上觀時哉、當此之時、建斯學堂、以培植兩國人材、譬若冬之於裘、夏之於葛、饑之於食、渴之於飲、航海之於舟楫、陸行之於車馬、張國權、拯時艱、莫善且急於斯舉也、嗚呼、學堂之任亦重矣哉、然揆厥宗旨、其要領何在乎、苟爲師者教而不倦、子弟學習不怠、堅志篤念、從事於此、切齒腐心、無忘在莒、積以歲月、期功於將來、其進境可尅日而俟矣、學生不期多、來者教之、去者不追、自一人而推至十百千萬人、鍥而不舍、則風化之所被、豈爲褊狹哉、抑予更有厚望焉、日清兩國、同文同種、同處於亞洲、輔車相依、自古兄弟之國、然國土已分、風氣習染、不能無異同、政度文物長短固殊焉、亦足以相裒益也、苟互採其長、互補其短、切磋琢磨、期於成德達材、則其禆益於振揚風教也大矣、孔子曰三人行必有我師焉、斯之謂也、且夫兩國之人、日會於一堂、講學業、談時務、披瀝肝膽、以溫舊交、則從來斥攘違言、礮火搏擊、東西隔閡之病、一變而兩情相通、心孚神契、庶幾兩國交誼、日趨於敦睦歟、然則濟濟多士、異日出斯學堂、協心戮力、彼我一體、爲中流砥柱、迴狂瀾怒濤於既倒、以恢宏興亞之偉業、亦奚難乎、予有望於斯學堂切矣、爰粗述其創立之非偶然、以諗諸來學者、

余設荒尾東方齋、福原洞巖、高見微笑、三士之位、每晨焚香祭之、以

三士志業未成而逝、哀之也、今讀此文、使余不知手之舞之足之蹈之、想三士之靈、亦必瞑目於地下矣、勉旃勉旃、戊戌三月於日東閑谷山中、梅花深處、薇山西毅一拜讀、

測音

五湖長撰

人生墮地、呱泣已耳、未幾而孩笑、未幾而學語、嗜欲所開、百巧生焉、蓋語言者文字之始、聲音又語言之始也、五大洲之人、統黃白赤黑四種、窮其根荄、竭其智能、或至老朽不能相通、以道里邈也、童孩之屬、呼父曰爸、呼母曰媽、雖極歐亞澳阿無異音、然則同爲神靈之胄、其本原不齊者蓋寡矣、人生而成音、因音而成言、因言而成字、屬文愈工、其本益離、文字者殆性靈之賊歟、古之人有通鳥言者、有通獸言者、如公冶長介葛盧是也、自茲以降、聰耳之疾、或詫蟻鬥爲牛吼、斯理甚微、積久益明、楊子嘗憩於庭、一雛先趨就食、羣雛尾之、相去尺有咫、一雛先至無

所得、則呼、羣雛猝返無留者、兩蟻鼻交而羣蟻爭、僕夫策羸馬、以聲前郤左右之、吾知萬年之後、必有哲人聰聽、通鳥獸音者、一物孤生斯已耳、兩物相軋必有聲、生民之類、智慧最長、文言亦最縟、鳥獸性情旣窒、音斯簡矣、昆蟲之音、則簡之又簡矣、非獨人民鳥獸蟲豸爲然也、木與木相遇曰骼、石與石相擊曰礐、彼無魂魄、猶有性情、石言山鳴、刁調發聲、夫孰使之然哉、雄雷破山、大風沸海、枯葉嘷林、蚓竅轂音、較先聖人所製八音六律、則天籟矣、鼓宮宮動、鼓商商動、山頹鐘應、土梗答問、以衡肉音、則自然矣、中華之字、不及十萬、音則南北紛拏、多至恒河沙數、歐洲之文十萬餘、歲有所增、其音亦恒河沙數、里閈之音、南北東西、數武各異、或主爲是、或謗爲非、予則以爲無古今、無中西、無土俗官言、凡出于口而成聲者、皆有造物至精至妙至簡之理、以寓乎其間、非苟焉已也、考春秋所載、名從主人、句吳於越、索解不得、揚子方言、猶沿斯例、自四聲既作、本原益撥、學士鏗鏘其音、榮華其言、去大道益遠矣、世人病歐亞方言、謀耳謀目、格不相入、蒼頡佉盧造字、左右異行、極億萬年、跨九萬里、莫衷一是、通乎聲音之道、可以窮垓埏、達幽明、環球廣輪罔不收絡、吾所襄首高望者、其諸開物成務之聖人歟、

譯書公會報

The Translation Society
Weekly Edition.

譯書公會報第十六册目錄戊戌三月初七日

本公會告白

一本公會現已出至第十六册所有各埠代派報處務將定閱報貲卽日收齊彙寄以便掣付收照按期寄報萬勿再遲至本公會去年因鉛字未來未能依期出報故今年閏月概不加貲以足全年四十六册之數

一本報每册零售一角五分定閱全年者先付報貲五元外埠有郵政局之處每册加洋一分無郵政局之處由代派報處量路遠近酌加寄費

一本公會自去年十月出報後因郵寄索値甚鉅故凡沿江沿海各埠之報有交便人携帶者有托輪船代寄者詎近日接外埠來函知各報遺漏未送到者不少殊深惶愧而第三七九期各報前印三千分業已告罄一時趕印未齊除分別專函查取或索回補寄外以後當按期交郵局妥寄惟郵局寄費甚重故議定每册加洋一分當荷閱報諸公諒鑒

一外埠定閱全年者照數付貲先由代派報處暫給收據函寄總會換付收照爲憑如屆時不到可向代派報處催取函購者卽由原局帶轉收條按期寄報不誤

一外埠閱報諸君如有曾在本地代派報處定報而後遷居他處其報須另寄者務須先囑代

派報處函知本會本會卽將應寄代派處之報扣留代爲轉寄庶不致誤

一本公會自創辦以來承海內同志翕然推許現定自本期起兼錄外來文字由總主筆選定入報凡中外通儒有推闡政教博徵民俗土宜鴻篇鉅製樂於賜教者乞將大作寄示惟無論刊入與否原稿槪不寄還

一本報今年銷路益廣故自十六册起更定新章代人附登告白其價格外從廉茲將取資例列下　五十字起碼　登一次者取資二元　三次者五元四角　六次者九元七角二分

以次遞減五十字以外照加長年另議刊資先惠惟語涉攻訐者不登

一本公會除譯書外曾訂兼通中西學術之士纂輯中外通商必讀書如干種其精核詳明切於實用爲中國向所未有茲於本期先刊各國金銀銅三品貨幣表爲通商必讀書之第一種是書爲無錫楊範夫孝廉模所編定贊以論說復經金匱許仲威茂才同藺譯增無論官場士林工商農業人人不可無此書想海內諸公必以先睹爲快另有西國度量權衡考校鄞縣沈氏大埔楊氏所刻加詳數倍　天下各國要覽天下各國治權都會疆域戸口表等書次第印訂附報流行

一本公會近承日本福本日南惠贈近世各國海軍詳誌一書（是書成於明治三十年當中國光緒二十三年）專紀近年各國海軍員兵額數操演規制戰艦多寡大小速率馬力分表詳列並載海戰公法各國旗號洵屬當今急務爲中國恢復海軍之先河特請東文繙譯安藤陽州即日開譯嗣後陸續刊入報中合併預聞

一本公會從前所印之增訂五洲通志萬國中古史畧卷帙繁重現因譯者尠暇故暫行停印特此奉告

一本公會代印書籍報紙紙墨精良其價格外克己

一海內通人如有自譯自著之書交本公會印行者當酌量贈資或印成後送書數十部以答盛誼

本公會各省售報處

上海棋盤街文瑞樓書坊　上海抛球塲愼記書莊

蘇州閶門內掃葉山房　護龍街墨林堂書坊　婁門泥堂巷馮公舘　無錫竢實學堂

常熟醉尉街內閣張　常州娑羅巷袁公舘本公會分局　龍城書院　局前呂宅　青菓巷陶宅

湖州醉六堂書坊　松江鴻文堂書坊

杭州方谷園胡公館　寧波奎元堂書坊鮑君明存

揚州 點石齋書坊 電報局 同文書局　南京 王府園楊公館楊君農孫 詞源閣書坊

蕪湖鴻寶齋書坊　江西省城 電報局 南昌電報局 馬王府後德隆醬園陶君菊如

九江招商局史君錫之　漢口鴻寶齋書坊

湖南省城 東長街俞君恪士 愼記書局　湖北武昌府街口鴻寶齋書局翟君聲谷

天津 杏花村武備學堂孫君筱掟 電報官局張君小松　天津紫竹林愼記書莊

京都琉璃廠二甸土地祠內總報局　福建馬尾船政局 華君秉輝 張君漢齋

福建省城點石齋書坊　烟台謙益豐銀號

香港宏文閣書坊　廣東省城 愼記書局 曹素功墨莊

山西省城水巷惲公館　四川省城蜚英書局

日本東京朝日新報館

英報選譯

函述高麗俄員解職事（北方中國報三月十八號）

秀水張國珍譯

本館接訪事人來信云、近今時局變革、非尋常所能測臆、以俄韓而論、俄人在韓諸事僭越、今忽退避、初俄人向韓索釜山之鹿島、及各新埠、於各新埠索地二十八萬米脫、（一米脫合英三十九寸）建造領事公廨、其廣袤即租界亦不過爾也、乃俄廷集議後、忽將此事中輟、似專意欲在鹿島作一煤棧者、維時王京已設有韓俄銀行、該銀行代政府經理度支、並國家銀行之事、因此韓人不允、而韓廷諸事倚賴俄使、致繙譯於中播弄、於是自由黨投袂而起、陳奏韓王、牽涉外部大臣、因其曾致函俄使、允以鹿島畀之也、同時有好事者、藉公憤洩私仇、欲謀害俄繙譯而未成、各部臣慷慨乞退、其疏曰、外部大臣一人、已足綜理庶務矣、全國大震、俄保衛兵增加五十名、百姓蜂起、欲與俄人爲難、俄使竇司巴行文韓政府、詰問是否欲俄人辦理武備暨帑項、韓乘機覆云無須、此函寓名者、即助俄人欲得鹿島之人也、其人明知衆怒難犯、亦扶同輿論覆函、措詞妥協、定非外部大臣所主稿、該大臣於簽約之際、畧爲驚寤、後復鼾睡耳、今俄人之在王宮者、已退居使署、人咸注視竇司巴之信、究係恫喝抑欲見諸實事、蓋俄人於此實進退維谷云、

來書復云、各國含笑觀此局之動靜、數日前人心略有搖惑、因有俄艦自琿春來者、然該艦載水手五十六人、武員一人、以代本地保衛之兵耳、芝蔴浦有俄小兵艦二艘、日艦一艘、泊此已數月、又英艦二艘、一名恩唐退特、一不知名、三月十七日日本告白報云俄廷已允撤回代韓辦事各員故愛來克賽夫暨同伴諸人均簡料行裝預備回國韓王欲遣特使赴俄謝遣員襄辦庶務之勞俄廷知其意預辭之

法人要挾各款 日本告白報三月十七號

法踵德人之所爲、要挾各事列下、 一揚子江以南各地、不准割畀他國、 一在廣東雷州附近之廣州灣、租與法人爲屯謀之所、 一准其推廣鐵路至雲南省、 一在鐵路旁之各礦、歸法一國辦理、 一鐵路經行之郵政、歸法人辦理、 此係本月十三號、法人行文中國政府、限八日確實回覆、英人大不以此舉爲然、

駐高英領事稟報

倫敦中國報　西三月三號

吳縣沈晉熙譯

自中日戰後、吾英人行商於平壤者不少、計外人駐該地者、美國居十之七八、此等美人、均信從耶穌教、其教分二會、一長老會、一浸理會、頗興盛、長老會已在該地西門外購地五六畝、建屋居住、除教堂及住宅外、又造一醫院、一千八百九十六年、統計來從教者、約一萬一千餘人、教士皆言平壤之民、最易勸化、如居二年半、至少能勸化一千人、高麗北數省人、性情較南方柔順、敬遇教士、蓋商人與南北方人交涉、故能深悉其性情也、

現在外國人有一定居住之所、從前則不然、夫平壤是通商之地、數年前濟南浦地方、不過存貯貨物、倘無西人通商、決不能興旺也、

吾在平壤居四日、曾遇電報局總辦、云此地電報公司生意、當首屈一指、現又新設郵政局、未能十分興旺、吾英工部書信館貿易尚好、當初到時、遣一通事至城內巡撫衙門、問其何時可謁見、此巡撫管轄南半省政務、及通事回云、巡撫將來

拜己首途、夫吾之職、豈當巡撫來拜、實奇甚、及見後頗謙遜、至明晨許多官員來請余飯、惟巡撫不到、因本國太后之喪也、是日舉行跳舞會、是城中希見之事、該處護城兵有四百名、係前日本人教訓者、迎余亦誠敬、

後坐高麗船、離平壤而至新開口岸濟南浦、在平壤與孟養灘之間、有一灘樹林茂盛、約離城四里、水流于下、若有許多小島、此處水極淺、不論大小船隻、俱有阻滯之患、而孟養灘地方、水最深、海船似亦可行、小舟吃水須有八尺或一丈、乃能穩過、往下十里、在江之左、有一城名寶山、高麗輪船、俱泊于此、此等船如載物重十四尺至十五尺吃水、須待潮漲方能行動、至機輕浦、水流猛捷、船極難行、平壤與寶山之間、田土肥沃、外國人過是處者、皆言宜于種植、而本國人亦盡力耕種爲、吾觀將來孟養灘與寶山、倘有小輪船行駛兩地、即能連絡、猶平壤至勞山、勞山至高京、以小輪船接續也、鄙意孟養灘與寶山作爲通商之地、有二益、一來往便捷、一商務有利、

從機輕浦向上約五英里、即基而土島、此地爲是江第二有利之所、並可爲内地之商埠、人皆思之、距平壤二十英里、於漲潮之時、行吃水二十尺之船、不致阻碍、如爲租界甚佳、但有一事不妙、如逆流而至基而土、殊難行、緣此江向上漸狹、而從内地流出之水甚猛、約一點鐘水流六諾脱或七諾脱、且基而土島北面約二英里、有沙灘二、現新查出是處一帶、直至平壤、山巒綿亘、所以自平壤至基而土較自濟南浦往更難、

從平壤至濟南浦、坐本地民船、約二十八點鐘、遇三次漲潮、此次適遇順風、如到濟南浦海口、須有四十八點鐘始到、

現在新開濟南浦、通商地在江之北、離江口約二十英里、生化府在商埠北、約華十里、知縣即駐城内、而濟南浦地居江鄉、但有董事數人、生化一府、約有三萬人、濟南浦共一百四十家、人口約有七百人、在向南小灣之中、西有一山、長約一英里四分之三、斜立水中、從水面測高約百尺、東有樹林茂盛之島、名僻配渡、自北

至南、約一英里三分之一、又南又有一小島東西二面合計之計有八百碼、水甚淺、約五十碼之間、有一港、通至南濟浦鎮、是處爲日本人造一碼頭、猶憶日高開戰時、濟南爲極要之地、凡運糧餉器械、俱由此登岸、並築活鐵路一條、當時日商均避徃他處、西面祗餘一碼頭及房屋等、現在爲日人所佔、此港如水退時、不能通行、所以築碼頭爲貨物起落之所、必須在西面高麗海關之處有三萬至四萬平方米、而停船最相宜之處相近僻配渡地方、是處有一百碼地、水最淺時、從八至十七尋、（英六尺爲一尋）是江約闊一英里、潮漲潮退、其高低有二十尺、退潮甚速、每一點鐘能行四英里、隆冬不氷、惟江口則氷、雖去年正月底已開凍、然常年英十二月至三月中氷封不解、

現濟南浦雖開口岸、然該地近邊、俱係泥灘、不易築碼頭、如欲在江邊通商、恐難興旺、此等泥灘俱高低不平、斜入水內、如此情形、令人不愜意、進內之小港亦如此、倘稍寬深亦可爲貨物上下之所、

如濟南浦地欲興旺、輪船祗可碇泊於外、俟潮漲時駛至小港口、上下貨物、故小港之處、亦應爲租界、

從平壤至濟南浦海口、約有四十英里、並無天成阻碍、前日本人造活鐵路亦不難、以現在情形觀之、通至城內鐵路、萬不可少、

濟南浦海關稅務司名奧司抱五在一千八百九十五年夏間禀報、亦言應造鐵路、吾始疑之、今信其言不謬、

兩湖茶利 字林西報 西三月三號

今日本報告白所載兩湖茶業公司大有利益、俄人喜啜中國工夫茶、合地球上最能辨茶味者英人也、現僅用印度錫蘭機器茶葉、故工夫茶置之不用、如是故中國茶市大爲減色矣、然而中國所產之茶爲世上第一、印度錫蘭皆用中國之種、前歲有中國人在福州用機器製茶、能暫推廣、庶可收回利權、所以漢口製茶之人與產紅茶省大吏、皆留意製茶、漢口擬創機器公司、約集股銀六萬、現上海

亦將效法製之矣、然漢口公司定可望成、緣南皮制軍竭力整頓商務、尤重茶業、已委曉事大員總理茶政、鄂省所購製茶頭等機器、已裝發輪船、不日可到、今年定可開辦、然兩湖俱用機器製茶、則出茶甚多、大可挽回風氣、收大利權、決勝於印度產矣、

法報選譯

俄德承借欵項（比國自主報）

上海潘　彥譯

凡居伯靈者、無不大聲直言、謂德國並不好自尊大、願在東方執牛耳爲盟主、而得獨佔利益、本館倫敦訪事人昨來書云、倫敦社會內熟識時務之人、皆以爲中國借欵一事、業已議定、由俄德二國承借、此說前數日在英國固已傳說紛紛、惟遲至今日、尚未見有官署明文、申述此事、英政府仍如向日、守口如瓶、雖此事甚瑣細、亦不肯微露消息、直如與議官員所陳之事、常應秘密不宣、

英俄爭索大連灣

英國司庫首領名亞多柴末排甫、昨在利奘斯城宣言、自明抱怨各報館之意、蓋各報館近來排詆政府、辦事無恒、不全不實、而政府至今未由剖白、殊爲怏怏、再國庫部尚書復將英國在東方辦事之章程、重爲伸說、惟此事議員班已屢屢當衆宣述、仍欲返復表白、令人知英人在中國、並不思得土地之利、其積愫亦非貪得無厭、惟竭盡心力、必欲得之者、乃經商之利權、倘因某國故、改變舊章、有礙歐洲諸大國經商並行之例、則無論何國、英必出而攔阻、此固極曉暢極明白之事、自必見諒於人也、所冀英事有成、諸大國意見和同耳、

至德國則聯盟一節、大有成就之景象、以論俄國、則欲得各國和洽、遂其私志、確更煩難、蓋聞在聖彼得堡人、皆汲汲以獨得高麗全國爲事、而爲其國無上君主、以是大連灣開埠之說、重復興起、但英人曾向中朝索取該灣與否、瀕聞俄國要截該灣之後、曾經退辭與否、俱不得而知也、所知者、前禮拜曾有此種風聞、人皆以此事竊竊私議、至今雖英報載有官場確音、而此事仍如邃深性理、尚不了了、

日昨又有函寄到、略謂英政府向中國要求大連灣、作爲立約口岸、厥後因事退回各節、俱係不盡不實、倘以大連灣開作商埠、以作英國與中國所訂借欵之章程、以此作抵、則似尚可信、此事亦已送入政務院、憑衆察議、由此以觀、英政府要索該灣、及聞俄欲索取英卽退讓一事、豈不昭然若揭、然外間無論如何、終不可作爲信憑、須俟德國議院開議後、探聽德皇若何宣諭於朝、宰相若何退議於院、探聽明確、據實登報、佈告同人、

英報大非英俄聯盟

日下英國某鉅報、以英俄兩國、以中國事訂立盟約一節、極口非之、據該報所言、目下英人專以中國辦結貸款之事、共相議訂章程、蓋中國曾向英人作庚癸之呼、英於是詳議章程、以保借出之欵、中國總署按理而論、應尋求萬全之策、務使所議者與各大國無所損害、英人則致力於彼、務得切實妥保、以保其商務內所有之權利、蓋此種大事、自應辦理妥善、智而能信、然後可兩無虧損、於是勒當報

總論之曰、萬一事不遂心、不克見效、英亦不至受虧、所有權力、與前不相上下、此後諒亦保全不替、所有應得利益、業已立約妥保、萬不容他人染指、

按以上所云、實將英人意中擬行之事、和盤託出、頗足以補英議院首文案前禮拜云、在利突斯城會議中宣言之詞、至英司庫官亞多柴未排甫之議論、未甚確實、與阿伐司電局傳來電音、同爲浮泛不可恃、

更有瑣事一則、與中國事亦非渺無關係者、近聞有落盤勃耳童者、選充中國總税司赫德之帮辦、聽赫德差遣、俄人聞之、卽欲强中國改用俄人以充斯缺、然終不果、中國用勃耳童、不用俄人、亦可見英人在中國權力、依然如昨、無所減損、而中國與各國交涉事件內、英國仍爲領袖也、

英法辦理踞地事宜 同上

前英法兩國在尼才耳河旁割地霸佔、共相立約一事、數禮拜前、勒當報接孟哲斯坦地方訪事人信後、業將此事登諸報端、惟此後究竟若何、至今尙無確信、近

聞兩國交涉之事、不但無進益、抑且生有如許難處、至此項難處、如何重大、究係何事、則人皆未明晰、所知者、惟此事尚須遷延時日、不能趕速辦結、巴黎人皆致怨英人、因其逐日借端拖延時日、不肯速辦劃界事宜、且欲爲一己私利、隨在籍割地土、隸歸英國、但此項土地、原來主屬無定、英國祇能藉事要索償銀、或別項利益、至土地則尺寸無分也、爲此各報館亦俱聲請英政府、及早設法辦結、且强令倫敦議院妥議定奪、

德人自認據膠實情 同上西二月十一號

今日德國各報館、皆以今年出入之總度與貼說、寄與本館、該稅稿即二日前外務部文案、在德議院雷洫斯打所擬者、電報局適因事務繁多、故爲簡短、以故傳述此事、未免有缺、此項註說、可以補沙侯在英國上議院所有伸說之語之不足、說中所論者、特係德國有事中國後、所有之政略、因此外務文案蒲魯君將中德欽使論膠州灣事所議諸端、兩國欽使已經簽押者、在議院宣言於衆、惟頃所謂

議約、實非議約、亦非商辦事務之公文、蓋係兩國使臣往返之照會、聲明德據膠州、與中國准據之章程而已、

此項說詞內、最應留意討論者、乃外務文案直認之詞、此蓋出諸該文案之口、渠謂山東戕殺德國教士一案、德國惟借其端、非眞欲爲教士雪恥復仇也、因德國早已蓄意、欲據中國一口岸、以故德國遣發兵輪至膠、水手舍舟起岸等事、並非倉卒從事、亦非出於不得已也、蓋舉事之先、久已隱蓄此謀、持籌握算者、不止一日、德非藐小之國、詎肯輕意舉兵耶、卽此次加兵於華、强霸重地、雖事出無謂、然譬之餓虎噬人、待之久矣、爲此我儕於德國之行爲、早已洞悉無遺、其在歐西、尙欲保持平安、不欲多事、而在寰海以外、則如有釁端、必動干戈無疑、雖此事在當地不爲、或不敢爲、在新地（卽美澳等洲也）則必欲肆其强暴、逞其鯨吞之志也、且欲仿此而行者、非止德一國也、（指俄言）德亦未嘗不知也、職是之故、德國勇往直前、毫無畏縮、蒲魯君亦可在議院中挺身擔保、謂得據膠州後、無須顧慮後患、可

保無虞、蓋此事並不阻撓德國與他國素有之睦誼、更因此事故俄德二國之交誼、更形堅密鞏固、蒲魯君又謂聖彼得堡與伯靈兩京之盟約、欲在東方辦事一節、實堅如金石、無以復加、惟倫敦居人聞悉蒲君此語後、必皆心中不安、於是蒲君又言曰、俄德二國、雖有盟約、並不阻礙英德二國之交情、蓋德國在遠方開風氣、英人之協助、亦是不可少也、

以是俄英德三大國在東方中國一帶、俱得最大之利益、又皆均勻、而得保全三國之友誼、三國在中國欲辦之事、從此亦易於措手矣、

美西前嫌將釋 同上

日前西班牙與花旗因事齟齬、近已日就平定、本館聞之、不禁為兩國政府慶幸、蓋西政府得悉駐札華盛頓欽使行咨美國之照會有損於國、且於美京業已傳抄示衆等事、當即召回該公使、不欲留駐美京、此事趕辦尚早、故美人在瑪特利特亦未恃勢恫喝以恐西人、蓋萬一兩不相下、頓起爭端、兩國交涉事件、更形棘

手、事後必生悔心、各含妒意、幸兩國存心善良、極力講和、以故兩國交涉情形、尚未吃緊、現在瑪特利特人皆痛心疾首、深悔前日之禍、以故華盛頓政府亦不得故爲發難、敗壞前說、倘以後陳螯以斯脫黨人欲乘兩國不和、收漁翁之利、兩國必將出而攔阻、不使於此事妄有干預、

西使更調 同上 西二月十八號

觀西國與美國未次遞來之函、始知該兩國不睦之端、日漸泯滅之信、確鑿有證、至此次起事之由、因前者西國公使杜布以突勞姆君曾致通候書一函、於茄那捋並斯、此書不愜美總統之意、更以之傳抄、遂釀此禍、今者西使已革退、瑪特利特居人大爲不樂、深咎公使辦理不善、在美人前願服禮賠罪、以故美人之仇恨、業已冰釋、厥後西政府亦可安心、更無他事復來爲難、惟杜君去後、一時難得替人、此雖瑣屑小節、亦頗以爲難、遲至今日、尚未選定、以補之、有名洒茄斯打者、毅然自任、願充是缺、然此事亦須美政府應允、方爲妥善、故洒君此行不果、今始聞

知新任使臣、在華盛頓已選定呂依保勞盤那陶君也、

法國兵船考中法新彙報西三月二十八號　嘉定周傳謀譯

前數日海風捷報載云、海風口岸、有法國新造小兵船一隻、名須闕潑依時、係由東方水師隊中派來、究其來意、非欲察看海南島周圍形勢乎、然此刻雖駐泊該處、將來度冬時、必移至東京、傳說船中軍械槍砲等、一律配齊、計一百米里邁當口徑之快砲兩尊、六十五米里邁當口徑之快砲四尊、又有極靈便之小砲四尊、船身木質、外護雙重鐵甲、長約五十六尺、載重六百二十七頓、其速率每一點鐘可行十三海里零八、機器共有三座、其飛馳之勢、可抵馬力九百匹、汽鍋配設、與各兵船無異、眞小兵船中之較勝者也、該船管帶名撥雷西、幫帶名拜案徒、次則水師教習四人、一名雷拿勃而、一名白鹿、一名獅篤何、一名排意、又有醫生一人、名低低、統計船中人數約有一百云、

法國商務清單勒當報西二月十四號

法國海關貿易清册所載一千八百九十八年正月一號至三十一號進口貨價値佛郎三百五十六兆六萬八千、出口貨價値佛郎二百三十九兆三十六萬九千、今將上年數目較短絜長、陳列比較於左、

進口貨

食物　上年六十六兆八十二萬一千　本年一百零六兆五十八萬八千　本年較贏三十九兆七十六萬七千

器具　上年二百三十四兆廿六萬二千　本年二百零四兆五十四萬二千　本年較絀二十九兆七十二萬

製造物件　上年四十一兆七十八萬六千　本年四十四兆九十三萬八千　本年較贏三兆一十五萬二千

總計　上年三百四十二兆八十六萬九千　本年三百五十六兆六萬八千　共贏十三兆十九萬九千

出口貨

食物　上年三十八兆八十七萬九千　本年四十兆六萬三千　本年較贏一兆十八萬四千

器具　上年六十兆六十二萬九千　本年六十七兆九十一萬七千　本年較贏七兆二十八萬八千

製造物件　上年一百二十七兆六十八萬　本年一百十九兆十八萬八千　本年較絀八兆四十六萬二千

	郵寄貨物	
上年	十四兆五萬一千	
本年	十二兆二十萬一千	本年較絀一兆八十五萬

	總計	
上年	二百四十一兆二十萬九千	
本年	二百三十九兆三十六萬九千	共絀一兆八十四萬

東報選譯

讀法國革命史

地球雜誌 枳本君平撰　日本安藤虎雄譯

余幼好閱萬國史籍、讀法國革命史、哀吟慷慨、不覺徹夜掩卷長太息、客歲載筆游歐洲、久駐法京巴黎、尋拔士啓兒遺墟、登七月革命記念塔、俯瞰大都之下、入革命塲、觀夕照逗處、兒女如花羣、追懷往事、萬感攢胸、感極而涕、低徊久之、蓋上下三千年、世態之變遷、不一而足、然使歐洲列國、啓發人智、一新制度、如法國革命之亂者、未曾有也、故苟欲究心天下國家所以盛衰興亡者、不可不讀斯史也、

先革命六年、法人咸謳歌路易王朝、爭附王之徽章、互以忠義相誇、苟有口倡民權說者、斥以爲暴惡無道之徒、鄙不與齒、詆詗以人面獸心、不圖曇䀡王朝萬歲

者、僅經六裘葛、倏忽一變、相率爲倡民權說者、嗣議論以干戈、屠歷代貴族、斬勤王志士、遂捕王與王妃、坐諸斷頭臺上、萬衆環視之中、兩斷其首足、烏虖僅六七年間、而劇變至如此何也、論法國革命者、無慮千百輩、或曰、積弊速禍也、或曰、貴族壓制下民之所致也、或曰、自由正氣之所决發也、或曰、法人輕佻浮躁之性成此也、然此等議論、猶未盡其原由、然則其所胚胎何如、

蓋革命之亂、其由來久矣、而其發也、實始于若梏檳黨、若梏檳黨、卽革命黨之中堅也、中世封建時、君王威尊如神、貴賤階級、儼不可冒、而國民心服、不敢爲異、當此時有某者著民約論一篇、盛倡人民爲主、君王爲客之論、聳動一國耳目、壯年客氣士爭和之、謂國家以人民爲重、民本也、君末也、民之所欲、何事不可爲、一千七百九十三年七月廿一日、黨員羅別斯披哀兒草公牘、朗讀之于會堂、其要領曰、

人民主權者也、政府卽其機關、而人民所共有、官吏人民之所傭役、卽我之奴隸

耳、故改革政府、黜陟官吏、惟人民所欲、是固天賦之利權也、是實民約論之骨髓、而該黨所守以爲宗旨也、從此民約論一時勃興、巴黎市中、所到莫不聞此聲、自農夫工匠商賈、乃至馬丁輿儓、日夜鳩首談國政、人心如狂、如此凡一年、人志稍倦、而若楉櫝黨氣焰不少衰、

黨員皆係慨世憂時之士、而不得展驥足者、或問達通曰、何故入黨、達通曰、舊制之弊極矣、余欲擊破之也、余之初在學堂、與貴族子弟相識、及畢業也、爲出非門閥、轗軻窮途、衣食奔走、而彼等弗顧、竊位弄權、傍若無人、滿腔不平、鬱勃難禁、時哉此黨起矣、此誠伸揚意氣之地也、是以入焉、故余之入黨、非余以身投之、時勢使我至此也、是黨魁達通之言、實能盡黨員之衷情者也、當時黨員皆以不平會聚、擬乘機而遂宿志、凡國民之謹慎誠實者、鄙爲空論、不足以經營天下、棄而不省、于是政務之談、一歸此黨員、政權漸落其手矣、

當舉行協同革命大祭于巴黎市中、各地志士、爭列盛典、新創立一大黨會、命曰

憲法義友會、置本會于巴黎、設支會於各地、而若梏檳黨實爲此會中權、總轄全國支會、一千七百九十年、嘗騰檄曰、（題曰巴黎之革命）苟爲法人者、不問其地爲都府、爲村落、不可不分設支會、無論其職業何如、不可不爲會員、宜誘隣人與入會、燈下繙議事錄、討論其得失、又刊行新報册誌、作爲沈痛慷慨詩歌、頒諸各地方、俾支會員誦讀本會時時有開議、支會簡派委員參議、另有記室若干名、司支會筆札、本會所送來消息、必朗讀諸會堂、使會員聽之、會員有婦人、有小兒、有農有工商、其相集也、吸煙飲酒、罵詈嘲笑、各自以爲快、各地支會概如此、本會情形亦略類焉、惟其不拘禮法如此、故入會者却加多、一千七百九十一年、有支會一千餘、發共和國令曰、增至二萬六千餘、是皆浮浪過激之徒、託以爲巢窟、異日成革命大業、實胚胎于此、可恐哉、

爾後會勢日盛、迫貴族、刼掠財產、課富豪以苛稅、分隸朋黨、拒其誅求、或放逐國外、或斬殺、不署名于誓書者、（誓書、盡力革命事書也）不能安業、故欲預免其難者、爭求會之證

劵、以爲安堵之計、闔國風靡、無敢梗命、麻喇夫、羅連之徒、所刊新報、一時風行、當時巴黎本會、與各地支會相應、同心協力、益恢宏其規模、政府有司、議院議士、皆舉其黨以充之、政府議院若拒其意見、則煽動暴徒、用武力彈壓之、不貫徹初志不已、觸其鋒鋩者、則譴訶日至、四境慴服、會員在議院、常揚言曰、不得改革法國、則甯使法國爲一大墳墓、又曰、爲建設民主政體、賭國民過半之生命、亦所不辭也、其抱負之大如此、

同會之威權、造于其極、生殺與奪、惟其所欲、然計其會員、在巴黎僅五千人、散在各地者、二十四萬五千人、視法國二千二百萬丁口、不過太倉一粟耳、惟其堅志苦節、互相投合、以成此黨會、克總括法全土、左右其國運五年、益信志節之不可缺也、烏虖、振盪天地、驚懾鬼神、破三千年來之迷夢、以啓導今日文明、成就革命大業者、法國億兆之人所不與知、而若楷檳會員實爲之先驅、然則革新天下、經營國家、未必爲至難事、要在其抱負與氣概如何、吾於法國革命史、益知其然矣、

爭鬬及難辦之事、則由智士會議、按公義而判斷、此外增設條規、期於至當、則與彼等後裔、在英倫聚會下議院員於昧斯閔斯德略同、今英倫下議院、設律法、辦庶政、其源實出於斯雷斯斐哥小農家所定之規模也、

英人之教

英人所奉之教、與日耳曼人之教同、當時羅馬國人、俱奉耶穌教、而尚未行至日耳曼之北方、有樹林之曠地、英人所敬之神、與日耳曼人所敬者同、名曰屋敦、管理戰爭道路、分地界、制文字、後之小王、皆以屋敦爲始祖、英人所有之日名、俱從此時肇端、即如今所稱爲禮拜三者、即屋敦之日期、禮拜四者、爲英人所敬之雷神、名道爾、即道爾之日期、道爾神、主空氣與風雨之變動、禮拜五者、即比亞爾之日期比亞爾神、主平安喜悅萬物發生之事、敬神之日、年輕之婦女、遊遍各地、手握花枝、到牛馬棚、似作跳舞之狀、表明草本羣生之物、氣象發皇、祈

神保佑、得享平安、時和年豐、牲畜蕃庶之意、又禮拜六者、即瑞得爾楷爾之日期、乃土星之神也、禮拜二者、爲暗神名丟之日期、如人遇此神、則不吉致死、又有神曰義和斯德爾、一曰旦神、又曰春神、主天明、今耶穌教會、每年春日記念耶穌復活之日、仍用古時春神之名、曰義和斯德爾、如更向古時考求之、則難得確實之據、惟有相傳之神名、約畧能辨之而已、有一女神、名韋而德、此神主人之死、其名留至於今、英國今有一字曰韋而德、爲記歐羅巴北方多年留下之異聞、內有于女數人、古詩言于女在交戰時極出力、能以干撩至敵兵中、干舞時有大聲、人能聞之、此外尚有多神、皆愚民所敬畏者、即如管樹林之神、主曠野之神、又有數神、在其口授俚句之內、俱爲有膽量者、有神曰臬格爾、原爲水神、後改爲多水神、而妖精之名以出、今時魔鬼之稱、有曰老臬格者、即從臬格爾出也、又有一妖精、曰韋蘭得者、鐵匠在冬時製成大而利之刀劍、以助出戰之兵、俱是韋蘭得在洞內造成、其洞在比爾克希爾、他國亦有相傳之俗語、惟其名不同、有神曰愛奇勒、有弓矢、善射仇人、瑞士國人有古典、稱述其古時有大才能愛國之神、曰得勒、又有神曰克路司利、亦以此爲根而傳後也、古之人恭敬天地間能見之物、臆造各類之神、曰雷神、曰風神、曰雨神等、皆各主其事、此時主禮拜者、亦有其神、惟不以爲貴重而不可少者、英倫人之自主有地者、一家之事、悉聽命焉、禮拜規矩、亦由自主之人所立、領受者無異詞、所有共敬之神、曰爐底神、

卑勒敦

從斯雷斯斐哥過北海而至卑勒敦、當其初、並無英倫人之迹也、誰知今之卑勒敦爲英倫人桑梓之邦、必愛之而慕之哉、西歷七十八年至四百十一年、卑勒敦爲羅馬國之屬地、西歷以前五十五年前、羅馬人不知有此地、五十五年羅馬將軍如力悟該撒行船往卑勒敦

雖至而未有其地、回國以後、人始知之、約又過百年、至四十四年、羅馬王革老丟斯領兵欲佔其地、自此以後、有數將軍在彼繼之、七十八至八十四年、羅馬將軍如力悟亞及哥拉、常用兵於卑勒敦、所佔之地、南自英國海峽、北至佛的澳與格來的河、羅馬人令民學習其文教、羅馬國之官、令百姓聚會於林哥爾內、約爾克等大城內、作壘爲守禦計、相連有通道、羅馬人修整之、自南至北各城、皆有大道相通如網、倫敦與海口之貿易、日漸振興、當是時、卑勒敦之農務亦大興、民間出售之穀、其數極多、西南哥爾奴瓦里斯有錫礦、索美爾塞有鉛礦、諾爾東比爾蘭有鐵礦、弟恩樹林亦有之、羅馬人查勘其地而設法開採、又多用工夫照料礦地、大爲興旺、數百年中、承平無事、羅馬人在卑勒敦發財、固甚多而速也、自是之後、羅馬國政敗壞、今意大里之北方、有敵人攻其地、羅馬人力量衰微、不能振作、卑勒敦人因羅馬國家征收稅餉以充居舊屋、一日清晨五點鐘、忽聞槍聲大震、各人由夢中驚覺、披衣啓戶視、惟醫員某君之室鍵如故、異而叩之不應、戶下出烟一縷、排闥入、見其人橫臥榻間、腦裂而死、足縛細帶、一端縛槍之扳機、先以槍置身側、足伸機動、彈發中腦而死、

案間留紙一、行書偉壯、墨瀋淋漓猶未乾也、書云、余自法抵中國、途行六閱月、所遘悉懊惱無生趣、畢命九原、不願還鄉矣、噫、此君以畏受遠行之苦、甘辭斯世、然身後悠久、更無已時、則身所行尤遼遠尤久長矣、死之前日、法公司船來滬、遣人來言、此君在法已擢爲來齊盎道南爾之馬兵官、（官職也、立以酬勞勳者、共五級、一爲馬兵、一爲馬兵官、一爲大兵官、一爲戴大十字者、醫員所得乃第二級也）然亦不及見矣、

當駐軍上海時、提督日夕辦公無暇晷、同人見提督如此勤勞、爲之興感、咸盡瘁無懈怠者、以致余等惶急狀類瘋癲、閱者可知吾軍種種爲

難、當益信此言不謬矣、蓋載運兵卒、與載運輜重較難、載運兵隊易如反掌、吾軍自起程至入黃浦、海程六閱月、飽歷風濤、其間惟登好望角稍休沐、適值英人在彼舉行慶典、吾軍伴同休息耳、餘則常在驚濤駭浪中、吾國兵士素耐苦、不辭艱險、抵中國後、軀體均偉健、無委頓狀、其忻忭鼓舞、一若此來非以威制華人、與之角勝、直爲玩弄華人而來耳、由是英國家徇英公使之私情、挾制我國公使、更緣我公使之因循委頓、挾制我水陸各軍、并挾制我陸軍提督蒙都防水師提督蟹爾吶、以後衆目共覩北行之變更、與此行之歸宿、英人若何專利、兩軍若何隙末、如閱長卷、非漸漸舒開、不能速了、蓋此行雖榮顯、雖捷速、雖順利、然亦變端百出也、英人好勝之心、實擾亂兩軍營務大員、攘削兩國兵士之熱心、我二國人遠離宗邦、前赴異國、其地同、其事亦同、宜如何一德一心、折衝禦侮、而此好勝之心、使我兩軍離畔如風馬牛、將帥既傾軋於上、則麾下壯士、亦疑忌不安、不能悉心從命、紛紛傳說、徒貽口實、而此好勝之心、更激動兵士、使其憤恨不平、奏凱後、倘非吾軍將領、嚴申約束、則兵士必袖手旁觀、一任華人之衝擊英人矣、

凡此皆證余所識、迥非荒邈無稽、卽以後在天津兩次議和之條約、亦證余言之不謬也、此兩次和議事、余所著他書中、採述甚詳、書名施令兵官日錄、前已出而問世矣、

軍門深鑒事權之不齊、并痛己身動遭掣肘、以致一無能爲、然並不圖一己之榮辱、實爲全國之體面、蓋軍門知他人愈多束縛其身、愈難爲國宣力、且出戰期迫、而猶如脫卸馬銜、紛更倒置、最足僨事、爲此於中遞本國兵部尚書牘上、切實聲明、并伸訴其心有餘力不足、與英人强暴侈大利己抑人之梗概、令本國人知之、余前作攻華志略、載與元帥來往密札一書、亦因細述英人放誕之舉動、被我政府偵知、封錮禁售、

此書又登載軍門通報天津議和之函兩通、兼詳述爾時議和情形、及所訂條約、

軍門見余書頗切直、可知英人底蘊、故決意寄回本國、繼思用信函郵遞回國、殊難妥密、爰遣二大員齎回、呈奏法皇、所謂二大員、即一爲行營傳命官伯爵奪比那、本任海軍都司、一爲陸軍游擊、現官兵部尚書、俱係營中著名之員、余思吾皇接得此札、又見其好友（指英國言）待己若此、必將目笑存之、吾皇素以至誠待英、而英人時騰狡妄謀、度必深悔之矣、此札進內、吾早知留中不發、第余不爲另行提出、泚筆附識於此、蓋恐此事終于幽汨不彰、人將無從借鏡、以作前車之鑒矣、

或問余所以敢侈言英事無顧忌者、豈余與英有不解之讐怨乎、曰非也、余之宣剖自明者亦甚易、蓋以今日歐洲各國形勢論之、方今阻我英法二國、橫行寰區、拓地取利者不少、而如欲幷力抵禦、則在諸大國

莫若英之最宜聯絡、共敦和好也、且我與英和、最簡易、最便利、吾何畏而不爲哉、我更與英何讎怨之有、惟余私心竊願兩國連盟後、禍福利害、共任仔肩、不至一則持算苛細、專利私圖、一則愁嬉愚蠢、徒任他人得利、而不思利己、一言蔽之、余所願者、惟此區區、即厥後吾法不幸仍爲英人効力、自烈火中徒手攫出瑪隆之菓、我法亦應自留餘步、取啖其半、無過于克己、獨飽英人之腹矣、

余此節雜言他事、去題未免太遠、然此亦不能已於言者、閱者其諒我苦衷、而不咎其蕪雜也可、餘事既竟、即續述余等寓滬時情形、其事半爲靜居專理筆墨之事、半爲備辦軍營之事、二者俱足覽觀、故陸續識之、

第七章、譯官加十總銜、

一日天頗晴朗、余等俱在室中、共治公事、寂靜無譁、忽聞震響、有鉛丸

譯書公會排印

一枚、飛進洫米臥房、洞穿牆壁、入于所屯絲包內、蓋此處藏有絲包若干、將販運出海者、凡出身行伍者、習聞槍砲聲、原無足異、惟倉猝間彈丸自外飛至、却一時不解、以是居室者無不失色、未幾詢悉情由、知有美國輪船一艘、駛抵上海、下碇於法租界之前、船上人衆、深幸平安、循例凡外洋輪舟抵埠後、應升砲上旗、恭候先泊之艦以示敬、於是該船左右、巨礮並發、惟事前裝砲之彈、水手等忘卽卸出、遂致轟然一聲、砲彈同時飛出者、共三十枚、其中二枚、飛入中國船帮停泊江中者、燬物無算、蓋黃浦江中大小船隻、俱沿碼頭停泊、共以十萬計、櫛比鱗次、擁擠無隙地、此次驟爲砲彈所擊、皆昧所從來、驚駭欲絕、又一枚向西行揷入城堞、無所傷損、其第四枚飛入余等所居之室、如頃間所述、更有一枚、越日始知穿入租界某鋪之屋、鋪主亦係美國產、卽爲該船水手之同鄉、向在租界開一雜貨鋪、該彈所至、將一切雜物、破散靡遺、余思

不但被創之家、所費不貲、卽美輪誤發之彈、亦價値頗鉅、可云無謂之戲劇矣、

前章曾言或在上海、或在北塘、必須擇定一區、作兵士會集之所、吾軍駛抵中國、卽在此休養、并可會操、一切規模、應與行人逆旅、大致相同、蓋遠遊之人、乘坐火輪、跋涉險阻道途、不無困頓、必待薰沐、悉心休養、乃可治事、兵士則尤甚、自應審擇相宜善地、不可草率從事、英人曾注意於舟山一島、名雖假借、然蓄意俟軍務畢、卽欲據爲己有、吾軍水師提督名濺勞歹者、曾往攷察形勢、頗言人地相宜、有迴護英人之意、據稱該島居民、素性温和、安居樂業、頗可相安無事、惟時有海盜登岸劫掠、居民受苦不堪、以故見洋人來此、起宅造屋、與民同居、知可藉爲保障、心益感激歸向等語、

然其地亦有不宜之處、蓋兩軍列營、必須釐居一處、但軍門曾受英人

苛待、深知英人兇暴、以故凡當開戰之前、頗願兩軍分居、蓋開戰以後、砲聲一響、諸凡英人損害軍門之私圖、反顏相爭之口實、種種嫉忌不恕、俱足令軍心冰渙、況英人頗欲在華人前自大、虛張國威、以示英之勢力在法上、宜爲法國之領袖、軍門則反之、時思退避、不爲其所拘攣、於是另遣提督潑勞歹前往芝罘、審度形勢、察看該處地方登岸便否、地氣養人否、餘凡屯兵所需緊要事件足用否、料量一切、以備屯駐法軍、

當審視地勢、往返籌商之際、忽聞中國叛民造亂、此種叛民、威聲素震、卽所謂髮匪、自稱太平天國者、厥後余等赴北地時、此股匪徒在上海日行刼掠各處、種火焚燒、幾燬滬城之大半、至末後殄治髮逆之情形、卽爲余此書之末章、而爲余東游之歸宿、

此等亂民、皆係無行之人、或爲海盜、或爲匪徒、或本係鄉僻良民、遭兵

荒而貧、流爲無賴者、或係遺散之游勇、或係美利堅與英吉利兩國之逃兵、嘯聚山林、蠕蠕蠢動、以與國家作難、須知此項棍徒、爲數無算、披獗異常、中國危如累卵、幸有英國名將戈登、即後死于埃及之役者、前來痛加洗剿、力助中朝立功、叛民之充前陣者、衣帶間帶有暗記、以別于衆、先已蹂躪杭州府城、此城頗有關係、爲蠶絲出產處所、凡運洋之絲、大半皆由此出、由杭城轉戰甯波、陷之、復達上海、蓋上海最爲繁華富庶、其資財有如釣餌然、足以勾引敗類之歆嚮也、

城中人民、見髮匪沓至、無不張皇失措、如欲將其時紛亂情形、詳登簡牘、必須如身親河決之患者、始足形容其萬一、惟嗣後普法之役、巴黎京城內外之人、紛紛逃命、以避普人之毒害、頗與此事相似、皆余目驗、故知之最深、可以相提並論、華民灼知髮逆行徑、亂勢孔熾、深恐重罹舊歲一千八百五十九年之禍、以是駭極、齊赴租界、求爲保衛、殊不思

所乞援之人、即客兵來攻其君父者、亂離倥偬、其不暇顧慮如此、
此時黃浦江面、紛紜往來者、無非船隻、此蓋避難者、遷運家屬、以避兇鋒、隨帶貲粮與細軟器物、所値頗不貲、本城守土之官、蘇淞太道最爲驚惶無膽、於是英法兩國公使商同軍門蒙都防會銜行文某道、許爲發兵保護、以備非常、某道稱謝不置、據云、目前尚可稍待、惟須仍留後步、設匪燄再張、勢非所敵、城危不保、即須藉二國之信義、撥兵助勦、以保地方安閭閻云云、未幾賊勢益張、官力不支、當即前來借兵援勦、先是某道出安民示一通、畧謂爾等軍民人等、無須驚駭、倘叛匪滋擾、業已設備、本道已請洋人爲我等護衛、該洋人等既守信誼戰、自必爲我出力、痛加勦洗、爾等安堵毋恐、自此民心稍定、
噫、中國之事、眞難意料、國中與外洋交涉、猶未辦結、而叛民又乘間逞兵、所忌者、兩國原係仇敵、而竟能和合、并攻仇中之仇、蓋我法與英、此

管裏面、當其由吸胃白汁管運至胸膛管、從此運入血、魁啞云、有人猜度絲質之數加添、隨明汁之近胸膛管、所以靡林從二一絕食馬之腰間吸明汁管、取得百分中二釐五毫、爲乾結實質、卽從此獸胸膛管之吸管中、取得百分中二釐四毫、伊必云、養汁及其未入核之前、由吸管取出、大抵凝結不及已入者之堅、

卡奔得爾醫士人體論、載吸管各處之絲質、互相比例之數如左、

在入腦筋、卽圍吸管內、（原注由腸至中腸核）絲質少、或竟無、

在出腦筋、卽中吸管內、（原注由中腸核至胸膛管）絲質中數、

在胸膛管內、絲質最多、

所以因有緣故使吸管之絲質加添、且因前已指明養氣改變蛋白質、（原注此在吸汁管內有之）[illegible]爲絲質、故可謂養氣爲致此加添之由、

血中確然仍行如前之與養氣化合之事、百分血中、大約含七分蛋白質、此蛋白質、在肺與管中、漸與養氣化合而變爲絲質、試稍阻人之呼吸、便使肺內與養氣化合之事亦阻、其血中絲質之數減少、即不然、亦終不及前之多也、

地丕先生、試知將馬頸中長腦筋切斷、則血中絲質之數非常減少、蛋白質、幾時時爲吸管所吸、而注入血中、所以相養不絕、逐漸變絲質、融化在血內、祇須有若干熱度運動以動之、此運動、當其運過微絲管時減少、雖許多絲質、或濾過其圍面留滯、以養諸器具造法、以備其所廢、然有許多積聚、以減弱血管之力、而變硬其器具與造法、其所積聚雖小、百分血中、尋常不過含三分絲質、然逐漸而時時有之、

在老年、有許多膏質亦積聚、如絲質然、

植物决無膏質、血中亦無之、惟在動物生長法中有之、所以必係生於

此也、原注蛋內可見如此之變化其所有者蛋白質與少許絲質惟在膜有之而無膏質當雞伏卵時原注此可以假法為之祇須加熱濕與空氣見其絲質加多而骨質甚少在未伏之卵則見絲質甚少膏質絕無然則此等何由而來外面並無一物入卵惟濕氣與空氣內之養氣乃知養氣之力行在蛋白使之然也

其所以併成之質、為炭五十分、輕氣七分、淡氣十八分、養氣二十五分、所以所含之養氣、比絲質多百分中之一分半、如絲質乃蛋白質與養氣化合之質、為老年所多有者、因於空氣中養氣感動血中黏滯絲質故也、倘令此與養氣化合之事、仍接連不絕、將見數分絲質、與膏質、當化分為肌網之費料、而渾入淡輕四養及由里亞、字書云由里亞強壯入溺中多此質能結方顆粒其味與形狀似鉀養淡養五其質為二分炭二分淡氣四分輕氣二分養氣合成相併之質、共由身體中運出、原注里皮云試加十分養氣於蛋白質即變成肌膜之質與可里酸又由里酸從膏質中取出則可里酸原注膽中要酸留下吾意度昔時人從蛋白之質中用若干熱度祇加水與養氣可取溺內與膽內之許多合質之事為一定無誤但正當此時、其逐漸積聚之事、亦相繼如前、故所積者、與所遺出者相爭鬬、但所積者

勝之而居上位、故所積較所遺爲多、

乃知在老年所有積聚之絲質膏質、皆由此永不停止、易感動、漸消磨物質、而害物之質（原注即空氣中養氣）所致、

前已指明與年俱增之土質鹽類、由試驗而知、其在同年諸人、所有多少亦不同、所以令人總結之意、以爲此等土質、所以黏滯之故必不一、即惟一故、亦必多少不同等、觀尋常煮茶罐、用數月之後、即裏面有鏽片甚多、雖衆人所信以爲此由水沸之故、其土質黏滯（原注衆意以爲剛水因其鈣養炭養二與炭養二氣相融化水沸時炭養二氣騰出被鈣養炭養二因不能再融化故留滯）但此實錯誤、剛水非由炭養二之故、實因其有鈣養燐養五也、（原注即可融化之石膏）所以用肥皂於剛水中洗物、得化學之化分法、鈣養硫養三中之硫養三與肥皂之鈉養相併合、成鈉養硫養三融化在水內、而其石灰與肥皂之肥質相併合、以成鈣養話里以（字書云是有油之流質乃七十分炭一百十七分輕氣五分養氣合成者）與鈣養司替爾

里愛脫（此爲不能融化之合質浮在水面）而使前此可融化之石灰鹽類變爲不能融化、然由試驗而知、此許多之鏽片、實由前此可融化之質、變爲留滯、因於含此融化質之水、化汽騰去、而罐中所餘之水、已含足而嫌多、故所多者沈下、

此事之情形、確類人身體中之事、如出汗等類、出汗者、無非體中之流質與氣質、發霧而騰去也、

動物體中之流質之本原係水、而水中含石灰相併之質若干、融化在內、當出汗時、本原之水騰出、（原注確似尋常茶鑪）則必有一分此等石灰相併之質黏滯、雖許多此等黏滯之質、在糞中帶出、然仍有許多遺下在身體諸器具諸造法內、乃漸漸加添、以成積聚、致其人到老年衰敗之景象、卒至於死、

虎伯內科便覽云、肺內之氣管、既屢次分而又分之後、則支派之末、終

成小之物質窩、此窩之圍、上分發極微小之血管之網、其做成此窩之膜、卽入血之空氣所經之膜、有人信爲比之身體外面、至少必大三十倍、所以肺爲極大出路、時時發出炭養二氣質及水併和之霧入空中、人每二十四點鐘、肺中呼出之水、據諸家著書人、折其中數、得英七兩、至斤十一兩之多、

乃知肺發出炭養二氣、水、及他種飛（易發霧也）質、土質、土鹽類、不能發霧、故肺不發出之、

皮膚大抵發水與炭養二氣、亦發淡氣、淡輕四養、拉克堆脫、（字書云一名乳酸人溺中多有之味極酸無色亦無臭氣）淡輕四養醋酸、及少許鹼與土質鹽類、

有人核算、大約每人有三斤水、每日從外皮發出爲汗、而人不及覺、若當暑天、或經用力、則尤加多、

溺之功用、所以遣去人飲食所進之流質實質中之一分、又所以銷去

各國錢名說畧附

泰西各國錢幣名目、各有不同、不獨制度攸殊、亦復輕重各異、各自行用本國、不能通流境外、即市廛間有所交易、用他國之錢、必畧貶其值、亦若中國之補色貼水也、攷各國度支出入之數、英以鎊計、贏縮隨時、約重一錢八分、英現握天下通商之權、得以壟斷他國、故市上金鎊極昂、法比瑞士之佛郎、希臘之特拉克邁、其重統約一錢四分強、德以碼克計、約一錢七分弱、俄以盧布計、約五錢、奥以沽而敦計、約三錢三分強、意以利而計、約一錢四分四釐、葡以密耳來司計、約七錢七分三釐強、土以批阿司他計、約三錢、西班牙以秘而筽計、約一錢八分、又以而列阿計、約五分、丹以克隆計、約三錢八分、荷蘭以沽而敦計、約二錢八分強、瑞典以列斯他拉計、約二錢、巴西以密耳來司計、約三錢八分、美以他拉計、約七錢三分、秘以瑣勒計、約七錢、墨西哥諸國以祕瑣計、即

七錢二分之銀錢、號曰鷹洋、通行中國、

按泰西各國皆用金之國、金一兩約值銀十六兩、金價漲、銀亦隨之而漲、故用金之國、金鎊價昂、尙無關輕重、用銀之國則不然、所製銅錢、各國約不足二十兩、合銀一兩、非若中國銅錢之值最賤、

凡各國金銀銅三品錢、譯音各殊、求其總括、畧可依據、按西錢名首一音曰底曰得者、皆值十之謂、曰生曰松曰桑者、皆值百之謂、曰密曰米者、皆值千之謂、

印度金錢曰摩呼、有單摩呼雙摩呼二種、按摩呼古印度王名、國人取以名錢、

暹羅銀錢曰體格、按體格西量名、六十四阿次爲一體格、八十體格爲一觔、

法金錢曰拿破侖、法前王名、拿破侖未立之前、國人號金錢曰羅易、羅

易亦前王名、

奥國荷蘭金銀錢通號沽而敦、亦號佛羅林、荷奥於光緒元年（一千八百七十五年）始鑄金錢、按沽而敦譯義爲西國權數、

西班牙金錢曰愛斯固度、按愛斯固度古西王殿名、鑄形於面故名、銀錢有而列阿祕斯笪二種、而列阿譯言眞寶、秘斯笪譯言重、

意大利銀錢曰利而、譯言謂一鎊、（權數）

秘魯銀錢曰瑣勒、譯言太陽、錢面鑄日象、

丹國瑞典挪威銀錢曰克降、譯言王冕、以錢面鑄冕形爲最尊也、

希臘銅錢號來布答、譯義謂分析小數、

日本

圓	圓值百錢	錢
二十圓	五十錢	二錢
十圓	二十錢	一錢
五圓	十錢	半錢
二圓五十錢	五錢	日本舊用之錢卽寬永錢

右各國三品錢幣表、按五大洲編輯成帙、金銀幣之製、泰西諸國、歷來已久、嗣各洲亦漸彷造、此編列之序所由先歐美次亞洲也、英國握地球通商之權、所鑄金鎊與先令、各國每照此核算、是册特以英冠首、東瀛初倣西式、鑄三品錢、近益廣鑄金幣、眞能善效法者、故終之以日本焉、中國初行西班牙銀錢、卽俗所稱之本洋也、近墨西哥銀錢由英人販運來華、而西錢日以廢格、近來各省設局購機、自鑄大小銀錢、倘日後能整齊畫一、俾得通行市上、庶國豐民阜、大利不致外洩耳、

方孝傑承修山西鐵路章程 光緒二十三年

一此鐵路先由太原府、修至正定府獲鹿柳林鋪、共長四百餘里、由商招股承辦、修成後、卽由商人行駛載運、

一此鐵路遵照蘆漢鐵路章程、建置雙軌、其軌道寬狹、亦如蘆漢之式、

一此路先照商務局已勘估之道興修、動工後、卽行勘估、由太原至蒲州府、接至潼關總路、一爲煤鐵各貨、可由河運行銷、一此路來往人貨俱多、可敷養路之資、不致虧累、

一此鐵路名爲華晉鐵路公司、一切公事、俱稟明商務局、轉稟撫憲辦理、

一此鐵路、行駛後、一年所得之利、除給洋債每年行息並公司花費各項外、其餘利息、照四分之一歸公、卽一百分之二十五分、以二十分報効 國家、五分歸撫署商務局辦公之用、其餘贏利、酌給公司用

人酬勞商人花紅等費各項外、所存若干、儘數給還洋本、

一如有 國家征調大事、由鐵路裝運兵丁軍械米糧等項、並災區國家賑米、均較尋常貨物、減價四分之一、此外不論何項貨物人等、均照例給費、

一公司立後、即設一鐵路學堂、選聰俊子弟三十人、入堂學習、學成後、即可派往各處任用、將來展拓、該學生亦可任修造之役、可不藉資於洋人、所有經費、並學生薪水、公司自備、

一此鐵路經由地方、係屬官地、免其給值、其餘民地照紅契多加四分之一給價、如遇墳地、加倍付給、仍酌與遷葬之費、其有不願變賣、願作股分者、估計所用之地值價若干、給與股票亦可、其無主墳墓、公司買棺遷葬、

一遇城池巨鎮、自應繞越、

一凡買地、應請商務局派員會同地方官、挈同經理、以免阻撓等事、其派員薪水、公司給發、

一修路工人、俱由本地招雇、

一此鐵路不能獲利、致有賠累、亦與　國家無涉、

一公司所用管事及修路之洋人、俱由公司管束、

一鐵路所用鋼軌機器、需購自外洋者、由公司報明商務局、發給執照、應請　奏明、飭下海關、照章免稅、

山西晉豐公司礦務合同

晉豐公司候選知府劉鶚恭奉　欽命山西巡撫部院胡　批准、自借洋欵、開辦晉省礦務、前與北京羅沙底、立一借欵合同、其條欵列後、

一、奉批准、獨自開辦盂縣平定州與潞安澤州兩府屬礦務、於請領憑單後、擇要先行開採、辦有成效、以次逐漸推廣、　二、奉批准自借洋債、

不得過一千萬兩之數、如所派勘礦之礦師、以此數不敷於用、劉鶚仍可向福公司續借、至辦礦贏餘、亦經　撫憲胡　批准、先提用本官利八釐、又公積一分外、所存餘利、提百分之二十五、報効中國　國家、再此係兩國商人自相籌借、開辦礦務、無論盈虧、與中國　國家、毫不干涉、　三、凡調度礦務、與開採工程、卽由晉豐公司劉鶚會同洋商經理、而礦中執事、以能多用華人爲是、　四、凡開礦所需料件進口、悉照開平湖北各礦現行章程、一徑完納海關稅項、內地捐輸、概不重征、　五、此次開辦礦務、如有虧折、統歸福公司自理、至開辦各礦、需購地基、修築要路、總之開採獲利、所必需者、業蒙　撫憲胡俯准格外保護、　此合同華法文各繕、彼此收執、

環球國勢論 亞美利加

曾磐子安來稿

美國乃坤輪西半球之大國也、其勢與歐洲諸大國爭雄、然一百二十年前、其地尙狹小、特英國一藩屬耳、自乾隆四十年、離英自立爲民主之國、漸在美利加洲、東西攘奪、南北侵併、近年版輿之廣、較中國十八行省尤大、是以在五十年前、獨霸西半球、遂通歐洲各國、從此美利加洲、乃爲美利加人之地、美國既定制、謂將來歐亞非三大洲之事、無論大小、既不准美洲人詰問、則歐洲各國、亦不准詰問我西半球及一帶相附海島之事、倘有不服此論、而再思踞我寸土者、必以干戈從事、決不稍讓、時歐洲諸國方値多事、不暇辨駁美人之論、遂竟沿爲成例矣、至立此例者、乃美國民主、名曰孟魯、是以泰西各史記內、皆稱孟魯之制云、査古巴在美國南省蓋威斯脫城之東、僅三百里、乃一大島也、然此島向屬西班牙、俗呼大呂宋國、即歐洲西南一小國也、惟二百餘年前、英國未興之時、西班牙實歐洲第一雄強之國、其水軍天下無敵、各大洲均有種人佔踞、與英國今勢無異、彼時非但古巴島、即美利加南半洲諸地、亦均屬焉、但七八十年前、南美洲諸屬地、因見美國叛英之故事、亦叛其父母之邦、均自立爲民主之國、至今南美洲竟分大小十數民主國、如墨西哥智利秘魯諸邦是、而美洲現在除英國諸屬地、如加拿大可倫比亞等地、尚屬帝國、及古巴島屬西班牙外、其餘皆不受大邦節制焉、不意光緒二十年間、古巴島人民、因西班牙簡派總督以下各員、苛虐貪利非常、怨生叛亂、殺其貪酷官吏、聚衆建旗、自號民主國、屢潛遣人求救於美、而西班牙王因古巴係極富之島、稅利充足、決意剿平之、四年內、已派馬步軍隊、航海往古巴、不下二十五萬人矣、叛邦因有美人暗助軍火人馬金銀幣等、總共雖不過三四萬人、屢與父母之邦、連兵苦戰、互有損傷、然勝者以叛人爲多、以致古巴海邊之地、因有西班牙海軍艦多艘、尚屬西國管轄、而其內地爲兵船大砲所不能制者、仍爲叛黨所踞、無怪西人仇視美人、銜之次骨、嘗云若無美國人相助、吾早收服古巴矣、美國民人因見古巴人欲自立民主、或意圖降美、美人大半心向古巴人、欲其成事、故迭次催促其民主及政府、挾制西班牙王、令速撤兵、但此事合萬國公法之例、西班牙既無違兩國向來條約、豈宜無故尋釁耶、是以至今美國政府、尚未有大舉動、惟虎視眈眈而已、至歐洲各大國、如法如德、因素與西班牙敦睦、既見美國有狎侮小國之勢、甚抱不平、頗有仗義助西抗美之意、而西班牙既知有强隣相助、國人之膽愈張、畧無退讓、目下有不甚懼美之勢、而美人因此更生忿心、欲滅此而朝食、固美人之所大願耳、惟兩國政府、步步愼重、雖陽示戢睦、陰亦與國人同心、但彼此皆不願他國責其爲肇事之戎首耳、本年正月間、因有駐劄古巴島哈華哪省城之美國總領事李提督、有密信寄美都政府、據云、目下西班牙人在古巴者、謂美國以大欺小、均忿忿不平、恐僑居該島之美商、有不測之禍、可否派一戰艦來哈城駐劄、以護商人、故美政府借游歷爲名、特派一鐵甲戰船、名美恩、儎重六千餘噸、往哈華哪、暫泊數日、觀看該處百姓情形、用備不虞、本意數日後再赴他埠、正月二十七日晚九點四十分時、該鐵艦忽被奸細將水雷轟沉、船中三百四五十人、轟斃二百五十三名、因轟處在船頭相近、故死者均係水手兵弁、幸船主及帶兵各官、因住船尾、僅斃兩人而已、自警報達美都、萬衆大譁、謂由西政府主使、立欲舉兵攻敵復仇、但造禍雖烈、亦須查究其緣起、美政府卽諭令百姓靜候、俟派去哈埠之落水兵查察船底情形回覆後、再爲定奪、如係本船人衆不愼、以致軍火艙失火轟船、則咎由自取、無與西人、若果係由外轟進、則係奸細所爲明矣、但國家不可一日無武備、故現在美國軍政府、以及各處船砲軍械砲彈各廠、目下十分忽忙、有備戰之勢、而西國官員均言、該美恩船實係自誤被沉、非干地方人事、決不認有奸細暗轟、蓋若認此、則告實在西、因兩國既無宣戰失和之事、如何可用水雷轟沉隣邦之船耶、既而因見美人日夜預備戰具、亦不得不催促備辦各大戰船、及增派兵營往古巴、以備不虞、查西國海軍、實勝美國水師數籌、緣美人僅於近來五六年、造新式鐵艦快船、是以目下情形、西國水師、實倍於美國海軍之數、但美國有極大鐵甲船五六艘、尚未告竣、俟歲杪方可下水耳、至西國既有德法二國、願相協助、而該兩國既與俄奥諸大國聯盟、一有戰事、美國豈獨戰西國與德法之軍耶、然諸國既與美爭、則英國豈肯袖手坐視美人之難乎、蓋因英美均同宗同根之國、一國有難、必拔刃相助無疑、日本見俄人出戰、亦豈肯旁觀、必須與英美連盟、意大利國與英國最親睦、亦必助英以敵他國、至中國因俄人在北方、勢如建瓴、亦必牽連戰事內矣、總之英美意日四國之水師、勝如西班牙俄法德奧五國、然陸軍則不如也、但當時開仗之勢、自然以海軍爲最要、緣英國係海島、美國日本諸國、亦均與俄法德西班牙等國、中隔大海洋、或一重、或數重、如此則英美日攻敵則易、彼欲攻此則難、惟中國地接俄界、意大利國則東接德奧兩國、西接法國、如有戰事、必先受敵攻、觀此情形、則目下戰務、非獨關係我中華一國也、如中國與俄國能將大連灣及旅順口之事說合者、則誰能預知天下可以太平耶、

豈不知美與西班牙兩國、目下已成騎虎之勢、只候數日內電報、便知其虛實耳、但美國現在中國海面、亦有大小戰船六艘、不日尚有兩艘、由美而來、此數船之力、足制南洋小呂宋、蓋小呂宋即西班牙屬地也、故目下諸美艦均集香港口內、以便一有戰事、三四日內、即能抵呂宋瑪尼勒省城進攻、況目下該島已有叛徒起事、而西國官吏無以禁之、

近來全球各國、已合成從橫之勢、非若昔者兩國開戰、各國守局外之例可比、目下雖兩小國啓釁、必將牽連數大國相助、擢一髮而全體俱動、蓋天下之變至此極矣、然或者列國因此嚴憚兵連禍結、塗炭民生、而火烈金飛之毒燄、或反因此少殺其勢、豈非他年弭兵之嚆矢、承平之先聲耶、

譯書公會報

譯書公會報第十七册目錄戊戌三月十四日

日本暹羅新訂商約（日本告白報 西四月六號）

上海施仁耀譯

暹羅素未與他國通商、今始與日本訂有通商行船和約、經駐暹日使草約上已簽字矣、於是暹羅之外務大臣於本月三號集議於洋務局、將此事妥爲議論之後、再行傳諸內閣、俟內閣批准、卽可照約通行、

歐洲各國鐵路計程（同上 西四月五號）

據國字報云、當一千八百九十七年之間、歐洲鐵路、竟增至十五萬二十五英里、以此數與上年較之、增三千一百四十四英里之多、今將其各處之加增者詳言之、普奥國（奥斯脫利亞亨加利）加增八百零六英里、（內有亨利加五百七十九英里）俄國加增五百五十五英里、德國加增五百七十九英里、

欲觀歐洲各國鐵路之多寡、卽考其疆土之大小可定論矣、比利時現有鐵路、共計三千五百八十二英里、英倫與蘇葛蘭、計有二萬一千二百十七英里、瑞士計

有一千二百零九英里、荷蘭計有一千六百零八英里、法國計有二萬五千零八十九英里、又有歐洲他國現有之鐵路、詳列於左、

奥國現有鐵路、計一萬八千九百五十一英里、丹麥計有一千六百零五英里、西班牙計有一千六百十五英里、希臘計有五百九十英里、意大利計有九千三百四十九英里、勒克塞姆勃爾計有二百六十九英里、葡萄牙計有一千四百五十一英里、羅梅泥挨計有一千七百八十四英里、俄國地屬不計計有二萬二千四百五十五英里、非呧蘭計有一千四百八十四英里、搜維亞計有三百三十五英里、瑞典計有六千零七十三英里、哪喊計有一千二百零一英里、土耳其與培爾爾利亞共有一千五百零七英里、此外又有三島、一名仇才一名毛而太一名邁呧共計有鐵路六十八英里云、

採煤新法 同上

自泰西採煤之法行、以火藥置諸穴中、然火轟之、使山崩塌、即可採取、其法亦善

矣、然未免有炸裂之虞、茲猛搴斯脫地學會中有人名桐渠乾姆斯者、思得一新法、以壓水力之機、仍可取大塊之煤、此機用法使人易曉、用時或用起水筒、（又名運水器）可以手提之而工作、其法已在美之煤礦試驗、能免前次諸危險、機之輕重權之不過五十鎊、中有銅柱一、楷拙力渠一、（又名汽箭如水箱）計長十八英寸、對徑三英寸、其可提之起水筒、上有漲力表諸物、用時以小鐵架相配、其用法桐渠亦曾詳言之、先開一穴、與前用火藥轟者之深淺相等、即以此機置其中、將起水筒等一一配齊、再將起水管納于一小水瓶內、即可以工作、不數秒鐘、水即行至楷拙力渠、而水之壓力即明于漲力表、每一方寸、可探煤半噸或一二噸、第聞隆隆之聲、煤即從機後而出、礦內崩塌之虞可免矣、自機置礦中、不下十二分鐘、煤即可取、較前用轟法多而且速、如此新法、用力少而成功多、其利不更溥哉、

盛京產金（字林西報 西四月十二號）

盛京訪事人來函云、今春有人游歷滿洲東方、在客寓見紅色金塊、意甚奇之、查

詢始知出於某村莊、農夫耕地所獲、並未通告地方官、上年秋、官吏始知之、曾派人往彼看守、現所查出之金最好處、每日可得廿兩、該土人知地能產金、不肯致力於農事、上年秋間、共開採赤金五千兩、有高麗人在彼處開採、兩禮拜中、竟得二百兩、但既得之後、怠息一番、得失亦相等、查金砂最好處在小山之西、係村農之地、其間有河繞山流注該地、土色紅黃、與他地土相似、其紅色土內、可以覓得金苗、取土一大椀、能掏金數兩、此種紅色金在市中價值、竟能高出尋常之金、現遠近之人聞風麕集、然此河長祇英里六分之一、合中國半里已有二千人在此開採、其法用十二人爲一班、十人工作、一人煮飯、一人監督、所得之金由十二人均分、其工作時、兩人對手、一人掘、一人剷、現中國官吏已出示禁止民間開採、然不解中國何意、竟將天生至寶任其湮沒河中耶、

余曾盛京、目見此地產金最好、爲餘村莊所不及、緣他處金苗雖深、總有沙土夾雜、此處土純黃色、易於開掘、余料此河內必係左近山上、歷年雨水沖入、是以最

多、然左近並無高山、即有小山、亦爲村莊所阻、勢難沖入、或者年久石爛、而金砂獨存、此地之東有爛石沙、外面不成塊、細察其間、亦有金砂之色、

論中國出口稅 同上

中國現在所借别國金鎊、將來必以銀償、或以貨抵、如此則出口之物、亦係要事、現中國專意用銀、近來銀價益落、不但與進口商務有碍、而國債更形重累、若中國以絲出口作抵、必須大爲講求蠶桑之法、若思振興茶務、必須仿印度製茶之法、加意整頓、現在所設繅絲廠、原爲推廣絲商銷路、然中國人見甚淺短、只顧目前微利、將劣繭亦充入其中、而貪人但顧多育蠶、而桑葉不足、亦不留意、又未嘗深究蠶病、及做繭之美惡、自貽伊戚、遂失獨得之利、是以中國絲出口日見其少、日本日見其盛、因日本政府曾研究蠶務教育也、近來杭州已設立蠶務學堂、係公家所設、將來必可見效、然而中國官塲更調如弈棋、恐後來者未必能如此盡心也、

至於中國官場、素不諳富國之道、若遇暫時虧絀、大利在後之事、則中國官吏所斷不敢爲、現在欲思商務振興、則碍關稅太重、查華絲出口稅尚輕、而茶稅不分高下、以至下等之茶收稅加重、至洋關稅與商務尚無大碍、而內地釐稅太重、且不能一律、年復一年、不加整頓、遂爲商務之大病、然我等亦並非望中國除出口稅、而推廣商務、緣洋關必須保護自己利權、而內地現已困於釐稅、斷不可再增徵稅原爲國用、現國帑空虛、亟宜籌加、期與國家利權、不少關碍、統論中國稅數、不過三分之一入於國家、三分之二則徒歸糜費矣、

游歷滿洲論俄人鐵路情形 倫敦中國報 西三月十一號

本館北京訪事人來函云、邇來游歷東方、道經滿洲、所見鐵路情形、試縷述如下、自琿春啓行、由水程經阿模河錫爾楷抵斯脫來吞士克嗣遵陸而反琿春、途次適遇俄工匠人等赴車機者、現在俄之鐵路、究屬何路造齊、尚未決定、觀其更變者已三次矣、每一更變、必須南嚮、其意欲多佔滿洲土地、以拓廣版圖、雖名之曰、

中國東方鐵路、不過粉飾華人之面目、且股份惟中俄可入、是其預存將來獨得之地步耳、查此路與勃克而相接、並界連西伯利亞與琿春、係由俄之工匠經造、復由俄之兵丁保護、而物料等項、亦悉從俄國購運而來、自興工至藏事、限一千九百零三年八月廿八號之前、可以行走、俟閱八十年後、歸還中國、吾思此八十年後、中國政府亦猶是現在情形乎、況此時俄政府於中保護、將來不免爲俄商所得、卽以今之道勝銀行（卽中俄銀行）而論、名雖爲中俄、而股本悉出於俄人、一切利權亦操於俄人、華人不過爲買辦爲寫字而已、此中俄銀行之現在情形也、

近阿模河有一要城名勃剌果夫深士克、城中居民約有四萬、以積金爲恆產、貿易中最有利益者、惟私販金苗、由河道運至中國各處銷售、此項生意頗大、而滿洲所有之金、盡產自西伯利亞者、有一地名齊牙、產金甚旺、聞近來運出有十六噸之多、按上海每金一兩、可兌銀四十二兩、而在勃剌果夫深士克之金、不過值銀三十二兩、其價至冬令尤爲減少、因天寒不能工作、在工諸人悉將金攜回也、

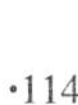

有此美利、竟啓旁人覬覦、現有日人及在中國北方貿易之西商、均携貲前往採辦、查金沙一項、不能任商民私販、須從騐金局騐過、先售於國家、由國家始定價值、第此舉頗有不愜人心、即最近之騐金局在厄克次克地方、其途亦遠、往返殊多紆折、況國家所定之價、與市價較低、居民因此種種之難、惟有私販而已、所以運至厄克次克者數少、運至滿洲者數多、故在滿洲之俄商進出悉用金而不用銀矣、

此稿未完

東方德艦

日本告白報 西三月一號

吳縣沈晉熙譯

拋而毛爾捷報接信云、異哉德人、以許多兵艦、飛駛至中國也、吾英兵艦之在中國者、實目覩焉、而晚報又言、現泊東方之德艦名投區蘭者、遜于馬斯及翹其二艦也、

查投區蘭艦於一千八百七十四年下水、可載重七千三百十九噸、價值十四萬二千零二十二鎊、馬斯及翹其二艦、在一千八百九十五年下水、其載重力各有

一萬四千九百噸、各值一兆鎊、然德艦並非在德國所造、皆係造于英太晤士江百年之老廠、該廠所造兵艦、其式甚佳、皆仿從前著名造戰船之人、名而里特之式、吾英國水師兵艦之式、則仿舊時之船名里克爾斯之式、此船在水師中皆稱其佳、由此言之、德人之軍務、吾英實已洞悉、雖其虛誇驕蹇、制之奚難、

德兵艦之軍器甚利、均係後膛砲、且有極重之砲、其砲位測算甚準、可惜者歷年已多、俱滯笨不利、而船中器皿、亦不潔淨、夫昔之黑克而斯船、人皆知其勇猛如虎、而歷年既久、如虎無牙、今之德艦、亦猶是也、非盡更以新艦、不足以讋服遠人、又有一艘名旗飛呸、其大小及價值形式、頗似吾英阿斯曲落巽艦、除軍器之外、其餘物件、俱與吾英艦不同、此船祇能列于下中等、豈能受吾英兵艦楷而斯及背阿斯福特之一砲哉、總言之、此等船但能抵一軍械而已、不能名之爲兵艦也、吾英在中國兵艦、亦未能稱其雄武、共計有二十八艘、其中至少有十三艘、如法

人所云不能臨大敵者、不過防備香港意外之事耳、非眞欲以臨敵也、今將各艦之名列後、如愛斯克批壳克潑諾佛蘭特怕爾靈奈脫劈搿梅臘脫拉奥而求令兌封富納克斯攤買維克叨愛梅牛耳黑姆罷等、

夫人亦必問英既有兵艦二十八艘、何以任俄人之儕旅順、而吾又思愛梅牛耳係乃爾系地方獲勝之船十五艘之一、亦有名者、何以今亦不敢前行、如阿拉克立帖船、不過報信而已、造成已十二年、而奥而求令及富納克斯二艦、造于二年前、吾獨惜此等船在中國如此無用、每艘價值十三萬鎊、徒耗國帑耳、設有戰爭、當立刻向前、豈可俟平靜而後往耶、

論中國時務 倫敦中國報 西正月二十八號

某商人在中國已四十餘年、稔悉中國情形、致書於本館云、竊觀中國以前及目今並後日情形底蘊、不過欲效法他人而已、

中國防護要隘之處、殊難嚴密、又不能自主、吾思最妙之法、莫若開爲萬國通商

埠、視他國之人與本國人民一體、庶使他國謀佔中國之心永可消滅、又可倚恃鄰國、目前情形、幸恃吾英通商、非然者、事未可知矣、然以中國全地作爲通商、而冀分中國者、必從中阻撓、智哉沙侯相之理國政也、因中國欲借十二兆鎊、遂索大連灣及南甯爲各國商埠、而俄法果出而阻撓、其故何歟、蓋中國倘以此二地應許英國、實有碍于俄法欲得之地也、

是以此舉各國俱以爲是、惟俄法與別國心存欲得中國之地者、不以爲然、設計淆亂中國之心、雖然法亦並無十分機謀、不過隨他國以步趨耳、

除吾所思之法、中國豈有別法能保全國權耶、實言之、中國各省之民人各一心、自顧其私、不通聲氣、名爲一大國而已、國家管理百姓之權、最爲寬平、倘無英國與之交好、以阻他國并吞之心、恐難久支持也、

由吾所思之法行之、却有奇妙之效、或者能脫離羅網、如拯溺者而登諸岸也、

日本工藝 同上

法報接東京信云、日政府新立一工藝與製造章程、工部欲仿照西國之法、倘工匠技藝精熟、給以憑據、鼓勵男女各工、使其盡心專力、政府已曉諭除罪犯作工不在此例外、有技藝超衆者、給以憑據、現已查得在大陂城内紡紗廠中女幼童、作工認眞、紡紗甚佳、且不待人督責、度該城將來必致極富、可不言而喻矣、然大陂廠中女幼童、雖盡力作工、勝于年長之工匠、而所得工資殊薄、不免苛刻、或有逼其不准出門、並不許通信、恐其以作工苦衷告于父兄也、倘令其出而善用之、則益肯盡力、亦自然之理也、此輩刁惡工頭、非第限以苦工、竟有數廠開地穴以藏之、終不許出、或被包探查得、則工頭已聞風而逸矣、吾思日本以此酷待作工之女幼童、何異視之爲六畜、而使無罪之幼女、嘗此無名之苦楚、其能益壽延年乎、吾獨異此輩女子、既有此佳妙技藝、而肯受此逼迫之苦工、豈男子恐不能制壓、故必欲用女子耶、所以日政府今欲禁除其弊也、

東方時務 倫敦中國報 西二月四號

近來各處議院論及借欵一事、並非有求于中國、我之初意、在外人視之似乎注意于大連灣、故肯借款、後見勢所不能、以致變計推諉、然而誤矣、大連灣讓與不讓、在我國可有可無、借欵一節、如中國必不得已、我國亦能償其願耳、

廣學會報云、英政府現欲極力剖明大連灣一說、在議院諸人皆日夜籌思辯論此說、先私自議定、再至議院明辨、該報又接北京來信言及大連灣仍然不成、不勝驚惶、然此事不成、亦是尋常、但戶部大臣聞之大發雷霆之怒、事本兩途、何可並論、接駐華使臣來信云、欲除其咎、如定索該灣、則中起爭端、我國將爲戎首、他日定被外人謗毁矣、

英外部大臣亦因此事翻然曰、斯事我不能接辦矣、然從前所訂之合同條約、一一照行、何至今日而變計哉、屢接中國來電俱是掩人耳目之言、殊難信憑也、

接路透電音云、我英政府極想中國大連灣爲通商口岸、不料中國所言之語作爲畫餅、雖然、中國以大連灣爲商務口岸、爲借欵之抵質、必須大加辯論、始可定

奪、

各報中論及此事、在英政府注意于此無所要求、或因一言既出、難以追回、以致推諉、

據太晤士報所談東方事情、英國仍欲追回此說、則辦國政者日後永無定準矣、一既出此言、仍不如願、似乎有愧、一爲細微之事、致起爭端、未免有傷舊情、即使中國另讓一處與我國、較大連灣更有利益、亦未可知耳、

高麗洋務交涉 日本告白報西三月七號

前月十九號、高麗自主報所述之事、今錄于後、現洋務衙門、極其爲難、緣俄人欲在鹿島割地一區、又欲在釜山地方借一屯煤之所、而俄之水師人員已擇定鹿島、因該地高政府已畫定地界、預備他國作爲租界之用也、

釜山地方、日人已爲租界、不能再容他國、所以高政府云、如別國欲開租界、祇能在鹿島、在一千八百九十五年、高政府已令海關總稅司至釜山建立海關、雖然、

高麗承鄰國交誼、讓一屯煤之所、終可相商、奈已將釜山及芝麻浦二地、許與日本、則俄國欲作租界、祇能在玫瑰島、即以鹿島相讓、亦無不願、而俄所欲之地、早已許與他國、豈非使高麗與已立合同之國爲難乎、倘俄人明其細情、度俄亦未必逼迫若是也、

更有一要求之事、俄使臣問高政府將新開之木浦及濟南浦二埠、每埠須畫二萬八千方米得、（每米得三十九寸）作爲俄領事衙門、每處租界中地、合而計之、須有九萬方里、讓俄人建屋、倘俄人必欲以前定之數作領事衙門、則共計租界之地、已去其三分一、其將何以應之、

俄人所欲甚屬奇聞、夫以二萬八千方米得算之、合英七十畝、始能建一領事衙門、使吾實難解其故、姑拭目靜觀其後、恐有傳訛、料俄亦未必果如此要挾鄰國也、

倘確有此事、則不能善其終始、俄亦難副其奢望也、夫此要求之事、非獨與高政

府關碍、而與他國亦爲難焉、高麗豈能以他國之利益、盡與俄人、更不能以本國全利、盡飽俄人也、

苟高政府表明此事爲難之處、吾思俄國不致任無理之逼迫、而不顧他國也、

論中國債欵 倫敦中國報 西二月十一號

近聞從前各國與中國所立之約、盡行毀去、但中國政府、近奉　上諭、又欲向各國借欵、如此變動、想各國亦未必允從、且日本賠欵到期甚近、在中國政府、其將何以措之、向英國借債一事、倫敦人長幼咸知、又變幻多端、忽而阻止、誠何意耶、歐洲地方、近聞俄德謠言不一、然我曾知德國開銀行者、並不願借欵與中國、俄國亦然、從前曾到俄德使臣許景澄者、在俄之時、與俄使臣名扣白處曾商借欵、當時許使臣爲東方鐵路總辦、扣白處爲會辦、自我英人視之、諒必訂立合同、定能借欵無疑、然自今視之、仍是空言無補、

近接俄國路透電云、現俄政府有許多緊急之事、兼鐵路事務、欲與許使臣商酌、

並擬請許使臣親往俄京、但德報云、總理衙門已有電致許使臣、請其前往、適中國政府亦有電致許使臣往俄、亦爲借各債之事、故許使臣于本月五號、由德國返中國、擬往俄京、該報又云、德國銀行商人、聞得電音已先往俄、亦想在借欵中或居一分、以沾厚利、

門切司脫英地名報云、接倫敦訪事人來電云、中國借項合同中、許多情由言之不盡、且中國官場云、現今關稅操于外人、即使加稅、亦無補于事、如果不借、則日本賠欵、又不能淸、日本必又將威海衛佔據作抵、因中國與日本和約中訂定期約、屆期不能不歸還、但日本在中國地方、極思奪吾英人利權、所以各式物件、俱仿照我英製造、幾在中國地上、拒絕別國利益、太晤士報接北京訪事人來電云、日本使臣告知總署、前所借之欵、必須如期歸楚、不得展緩云、

法報選譯

巨礮無用 法國權報　西三月二十五號

榕城鄭守箴自巴黎來稿

各强國水師、多置巨礮、向皆以爲猛烈無敵、今始知其鈍拙無用、略舉一端而言、鐵船在水、鮮能平穩、每發一巨礮、取準實難、現英國選的巴蠻鐵甲船試放一百一十墩大礮、所發七彈、無一命中、班榜鐵甲船曾試放六彈、皆虛、卽照常而論、凡六十七墩大礮、其折衷之數、不過三十一中其六、至鬆得蠻及選的巴蠻兩船上之二百五十四墩礮、則每三十六放、僅中其二、二百零三墩巨礮、則一百七十四彈、祗中十九、砲漸大而命中漸難、過此船上巨砲、將成廢物、

法國命將 同上

昨海部傳令槎河浦口、整備波餘伊息戰船、命杜郎口整備無福榜戰船、共限二十四日內先竣、以便開往大東、且令無福榜船懸挂帥旗、頃聞命挨德博孟管帶、並著其爲統帥、駐紮大東、以該督前在中國多年、東京及中日之役、均署提督之任、現雖充三等提督、此行定可陞擢二等、波餘伊息船、則命卜岱管帶、

德人治膠 同上

英國時報得上海來電、謂德人佈告各國、將膠州口岸、作爲萬國公共口岸、出入不征各國一體通商、德國不佔格外權利、至其治法、與英治香港島相似、

中俄交涉 同上西三月二十八號

倫敦時報於本月念六日得北京來電、稱俄國公使向中國總署、請其速却英人所要借欵條約、并謂俄國能照英國所請各欵代中國籌借、

英人嫉妒 同上

英人覺遜告衆曰、中德之役、我英尚無把握、惟此次騷動、足見有心獨占利益於中國者、我英亦應援例索取、一體均霑之利益、

印度戰耗 同上

英國總兵格勒德於本月十五日函稱其所守印度某城、現甚危急、不得已開城放出幼孩婦女等語、於此可見英兵不足戡亂、而印度亂勢實屬可虞、

中國鐵路情形 製造報西三月二十九號

中國建築鐵路、一由天津唐沽至山海關、長二百七十啓羅邁當、與西伯里亞俄路相接、二爲關外鐵路、長二十八啓羅邁當、三由天津至北京路、長一百二十啓羅邁當、以上各路均照時式尺寸、（現時西國路闊一邁當有四寸）而火車速率、每點鐘可行三十至五十啓羅邁當、（按西國快車每點鐘有能行至八九十啓羅邁當者）現時得息雖薄、將來可獲五分之息、以上數路、均由中國自行籌欵建造、惟天津至山海關、准由中國公司招集華股（不准外股）開築、漢口至北京鐵路、長一千四百啓羅邁當、華股尚虧一萬萬佛郎、克須集外股、方能蕆事、現擬籌借洋欵興築、歸法比公司包辦、吳淞上海蘇州南京四處、分爲兩路建築、共長五百啓羅邁當、此路全歸德人承辦、勘路及布置一切、係魯士總監工喜君一手經理、度其經營之速、大約上海鐵路道里甚短、明春即可行用、查此路已於一千八百七十五年築竣、後被居民拆毀、至俄國所包中國北省之路、直至西伯里亞、與中國交界處止、法英所包廣西雲南鐵路、一自東京、一自印度、均以接連華路爲限、

德人務得 同上西三月十號

德人言中國所讓新地、內包聯地之島兩區、在膠州口之南北口內各島、及近口之各小島、皆屬焉、口邊兩岸、五十啓羅邁當之外、仍屬中國、中國所讓德之聯地島、Evhon其形如稜、兩邊各長有二十啓羅邁當、其第三邊十五啓羅邁當、其餘各島、約有四分之一、其所讓地內、并無要產、指船塢礦產 惟距五十啓羅邁當之遠、尚有三城、Kiao及Esino與Echou-tcheung兩江之水、瀉于口內、

據德人言、此次所獲甚少、此說縱屬可信、然德皇已不無藉手、況一舉即獲厚利、將來正未可量、本館附識

西正月三十一號、德親皇臨法使館、與法使伯爵奴亞君坐談良久始去、

柏靈官報、稱政府中、只言有德國水兵一名、被膠人戕斃、并不知有小兵隊被殺之事、

中華新事 同上西二月二號

英國得意來稱中國昨發密電、致各大員、謂俄政府稱中國既允將膠州讓與德人、我俄國當得大連灣、及旅順兩口、該報又謂現已有俄兵一萬名、駐紮大連旅順之間、俄武弁多駐中國、且向日本購買粮食、及中國已允俄國管理稅務、并包辦鐵路、又中國貸欵一節、已向俄國借定、旅順并遼東之地、悉照俄國所請、以免紛爭、英國時報、稱俄現整備軍士一萬名、召赴大東待用、

以上各說、未必確有其事、大抵英人嫉俄、恐其於華獨占利權之大、特創此說、以遏其機、

東報選譯

俄恫喝中韓（大坂朝日報）

日本安藤虎雄譯

俄先皇歷山第三殂、尼哥拉斯第二嗣位、外務大臣度義兒氏羅魃那夫公相繼逝世、摹落萎四夫氏當國以來、俄國外政策漸一變、甲午之役、先試干涉、隱然作立足之地、爾後在歐洲則與法聯盟、在亞洲則與德結好、有不稱霸于地球不已

之概、特摹氏、繼父祖遺蹟、以經營中韓兩國爲最急之務、夙夜勵精、計畫最力、惟其藐視兩國、若馭藩服、故其所施設、往往與兩國不相協、氣勢之所激、遂致有今日之事、（謂韓廷拒絕聘用俄人之事也）是必然之勢也、夫俄之誅求饕餮、如餓虎之擇肉、韓廷不堪其煩、仗義梗命、固其所也、中朝亦苦其壓制、惟念國力不足抵抗、不能一刀兩斷、每遇要挾之件、暫緩決答、以爲姑息之計、據倫敦北京各路之電報明矣、雖然、一時之緩計、可以免眉睫之煩憂、未足紓國家百年之大患、其所以嘗我者依然也、然則爲中國者、將屈服于其要挾乎、抑將反顔以相抗乎、二者必居一焉、今也韓廷賴日英美三國使臣之聲援、嚴詞色、示此膝不可屈之意、有足差强人意者、未知中國之應俄果何如、

以吾所見、俄之於中韓兩國、常以恫喝爲事、深察其用心、決非欲戰者也、其指嗾閔種默金鴻陸等、而獨握韓之兵權利權、更擬租地於釜山港及木浦鎭浦也、日英美三國之使臣、同議沮之、不使得手、彼憤恨不能禁、忽向韓肆威嚇之言、實欲

僥倖萬一耳、豈眞示兵戈之勇哉、德之佔據膠州灣也、俄亦得借旅順、然守將宋軍門、率兵五千餘、固守不動、儼然自矢曰、有我在、誓不使俄一兵上岸、朝廷亦未頒退守之令、是以主客兩軍與前日不異、俄之所得不過一空名也、於是乎有憤激之色、重舉租賃旅順大連灣二口之議、又索建築鐵路之權、第一自西伯利亞分歧經吉林奉天達大連灣者第二自奉天分歧沿遼河南走抵山海關者曰、中國倘不從此要挾、則進兵滿洲、爲所欲爲耳、然現今西伯利亞之武備、未知出一軍團以上之兵、加之鐵路未成、徵兵本國、實屬難事、試欲送一團兵于亞東、須費五旬及八旬之日數、倘取路於海上乎、雖用水師義船之全力、須費時四旬及五旬、不過僅送五千之兵員也、一旦布宣戰之令、沿海諸口守中立之義、則自黑海以至海參崴、航程遼遠數萬里、而無購煤炭之地、其困可知、所謂鞭長不及馬腹者也、

俄國固可畏矣、然其可畏者、則不在今日、而在今日所經營之業、此業未成、則其兵力豈足深畏哉、俄自知其力之未足、吾故曰、俄之於中韓兩國、以恫喝爲事、決

非欲戰者也、今也韓國亦知此消息、斷斷乎峻拒彼誅求、惟中國之應俄果何如、是列國之所欲聞也、

韓國峻拒俄謀 日本新報

苟無列國保平和之勢、無公法之理、則以俄之强、臨韓之弱、猶以石壓卵、已爲藩屬、爲附庸、或割取、或併吞、惟其所欲也、今雖弱肉强食之世、而列國相持之均勢、與公法之道理、不得濫興無名之師、侵略他國、是以小邦弱國、猶能介立强大間、得以保其社稷也、夫雖小弱之國、仗義自持、强隣亦不能加以干戈、而列國以正義助之、故弱國之憂、不必在强隣之壓、而在不能仗義自持、朝秦暮楚、二三其德也、韓之事卽然、然今悟其非、仗自主獨立之大義、却俄國無厭之誅求、更欲解放敎練武員、暨稅政之柄、吾爲韓國慶之、

韓國上下、呑聲怨俄久矣、如韓皇還宮之事、亦出於國民之懇望、俄所不能如何也、雖然、俄之勢力、不爲之減、其干涉日甚一日、或爲武員之傭聘、或爲稅務官之

登用、唇唇要挾、著著占先、而韓廷未得反抗之機、一任其所爲、若四體無骨者也、
俄益恃其力、強迫無所不至、遂使韓不能忍、以釀今日之變、其激發也、雖出於偶
然、詳察其由來、非一朝夕之故矣、先是俄擬租絶影島購孤下島也、致意韓廷、俾
金鴻陸一輩、自廷內響應、外務大臣李道宰固執不從、俄公使計窮、乃暗嗾金氏
彈劾李氏、李氏遵例上辭表、閔種默代之、遂不經政府之會議、直許俄人之請、事
聞內外、上下激昂、議論鼎沸、獨立協會先上疏章、嗣開排俄演說會、在朝則爲各
大臣之辭表、爲閔氏彈劾之事、爲閔氏之革職、然積憤之所發、氣焰炎炎、欲抑而
不可抑、獨立協會最爲倡首、更義決解放俄武員暨稅務員事、將有所上奏、俄突
借用俄皇名、贈質問書、其大意曰、俄國囊容貴國之請、爲整理政務、特簡派教練
武員暨財務顧問官、是貴國所當永銘心膂、然據現今情形、無故排斥、我未知貴
國果自今無求俄助耶、抑欲求他邦之保護耶、限二十四點鐘、熟慮確答、韓廷答
書大意曰、幸辱貴國之提撕、兵務財務、漸就其緒、至不必要聘外人、請自今舉國

人任用之是上下之所希望也、抑使敝國政務至此者洵貴國之厚賜也韓廷應特派謝恩使、肅表謝忱、想貴國必喜待此使者、嗚呼、何其辭令之婉而直、溫而剛也、俄人固藐視韓國、然得此答書、未可遽動兵戈也、然則其策之所出、或在第二之要挾乎、吾曹切冀韓廷每一要挾出、益以巧妙之辭令、排擯其凶鋒也、按俄員解職事已據北方中國報譯登十五期報中蓋右俄者外務大臣也茲獨言外務大臣李道宰固執不從云云殊不可解頃閱三月十八號英泰晤士禮拜報亦登載此事合並譯之以資印證其詞曰近接橫濱來電云駐韓俄公使因韓員之待俄員阿來克賽夫及諸教習之薄也深憾韓王致書詰問究欲任用俄員與否限二十四點鐘回覆王與英美公使會議據內閣諸員意見欲將阿及諸教習辭退外務大臣不以爲然以爲高麗之承平全恃俄援果出此策願解組綬嗣濟物浦來有俄團練兵艦一艘係由旅順開往者有水手五十七名各齎糧餉入王京保護云本館附誌

日本政策 大坂朝日報

日本宜用全力保護中國、不然則亞東和局、竟難持久、其政策有二焉、

一須加忠言於俄國也、蓋日本一踞遼東之野、當時俄法德三國議我有破亞東和局之虞、我輙容其言、悉還之中國、此地球列國之所知也、然今俄食前言、自出

于力破和局之爲何其暴横也、我宜責之以彼曾責我之言也、則彼雖固執必將無辭以解、

二宜限年數租威海衛也、蓋中國清還賠欵之日、即我兵應撤退之日、我兵撤退之日、即列國覬覦該口之日也、今中國既許德以膠州、又許俄以旅順大連灣、我介其間、以保和局之鈞衡、不獨爲己國、實爲中國作保障也、倘我當路幸取此策、則中國必許我以照俄德兩國之年限租賃威海口岸、決不容緩也、

論秘密黨會之關係 日本新報 稲本誠撰

歐洲列國間有秘密黨會、其由來久矣、曰丹朴列、曰扶蘭克如濡、曰聖得黑兒曼達、曰日儒逸、曰婁斯苦路瓦、曰伊流迷內、曰扶蘭克麻遜、史傳歷載、不絕其蹟、就中最著者爲扶蘭克麻遜、歐洲人至稱爲秘密黨會、其勢力之强大可知矣、

蓋惟秘密黨會者、爲經世最要機括、今夫當政權委一族一黨之手、教權歸一宗一門之徒、恃力挾勢、蔑視國民之利權、羈束奉教之趨向、白晝空拳、迫其前壘、欲

一掃弊害、亦不可得也、於是乎秘密黨會起矣、故秘密黨會者、不可不由正道而進退、由正道而進退者、必有宗旨之不動者存焉、何爲不動之宗旨、曰俾地球上人類、享有平等福祉、得奉教之自由是也、

惟夫黨會主秘密、故其所擘畫經營、不可得窮究、往時麻遜黨會之興也、實在法國俄兒鐵盧、普國扶利士理非第二之世、當時第二欲探知黨會情形、令一武員入黨、然黨會早悟其眞情、互相警惕、以守誓約、不使彼得端倪、以第二之鉅眼、竟不能窺其堂奥而止、惟其韜晦形迹如此、是以雖史上無赫赫之功、然冥冥之間、隱然助長氣運之變遷、其利益不尠、如麻遜黨會之有功于法國革命、史家所津津樂道也、

麻遜黨會不限以疆域、苟同其宗旨、與其進退者、不論何國人、相交通結托、是以黨員遍布歐洲各都、英法德俄伊西蘭白諸國、無所不在焉、惟列國之政治宗教、今也不如往時之暴橫無道、故黨會之鵠的、亦自寛和、化爲農工商業之籍、雖然、

其當初宗旨、業已如此、故今仍繼續其遺恉者、亦非甚少、前年呂宋叛亂之際、爲之謀主、即麻遜黨會也、又往年中國大江上下哥老會蜂起、西人之謀供結兵械硝藥者、亦實麻遜黨員也、然則此黨亦未可忽視也、

現中國情形、堪長太息者、實難枚舉、而當路無拯急之策、徒倚權勢、吸小民之膏血、不知禦侮折衝爲何物、是豈治國之道哉、是豈愛民之計哉、夫歐洲者歐洲之歐洲也、亞洲豈可不爲亞洲之亞洲耶、然歐洲强國、行將併吞亞洲、以爲歐洲之亞洲、亞洲倘不能自保、一旦爲歐洲之亞洲、則地球幾全屬歐洲人、而亞洲人福祉掃地之秋至矣、然則處於亞洲者、不問日韓、不論滿漢、協心戮力、鳴鼓而攻剪土地滅人類之仇敵、救中國之危、所以維持亞洲之亞洲也、

惟其兵權利權、在上而不在下、故志士仁人之在野者、徒託空言、於是有秘密黨會興焉、中國從來非無黨會、或曰哥老會、或曰英雄會、曰甲、曰乙、然其黨員、非兎黜官吏、則撤遣之兵卒、故其旨趣、賤陋卑劣、無足取者、假令彼等得志、非所謂由

正道而進退者也、志士仁人之不與焉者、實爲此耳、雖然、今茲時局日逼、若火之燎原、禍在眉睫、山澤草之莽士、崛起者漸多、然此輩義憤有餘、而闇于大勢、迂于經國、未可以任大事也、幸日人有一日之長、宜提撕啓發、與俱盡瘁于興亞之偉業耳、秘密黨會之關係、於是乎益急矣、

從來憂亞洲時局、欲致力于恢復者、不乏其人、而其志業所以微渺不足觀者何也、志士仁人特立獨行、不出於集羣智合羣力之計也、苟人人固持其見、不相愛護、立小異以張門戶、各欲爲鷄口、焉得成就大業哉、五指交彈、不若揮一拳、事功之不舉、固所當然也、秘密黨會以改革政務爲鵠的、由正道而進退、通之文明諸國而不悖、質之古今而不淆者也、今夫亞東志士仁人相與合會、基此鵠的、嚴建規約、以爲黨會之宗旨、則指揮進退黨員者、不在人而在此宗旨、乃平素相執不下者、亦應得免淩轢排擠之患也、我邦兩三年前、小黨分立、互爭權勢、頃者漸悟其非、舍小異、取大同、茲議定宗旨、組織所謂進步黨者、儼然爲一大政黨、於是從

來紛爭之弊一掃、而黨勢日振、事功月舉、秘密黨會亦不可不如此也、是一利也、二國以上之人民相合、擬成就一大事業、融合調和甚難、歐洲列國之交通至便、尚且有此弊、況於交通疎遠之國乎、今夫中日之人合籌大業、欲専賴人而舉功、必有左抵右牾之弊、我所謂秘密黨會則不然、志士仁人之同宗旨與進退者相結托、不問彼我、不設畛域、長短相補、强弱相助、以貫徹其鵠的爲心、其誠心足以融和兩情而有餘矣、亦奚憂其他哉、是二利也、

其利尚不止此、苟中日人士、而由正道進退、謀我黄種之福祉、則歐美列國中亦必有贊此舉而假一臂之力者、呂宋之亂、哥老會之舉、固不足言已、而尚且有助此者、然則秘密黨會之成、吾安知列國中勇于義者不遙相呼應哉、是三利也、

此等戰事、尤爲驚心動魄、曾經學士愛姆底而司綜敘其攻戰守禦各法、使將家子研究討論、以增無疆學識、讀史者論古低徊、益歎法皇之材識邁倫、法民忠義可嘉、譬如負嵎之虎、雖被重傷、猶能决鬥、獨惜其麾下諸將、材皆駑下、不能奮力助成昌明之偉業、

考法皇於此三年中、籌畫戰計、不無差謬、其於各國軍未過來因河之先、傲不允和之時、不宜疏防麾下諸將、使漸生貳心、不宜留兵株守日耳曼各境、及各礮臺、不宜囚禁西班牙王、既與立有利益之約、而不即時送之回馬德里地、不宜重信闒茸素不知兵之查迷甫、獨守都城、而將一座巍峨帝冕、拋擲他人之手、有此數失、愈輾轉、愈困阨、而各國之王、遂以得志、豈誠彼等持重進兵、立於不敗之地哉、嗚呼、天爲之矣、自經愛姆底而司論定後、各學堂傳播、皆信法皇爲蓋世之雄、不敢以其終至挫敗而或短之也、

敵軍之勝、以統將軋來鐵爲首功、每戰輒占上風、所向披靡、深合美國文戰之法、然每遇法皇躬自搏戰、恒以千人之命、倂法軍五百、與之同燼云、

法皇之軍數、其新募者約十成之八、舊軍僅二成、獨耐戰、雖敗尚不肯叛皇、屈敵而就撫也、

時各國之王、方高會於維也納、籌辦法邦善後事宜、變易法制、爭議久不決、

於是舉立暴盈國人凹林司公爵爲法國王、即路易十八法國雖困兵禍、民氣尚固、彼識卑資淺之異國人、何足高握政權、號令於衆、成效實寡、令人益思拿破侖不置、

有舊臣及狀師數輩、輔助新王、而維也納會中爭論益繁、人心惶惶、遂授拿破侖以絕大機會、重奮奇謀、絕而復蘇者一百日、卒結穴於滑鐵

盧之役、

第五章記法皇在立軋南地方交戰百日事

一千八百十五年三月一號下午一點鐘、有帆船三號、在聖生恩海臂下碇、內載法皇及精兵一千一百人、溯自其愛耳鈀不堅固之牢獄中逸出、不過數日、已有衆至此、雖不能恃此力戰、而能隨護以至巴黎、其費銀錢實甚多、

其回巴黎也、非有忠義之士、利其謚行、若有鬼神相助、以成其獨徃好名之心、因此交戰益加凶險、復肇歐洲全局之憂、當國政大變、警報迭聞之後、民心久望太平、豈知法皇從天而降、重奮兵威、全洲之民、又將遭難矣、

路易十八聞報、卽發兵一隊、欲阻法皇至巴黎之路、及遇各軍、皆舉冠呼萬歲、如耨之英豪、立誓以輔暴盈王、亦欲反正鼓衆、勢如潮湧、

法皇於是建旗鼓、長驅而入、二十一號、已進巴黎都城、入居皇宮、卽溫諭各大臣曰、予數年阨運、今得急遽冒險回朝、實由天幸、

時各國全權大臣方會於維也納、忽聞此信、卽傳發一函致法皇曰、君已重違公法、實亂歐洲太平之局、爲萬國公衆所廢棄、豈宜復登大位、於是各國傳檄徵兵、重加壓服、謂非各等條約所能箝制、英大臣允助餉金一千一百萬鎊、

法皇整治宮府、修復政權、招練新兵、用以禦敵、竭力定計、欲將會盟各國、分殺其勢、煽播流言、各國不之信、所派往各國之使、亦不納、

法皇脫身萬危險中、化驚濤爲坦途、重握國柄、欲令萬姓推戴、時議院各員無主、方紛紜爭論、乃奮其智謀、聯絡議院、爲之統率、與之共治、各員其果能共矢赤誠、奉戴舊主乎、法皇覺其心實無他、而麾下弁勇、仍一心嚮往如故、

其簡定各大臣、不願從命、且謂其弟盧醒不宜擅持民政、且不宜重復舊權、法皇爾時謀待戰勝之後、威權日增、而後治法之政可沛行也、於是卑躬屈節、以徇衆志、又恩結諸將帥、綏戢反側、使之嚮己、輔佐大業、但法皇自壯年屢遭國政驚危、至此益知法民強悍攘權、心內嗛之、故後入聖希里納時、嘗回念曰、爾時予固無意於皇權矣、

然法皇亦勢同騎虎、則由羣下推戴逼迫而成、此時至要之策、即欲堅設一支大軍、力足摧敗各仇讎之國、且須於敵軍未至之先、布置周密、四月念二號、發溫詔以悅民心、其語頗似魯易十八末年所宣、蓋深畏衆情易佛難合也、略謂余之奮身宣力、凡欲法國人人得自由之利、在歐洲立一盟約、可使民氣豐昌、日進禮義、無論如何、終須力底於太平全盛之景象、一時敦慤之士、亦頗信心皈依焉、法皇之雄詐鼓衆如此、時上下議院則以法皇強登天位、爲時不久、吾等二院、乃國家出政立

法之所、非昔日之公會聽其指揮者可比、識者笑其員兒戲語、法皇亦等閒視之、

有一大員布告議員曰、吾觀列邦情勢、時事多艱、諸君苦勞心力、獨可貽譏於後嗣乎、且愼無蹈別隨啞聽首領之覆轍也、時亂民四起、圍攻都門甚急、法皇既深銜各臣狂肆亂言、亦悟軍力未完、不足壓服奸宄、嘗大言曰、吾今出令、不准爾等狀師編律例束縛我、亦不得結黨抗上、以謀不軌、

法皇席全勝之勢、重履公朝、不戮一人、而離阻盡化、蓋乘暴盈失德、萬衆離心之後、易於飢渴之望食飲也、時廷臣所設施、多背國律、法皇謂若輩平昔專尚虛無、今則并虛無亦忘之矣、贓私狼籍、輕犯王章、剝削公家、惟彼童昏、乃縱令惟所欲爲耳、揣彼衆望、再思革政、自法皇登極、國人志得意滿、在昔隨扈暴盈諸臣、仇視卿僚、欲以盛權壓倒全國、其

次違來原欲與中國角一勝負、以報前年之役、乃適遇髮逆之亂、我二國反同心戮力、爲之殲除賊寇、詎非自古迄今、絕無僅有之事乎、雖然、余稱之爲絕無僅有之國者、殊覺太過、余不過人云亦云、亦不知所以然也、問余試自爲設問、前十五年、使髮匪叛亂之時、即公權亂黨、在巴黎京都起事之日、吾國將何爲、倘其時底哀爾思、（法國著名政治家有長史才）不能復興法國兵卒、奪回巴黎于亂黨之手、則將若何、余將默無以對、人亦知之審矣、額手自慶、然余思凡人忠愛國家、保護故鄉之心、與國家土地之界限、適相背、蓋在國兵民、遇有事權、即思作亂、致須求援於外國、以戢其禍、而境外兵民、則離鄉背邑、遠適他鄉、反思念故鄉而不見焉、是忠愛國家者、反在異國不在本國也、

然余不應專述英人之陰謀、與髮逆之毒燄、致余切身之事、反形疎略、余在營供職、至此乃得大用、頗有外遷之望、軍門案桌、對窗而設、舉目

書公會排印

即見江埠、凡在埠諸景畢現目前、眞足賞心、至余抄寫小桌、離案桌不遠、稍後數武即是、惟陸埠頭所列、反一無所覩、日間軍門與余先後坐列治文牘、適客來、余即作起立狀、軍門必招手令余坐、凡軍門機密事、在余前無所隱、余與軍門之子、帶領密札箱鎖鑰、司其啓閉、他人不得與聞也、一日軍門謂余曰、吾子、親愛之詞汝嗣後、亦得出令於人、自第一百一行兵隊間、已得有副將波善、武弁六人、將才不爲不多矣、余應之曰、波善即余之副將也、余曾隸其麾下、蓋余亦曾充一百一行内兵卒、軍門曰、然則汝有何品級否、余即面赧、答曰、惟充當小兵耳、軍門呼曰、此非所以榮之也、汝在營幾何年、余應曰、一年、軍門曰、然則汝應升十總、已非一日矣、余言此實余意中事、余乃以前次軍門之書、若何阻升馬隊隊長、若何催促登程、覶述一番、軍門頷之、早餐後、軍門偕副戎波善倚窗談之、忽呼余來前曰、汝宜致謝、副戎已升汝爲十總、余聞命稱謝而退、余且愧且喜、喜者、喜余新加升銜、小有榮施、愧者、以上官暱視余、毫無客氣狀、即頃飯間、與余言語、亦無敬意、亦不思所與共食者、乃將升爲十總者也、蓋余既在營効力一載、其間五月之久、如隨營攻戰、則稍加升銜、亦可謂余分內應得之事矣、再余升得十總銜後、未數日、即得升授他職、較余此時大寫之職、更爲顯耀、即在大寫銜上、又加一繙譯官之銜、且事前並不另加他銜、越級逕升、誠爲可喜、

法國全軍中、繙譯官祗有二人、一係牧師名竇呂克、後被華人監禁誅戮、一名捋曼爾年尚幼、然係文繙譯、並不外出從軍、至論英軍、則凡大員、俱帶有繙譯官數員、最下者、其俸尙與法國將帥埒、可謂優矣、以余觀之、余等亦應以公道待人、他人有一德一善、而爲我所無者、亦應心口交敬、不宜生嫉忌心、致將他人之眞、一概抹殺、今余等見英人、肯出重貲、雇募譯官、我亦應敬其人、法其事也、

至法國使署、則較勝軍營、署中所用譯員、雖額數無多、而有伯爵克來高烏斯基、充當頭等譯員、辦理譯事、則以其爵及身分論之、已一人可抵十人矣、

軍門因譯員過少之故、時須他出雇譯、多費周章、其時雷米舍旁、有一英人、僦屋而居、軍門時時過從、以譯事相託、

某日余等共在一處、措辦公事、忽從人自外引入華官一員、首戴晶頂、年已衰老、按中國官制、晶頂乃五品銜、約與吾國文學進士品級相等、余近視之、知即余華文教習某君也、文理甚優、爲人頗端方、係天主教中人、蓋天主教在此處頗能聯絡中西人士、使之往來相習、以開風氣、自余抵滬後、此人即每日教余中文兩次、惟於法文一無所知、以故初起教讀、殊不易易、其法余先以一物陳示此人、彼即將此物本名對余指說、余以其音語塡注洋文、即於旁添注華字、後余一人以洋文音語

拼識華字、由字以識人物之名、與各種語言、并由此字及彼字、由此語及彼語、惟其先苦於不能作語、自相問答、惟有以手作勢、啞然會意而已、而從事於此也、必須堅忍專壹、一則有向學之心、一則有願教之意、則又事半功倍、

未幾、余卽能操華語、共相會悟、惟貿然與客交談、仍不免左支右絀、然與教習頗可交話、無須待命舌人、蓋凡余能說之語、教習平素已審知之、故往往語未及卒、彼卽悟余欲言何事、遽相應答、無須余多言也、

凡通中國語言者、皆知絕少上下聯貫之暗記、亦並無言語之規則、故凡聞人說話、時須猛記其中瑣碎之語、蓋語意既斷續、必須聞者自以聯意綴之、然後言者之意始達、而聞者亦能悟徹、而不相刺謬、再華人適因言語間、時須留意、開張精神之故、分外狡猾、而能揣測人心、在交涉各國中最爲譎巧、旨哉岐郁母奪恩跪爾德之言也、渠所著書、名語

言小試者、曾述中國之情形、略曰、余敢言華人之無語言規則一書、適所以增益其民之穎敏也、余固敢作是言、即有人因此、謂余好不經之說、亦所不顧、誠哉斯言、蓋言語間、既無定規、則必須推想、所言合理與否、既無編類之語、自須每事每物辨認明晰、先之以小心、繼之以通徹事理、而巧心生矣、

余教讀之師、導余尤篤、蓋以余習語言、殊覺靈捷、度越尋常、每余與晤談、軍門見余等談甚親暱、甚簡易、甚連續、以爲余華語純熟、已造精詣、以是驚訝非常、

余教讀師所戴目鏡、碩大無朋、與鐵路旁所懸紅白圓片無異、（註此片面紅背白常旋轉懸於竿豎道旁以示人鐵路有阻與否火車可行與否以防不測）行止最拙鈍、此蓋文人習氣、天下儒士、大抵皆然、而中國尤甚、指爪甲長可駭、致兩手不仁、作事阻滯、如癱瘓者然、軍門接見該教讀、亦頗不耐煩、然亦無如之何、隨答數語

肌綱之所廢壞而無用者、溺由脈血、藏蓄在內腎中、而千分溺中、舉其中數、包有九百五十分水、其餘五十分、係生質、如由里亞、由里酸、里的酸、字書云即石淋酸溺中有之希布里酸、字書云此字原係希獵字希拍司馬也爲其多於馬牛溺中得之故也拉克的酸、即拉克堆脫淡輕四養鹽類、及他可分出之質、與土質、如炭養二硫養三輕綠、燐養五及鈉鉀鎂石灰、共相合成、試分出其水、而再將其實質、分爲千分、折其中數、得十六分土質鹽類、千分中之十六、即百分中之一分六釐也、里門試驗得百分中一分五釐、

溺中帶出之實質、在二十四點鐘、折取中數、不到一兩半、然以此爲準、大約英二十一釐之土質鹽、每日由內腎運出、但溺中之一分燐、藏蓄在膀胱中之土質內、

二十四點鐘運出之糞中土質鹽類之數、大約得溺中遺出者、四分之一、即稍過於五釐、原注其數難定常不至此其一小分、得之於液沫及別津液之消

物者、其餘得之於所飲食之物料、而其多少、亦隨此升降、因於所食之物、多少美惡、各不相同、所飲之水有澀與滑之分、皮膚與內腎運出之物、隨人運動及用力爲多少、於以致實質之多少、隨溺之輕重而改變、至一點鐘間、有畧變者、故不能於衆書家、折取人食進運出土質鹽類之中數、即從一人之時時試驗、亦不能得其同數、所以我定意自己試之、將所飲食實質流質之數、細心稱之、而用可憑之著書人之試驗、參以自己之試驗、極細心算出其中包有土質之數、又將諸出路通出之土質、化分出而稱之、此驗法、連試數禮拜以免誤、而所得之數、屢次相同、即所入之數、多於所出、（原注薄山各爾試馬亦然）其數每日參差、有時惟在周日間略有蹤跡、然即此蹤跡、積日累年、亦將有土質多至意料不及者、前已指明在老年身體中、多於中年、中年多於嬰兒、故知其留滯在身體內、而漸漸加添、使年增有易見之改變也、將血中之水取出、而燒其實質、則百分中、留剩一分二釐五毫至一分半灰、係鈉養輕綠、鉀養輕綠、鈉養炭養二、鈉養燐養五、鉀養硫養三、鈣養燐養五、鎂養燐養五、鈣養炭養二、鎂養炭養二、與鐵二養三合成、據里開紐先生化分法、石灰鎂鐵相並之質、居人血千分中之二分一釐、此人因此得巴黎御醫院之賞牌、

故知血中、定有若干石灰質、

血既由養汁而成、原注養汁因膽與甜肉汁之力由食料汁而成則養汁中、亦必有此石灰質、而果然有之、化分之、則見其中土質鹽類與血中者同、

養汁既由食料汁而成、原注食料汁即爲胃及其津液所消之食料則食料汁中、亦必有此石灰質、而又果然有之、

食料汁、既爲消化後之物、則胃內之質、亦有此石灰質、而亦果然有之、

胃內之質、既即爲養身之飲食、則飲食內、亦應有此石灰質、而由化學

化分法、得知養身之飲食、除去補益料之外、即爲土質、鹽類、實致化骨之事、硬强老年及老死、

現已追究此等身體中所有而與年俱增之土質、至於血、於此由出汗而漸黏滯、由血追究、至於養汁、由養汁至於食料汁、由食料汁至於胃內之質、由此至於飲食之料、乃知人以食生、亦以食死、

茲既追究此等土質鹽類、至於飲食之料、則自然必推究各種飲食、人所隨意揀選者、其中所包有致人化骨而變老之質、多少相等否、則由化學試驗而知其不然、常食之質中、或土質較多、或居中數、或甚少、不論所食何物、所飲何水、其中包有土質鹽類、皆由一樣之本原、無非土也、

食蔬菜、則草木生於土、而得其土質鹽類、食獸肉、則其本原終同、惟以所食之獸、爲相隔耳、蓋獸即仰給於草木也、

海內之魚、空中之鳥、地上之獸、凡其所包有之土質鹽類、皆本於土、在於所食之物內、

不論人或他物之支體、皆不能自生一物質、所以人身屬土之質、皆得之土也、

由此言之、倘人能節其飲食、使入內土質之數、僅足生長而補益其骨、原注否則用力動作之事不備因體中無機器之桿也則諸器具與造法、不能變硬而化爲骨、脈管不至硬而乏力、微管不至廢用、腦不至老而縮小、眼光不至有損、聽嘗嗅之官不至失其靈、髮不至變灰色、皮不至變燥而皺、身體則仍存其柔順凸力而靈便、而腦仍存其思想之工矣、

果能如是、節其飲食、使人內土質減少、因以緩其積聚、即惟稍能致此、而壽已可延矣、

前已指明致老死之故有二、一則由於空中養氣、消磨人體、使絲膏積

聚、二則由於土質粘滯、（原注積土化骨）所以倘人力能稍阻隔此永不停止之養氣、於是又禁止此等土質積聚、或至遣去體中已積者、則所謂老年之景象可延久、而壽可延至更長也、

里皮云、今時許多首務之意、自一不知格致工夫所已及者之人視之、猶黃白之術（字書云此字係一種荒唐化學可以化分原質而變其性者）之荒唐妄想也、

凡動物類、皆有巧妙造法、顯而奇、奧而精、惟獨有人得稟受才學心智及靈覺、爲獨得而出格之賜、

引古老人之言、（原注許多著書家爭論以爲古人之年短於今時不及今四分之一使其說果眞則米都殺里當祇享二百四十三年得拉五十一年亞伯拉姆四十四年伊諾克生米都殺里時僅十六歲亞法克殺生殺拉時八歲零九月殺拉生伊白爾時七歲而亞當三十三歲已不止爲曾祖矣故知年短於今之說爲不足據也或者古人之飲食可以長壽則記錄所載古人所享之壽或有之也）則約色弗斯有云、人之飲食、至延壽法尤宜者、且上帝因人之德與其善用之在考究天文數學之故、而賜其壽更長、（約色弗斯書止此）所以誰能不信

人之學問與考究、雖日精進、而終不能再考出長壽之祕法、蓋已如許多年代相失矣、而其祕法、或可總結於以下數言、

倘人食物內、所包有之石灰多、則入食料汁養汁與血中之石灰亦多、唯其石灰之粘滯、在於血中、故血中包有石灰之數多、則周身粘滯之數亦多、化骨之事亦甚、而堅硬倔强衰弱之致人老而催人速死者、其生長亦速、

否則養身之料、選其石灰至少者而飲食之、則入食料汁、養汁與血中亦至少、黏滯之數亦少、化骨之事亦微、堅硬倔强衰弱亦不甚、而人之壽亦長矣、

延壽新法卷二終

各國金銀銅三品貨幣表自序

中國上古之世、金銀銅三品幣並重、後世黃金日耗、始廢一而用二、於是歐洲列邦、趠海射利、遂自號爲用金之國矣、數十年來、黃白長短之論、洋溢乎大宙、美洲之人、至分黨角立相進退、中朝既無術閉關絕使、凡向外洋購機器槍砲船械、及他貸借諸欵、必以金鎊計、而盈虛伸縮之權、乃日操於外人之手、吾惟重足屏息、坐視其伏已鹽腦已耳、自古上賜黃金、動以百斤、二千年間、塵沙糜屑、礦產益微、無論鑄金與無鑄金兩敝之道也、中國圜政疲矣、物窮則變、改鑄金鎊、而以銀銅消息之、憂時之士、奮筆布議、以爲要圖、顧說者謂百國任金、我獨任銀、是天留無盡之窖藏、以福中國、一旦舍己從人、則白金漏卮更多、勢且日匱、然默稽今日國計商情、則又不然、然則鑄金之事遂可行乎、曰、振興利權之機、非可一二端盡也、中國金銀之礦、棄於地者何限、苟開採合度、蕩掃百弊、歲入有餘、然後可鑄金錢、亦藉畫一之政以維持之也、嘉道之際、法國定制用銀、欲使白鏹與黃金並價、以扶銀而抑金、銀價既賤、各國商人以金易銀、捆載而去、未幾銀價轉昂、各商又以銀易金、法市之金如洗、至不足千鎊之數、始悔前策之非、改從今制、鑄銀之策足恃乎、昔者俄國貯庫之金、一億一千萬鎊、始改鑄金幣、東西洋各國皆然、而中國產金之礦、惟漠河曾著功效、旋亦中輟、餘皆封閉、莫探其原、嘗聞哲人之言、惟大同之世、黃金之飾器皿服御者最鮮、今統二十行省、一歲之糜耗何窮、憑何採斂、以資鼓鑄、鑄金之策又足恃乎、中朝當十之錢、未嘗出國門一步、部頒制錢、配發軍餉、旋散旋銷、卒未通行都市、邇來粵鄂競設局鑄銀錢、他省亦聞風興起、然千里之內、尚多扞格、若分國界、而西國如西班牙墨西哥銀錢、相繼流入中邦各埠、遂及京師、反通行無阻、則知錢幣者、恒倚國力爲消長、視政權爲張弛、商俗民志亦相倚伏焉、況民生衣食之需、不可一日而廢、政治家可忽視之哉、博稽我華前譯西書、不爲不多、而列邦錢幣之載尚缺、故詳譯舌人、歷攷東西洋今制、綴輯成編、而取材於閩人辜君湯生者居多、金匱許君同藺、深究英籍、益加蒐輯、既列爲表、復徵引故實、粗陳崖畧、若夫源流損益之宜、輕重等差之度、别有專書、當續梓行世、此特一鱗片羽、藉饜同志覽觀、備當事採擇云爾、

光緒二十四年閏三月無錫楊模序

今世各國海軍詳誌原名今世海軍

例言

一此書明治二十八年初行於世、當時開宗明義之言曰、方今並世之士、闇於智識者、其惟海軍之急務歟、作者亦並世之一人也、乃究心於中外海錄、請益於海軍先達、列爲此編、僅資自鏡、然恩此義不明、兼弱攻昧之禍未已、故不得不急於問世也、年來感事益深、視初刊時、中外海軍情形又一變、爰再窮蒐博采、參究得失、取前編損益之、續訂海上國際公法暨明治二十九年各國海軍情形、重付刊行、

一第一編總論兵艦種別、暨各職任、全加改訂、

一第二編海上國際公法、取材於法國柔拉寫氏所著海軍將校備忘錄者居多、中有議法國定制之偏者、據列邦之通義改之、其禮儀之規制、定於帝國海軍者、指日本國海軍云則據之、

譯書公會排印

一第三編帝國海軍、盡依帝國規制編定、今復重爲增益、補成足本、

一第四第五兩編所載各國海軍中、係編制海軍事項、據法國某氏所著各國海軍制、暨戰艦名號額數等項、兼據明治二十九年、刊行法國柔拉寫暨瓦蘭計那兩氏合著海軍將校備忘錄、並是年刊行英國武刺些氏所著海軍編年史輯訂重刊、

一第六編、明治二十九年各國海軍、據航海雜誌、陸海軍雜誌、復廣加蒐集重編、

一第七編、誌亞東各國海軍、據實際見聞、質之中外當局以成編、

一第四編所載各國海軍、悉具備各國海軍之勢力、故比較其勢力之大小強弱、次第先後之令閱者概見今世海軍之情形、至第五編另列微弱之海軍、以備參考、

一列敘各國海軍、有詳密者、有簡約者、要在關繫軍國何如耳、

一分船艦爲有力艦、水雷艇、暨其餘船艦三種、有力艦總記載重四百噸以上而有戰鬭力者、次水雷艇、亦爲海軍不可缺少之件、其餘船艦、總稱內河小礮艦、運送艦、練習艦等、故比較各國海軍力、列載有力艦、詳悉其勢力如何、繼考水雷艇、亦詳稽其優劣、

一書中參用西歷、以隨俗便、

一補助商艦、不必悉依巡洋艦式、然既同爲補助巡洋艦、故暫襲用此稱號、

一各國軍艦旗暨商船旗、據歐美新書數種詳列、視昔諸書所揭旗章圖、爲數多而且確、

一此書之成、實海軍五將校贊助之功、特此鳴謝、

今世海軍目次

日本福本誠日南著　　安藤虎雄陽州譯

防海艦

巡洋艦

郵信艦

礮艦

水雷艦

比較勢力

第二編　海上國際公法

平時規制

大海

領海　領海之意義　領海之區域　內海及內海海峽　港口　下椗地　海灣　內灣　河口

船舶

軍艦　何謂軍艦　軍艦之職任　特有權　裁判權　庇蔭潛匿權及拒絕潛匿權　逃亡者　訊問旗章權及檢查國

第三編　帝國海軍日本海軍

本公會告白

本公會採譯東西洋各書頗多茲先成金銀銅三品貨幣表一書取回工價洋壹角卽在本會發售并發本埠各書坊代售

本報常州代派處統歸青果巷陶宅局前龍城書院間壁呂宅接辦閱報諸君請至以上兩處定購可也

本公會各省售報處

上海棋盤街文瑞樓書坊　　上海抛球場愼記書莊

蘇州閶門內掃葉山房　護龍街墨林堂書坊　婁門混堂巷馮公館　　無錫竢實學堂

常熟醉尉街內閣張　　常州娑羅巷袁公館本公會分局　龍城書院　局前呂宅　青菓巷陶宅

湖州醉六堂書坊　　松江鴻文堂書坊

杭州方谷園胡公館　　甯波奎元堂書坊鮑君明存

揚州點石齋書坊　電報局　同文書局　　南京王府園楊公館楊君農孫　詞源閣書坊

蕪湖鴻寶齋書坊　　江西省城電報局　南昌電報局　馬王府後德隆醬園陶君菊如

九江招商局史君錫之　漢口鴻寶齋書坊

湖南省城東長街俞君恪士愼記書局　湖北武昌府街口鴻寶齋書局翟君聲谷

天津杏花村武備學堂孫君筱垞電報官局張君小松　天津紫竹林愼記書莊

京都琉璃廠二甸土地祠內總報局　福建馬尾船政局華君秉輝張君漢繇

福建省城點石齋書坊　烟台謙益豐銀號

香港宏文閣書坊　廣東省城愼記書局曹素功墨莊

山西省城水巷惲公館　四川省城蜚英書局

日本東京朝日新報館

譯書公會報

譯書公會報第十八册目錄戊戌三月二十一日

英報選譯

小呂宋羣島作亂 泰晤士禮拜報 西三月十八號

上海施仁耀譯

香港來函、述小呂宋作亂情形、其亂肇於小呂宋之北呂宋島、實因抗稅起見、暴力拏島設立之電報公司、英人並未受害、西班牙軍之駐紮該處者、被戮四十人、鄰近村落防軍及敎士或逃散或被害、幸提督瑪那脫極力保護、與亂黨接戰五次、亂黨力不能支敗去、現地方已安靖矣、

香港巡撫與露透經理問答語 同上

本禮拜二、露透經理人晤牢斌生、時牢斌生官香港巡撫六年任滿回國、經理問曰、今日東方情形何如、答曰、今中國漸蹈履氷、然與我英無涉也、俄人於東方所爲之事、豈眞欲與我英作難耶、德人已得膠澳、乘其權勢、極力經營、此舉余甚欽佩、如照我英以友邦待中國、豈甘心以土地割畀耶、今德規於前、俄隨於後、俄人此謀、蓄蘊已久、雖並非有仇隙於吾、然英出而尼之時已晚矣、俄皇向中國索旅

順、未必害英之大局、第既得其地、須作商埠與各國共之、昔年英俄通商、非惟無害、且大有利於我矣、然俄人闢壤之志、至旅順爲限耳、如再南嚮、恐亦不能統計滿洲、已被蠶食、以余觀之、英俄勢力宜均、庶不致彼此有損、汝識余言、中國北方、俄兵幾遍、將來豈他人所能覬覦耶、我英宜廣開商埠、揚子江一帶利權、永爲保守、往時利得耳（英名士、曾爲茶商、現充重慶商務總辦）乘輪船遍歷長江、所見揚子上游各事、他日應載之國史、以資印證、我英欲於揚子江以西開埠、蓄意已三十年之久、而今果能洋貨暢消、居民且盛感當年創始之人也、以外各事、我英更應照天津和約而行、（天津和約、畸重於英）如中國欲行駁詰、可以威力鈐制、瓜分之議、雖尚未肇端、而香港上海終難聯合一氣、據目下而論、此兩地已見隔閡、中國政府久無管轄之權矣、

問曰、闢香港鄰近有摩司海灣、此地果能作香港保障否、答曰、此事最要、不第英人平安、即中國居民亦可享平安、如英兵艦多艘悉泊香港、自可無事、設一旦奉令遠出、（指北方）香港失屏蔽矣、敵人由九龍攻擊、亦易得手、其海之最狹處、不及一

英里之遠、敵人或據摩司及九龍山巔、懸礮攻擊香港礮臺、不數時悉燼燬矣、祇須兵一萬、由九龍緣摩司海灣至香港登陸、全島糜爛、不堪聞問、爲今之計、我英應籲請中國、將九龍近處一帶共九英里、讓畀吾國、斯有恃無恐、此我政府急第也、香港本有水師提督及巡撫、以資保護、果爾、則我英復得下椗之所、此九英里長之地、既距港不遠、內地一區、我英已建築船塢、人已呼之爲勃利梯虛（卽大英）九龍、如欲得之、並無須勞師動衆、其更有益者、香港已有人滿之患、無餘地以駐防兵、該地且可作防兵操演之場、

香港商務、日見興盛、華商亦頗誠篤、我英於商務、應極力勗勉、保守利權、近德人之商於彼者、日有起色、房舍之佳者、悉爲德商所佔、逆料其後、必更昌茂、其故何也、蓋居民棄舊喜新、我英未能事事警察、致德人用新創之物、行之廛市、以補英人之不足也、（此條兩報互見、特詳略不同、爰並譯之）

游歷滿洲論俄人鐵路情形（續第十七册）

自阿軋呱河下流沿俄之邊界相隔二十或三十浮斯脫、每浮斯脫合三千五百零一英尺有卡賽克之民村落、係由勃克而遷此者、頗以是處爲樂土、日見其增、而新遷此處之俄人身軀雄偉、人人可爲兵、均能荷槍持械、且耐勞循範、兼善馳馬、比達蒙古境、無可以娛目、惟見風吹於山、此處並無土民、瀕河植物、悉爲俄人收穫、似曾經由已種植者、蓋無人出而阻之、河之兩岸青草繁蕪、六畜亦盛、然未見有大木、與奧大利亞之平原相似、自復奪以南約二百英里、不見一木、並未見一華人、余頗詫異、惟在西伯利亞之東、始見有滿洲之人、勃克而界內則無也、泝流而下、余雇用之華人詢余曰、豈其已至英地乎、何以不見一華人也、

越山見阿軋呱河匯水之處、地甚廣大、諾尼河之水入焉、下流至顏羅河始見居人、但其土潮濕、緣諾尼河每年潮汛、時有決口、近處均遭淹沒也、途次倏遇俄之工匠數人、繼而又遇兩人、觀其行走間攜帶車子帳篷等物、及羊數羣、聞此項匠人係選充而來者、其鬚甚長、似華人之年老者、其再次一等之工匠及醫生中國

通事等、更有卡賽克保護兵丁、此兵丁且可使其工作、較保護更勤、與滿洲之兵相提而論、則相去霄壤矣、滿洲近二百年來、中國不過爲遣發罪人之所耳、近諸尼河之山谷、工匠頗難順手、其地一年中有數閲月爲水淹沒、人不能行、茲開通五河、而疏導之、其最闊者計有三百碼、（每碼合中國二尺五寸）使水歸於阿軋啞河匯水之處、而河之中岸、有時亦欲淹沒、距乾地之西有一地、與齊齊哈爾城相並者、是處擬建一橋、計長八英里、如此鉅工、其費不貲也、

齊齊哈爾城、建於阿軋啞河之東岸、爲黑龍江之省垣、有將軍駐防於此、居民約有三萬、常有俄人往來於其間、自勃刺果夫深士克及卡排羅搿而來者、時購日用等物、語言相通、且俄所用之羅布、銀行亦收用、有華人前在卡排羅搿開設積豐泰銀行者、今於此處設一分行、惟俄鐵路辦工公所建於城外、齊齊哈爾及唬士耶之鐵路、將來與勃刺果夫深士克相接、有一俄商、向在勃刺果夫深士克貿易、今在此處亦創有事業、惟觀俄人之在是處行動、大爲赫耀、待華民亦頗厚、此

亦市恩之意耳、諾尼河之水、直貫齊齊哈爾城、將軍備有小輪一艘、當炎夏時以便齎送公文於吉林勃土那者、積豐泰亦有輪船、其時亦往來卡排羅瑪、該城外洋貨物無一不備、均從牛莊陸路運至、華兵亦頗不少、惟盡係旗人、所用洋槍種類不一、大抵古式、如吐侯槍之類、考此槍昔時英人曾以之攻擊拿破侖獲勝於滑鐵盧、華人所以取其義而信用者也、其餘各式之軍械、近數十年來英人棄之如敝屣、而滿洲仍用之、毛塞槍爲尤衆、自甲午一役、猶不知改轍、良可慨也、況所用之槍、無一不生鏽片、想其吝惜油而不擦之故耳、如以吸鴉片之油轉以擦槍、豈不兩美哉、此城爲中國出產之區、居民較多於他處、罪民流寓此間者亦不鮮、惟中國不以此地介意、罪人必流徙此間、其故殊難懸揣、況罪人與居民竟難分別、此外中國官員與僕從等、亦願居於此、然據歐洲而論之、華員與罪人、亦無所區別矣、

更可異者、此處華人頗可與言、如內地欲行商輪、毋不首肯、一千八百五十八年、

在愛勤已與俄人訂約、八十一年、又在聖彼得堡訂約、生脅雷亦與俄通商、迨至數年前、有俄商意欲長驅直進、被華人所阻、俄商亦無可如何耳、

吉林爲滿洲第二之鉅城、形勢頗佳、適當生脅雷河、居民約二十萬、資產饒富、俄人現擇是城爲鐵路之砥柱、軌道環繞其城、直貫旅順、業經俄工匠丈量矣、城之鄰近處、出物產甚豐、足供西伯利亞全軍之用、惟美中稍有不足、因與破爾塔夫卡拿復克夫司克相距不過十四站之間、其地產木甚夥、其運木之法、紮成木排、由生脅雷河上流駛出、現歐洲鐵軌中間需鋪之横木、是木足敷其半、又產煤甚旺、惟質不佳、平常所用之黑煤、每噸價值八先令、且須送至買主之家、距城北二十英里、產煤尚佳、色如棕色、與歐洲亨利加（在普奥國）鐵路所用相埒、惜採法未善、若得英人而教導之、再佐以新法機器、將來得煤未可限量、近二年來、俄人已在此地研究採法矣、

此稿仍未完

論鋁 日本告白報 西四月十一號

天下萬物經化學家用法分化以攷驗其質本如化至不能化者謂之原質迄今攷定品類都六十四種金類四曰鹻金曰鹻土金曰土金曰重金鋁土金之原質也仁燿識

鋁在十年前用化學法竭盡資本心慮始能得之、而所產之地最少、不及銀礦之盛、價亦較貴、然市中並無定價、錘之如箔、以作小件玩物、今則用法愈廣、市廛各物悉用矣、每鋁一條、（未鎔化者）較十二年之前、價僅十二分之一、揣其將來必廉與洋鐵相等、需用之處、必逾百種之多也、美國首飾鋪中、儲藏最富、凡粧臺及尋常陳設並人身所需者、皆以鋁爲之、工匠等購其未鎔化者、暨已捲成箔者、大率由美之酡失而維尼阿省僻治堡購得、其城所產礦質、鋁居百分之九十分、

推原其價廉之由、因彼此各懷忮妒、用秘法開採、合國皆用秘密化學新法、不久漸洩、故價日見其衰、美國傢具鋪中、用鋁製庖廚器皿、取其質輕光澤、不銹而堅、近今痰盂亦用之、甚便居民、銷路極暢、浴盤中鎔之灌以作裏、或裹門外以代白鉛青銅、市中之抽爲絲製爲管、大小咸備、有一名士、推原鋁價之廉、言實因其出

產之地亦廉也、勢必復減至百分中之五十分、今船中各物亦將用之、美博家格致家言嗣後凡椽柱亦可用鋁代、在一千八百八十年時、鋁價每磅值銀十七圓、至八十六年減至八圓、其時已得電氣分化之法取淨鋁矣、至八十九年通行之價減至四圓、如用青銅合鍊、可充鏀克而、德銀名色最低今表殼悉用之至九十一年復減至一圓八十錢、至去年凡貿易場悉視爲最要之貨、在九十三年、其價僅與紅銅相等、刻下如躉批至百磅、每磅不過五十二錢、至六十二錢、如批至一噸、二千二百四十磅每磅僅五十錢至五十八錢、

現美國之鋼匠購鋁甚衆、以備和入鋼中、製成之物柔而有力、德政府勖勵國人推廣其用、如浮橋、兵鞋所用鈕扣悉用之、於造魚雷尤相宜、如用之造一百六十四磅重划船、設改用別類金質、當重至八百磅、今復用以製腳踏車架、及各種油燈之貯油壺、以其性堅不滲漏也、製作釜鑊、以燉各物、無炙手之虞、外科刀七大半用此、其輕率較減於銅三倍又半、用抽作絲可製爲布、並可製爲弓、益可證其

堅矣、

代齒機器 同上

凡年老齒豁、必須鑲牙、然終覺未便、今法人製一食物小機器、一手持機、一手用叉、將肉及他物儲之機內、能開能合、按之三四轉、肉及各物已成虀粉、雖無齒亦可食也、

海關册報一千八百九十七年上海商務情形 北中國日報 西四月二十九號

江海北關年例造報各貨出進贏朒清册、茲接稅務司洛邸阿陳報一千八百九十七年分清册、共六頁、凡中國各貨之由海關經過者、縷註明悉、首論商務盛衰情形、言是年商務並無起色、推原其故、皆因金銀兩價不相敵、金價增而銀價落、滙票減色、雖是年南方瘟疫盛行、並與商務無害、惟銀根緊急耳、幸各莊號極力支持、得保大局、實皆因九十六年年終未清、屆期展限之故也、本埠商務全恃當局者維持、所望今年勝於去年耳、

洛云是年進口貨、煤爲大宗共計五十餘萬噸其價每百分中增至三十分、內五分之四、係由別國運來中國煤礦雖多、惜開采未得其法、洛復云邇來中國官場、漸明機器製茶及養蠶用格致之法、本埠地價房租日見騰踴、工匠各貨暗中隨之而漲、初計之本埠商務合海關銀二億六千五百六十七萬八千九百九十兩、校九十六年、計海關銀二億二千六百九十一萬二千五百十六兩、開除實存銀一億零一百八十三萬二千九百六十二兩、校九十六年、九千五百零三萬五千二百九十六兩、

進口棉貨、除幾項照舊外、餘均減少、因九十六年存貨過多、由美運來者多於英國、蓋美運費價廉故也、棉貨一宗、以銀價漲落無定、利益日薄、但望今歲銷路繁盛、以收其利、總計進口之數、共計六千零七十五萬兩、較九十六年、六千四百萬兩、雖遜於前、然銷路不得謂不暢、緣九十六年積存者、尚有四千餘疋也、各種毛貨暨五金亦減、然各棧並無存積者、年初卽已開市、進口之貨、惟火油及煤爲最

旺、邇來中國智識大開、據本册而論、機器一項、亦日增月盛、惟火柴洋傘、爲日本壟斷矣、

是年出口之貨、除幾項外、餘悉較九十六年爲佳、日本之失算、未能於上海設立紡織各廠、而喜用資本於己地設立、故上海棉花之價日見其漲、皮價亦漲、惟絲業稍有起色、出口亦多、洛論中國蠶繭、愈形衰替、因育蠶者祇求其多、不攷絲質之佳劣也、亟應更改、選取佳種、整頓育蠶之策、華商繅絲廠雖多、恐不能持久、如能持久、其利無窮、然絲業之盛衰、全恃出繭之多寡、絲質之佳劣耳、近中國之絲、細而無力、是整頓之法、曷可緩哉、洛論茶業、已由推拉陳報、故未贅及、余等所欣羨者、中西各商、惟業草帽邊者、其利首屈一指云、

洛論本廠所出棉紗、已一律通行於各沿海口岸、至內地船隻、並未言及、惟金銀爲最要之事、故錄其大略如左、金之由中國各埠進口者、共計八百萬兩、大半由天津而來、運赴外國者、共計有九千五百萬兩、大半運赴歐洲、實爲西方商務最

大利益銀則仍由外洋進口爲多雖其數比去九十四五等年減少並非因兩年銀價之漲實因是年定盤者少而進口之銀半係鎔化爲寶但寶之出口較進口爲多故去八條（每條約八百兩）之進口者亦多近數年銀圓進口亦少且大半由蘇州寧波等處經過本埠運赴香港約計八百萬元制錢一項近亦日貴每銀一兩兌錢一千一百七八十文多至二百五十文每銀一圓約九百文

洛略謂進口洋藥亦殊減少皆因銀價日落也洛又言中國自種之土藥幾與印度相埒然終不能獨擅其利也其他雜項本埠商人性尚誠篤無欺詐等情惟所出棉紗較印度每百分中多九分而將來火油磨坊亦必日有起色是年小車肇禍致詒法人數事如法人興團練兵工部局設自來水欲奪中國郵政利權烏當史該（亞職撥林司譯言親王然法係民主此言親王殆係民主之子若弟也）游歷中國中國遣張蔭桓報之凡此數端皆人所聞者是年丈量等事悉由倍司皮經理總其成者爲刺及克所報情形如此而洛略以爲猶未翔實然已憭然若揭矣

近事薈誌

中國借欵之約、已在北京經滙豐銀行、及德豐銀行、會同中國政府簽字矣、其借欵有一千六百萬鎊、週年四分半行息、將海關前次未經抵押所餘之稅則及釐金等作保、其浙江及揚子江一帶之稅項、悉歸洋關經理云、

本館接北京訪事信云、中國政府玆已准某官商建築鐵路、由天津至鎭江、並准西商襄理、大率係美國商人、然此路須經山東省地方、而駐京之德欽使、前亦欲於山東省建造鐵路、以收利權、今中國既自建築、不能任德再築、德廷業首肯矣、

路透來信云、德國已得在山東開礦建鐵路之權、且不許中國再允他人分佔、英國得此消息、憤憤不平、起而阻之、

照路透傳北京消息云、現俄國力謀中國軍營中悉用俄員一事、有一俄大臣揚言曰、旅順口將來爲俄永遠佔駐云、

俄國欲令中政府、不許聘英之機匠、

俄有巡洋艦一艘、名聖彼得堡、裝兵丁一千名、於前禮拜一之晚、離奧物塞埠開往琿春、

中政府擬欲同文館之外、另創設一大書院於北京、以造人材、請日本人中素有聲望者爲總教習、以上太晤士禮拜報 西三月四號

前中國駐德京柏靈許公使、茲已簡調俄國、其在德京時、與俄人頗爲莫逆、頃派爲俄使、俄人亦甚愜意、惟俄所索之大連灣旅順兩處、中國業已允准、決無更變矣、況所訂之約章、卽將此事載明於首、然俄雖欲推廣於太平洋、其亦願彼此成一和局、此時華英見疏者、以不能賴以扶持、故與俄有此舉耳、

中國駐法京巴黎欽使、會同法員名亨挪托克斯者會議、法向中國所索之事、惟此事仍欲在聖彼得堡重議也、

近接北京信云、旅順大連灣兩處、業已租於俄國、期以九十九年爲限、此外俄更欲將西伯利亞鐵路直達旅順、無論中國允否、俄人定欲行之、

德與中國所議之事、業經駐北京德欽使議妥、中德和約間、竟許德人獨攬山東利權、於本月六號經兩國簽字矣、

某西報得北京近來消息云、中國已許德建造鐵路三條、並准在山東開一切有用之礦、又得官場消息云、此約議定後、德民咸喜形於色、由是而觀、膠州灣竟任德人操縱自如、各國亦置之不問、此後山東省之利益、必爲獨攬矣、

德國內閣大臣某、欲定膠州後來歸何職人員管轄、其言曰、膠州灣一切文武官員、悉歸一極品之武員節制、該武員必須兼巡撫銜者、方能文武兼轄、蓋巡撫有剖斷之權、各武員或有請假者、准否惟巡撫判行、所管轄之地、用巡撫旗幟、似與東阿非利加之巡撫相並、惟膠州灣水師、則歸水師提督節制云、

接中國信云、德在中國辦理諸事甚爲快意、昨午後又接來電、有德教士名化棉歐者、前在廣東時爲亂黨苛虐、此事今已調處妥洽、其倡亂之人、及不善辦理之地方官、均一律照辦矣、該省巡撫允賠欵於教士、并爲擇一善地建還教堂、更爲

極力保護、

德國監督海關工程事軋隆姆斯去者、昨自栢靈啓行、與新簡膠州巡撫厥羅賽達而同至膠州、蓋軋隆姆斯去至膠、爲中國所許之界內丈量其地、擬造一停船港口、歐羅賽達而本係武職、並派膠攝統轄文武之權、定章程及調署人員等事、悉歸其判斷、與東阿非利加德國巡撫相等、如見其人、或見其旗、須升砲十三門以敬、較其位而上之、惟有一管理全國水師事務者、再上卽國皇矣、近有膠州來信、德人在膠起居、大爲不便、緣此地不產米穀、所食惟麥、或以粗麥製餅、或以豆粉代飯、此二者德人素不喜食、此外大宗出產、僅有山芋花生而已、致無美物以果德人之腹、其居民所種之田甚狹、長不過三四十米脫、（每米脫約英三尺）闊不過四五米脫、小民僅敷自給、何能轉糶於西人、而西人之所食、須從他口運進耳、（以上倫敦中國報西三月十一號）

美國試驗種茶情形（倫敦中國報西三月四號）

吳縣沈晉熙譯

一千八百九十七年、駐美國楷而司呑地方英領事函達英政府、言美國種茶情形、據云、美國有一醫生名希派特、嘗研究種茶之事、其試得土質最相宜者、在南楷羅里納左近之拍恒吼司脫離楷而司呑二十二英里、此亦美政府利源之預兆也、希派特既如此講求、未必不試驗盡善、且此地温和、種茶必宜、然南楷羅里納所產之茶、今已行市二三年矣、其價每磅値美銀一圓、約英四辨士、但此貨微黃兼土色而有草味、該領事曾偕友數人親嘗試之、覺味不佳、較中國及錫蘭島運來之茶、高下殊甚、

上年有一參贊名威而生、係美國農學會中人、按有精於種植者函云、伊曾經奉派至式買浮兒考驗楷羅里納種茶之事、講求種植焙製之法、論及種茶、係人工爲最要、然楷羅里納種茶甚不合算、較中國及日本來者、價增八倍、若論種茶、以多雨潮濕爲最宜、能得和暖常雨之地、周年間可採十五次或二十次之多、究之楷羅里納地土、並不潮濕、又不常雨、不過竭人力、四面掘溝、求水澆培、究屬日晒

易乾、然培植茶樹、必須積水十寸、及十五寸、方能茂盛、

種茶之地甚難覓、必須天生地質、非人力所能造就、即或能爲、其費必大、雖現在皆用機器焙製、然採茶揀茶、全恃人工、現因楷羅里納種茶、美人特開一學堂、教授土人講求其法、然則土人未必精於斯事也、現產之茶、須揀出頂上之葉、方能與外來者可比、因始時外來之種、未必均佳、現式買浮兒所種、佳者得三分之一、其餘則未見佳種矣、從大奇林印度地名來者、能長至三十尺之高、而葉則不佳、修剪須極留心、最奇者、其種移植於楷羅里納者、種至四十年、不及印度種四年之大、可見地質必須天生、非人力所能爲矣、

其函又云、論美國種茶情形、其土質除楷羅里納之外、別無相宜之處、而美人則目下亟需廣設學堂、研究培植焙製一切之法、

懸空鐵路日本告白報西三月十號

英力佛坡爾英城名機器會會議、有會友白某者、出一紙講論懸空鐵路之事云、從

此地造至孟邱斯忒、英城名 獲利必豐、反覆再思、此路若成、則懋遷貨物、必便捷省費、蓋平常不論何法建造、鐵路總難獲利、除重價購地外、尚須購機器及別項費用也、昔開而屈落潑司思得妙法、造成狹活之鐵路、用馬拖行、此有二益、一可省機器匠、二可無一定之碼頭、然不若用鐵繩架於空中、以行火車、法之善也、免築路之費、省購地之價、無造橋之工、祇需有三百尺之地、爲貨物上下之所足矣、其鐵繩每條相距約九英寸、使其重力均勻、更有最要之益、其車係用電氣駛行、有一能自動之器、電氣充足、即自能行、且不致越于鐵繩之外、其貨車即馬所拖者、用鈎鈎住鐵繩、以免隕越、每日能運貨六千噸、其行最捷之時、每點鐘能行五英里、

日本眞珠業 倫敦中國報 西二月十一號

日商欲私販奥大利亞眞珠、而奥洲人、不免銜怨、該處透司台島已爲日人所有、有拉待而者、乘阿色而船、經奥洲西北、寄書云、日人不遵律法、未得照會、豈能向

歐人租有執照之船、今乃興高采烈、作此貿易、其富殆轉瞬間耳、各處之利俱可羅入日人掌握、而日人極力經營、視該處似勝于吾英白羅姆地方、總言之日人首先在該處爲商者、實爲國中奴僕、故不許其坐自己船在該處販珠也、

產珠之處、在澳洲之西、有二處、一鯨魚海灣、在西北地角之北、現出口漸少、因私漏甚多也、在一千八百九十年、所有出口眞珠、及蚌殼、有十二萬六千二百九十二鎊、至九十一年、有十四萬零五百二十七鎊、九十二年、祗有十一萬九千二百五十九鎊、九十三年、祗有五萬九千二百五十四鎊、九十四年、祗有六萬二千八百零五鎊、九十五年、祗有四萬七千二百九十八鎊、其珠有用人力種之使大者、在西北阿勃老而花斯海島、即球來而呑之西三十里、此輩販珠者、每船執照之費一鎊、蚌殼及眞珠、每噸納稅二鎊、可見此等貿易、苟無私弊、實爲天下最大之利藪也、

中國煤務 同上

太晤士報接上海訪事人來信、論及中國及日本煤務云、現在各國、大約均知中國開鑛爲最有利益之事、倘中國仍用奥洲及日本之煤、豈非至愚哉、然印度與英國、並未得其利、蓋爲日本獨擅之、但開鑛之前、必先建造鐵路、吾惟知鐵路從速造成、然後可開鑛、中國政府及李盛二大臣、與各國訂立合同、雖意在鐵路、未提開鑛之事、而必爲開煤起見、自應如此也、中國爲地球最富之鑛、惟本國之民、祇能得其微利、以如此好產業、委之他人、豈不惜哉、當此民貧財匱、苟能開一二處佳鑛、即可償此許多債項、何止增商稅區區之利耶、

黃種論 日本告白報 西三月三十號

按土耳其來電云、德皇於數年前、曾料黃種將衰、今世變日亟、意者德皇之言將驗、不啻德皇深入黃種之中、而洞窺其要害、自中日戰後、如一大水泡、至此忽氣散、即中人亦自問種類雖繁、實難抗衡西國、吾觀近古讖緯家言、皆云亞洲他年必有歐人肇亂之事、如土耳其之狀、欲籌補救之法、宜於地中海海灣、截斷土人

入歐洲之路、不使軼種於茲、按土國今勢益弱、聞大國有侵伐之意、必至望影先潰、歐人用兵、即使不及一萬、亦可盡翦其城邑、無論何國皆足制勝、斷無挫敗之理、如奧大利亞中多有中國流寓人、據其日記中、亦言黃族將衰、各國均嚴飭武備、肆其蠶食、德國屬境所有之華人、皆能洞燭其情、美國人亦漸有謀侵中國之意、英人則恍視中國爲所自主、其駐中公使之言、最爲嚴厲、

以上各節、照目今衰敗情形、計數兆華人中、有能充兵者、有不能充兵者、皆有願赴歐洲息肩之心、既人心搖動至此、吾意必有兵禍聯結無窮期、亦知中人臨戰、非無勇敢之志、但官吏及各武備種種章程、皆係徇私廢公、觀高陞船一事可證吾言、當高陞已被擊沉、日本奈泥瓦兵艦救援、令登彼船、兵甯死不願身入敵艦、蓋貽害國家之事、在官吏私匿獎銀、販賣軍火、有如歲值奇荒、賑濟糧米、經手人尚將鹽屑拌入米中、令難下咽、有坐斃而已、中國官吏情形如此、今中國大僚握政權者、雖有戰意、然已於前次一戰、顯露情實矣、吾思日本並非強國、最易勝之、

無論海程陸路、皆可決勝、但須國家發一號令、令百姓人自爲戰、以數十倍之衆、敵此三島、胡虜不克、

目下黄族既衰、竟爲德皇首先逆料、並非黄種決歸衰弱、實緣中人太柔弱無謀、於各國交涉之事、如俄法德皆敢與英抗、惟中國獨怯、今英人之視中國四百兆地方、如行曠野、任其擇肥、竊欲中國孤立無助、人思染指、安能久持、雖能助之、亦苦於愛莫能助、現有一至奇之事、日本近處肘腋、理宜整兵爲中國禦侮、但日人不在中國開設商埠、英美二國同心并力、足敵三國之詭謀、吾惜中國兵弱械朽、官吏疲極、爲三大病、昔提督戈登言、宜擇精兵、賞以高爵、信如斯言、則中邦忠義之士將日出、黄種將衰之語、可以不中、他日史記中亦將記明黄族之强、可轉勝他種、然第以今日而論、黄種之遜於白種遠矣、

法報選譯

英恨法員赴斐洲（法攦脱利報 西正月五號）

上海潘彥譯

英人仇恨我法人、可謂深且切矣、試將倫敦近刊之書報朗誦一過、已如見其肺肝、蓋英以我法前委瑪爾香往亞非利加事、大不快意、必欲阻其前行、且欲置之死地、然未得其間、此乃新歲近事、英人以爲我法必允其所欲、將法員之首傳詣於英、作新歲賀儀、而孰知其有大謬不然者、於是英人大失所望、恨深切齒、倘人心之意願、果有殺人之力、則瑪爾香之委久已停撤、此乃英人中心之意願、堅懇異常、無殊神前所許之願也、

瑪爾香與隨行員弁、當行抵其地時、自必加意備防、加意警守、蓋英早已設備、磨厲兵刃、以與伊等血戰、否則亦必設計謀害、並賄通居人夥同坑陷、因此此地亦係英人爭攘之土地、久欲併踞、但臥榻之旁、豈容他人鼾睡、以故英人必欲出死力以捍禦吾國人也、然英人不幸、此時瑪爾香業已出險入夷、雖在途飽受艱苦、詭歷險阻、然其時已抵泥祿河、遠過英兵駐紮之區、英人雖帶領埃及軍士、幷力會攻、亦何損於瑪爾香哉、瑪爾香到此後、即得一强有力之護符、蓋入亞皮細尼國

境後、王名美納利格爲之整備屋舍、敦請暫避凶鋒、并允出力保護、以防不測、瑪爾香既得安居、並得與美納利格締交、與非洲最有權力之王、（指美納利格言）和同以伺英人之舉動、各築一鞏固之長堤、以敵英人冒攻之大浪、

英人非不知其事也、於是變羞爲怒、虛聲恫喝、并欲與我法爲難、其言曰、瑪爾香與其隨員等、無非係在亞墨利加流寓之海盜、倘美納利格膽敢曲爲庇護、是該王自居下流、甘與盜賊爲伍、亦必與瑪爾香等同爲下愚、同爲不齒、自速其禍、如法國家不自悔過、速行召回、則此次在東非洲犯事之處、顯係法國同謀、亦惟該國是問、然此種妄自尊大虛張聲勢之誇語、瑪爾香與美納利格等並我全國人民皆置若罔聞、付之一笑、瑪爾香在泥落河邊豎立之法旗、英人至今不敢侵犯、其率兵遠征、不過驚恐吾法小民而已、蓋英深知辱蟣鉅公、酷待人望、卽爲他人怨府、而爲衆所不容、必待羣起而攻也、

我公家亦未嘗聽信英人之言、召回瑪爾香、或薄待其人稍存謬視、因其所事、本

分內應爲、係國家所委辦、異常艱鉅、當遣派之時、曾經衆議公允、曾經民人鼓掌稱慶、而今瑪爾香竟不辭勞怨、衝越死險、以任其事、是我國家慶幸之榮寵之不遑、安有辱之阻之之理哉、

英人亦不能以恫喝之虛聲、屈抑美納利格、蓋美有鑒前阿杜阿地方之事、其時英人亦嘗竭力從征、迫至亞皮細尼叢山、然亦查無所得、廢然而歸、反獲曚昧之譏、今與泥落之役、與阿杜阿之事、難易正相頡頏、易地以觀、可知矣、然英人心慮頗智、且甚智、美納利格之兵力、英人亦未嘗不知也、外此我與美君聯絡後、英人所以趦趄不前、不敢輕意冒犯者、蓋深知與我二國決裂後、必有一第三國接踵而起、該國勢力較爲可畏、所不敵也、即此時我與俄國亦因前此同盟之約、必來相助、以是知英人決不肯重費以驗我俄法聯盟之眞切與否也、蓋英人於此決不自欺自哄、至於此極、然我之攻英、英勢亦不孤矣、

爲我國計、儘可任英切齒、雖外觀不雅、但亦無損於我、惟勇往直前、行我所欲行

而已、

東報選譯

日俄優劣論 東京日日新報

日本安藤虎雄譯

倫敦故羅尼孤兒報載俄人論日俄優劣、其詞曰、日俄一旦開戰、俄未可期必勝也、不惟不可期必勝、且恐一敗塗地、時局潰渙、夫以丁口一億三千萬、平時帶甲一百萬、戰時控弦二百五十萬、武備之赫耀、環球無匹、而尙懼戰如此、抑何歟、蓋俄陸師多屯駐人烟稠密之地、以本國西部南部暨中央部爲最衆、窩兒瓦河以東居民漸少、兵數亦漸減、西伯利亞幅員四百八十三萬三千五百英方里、而丁口僅七百萬、陸師不過四萬人、至黑龍江暨卜理麼斯加牙州廣袤六倍於英三島、而丁口僅二萬五千、散處荒堡僻邑、無商工業以應日需、食物器具、仰賴本國、海程紆遠、由奥德沙經蘇彝士河、回駛印度、始達是地、其不便可知已、平時既如此、戰時之困難果何如也、且波羅的艦隊、其力素不足當日本艦隊、黑海艦隊、見扼其海口、均不利於赴援、故俄有頭等戰艦十艘、三等戰艦一艘、頭等巡艦十五艘、三等巡艦三十六艘、兵勢不少弱、派其半數于亞東屬至難事、況於有英之窺邊境乎、

日本艦隊悉係新製、無速率下十二海里者、其中十艘能駛行十八海里至二十海里、艦數既加於俄、復得艮港如許、比俄之海參崴尼哥拉斯科諸口、優不止三數等也、

如俄以陸師戰於雞林之野、更有困難者焉、何也、曰兵械糧食軍隊、悉宜自莫斯科聖彼得堡九富奧德沙各地儲運而來、雲濤茫茫、數千海里、今日發一船、明日出一艦、其勞力糜財費、豈爲尠少哉、如由陸路、西伯利亞鐵路未成者一千英里、其間不可不徒步、即令一旦開通、輸送二十五萬軍隊、亦需費三閱月、此人所熟知也、加之曠野荒凉、無道路市衢堡壘以容兵騎、安能得懸軍萬里、曠日持久哉、要之俄之國力、未副其名、欲易荒鹵爲都會、更進爲己國藩屏、其在百年之後歟、

按此篇與十五册俄酋將有戰事一則小有異同故並録之

大略賓未越巴黎一步、如法皇未來、或有禍變、將逐魯易十八、而魯易非立潑爲王矣、故法皇云、吾至巴黎、實手黜四令司公爵、在位者非魯易也、時武弁數千員、方被黜遣、僅沾微祿、萬情觖望、至此則大喜、又搢紳數千家、革政時紛置田產、禮拜堂亦乘機納產、慮爲國法所繩、法皇垂温詔、各守爾業無動、於是衆心護戴益堅矣、

法皇初入巴黎、即奮力經營、如黃頭郎使槳如飛、無片刻暇、僅閱八十四日、其所締造、全球各史中、罕有倫比、整飭國權、安撫生民、平反側、息爭競、清理國帑、設錢糧局、以支兵餉、分置地方有司、各務皆倚一身而辦、又募重兵、備軍裝、成一大軍、以敵歐洲虎狼百萬、

另籌國債三百餘萬鎊、以來年入欵作抵、又從國庫提存銀一百五十萬鎊、以此二欵、共備精兵二十萬、餉械悉備、圖與白羅催威林呑幷力大戰、

當法皇急遽成軍時、各敵邦亦從容召募大兵、如俄如奧及日耳曼、皆已行抵來因河、又一軍集於培而直姆、即比國多有比國荷蘭漢拿浮日耳曼人及英人、皆屬於威林吞、尚有白羅催一軍、其修整略同布軍、緣此二大軍、人馬衆多、難於安插供頓、故屯營比國大野、占地遼闊、經營四日之久、始由白勒失而齊至法界待戰、蓋各主帥實未料法皇於六月內、已具疾速進攻之勢、故徵備遲緩、不能乘七月一號以前、深犯法疆、斯時俄奧及各國之軍、尚連營比國境內、

按滑鐵盧戰事、甚屬險怪、事雖寥寥短章、而吾等史家載筆、斬然直截、此事始終僅閱五日之久、實則無踰四日、法皇於六月十二號、進兵山姆盤山谷間、廿一號、師還、則全軍皆墨矣、

納而生之戰、勝於脫辣發而軋亞赫赫有聲、且可免至强至尊大統領雄兵、侵入英界、是爲史籍中至要關係、而威林吞滑鐵盧之勝、則維繫

全洲禮義之邦、而保全各國之督兵大將、及殤魂盡骨、還歸故土也、其功尤偉、爲自昔至今驚天動地之一役、時移世易、事實難稽、然其原由、歷歷可考、英俄兩雄、軍勢角立、二國將帥、頗持意見不相下、而子爵內西閙久蓄圖謀威林吞公爵之心、至滑鐵盧聯合戰事、從何入手、時則緐議並興、號令不一、幸俄帥白羅偕忠事威公如骨肉、普將男爵壘夫林身當英軍前鋒、亦與白羅偕合、而深服威林吞武略、憎嫌內西閙、識破狡謀、實於兩國大有裨益、遂將六月十五號至十八號所有紛歧百出之事、盡行藏過、而卒造成至榮至顯之一大結局、史家載筆其閒、足爲萬世兵謀之祖、而內西閙當此一戰、受如許大權、同膺懋賞、威林吞公亦不願追論戰勝之事、深恐獲罪於荷比各軍、緣該國諸將帥、曾從法皇歷著戰績、身受暫時之榮施、雖從兩大國後、未敢奮身決戰、而英軍將弁、亦多違威公方略、軍行遲鈍、錯料大敵之趨向、亦由法皇應變如神、終信法軍威勢在英軍之右、將截踞奧司推拉特還軍之路、更有無識狂徒、布散流言、以惑軍心、故威林呑諸賢帥、雖成大功、閉口不矜伐、免致事外之評議、

在六月十五號下午、威林呑因閱各路中文、即致一書於白羅催云、各軍誤報駐紮之地、蓋其心甚欲令麾下將實在情形、詳悉禀報、及數年後、有人問及戰事、究用何等機謀、伊即詭言、吾當時各緊要事、已於文書中載明、其意蓋深知無一名將、能將戰事顛末、曲折摹繪也、然則吾等觀之、其文書所載、亦難免有錯失歟、威公嘗云、予嘗在誇脫勃拉地方、遇法將地安朗之軍攻擊、及繼察之、其地名亦誤傳、以致史家紀載、亦爲所蒙、迨法皇在聖希里納時、細繹是編、歷指其悞、益見申文中之言謬妄、法皇於一千八百十五年中、其畫策廣大神明、照耀一世、然撰諸公論、亦不能無錯悞、其心恐人議己、故嘗言吾深喜步武意大利國

之英豪、所事全無差謬、而掩飾其短、冀免傳訛、貽譏千載、卽如滑鐵盧之戰、亦由麾下庸將、多方貽悞、成此大錯、且有假冒其名、以致敗績、然法皇手所紀載、雖工於掩飾、後人覩其鋪張勛烈、益加誹議不置云、

此戰結局、事機紛錯、吾輩所印報單、已歷據其要、實於史學有裨、緣當時各路文報、眞僞雜糅、虛實互陳、紛紛積壓、倏忽間此宗文卷、已成一極大藏書閣矣、

在英普軍中、惟墨夫林灼見情實、圖將二國將帥之遭際、簡畧陳詞、然已將緊要各事、曲筆粉飾、英人論世者或已驚爲董狐之筆、而所記滑鐵盧一役、數頁書中、似不免騎墻之見、蓋暱於同種同支之誼、遂不能無用其諱隱也、

此後予當捫舌、不抉破此疑竇、然此寥寥短紀中、已難望彼朝秦暮楚之徒讀之、生懽喜心矣、

法軍之隨法皇戰於培耳陳姆者共禁旅六軍、三軍尤疲頓、軋羅催麾下馬軍四隊、計馬刀手一萬三千五百名、另合六軍中簡出之馬隊、共二萬二千、其步隊則八萬五千、共馬步隊十萬七千人、大礮三百四十四門、另礮兵一萬人、技兵約五六千、統兵十二萬三千人、然法皇所挈、皆非百練精兵、幸法人自戰其國、有上將數員、盡忠以伸國威爲事、故能苦戰不衰、雖滑鐵盧之役、法軍一敗塗地、如白雷漢姆者、嘗論其子六月鬪戰事、以爲無論勝敗、皆足矜誇也、

白羅催統帶之普軍、與英軍略似、皆係新募勇丁、分爲四軍、俱係日耳曼邦人、夙銜法仇、人懷忠憤、第一軍徐探呸統之、駐卡里羅及山姆盤上游山谷、逼近法界、第二軍潘處統之、屯南滿之野、第三軍剃而曼統之、駐近西內、第四軍步羅統之、駐里全之左、離卡里羅右邊六十買耳、局勢分散、相隔甚遠、如欲全軍會集、須急行多時、此項普軍共步隊十

而已、逾時辭去、外貌頗莊重、禮殊煩數、臨別兩手合向胷前、屢作揖狀、口中喃喃頻呼請請、而後轉身別去、此乃俗例、各處相同、有如波斯人稱唅拉末阿利格、吾法人呼蓬徐五爾唉、該教讀別後、余回至辦事處、軍門止余留步、謂余曰、吾兒汝頃間口若懸河、實使余傾倒無似也、自今以往、汝更致力學習華語、汝使署書記之職、仍可兼理、蓋余得一舌人、爲余所信託者、襄理庶務、甚有裨益、更望汝爲余宣力、以副余之厚期、勉旃、

此處必須罄述余平生之涉歷、使閱者得知余究竟也、余十五年前、曾赴巴西國遊歷、遇華官一員、職司載運者、以中國語言授余、令余畧知一二、厥後有名斯達尼拉儒理恩者、卽法人中最通華語之士、授余妙訣數則、余抵滬後、越日卽請得中國儒生一人、卽頃來見軍門者、敎余華語、更有余友洫米借余中國書數册、自此卽日講求此事、每日除夜

間休息數時、日間辦公三時外、專習華語、至今日僅能使聞者、悟余欲言何事而已、

凡在滬時、余習學語言之工課、無時或輟、幷在軍門前充當繙譯之職、至兵事完竣而止、平生頗以此自喜也、

當我儕在滬辦事時、兩國公使、卽當從容蕆事、凡前次與中國年餘不能辦結者、一旦無意中辦結、四月間、兩國軍帥接到北京內閣回音、蓋前次三月初九日、俄法曾致中國哀的美敦書、至此內閣始行回復、此書並不照例、用詔書體制、蓋係　皇上與某省總督之密旨、總督轉致軍帥、代述其事、其詞如下、

內閣昨奉貴大臣行咨、抄錄大法國欽使公文一道、具陳被中國官吏阻扼進京情事、該大臣原擬前來調換和約、去年五月間、行抵北河口、驀被華兵放砲攻擊、勒阻前進、爲此請索賠軍費、幷賠償被擊之兵船、

惟內閣細察之下、核得此次並非中國無理、不守公例、實因英人輕視中國號令、帶兵一營、前來天津河、其致此之故、惟欲將保護河口之屏障、無被折毀而已、法人與美人並未效尤、與英人朋比爲奸、爲此埠上官員頗喜、速遣人來請行知會、幷令兩國師船由北塘直抵京師、不料法國師船業已開行、惟有美人自北塘來換條約以去、此其故實因法人失于檢點、未將隨美人來到此地之事、預爲行文、告知中國、俾能照辦、且法人起程後、貴大臣曾札飭到滬、諭法人知悉、謂伊等既未稱兵附攻、自可前來換約、惟須陳明其意、幷來抵北塘、悉照美人所爲、印信存案、以憑徵信、

至論被擊船破、應行賠補、與補繳兵費一節、則法人既未助英人仇視中國、中國人安肯無端舉兵、攻破貴國師船、倘有人開言賠償兵費、則中國近數年來、因兵事所費之數、實在不貲、總計之必已兆兆銀數、而

貴國所費幾徵、不及其半、以是由彼此彌補之說論之、貴國應補我之所失、豈宜令我重出庫欵、以償貴國耶、

再者、上年貴國以美國自比、力求相似之利益于台灣等處、一律開埠通商、我　皇上懷柔備至、以宏量待美人、時以通商爲急務、法人未換和約、亦不深咎、凡所施于美人之利益、施恩加給法人、然則我　皇上之待法人、不爲不厚矣、法人不知感戴稱謝、反百般揑飾、聲稱無端破擊、需索賠費、致在所與函內、尅期苛限、驟下哀的美敦書、與種種不情不理、未聞未見之事、

至論欲在北京派駐使臣一節、內閣核得中國與法國所訂約內、並未提及、蓋第二條所訂者惟此、卽凡有大國在條約內、列入遣使來駐北京之語、法國亦得一樣權利、但英人上年雖竭力請求此事、然我國派出使臣等、俱據理直陳、答以萬難應允、爲此貴國亦不得非分干求、

至所請前來北地調和約一事、亦無所爲難、倘法人肯從貴大臣意、卽在上海辦理此事、亦未始不可、倘欲在北京議辦、亦是可行、蓋諸已訂定、兩無異詞、惟來北地換約、卽照和約之意、隨來者無得過多、致滋不便、兵輪則萬不能隨入、倘果照約奉行、則中國不能於禮有虧、自必善待法人、再法人來北時、經由北塘口、陸路進發、其隨帶兵輪數艘、宜擇在大沽碇泊、此次來京、並無換約之意、實胷懷惡意、將有不利于中國者、宜爲避嫌起見、無使他人畏懼、或起仇視之心、請貴大臣將以上各節、照會貴國使臣、俾得照辦、幸甚、一千八百六十年三月日北京發

英法兩國使臣、接得內廷寄諭後、當卽議覆、書中指陳中國官吏欺侮歐西各國之事、實由各國寬柔爲懷、不尙威武、以警戒之耳、于是歷數其情而證之、其詞如下、

兩國頭等欽使書末署名者、日前接到中國欽差大臣兩江總督部堂、

轉咨內廷抄發咨文一道、當卽共相抄閱在案、我兩國退而細思、皆以爲此書中、並無一語允應我兩國所求于中國之事、卽此以觀、足見哀的美敦開載之欵、我法國皇上與英國君王所求于貴國者、明明推却不受、且書中語氣、大覺倨慢、不滿人意、按日前而論、實已仁至義盡、碍難遷就、仍舊和好、爲此兩國使臣意見和同、皆謂倘遵奉前旨、據理而爭、惟有咨請兩國水陸各軍統領、趕速整備軍械、以與貴國從事疆埸、若遵照兩國朝廷所授之機宜、則此項辦理之法、誠爲合宜不可少之事、冀使中國推誠守信、照行條約、幷以補前年六月間失信妄行諸大端、一千八百六十年四月初四日法欽使蒲爾蒲隆英欽使勃呂司同由上海發、

兩國曲直情形、若此明晰、無庸疑慮、法欽使又寄覆文一道、照會兩江總督云、

書末署名者、敬報兩江總督部堂、日前轉致廷寄、近已接到、此諭原係

延壽新法卷三

飲食之合料與多寡最宜以延壽者

未曾徑直以論飲食與其合料之前、當先略及人之造法、及器具之功用、關係於長壽之所合宜者、

試觀人類、或總觀之、或分觀之、不論皮色風土與習俗、見其骨與生理、皆大相同、其造法器具功用皆無異、人之身體完備、造物者視之爲善、乃賜之才智、而人之職、當用其才智、在於求學問、使得保全其身、

近時王子之好友某君云、似虔心訪求聖蹟之人之到聖地、勤勞以訪求藏聖蹟之櫃、以訪求眞理、（原注上帝之眞理上帝之律法）如顯明在其工夫、在其造化、（其意大約謂人之考究造化眞理當似訪求聖蹟之人之虔心勤勞也）

門鹿云、人之身體完備、若機器、明明定爲可永久行動、

來得福爾醫士云、設想有一考究生物學之人、纔第一次見人之身體、

譯書公會排印

在完備之時、則不論其人如何細心查察、不能其如何精悉此理、終不能不經閱歷之見、而冒說其中現出有死之緣故、彼固不能料及如此一事如死者、其意大約謂人必見過人之死而後乃知人之必死也不然見人身體若此完備幾疑其不死矣格蘭各雷醫書撮要云、如此一機器、如人身者、苟非偶然毀傷、或爲外物所害、則似乎做成可以永久不壞、

木爾根云、倘將一生動之物、當其大備之時視之、則見其感動與效驗互見、幾信其不死也、

湯姆生醫士所撰醫學字書云、在將來可少疑人之生命、或可延至遠過今時之人、或者遠過現在所能想及之數、

身體時時變化、廢而復生、養氣消廢諸肌網、人飲食以補其缺、飲食中所進、有害人之質、卽土質鹽類是也、如前已說過人各器具與造法、至生命一定之時、猶能再生而補其所廢、過此之後、其血管變硬而乏力、

至於浸濕諸造法、而養之之力衰矣、若此等體用、能免於廢壞、則腦因心行、心因腦行、可至永久運動、其功用仍存、其用新生者、等於其所廢毀、其感動與效驗之間、相和睦而互見、人若能行此、則其生命、幾可以不死矣、

人壽原無界限、格致不能擬一壽限、教會中亦未嘗有命令、諺有人生三廿又十年之句、原非上帝示人之告、不過惜民之罪惡、自致其壽減少至此耳、

古時苟無邪說殘害暴行、致生民塗炭、（原云置人民於地下）苟非妄立意見譬喻、以解釋天變、而實未知其故者、則人之才學、當更合理、純一而全備、一種格致之學、不至時時與別一種相爭、今日之考究、不至爲明日所拒敵、萬事皆和睦而相長進矣、

凡事實意思與考究、爲一時所遺忘輕視而譏笑者、漸漸興起、以詆斥

譯書公會排印

愚妄、而利益人類、凡此總歸於考究之事、而人終不當禁止考究也、

丁得爾掌教云、人終不能使禁止考究、所靠在此、如化學家以所宜用之物料聚集、而能成一人身、則亦爲之、而何不爲、蓋雖未嘗有命令禁其爲之、然其所求者、盡爲能力所限也、

培根云、人之考究、如果有益於人、或於人身心、或於人身、或於家業、則當行其考究、至極步處、深信之而有眞徵驗、若能以人力蓋天功、爲人志向之最好而最高者、

觀衆人論其飲食、則可於其習尚與性情中、見有許多難事、當除去以使變其慣常所喜之事、其難事固如此之甚、至於不得不引以下之言、

華爾白頓云、尋常論人之說是誤謬、以人爲知理之物、若以之爲可以知理之物、則得其解矣、

此言之旨、於凡事皆然、而於飲食爲尤切、兼且該多有云、欲與人之胃

譯書公會排印

譯書公會排印

天下各國要覽序

生乎今之世、能貫綜經史、究覽墳籍、猶可云通於古者也、其如噴昧于今務、何況博貫載籍國髦其夫耶、今天下亦羣知自强之要樞、濬靈之秘鑰、莫亟于譯書矣、雖西歐東瀛書渺若煙海、而通人傑才、謀譔舉其契、吾人譯士、籀讀撮其精、用是繙政書者猋起、擷時要者蠭涌、歲增月益、刻異日新、或已寓于目、或未竣其編、其所以惠此中國者、何一非天之牖民也歟、然而圖博貴乎約、取精用乃宏、洪由纖成、繁以簡馭、欲周知四國之爲、必廣攬列邦之籍、簡練其要略、薈萃其羣政、俾宏綱細目、指掌列眉、都爲一編、貽餉吾黨、旣益神智、夫豈淺尠、惜乎近今述者尚少此耳、往歲美林樂知輯列國歲計政要、於各邦疆域戸口官制學校度支商務等、稍述崖略、甚惠初學、近年李提摩太所著時事國說、亦有益流覽、若夫曩昔製造局所譯兵家言術藝等書、有裨專門、無當初學、

余乃畧沿林李二君之例、輯述是編、多譯各種表、間附說畧、非特博達之階級、誘掖之徑路、抑亦今之講求時務者、壤流之助也、

光緒丁酉十二月無錫周道章序

天下各國要覽

英國名人雜著　無錫周道章彣甫
金匱許同藺仲威　仝輯譯

天下各國帝王總統姓氏即位年歲表（錄丁酉年）

國名	尊號	族姓	嗣位之年	現在君年
亞細亞洲				
中國	皇帝	愛新覺羅	一千八百七十五年	二十七歲
日本	天皇	睦仁	一千八百六十七年	四十五歲
暹羅	國王	邱來林加倫第一	一千八百六十八年	四十四歲
波斯	沙譯言帝	馬瑞甫愛特亭	一千八百九十五年	四十四歲
阿富汗	酋長	亞伯度爾乃拉曼	一千八百八十年	五十二歲
歐羅巴洲				

譯書公會排印

英吉利	王后（印度稱皇后）	維多利亞	一千八百三十七年	七十八歲
俄羅斯	皇帝	尼哥拉斯第二	一千八百九十四年	三十歲
法蘭西	總統	弗里格斯福耳利	一千八百九十五年	五十六歲
德意志	皇帝	威廉第二	一千八百八十八年	三十八歲
奧地利亞 匈牙利	皇帝 國王	佛郎士約瑟福第一	一千八百四十八年	六十七歲
意大利	國王	恩勃爾他第一	一千八百七十八年	五十三歲
西班牙	國王（現母后臨朝）	亞豐蘇第八	一千八百八十六年	十一歲
荷蘭	王后	威勒米那	一千八百九十年	十七歲
葡萄牙	國王	敦加魯士第一	一千八百八十九年	三十四歲
丹麥	國王	基利斯底安第九	一千八百六十三年	七十九歲
比利時	國王	里泊德第二	一千八百六十五年	六十二歲
瑞士	總統	阿德連拉喜那	一千八百九十六年	六十六歲

國	位	名	即位年	年歲
瑞典挪威	國王	阿斯嘉第二	一千八百七十二年	六十八歲
土耳其	蘇丹譯言帝	阿勃度哈美德第二	一千八百七十六年	五十五歲
希臘	國王	若耳治第一	一千八百六十三年	五十二歲
塞爾維亞	國王	亞勒山德第一	一千八百八十九年	二十一歲
羅美尼亞	國王	加魯士第一	一千八百八十一年	五十八歲
勃爾忌亞	王爵	弗爾的納	一千八百八十七年	三十七歲
蒙退內格羅	王爵	尼哥拉斯第一	一千八百六十年	五十六歲
阿非利加洲				
埃及	主宰	阿勃斯第二	一千八百九十二年	二十三歲
摩落哥	蘇丹	馬利亞伯度阿集士	一千八百九十四年	二十二歲
阿皮西尼	國王	梅內來克第二	一千八百八十九年	

國名	職	姓名	年	歲
的黎波里	總管	阿美特爾來雪姆	一千八百八十一年	
孔戈	主宰	比利時王里泊德第二	一千八百八十五年	六十二歲
脫蘭寺罰爾	總統	波爾克魯基耳	一千八百九十三年	七十二歲
馬達戛斯加	王后（擁虛位國屬法）	蘭納伐羅那第三	一千八百八十三年	三十六歲
阿蘭自主部	總統	邱及姆脫斯敦	一千八百九十六年	

北阿美利加洲

國名	職	姓名	年	歲
合衆國	總統	威廉麥金麗	一千八百九十七年	五十四歲
墨西哥	總統	璞爾弗羅迪斯	一千八百九十六年	
瓜地馬拉	總統	利那排羅斯	一千八百九十二年	
閎都拉斯	總統	巴里開爾普勃納賴	一千八百九十三年	
哥斯德里加	總統	來甫格里霅斯	一千八百九十四年	
尼加拉瓜	總統	山都斯	一千八百九十四年	

薩瓦多	總理	格得來斯	一千八百九十四年
海地	總統	海巴來脫	一千八百九十年
聖多明哥	總統	海里獬司	一千八百八十六年
布哇	總統	聖得甫特度爾	一千八百九十四年

南阿美利加洲

巴西	總統	普騰脫加斯	一千八百九十四年
可倫比亞	副總統	密格爾開羅	一千八百九十二年
厄瓜多	總統	阿福羅	
委內瑞拉	總統	埃文琴克里斯巴	一千八百九十四年
玻里非亞	總統	瑪佛那拔的他	一千八百九十二年
秘魯	總統	尼哥拉斯比羅蘭	
智利	總統	愛蘭楂理易加林	一千八百九十六年

譯書公會排印

國	職	名	年
巴拉圭	總統	愛闊斯加薩	一千八百九十四年
烏拉圭	總統	伽埃特爾波耳他	一千八百九十四年
阿根廷	總統	亞列不倫	

中德膠州條約

山東曹州府教案、現已商結、中國另外酬德國前經相助之誼、大清德國國家彼此願將兩國睦誼、益增篤實、兩國商民貿易、使之格外聯絡、是以和衷商定專條、開列於左、

第一端　膠澳租界、

一　大清國大皇帝欲將中德兩國邦交聯絡、並增武備威勢、允許離膠澳海面潮平周遍一百里內、係中國里、准德國官兵、無論何時過調、惟自主之權、仍全歸中國、如有中國飭令設法等事、先應與德國商定、如德國須整頓水道等事、中國不得攔阻、該地內派駐兵營、籌辦兵法、仍歸中國先與德國會商辦理、

二

大德國大皇帝願本國如他國在中國海岸、有地可修造排備船隻、存棧料物用件、整齊各等之工、因此甚爲合宜、

大清國大皇帝已允將膠澳之口南北兩面、租與德國、先以九十九年爲限、德國於所租之地、應蓋礮台等事、以保地棧各項、護衛澳口、

三德國所租之地、租期未完、中國不得治理、均歸德國管轄、以免兩國爭端、茲將所租各段之地、開列於後、一膠澳之口北面、所有連旱地之島、其東北以一線自陰島東北角起、至勞山灣爲限、二膠澳之口南面、所有連旱地之島、其西南以一線自離齊伯山島、西南偏南之灣西南首起、往笛羅山島爲限、三齊伯山陰島兩處、四膠澳之內全海面、至現在潮平之地、五膠澳之前、防護海面所用羣島、如笛羅山炸、連等嶼、至德國租地及膠澳周遍一里中國里界址、將來兩國派員查照地情、詳細定明、在膠澳中國兵商各船、

與德國相交之國各船、德國擬一律優待、因膠澳內海面、均歸德國管轄、德國國家無論何時、可以定妥章程、約束他國往來各船、此章程、中國之船、亦應一體照辦外、決無攔阻之事、

四膠澳外各島及險灘、德國應設浮樁等號、各國船應納費、中國船亦應納費、爲修整口岸工程之用、其餘各費、中國船均無庸納、

五嗣後如德國租期未滿之前、自願將膠澳歸還中國、所有在膠澳費項、中國應許償還、另將較此相宜之處、讓與德國、德國向中國所租之地、德國應許永遠不轉租與別國、租地界內華民、如能安分幷不犯法、仍可隨意居住、德國自應一體保護、倘德國需用地土、應給地主地價、如華民有犯中國法律、逃入德國租界內、如經華官照會、卽行送交、華官無須派人入界捕拿、並中國原有稅卡、設立在德國租地之外、惟所商定一百里地之內、此事德國卽擬

將納稅之界及納稅各章程、與中國另外商定、無損於中國之法辦結、

第二端　鐵路礦務等事、

一中國　國家允准德國在山東省建造鐵路二道、其一由膠澳經過濰縣青州博山淄川鄒平等處、往濟南及山東界、其二由膠澳往沂州及由此處、經過萊蕪縣至濟南府、其由濟南府往山東界之一道、應俟鐵路造至濟南府後、始可開造、以便再商與中國自辦幹路相接、此後段鐵路經過之處、應於另立詳細章程內定明、

二建造以上各鐵路、設立德商華商公司、或設立一處、或設立數處、德商華商、各自集股、各派委員領辦、

三一切辦法、兩國迅速另訂合同、中德兩國自行商定此事、惟所立德商華商公司、造辦以上鐵路、中國　國家理應優待、較諸在中國

他處之華洋商務公司辦理各事、所得利益、不使向隅、查此欵專爲治理商務起見、並無他意、建造以上鐵路、决不佔山東地土、

四於所開各道鐵路附近之處、相距三十里內、如膠濟北路在濰縣博山縣等處、膠沂濟南路在沂州府萊蕪縣等處、允准德商開挖煤斤等項、及須辦工程各事、亦可德商華商、合股開採、其礦務章程、亦應另行妥議、德國商人及工程人、中國　國家亦應按照修蓋鐵路一節所云、一律優待、較諸在中國他處之華洋商務公司辦理各事、所得利益、不使向隅、查此欵亦係專爲治理商務起見、幷無他意、

第三端　山東全省辦事之法、

在山東省內、如有開辦各項事務、商定向外國招集、帮助爲理、中國應許先問該德國商人等、願否承辦工程、售賣料物、如德國不

願承辦此項工程、及售賣料物、中國可任憑自便另辦、以昭公允、

以上各條、由兩國

大皇帝批准、中國批准之約、到德國柏林之後、德國批准之約、交給中

國駐德國大臣收領、作爲互換之據、

此專條應繕四分、華文德文各二分、

畫押蓋印、各執華德文一分、以昭信守、

前日會議第一集亞細亞協會章程俟日本原創協會章程寄到再行斟酌訂定排印茲先擬十六條錄呈

公覽如各有所見應請增添以便集議願入會者請簽　大名

亞細亞協會章程十六條

一是會專爲振興亞細亞洲開通民智發紓地力無論亞洲大小各國皆准入會

一是會專以立志氣開智識爲主凡入會之人務須以受人侮笑爲恥以力求上達爲心庶同洲風化日進高明

一與是會者無論國之大小强弱但既誠心簽名入會後皆須泯畛域之見親如兄弟同德同心共勷盛會

一是會無論官紳以及士農工商俱准入會雖人各有貴賤賢愚之不等亦當一視同仁

一已入是會者皆須奮發志氣講求實在學問所有內治外交兵農禮樂礦務商情工法器械格致之道須各認專門攷求以立亞洲富强之本

一入會之人賢者當竭其才明者當盡其智貧者當勞其力富者當助其貲各奏爾能和衷共濟則振興不難矣

一同洲之內有志之士無地無之總會之外各國各省各府州縣宜廣立分會與總會一氣呵成以廣聲氣而聯友助

一入會之人宜將姓名歲數籍貫以及所學何事所執何業註明草册以便各國各省各府州

縣分會隨時彙送總會註册列諸報端俾知各處風氣賢愚以備當道查考

一入會之人有精礦學農學工藝學律學兵學商學天學地學算學化學電學光學聲學醫學格致學者各分會宜隨時報明通知各國以便舉用

一是會經費皆由入會人籌捐多寡聽人自便毋庸相强亦不必先爲限制

一創辦之初經費孔多凡作會董者先捐洋銀一百元以爲公所紙筆墨書手茶點等費

一會中應辦善舉頗多俟賢君良相憫時救世之君子助以鉅欵方可次第舉行

一擬先設亞洲協會月報次仿西人設軍中紅十字會預選名醫備籌藥費如亞洲各國遇有災難會中人須出其財力以相資助不可坐視推諉

一亞洲協會月報公舉有名望者主稿凡有各洲新出利器有關亞洲大局利害者當隨時登報其有任意欺侮不合公理諸事均可送報照登普告天下以辨是非

一擬設亞洲協會公所於會董中公舉常在滬上辦事者十人或稽查銀錢帳目或督理亞洲協會月報或管理各處往來信件以一年爲期期滿去留公同酌定如有緊要事件集衆公議

一凡捐有鉅欵於會中暨有功於會中爲會中所尊崇者除登報外久當鑄像勒碑以資觀感用此相維相繫庶亞細亞振興有日不至見笑侮於各洲此其大畧也若有良法容俟公議續增更願同洲同志勿吝藥石之教云

同人公啓

本公會告白

本公會採譯東西洋各書頗多茲先成金銀銅三品貨幣表一書取回工價洋壹角卽在本會發售并發本埠各書坊代售

本報常州代派處統歸青果巷陶宅局前龍城書院間壁呂宅接辦閱報諸君請至以上兩處定購可也

本公會各省售報處

上海棋盤街文瑞樓書坊　上海抛球場愼記書莊

蘇州閶門内掃葉山房　護龍街墨林堂書坊　婁門混堂巷馮公館　無錫竢實學堂

常熟醉尉街内閣張　常州婁羅巷袁公館本公會分局　龍城書院　局前呂宅　青菓巷陶宅

湖州醉六堂書坊　松江鴻文堂書坊

杭州方谷園胡公館　寗波奎元堂書坊鮑君明存

揚州點石齋書坊　電報局　同文書局　南京王府園楊公館楊君農孫　詞源閣書坊

蕪湖鴻寶齋書坊　江西省城電報局　南昌電報局　馬王府後德隆醬園陶君菊如

九江招商局史君錫之　漢口鴻寶齋書坊

湖南省城東長街俞君恪士　慎記書局　湖北武昌府街口鴻寶齋書局翟君聲谷

天津杏花村武備學堂孫君筱垞　電報官局張君小松　天津紫竹林慎記書莊

京都琉璃廠二甸土地祠內總報局　福建馬尾船政局華君秉輝　張君漢籌

福建省城點石齋書坊　烟台謙益豐銀號

香港宏文閣書坊　廣東省城慎記書局　曹素功墨莊

山西省城水巷惲公館　四川省城蜚英書局

日本東京朝日新報館

譯書公會報

譯書公會報第十九册目錄

英報選譯

俄日新約 日本捷報西四月廿一號 字林西報西五月五號　　上海施仁耀譯

俄日和約、本係伊藤侯爵訂定、至今未廢、惟俄人罔顧該約、遣員干預韓政及稅務、故時事新報云、該約成廢紙矣、去年大隈伯爵任外務時、欲極力申理、集員會議、適値駐日使臣司配歐赴韓、代者爲男爵魯生、因其未來、暫行延擱、其時即俄干預韓政之際也、比魯生抵任、而大隈辭職、男爵西次德一郎代之、方是時內閣交鬨、無暇顧問外部、至正月十二號、內閣甫定、於本月二十號始遣員開議、俄即派魯生、所議如何、外人無從臆揣、事關重大、俄廷未必遽肯消弭經營高麗之念、由是觀之、日本欲新修和約、無非欲推廣高麗利權、刻下議有端緒、俟兩國政府簽押、即可曉諭通行、捷報

四月二十八號東京報云、日俄新約、業經簽字、二十六號日政府會議、伊藤侯爵在政府所發議論、即指此事、茲將條約三款列後、　一日本與俄國均議定承認

高麗爲自主之國、二高麗政府如欲向兩國延聘敎習或襄贊國政官員、須由兩國會議定奪、三俄人承認日本人民、凡僑寓高麗者、一應商務利益、俄人不得顧問、

日日新報云、本月二十五號俄遣駐日使臣男爵魯生、日廷遣外務大臣男爵西次德一郎、會同簽押、但舊約亦不能費、恐與新約有亂也、俄日兩國議定此事、不宜宣示各衆、故報中並未論及、將來兩國、或全或半欲行曉諭、須兩國議允、其駐韓俄兵、仍照常駐紮、新約並未提及、字林

西伯利亞鐵路工程情形 倫敦中國報 同上

西伯利亞鐵路大臣具報鐵路情形云、西伯利亞中段第一條、及支路之達托姆司克城業經竣工、可以定時照章通行、此路可達克剌司拿阿司克、其二段共四路、一名曷可此克耶克耳耶克耳湖名一名脫蘭司耶克耳、言可渡耶克耳也一名曷塞里河名一名潑姆科脫拉司經過之處、斬伐樹林、共計二千英畝、土工共計三千萬英立

方碼、二十七立方英尺爲一立方碼計築壩工程一百二十五英方碼、石工共十五萬英立方碼、鐵軌之鋪定者、共接至四百英里、大小橋洞、或以鐵、或以木、其造竣者共計六百三十浮司脫、每浮司脫合三千五百零一英尺以上工程指曷塞里鐵路而言此外復於脫蘭司鄂克耳造二百四十一橋、該路之長共一千零二十三浮司脫、其鋪墊竣事已有八百五十三浮司脫、除曷塞里外、共車棧等共一千零零二所、內四十七處車棧已通日用所飲之水、軌中所用橫木、共計一百十六萬三千根、所用各料鐵軌等計重九萬噸、工匠所用機器三十二架、裝運各車七百五十六輛、曷塞里之北、尚在興築、約九月初可以告成、由琿春達卡排盧夫司克、如渡鄂克耳湖、應製鑿冰渡船、並用機器築一浮水船塢、可移至克剌司拿阿司克、現擬將鑿冰渡船泊鄂克耳之東近立司脫納士村落、該村店鋪營房、均已築竣、緣湖一帶並擬建築碼頭、

吾國宜自此推廣西伯利亞商務、共計河四、一名安軋而來、一名惜而嘉、一名阿模阿、一名曷塞里業測量繪圖、此四河內現往來者、共火輪船兩艘、火輪駁船一

艘、大裝貨船六艘、挖泥船兩艘、在琿春擬築石碼頭一、以備鐵路相接、自一千八百九十五至九十七年、共計土工一億立方碼、鐵軌二千九百五十九浮司脫、其應平墊等處共計三千零五十一浮司脫、自開工至今、不無濡滯、實因天氣苦寒、一年之宜於工作僅五閱月耳、其餘幾處需築石工者、祇夏季相宜也、

俄商務大臣宣言定製頭等客位車一輛、二等二輛、大餐車一輛、陳設書籍車一輛、行李車六輛、以備由聖彼得堡達墨斯科及剌及司克與西伯利亞鐵路諸處相接、再閱七八禮拜、約可開行、計程六日、將來約十四日可往來一次、又一路由維恩納達懷沙（俄西邊在暫境內）如預用電報知照、卽途中亦可大餐也、

俄事摘要（戒酒會禮拜報 西四月二十一號）

俄政府頒示加添魚雷三十艘、於芬蘭廠定製、爲張大東方水師、以備琿春旅順之用、另製頭等巡洋船三艘、以備團練水師所用、

俄政府新定章程、一千九百年、所有英商船不准駛赴波羅的海、卽現在濵海等

處、已不准英商往來、自此英人於黑海及東方商務、悉被隔閡矣、俄人之爲此策、無非欲保守己之利權、恐不免驚擾東方商務、咸拭目觀歐洲之變動也、

日本新定和約 日本告白報 西四月十五號

日本與奧新訂通商行船條約、擬於本月杪或下月初、在普奧屬於德在普奧之間開議、俟議定後、準在維恩納城互換、

日本與暹羅定行船通商和約、已經駐暹日使稻垣滿次郎、在暹京簽押後寄至政府改譯和文進呈日皇、再遲一二日、日皇簽約、即可頒行矣、

近事瑣綴 倫敦中國報 西四月十八號

日本工藝、步武泰西、日臻精粹、務欲使所製之物、適用而美觀、雖然、日本有數事決不能如吾西人之智慧也、英醫學會報曾誌一事、言日本前內閣大隈伯爵於一千八百九十年、偶爾失備、被礮炸損一足、請日人之精於工藝者製木足代之、一工匠佟然自任、製成後外加髹漆、鑲以螺鈿、奈運動不靈、囑美國工匠另製、言

祇須適用無須美觀也、

此禮拜中、觀德人各事均已平定、中德膠州約業蕆事矣、雖約中所言未刊於報、而德人意中、咸謂北京暨柏林、不致再有他論、中國之第一要義、須令駐膠德兵退讓、在德人正在佔據、且欲極力經營商務、攷驗植物、殆欲倣我英當年香港故事也、

邇來德議院議擴充水師經費、比從前所議定者、加至十二萬三千六百二十五馬克、（中國銀一兩約三馬克有零）現共加至一億二千一百七十一萬七千五百四十八馬克矣、水師提督前曾云、將此欵製造船艦、限七年告竣、因時勢孔急、改限六年、

中國失地攷（日本告白報　西四月二十三號）

中國屬地之失、肇自一千八百五十八年、共計廈門二十八萬八千八百之十英方里、薩噶林（又名唐太、在吉林東北、今屬俄）二萬四千五百五十英方里、臺灣一萬四千九百六十八英方里、法人在中國南方所得、統名之曰印度希哪（即安南等國）十四萬五百三

十英里、以上均爲各國攘㩦、而滿洲又將踵其轍矣、然屏藩雖失、其全土尙與歐洲大陸相頡頏、如與英之全屬及俄境比較、所損無幾耳、中國地中之產最饒、以煤而論、大於英倫島二十五倍、金類如金銀鉛鐵錫各礦甚富、計中國戶口三萬萬、如此繁庶、環球莫與比倫也、

新製快砲 同上西四月十九號

美海軍部在哈脫福阿特定製小口快砲五十尊、用機器開放、已製成八尊、發交勃羅克令水師隊中、紐約報曾載之、言製成試驗、人皆詫爲近數年來所未見、勢力無底、以一人試放、一點鐘時、可敵步兵一隊、用尋常槍一○之力、任意擊放、無論時之久也、速率每一分鐘可放二百彈、機器精良、遠近惟意所嚮、勃羅克令曾試驗彈力、可洞貫牆壁一尺、橡樹二尺、鋼板半寸、靈捷無匹、以一尊於十分鐘時、可將現今鐵甲船面燬蕩無遺、用三足鋼架承之、形與軍隊中千里鏡相似、其上子藥之法、累千彈貫如帶、俟五分鐘後、再以千彈如前法、由後膛入、其進彈處缺

如孔、僅容一彈、放後殼卽由後面熱力頂出、鋼架之下可容人坐、形如脚踏車、以備砲手休憩、如令其彈不絶、祗須由後面機器稍用力足矣、餘四十二噸、不日竣功、可送至勃羅克令矣、此砲於巡海艦最宜、如商船往來巨洋中、亦宜備之以防不測、

織布攷 同上西四月二十三號

織布莫先於中國、約在五千年以前、昔約瑟（耶穌生父）有著名之衣一襲、係駝毛爲之、按上古猶太摩西（彼教聖人）律、猶太人衣服不得毛布混淆、美洲土人當歐人未至之前、已能以綿紡織、現行之棉花本色布、肇自印度之加里克城（印度西南濱海）所用之闊扣布、因其幅闊故名之、今用羊毛製成各物、名目繁多、人所知者已三萬二千種、英於十四季中、如一人入項不及英金百鎊者、不准衣皮、美於一千七百六十五年、因推廣羊毛之利、曾嚴定殺小羊及食羊肉之例、

人力獸力比例 同上

今有人設法試驗象馬人曳物之力、攷諸量力表中、言某戲園有最大之象、能曳二噸半之重、此第二次試驗也、復有一象軀體較小、力更加大、能曳重五噸半、其驚猛之力、更無底止、擇有力馬二、計可曳重一噸、又五分之一、如人與象（指小者）比例、須八十三人始能均等、

兔毫製布（同上西四月十六號）

東京有人名清水者、窮二十年之力、求兔毫製布之法、茲據中央新聞言、清水研究已獲成效、蓋其於製造一端、無畏難苟退、故爾能成、近更欲籌銷路矣、

日事摘錄（同上西四月二十六號）

日本海軍部新增魚雷二十八艘、內二十二艘製自英法德、六艘製自本廠、各艦載重不一、由四十五至一百二十噸、八艘可裝十二鎊快砲一尊、六鎊五尊、

美西開戰、日本海軍部遣船觀戰、政府復派船主成田、偕水師員弁之在美國日使署者、前往觀戰、

無聲砲新法 日本告白報 西四月二十七號

目下歐洲既行無烟火藥、亦宜有無聲之砲以輔之、近有副將亨栢欲出新法創造無聲砲、此舉若成、於軍務大有利益、其所製新砲、欲除去出口時之火光、并抵住火藥出口後空氣驟進槍管、業經查明槍砲所以發聲、實由此二故、伊於砲之後膛安彈之下、設鐵板一塊、彈飛出後、此板有機括、卽行竪立、以擋火烟及熱氣、另設許多微管、令火氣由漸溢出、俟氣放盡、板仍倒橫原處、該副將已造成一砲、細心察驗、大有成效、然發彈之退力、較前仍無減少、深望以後各種槍砲、益令愈趨簡便、使人易知、但現時各種砲械、其式不一、非經久練、不能深悉、該副將欲任何等心思、令改從精妙、此時尚難逆料、觀其所製造、實有裨於軍學不淺、尤望查驗新器之員、熟察而明辨之也、

脚踏車行水 同上

近有一種脚踏車、能飛行水面、每點鐘行十八諾脫、係兩人並坐、一前一後、同用

脚踏、此等新奇之事、最動聽聞、曾於美國舊金山海灣及烏刻來河中（在美國西北境）試行、見者無不驚異、按創造是器者有二人、一名文寬司、一名烏爾巽文君、精於造船、曾在某船廠總理船務、

此車何以能浮水不沉之故、按車之下傍、有浮具兩條、以鋁爲之、中空、各長十八英尺四寸、量其中段、約寬六英寸又四分之三、深十三英寸、腹中分六隔、令水不能入、二條相隔五英尺、中用許多銅條接連如肋骨然、無礙輪之轉旋、於銅條之中間、設一激水之器、在二浮具之底、加一車軸、從中心起、向後長四英尺、車軸之尾有兩螺輪、每輪兩葉、可以運動不息、車軸之上、復設一短車軸、端設鋑鏈齒輪二、一輪接於脚踏車之鍊、復接於車軸上之鋑鏈齒輪、亦通於脚踏車之鍊、復接於上面第三根車軸、該軸所以能動、係添用斜齒輪、接於脚踏之具、此器後設兩柁、每浮具各設一柁、用鐵絲繫住、以通於手持之處、

製此器時、已盡心試驗、可以行水穩便、無傾覆之虞、然欲令大轉灣、須加長一倍、

掉撥方靈、其速率可追至速之小火輪、二君已駛行舊金山海灣兩次、行於烏刻來河近處凡數次、於某禮拜日過海灣時、適遇大風浪、衣服盡濕、其志卽欲乘此奇器、飛渡大海、而抵發來羅內、（在墨西哥之西）復乘輪舟至聖表氣而、計時約在今夏、復欲試行於北方由貢河、（在坎拿大境內）二君之意謂最宜行於淺狹之處、故於由貢河尤爲相宜、

游歷滿洲論俄人鐵路情形（續第十八册）

城中居民善效俄人之舉動、如俄人所用之茶壺、民間亦見有之、俄之鐵路工匠、及卡賽克保護兵丁、時乘坐三馬之車、馳騁於稠人廣衆中、吾思佔利權於滿洲者、無過於俄也、茲聞中國並准其在是城開礦建屋、各種機器、亦准進口、且權操於俄、華人亦不聞問、居民且願聽其所爲、緣平日受官吏之苛虐、呼籲無門、致人心渙散、倘一旦疆場有事、所懼者非敵人、乃懼攻敵人之人、朝廷設官保民者、轉以殃民也、上年西八月、有俄參將軋勞姆啓夫斯開者、乘俄政府派駐勃剌果夫

深士克之輪船游歷是處竟無一官員迎迓即下碇於將軍署前放砲以示之閣城始悉即驅前迎迓亦何足謂恭敬哉城之西北隅有俄人二三百名住於中國兵房屋頂懸一旗隨風招展以示俄國保護之意此旗即中國之旗惟右首上角加俄國之黃色居吉林之華人皆以俄之事業爲不可少所以通貿易習語言惟中俄銀行此處未有分設市閭與俄匯兑者祇華商一銀號該號中國北方皆通往來又有製造局一所房屋寬廠局中所儲機器不一大抵爲德國現今無用之物名雖曰製造不過修整而已但每日亦能造霍去開司銅帽一萬毛塞銅帽一千當甲午之役該局所造軍裝亦不少大概勤軋而司槍（中國謂之抬槍）此槍力大能擊遠也且能鼓鑄銀圓茲奉有　廷旨飭造每枚能兑錢二千二百文之銀圓第銀色不佳工作潦草然本處匯劃殊便捷也

自吉林建一鐵路跨生獮雷河迤東至阿模河計長一百二十英里再向東北至甯古塔計一百英里阿模河現有俄人遷此因地富饒猶欲向前開築如欲使其

却步不前、惟劇盜可以阻也、阿模河城通一村落、居民約有二千、派有保護兵丁六十名、欲悉其城之緊要與否、視城中典鋪之多寡可知矣、蓋典鋪爲居民存項最妥之處、而阿模河未見一典、吾故知此城無關緊要、但四野物產、收穫頗豐、甯古塔在黑楷河之濱、風景甚佳、城中居民約有一萬、兼有俄工匠住處、該工匠等因無廣大之路、可達剌林、居此數閱月矣、城中人民輻輳、設有電報局、洋貨進口、係由琿春拋爾達夫楷而來、其進口貨之[illegible]要者、食鹽一項、經過邊界、並不納稅、然亦不能不加意焉、現食鹽爲中國獨操之利、所以前次緬甸之約、曾載明不許緬甸之鹽運至雲南、將來新關稅則、必須重議、甯古塔向東出口之貨、豆油麥粉菽米、及西伯利亞俄兵所需之物居多、

試問中俄如此親睦、滿洲作何處置耶、以西伯利亞之情形而論、地大民貧、寓兵於農、所以兵勢極大、每喜侵伐他國、以滿洲而論、物產富饒、而無善法保守、民無忠君之心、有人盡可君之慨、乃無人管束故也、現已允俄保護北方之邊界、俄兵

至已無限、且中國之罪人久居斯土、竟忘故土、樂爲客民、惟其庸惰性成、不思振作也、俄兵之在西伯利亞者、若一旦有警、一時可調集數路至中國、並可得中國之馬匹車子及軍需、華民非但不能拒之、猶以爲乘機可謀利也、現西伯利亞之食物大半取諸滿洲、設不運往、大爲不便、吾故曰滿洲爲俄相接之最要處也、況俄雖外存忠厚、而實內懷侵併、不特此也、吾在途次每與俄人晤談、聆其言似推却、察其意究難掩飾、嗣後日人與滿洲交接之處、中國更不能不留意專耳、

論吳淞開商埠事 北中國報 西四月十一號

本館接英領事來書曰、本領事今接北京來電云、目下總署將吳淞開埠、及另立洋關征稅等事、業已會議、觀此則總署願爲此議者、必有利益之言以引之、使其樂從也、總辦鐵路公司盛大臣有極大基地在吳淞、并可以造碼頭能通鐵路之地、故此事亦願望其成、若開埠之後、其利益之大、無可限量、且總署亦明晰開埠之意、可免將來他人再生覬覦之心、所以福甯開埠通商、兩相印證、可以無疑矣、

再吳淞開埠、則可免日後洋人再向總署請將吳淞口門沙開濬、以便外洋火輪進出、目下沿海邊之輪船、指明往來中國南北洋之輪船也吃水尚淺、故直駛上海、無所阻碍、但外洋輪船吃水甚深、不得任意進出、則將來吳淞開埠之後、即就此地可將貨物卸落、再由鐵路將貨物運至上海、亦無不便、且吳淞在一千九百年、終難免另設洋關、以征稅餉也、

然開埠必先將吳淞砲台遷移、而現今砲台之基、將來終被英人所租、且現今吳淞砲台、其規制亦不盡善、頗似已裝子藥之槍、付諸孩提之手、不令己與他人皆受其禍乎、倘西班牙與美國一旦戰起、如中國者奈何、然我思西班牙肯允美國所請之事、因弱不敵强也、中國亦然、惟自守太平而已、故吳淞開埠、須將砲台遷去、此無關碍也、然遷去砲台而作爲通商口埠、以視砲臺不更爲無形之險乎、吳淞開埠通商、諒未必有關上海商務、若論及外洋輪船、如皇后輪船從未能直到上海碼頭者、則將來就在吳淞起貨納稅、較向上海關納稅更便、雖吳淞到上

海、亦不過十四英里而已、據美領事云、吳淞如上海界內之地、然他日外洋裝貨之客、必欲究問貨在吳淞或在上海起卸、吳淞將來能如上海爲長江之一大商埠、未能預定、惟可作許多利益之事、故爲港口泊船之用、亦非所宜、如防吳淞開埠、有礙上海商務者、則可將寶山上海二邑連絡一氣、多築馬路、多建房屋、吳淞上海、將來可謂雙门通商之埠、除此之外、我知澳大利亞及新錫蘭皆有之、並無所難、然此事必須章程妥善、調度有方、如總稅務司赫德者、近在北京新訂郵政寄小包章程、若照此略費心機、則此事之成、卽可有望、吳淞開埠有一法可有益于上海者、在夏季時、寒暑表在吳淞度數底數、較低於上海、且彼處可建一西客寓在揚子江與黃浦交接之處、則西商等在西七八月間、可就此作爲避暑之地、免在上海受暑熱、但望吳淞開埠之事、願勿效上海推廣租界之批駁也、

東方交涉史 輯譯各報

俄人進守旅順大連灣 泰晤士禮拜報 西四月一號

本館接北京人來信云、大連灣旅順中國防兵業經撤退、俄兵進據、建樹國徽、復云俄以兵二千赴旅順、計兩處共泊俄艦九艘、中國政府將俄人要求各事、已於上月二十三號定議、旅順租與俄人、以二十五年爲限、作爲俄水師隊屯駐重地、大連灣租期一律、俄自此於東方得有不凍海口矣、是灣爲滿洲鐵路盡處、並允俄建築砲臺、復築一鐵路、由撥土哪城吉林西北至此以達旅順、其一切章程期限照滿洲鐵路辦理、　俄闢大連灣爲商埠、與各國通商、稅則與中國一律、收稅及管理之權、則操之於俄、該處海關所收之稅、開除費用外、餘悉納諸中國、　聖彼得堡訪事來信云、據中國人言、日本並不阻撓俄人經營遼東之事、俄人本欲掌管高麗國事、及軍隊教習、至是亦收回成命、至日本在高麗所有利權、俄人亦不干預、據中國公牘云、中國允准俄人各事、全國人民深懼國亡、李相令總署允俄之請、悉指之爲奸細、上月二十三號、露透接北京來電云、邇來中國　皇上召集廷臣、力求治理、由衰而痛、亦轉機也、某夜　聖算欲與俄疆埸從事、後復中止、一因國帑空匱、一因李相從中贊助俄人之請、然總署諸臣、亦明知中國受俄人保護、深爲可疑也、一日　皇上召廷臣諭曰、從前英欲租大連灣而未果、今日租於俄、盍當年租與英也、復接公牘云、大連灣旅順、中國仍有管轄之權、故將此地開埠、俾各國兵艦駛行、而中國政府定欲將福建福甯府亦作爲通商口岸云、三月十七號俄知會各使臣、聲明大連灣旅順暨隣近屬地租讓之由、俄使亦深明國家之意欲大連灣開埠、與各友邦往來、俄報錄俄員來函云、中國允租兩地、並許建造鐵路聯絡一氣、可與西伯利亞大路相接、照此辦理、顯明中國仍可保全國權、我俄既償所願、且可張大海軍權力、然與各國利權無損也、聖彼得堡來信云、前禮拜六夜、英使署譏俄外務大臣伯爵摩來維夫摩摩語英使云、俄悉照英與中國通商條約辦理、想貴國外務大臣亦必忻慰矣、接香港來信云、禮拜五、已發令極力整備水師、以防調遣、加增水師員額、工藝等晰夕工作不輟、有巡海艦兩艘、一名愛軋、一名雷薄、於禮拜啓椗北駛、昨日有大兵艦名聖士立央偕魚雷

兩艘尾之而行、又法巡海艦亦啓椗北上矣、

東方鐵路倫敦中國報西四月一號

中國東方鐵路公司、約所用鐵軌等件、計重三萬六千噸、悉購自外洋載赴琿春或旅順交卸、近中國允許俄推廣鐵路、直貫遼東、據現在滿洲而論、俄人未必有此鉅欵、足敷其用、現在俄人凡事志在速成云、

俄遣科勃治爲鐵路副總辦、前數日已抵東京、不日抵琿春矣、欲勘驗滿洲全境鐵路、長計一千七百英里、偕鐵路工匠多人、並保護軍、其奉命之時、不過爲滿洲鐵路、不意中國竟允許旅順鐵路等情、必於原定章程外、別加推廣矣、科勃治精明强幹、必能勝任、而中國則遣許景澄、現尚在俄京、然許之此行、不過爲中國體制有關、並無權力、該公司數月之前、已用楷賽克人二千、以充鐵路巡捕、今如推廣、恐尚不敷也、

日人要狹郵報西四月二十七號

四月二十六號日日新報、接北京訪事來函云、日本駐北京使臣矢野、屢與中國政府會商各欵、業經政府議定、允將福建全省、不得租讓與他國、近日矢野復陳說各事、中國政府將此欵議妥、其所議定之約、錄於下、如日後有日商等赴中國內地各處開採五金各礦、中國商人可與日商合股而辦、惟中國政府許日商得一切之利權、與中國允許他國商人之利權一律辦理、日本如遇凶年、則中國政府應弛米禁、且准將米石等物運赴日本、

中俄新定條約（日本郵報）

遼東之事、中俄已於三月二十七號、在北京定約簽字、訪事人將約稿寄至日日新報、茲將原約照譯如下、　大清國　大皇帝欽差全權大臣李鴻章張蔭桓、大俄國欽差全權大臣普洛楷、於光緒二十四年三月初三日、將租定旅順大連灣一應事宜議定簽押開列於後、　一中國北方濵海之地、擇一相宜之地、界俄人作爲屯駐水師之所、以保太平、現　大清國　大皇帝、允許

將旅順大連灣及隣近海島租與俄人、惟中國國權、不得因此稍替、　二允租之地、將來量定由大連灣至北、以保鞏固、但一定界址、及約中詳細情形、須由中國駐俄使臣與俄政府商議定奪、租界內俄人應得一切權衡、　三租地以二十五年爲限、以簽押之日爲始、期滿由兩國和通會議再加年限、　四照第一欵聲明之地、俄人作爲屯駐水陸軍隊之用、管轄之權、操自俄人、由俄簡一大員管理、然不得有總督之銜、中國兵隊不得在界內駐紮、如有守化良民、准其居住、毋得違背條約、如有犯者、送最近之中國衙門審明照例懲辦、一切審判條例、照咸豐十年、卽一千八百六十年中俄條約辦理、　五北方租界之外、復須留一甄脫之地、其界址將來由中國駐俄使臣與俄政府商議定奪、此甄脫界內、統由中國官員治理、仍不准中國兵隊駐紮、如欲入內、須與俄人議定、方可施行、　六兩國承認將旅順作爲水師屯駐之所、准中俄船隻駛行、他國無論兵艦商舶、不得擅入、大連灣擇地一片、作爲中俄兵艦屯駐之所、餘地作爲商埠、俾各國船隻往來、　七旅順大連灣緊要之事、俄人承認、營造營房礮臺、其費亦歸俄人獨出、其他緊要防務、均由俄人掌理、　八將來許俄人由東亞幹路築一鐵路、接至大連灣、此事於一千八百九十六年中國業經允許、一切細章、照滿洲鐵路辦理、復許俄人建一枝路、由中路在牛莊營子而至鴨綠江、擇一相宜之地直達海濱、一切細章、及造路方向、由中國駐俄使臣會同鐵路總辦議行、惟俄政府聲明經由中國鐵路、並非僭食中國土地、　九此約議定後、卽行照辦、批准之後、在俄京互換、　以上條約、先由漢文譯作和文、本館復由和文譯作英文、轉轉繙譯、難保無誤、閱者諒之、

德報選譯

論中國保護之法　沈幾子譯

論者謂今日保護中國、惟有聚各省全力、以禦歐洲各國、觀現在北京能戰之軍甚少、惟北洋所練之勁旅、尚知欲戰、而未得其要、目下如南京劉制軍深悉時艱、

急欲練兵以保長江一帶、合全省兵數、只三萬六千人、分布各處、至運粮河一帶、以清江浦爲最要、宜加意防守、若能北連山東省、扼守黃河各要口、共練勁旅一枝、以備調用、可無北顧之憂、再如兩湖張制軍亦急欲練兵、其全省兵數、有四萬八千人、可守長江中段、再與湖南巡撫幷力、以一萬八千人守洞庭湖、以三萬人守湖南全省、可保無虞、至長江則有水師提督黃軍門足勝防禦之任、其最要口、以江陰爲第一、現駐兵四萬人、安徽李軍門所轄、鎭江以東、如崇明吳淞等處、共兵三萬四千人、據守長江門戶、最爲得力、劉張兩制軍與湖南陳中丞合力、統計三省兵數、共有一十五萬九千人、平日分布各疆、以備外患、倘山東孔急、北京有警、可由南路率師入衛、而陝西山西河南合三省兵力、可由西路北援、此陸路護衛之法也、再以廣西三萬六千人、並江蘇原有兵二萬一千人、及浙江二萬八千人、可將境內要口、分別扼守、以靖伏莽、誠如是、則西南一帶、聲氣相通、而各省制軍、講求武備、下保庶民、上衛國君、豈不甚善、是所望於今之執政者、

中國近事

近聞北京信云、有親王講求時務新法、共聚官員一千二百名、無論何事、咸以自强爲主、果能風氣漸開、可望自立、但俄英兩國、從中阻撓、敗其所說、中國向無定見、宜乎外侮乘隙而入、

中國茶務並絲務、大爲減色、因中國植茶未得其法、而印度茶則盛行於歐洲、價廉物美、故銷路甚大、至絲業則中國養蠶未得其要、反不如日本出絲之多、較諸中國、價廉而貨眞也、

前香港督云、俄人欲據滿洲、人心不服、故設法以收其心、而窺其地、今俄人在北京趨奉當道者、漸奪中國政柄、而暗自添兵、以威偪滿洲、且俄人心猶不足、仍謂英得長江、利益已多、再據舟山等處、遠勝十倍、故俄人欲吞中國東三省之心無日或已、現將奪中國兵權、以備與各國迎敵、因觀中日一戰、華兵勇悍、故樂用之、現英與德與意國連盟、以德有精兵勇將、可以陸戰、英有水師大戰船、可以水戰、

且德國居奧國意國之首、今英與之連盟、他國相攻一國、則三國互相救援、俄雖强悍、未敢相欺、且俄得中國利權、英德亦得分其利、然其心仍望中國自立、可以通商、設因得中國利權不均、則英俄開戰、日本或能助英、蓋日人亦恨俄入骨也、

中國出口貨物、比去年多十四萬磅四分磅之三、

德國進中國口貨物、比十年前多三十三倍、

日本進中國口貨物、比十年多三十倍、

德國進日本口貨物、比十年前多九倍、

中國准英國意國在陝西省修築鐵路、並開礦務、且以廟島登州及劉公島、即威海均給英國、合同已訂、均換約矣、

東報選譯

滿洲商工業情形（東京日日新報事務官報告書之一節）

日本安藤虎雄譯

滿洲土人衣食於農者最多、中國政府年年移民於此地、從事于開墾、初專用力

於吉林省中接近俄領之地、今也漸次向黄龍省、先於桂林城地方、墾荒播種、更擬開拓墨爾根附近之曠野、是謀民祉之外、亦出於邊防之措置明矣、

穀類中以粟（種類不一）小麥、大麥、唐黍等爲大宗、高粱亦極多、有黄白赤三種、用以釀造燒酎、味尤烈、其莖可以葺屋、製器具、黑龍省多產蕎麥燕麥、輸送之於俄領黑龍省、採取沙金塲、其額年年不少、豆類中產出最多者爲大豆、用以榨製油、其糟可以爲肥料、多輸送中國本部地方、各地亦產鶯粟、其額年增加一年、毒害瀰蔓可推知也、莨亦滿洲產物中之錚錚者、外人呼做滿洲莨卽是、土人無論老幼男女、嗜好之、故銷售於內地者甚多、又於野生人參、採以爲藥材、此草本係貴品、故採取者不可不請官府文憑、然無賴流氓、犯法營利者、日在有之、其利多爲此輩所壟斷矣、綿花、山蠶繭、藍靛、麻、葡萄、亦產於該省各地、但葡萄在北部者、其實小而味酸、若林檎、梨、李、梅等、除南部之產外、菓實小而味亦不宜、但梨一菓盛培殖之、輸出於俄領者頗多、

滿洲所至森林茂密、樹木種類甚繁、由河流運各地、其額以輸入中國本部者爲最、運售俄領烏蘇里者、一由綏芬河、

各地產煤炭、硫黃、硝石、曹達、鐵、銀、錫、金等、採金之業、法規極嚴、犯者見處死刑、而尙且賭生命謀奇利者、不絕其跡、甚哉人之殉利也、金礦多在長白山暨興安嶺、均係流氓所密採、其徒黨可以百千算、爲西一千五百八十年之交、漠河金礦之名尤著、此礦孔接近黑龍江邊俄領一村、工夫最多、一千五百八十八年以降、改歸官業、政府自招募工夫、俾從事於採掘、糧食裝俄輪船送之、冬季又用雪車、有兵營、備不虞、其他有商鋪、有倉庫、有村落、爲一小都會、近來弊竇稍塞、監督嚴密、官吏工夫營私者減少、政府收益年達三十萬兩云、（據一千八百九十五年表）

大小河流往往產眞珠、特以松花江爲最、採獲之家名旗手、歷代專業之、鹽所共二十處、海鹽於南方沿海地方製出之、土鹽於甯古塔附近及黑龍省製出之、

牧畜之業、所在有之、就中飼豚者居多、牛與山羊次之、牛使役之耕耨、無食其肉

者、飲牛奶者、亦惟於蒙古人見之、黑龍江畜類最多、自呼倫賕運致俄領布拉苟埃西吉甯斯科、更下黑龍江、轉售之沿岸各地、據一千八百八十九年統計表、自滿洲輸出牛數、及一萬頭云、馬亦以黑龍産爲尤、騾以寬城子産爲最、蒙古人在滿洲者、畜駱駝、馱貨物、以代舟車之用、各驛設繫留場、以便於商隊之宿泊、（蒙古人騎駱駝成隊而行商）

滿洲一體工藝品最少、蓋人煙稀少、道路阻惡、加以薪炭缺乏、工業之所以不振也、惟釀酒製油二業稍可觀、就中以松花江沿岸巴彦蘇蘇及黑龍城爲極旺之地、甲地有釀酒十四所、每年釀造燒酎、（名酣心）一百二十七萬布、乙地有三十六所、釀造一千七百萬布、長春廳又有三十五所、伯都訥有十所、製油所各地有之、即長春廳三百所、巴彦蘇蘇六十所、桂林城五十所、其附近二百所、伯都訥二十所、每年一所製出三萬五千斤及四萬斤、巴彦蘇蘇二百萬斤、桂林城及其附近每年製出七百萬斤、其材料多用大豆豌豆芝麻等、其油使用於割烹、

郊外到處見製造煉瓦、惟爲薪炭缺乏、不免製法粗笨、又多產羊皮、如伯都訥每歲所出上一萬張云、

商工業情形略如此、雖則無缺於日需、望貿易之隆盛蓋亦難矣、其故何也、曰、無保護貨物之道一也、道路不便二也、無通報各地物價之機關三也、有一於此、猶且阻礙商務、況兼有三者乎、

論列强據要口 時事新報

今羣雄蠶食中國、北門鎖鑰悉爲其所奪、名雖曰租賃、其實權已在彼手、中國不能如之何也、噫、交涉失宜、蹉躓相繼、貽此覆水難收之悔、可勝慨哉、從來日人之於列强、以謂東西遠隔、幾千萬里、運輸交通極難、假令亞東一旦有事、彼安能得逞其暴威乎、視以爲易與、而不介意也、然時局一變、羣雄各據中土、屯泊兵船、蓄積糧食、宛如新拓領土者、是向者所謂東西隔幾千萬里者、倏忽在眉睫間、英俄德法各爲對岸之國矣、是豈袖手旁觀時哉、夫羣雄之治其土、施仁政以懷民心、

嚴警察以禁掠奪、開道路以便行旅、利用厚生之道惟不至是恐、故民之隸於此、惟有安堵之權、而無苛斂之苦、其初疾視外人者、及經五六年、則反以爲可依賴、竟至悅服、不容疑也、及已得民心也、招募壯丁、編制軍隊、一如英之於印度、亦不爲甚難、若又加之以機器局造船廠等、盛製造兵械船舶、則有煤炭產於其地、百工業無不如意、想旅順大連灣及威海膠州諸口、逐年改其面目、竟爲羣雄之重鎭、是豈非必至之勢耶、惟其經營雖非一朝一夕之所能、事之成必以漸、爲我日人者、不宜無所警戒也、

變狀、於身體若孱弱不堪修學者、區別甲乙兩種、最强壯者爲甲、次者爲乙、但雖現有傷痍疾病輕證易愈者、不黜退、一身長記以何尺何寸何分、胷圍準之、度胷圍法、先展拓兩手於左右、於乳房部驗定之、一體重記以幾貫幾百幾十兩、一驗視力、用素內兒連氏試視法、一聽力、於距離六尺處、先以低聲試之、次兩耳交檢之、以驗定其聰否、一辨色力、試識別七色否驗定之、一除前數項所開列外、就身體各部檢之、記其狀態、一痘記以種痘若天然痘、

第十五條 招考課目爲和文漢文算學史鑑四學科、更驗查體格、考核經歷書、

第十六條 學生有缺額、臨擬補充時、不必據第十二條、經考試卽准入學、

第十七條 臨時願入學者、須呈出左式願書、暨第十三條所定經歷書、

願入學書

某切冀爲尋常師範學校女子部高等女學校教習、請經考試、幸允許入學、茲

佈懇願之意如此、

年 月 日 住處 姓名 印章

右願書所陳證佐毫無謬誤、

年 月 日 住處 保人 姓名 印章

第十八條 經招考合格者、試習四個月、審察其資性品行才能、再甄別去留、四個月間油貲飯銀、學生自備、

第十九條 招考合格者、須呈出左式證書、

證入學書

某今次見准試習、感謝曷勝、以後恪守章程、遵奉訓誨、一意勉學、誓期成業、且畢業之後、必應從事于教育之事務也、敬呈證書、以爲後日左券、

年 月 日

前書所陳、毫無違背、某等爲保人、一律任其責、請垂諒焉、倘某等有事故、不能

留此地時、卽另定保人、不使貴學校受累、茲陳數言、敬誓無他意如此、

年　月　日　原籍　保人　姓名　印章

原籍　副保人　姓名　印章

女子高等師範學校長某閣下

前書保人某暨副保人某住在本區郡內、年自二十歲以上、成一家者也、故特證明之如此、

年　月　日　何區郡長　姓名　印章

第二十條　保人暨副保人、以住在東京府內、年二十歲以上之男子、而成一家、有足任其責之資格者充之、倘見以爲不勝任者、命替之、其死若移徙者、卽速補缺、

第二十一條　試習四個月後、准入學者、須呈出左式誓書、

誓書式

某今次奉准入學、感謝曷勝、以後服膺訓誨、畢業後五年間、不經認許、卽不解教習之職、一如章程所定、且又二周年間、薪資任地、遵文部之指定、毫弗違背、始終勤勉、從事于教育、是某之願也、茲呈誓書、敬佈微衷如此、

年　月　日　原籍　姓名　印章

女子高等師範學校長某閣下

第二十二條　本校學生給與學資、其額據文部大臣所定、

第二十三條　在學中爲疾病若大故願退學者、要償還學資、畢業之後、無故而不從事于教務者亦同、

第二十四條　學生一學年中曠學涉二個月者、卽循例命休學、但校長稽察平素品學、以爲可無須休學者、可不據此例、

第二十五條　品行不端、學業不進、若多病不堪任者、命退學、

第六章　考試　畢業

第二十六條　分考試爲隨時考試、定時考試二種、

第二十七條　臨時考試、斟酌授業日數之多少、與學業進步之程度、據教習之意見施行之、

第二十八條　定時考試、每學期末、就其學期間所學習功課施行之、

第二十九條　倫理、練字、繪畫、音樂、體操、暨家政課中之裁縫一科、不施行考試、就平素之成蹟、查定其優劣、以代考試之分數、

第三十條　考試優劣、以分數定之、每課以一百分爲頭等、屆學年末、合算各學科分數、以考試回數除之、以爲一學年各學科之分數、又合算各學科之分數、以學科目數除之、以爲通約分、

第三十一條　考試分數、以六十分以上爲合格、以六十分以下爲不合格、

第三十二條　於最終學年末、乘第二學年之通約分爲二、乘第三學年之通約分爲三、合算之第一學年暨第四學年之通約分、更加實地授業實地保育分

數考核其總分數、以確定畢業、但實地授業以二百分爲頭等分、實地保育以一百分爲頭等分、

第三十三條　學習全功課、經考試合格者、給與畢業文憑、

第三十四條　校長教習考核平素學業、俾得學習其所長二三學科、但欲援此條、須擇其學過二年之功課者、

第三十五條　前條所規定之生徒、經考試合格、乃給與畢業文憑、以證明學習何等學科、

第三十六條　學過外國語學科者、給與文憑、

第七章　專修科

第三十七條　爲充教習之缺額、（尋常師範學校女子部暨高等女學校教習）特設專修科、

第三十八條　專修科學科課程、學業程限、學生資格、招募名額等、經文部大臣之准允而定、

萬人、馬隊十一萬八千人、大礮三百十二門、兵額雖多、精練者少、不如前與法皇交綏之普軍也、

威林吞軍二大隊、一係馬軍、一係舊部、

四倫治王(謂白羅催)雖英邁絕倫、尚非老於軍務、時率第一軍分駐網司城、及盎齊盎與你物里司、在普軍之西、第二軍希而統之、屯司克而鐵河邊、與第一軍同路、迤邐更西、英馬隊及日耳曼兵、則由厄克司白立治統之、又漢拿浮及白倫司爲克與納團來諸小國、亦出馬步兵協助、計各國之軍、不及八萬、步隊一萬四千、馬隊九十、礮手與技藝兵共九萬四千、大礮一百八十四門、另有十八響連珠大礮十二門、威林吞設計、命諸軍屯於盎鐵綏泊待敵、軍中多議其老師費財、而大軍中有荷比二國人約三萬、夙戴法皇恩義、惟英軍三萬一千人、係新募者、兵勢俱渙弱、威林吞輒輕視之、謂爲平昔所未覯、雖有白羅催精練馬軍一萬

一千八百名、然較法皇雄强馬隊二萬二千、堅脆立判矣、

上文所云兩大國軍、由東至西、袤延一百買耳、由南至北、佔地四十買耳、予觀威林呑白羅催佈置軍屯、形勢散漫、有若盲人之舉棋、惜無高明爲之指疵、倘威林呑竟覆軍於滑鐵盧、史家必譴責隨之、蓋緣已知法兵抵毛盤治時、不卽調兵厚集其勢、坐待法兵進攻、以致情見勢絀也、

威林呑誤信偵報、不料法皇於七月一號之前、已進比境、而抵毛盤治駐軍、

二大國之軍、早應於十三號調集連絡犄角、互相援應、抑知不然、法皇已調集其馬刀手二萬二千人、步槍手八萬五千人、大礮三百四十四門、以猛攻白羅催威林呑之軍、雖衆寡不敵、而取勢極猛、若最益其軍數、定可大勝、緣法皇深知二國軍勢散緩、可以隨意輪擊、又料敵軍疲

弱、非法勁兵之敵、且敵軍既多、費餉不貲、亦終難爲其繼耳、

法皇平生最喜嚴陣猛攻、尤以軍糧爲急、多備穀麥、而於此戰不欲仍用前法、欲藉長勝之勢、掃盪敵軍、使敵人永不敢侵入法境、駭我城邑民人、輙謂威林呑如豕、已入我圈牢、而白羅催孺子、吾特兒撫之耳、其輕敵如此、

法皇此次戰事、並不作久遠圖、若一戰獲勝、則本國響應、威聲大彰、兼收荷比二國殘兵、列其麾下、以增軍勢、壓敵退兵、速成和議、否則可計間英俄、起而相爭、法軍遂臻無上妙境矣、

積久始知英俄軍力、皆勝於法、法皇計無所出、惟有隔別兩敵軍、分而擊之、詎意行至矮騰內司、軍食缺乏、不能仰攻、欲覓進兵之路、而敵營阻梗、欲攻敵之右、卽是英軍後路海岸、爲兩軍中權最堅厚處、威林呑及此方知軍勢宜聚不宜散、其不立碎於法軍之一擊者幸也、

予於此際且無須申言其故、想老於兵事者、必能洞中竅要、若攻擊敵軍之右、終難捷速得手、必猛攻二軍相聯之處、方爲得計、法皇偵探明確、其英畧洞照敵情、審知由卡理羅至白勒失而一路、明是英俄二大軍分界之線、卡理羅達比國都城、約三十四買耳、道路寬廣、可渡山姆盤河、則敵軍自顧不暇、須兼防後路矣、白羅催之糧、渡來因河而來英軍則由凹司探呸至恩鐵完潑、在海上設立糧台、法皇滿意己軍在卡理羅近邊、渡山姆盤河進逼白勒失而、可分截敵軍爲二、盡將其後路斷絕、此策若行、兩軍立破、幸威林呑行軍極慎、白羅催定謀、知有奮其武怒之普軍、將先英軍與法苦戰、

法皇意謂、若軍行比境、據白勒失而城、則比國將助兵防守、而使來因河爲東方藩籬、定可大挫英人角距、毁亂其軍畧、必至俛首乞和、法皇秘計、捷速如電、使敵軍無從窺測、倏忽攻其不備、遂冒險進屯廟司及

騰看克兩地之中、爲扶凹朋古國之邊境、遍踞各砲台、以作屏障、調軍布置、敵軍難識其志向、且可由山姆盤河至司克而鐵一帶、近綱司邊境、分抽各防兵、而使威林吞疑其攻已右翼、威林吞運計稍遲、至此尚不將二大軍會合、而法軍已於六月十四號夜、由山姆盤河急行而南、直抵兩國所定之聚兵處矣、

法皇於六月十二號離法京、體微不適、則大憂之、緣平昔經歷諸險艱、始信天命不足恃、益加慎重、嘗謂特華司鐵與其兄子爵田先茄云、今而後、不敢云我命在天矣、觀其面貌及言語、頗形葸怯、非復昔日之雄奇、識者疑其不祥、

其機謀雖甚神、而將弁不守方畧、動多錯悞、法皇於六月十四號夜、將兵調集卡里羅相近之地、而右翼全賴特所統軍、從亞潭你司之南、帽失而地方調來、未至非立配維而、因道路崎嶇、行軍不速、

譯書公會排印

而其中軍內有藩台姆及羅暴之軍、及護衛兵、皆駐婆網鐵、是夜、法皇派第一隊軍出行、地安朗及雷而二軍之屯比境者、已抵賒而酸山姆盤、以上三軍皆在法境、離卡里羅十五買耳、其至要之事、宜將全軍渡山姆盤河、先據誇脫勃拉及少姆勃拉夫二處、計相距八買耳、距卡里羅十三買耳、如據有其地、卽可走南𫫇呢物兒之路、卽英俄軍往來甬道也、誇脫勃拉至白勒失而僅廿一買耳、

此時普人已知敵軍進逼、但不知右翼所在、其右翼乃全賴特所統、逼近卡里羅、視網司尤近、似已可料法皇之注意、不在網司而在卡里羅矣、然普之馬隊、偵知法軍在賒而者、至網司更近於卡里羅、而網司已被英軍佔據、若乘此進擊、可以先制威林呑、徐圖白羅催、其誤在英帥之失機遲鈍、坐致法軍深入普軍右路、卽二軍會合之處、在英軍之左、法皇所最屬意也、

爭辯、固極艱難、以其無耳也、

夫人或有於事無相干者、或有人常因事而愁煩思慮者、但想人生無他樂、惟在飲食與睡者、豈不多人到一定之年紀、有許多人、失其一生他樂、而獨以此三者爲樂也、此造化中之蠢物、尙以爲死後應邀主宰萬物者、賜以天堂之位也、其故何哉、此等人在世、不能自善其身、未嘗有以利當世及後世、而畧受塵寰粗福、且尙望上天賜之以一位、何其愚也、

人生存時、果不止僅在乎飲食與睡、若禽獸然、蓋人有一更好之命與更貴之意、當志在自樂其樂、而與人同樂也、人爲所造之物之主、當與起以爲主宰而利物者、

有許多人、爲其飲食所主、而管轄其腹、爲其上帝也、許多事情、亦皆爲飲食所致、不能會集親朋、相賀相弔、或婚或喪、或商家貿易、相會於私

家公所會館、或張仁字旗之會、惠民也不論關教會國法或仁心之事、會人以公捐耕種考究格致審判、或國家之故、會議以和以戰、或以存人、或以亡人、凡此各聚會皆相和而相好也、大約謂人之飲食筵席實爲定例、即女王大臣、亦每年赴之、

飲食過度之致病、何其多、飲食有節之致病、何其少、人既可以知理、將何時用此理乎、將何時去眼前之霧、如許多年、蒙蔽人者乎、

人既行此、乃知飲食之用、所以令所除去者、與新生者相同等、使周身和平、

欲深進此說、必先陳最常用飲食物之化分表、由此可選其合料與多寡人之最合宜於延壽者、

以下化分表、大抵從白司那爾錄博物院內之食物總論、及他善著此類書之人說中取來、唯現在穀類、爲人飲食之本、故先陳穀類之合料

但不可忘其土地助料與種法、各不相同、致美惡不能無異、又近時耕種、多用人爲之助料、使穀內所包有鹽類（原注 即灰也）之數改變、所以此表、不能確然無誤、

麥

好麥重四分、應能做出三分細麵、但其化合料、賴乎外殼多少之數、論補內料、最細之麵、不及粗者之富、其合料、分爲百分、折取中數如左、

麥表		皮啞豆表	
水	一四·〇	水	一四·八
麵筋	一二·八	加西尼	二四·〇
蛋白	一·八	小粉	三六·〇
小粉	五九·七	糖	二·〇

糖	五·五	膏	八·五
膏膠	一·七	油	二·○
油[illegible]	一·二	木絲	九·二
絲	一·七	死物質灰	三·五
灰	一·六	共	一○○·○
共	一○○·○		

粦麥表伊呸呼付云此麥每百分內有蛋白一·一五　粦麥灰表伊呸呼付所作

水	一四·○	矽養三	二九·六七
麫筋	一二·八	燐養五	三六·八○
蛋白	○○·○	硫養三	○·一六
小粉	四八·○	綠氣	○·一五
糖	三·八	鐵二養二	○·八三

膏	三・七	石灰	〇・二三
油	〇・三	鎂	四・三〇
絲	一三・二	鉀	六・〇〇
灰	四・二	鈉	八・八六
	共一〇〇・〇		共一〇〇・〇〇

粗麥

粗麥外殼、不似尋常麥、不善補肉、故全食之、不如單食其粉、粗麥重二百二十八磅、磨之、得粉一百八十八磅、殼七十四磅、其餘爲水、此麥之油特多、

粗麥表

水	一三・六	昔白生試得此麥中、
補肉料（即麵筋蛋白等）	一七・〇	筋麪至百分中一一

小粉	三九・七	八五、此麥之粉、每百分內、有一五・六八之多、唯則爾於此麥粉、試得百分中、有蛋白四分、
糖	五・四	
膏	三・〇	
油	五・七	
絲	一二・六	
死物質灰	三・一	
	共一〇〇・〇	

粗麪麥表

水	一三・〇〇
麪筋	一〇・七九
蛋白	三・〇四
小粉	五一・一四

譯書公會排印

譯書公會排印

中士藥言

日本安藤虎雄撰

列邦瓜剖豆分之語、聒於耳者蓋十餘年矣、中國人士輒以齊東目之、莫深介意者焉、蓋謂吾神州數千年來、秀靈之氣所磅礴、列邦雖有虎狼之心、安得汚此寸土哉、不圖氣運旋轉、變化不窮、開教一案、忽釀膠州之釁、嗣有俄國佔領遼東海口事、頃者又有英據威海之報、於是舉國震駭、談時務者議其非、操觚者責其曲、不止千百萬言、而竟無救之之術也、惴惴焉惟冀苟免、比之往時、意氣沮喪、若無人色、烏虖、何其昔勇而今怯也、予來中國、常注目時局、見國勢日非、慨然嘆曰、人材寥寥、無與語者、奈斯山河之美何、爾後往來士君子間、上下議論、初知其不然、翻然以爲非無人材也、無以身自任之人而已、夫中人之才學識力、未必遜讓他邦、惟其習處泰平、士氣銷磨、無敵愾心、臨事則避難就易、愛錢惜死、滔滔皆是、是中國之所以難興起也、既而思之、顧中人之深負氣節者何限、有蒿目時艱、不安寢食者焉、有悲痛淋漓、聲淚俱下者焉、有碎唾壺論兵機者焉、有憤當路之聾瞽、伏闕上疏者焉、有策邊防者焉、有倡攘夷者焉、或有建立學堂培植人材者、或有創設報館啓發民智者、雖其所爲不一、而憂國愛民之情至矣切矣、然則未可遽謂無以身自任之人也、然而中國之痿靡不振、至於此極抑何歟、天欲亡斯國邪、噫吁嘻、豈其然乎、蓋坐於人事未盡耳、自上古以至今日、各行省分立、氣脈不相貫輸、歷代皆然、秦越肥瘠不相關之語、實原於此、國朝受命以來、名雖稱一統、尚且未能免此、二十二行省、四百餘州、分判疆域、視同隣國、吉凶禍福、則以爲他人事、輒曰、某地有警、某口被佔據、我鄉幸無事、烏虖、普天之下、率土之濱、何處不王土、北鄙南陲、失尺寸地、明明損我利權也、而痛癢不相感、有如此者、國威之不揚、不亦宜乎、雖然、是尚可恕也、甚且以志士仁人自任者、互張門戶、標榜自高、黨同伐異、冰炭不相容、自謂予聖者、不知其幾千萬人、自達識者觀之、其度量之狹且小、不啻如婦人豎子、猶奚暇問各省之阻隔不通哉、天下養士三百年、其期於士者至切也、而所謂志士仁人、不能壹其心以赴國事、可勝慨哉、或云、道不同不相爲謀、今泰西有專門之學、分科專攻、以期深造、其學術工藝之精奪天工者、職是之由、何必貧於同途一轍哉、予以爲不然、夫陸師之與水師、分掌職務、且陸師有步騎礮工諸隊、水師有戰艦巡艦礮艦水雷艦等、各異其作用、本若邈不相關者、而未嘗不相聯結也、若夫軍令不一貫、各隊孤立、各爲其所欲爲、則雖有百千勇將、百萬貔貅、卒不能制全局之勝也、不惟兵爲然、天下之事皆然、五味不和、則物不可食、六律不調、則音不可聽、今之時惟在調和人材而已、苟志士仁人、不以小嫌介意、意氣相期、肝膽相照、大義所在、不避水火、先難後易、功推之人、咎引之己、以溺成回天之鉅業、則中國今日之頹勢、豈難力挽哉、北美合衆國之所以有今日、實基於茲、夫星火涓水、物之至微者、逮其積累也、且有燎原襄陵之勢、况於萬物之靈乎、昔者霍去病有言曰、匈奴不滅、無以家爲也、岳武穆亦曰、金虜未滅、何以家爲、噫、天下之志士仁人、苟以此心爲心、文士以言、武臣以兵、工人以藝、農商以貲糧、合少成多、積小致鉅、一心同體、誓保宗社、則今日之事、又大可爲也、予故曰、中國之痿靡不振、非無人材也、無以身自任之人也、非無以身任之人也、坐於乏舉國一體之誠心耳、若曰不然、請反省諸己、

蘇藩聶方伯通飭各屬遵　旨興辦學堂札

爲札飭通行事、本年正月十四日、奉　蘇撫部院奎札開、照得頃閲邸抄、本年正月初六日、奉

上諭總理各國事務衙門會同禮部奏、遵議貴州學政嚴修請設專科一摺、國家造就人才、但期有裨實用、本可不拘一格、該衙門會議特科歲舉兩途、洵足以開風氣而廣登進、著照所議請行、其詳細章程、仍著該衙門協同禮部、妥議具奏、現在時事多艱、需才孔亟、自降旨以後、該大臣等如有平素所深知者、出具切實考語、陸續咨送、不得瞻徇情面、妄採虛聲、統俟所舉人員到齊、至百人以上、即可奏請、至期舉行特科、以資觀感、其歲舉既定年分、各該督撫學政務將新增算學藝學各書院學堂、切實經理、隨時督飭院長教習、認眞訓迪、精益求精、該生監等亦當思時務與制藝取士並重、爭自濯磨、力求上達、用副朝廷旁求俊

又奎意、專此通諭知之等因欽此、查蘇州正誼書院、前經添設學古堂一所、廣儲書籍、分授專經算學、額設內課生十名、外課生不定額數、上年據鄧陸藩司詳明、添建齋舍、考選外課各生、增內課額八名、於經治外、兼習時務各學、分列四科、曰天算、曰地輿、曰法律、曰格致、均與經義並習、要以實事求是爲歸、不在徒多名目、並另籌欵項、發典生息、以資膏火在案、欽奉前因札司、查照欽遵、切實經理、隨時督飭認眞訓迪、精益求精、並諭內外課各生、爭自琢磨、力求上達、毋稍荒怠等因、到司奉此、查講求時務、兼習天文算學、實爲近今切要之圖、省城業於學古堂添建齋舍、增設課額、兼習時務各學、他如松郡之創設融齋精舍、常郡之分設致用精舍、亦已次第開課、以期有裨實用、此外倘有未經添設之處、亦應赶緊一律議辦、庶足以開風氣而資觀感、奉飭前因、除飭學古堂委員林令頤山遵照認眞訓迪外、合並轉飭札府、卽便併飭各縣、一體查照欽遵、將所轄境內書院學堂、隨時督飭紳董、切實經理、並將應增天算輿地法律格致各學、敦請院長、認眞訓迪、精益求精、並曉諭肄業諸生、爭自琢磨、力求上達、毋稍荒怠、特札、

本公會告白

本公會採譯東西洋各書頗多茲先成金銀銅三品貨幣表一書取回工價洋壹角卽在本會發售并發本埠各書坊代售

本報常州代派處統歸青果巷陶宅局前龍城書院間壁呂宅接辦閱報諸君請至以上兩處定購可也

本公會各省售報處

上海棋盤街文瑞樓書坊

上海抛球塲愼記書莊

蘇州 閶門內掃葉山房 護龍街墨林堂書坊 婁門混堂巷馮公館

無錫竢實學堂

常熟醉尉街內閣張

常州 娑羅巷袁公館本公會分局 龍城書院 局前呂宅 青菓巷陶宅

湖州醉六堂書坊

松江鴻文堂書坊

杭州方谷園胡公館

寗波奎元堂書坊鮑君明存

揚州 點石齋書坊 電報局 同文書局

南京 王府園楊公館楊君農孫 詞源閣書坊

蕪湖鴻寶齋書坊

江西省城 電報局 南昌電報局 馬王府後德隆醬園陶君菊如

九江招商局史君錫之

漢口鴻寶齋書坊

湖南省城東長街兪君恪士
慎記書局

湖北武昌府街口鴻寶齋書局翟君聲谷

天津杏花村武備學堂孫君筱垞
電報官局張君小松

天津紫竹林慎記書莊

京都琉璃廠二甸土地祠內總報局

福建馬尾船政局華君秉輝
張君漢騫

福建省城點石齋書坊

烟台謙益豐銀號

香港宏文閣書坊

廣東省城慎記書局
曹素功墨莊

山西省城水巷惲公館

四川省城蜚英書局

日本東京朝日新聞館